Soziologische Theorie

Soziologische Theorie

Band 1: Grundlegung durch die Klassiker
Band 2: Handlungstheorie
Band 3: Gesellschaftstheorie

Richard Münch ist Professor für Soziologie an der Universität Bamberg.

Richard Münch

Soziologische Theorie

Band 3: Gesellschaftstheorie

Campus Verlag
Frankfurt/New York

Bibliografische Information der Deutschen Nationalbibliothek
Die Deutsche Nationalbibliothek verzeichnet diese Publikation in der Deutschen Nationalbibliografie.
Detaillierte bibliografische Daten sind im Internet über http://dnb.d-nb.de abrufbar.
ISBN 978-3-593-37591-5

Umschlaggestaltung: Guido Klütsch, Köln
Druck und Bindung: Druckhaus »Thomas Müntzer«, Bad Langensalza
Gedruckt auf säurefreiem und chlorfrei gebleichtem Papier.
Printed in Germany

Besuchen Sie uns im Internet: www.campus.de

Inhalt

Vorwort 7

Einleitung 9

I. Funktionalismus und Systemtheorie

1. Empirischer Funktionalismus
   Robert K. Merton 15

2. Vom Analytischen Funktionalismus zum Neofunktionalismus
   Das Erbe von Talcott Parsons 41

3. Systembildung und Systemdifferenzierung
   Niklas Luhmanns Systemtheorie 179

II. Das Erbe des Marxismus

4. Regulierung und Transformation des Kapitalismus
   Von Claus Offes Politischer Ökonomie des Spätkapitalismus zur Neo-institutionalistischen Soziologie des Wohlfahrtsstaates 233

5. System und Lebenswelt
   Jürgen Habermas' Theorie des kommunikativen Handelns 261

6. Die Welt als System
   Immanuel Wallersteins Weltsystemanalyse 309

III. Konflikttheorie und Figurationssoziologie

7. Die Funktionen des sozialen Konflikts
Lewis Cosers Konfliktfunktionalismus 331

8. Herrschaft und Konflikt
Ralf Dahrendorfs Konflikttheorie des Gesellschaft 347

9. Vom Fremdzwang zum Selbstzwang
Norbert Elias' Theorie des Zivilisationsprozesses 365

IV. Das Erbe des Strukturalismus

10. Die soziale und kulturelle Welt als Struktur
Claude Lévi-Strauss und die Entwicklung des Strukturalismus 377

11. Die Reproduktion von Machtstrukturen
Der Poststrukturalismus von Michel Foucault 393

12. Habitus, Feld und Kapital
Pierre Bourdieus Theorie der sozialen Praxis 417

13. Die Selbstproduktion der Gesellschaft
Alain Touraines Aktionalistische Soziologie 455

V. Theorie der reflexiven Modernisierung

14. Die Konstitution der Gesellschaft
Anthony Giddens' Theorie der Strukturierung 475

15. Von der Ersten zur Zweiten Moderne
Ulrich Becks Theorie der reflexiven Modernisierung 505

Glossar 539

Literaturverzeichnis 567

Namenverzeichnis 605

Sachverzeichnis 613

Vorwort

Der hier vorgelegte Band 3 schließt das dreibändige Lehrbuch zur Soziologischen Theorie ab. Die Absicht war von Anfang an, eine sehr breit angelegte Darstellung der verschiedenen Theorieansätze in der Soziologie zu erreichen und zugleich die kritische Auseinandersetzung mit und zwischen den Theorieansätzen zu fördern. Neben der Darstellung der Theorieansätze sollte deshalb auch die kritische Würdigung einen gewichtigen Platz einnehmen.

Die kritische Würdigung soll die Leistungsfähigkeit und die Grenzen der Deutungs- und Erklärungskraft der verschiedenen Theorieansätze aufzeigen. Die zwecks Aufdecken der Grenzen geübte Kritik soll nicht schulmeisterlich verstanden werden. Kritik ist niemals vor Fehldeutungen, Missverständnissen und Einseitigkeiten gefeit. Sie wirft auf einen Theorieansatz ein Licht aus einem bestimmten Blickwinkel, der selbst der kritischen Durchleuchtung bedarf. Die kritische Würdigung der Theorieansätze kann deshalb nur ein erster Anstoß sein, um einen Anfang zu finden, der dann weiterzuführen ist und gegebenenfalls nach weiterer Prüfung auch zu einem anderen Ergebnis und zur Revision von Kritikpunkten führen kann. Es geht nicht um ein abschließendes Urteil, sondern um die Anleitung zur Einübung von Kritik als diskursives Verfahren zur Erzielung von Erkenntnisfortschritt im Widerstreit der unterschiedlichen Theorieansätze.

Grundlage von Band 3 dieses Lehrbuchs war wieder eine zuerst in englischer Sprache erschienene Fassung (Chicago: Nelson Hall, 1994). Brigitte Münzel hat eine erste Übersetzung erstellt, die von mir korrigiert wurde. Das gilt auch für übersetzte Zitate aus der zugrunde liegenden Literatur. Der ursprüngliche Text wurde umgestellt, überarbeitet und zum Teil erheblich, auch um neue Kapitel, erweitert und auf den neuesten Stand gebracht. Eine kürzere Fassung von Kapitel 15 über die Theorie der reflexiven Modernisierung von Ulrich Beck ist zuerst unter dem Titel „Die »Zweite Moderne«: Realität oder Fiktion?" in der *Kölner Zeitschrift für Soziologie und Sozialpsychologie 54, 2002, Heft 3, S.417-443*, erschienen. Mein eigener Beitrag des Neofunktionalismus in Kapitel 2 ist zuerst unter dem Titel „Politische Steuerung im Kontext von Netzwerken, Institutionen, Professionen und Kulturen" in Hans-Peter Burth und Axel Görlitz (Hg.),

Politische Steuerung in Theorie und Praxis, Baden-Baden: Nomos, 2001, S. 187-220, veröffentlicht worden. Er wurde hier stark gekürzt und um den Abschnitt „Sozialer Wandel“ ergänzt. Tina Guenther und Jan Schmidt haben an der Überarbeitung mitgewirkt, insbesondere an der Ausarbeitung der biografischen Angaben, der Orientierungsfragen und des Glossars. Die Abbildungen 6.1 und 6.2 wurden von Christoph Welter angefertigt. Judith Polterauer hat Recherchen zu den biografischen Angaben durchgeführt. Literaturverzeichnis, Personen- und Sachregister wurden von David Wickel bearbeitet. Die Formatierung für den Druck hat Annerose Baum übernommen. Allen Beteiligten an dem Projekt gilt mein herzlicher Dank.

Editorischer Hinweis: Fett gedruckte Begriffe sind im Glossar am Ende des Bandes erläutert. Jedes Kapitel enthält am Anfang biografische Angaben und nach der systematischen Darstellung des jeweiligen Theorieansatzes eine Zusammenfassung, eine kritische Würdigung, Orientierungsfragen sowie eine Liste der im Glossar erläuterten wichtigen Begriffe.

Bamberg, im Dezember 2003 Richard Münch

Einleitung

Gegenstand des dritten Bandes dieses Lehrbuchs der Soziologischen Theorie sind die nach den Klassikern entwickelten Beiträge zur Gesellschaftstheorie. Als Gesellschaftstheorie verstehen wir solche Theorieansätze, die ihren Fokus auf die Gesellschaft als eigenständige Ebene der sozialen Wirklichkeit oberhalb der Ebenen der Organisation und der Interaktion richten. Darin unterscheiden sich Gesellschaftstheorien von Organisationstheorien und Handlungstheorien, deren Fokus auf der Organisationsebene bzw. der Interaktionsebene liegt. Das heißt indessen nicht, dass die in diesem Band vereinigten Theorieansätze nichts über Organisation, Interaktion und Handeln aussagen. Was sie von den Handlungstheorien im engeren Sinn unterscheidet, ist (1) der breitere Raum, den die Gesellschaftsanalyse einnimmt, (2) die Betrachtung von Gesellschaft als eine zwar aus elementaren Handlungen bzw. Kommunikationen gebildete, aber aus ihnen hervorgehende – „emergente" –, mit eigenen Qualitäten ausgestattete soziale Einheit und (3) die Ausarbeitung eines eigenen theoretischen Instrumentariums zur Analyse von Gesellschaft. Dabei ist unter „Gesellschaft" alles zu verstehen, was über die Ebene von Organisationen und Interaktionen als soziale Einheiten hinausgeht: Gemeinde, Stadt, Region, Nation, Staat, Nationalstaat, europäische Gesellschaft, Weltgesellschaft und ihre Institutionen von Wirtschaft, Politik, Verwaltung, Zivilgesellschaft, Kultur (Wissenschaft, Kunst, Religion, Bildung, Technologie), ihre Sozialstruktur und ihr sozialer Wandel.

Nicht alle in diesem Band behandelten Theorieansätze erfüllen alle drei genannten Kriterien im gleichen Umfang. Insbesondere im Ausarbeitungsgrad eines eigenen Instrumentariums zur Gesellschaftsanalyse unterscheiden sie sich. Die Konflikttheorien von Lewis Coser und Ralf Dahrendorf und die Figurationssoziologie von Norbert Elias versuchen größere gesellschaftliche Dynamiken enger als andere Theorieansätze an elementare Dynamiken der Interaktion und der Organisation des Handelns zu binden und halten sich mit der Ausarbeitung eines darüber hinausgehenden theoretischen Instrumentariums zur Gesellschaftsanalyse zurück. Deshalb sind sie auch ein Grenzfall. Weil die elementaren Gesetzmäßigkeiten von Handeln, Interaktion und Organisation einen breiten

Raum einnehmen, sind sie auch als wichtige Beiträge zur Handlungstheorie zu lesen. Da sie jedoch ausdrücklich auch auf die Gesellschaftsanalyse zielen, ist ihre Einordnung unter die Gesellschaftstheorien angemessener als die Zuordnung zu den Handlungstheorien. Der empirische Funktionalismus von Robert K. Merton grenzt sich zwar ausdrücklich von den „Großtheorien" ab, um sich auf Theorien „mittlerer Reichweite" zu beschränken, dennoch ist der Blick weitaus stärker auf Strukturen und Dynamiken auf der Gesellschaftsebene gerichtet als bei den Handlungstheorien im engeren Sinn. Deshalb ist Mertons empirischer Funktionalismus im Kontext der Gesellschaftstheorien besser aufgehoben.

Zur nicht bei allen in diesem Band vereinigten Theorieansätzen gleich ausgeprägten Erfüllung der drei genannten Kriterien der Qualifizierung als Gesellschaftstheorie gesellt sich hinzu, dass eine ganze Reihe von ihnen auch explizit über eine Grundlegung auf der Ebene von Interaktion und Organisation verfügt. Neben den schon genannten Beiträgen von Coser, Dahrendorf und Elias gilt dies insbesondere für die Theorieansätze von Jürgen Habermas, Pierre Bourdieu, Alain Touraine, Anthony Giddens, Talcott Parsons und Niklas Luhmann. Bis auf Luhmann haben diese Theoretiker explizit Handlungstheorien entwickelt, die auch in unserer Rekonstruktion ihres Theorieansatzes eine wichtige Rolle spielen werden. Diese Handlungstheorien wurden allerdings nicht zum Selbstzweck ausgearbeitet, sondern als Teil eines umfassenderen Ansatzes, der eben im Unterschied zu den Handlungstheorien im engeren Sinn, auch ein eigens für die Gesellschaftsanalyse entwickeltes theoretisches Instrumentarium zur Verfügung stellt. Das ist z.B. der Unterschied zwischen einer Theorie des kommunikativen Handelns von Jürgen Habermas und einer Theorie der symbolischen Interaktion von Herbert Blumer oder auch zwischen James Colemans Gesellschaftsanalyse auf der Grundlage einer Theorie der rationalen Wahl und Talcott Parsons' Gesellschaftsanalyse auf der Grundlage der Verknüpfung von Handlungs- und Systemtheorie.

Ein Sonderfall ist Niklas Luhmann. Er hat die Systemtheorie zur „Supertheorie" ausgebaut, die – für sich betrachtet – keiner handlungstheoretischen Grundlegung bedarf. Das heißt jedoch mitnichten, dass Luhmanns Systemtheorie nichts über die elementare Ebene der Interaktion zu sagen hätte. Im Gegenteil, sie ist ausdrücklich ebenenübergreifend angelegt und begreift Interaktion, Organisation und Gesellschaft gleichermaßen als Systeme, die unterhalb der Emergenz neuer Qualitäten auf Organisations- und Gesellschaftsebene denselben Gesetzen der Systembildung und Systemoperation folgen. In diesem Sinne leistet Luhmanns Systemtheorie zwar explizit keinen Beitrag zur Handlungstheorie, aber sehr wohl einen Beitrag zur Analyse elementarer Prozesse des Handelns und der Interaktion. Wir werden uns damit auch eingehend beschäftigen.

Unter dem Titel „Gesellschaftstheorie" erwartet den Leser also nicht die ausschließliche Beschäftigung mit Beiträgen zur Gesellschaftsanalyse im engeren Sinne, sondern die Untersuchung von Theorieansätzen, die unsere drei an eine Gesellschaftstheorie anzulegenden Kriterien zumindest im Vergleich zu Handlungstheorien im engeren Sinn sichtbar weitgehender erfüllen. Ihre Darstellung und kritische Bewertung verlangt jedoch im gegebenen Fall auch eine systematische Erörterung ihrer Grundlegung auf der Ebene von Handeln und Interaktion, dies allerdings nicht zum Selbstzweck, sondern als Vorstufe der Gesellschaftsanalyse.

Wir werden außerdem sehen, dass einige der behandelten Beiträge Handeln und Interaktion ausdrücklich als Vollzug einer gesellschaftlichen Praxis deuten, in der die Strukturen der Gesellschaft produziert, reproduziert und transformiert werden. In diesem Fall ist die Gesellschaftstheorie zugleich Handlungstheorie. Die Gesellschaft erscheint im Handeln und in der Interaktion der individuellen Akteure. Prägnante Beispiele dafür sind Pierre Bourdieus Konzept des Habitus und seiner Reproduktion in der sozialen Praxis und Anthony Giddens' Konzept der Strukturierung als soziale Praxis, in der im Handeln der Akteure die Strukturen der Gesellschaft produziert, reproduziert und transformiert werden. So wie wir in unserer Einleitung zu Band 2 feststellen konnten, dass bestimmte Handlungstheorien zugleich als Gesellschaftstheorien begriffen werden können, so dürfen wir hier spiegelbildlich sagen, dass bestimmte Gesellschaftstheorien zugleich als Handlungstheorien zu verstehen sind. Das heißt nicht, dass beide Seiten in ein und derselben Einheit von Handlungstheorie und Gesellschaftstheorie konvergieren. Es besteht weiterhin ein bedeutsamer Unterschied: Für die Ansätze des Symbolischen Interaktionismus wird Gesellschaft durch Handeln *erzeugt*, nach Bourdieus Praxistheorie und Giddens' Strukturierungstheorie *reproduziert* sich Gesellschaft im Handeln. Je mehr allerdings von der einen Ebene ausgehend die Eigenständigkeit der anderen Ebene anerkannt wird, umso mehr können sich die Ansätze des Symbolischen Interaktionismus auf der einen Seite und die Ansätze der Praxistheorie und der Strukturierungstheorie auf der anderen Seite einander annähern. Das zeigt auf jeden Fall, dass sich in diesem Überschneidungsfeld Handlungstheorien und Gesellschaftstheorien sehr gut ergänzen können.

Zwischen den in diesem Band behandelten Theorieansätzen besteht die Gemeinsamkeit ihres auf die Gesellschaftsanalyse ausgerichteten Fokus. Sie unterscheiden sich allerdings auch deutlich durch ihre Herkunft aus unterschiedlichen Theorietraditionen und durch ihre im Vergleich miteinander primäre Fokussierung spezifischer Aspekte der materiellen oder symbolischen Reproduktion der Gesellschaft. Daraus ergeben sich Gruppierungen um bestimmte Aspekte der materiellen oder symbolischen Reproduktion (vgl. Einleitung zu Bd. 1,

Tabellen 1 und 2). Die sonst sehr konträren Theorieansätze von Habermas und Luhmann haben z.B. gemeinsam, dass Kommunikation der elementare Prozess ist, in dem sich die Reproduktion der Gesellschaft vollzieht. In der Weltsystemanalyse von Immanuel Wallerstein ist es dagegen die ökonomische Reproduktion der Gesellschaft, die diesen Stellenwert hat. Allerdings teilen Habermas und Wallerstein einen marxistischen Hintergrund, wie sehr dieser bei Habermas auch kritisch überwunden und verblasst sein mag. Der marxistische Hintergrund ist die Basis, auf der Habermas und Wallerstein gemeinsam mit Claus Offe stehen, dessen politische Soziologie des Spätkapitalismus und des Wohlfahrtsstaates aber auch eine Nähe zur Konflikttheorie von Ralf Dahrendorf aufweist. Das ist insofern nicht überraschend, als Dahrendorf seine Konflikttheorie aus einer Verallgemeinerung der Marxschen Theorie der Klassenherrschaft gewonnen hat. Der primäre Fokus auf der ökonomischen Reproduktion der Gesellschaft wird ja bei Marx gemäß des Basis-Überbau-Theorems mit einem sekundären Fokus auf der davon geprägten politischen, rechtlichen und kulturellen Reproduktion verknüpft. Die Zuordnung der marxistischen Ansätze zum Feld der ökonomischen Reproduktion bedeutet insofern nicht das Ausblenden der anderen Felder der gesellschaftlichen Reproduktion, sondern nur einen mehr oder weniger ausgeprägten Vorrang der ökonomischen Reproduktion. Während bei Wallerstein schon wegen seiner Konzentration auf das ökonomisch geprägte Weltsystem der Vorrang der ökonomischen Reproduktion noch klar gegeben ist, gewinnt bei Offe schon wegen der Beschäftigung mit dem Wohlfahrtsstaat die politische Reproduktion eine viel größere Eigenständigkeit. Bei Habermas gelangt die symbolische Reproduktion in den Vordergrund, weil er sich mit der langfristigen Entwicklung der kulturellen Grundlagen der Moderne beschäftigt.

Wir sehen an diesen Verwicklungen, dass jede Aufteilung der Theorieansätze in Gruppierungen zusammenfügt, was sich doch wieder deutlich voneinander unterscheidet. Neben dem analytischen Fokus auf bestimmten Aspekten der gesellschaftlichen Reproduktion spielt die Herkunft aus einer spezifischen theoretischen Tradition eine Rolle. Das führt z.B. dazu, dass wir bei Offe, Habermas und Wallerstein trotz einer gemeinsamen Herkunft aus dem Marxismus den primären Fokus auf drei zu unterscheidende Felder der gesellschaftlichen Reproduktion gerichtet sehen, bei Offe auf den Staat, bei Habermas auf die Kultur und bei Wallerstein auf die Wirtschaft. Wegen des Aufbaus der Theorie auf Kommunikation als elementarer Einheit hat Habermas mehr Gemeinsamkeiten mit Luhmann als mit Wallerstein. Ähnlich kann man sagen, dass sich Luhmann und Habermas mit dieser Entscheidung näher stehen als Luhmann und Parsons, für den die Handlung und nicht Kommunikation das Elementarteil seines Theorieaufbaus bildet. Jedoch verbindet die Systemtheorie Luhmann mehr mit Parsons als mit Habermas.

Wir könnten dieses Spiel der Gruppierung und Umgruppierung noch beliebig weitertreiben. Das wollen wir aber nicht tun. Vielmehr soll aus der Erörterung der Theorieansätze in diesem Band deutlich werden, dass zwischen den einzelnen Theorieansätzen gewisse familiäre Verbindungen bestehen, diese aber durch Querverbindungen vielfach gebrochen werden. Das gilt es im Gedächtnis zu behalten, wenn wir uns auch für eine bestimmte Gruppierung und entsprechende Zuordnung zu bestimmten Teilen des Textes mit einer gemeinsamen Überschrift entscheiden müssen. Wir wählen dafür die Unterteilung in **Paradigmen**familien, die überwiegend durch gemeinsame Wurzeln oder – wenn solche gemeinsamen Wurzeln nicht vorhanden sind – durch die Ähnlichkeit grundlegender theoretischer Annahmen gebildet werden. Demgemäß nehmen wir folgende Unterteilung in Paradigmenfamilien vor:

- Funktionalismus und Systemtheorie bilden das familiäre Band zwischen Robert K. Mertons empirischem Funktionalismus, Talcott Parsons' Analytischem Funktionalismus, dem Neofunktionalismus und Niklas Luhmanns Systemtheorie.
- Das Erbe des Marxismus mit seiner besonderen Betonung der ökonomischen Reproduktion der Gesellschaft vereint die sonst sehr unterschiedlichen, jeweils die politische, symbolische oder ökonomische Reproduktion fokussierenden Theorieansätze von Claus Offe, Jürgen Habermas und Immanuel Wallerstein. In diesen Kontext gehören auch die Ansätze der Politischen Soziologie des Wohlfahrtsstaates und der Neuen Wirtschaftssoziologie, zu denen der Neo-Institutionalismus wesentliche Beiträge geleistet hat.
- Die Bedeutung des Konflikts als Element der gesellschaftlichen Reproduktion schafft eine gewisse Ähnlichkeit zwischen den sonst aus verschiedenen Quellen gespeisten und verschieden aufgebauten Theorieansätzen von Lewis A. Coser, Ralf Dahrendorf und Norbert Elias. Für Coser ist Simmel die Quelle, für Dahrendorf ist es Marx. Für Elias lassen sich keine Quellen ausmachen, am ehesten könnte eine Nähe zu Simmels Programm einer formalen Soziologie konstatiert werden, für die es aber keine Anhaltspunkte einer direkten Anknüpfung gibt.
- Das Erbe des Strukturalismus verbindet die französischen Beiträge zur Gesellschaftstheorie in der primären Fokussierung der Reproduktion des strukturellen Aufbaus der Gesellschaft, wobei sich der Fokus von den Strukturen (Lévi-Strauss) zur Reproduktion der Macht (Foucault), zur Praxis der Reproduktion (Bourdieu) und zur Erneuerung durch soziale Bewegungen (Touraine) verlagert.
- In der jüngsten Vergangenheit hat sich zwischen dem Ansatz der Strukturierungstheorie von Anthony Giddens und der zeitdiagnostischen Analyse der „Weltrisikogesellschaft“ von Ulrich Beck bei aller weiter

bestehenden Unterschiedlichkeit eine Konvergenz in dem Interesse an einer Theorie der „reflexiven“ Modernisierung ergeben.

In diesen Gruppierungen wollen wir uns mit den in diesem Band vereinigten Beiträgen zur Gesellschaftstheorie beschäftigen, allerdings im Wissen über die gleichwohl bestehenden Differenzen innerhalb der so gebildeten Paradigmenfamilien und über die Gemeinsamkeiten zwischen den einzelnen Theorieansätzen über die Grenzen ihrer familiären Zuordnung hinweg.
Für die Präsentation der soziologischen Theorieansätze als identifizierbare Einheiten und für den Verzicht auf eine theorieübergreifende Systematisierung gibt es gute Gründe. Wir verstehen dieses Programm als ein notwendiges, Innovationspotenzial erhaltendes dynamisches Gegengewicht zur theorieübergreifenden Systematisierung des soziologischen Wissens nach sachlichen Gesichtspunkten. In dieser Hinsicht steht dieses Programm nicht in einem Konkurrenzverhältnis, sondern in einem sinnvollen Ergänzungsverhältnis zu systematischen theorieübergreifenden Darstellungen des Erkenntnisstandes der Soziologie wie sie von Hartmut Esser und Uwe Schimank vorgelegt wurden (Esser 1996; 1999-2001; Schimank 1999).

In evolutionstheoretischer Perspektive steht in dem hier vorliegenden Lehrbuch die Seite der Variation im Vordergrund, in der theorieübergreifenden systematischen Darstellung die Seite der Selektion. Für die Entwicklung des soziologischen Wissens sind beide Seiten gleich wichtig. Auch in pragmatischer Verwendungshinsicht kann die Darstellung und kritische Ausleuchtung der einzelnen Theorieansätze nicht durch eine Synthese ersetzt werden. Für bestimmte Untersuchungsgegenstände und -zwecke sind bestimmte Theorieansätze besser geeignet als andere. Man benötigt dafür nicht die Synthese, sondern das spezifische Erklärungspotenzial des jeweils geeigneten Theorieansatzes. Die Struktur und das Erklärungspotenzial dieses Theorieansatzes muss deshalb vor aller Synthese erst einmal kennengerlernt und kritisch angeeignet werden. Diese Überzeugung teilen wir mit dem selektiveren, auf herausragende Figuren der Theorieentwicklung konzentrierten Programm von Wolfgang Schneider (2002). Trotzdem ist es durchaus möglich, das Lehrbuch auch quer zu einzelnen Kapiteln nach selbstgewählten sachlichen Gesichtspunkten zu lesen, auch über die drei Bände hinweg.

I. Funktionalismus und Systemtheorie

1. Empirischer Funktionalismus Robert K. Merton

Biografische Angaben

Robert K. Merton wurde am 5. Juli 1910 in Philadelphia, Pennsylvania, geboren. Er ist am 23. Februar 2003 in New York gestorben. Seine Eltern waren jüdische Einwanderer aus Osteuropa. Der Vater verdiente den Lebensunterhalt der Familie mit wechselnden Tätigkeiten als kleiner Gewerbetreibender oder als Arbeiter, z.B. auf einer Werft. Eine öffentliche Bibliothek in der Nachbarschaft der Familie wurde schon von früher Jugend an ein beliebter Aufenthaltsort des jungen Merton. Dazu kam, dass ihn sein älterer Schwager, Charles Hopkins, im Selbststudium anleitete. Von ihm erlernte er auch die Zauberkunst, in der er es so weit brachte, dass er, Meyer R. Schkolnick, sich den Künstlernamen Robert King Merton zulegte, den er dann auch offiziell eintragen ließ.

Nach Abschluss der High School studierte Merton zunächst an der Temple University in Philadelphia, die von einem Baptistenpfarrer für die Kinder der einfacheren Leute gegründet worden war. Dort wurde er von einem jungen Dozenten, George E. Simpson, in die Soziologie eingeführt. Durch Simpson lernte er bei einer Tagung Pitirim A. Sorokin kennen, der Direktor des neu gegründeten *Department of Sociology* an der *Harvard University* war. Merton war von Sorokin beeindruckt und bewarb sich um einen Studienplatz an der Harvard University, den er auch bekam. Dort arbeitete er zunächst mit Sorokin zusammen. An der Harvard University lehrte aber auch Talcott Parsons, der als junger Dozent zunehmend Einfluss auf Mertons intellektuelle Entwicklung nahm. Merton ließ sich aber nie von Parsons' Arbeit an der großen Theorie zu ähnlichen Bestrebungen bewegen. Von Anfang an wollte er sich bewusst auf das beschränken, was er später als Theorie mittlerer Reichweite bezeichnete. Nach Abschluss seines Studiums mit seiner noch heute bedeutsamen Dissertation, die den Zusammenhang zwischen dem Puritanismus und der Entwicklung von Naturwissenschaften und Technik in England im 17. Jahrhundert untersuchte (Merton 1938/1970), übernahm Merton 1939 die Stelle eines Associate Professors an der Tulane University in New Orleans und wurde bald darauf Full Professor und Direktor des *Department of Sociology*. Trotzdem wechselte Merton schon 1941 zunächst auf eine Assistenzprofessur am angesehenen *Department of Sociology* der Columbia University in New York, wo er bis zu seiner Emeritierung lehrte. Dort wurde die Zusammenarbeit mit Paul F. Lazarsfeld für Merton besonders fruchtbar. Lazarsfeld war aus Wien zugewandert und prägte maßgeblich die Entwicklung der quantitativen empirischen Sozialforschung in den Vereinigten Staaten.

Ende der 1940er und Anfang der 1950er Jahre erlangte das Department für Soziologie an der Columbia University in New York eine herausragende Stellung in der amerikanischen Soziologie. In den 1950er Jahren war es der einzige gleichrangige Wettstreiter mit Parsons' Department for Social Relations an der Harvard University um den Spitzenplatz in der amerikanischen Soziologie. Seither ist die amerikanische Soziologie jedoch erheblich polyzentrischer geworden. Columbia gehört aber nach wie vor zu den führenden Departments. Der Aufstieg der Soziologie an der Columbia University zu ihrer herausragenden Stellung in den späten 1940er und frühen 1950er Jahren war vor allem der Lehr- und Forschungstätigkeit von Merton und Lazarsfeld zu verdanken. Merton (1949/1968d, 1968e) schuf eine empirische Version des Funktionalismus, die darauf abzielte, Theorien der mittleren Reichweite zu entwickeln, z.B. Theorien des abweichenden Verhaltens. Sie stand damit im Gegensatz zu Parsons' analytischem Funktionalismus und seiner Beschäftigung mit der großen Theorie. Lazarsfeld entwickelte die quantitative Methodologie, die dieser Art des empirischen Funktionalismus angemessen war (Lazarsfeld und Rosenberg 1955). Hauptzielbereich der in diesem Zusammenhang durchgeführten Untersuchungen war die institutionelle Struktur der Gesellschaft. Sozialstruktur, Organisationen, Berufsstruktur, Professionen und Wissenschaft waren die wichtigsten Untersuchungsgegenstände der empirischen Funktionalisten an der Columbia University sowie anderer herausragender Soziologen dieser Universität. Daher beginnen wir auch hier mit der Analyse des spezifischen Charakters von Institutionen, institutionellen Strukturen oder einfach nur Strukturen.

Die institutionelle Struktur des sozialen Lebens

Jede Gesellschaft basiert zumindest in minimalem Umfang auf **institutionalisierten Mustern** regelmäßig wiederkehrenden Verhaltens, d.h. auf Verhaltensmustern, die sich bei veränderten Situationen nicht sogleich ändern und die nicht von einzelnen Akteuren einfach umgestaltet werden können. Die Handlungen der Menschen werden von diesen institutionalisierten Mustern reguliert. Ohne solche institutionalisierten Verhaltensmuster wäre das Handeln unvorhersehbar, und die Koordination der Handlungen der Individuen müsste jedes Mal wieder von neuem aus dem Chaos erfolgen.

Sicherlich bringt das Leben in der Gesellschaft immer unerwartete Handlungen, Missverständnisse, Fehlkoordinationen und Konflikte mit sich. Allerdings kann auch mindestens mit einer gewissen Bestätigung der Erwartungen durch das Verhalten der anderen, mit gegenseitigem Verständnis, Koordination und Konsens gerechnet werden. Das heißt, es gibt wiederkehrende, stetige Verhaltensmuster, auf die man sich verlassen kann, wenn man seine Handlungen plant. Wir nennen solche wiederkehrenden Verhaltensmuster „Institutionen" oder „institutionalisierte Strukturen" oder auch einfach nur „Strukturen". Verhalten, das in einer Gesellschaft institutionalisiert ist und sich mit einem anderen Verhalten vereint, um eine Institution zu bilden, ist für die Mitglieder der Gesellschaft verbindlich, die in einer Situation handeln, auf die diese etablierte Institution zutrifft. Verhalten, das von einer Institution reguliert wird, folgt einem Gefüge von **Normen**. Diese Normen machen die normative Struktur einer Institution aus. So sind also zwei Aspekte von Institutionen zu unterscheiden: ein Gefüge von Normen, die für die Mitglieder einer Gesellschaft bindend sind, und ein Muster von wiederkehrendem, stetigem Verhalten, das diesen Normen entspricht. Natürlich gibt es immer etliche **Abweichungen** von den Normen. Allerdings stellen diese die Existenz einer Institution nicht infrage, solange diese Abweichungen Sanktionen durch die Gesellschaftsmitglieder auslösen und solange der Abweichler nicht genug Macht und Legitimation für seine Handlungen mobilisieren kann, um die Unterstützung der ganzen Gesellschaft zu erhalten. Je erfolgreicher der Abweichler in dieser Hinsicht wird, desto wahrscheinlicher ist es, dass die Institution einem strukturellen Wandel unterzogen wird.

Wo und wann auch immer Menschen handeln, reproduzieren sie zumindest teilweise solche institutionalisierte Verhaltensmuster. Menschen, die einen bestimmten Ort aufsuchen, um zu beten, heiraten und Kinder aufziehen, an einer Cocktailparty teilnehmen, die Schule oder die Universität besuchen, zur Wahl gehen, Lebensmittel im Supermarkt kaufen, einen Arbeitsvertrag abschließen, einen Beruf ausüben oder ihr Auto an der Ampel bei Rot anhalten, folgen damit einem Verhaltensmuster, das in einer Handlungssituation nicht zufällig entstanden ist, sondern für viele Menschen in vielen Fällen und vielen Situationen über einen erheblichen Zeitraum hinweg gleich ist. Dieses Verhalten wird sicherlich durch die Wünsche des Individuums motiviert, aber es ist in der Situation nicht frei gewählt und geschaffen. Das Verhalten verkörpert den Wissensvorrat und die Vorschriften der Gesellschaft, die jedes Mitglied nutzt, wenn es bestimmte Handlungen durchführt und individuelle Bedürfnisse befriedigt. Diese Verhaltensmöglichkeit steht dem Individuum als Mitglied einer bestimmten Gesellschaft zur Verfügung. Ein anderes Verhalten ist für die Person nicht zugänglich oder würde zumindest negative Sanktionen durch die anderen Gesellschaftsmitglieder zur Folge haben.

Viele unserer Handlungen führen solche institutionalisierte Verhaltensmuster aus. Und genau diese institutionalisierten Verhaltensmuster bilden die Identität einer Gesellschaft. Wenn wir eine Gesellschaft kennen lernen wollen, müssen wir auf das typische wiederkehrende Verhalten ihrer Mitglieder achten, nicht auf zufällige Begebenheiten in bestimmten Situationen. Wenn wir eine Person begreifen wollen, werden wir versuchen, die wiederkehrenden Elemente ihres Verhaltens aufzudecken. Mit Gesellschaften ist das nicht anders. Wir erfassen den spezifischen Charakter einer Gesellschaft, indem wir die wiederkehrenden Verhaltensmuster in den Interaktionen ihrer Mitglieder enthüllen.

Früher Funktionalismus

Die institutionelle Dimension des gesellschaftlichen Lebens ist der Zielbereich eines Ansatzes zur Untersuchung der Gesellschaft, der in den 1940er und 1950er Jahren zum vorherrschenden Paradigma der Soziologie wurde. Es handelt sich um den Strukturfunktionalismus. Der Grundstein für dieses Paradigma wurde von Durkheim gelegt (1895/1973b), dann weiter von führenden Anthropologen, die das Funktionieren primitiver Gesellschaften untersuchten: Radcliffe-Brown (1922, 1935, 1952) und Malinowski (1922/1961, 1926, 1948). Durkheim etablierte den sozialen Tatbestand als spezifischen Gegenstand der Soziologie. Ihm zufolge liegt der soziale Tatbestand außerhalb des Individuums, übt einen Zwang zu bestimmten Handlungsweisen aus, ist allgemein im Charakter, d.h. allgemein bindend für jedes Mitglied einer Gesellschaft, und muss wie ein Ding studiert werden, das heißt als ein Objekt *sui generis*, das von den individuellen Dispositionen der Akteure losgelöst werden kann. Soziale Tatbestände sind institutionalisierte Verhaltensmuster im oben beschriebenen Sinn. Laut Durkheim sind sie da, noch ehe ein Individuum seine Handlungen in einer bestimmten Situation ausführt, und sie werden auch noch da sein, wenn diese Handlungen beendet sind.

Eine bestimmte Hochzeit ist nur ein Beispiel eines Verfahrens, das vor diesem einen konkreten Fall vielfach durchgeführt wurde und danach noch unzählige Male stattfinden wird. Alle Hochzeiten erfolgen nach demselben Schema. Was also dieser eine konkrete Fall zu dem Verfahren beiträgt, ist in erster Linie die konkrete Motivation der Akteure; diese wiederum ist vom vorhergehenden und laufenden Muster von Hochzeiten geprägt. Für den Soziologen ist deshalb nicht die Frage von Interesse, weshalb zwei Menschen heiraten, sondern wie sie es tun und weshalb es in dieser Gesellschaft auf eine typische, immer wiederkehrende Art und Weise geschieht.

Radcliffe-Brown und Malinowski untersuchten die immer wiederkehrenden Praktiken, die sie in Stammesgesellschaften antrafen, wie z.B. den Austausch von Gütern und Geschenken, Initiationsriten, Totengedenken, Begräbnisse, Zauberei, Bestrafungen und Versammlungen. Dies sind die institutionalisierten Muster der Interaktion, die den spezifischen Charakter der von ihnen unter die Lupe genommenen Gesellschaften ausmachen. Die Anthropologen interessierten sich nicht für vergängliche Aktivitäten, sondern für die typischen Phänomene dieser Gesellschaften. Daher konzentrierten sie sich auf die institutionelle Struktur. Was den Strukturfunktionalismus als Paradigma der Analyse entstehen ließ, war die Art und Weise, in der sie an eine Erklärung des *Fortbestands* dieser Phänomene herangingen. Sie waren bestrebt, die **Funktionen** aufzudecken, die das Ausführen bestimmter Praktiken für das Funktionieren und den Fortbestand der fraglichen Gesellschaft erfüllte. Besonders die Bewahrung der Integration und Solidarität der Gesellschaft wurde zum wichtigsten Referenzpunkt für solche funktionalen Analysen. Eine institutionelle Praxis wurde durch ihren Beitrag zur Integration und Solidarität der Gesellschaft erklärt. Aber auch andere Bezüge wurden ins Spiel gebracht, vor allem von Malinowski: biologische Bedürfnisse der Mitglieder der Gesellschaft, wie zum Beispiel das Bedürfnis nach Nahrung, psychische Bedürfnisse wie das Bedürfnis nach Hilfe, neben sozio-kulturellen Bedürfnissen wie Integration und Solidarität.

Der Ursprung dieser organizistischen Theorieanlage lag darin, dass die Gesellschaft mit biologischen Organismen gleichgesetzt wurde, ein Ansatz, den führende Sozialtheoretiker des 19. Jahrhunderts lancierten. Auguste Comte, Albert Schäffle, Herbert Spencer und René Worms trugen in der zweiten Hälfte des neunzehnten Jahrhunderts wesentlich zu dieser aufstrebenden organizistischen Sozialtheorie bei. Sie wurde einerseits vom Erfolg der Biologie als Modell des wissenschaftlichen Denkens begünstigt, andererseits war sie vom Wunsch beeinflusst, Wege zu einer geordneten Gesellschaft aufzuzeigen.

Durkheim sprach in seinem Werk *Die Regeln der soziologischen Methode* (Durkheim 1961) ausdrücklich die Frage einer funktionalen Erklärung institutioneller Praktiken an, aber er befürwortete den Funktionalismus nicht als selbstständiges Paradigma. Er erklärte klar und deutlich, dass es nicht genug sei, die Funktion eines sozialen Phänomens herauszustellen, um seine Existenz zu erklären; auch die Ursache für sein Entstehen müsse aufgedeckt werden. Nach seinem

Prinzip der Erklärung sozialer Phänomene durch soziale und nicht andere Phänomene, wie z.B. biologische oder psychische, forderte er auch, dass Ursache und Funktion vom Charakter her sozial sein müssen. Daher muss der funktionale Teil der Erklärung eines sozialen Phänomens mit sozialen und nicht mit individuellen Bedürfnissen im Zusammenhang stehen, ebenso wie der kausale Teil mit sozialen und nicht mit individuellen Ursachen verbunden sein muss.

Nehmen wir als Beispiel die australischen Aborigines, die Durkheim (1912/1968) anhand der anthropologischen Literatur seiner Zeit untersuchte. Sie versammeln sich regelmäßig, um bestimmte religiöse Riten durchzuführen. Dabei handelt es sich offenkundig um eine Institution. Wie können wir diese Institution erklären? Da ist auf der einen Seite die Ursache: die Menschen kommen nicht zufällig zusammen, sondern regelmäßig. Es ist nicht ein Zusammentreffen unabhängiger Wünsche von einzelnen, das zu einer Versammlung führt, sondern eine Verpflichtung, die sie gemeinsam als Mitglieder des Kollektivs verspüren, um ihre gemeinsame Tradition fortzuführen. Dies ist die soziale Ursache, die bedingt, dass die Mitglieder der Gesellschaft sich an der Versammlung beteiligen. Diese soziale Ursache für die Teilnahme der Mitglieder muss von der sozialen Ursache unterschieden werden, die zu ihrem Gefühl einer Verpflichtung für die Fortführung der etablierten Tradition führt. Dieses Gefühl entsteht aus ihrer gegenseitigen Solidarität. Der Effekt der gemeinsamen Feier religiöser Riten besteht darin, dass die Solidarität der Menschen bekräftigt wird, die an diesen Riten beteiligt sind. Wir können sagen, dass die Institution der regelmäßigen Durchführung religiöser Riten die soziale Funktion hat, die Solidarität der Gesellschaft zu bestätigen, insofern als alle relevanten Mitglieder sich daran beteiligen, ungeachtet der Tatsache, ob sie von dieser Wirkung wissen oder nicht. Dies ist der funktionale Teil der Erklärung. Er bezieht sich auf die Funktion der institutionalisierten Praxis für die Beibehaltung der Solidarität in dieser Gesellschaft.

Wie wir aus dieser Erklärung ersehen können, gibt es eine zirkuläre Wirkung bei der Ausübung religiöser Riten. Die Menschen fühlen sich verpflichtet, sich zu treffen, um gemeinsam einen religiösen Ritus auszuüben, weil sie einander in Solidarität verbunden sind. Dieses Gefühl veranlasst sie, dem Ruf der Veranstalter der Versammlung Folge zu leisten, und es motiviert auch die Veranstalter, die Mitglieder der Gesellschaft zusammenzurufen. Andererseits stärken die Versammlung selbst und das gemeinsame Ausüben der Riten ihre Solidarität als (unbeabsichtigte) Nebenwirkung. Dies ist die soziale Funktion des Treffens und die Ursache für ihr Gefühl der Verpflichtung, an künftigen Treffen teilzunehmen.

Durkheim selbst setzt kausale und funktionale Analyse nicht auf diese zirkuläre Weise miteinander in Verbindung. Das Beispiel stammt jedoch aus Durkheims Studie der Religion der australischen Aborigines und kann als Veranschaulichung für sein Prinzip gelten, die *sozialen* Ursachen und *sozialen* Funktionen eines *sozialen* Phänomens herauszustellen (Durkheim 1895/1973b; dt. 1961: 176-194). Ihre gegenseitige Stabilisierung in einem Kreislauf ist ein besonderer Fall der Verbindung zwischen Ursache und Funktion. Wir können dies tun, indem wir Durkheims Analyse der religiösen Riten auf die oben beschriebene Weise interpretieren. Die soziale Funktion eines sozialen Phänomens ist die Wirkung, die es auf die Gesellschaft hat, beispielsweise auf die Bewahrung ihrer Solidarität. In gewissem Sinn ist es lediglich die Wirkung, die aus einer speziellen Ursache resultiert.

Das Spezielle am Funktionalismus, wie er von den Anthropologen nach Durkheim geschaffen wurde, ist der Anspruch, ein soziales Phänomen lediglich durch die Funktionen zu erklären, die es erfüllt, ohne sich auf eine Analyse seiner Ursachen einzulassen, nicht einmal in der oben beschriebenen Art und Weise, bei der Ursache und Funktion in einem Kreislauf in einer Beziehung zueinander stehen. Der Fortbestand der Gesellschaft wird zur Ursache für die Existenz eines sozialen Phänomens, das eine positive Funktion für die Bewahrung der Gesellschaft ausübt. Für Malinowski (1926) erfüllt jedes soziale Phänomen eine unerlässliche Funktion für die Gesellschaft als Ganzes. Es befriedigt biologische Bedürfnisse nach Nahrung, Schutz und Fortpflanzung, psychische Bedürfnisse nach Hilfe, oder Bedürfnisse, die mit der Bewahrung von Kultur und sozialer Organisation in Verbindung stehen, wie z.B. Institutionen des Austauschs, der kollektiven Entscheidungsbildung, der sozialen Kontrolle und der Erziehung. Die Gesellschaft organisiert das Handeln, um biologische Bedürfnisse zu erfüllen, die zusätzliche psychische Bedürfnisse entstehen lassen; diese wiederum führen zu sozio-kulturellen Bedürfnissen hinsichtlich der Organisation einer Handlung auf höherer Ebene.

Obwohl Radcliffe-Brown (1935) Malinowskis emphatischem Funktionalismus widersprach und seinen eigenen Ansatz Strukturalismus nannte, kleidete er dennoch seine Analysen häufig in funktionalistische Begriffe, das heißt, er erklärte soziale Praktiken auf funktionale Weise. Er stritt ab, dass jedes soziale Phänomen existiert, weil es eine notwendige Funktion erfüllt. Er betonte, dass die Annahme der Einheit der Gesellschaft lediglich eine Hypothese sei, nach der eine funktionale Erklärung eines sozialen Phänomens als Beitrag zum Fortbestehen der Gesellschaft abläuft, nicht aber ein Postulat, dass jede Gesellschaft über eine solche Einheit verfügen müsse. Er argumentierte auch, dass wir nicht für jede Gesellschaft universelle Bedürfnisse annehmen können. Wir können nur bestimmte Existenzbedingungen für bestimmte Gesellschaften voraussetzen. Dennoch waren seine Erklärungen der Institutionen, die er in primitiven Gesellschaften entdeckte, sehr oft vom Wesen her funktional. Beispielsweise erklärte er die Existenz von Abstammungssystemen durch ihren Beitrag zur Bewahrung von Solidarität und das Vermeiden von Konflikten. Sie bestimmen die Verteilung von Eigentumsrechten unter Familien, ohne die jedes Mal ein Konflikt entstehen würde, wenn der gegenwärtige Besitzer stirbt. Das Abstammungssystem existiert, weil es hilft, Konflikte bei Eigentumsrechten zu vermeiden und dadurch dazu beiträgt, Solidarität zu bewahren. Dies ist eine funktionale Erklärung der Abstammungssysteme durch einfachen Bezug auf die Funktion, die sie erfüllen, um die Solidarität in der Gesellschaft zu erhalten. Die Logik einer solchen funktionalen Erklärung sieht folgendermaßen aus:

A. Wann immer eine Gesellschaft existiert, wird sie ein Mindestmaß an Solidarität aufweisen.
B. Wann immer es ein Abstammungssystem gibt, wird es dazu beitragen, die Solidarität zu bewahren.
C. Gesellschaft *a* existiert.

D. Gesellschaft *a* besitzt ein Abstammungssystem.

Die Ableitung von Satz D aus den Sätzen A, B und C ist nicht korrekt. Der Grund dafür besteht darin, dass es auch andere soziale Praktiken geben kann, die ein Mindestmaß an Solidarität zu bewahren helfen. Dabei handelt es sich um funktionale Alternativen. Die Existenz einer Gesellschaft allein erlaubt uns deshalb nicht den Schluss, dass auch notwendigerweise ein Abstammungssystem existiert. Die Tatsache, dass ein solches System vorliegt, ist nicht Beweis genug, um die Bewahrung der Solidarität durch andere Institutionen als das Abstammungssystem auszuschließen. Das Abstammungssystem kann z.B. schlecht ausgebildet sein, so dass es in Wahrheit zu Konflikten führt. Wenn die Gesellschaft Solidarität zur Schau stellt, so muss diese von anderen Quellen als dem Abstammungssystem kommen. Es kann daher ein Abstammungssystem geben, das in einer Gesellschaft Konflikte verursacht, die dennoch eine gewisse Solidarität aufweist.

In einigen Fällen kann ein Abstammungssystem ausreichend gut konzipiert sein, um Konflikte auszuschließen, so dass es die Solidarität unterstützt, die wiederum eine Quelle für seine Akzeptanz und seine Anwendung in konkreten Fällen ist. Dies wäre ein Fall einer zirkulären Beziehung zwischen Ursache und Wirkung, ähnlich wie bei Durkheims Analyse religiöser Riten. Dadurch könnten wir die funktionale Erklärung von Radcliffe-Brown in eine zirkuläre ursächliche umwandeln. Allerdings wäre normalerweise ein solches Verfahren keine ausreichende Erklärung für die Existenz eines Abstammungssystems. Eine vollständige Analyse müsste die Art und Weise herausstellen, in der es eingeführt und institutionalisiert wurde, ebenso die Art und Weise, in der es stabilisiert wird. Es wurde möglicherweise von einer herrschenden Gruppe etabliert, nach bestimmten Grundideen der Gesellschaft legitimiert und von der sozialen

Kontrolle und den Legitimationsverfahren stabilisiert. Diese Elemente tragen kontinuierlich zur Reproduktion des Abstammungssystems bei und gehen weit über die bloße Existenz der Gesellschaft hinaus. Diese speziellen Verfahren müssen in eine ausreichende Erklärung von Institutionen einbezogen werden, dringen aber nicht in eine Erklärung ein, die in rein funktionale Begriffe gefasst ist und eine Struktur mit einer notwendigen Funktion zur Bewahrung der Gesellschaft in Verbindung bringt.

Postulate des Funktionalismus

Robert K. Merton (1949/1968a) formulierte ein Paradigma der funktionalen Analyse, das mit einer grundlegenden Kritik an drei Postulaten der vorherrschenden Arten des Funktionalismus beginnt, Postulaten, die vor allem in Malinowskis Version des Funktionalismus wurzeln. Diese Postulate sind funktionale Einheit, universeller Funktionalismus und funktionale Notwendigkeit.

Funktionale Einheit

Funktionale Einheit ist das erste von Merton kritisierte Postulat. Sie bedeutet, dass eine Gesellschaft ein integriertes Ganzes ist, und dass die Mitglieder dieser Gesellschaft in Harmonie und Solidarität miteinander leben. In diesem Fall wird angenommen, dass eine institutionalisierte soziale Praxis und ein institutionalisierter Glaube in ihrer Existenz erklärt werden, weil sie eine positive Funktion für die Bewahrung der Gesellschaft als Ganzes erfüllen. Radcliffe-Brown formulierte dieses Prinzip als Hypothese mit dem Inhalt, dass wir beim funktionalen Erklären der Existenz eines sozialen Phänomens die Einheit der Gesellschaft voraussetzen müssen. Andernfalls stünden die Wirkungen dieses sozialen Phänomens im Widerspruch zueinander, da sie für einige Teile der Gesellschaft positiv, für andere Teile oder sogar die Gesellschaft insgesamt aber negativ wären.

Malinowski argumentiert gegen Radcliffe-Brown, dass die soziologische Schule die Solidarität der primitiven Gesellschaft überbetont und das Individuum missachtet habe, um zu zeigen, dass eine funktionale Erklärung auf die Funktionen einer sozialen Praxis oder eines Glaubens für die gesamte Kultur und das Individuum verweisen muss. So erklärt er den primitiven Glauben an das Übernatürliche nicht nur durch die positive Funktion, die er für die Integration, die technische und wirtschaftliche Effizienz der Kultur insgesamt erfüllt, sondern auch durch seine positive Funktion für das biologische und geistige Wohlbefinden der einzelnen Mitglieder. Wie Merton es formulierte, gibt er das Postulat der funktionalen Einheit nicht wirklich auf, sondern fügt nur das weitere Postulat hinzu, dass ein soziales Phänomen zusätzlich durch seine Funktion für die einzelnen Mitglieder der Gesellschaft erklärt werden muss.

Merton hat sicherlich recht, wenn er die Annahme infrage stellt, dass Gesellschaften die Qualität der funktionalen Einheit aufweisen. Wenn sich beispielsweise nur eine bestimmte Gruppe der Gesellschaft an einem bestimmten religiösen Ritus beteiligt, während andere ihre eigenen Riten haben, so helfen diese Riten zwar, die Solidarität der Gruppe zu bewahren, arbeiten aber gegen die Bewahrung der Solidarität zwischen den einzelnen Gruppen in dieser Gesellschaft. Wie er bemerkt, kann die Annahme einer funktionalen Einheit für primitive Gesellschaften durchaus angemessen sein, nicht aber für fortgeschrittenere Gesellschaften, die aus verschiedenen Gruppen mit unterschiedlichen Religionen, Lebensweisen und Interessen bestehen. Er scheint jedoch die spezifische Aussage des Postulats der funktionalen Einheit außer Acht zu lassen. Wenn Radcliffe-Brown argumentiert, dass eine soziale Praxis oder ein Glaube funktional durch den Beitrag für die Bewahrung des gesamten sozialen Lebens erklärt werden müssen, unter der Hypothese, dass die Gesellschaft ein integriertes Ganzes ist, so will er lediglich die Möglichkeit einer funktionalen Erklärung ausschließen, wenn die Bedingung der Einheit nicht erfüllt ist. Wann immer eine solche Einheit nicht besteht, muss die Existenz einer sozialen Praxis oder eines Glaubens durch andere Gründe als ihre Funktion für die Bewahrung der Gesellschaft erklärt werden, weil sie keine solch einheitliche Funktion besitzt. Sie muss beispielsweise durch die Herrschaft einer spezifischen Gruppe in der Gesellschaft erklärt werden, die eine bestimmte Praxis anwendet, weil sie ihren Überzeugungen entspricht, auch wenn sie Konflikte mit anderen Gruppen in der Gesellschaft hervorruft.

Malinowskis ergänzende Forderung, auch die positive Funktion einer sozialen Praxis oder eines Glaubens für jedes einzelne Mitglied der Gesellschaft aufzuzeigen, bedeutet eine noch weitere Verschärfung der Forderungen nach einer adäquaten funktionalen Erklärung. Sie basiert auf der Annahme, dass ohne derartige Auswirkungen für die einzelnen Mitglieder eine Praxis oder ein Glaube auch störende Wirkungen haben und somit Widerstand auslösen können, der gegen das Weiterbestehen der sozialen Praxis oder des Glaubens arbeitet. Radcliffe-Brown geht davon aus, dass eine funktionale Erklärung nicht angemessen ist, wenn die Gesellschaft kein integriertes Ganzes ist; Malinowski vermutet ebenfalls eine solche fehlende Adäquanz, wenn nicht gezeigt werden kann, dass ein soziales Phänomen positive Funktionen für jedes einzelne

Mitglied der Gesellschaft hat. Was Radcliffe-Brown und Malinowski formulieren, sind nicht Postulate, dass jede Gesellschaft eine funktionale Einheit aufweist und dass ein soziales Phänomen positive Funktionen für die gesamte Gesellschaft und auch für jedes einzelne Mitglied hat, sondern es sind Anforderungen an funktionale Erklärungen, die vom formalen Charakter der physiologischen Erklärung des Funktionierens von Organismen abgeleitet sind. Nur wenn diese Anforderungen erfüllt sind, können wir davon ausgehen, dass in der Gesellschaft keine Kräfte vorhanden sind, die gegen die Aufrechterhaltung einer sozialen Praxis oder eines Glaubens arbeiten, beispielsweise oppositionelle Gruppen oder einzelne abweichende Individuen. Nur in diesem Fall kann ein soziales Phänomen Teil eines integrierten Ganzen sein, und nur dann kann seine Existenz (oder besser: sein Fortbestehen) erklärt werden, weil es eine positive Funktion für die Bewahrung des Ganzen erfüllt.

Merton räumt ein, dass primitive Gesellschaften diesem Modell eines integrierten sozialen Systems erheblich näher kommen als fortgeschrittenere Gesellschaften; daher gehen die Anthropologen nicht völlig fehl mit ihrer Vermutung, wenn sie funktionale Erklärungen für soziale Praktiken und Glauben lancieren. Was aber bleibt noch, wenn wir das Postulat der funktionalen Einheit fallen lassen, wie Merton vorschlägt? Wir würden lediglich die Anforderungen an funktionale Erklärungen schwächen! Funktionale Erklärungen werden vollständig willkürlich, wenn wir nicht die Bedingungen eines integrierten Ganzen voraussetzen. Wenn diese Bedingungen nicht erfüllt sind, wäre es besser, andere Erklärungen als funktionale für soziale Phänomene zu suchen. Zumindest wird das Spektrum an zu berücksichtigenden Kriterien sehr breit, wenn funktionale Erklärungen ohne gegebene funktionale Einheit versucht werden sollen. Das zeigen Mertons 12 Punkte funktionaler Analyse, auf die wir noch eingehen werden.

Universeller Funktionalismus

Das zweite von Merton kritisierte Postulat ist dasjenige des **universellen Funktionalismus**, das besagt, dass jedes soziale Phänomen eine positive Funktion erfüllt. Dieses Postulat wurde besonders von Malinowski vertreten. Merton hat wiederum recht, wenn er abstreitet, dass jedes soziale Phänomen eine solche Rolle in der Gesellschaft spielt. Es gibt viele soziale Phänomene, die keinen Beitrag zum Fortbestehen der Gesellschaft leisten oder diesen sogar gefährden. Aber darauf kommt es Malinowski auch gar nicht an. Was er sagt, muss mit Vorbehalt interpretiert werden. Wenn die Gesellschaft ein funktionierendes Ganzes ist, wie ein Organismus, so besteht sie aus Teilen, die alle spezifische

Beiträge zum Funktionieren der Gesellschaft leisten. Wenn die Gesellschaft kein solches funktionierendes Ganzes darstellt, ist der funktionalistische Ansatz für eine Erklärung ihrer Eigenschaften nicht realisierbar. Daher muss das Postulat des universellen Funktionalismus als zusätzliche Anforderung an funktionale Erklärungen betrachtet werden, nicht aber als Feststellung einer Tatsache. Nur wenn wir annehmen können, dass ein soziales System ein funktionierendes Ganzes ist, können wir nach funktionalen Erklärungen für seine einzelnen Teile suchen. Anderenfalls müssen wir uns nach anderen Erklärungen umsehen. Merton lässt diesen Aspekt, der in die gleiche Richtung zielt wie seine eigenen Argumente, außer acht. Statt dessen führt er das Kriterium ein, dass positive Funktionen eines sozialen Phänomens deutlich gegenüber negativen überwiegen müssen oder zumindest eine mächtige Gruppe einen Nutzen aus dem Phänomen zieht, um eine funktionale Erklärung ansetzen zu können. Erneut versucht er hier, die Strategie einer funktionalen Erklärung unter dafür nicht adäquaten Bedingungen aufrecht zu erhalten. Wenn die Gesellschaft kein funktionierendes Ganzes ist, das aus Einzelteilen besteht, die zu seinem Funktionieren beitragen, dann müssen wir mit funktionalen Erklärungen sozialer Phänomene sehr vorsichtig sein.

Funktionale Notwendigkeit

Das dritte von Merton kritisierte Postulat ist dasjenige der unbedingten **funktionalen Notwendigkeit**. Es bedeutet, dass ein soziales Phänomen notwendigerweise eine Funktion für die Gesellschaft und ihre einzelnen Mitglieder erfüllen muss, wie Malinowski es formulierte. Merton hat wiederum recht, wenn er argumentiert, dass es oft Alternativen zu einem speziellen sozialen Phänomen gibt, die dieselbe Funktion erfüllen können. Ein Phänomen, wie z.B. die Praxis eines bestimmten Glaubens, ist daher nicht unabdingbar. Erneut aber fehlt hier das Wesentliche. Was Malinowski aussagt, darf nicht als Feststellung einer Tatsache interpretiert werden, sondern ist als Anforderung an funktionale Erklärungen zu verstehen. Nur wenn wir die Möglichkeit ausschließen können, dass innerhalb einer Gesellschaft Alternativen vorhanden sind, um eine spezifische Funktion zu erfüllen, und nur wenn wir davon ausgehen können, dass diese spezifische Funktion eine Voraussetzung für die Aufrechterhaltung der Gesellschaft ist, können wir die Existenz eines sozialen Phänomens funktional erklären. Ansonsten müssen wir auf andere, nämlich kausale oder interpretative Erklärungen zurückgreifen. Merton allerdings hält auch unter diesen Bedingungen am funktionalistischen Ansatz fest und will eher nach strukturellen Zwängen suchen, die das Spektrum möglicher Alternativen einschränken, als nach nicht-funktionalen Erklärungen.

Ein Paradigma für die funktionale Analyse

Generell können wir sagen, dass Merton die Postulate der funktionalen Einheit, Universalität und Notwendigkeit als Feststellungen von Tatsachen kritisiert und ihr Wesen als Anforderungen an adäquate funktionale Erklärungen nicht konsequent würdigt. Wie er selbst zugibt, waren die Anthropologen, die geschlossene Gemeinschaften erforschten, viel eher in der Lage, mit solchen Annahmen zu arbeiten, als Soziologen, die fortgeschrittenere Gesellschaften untersuchen, die diese Anforderungen nicht erfüllen. Da er aber die Postulate nicht als Anforderungen an adäquate funktionale Erklärungen interpretiert, begibt er sich auf den schwierigen und gefährlicheren Weg, funktionale Erklärungen als Strategie zur Untersuchung moderner Gesellschaften voranzutreiben. Schauen wir uns einmal an, wie er versucht, diese Aufgabe zu erfüllen. Wir können Mertons Paradigma für die funktionale Analyse in folgende zwölf Aussagen fassen (Merton 1949/1968a: 104-108).

1. Die Dinge, denen Funktionen zugeteilt werden, müssen standardisierte soziale Phänomene sein, wie z.B. „**soziale Rollen**, institutionalisierte Muster, soziale Prozesse, kulturelle Muster, kulturell strukturierte Emotionen, soziale Normen, Gruppenorganisation, Sozialstruktur, Vorrichtungen zur sozialen Kontrolle etc." (Merton 1949/1968a: 104). Daher konzentriert sich die funktionale Analyse auf immer wiederkehrende institutionalisierte Muster der Interaktion, nicht aber auf vergängliche Aspekte des sozialen Lebens.
2. Die subjektiven Dispositionen von Akteuren, die eine soziale Praxis durchführen, müssen umrissen und von den objektiven Folgen dieser Praxis unterschieden werden.
3. Die objektiven Folgen eines Phänomens müssen insofern aufgezeigt werden, als sie positive, negative oder neutrale Auswirkungen auf ein gegebenes System haben. Positive Auswirkungen sind Funktionen, negative Effekte sind **Dysfunktionen**, **neutrale Wirkungen** sind nicht funktional. Die Ausgewogenheit von Funktionen und Dysfunktionen muss geprüft werden. **Funktionen** können **manifest** sein, d.h. von den Teilnehmern am System beabsichtigt und anerkannt, oder aber **latent**, d.h. weder beabsichtigt noch anerkannt.

4. Die Einheiten, für die ein Phänomen Folgen hat und daher Funktionen bzw. Dysfunktionen erfüllt, müssen differenziert werden: „Individuen mit unterschiedlichem **Status**, Untergruppen, das breitere soziale System und Kultursysteme“ (Merton 1949/1968a: 106).
5. Die funktionalen Anforderungen zur Aufrechterhaltung eines Systems müssen benannt werden.
6. Die Mechanismen, durch die Funktionen erfüllt werden, müssen spezifiziert werden. Es handelt sich dabei um allgemeinere Typen institutioneller Formen, von denen die untersuchten Phänomene spezifische Fälle darstellen, zum Beispiel Herrschaft als allgemeiner Mechanismus zum Erreichen kollektiv bindender Entscheidungen und das konkrete patriarchalische System in einer Gesellschaft als besonderer Fall von Herrschaft.
7. Die funktionalen Alternativen zum Erfüllen einer besonderen Funktion müssen aufgezeigt werden.
8. Der strukturelle Kontext, innerhalb dessen ein Phänomen auftritt, muss hinsichtlich seiner einschränkenden Auswirkungen auf die positiven Alternativen zum Erfüllen einer besonderen Funktion beschrieben und analysiert werden.
9. Um strukturellen Wandel ebenso zu analysieren wie soziale Statik, muss man vor allem darauf achten, ob Dysfunktionen innerhalb eines bestimmten strukturellen Kontextes unter Kontrolle gehalten werden oder ob sie sich steigern und zu Belastungen und Spannungen führen, so dass sie einen Druck ausüben, der zu struktureller Veränderung führt, was wiederum die Belastungen und Spannungen reduziert.
10. Funktionale Erklärungen müssen durch vergleichende Analysen geprüft werden.
11. Funktionale Analyse muss ideologisch neutral gehalten werden, ohne Bevorzugung der konservativen Stabilisierung oder des radikalen Wandels eines sozialen Systems.
12. Wenn wir eine soziale Praxis beschreiben, die funktional erklärt wird, müssen folgende Aspekte enthalten sein:
    a) Lokalisierung der Teilnehmer in der Sozialstruktur,
    b) alternative Verhaltensweisen, die vom Muster ausgeschlossen werden.
    c) emotionale und kognitive Bedeutung des Musters für die Teilnehmer,
    d) Unterschied zwischen Motivation und objektivem Verhalten,
    e) Verhaltensregularien, die Teil des Musters sind, von den Teilnehmern aber nicht erkannt werden.

Bei der praktischen Durchführung der funktionalen Analyse enthüllte Merton **latente Funktion**en sozialer Phänomene, um sie zu erklären. Er gab einige

Beispiele für eine solche Analyse (Merton 1949/1968a: 109-136). Wir greifen aus seinem Werk zur beispielhaften Verdeutlichung seine Analysen von informellen Gruppen in formalen Organisationen und von Prestigekäufen sowie seine Untersuchung zum **Rollenset** heraus.

Informelle Gruppen und Prestigekäufe

Merton argumentierte, dass die Studien von Hawthorne Western Electric zu fruchtbaren Erklärungen gelangten, als die latenten Funktionen der standardisierten Praktiken von Arbeitern und von informeller Organisation aufgezeigt wurden (Roethlisberger und Dickson 1939; Mayo 1945). Wie Veblen (1928) in seiner Studie über die Freizeitklasse zeigte, lässt sich das anhaltende Muster des Verbrauchs renommierter Produkte durch die Freizeitklasse erklären, indem man auf die Funktion zurückgreift, die dieses Muster für die Bestätigung des angesehenen Status von Menschen erfüllt, die als Mitglieder dieser Klasse gelten wollen. Dies nennt man Prestigekauf.

Können wir aber die informelle Gruppenorganisation und das entsprechende Produktivitätsmuster durch ihre latente Funktion für das Funktionieren der Organisation, die Solidarität der Gruppe bzw. die Identität des einzelnen Arbeiters erklären? Es ist unvermeidbar, dass Arbeiter, die täglich zusammenarbeiten, eine eigene Gruppe bilden, die ihre eigenen Produktivitätsnormen definiert, je autonomer sie in dieser Hinsicht sind, ganz gleich ob dies positive Funktionen für das Unternehmen, die Gruppe oder die Einzelnen hat oder nicht. In vielen Fällen schafft dieses Phänomen eine Belastung für alle: das Unternehmen, die Gruppe und die Einzelnen. Dennoch existiert es, was beweist, dass seine Existenz nicht durch Bezugnahme auf positive Funktionen erklärt werden kann. Dasselbe gilt für den Prestigekauf. Allein die Existenz dieses Musters schafft große Belastungen für die Individuen, die sich zur Teilnahme gedrängt fühlen, da sie ansonsten ihren Status gefährden würden. Die Erklärung für dieses Verhalten ist daher nicht seine positive Funktion für das Erreichen eines hohen Status, sondern der Druck, den führende Figuren auf jene ausüben, die mit ihnen verbunden sein möchten.

Der Rollenset

Ein weiteres Beispiel für Mertons funktionalen Ansatz ist die Theorie des Rollensets (Merton 1957). Merton unterscheidet Status und Rolle als grundlegende Elemente der Sozialstruktur. Ein Status – wie Vater, Mutter, Sohn,

Lehrer, Anwalt, Verkäufer, Kunde – ist eine Position im sozialen System. Der Status beinhaltet zugeteilte Rechte und Verpflichtungen, die in den schematischen Erwartungen der anderen ausgedrückt sind. Die Rolle ist das Verhalten des Statusinhabers, das auf diese schematischen Erwartungen abgestimmt ist. Jeder Status hängt mit einer ganzen Reihe von Bezugsgruppen zusammen, von denen jede ihre eigenen Erwartungen hat. So gibt es ein ganzes Netz von Rollen, die mit einem Status verbunden sind; jede Rolle ist wiederum mit einer spezifischen Bezugsgruppe verbunden. Dieses Ensemble nennt Merton „Rollenset". Der Lehrer spielt für die verschiedenen Bezugsgruppen in seinem Rollenset jeweils eine andere Rolle. Er wird mit den Erwartungen von Schülern, Eltern, Kollegen, dem Schulvorstand und der Leitung konfrontiert und verhält sich jedem von ihnen gegenüber anders.

Der Rollenset beinhaltet immer eine ganze Reihe konfligierender Erwartungen. Die unterschiedlichen Positionen der Bezugsgruppen in der Gesellschaft lassen verschiedene Werte und Interessen entstehen und führen somit auch zu unterschiedlichen und miteinander konfligierenden Rollenerwartungen. Ein zu hohes Maß dieses Konflikts gefährdet das Funktionieren und die Entwicklung der Gesellschaft. Um mit dieser funktionalen Anforderung fertig zu werden, benötigt die Gesellschaft Mechanismen zum Vermeiden, Eingrenzen und Lösen von Konflikten im Rollenset. Jede Gesellschaft, die weiter funktioniert und arbeitet, hat solche Mechanismen institutionalisiert. Merton entdeckte sechs Mechanismen zum Lösen von Konflikten im Rollenset, die Teil der Sozialstruktur sind und nicht einfach Strategien einzelner Individuen, wie er betont:

- Die Bedeutung eines Status für das Individuum ist relativ. Für den Lehrer kann sein beruflicher Status von zentraler Bedeutung sein, während für andere im Rollenset ihr Status und die entsprechende Beziehung zum Lehrer nur von peripherer Bedeutung ist. Diese unterschiedliche Bedeutung, die dem unterschiedlichen Status zugemessen wird, schränkt die Möglichkeiten intensiver Konflikte ein.
- Machtunterschiede im Rollenset dienen als Mittel, um Konflikte einzugrenzen. Die mächtigeren Bezugsgruppen können ihre Erwartungen effektiver durchsetzen; eine Koalition der schwächeren Bezugsgruppen vergrößert deren Macht und somit die Effektivität ihrer Erwartungen. Ein Gleichgewicht der Macht bietet dem Lehrer mehr Möglichkeiten, die Bezugsgruppen gegeneinander auszuspielen.
- Nicht alle Rollenaktivitäten eines Statusinhabers sind für alle Mitglieder des Rollensets im gleichen Umfang wahrnehmbar. Dies trägt zur Konfliktvermeidung bei.
- Sofern die Bezugsgruppen ein Bewusstsein des konfligierenden Charakters ihrer Erwartungen gewinnen, werden sie sich mehr mit der Beilegung dieses

Konflikts beschäftigen. Der Statusinhaber muss damit nicht mehr den Konflikt in den Rollenerwartungen für sich selbst lösen.

- Inhaber des gleichen Status, z.B. Lehrer, die mit ähnlich konfligierenden Rollenerwartungen konfrontiert werden, können einander Hilfe leisten und es somit dem einzelnen leichter machen, mit dem Konflikt umzugehen.
- In einer begrenzten Anzahl von Fällen kann ein Individuum, das in einem Rollenset mit zu viel Konflikt konfrontiert wird, die Beziehung abbrechen. Soweit die Individuen diese Möglichkeit haben, gibt es einen Trend zum Abbrechen von Beziehungen in Rollensets, bei denen zu viel Konflikte bestehen, und zur Beibehaltung von jenen, die ein verarbeitbares Maß an Konflikten in sich bergen. Allerdings wird eine gewisse Menge an Restkonflikten immer bleiben.

Zusammenfasung

Das Paradigma der funktionalen Analyse

1. Gegenstand funktionaler Analyse sind wiederkehrende, institutionalisierte Muster der sozialen Interaktion.
2. Die funktionale Erklärung einer sozialen Praxis als institutionalisiertes Muster der sozialen Interaktion muss folgende Aspekte berücksichtigen:
   - subjektive Dispositionen der Akteure
   - objektive Folgen des Musters im Hinblick auf positive, negative und neutrale Auswirkungen auf ein gegebenes System als Ganzes und auf Untereinheiten des Systems
   - funktionale Anforderungen des Systems
   - Mechanismen, welche die Funktionen erfüllen,
   - funktionale Alternativen
   - struktureller Kontext des Musters
   - Dysfunktionen
   - Vergleich meherer Systeme
   - ideologische Neutralität
3. Die Beschreibung einer sozialen Praxis muss beinhalten:
   - Lokalisierung der Teilnehmer in der Sozialstruktur
   - ausgeschlossene Verhaltensweisen
   - emotionale und kognitive Bedeutung des Musters für die Teilnehmer
   - Unterschied zwischen Motivation und objektivem Verhalten
   - von den Teilnehmern nicht erkannte Verhaltensregularien

Der Rollenset

1. Die Gesellschaft besteht aus Status und Rollen, die miteinander in Zusammenhang stehen.
2. Der Status ist eine bestimmte Position in der Gesellschaft; die Rolle ist das Verhalten der Statusinhaber, orientiert an den Rollenerwartungen von Bezugsgruppen, die mit diesem Status in Verbindung stehen.
3. Die Wechselbeziehung zwischen einem Status und verschiedenen Bezugsgruppen bildet ein Rollenset.
4. Die verschiedenen Positionen von Bezugsgruppen in der Gesellschaft lassen divergierende und konfligierende Werte, Interessen und Rollenerwartungen entstehen.
5. Je mehr die Gesellschaft weiter funktioniert, desto mehr entwickelt sie Mechanismen zum Vermeiden, Eingrenzen und Lösen von Konflikten in Rollensets, wie die relative Bedeutung von unterschiedlichen Status, Machtunterschiede zwischen den Mitwirkenden im Rollenset, Bewusstwerden konfligierender Forderungen bei den Mitwirkenden im Rollenset, Verborgensein von Rollenaktivitäten gegenüber der Beobachtungsmöglichkeit durch Teilnehmer am Rollenset, gegenseitige Unterstützung unter den Statusinhabern und Abbrechen der Beziehungen im Rollenset.

Kritische Würdigung

Mertons Paradigma der funktionalen Analyse bietet eine nützliche Basis für die Erklärung des Fortbestehens und des Wandels von sozialen Praktiken bzw. institutionalisierten Mustern der sozialen Interaktion. Es bedarf jedoch der Ergänzung durch Elemente, die von anderen Theorieansätzen genauer ausgeleuchtet werden. Das Paradigma eignet sich insbesondere für die empirische Untersuchung konkreter institutioneller Muster und die Entwicklung von Theorien mittlerer Reichweite, denen Merton den eindeutigen Vorzug vor einer Großtheorie gab, wie sie Talcott Parsons zu entwicklen versuchte.

Mertons Ansatz kann deshalb zurecht als empirischer Funktionalismus bezeichnet werden. Die Leistungsfähigkeit dieses Ansatzes kann am besten anhand zweier Beispiele aus Mertons Werk kritisch gewürdigt werden. Es handelt sich zum einen um eine Analyse der politischen Maschine als Teil des amerikanischen politischen Systems und zum anderen um eine Untersuchung zum Entstehen von abweichendem Verhalten im Rahmen einer Theorie der **Anomie**, die an Emile Durkheim anschließt.

Die politische Maschine

Eine explizite funktionale Erklärung bietet Merton für ein weit verbreitetes Phänomen der amerikanischen Demokratie: die **politische Maschine** (Merton 1949/1968a: 126-136). Es handelt sich dabei um eine informelle Vereinigung von Menschen, geführt von einem Boss, die das politische System so stark infiltriert, dass diese Verbindung zum eigentlichen handelnden Akteur in der lokalen politischen Entscheidungsfindung wird. Eine Verbindung mit dieser Organisation wird zur wichtigsten Voraussetzung für politischen Erfolg. Wo die politische Maschine etabliert worden ist, kann nichts ohne ihre Unterstützung getan werden, geschweige denn gegen ihren Widerstand. Die Maschine ist insbesondere ein Phänomen der großen Städte.

Wie erklärt Merton dieses Phänomen in funktionalen Begriffen? Er beschreibt zunächst das Phänomen als institutionalisierte Praxis. Dies ist das Phänomen, das erklärt werden muss. Dann verweist er auf ein strukturelles Element der amerikanischen Demokratie, das einen Bedarf nach informeller Führerschaft entstehen lässt: die Aufsplitterung der Macht durch das System der *checks and balances*, wie es von den Gründervätern der US-Verfassung konzipiert wurde. Dies ist eine funktionale Voraussetzung des politischen Systems: Führerschaft, um zu kollektiv bindenden Entscheidungen zu gelangen, auch wenn Konflikte bestehen. Die politische Maschine erfüllt diese Voraussetzung. Sie bietet eine Führerschaft, die das Aufsplittern der Macht im System der *checks and balances* durchbrechen kann.

Allerdings ist dies nicht das einzige Bedürfnis, das von der politischen Maschine erfüllt wird. Sie bedient auch die Bedürfnisse höchst unterschiedlicher Gruppen. Zunächst bietet sie Hilfe und Unterstützung für die Schwachen und Armen, unabhängig von bürokratischen Einschränkungen – also erheblich flexibler als die offizielle Bürokratie. Dann unterstützt sie legitime Geschäfte durch Regulierungen, neue Chancen zum Gewinnemachen, Privilegien und die Verringerung von Wettbewerb, ohne eine permanente Regierungskontrolle einzuführen. Außerdem tut sie dasselbe für die illegitimen Geschäfte wie Schmuggel, Drogenhandel und Prostitution. Weiterhin bietet sie all jenen Chancen für Mobilität nach oben innerhalb der Maschine selbst, die sich nicht stark genug fühlen, ohne solche Hilfe Erfolg zu haben.

So lautet Mertons funktionale Erklärung der politischen Maschine. Sie basiert auf folgender allgemeiner These:

> Je mehr die Funktionen einer sozialen Praxis oder eines Glaubens zur Aufrechterhaltung eines sozialen Systems deren Dysfunktionen übertreffen, je mehr die Funktionen zum Bedienen der Interessen sozialer Gruppen die

> Dysfunktionen überragen und je größer die Anzahl und Macht dieser Gruppen ist – ganz gleich, ob solche Funktionen und Dysfunktionen manifest oder latent sind –, desto mehr wird diese soziale Praxis oder der Glaube fortbestehen, nachdem sie sich erst einmal etabliert haben.

Das Fortbestehen der politischen Maschine erklärt sich durch diese allgemeine These. Man muss allerdings feststellen, dass die Erklärung nur auf das *Fortbestehen* der politischen Maschine zutrifft, *wenn diese erst einmal etabliert ist.* Ihre Etablierung selbst muss historischen Umständen überlassen werden. In diesem Zusammenhang können wir lediglich sagen, dass die Bedingungen, die für das Fortbestehen der politischen Maschine verantwortlich sind, dazu beitragen, den politischen Akteuren ihre Einführung zu erleichtern. Die Tatsache jedoch, dass wir Mertons Argument in kausale Begriffe fassen konnten, zeigt, dass wir seine Analyse durchführen können, ohne wirklich funktionale Erklärungen anzuwenden.

Was dann noch bleibt, ist der inhaltliche Charakter des Arguments. Hier sehen wir, dass sich Mertons struktureller Funktionalismus mit der Erklärung institutioneller Strukturen als dauerhaften Aspekten des sozialen Lebens befasst. Die Veränderung dieser institutionellen Strukturen wird durch die Steigerung von Dysfunktionen, Belastungen, Druck und Anomie erklärt, die der Aufrechterhaltung eines geordneten sozialen Lebens entgegenlaufen. Somit provoziert Unordnung eine Veränderung und bewegt die Gesellschaft zur Etablierung einer neuen Ordnung institutioneller Strukturen.

Worin besteht der inhaltliche Charakter von Mertons Erklärung der politischen Maschine? Im Vordergrund steht ihr Nutzen für verschiedene Gruppen. Wenn wir zu Mertons allgemeiner Darstellung des Paradigmas zurückkehren, sehen wir auch, dass die von der Maschine bedienten Gruppen mächtiger sein müssen als jene, denen sie nicht hilft. Außerdem gibt es noch ein allgemeineres Bedürfnis für das gesamte von der politischen Maschine bediente System: das Bedürfnis nach kollektiv bindenden Entscheidungen, das Führerschaft voraussetzt. Wie Merton betont, muss eine *Konvergenz der Interessen* mächtiger sozialer Gruppen und der gesamten Gesellschaft bestehen, damit eine institutionelle Struktur ausreichend unterstützt wird, die ihr Fortbestehen sichert. Und genau diese *Konvergenz der Interessen* trägt das ganze Gewicht seiner Erklärung. Gäbe es keine Konvergenz der Interessen, so müsste er die Institution durch das Interesse der mächtigsten Gruppe erklären, die von dieser Institution gestützt wird. Indem er diesen Standpunkt vertritt, ersetzt er den Bezugspunkt der einfachen Solidarität der Anthropologen durch die mittels Macht gestützte Konvergenz der Interessen. Dies ist eine Umwandlung des Funktionalismus, die von jenen Elementen moderner Gesellschaften bedingt scheint, die sie vom Wesen her heterogener machen als einfache Gesellschaften. Allgemein gesehen hat Merton recht, wenn er diese Veränderung vollzieht, aber er übersieht dabei den minimalen Beitrag der Solidarität und der entsprechenden Aspekte der Vereinigung für die Stabilisierung institutioneller Strukturen auch in modernen Gesellschaften. Außerdem übergeht er den Beitrag der Legitimierungs- und Delegitimierungsprozesse für die Stabilisierung und Zerstörung institutioneller Strukturen.

Eine Institution wird vom Wesen her auch in modernen Gesellschaften bindender, wenn verschiedene Gruppen in dieser Institution in gemeinsamen Praktiken zusammengezogen werden, die dazu beitragen, eine gemeinsame Lebenswelt aufzubauen. In diesem Fall wird die Institution zum Teil der Lebenswelt verschiedener Gruppen und schlägt somit eine Brücke zwischen diesen Gruppen, die mehr als eine zufällige Konvergenz von Interessen ist. Das Verschmelzen der Institution mit der Lebenswelt der Gruppen lässt ihr Fortbestehen unabhängiger vom Bedienen konkreter Interessen werden. Sie kann dann fortbestehen, ohne bestimmten Interessen zu dienen.

Außerdem ist eine institutionelle Struktur ohne ausreichende Legitimierung durch die vorherrschenden kulturellen Werte in Prozessen der Kommunikation und des Diskurses immer der Gefahr ausgesetzt, von oppositionellen Gruppen angegriffen zu werden. Ihre Fortführung setzt Legitimierung durch die vorherrschenden kulturellen Ideen voraus. Andererseits übt ein Widerspruch zwischen kulturellen Ideen und institutionellen Strukturen einen Druck in die Richtung der Veränderung dahingehend aus, dass die Strukturen den Ideen näher gebracht werden.

Es gab erfolgreiche Versuche, politische Maschinen zu verdrängen, indem eine lokale Regierung ohne Parteibindung eingesetzt wurde. In einigen Städten wurden politische Maschinen zerstört, als institutionelle Reformen durchgeführt wurden, die unter Bezug auf die US-Verfassung die politische Maschine der Legitimität beraubten. Ohne systematischen Raum für Legitimationsprozesse innerhalb unseres theoretischen Bezugsrahmens könnten wir diese Zerstörungen politischer Maschinen nicht erklären.

Bedauerlicherweise gibt es in Mertons Paradigma des strukturellen Funktionalismus keinen Raum für solche Legitimierungs- und Delegitimierungsprozesse. Er befasst sich vielmehr mit der Konvergenz von Interessengruppen mit ausreichend Macht, um ihre Interessen durchzusetzen. Dies ist sicherlich eine wichtige Dimension zur Erklärung einer institutionellen Struktur. Allerdings reicht sie nicht aus für eine vollständige Erklärung. Wir müssen auch den Verlauf von Machtkonflikten in ihrer eigenen Logik untersuchen, die Vereinigung von Gruppen und Menschen in einer Institution, z.B. auch wie sie mit der Lebenswelt dieser Gruppen verschmilzt, sowie die Prozesse der Legitimierung und Delegitimierung. Um diese Aufgabe zu erfüllen, müssen wir Macht- und Konflikttheorien heranziehen, Theorien der normativen Strukturierung der Lebenswelt, der Kommunikation, des Diskurses und der Legitimation.

Wenn wir Theorien zu wirtschaftlichen Transaktionen konsultieren, so kann dies bessere Argumente für konvergierende Interessen liefern. Beispielsweise müssen wir wissen, dass eine Institution ein Kollektivgut ist und nicht spontan angeboten wird, je größer eine Gesellschaft wird, auch im Falle konvergierender Interessen. Ihre Etablierung und Fortführung benötigen zusätzliche Unterstützung, beispielsweise das Handeln politischer Unternehmer, die zur Übernahme der Führung im Aufbau und in der Leitung von Institutionen bereit sind. Im Lichte dieses Arguments betont Merton die Rolle des Bosses in der politischen Maschine zu wenig. Ohne aktiven Boss gäbe es keine politische Maschine. Sie ist in Gefahr oder bricht sogar zusammen, wenn der Boss ausscheidet und kein neuer Boss in Sicht ist. Wir müssen uns der genannten Mängel in Mertons strukturellem Funktionalismus bewusst sein, ohne seine Verdienste deswegen zu leugnen. Diese Verdienste liegen darin, dass er unsere Aufmerksamkeit darauf lenkt, was eine Gesellschaft ausmacht und sie einzigartig werden lässt und von anderen Gesellschaften, ihren Vorgängern und ihren Nachfolgern unterscheidet – die institutionalisierten Muster des sozialen Lebens, nicht seine vergänglichen Aspekte. Allerdings ist die Konvergenz der Interessen nur eine Antwort auf die vom strukturellen Funktionalismus erhobene Frage. Diese Frage erfordert eine weit umfassendere Antwort, und wir können nicht ohne die Hilfe der vielen anderen paradigmatischen Beiträge zur soziologischen Theorie zu dieser Antwort gelangen (siehe Sztompka 1974, 1986).

Sozialstruktur und Anomie

Sein meist gelesener Artikel „Social Structure and Anomie" (Merton 1949/1968b, 1949/1968c) wird von Merton als Beispiel einer funktionalen Analyse betrachtet. Er ist auch ein Beispiel für eine Theorie der mittleren Reichweite, die er großen Theorien wie Parsons' Handlungstheorie und Systemtheorie (1937/1968, 1951) entgegensetzt, die bestrebt sind, die gesamte menschliche Welt zu erfassen (Merton 1949/1968a). Theorien mittlerer Reichweite gehen über praktische empirische Verallgemeinerungen hinaus, wollen aber nicht die Gesellschaft insgesamt erfassen. Sie versuchen, ein spezifisches Element der Gesellschaft systematisch zu erklären. Das Element, das hier zur Debatte steht, ist die Existenz von konformem und abweichendem Verhalten bezüglich der in der Gesellschaft institutionalisierten Normen. Das Argument, das diesen Aspekt der Gesellschaft erklären soll, sieht folgendermaßen aus:

Die Kultur einer Gesellschaft setzt einerseits Ziele wünschenswerter Zustände für die Mitglieder. Andererseits definiert sie die legitimen Mittel zum Erreichen dieser Ziele. Wenn beide Teile dieser Kultur gleichermaßen bindend für die Mitglieder der Gesellschaft sind, herrscht ein Gleichgewicht. Wenn ein Teil bindender ist als ein anderer, besteht ein Ungleichgewicht. Ein solches Ungleichgewicht erfordert ein Verhalten, das der Wiederherstellung des Gleichgewichts dient. Es übt einen Druck auf die einzelnen Mitglieder der Gesellschaft aus, ihr Verhalten dieser Situation anzupassen. Nach Merton gibt es fünf Arten der Anpassung an die kulturelle Struktur der Gesellschaft (Tab. 1.1).

Tab. 1.1: Typen der Anpassung

	Commitment / Zugang zu	
	kulturellen Zielen	institutionalisierten Mitteln
Konformität	+	+
Innovation	+	-
Ritualismus	-	+
Rückzug	-	-
Rebellion	-/+	-/+

Die ersten beiden Hypothesen lauten:

1. Je mehr ein Zustand des Gleichgewichts herrscht und Ziele und Mittel gleichermaßen bindend sind, desto mehr reagieren die Individuen durch Konformismus auf die Ziele und die institutionell vorgegebenen Mittel.
2. Je mehr die Ziele vorherrschen und die Mittel zu ihrer Erreichung schwach institutionalisiert sind, und je weniger die Individuen Zugang zu legitimen Mitteln haben, desto mehr reagieren die Individuen durch den Einsatz illegitimer Mittel, nämlich durch Innovation.

Die zweite Hypothese gilt vor allem für die amerikanische Gesellschaft, die viel stärker leistungsorientiert und auf Reichtum fixiert ist als auf die legitimen Mittel zur Leistung, und die nicht jedem den gleichen Zugang zu diesen legitimen

Mitteln ermöglicht. Damit übt sie einen Druck aus, dieses Ungleichgewicht auszugleichen, indem illegitime Mittel eingesetzt werden. Diesen Druck bekommt vor allem die benachteiligte Unterklasse zu spüren. Bezugnehmend auf Durkheim nennt Merton dieses Ungleichgewicht einen Zustand der Anomie.
Die übrigen drei Hypothesen können wie folgt formuliert werden:

3. Je mehr die Mittel stark institutionalisiert, die Ziele aber weniger deutlich sind, desto mehr gehen die Individuen mit den Mitteln konform, ohne ihre Effizienz zum Erreichen der Ziele zu berücksichtigen, was Ritualismus ist.
4. Je weniger Ziele und Mittel institutionalisiert sind, desto weniger werden sich die Individuen von den Zielen und Mitteln der Gesellschaft angezogen fühlen und desto mehr werden sich die Individuen von der Gesellschaft zurückziehen, was Rückzugsverhalten ist.
5. Je weniger Ziele und Mittel institutionalisiert sind und Individuen anziehen und je mehr sich die Individuen persönlichen Zielen und Mitteln verpflichtet fühlen, desto mehr werden die Individuen mit Rebellion gegen die Gesellschaft reagieren.

Obwohl Merton diese Hypothesen nicht ausdrücklich formuliert, sondern nur eine Typologie der Formen der Anpassung an die gesellschaftliche Kultur liefert, können wir die Hypothesen auf der Basis seiner verschiedenen Argumente im Text darlegen. Die Frage lautet dann: Was ist an dieser Analyse funktional? Die Hypothesen können in kausaler Hinsicht – wie oben gezeigt – formuliert werden. Sie haben nichts Funktionales an sich. Was dagegen als funktional bezeichnet werden kann, ist die Argumentation im Hintergrund. Merton nimmt offenbar an, dass ein gewisser Zustand der kulturellen Struktur der Gesellschaft, nämlich das Gleichgewicht oder Ungleichgewicht von Zielen und institutionalisierten Mitteln, und sein Verhältnis zur Sozialstruktur der Möglichkeiten zum Einsatz legitimer Mittel, besondere Verhaltensformen bedingt, nämlich Formen der Anpassung, damit die Individuen innerhalb einer solchen Gesellschaft leben können. Das Bedürfnis des Individuums nach Ausgewogenheit bedeutet, dass es versucht, sein Verhalten den verinnerlichten Zielen bzw. Mitteln anzupassen. Merton scheint also anzunehmen, dass die Verinnerlichung von Zielen und Mitteln durch das Individuum parallel zu deren schwacher oder starker Institutionalisierung in der Gesellschaft einhergeht. Wenn es mit der Opportunitätsstruktur der Gesellschaft konfrontiert wird, ist es gezwungen, eine bestimmte Verhaltensweise zu wählen, um im Einklang mit seinen verinnerlichten Zielen bzw. Mitteln zu handeln. Im Falle der Konformität hat es ausreichend Möglichkeiten, sich konform zu internalisierten und institutionalisierten Zielen und Mitteln zu verhalten. Im Falle der Innovation hat es keine ausreichenden Möglichkeiten und ist daher gezwungen, illegitime Mittel einzusetzen, um Ziele zu erreichen, die erheblich stärker institutionalisiert und internalisiert sind als die Mittel.

Wir können Mertons Darlegung von äußeren Zwängen des Verhaltens noch den Zugang zu illegitimen Mitteln als Bedingung für ihre Anwendung hinzufügen, wie Cloward argumentierte. Nach Cloward (1959) wird ein Individuum nicht abweichen, wenn es keinen Zugang zu illegitimen Mitteln hat. Dieser Zugang zu illegitimen Mitteln lässt sich auf der Basis von Edwin Sutherlands (1939: 1-9) Theorie des differenziellen Lernens auf der Grundlage differenzieller Kontakte erklären:

6. Je mehr ein Individuum mit positiven Definitionen von abweichendem Verhalten konfrontiert wird, und je mehr Möglichkeiten es hat, die entsprechenden Techniken zu erlernen, desto wahrscheinlicher wird es das abweichende Verhalten übernehmen.

Im Falle des Ritualismus versperrt das Überengagement der Menschen für institutionalisierte und verinnerlichte Mittel jeglichen Blick auf die Effizienz der Mittel zum Erreichen der Ziele. Im Falle des Rückzugsverhaltens ist die Institutionalisierung und Internalisierung der Ziele und Mittel so gering, dass die Menschen sich in keiner Weise zur Gesellschaft hingezogen fühlen und zum Rückzug tendieren. Sie können nicht nach etwas handeln, dem sie sich nicht verpflichtet fühlen. Im Falle der Rebellion besteht ein Konflikt zwischen institutionalisierten und internalisierten Zielen und Mitteln. Das Individuum, das für Ziele und Mittel engagiert ist, die im Widerspruch zu den institutionalisierten Zielen und Mitteln der Gesellschaft stehen, kann nichts anderes tun, als gegen die Gesellschaft zu revoltieren.

Orientierungsfragen

1. Stellen Sie die institutionelle Struktur des sozialen Lebens nach Merton am Beispiel a) einer Familie, b) einer deutschen Hochschule, c) von Wirtschaft und Gesellschaft der Bundesrepublik Deutschland in der Gegenwart dar. Wie werden diese Institutionen ausgebildet? Wie unterscheidet sich die Ausbildung einer Institution bei Merton konzeptionell von der Entstehung eines Interaktionssystems bei Luhmann?
2. Wählen Sie drei soziale Phänomene in unserer Gegenwartsgesellschaft als Beispiele aus und untersuchen Sie diese Praktiken als soziale Institutionen wie bei Malinowski und Radcliffe-Brown! Womit lassen sich ihre Postulate kritisieren?

3. Erläutern Sie anhand der selbstgewählten Beispiele Mertons funktionales Paradigma! Geben Sie jeweils ein Beispiel für eine manifeste und eine latente Funktion sowie für eine Dysfunktion in einer Gruppe, Organisation oder Gesellschaft und analysieren Sie die Beispiele mit Hilfe von Mertons Paradigma!
4. Worin gleicht und wodurch unterscheidet sich Robert K. Mertons empirischer Funktionalismus a) von Talcott Parsons' Strukturfunktionalismus, b) von Niklas Luhmanns Systemtheorie und c) von Radcliff-Browns' und Malinowskis Kulturanthropologie?
5. Erläutern Sie am Beispiel der sozialen Rolle und des Rollensets sowie der politischen Maschine Mertons Paradigma der funktionalen Erklärung als Strategie für die Analyse gesellschaftlicher Phänomene!
6. An welchem Punkt stößt Mertons funktionales Paradigma an seine Grenzen? Veranschaulichen Sie Ihre Kritik am Beispiel des Konzepts von Rollen und Rollensets sowie der politischen Maschine! Ergänzen Sie Merton mit Hilfe des Klassikers Max Weber!

Wichtige Begriffe

Abweichung
Anomie
Einheit, funktionale
Funktion, manifeste/latente
Funktion/Dysfunktion
Funktionalismus, universeller
Maschine, politische
Muster, institutionelle
Normen
Notwendigkeit, funktionale
Rolle, soziale
Rollenset
Status
Wirkung, neutrale

2. Vom Analytischen Funktionalismus zum Neofunktionalismus Das Erbe von Talcott Parsons

Biografische Angaben

Talcott Parsons wurde am 13. Dezember 1902 in Colorado Springs, Colorado, USA, geboren. Sein Vater war zuerst protestantischer Priester, wurde dann aber Professor und später Präsident eines kleinen Colleges. Nach Abschluss der High School studierte Parsons am namhaften Amhurst College in Massachusetts. Im Jahre 1924 schloss er das Studium mit dem Bachelor of Arts ab und ging dann zu einem zweijährigen Studienaufenthalt von Herbst 1924 bis Herbst 1926 nach Europa, zuerst an die *London School of Economics* und dann an die Universität Heidelberg. In Heidelberg lernte er insbesondere das Werk Max Webers kennen. Er schrieb unter Anleitung von Edgar Salin eine Dissertation über *Der Geist des Kapitalismus bei Sombart und Max Weber*, von der allerdings die ersten beiden von den drei Kapiteln noch vor Einreichung bei der Fakultät im Sommersemester 1927 verschollen sind. Im Sommersemester 1927 kehrte Parsons nochmals nach Heidelberg zurück und legte am 29. Juli das Rigorosum in Theoeretischer Nationalökonomie (Salin), Soziologie (Alfred Weber), Philosophie (Jaspers) und Neuerer Geschichte (Andreas) ab. Nachdem Parsons die zwei fehlenden Kapitel der Dissertation anhand zweier im *Journal for Political Economy* 1928 und 1929 erschienener Artikel über „Capitalism in Recent German Literature: Sombart and Weber“ nachgereicht hatte, wurde ihm am 12. April 1929 von der Philosophischen Fakultät der Universität Heidelberg der Doktorgrad verliehen.

Nach seiner Rückkehr aus Europa erhielt Parsons 1927 die Stelle eines *Instructors* für Soziologie an der *Harvard University* in Cambridge, Massachusetts. Erst zwei Jahre nach Veröffentlichung seines zweibändigen Werkes *The Structure of Social Action* 1939 wurde er auf eine Professorenstelle auf Lebenszeit übernommen.

Die Harvard Universität wurde zu einem Zentrum der amerikanischen Soziologie, nachdem Pitirim Sorokin (1989-1968) sein Programm eingeführt hatte, der erste Lehrstuhlinhaber für Soziologie, der 1929 dorthin berufen wurde. Er lehrte die soziologische Theorie unter einem europäischen Blickwinkel und war besonders interessiert an der Makroperspektive gesellschaftlicher Veränderungen. (Sorokin 1927, 1928, 1937-1941, 1956). Parsons löste Sorokin 1944 als Chairman des Departments ab. Zwei Jahre später gründete er das Department of Social Relations mit den Fachbereichen Soziologie, Psychologie und Anthropologie.

Der dritte bedeutende Soziologe in der Harvard Universität war George C. Homans (1910-1989), der Parsons' analytischen Funktionalismus ablehnte. Er unternahm den Versuch, die psychologischen Erkenntnisse zu nutzen, die zu einer Erklärung sozialen Verhaltens benötigt werden (Homans 1961, 1974). Anstatt Parsons' Arbeit an einem Begriffsschema zu folgen, versuchte er, Propositionen für die Erklärung sozialen Verhaltens auszuarbeiten (Homans 1967). Homans' Einfluss im Department verstärkte sich in den 1960er Jahren, während sich Parsons' Einfluss verringerte. Nach Parsons' Emeritierung im Jahr 1970 wurde 1970 wieder ein eigenes Department für Soziologie mit George Homans als Chairman gegründet.

Parsons, der sich selbst als „unheilbaren Theoretiker" bezeichnete, ist Ende der 1940er Jahre zum einflussreichsten Soziologen der Vereinigten Staaten geworden. Der von ihm begründete Analytische Funktionalismus als eine spezifische Variante des Strukturfunktionalismus hat bis in die 1960er Jahre die Entwicklung der Soziologie weltweit maßgeblich geprägt. Wie häufig in der Wissenschaftsgeschichte löste auch die Dominanz des Strukturfunktionalismus nach einer gewissen Zeit heftige Gegenbewegungen aus, die seinen Einfluss ab Mitte der 1960er Jahre stark zurückdrängten. Diese Gegenbewegung hat zu einer neuen Pluralisierung der soziologischen Theorieansätze geführt.

Talcott Parsons ist Anfang Mai 1979 an die Stätte seiner Promotion zurückgekehrt, um von der Wirtschafts- und Sozialwissenschaftlichen Fakultät der Universität Heidelberg anlässlich des 50. Jahrestages der Verleihung des Doktortitels in einem Festakt die Erneuerung der Doktorwürde entgegenzunehmen. Nur wenige Tage später, am 8. Mai 1979, ist er nach einem Vortrag in München gestorben.

Von seinem ersten bedeutenden Werk an (*The Structure of Social Action*) bis zur letzten Zusammenstellung von Aufsätzen (*Action Theory and the Human Condition*) widmete sich Parsons unermüdlich der Erarbeitung eines Bezugsrahmens für die Soziologie, der als Kernpunkt eine Verknüpfung des gesammelten theoretischen Wissens schaffen sollte. Die Botschaft von *The Structure of Social Action* besteht darin, mit den klassischen Gründervätern der Soziologie, die in diesem Buch behandelt werden – dem Ökonomen Alfred Marshall, dem Ökonomen und Soziologen Vilfredo Pareto und den Soziologen Emile Durkheim und Max Weber –, die Kluft zwischen den zwei gegensätzlichen Paradigmen des Positivismus und des Idealismus zu überwinden.

Teilweise handelte es sich dabei um die Darstellung einer tatsächlichen Konvergenz der Klassiker, teilweise war es eine kreative Rekonstruktion durch Parsons. Er zeigte die Synthese von Positivismus und Idealismus in einer formal strukturierten Art und Weise auf, besonders hinsichtlich der Fragestellung, wie die Existenz einer sozialen Ordnung in theoretischen Begriffen erklärt werden kann. Mit einer ganzen Serie von Veröffentlichungen in der Folge seines ersten Werkes kehrte Parsons immer wieder zu seinem Grundlagenprogramm zurück.

Die voluntaristische Handlungstheorie: Soziale Ordnung als zentrales Problem der soziologischen Theorie

Seitdem die Soziologie als spezifische Fachrichtung begonnen hat, ihren Gegenstandsbereich zu bestimmen und ihren eigenen konzeptuellen Bezugsrahmen zu entwickeln, also zwischen den späten neunziger Jahren des 19. Jahrhunderts und den frühen Zwanzigerjahren des 20. Jahrhunderts, stellt die Frage der **sozialen Ordnung** ein zentrales Problem der soziologischen Theorie dar. Georg Simmel, der zu dieser Zeit viel zur Entwicklung der Soziologie beitrug, traf genau den Kern des Problems mit einer Frage, die er in Anlehnung an Immanuel Kant formulierte. Kant (1781/1964a), der sich mit der Frage des Wissens über die Welt beschäftigte, fragte: „Wie ist objektives Wissen möglich?" Simmel (1908/1992: 42-61) fragte: „Wie ist Gesellschaft möglich?" Mit dieser Frage versucht Simmel zu klären, wie es möglich ist, dass Menschen in eine **Interaktion** eintreten und aus ihren Interaktionen die Gesellschaft formen. Diese Frage führt wiederum zu einer spezielleren Fragestellung, nämlich: „Wie ist soziale Ordnung möglich?"

Diese Fragestellung meint eigentlich Folgendes: „Wie ist es möglich, dass Menschen die **Handlungen** anderer Menschen so voraussagen können, dass sie sich in ihren Handlungen auf die Bestätigung ihrer Erwartungen durch die Handlungen und Erwartungen anderer Akteure verlassen können?"

Die Entstehung und Aufrechterhaltung sozialer Ordnung

Zwei unterschiedliche **Erklärungsansätze** des Entstehens und der Aufrechterhaltung sozialer **Ordnung** sind der **positivistische** und der **idealistische** Ansatz; jeder ist in zwei unterschiedlichen Versionen denkbar (Parsons 1937/1968: Kapitel 2 und 3).

Positivistische Erklärungen von Handlung und Ordnung

Wir können positivistische Erklärungen von Handlungen generell und, daraus abgeleitet, positivistische Erklärungen von sozialer Ordnung unterscheiden.

Positivistische Handlungserklärungen

Nach der positivistischen Sichtweise ist die Handlung (A) eines Individuums das Resultat des angestrebten Zwecks (Z) bei Anwendung bestimmter Mittel (M) unter bestimmten Bedingungen (B). Nehmen wir das Beispiel eines Studenten, der beabsichtigt, die Abschlussprüfung in Soziologie (Z) zu absolvieren. Die Bedingungen, um sich auf die Abschlussprüfung vorzubereiten, sind gezieltes Lesen, die Tatsache, dass er oder sie nicht mit der Literatur vertraut ist und dass die Literatur in der Bibliothek zur Verfügung steht (B). Die Mittel, die der Student anwendet, um das gewünschte Ziel zu erreichen, sind das Aufsuchen der Universitätsbibliothek und das Lesen der Literatur mehrere Stunden in der Woche in der Vorbereitungszeit (M).

Es gibt zwei Wege, auf welchen die Handlung aus den vorbeschriebenen Faktoren resultiert: die rationale Anpassung und die natürliche Auslese.

Rationale Anpassung

Bei der rationalen Anpassung nutzen die Akteure ihr Wissen über die Zusammenhänge zwischen Bedingungen, Mitteln und Zielen. Der Student in unserem Beispiel macht Gebrauch von dem Wissen, dass der Gang in die Bibliothek und das Lesen der Buchauswahl angemessene Mittel sind, um das Ziel der Abschlussprüfung unter den Bedingungen zu erreichen, dass ein bestimmter Lesestoff gefordert ist und er noch relativ wenig Kenntnisse in Soziologie hat.

Natürliche Auslese

Bei der natürlichen Auslese streben Akteure ebenfalls bestimmte Ziele durch Anwendung bestimmter Mittel unter bestimmten Bedingungen an, aber ohne angemessenes Wissen über die Zusammenhänge zwischen Bedingungen, Mitteln und Zielen. Die Folge davon besteht darin, dass daraus nur Handlungen resultieren, die zufällig an die Bedingungen angepasst sind. In unserem Beispiel erlaubt das System für die Abschlussprüfung in Verbindung mit bestimmten Leseanforderungen nur solchen Studierenden die Bewältigung der Prüfung, die sich bereits relevante Kenntnisse über Soziologie durch gezieltes Lesen in der Bibliothek angeeignet haben.

Die Erklärungsansätze für das Überleben bestimmter Verhaltensformen durch natürliche Auslese sind aus Darwins (1888) Theorie der Evolution lebender Organismen abgeleitet. Nach dieser Theorie führt die Evolution nur zum Überleben derjenigen Spezies, die sich an die Bedingungen ihrer Umgebung anpassen kann.

Die positivistische Erklärung von Ordnung: Faktische Ordnung

Nach der positivistischen Sichtweise ist Ordnung das Ergebnis der gegenseitigen strategischen Handlungen von Akteuren. Diese agieren in dem Sinn strategisch, dass sie Handlungen anderer als äußere Bedingungen betrachten, an die sie sich ebenso anpassen müssen, wie an materielle Dinge, mit denen sie nicht kommunizieren können. In einem Fußballspiel beispielsweise, kann ein Spieler von Team A einen Spieler von Team B nicht bitten, ihm den Ball zu geben; der Spieler von Team A muss sich an die Situation anpassen und das äußere Verhalten seines Gegenspielers wie eine Bedingung als gegeben betrachten, um an den Ball zu gelangen. Es gibt zwei Arten von Ordnung, die unter diesen Bedingungen entstehen: zufällige und erzwungene.

Zufällige Ordnung

Zufällige Ordnung ergibt sich aus dem Zufall und verändert sich von Situation zu Situation. Wenn ich z.B. mit einem alten Fahrrad zum Flohmarkt gehe und hoffe, es dort verkaufen zu können, um mir dann ein altmodisches Kleidungsstück kaufen zu können, hängt es rein vom Zufall ab, ob ich einen Käufer für mein Fahrrad finde und ob eine andere Person gerade solche altmodischen Kleidungsstücke auf dem Markt verkauft, nach denen ich suche. Wenn viele Leute einen solchen Glückstreffer erwarten und zum Flohmarkt gehen, wird die Chance groß, ein Fahrrad verkaufen und alte Klamotten kaufen zu können.

Erzwungene Ordnung

Erzwungene Ordnung entsteht auf der Grundlage dauerhafter äußerer materieller Bedingungen, an die sich alle Akteure in gleicher Weise anzupassen haben. Die Tatsache, dass ein Fußballspiel auf einem genau abgegrenzten Spielfeld mit Toren an jedem Ende stattfindet, erlaubt die Einschätzung der Handlungen der beteiligten Mannschaften und befähigt die Mannschaftsmitglieder, ihre Handlungen auf diejenigen der anderen einzustellen. Nehmen wir ein abstrakteres Beispiel: Das Vorhandensein einer übergeordneten Sanktionsmacht mit feststehenden **Regeln** für alle Akteure und feststehenden Sanktionen für die Verletzung dieser Regeln lässt Verhalten einschätzbar werden, das diesen Regeln folgt. Alle Akteure haben sich den Bedingungen anzupassen, die durch die zentrale Sanktionsmacht gesetzt worden sind.

Eine andere Art erzwungener Ordnung ist das Ergebnis angeborener Instinkte des Verhaltens. Das instinktive Verhalten von Elterntieren, für ihren Nachwuchs zu sorgen, die Verteilung von Nahrung unter den Mitgliedern einer Gruppe von Tieren sowie die gemeinsame Bekämpfung von feindlichen Artgenossen führt beispielsweise zu einer bestimmten Ordnung im Lebensablauf, die ihre Wurzeln in der Vererbung hat. Dieser unbewusste Charakter lässt eine besondere Art erzwungener Ordnung entstehen. Soweit menschliches Leben ebenfalls in Instinktverhalten wurzelt, entwickelt es ebenfalls diese Art von Ordnung.

Das Hobbessche Ordnungsproblem

Positivistische Ansätze von Ordnung verdeutlichen, was das Hobbessche Problem der Ordnung genannt wird. In seinem Werk „Leviathan" (Hobbes, 1651/1966) machte der britische Philosoph Thomas Hobbes die Beobachtung, dass immer dann ein Konflikt zwischen Menschen entsteht, wenn Akteure die Freiheit haben, unter Zielen und Mitteln frei zu wählen. Was für einen Akteur eine positive Möglichkeit zur Zielverwirklichung ist, hat für einen anderen Akteur negative Auswirkungen für dessen angestrebte Ziele. Beide können ihr Ziel nicht zur gleichen Zeit erreichen (z.B. kann in einem sportlichen Wettkampf nur eine von zwei Gruppen gewinnen). Es stellt sich also die Frage, wie man absichern kann, dass man seine Ziele auch wirklich erreicht. Der Einsatz von Gewaltmitteln und Täuschung kann eine Strategie sein. Aber wenn jeder von dieser Möglichkeit Gebrauch macht, muss er befürchten, dass alle anderen sich auch so verhalten.

In dieser Situation gibt es keine Ordnung, die auf Vorhersagbarkeit beruht. Hobbes geht aber davon aus, dass die Individuen Einsicht in ihre Situationen gewinnen und dass sie vom „Naturzustand" in einen Zustand der Zivilisation überwechseln, indem sie einen Vertrag schließen. Sie überlassen ihre Einzelmacht einer übergeordneten Instanz (jemandem, der Regeln setzt, einem Parlamentskörper, einer Autorität, eben dem „Leviathan"), die sich verpflichtet, bindende Verhaltensregeln aufzustellen und die Verletzung dieser Regeln zu sanktionieren. Sie vereinbaren vertraglich die Errichtung eines Gewaltmonopols. Hobbes argumentiert, dass das bloße Interesse an ihrer Selbsterhaltung die einzelnen Individuen erkennen lässt, dass die gegenseitige Vereinbarung der Abtretung ihrer Gewaltmittel an eine zentrale Instanz eine bessere Möglichkeit bietet, die jeweiligen Ziele zu erreichen, als es der Fall wäre, wenn sich jede Person nur auf die individuelle Fähigkeit der Anwendung von Gewalt und Täuschung verlassen würde.

Diese Erklärung des Entstehens von Ordnung aus der individuellen Nutzenerwägung jedes einzelnen Akteurs erscheint Parsons als zu optimistisch. Die Individuen in dem von Hobbes beschriebenen „natürlichen" Zustand setzen Gewalt und Täuschung ein, weil sie sich gegenseitig nicht vertrauen können, Vereinbarungen einzuhalten. Es stellt sich jedoch die Frage, was die Menschen dann das Vertrauen in die allseitige Vereinbarung des Gesellschaftsvertrags aufbringen lassen sollte. Dieses inkonsistente Element in der Argumentation führt Hobbes zu der Schlussfolgerung, dass einzelne Individuen so lange nicht vom Gesellschaftsvertrag zurücktreten dürfen, wie die übergeordnete Autorität in der Lage ist, für eine stabile Ordnung zu sorgen. Hobbes vertritt hier auch die traditionelle Position, nach welcher der Mensch am ehesten die göttliche Autorität akzeptiert, eine Stützung der irdischen Herrschaft durch die göttliche Autorität deshalb zusätzliche Stabilität bringt. Diese These steht im Widerspruch zu seiner Annahme, dass das menschliche Individuum freie Wahlmöglichkeiten hat und sich ausschließlich von subjektiven Erwägungen leiten lässt. Hobbes wechselt hier also von einer zufälligen zu einer erzwungenen Lösung des Ordnungsproblems. Der Positivismus schwankt immer zwischen diesen beiden Lösungen hin und her: Freiheit und Zwang. Das ist das so genannte utilitaristische Dilemma. Der Utilitarismus ist ein Erklärungsansatz, der versucht, Ordnung als das Ergebnis spontaner ökonomischer Kalkulation freier Individuen zu begreifen (besonders innerhalb des freien Marktes). Hierbei handelt es sich jedoch um eine zufällige Ordnung. Die liberale Position bezieht stets die entgegengesetzte Zwangsposition stillschweigend mit ein. Liberale Positivisten sind stets gezwungen, letztlich die Überwachung der Einhaltung von Regeln einer zentralen Autorität zu überlassen (dem Staat, der Regierung).

Eine andere Art der Argumentation, die ebenfalls die Idee der Entwicklung einer freiwilligen Ordnung aufgibt und mehr eine erzwungene Ordnung favorisiert, ergibt sich aus der Annahme eines angeborenen Instinktes der Zuneigung zu den Mitmenschen. David Hume (1739/1978) und Adam Smith (1759/1966) gingen davon aus. Unabhängig von der Tatsache dass dieser Erklärungsansatz für Ordnung die Idee der Freiheit menschlicher Handlungen preisgibt, steht er vor dem Problem, dass er nur für Interaktionen zwischen Mitgliedern von Primärgruppen Gültigkeit besitzt, aber keine Erklärung für die Ordnung von Interaktionen außerhalb dieser Bindungen liefert. Die Zuneigung zu den engsten Mitmenschen bringt sehr oft Feindseligkeit und Abneigung zu Menschen außerhalb dieser Gruppe mit sich, die dann als mögliche Gegner gesehen werden. Verhalten, das von solchen angeborenen Instinkten geleitet wird, erinnert stark an das Freund/ Feind-Schema bei Tieren. Auch wenn instinktive Regulierung die Ordnung in Primärgruppen absichert, schafft sie doch gerade Unordnung in größeren Gruppen. Je mehr menschliches Leben Interaktionen außerhalb der Bindungen in

Primärgruppen umfasst, desto mehr behindert das Freund/Feind-Schema die Entwicklung neuer und komplexerer Arten von Ordnung. Das ist die spezifische Problematik der Entwicklungsländer. Ihr ökonomisches, politisches und kulturelles Wachstum vervielfältigt die Interaktionen außerhalb der primären Bindungen, trotzdem verharrt das Verhalten der Menschen wieterhin im Freund/ Feind-Schema. Aufstieg und Fall diktatorischer Ordnungen und heftige Kämpfe zwischen verfeindeten Gruppen scheinen für eine lange Zeit ihr Schicksal zu sein. Die Modernisierung bewegt sich voran zwischen geregelter Ordnung und Unordnung.

Die liberale Position entwickelte sich besonders im angelsächsischen Denken. Beispiele hierfür sind John Locke im siebzehnten Jahrhundert, David Hume und Adam Smith im achtzehnten Jahrhundert und Jeremy Bentham sowie John Stuart Mill im neunzehnten Jahrhundert. Weitere Beispiele dieser Sichtweise wurden in jüngerer Zeit von den Neuen Politischen Ökonomen wie Milton Friedman, James Buchanan, James Coleman und Gary Becker entwickelt. Der Standpunkt der Stabilisierung von Ordnung durch Zwang fand im neunzehnten Jahrhundert Ausdruck im französischen Positivismus von Saint-Simon bis Auguste Comte.

Idealistische Erklärungen von Handlung und Ordnung

Wir können auch bei den idealistischen Erklärungsansätzen Erklärungen der Handlung und Erklärungen der Ordnung unterscheiden.

Idealistische Handlungserklärungen

Nach der idealistischen Sichtweise leiten Akteure angemessene Handlungen (A) unter bestimmten Bedingungen (B) von Idealen (I) ab. Symbolische Ideale münden unter spezifischen Bedingungen in spezifische Handlungen. Zwei Individuen, die einander lieben, können die richtigen Handlungen unter bestimmten Bedingungen aus der Bedeutung des Begriffes „Liebe" ableiten: Sie sind aufmerksam zueinander, helfen einander, beschenken sich an bestimmten Tagen usw. Die Idee der Chancengleichheit vermittelt uns, wie Erziehung zu handhaben ist: keine Diskriminierung in Auswahlverfahren, der Aufmerksamkeit für Schüler und der Durchführung von Prüfungen. Idealistische Erklärungsansätze von Handlungen treten in zwei Versionen auf: Subsumtion von Handlungen unter allgemein gültige Ideen und Konformität von Handlungen zu konkreten **Normen** der Lebenswelt.

Die Verwirklichung allgemein gültiger Ideen

Die bewusste Verwirklichung rational gerechtfertigter und deshalb gültiger Ideen unter speziellen Bedingungen entspricht einer ersten Variante der idealistischen

Handlungserklärung, in der das Individuum seine Handlungen stets an allgemein gültigen Ideen auszurichten hat. Jede Handlung im erzieherischen Bereich muss an der Idee der Chancengleichheit gemessen werden. Genauso verwirklicht ein Wissenschaftler, der eine Hypothese aufgibt, weil sie falsifiziert wurde, in seiner Handlung die Idee, dass Wissenschaft der Suche nach Wahrheit dient.

Konformität zu konkreten Normen

Konformität zu konkreten Normen bedeutet, dass der individuelle Akteur in die Gemeinschaft eingebettet ist, in der er lebt und die eine bestimmte Tradition von Verhaltensregeln pflegt. Eine Mutter, die immer morgens um sieben Uhr aufsteht, um ihrer Familie das Frühstück zu bereiten, ohne alternative Verhaltensweisen zu suchen, verhält sich konform zu bestimmten Regeln dieser familiären Lebenswelt. Alles Handeln, das einer Gewohnheit folgt, entspricht einer zweiten Variante der idealistischen Hanlungserklärung.

Die idealistische Erklärung von Ordnung: Normative Ordnung

Ordnung resultiert in der idealistischen Sichtweise aus rationaler Übereinstimmung oder aus Verhaltensgewohnheiten, die unbewußt als gegeben hingenommen werden: ideale oder konformistische Ordnung.

Ideale Ordnung

Ideale Ordnung entsteht aus der rationalen Rechtfertigung von Ideen, die als universell gültig angenommen werden können; das meint, jedes menschliche Wesen würde aus Vernunftgründen diesen Ideen zustimmen. Allgemeingültige Ideen sind solche, denen alle Akteure beipflichten, die sich in einem Diskurs befinden, in dem lediglich die besten Argumente zählen. Ein Argument besteht darin, dass eine Person die Gültigkeit spezieller Ideen auf die Gültigkeit generellerer Ideen stützt. Ich könnte z.B. argumentieren, dass es keine Diskriminierung auf der Grundlage von Geschlecht, Rasse und ethnischer Herkunft von Studenten bei der Einschreibung in eine Universität geben darf, wenn die Idee der Chancengleichheit Gültigkeit hat. Eine Ordnung dieser Art ist eine ideale Ordnung.

Konformistische Ordnung

Eine konformistische Ordnung ist das Ergebnis dessen, was Akteure allgemein teilen und in dem sie allgemein übereinstimmen. Das heißt, sie handeln auf der Grundlage eines Konsensus innerhalb einer Gruppe, die ihre eigene Tradition und Lebenswelt mit selbst festgelegten Normen hat. Innerhalb einer solchen Gruppe teilen die Mitglieder eine Menge gemeinsamer Normen, die sie bei jedem Handeln anwenden. Auf diese Art und Weise ist ihr Handeln umfassend einschätzbar für alle anderen Mitglieder. Sowohl eine Familie, eine studentische Vereinigung, eine Nachbarschaftsgemeinde als auch eine universitäre Einrichtung haben alle bestimmte Traditionen, auf die sich die jeweiligen Mitglieder bei ihren Handlungen verlassen können. Das bedeutet, dass die Ordnung auf die Konformität der Gruppenmitglieder gegenüber den Gruppennormen gegründet ist. Wenn ein Vater und seine Kinder morgens um 7.30 Uhr in der Erwartung aufstehen, um 7.40 Uhr das Frühstück vorzufinden, verlassen sie sich auf die Regelkonformität der Mutter. Wenn sich eine Gruppe Studierender jeden Freitag um 18.00 Uhr trifft, können sich alle Gruppenmitglieder auf die rechtzeitige Anwesenheit jedes einzelnen am Treffpunkt verlassen, so dass sie keine Zeit verschwenden.

Das Kantische Problem der Ordnung

Immanuel Kant, der Begründer der erkenntniskritischen Philosophie, stellte in seinem Werk (1788/1964c) eine ähnliche Frage wie Hobbes. Er veränderte den Lösungsansatz jedoch hin zur idealistischen Position. Er zeigte auf, dass immer dann, wenn verschiedene Akteure sich in derselben eingeschränkten Handlungssituation befinden und ihre Ziele unabhängig voneinander verfolgen, die Verwirklichung der Ziele des einen Akteurs die Verwirklichung der Ziele eines anderen Akteurs ausschließen kann. Er entwickelte den Lösungsansatz weiter, der besagt, dass die Akteure die Grenzen ihrer eigenen egoistischen Zielerreichung erkennen und eine Stufe erreichen müssen, auf der sie nur noch von allgemeingültigen Grundlagen geleitet werden. Hiermit ist gemeint, dass sich Akteure beim Vollzug jeder Handlung fragen müssen, ob ihr Handeln allgemeines Gesetz werden könnte, ob also jeder auf der Grundlage reiner Vernunft diesem Gesetz zustimmen müsste. Das wäre dann der Fall, wenn eine Regel die Freiheiten aller einzelnen Menschen in vollkommene Vereinbarkeit miteinander brächte. Die allgemeine Zustimmung zu grundlegenden Gesetzen ist Kants Lösung für das Problem der Ordnung. Solche Gesetze stellen einen kategorischen Imperativ dar: sie sind dauerhaft gültig, unabhängig von wechselnden Mitteln, Bedingungen und Zielen. Im Gegensatz dazu sind hypothetische Imperative nur gültig in Beziehung zu solchen wechselnden Mitteln, Bedingungen und Zielen. Der grundlegende kategorische Imperativ ist die Regel: „Handle so, dass die Maxime Dienes Willens jederzeit zugleich als Prinzip einer allgemeinen Gesetzgebung gelten könne“ (Kant 1788/1964c: 36). Aber es bleibt die Frage, wie eine konkrete Regel in der Art und Weise der Kantischen Beschreibung etabliert werden kann. Sein kategorischer Imperativ und auch jede subsumierte spezifische kategorische Norm bleiben zu allgemein, als dass sie in Handlungen konkret als Leitlinie dienen könnten. Er bildet nur die Grundlage für eine Idealform von Ordnung.

Wenn der Idealismus eine konkrete Ordnung erklären will, muss er sich stärker auf die anderen Elemente seiner Sichtweise konzentrieren, namentlich auf die Konformität zu Normen. So bevorzugte auch Kant die Konformität des Individuums gegenüber den Normen, die von der politischen Autorität auf der Grundlage ihrer Allgemeingültigkeit eingeführt wurden, um das Chaos des beliebigen Widerstands gegen die Ordnung zu vermeiden.

Nach Kant versuchte Hegel (1821/1964-1971) die Idee des allgemeingültigen Gesetzes mit der legalen Staatsordnung in einer Idealform des Staates zu versöhnen. Damit bewegte er sich noch weit mehr als Kant in die Richtung des Konformismus. Für Kant waren der moralische kategorische Imperativ und die legale Ordnung getrennte Dinge. Ersterer setzte den Standard, an dem sich letztere, stets abweichend, immer messen lassen musste. Für Hegel können sich allgemeingültige Moral und legale Ordnung in der Idee der Sittlichkeit verbinden, wie sie im Staat zum Ausdruck kommt. Das ist das idealistische Dilemma: Auf der einen Seite werden Ordnungen auf allgemeingültige, aber inhaltsleere moralische Prinzipien gegründet, auf der anderen Seite münden konkrete Verhaltensregeln jedoch allzu oft in Konformismus, wenn sie tatsächlich eingeführt werden. In der aktuellen Diskussion lässt sich die idealistische Position unschwer der Theorie des kommunikativen Handelns von Jürgen Habermas entnehmen. Seine Sichtweise besagt, dass Ordnung das Ergebnis von Handlungen ist, die im Zusammenspiel zwischen lebensweltlicher Kommunikation und rationaler Rechtfertigung von Normen als Ergebnis diskursiver Prozesse verankert sind; das Kriterium für die Gültigkeit von Normen ist rational erreichter Konsens.

In jedem Fall müssen wir anerkennen, dass schon Kant einen Weg hin zu einem Standpunkt gewiesen hat, der über den Idealismus hinausführt. Wir können aus seinem Werk schlussfolgern, dass eine konkrete Ordnung auf einer Kombination aus kategorischen und hypothetischen Normen beruhen muss, also auch auf einer Kombination aus idealistischen und positivistischen Faktoren. Dies führt zum Konzept der **Interpenetration** dieser idealistischen und positivistischen Faktoren und zum Versuch der Synthese von Positivismus und Idealismus im Voluntarismus im Werk von Talcott Parsons.

Die voluntaristische Synthese von Idealismus und Positivismus in der Erklärung von Handlung und Ordnung

Konkrete Handlung und Ordnung

Konkrete Handlungen und Ordnungen sind immer ein Ergebnis der Dominanz von positivistischen oder idealistischen Faktoren oder einer Mischung aus beiden. Betrachten wir erneut ein Fußballspiel als Beispiel. Solange das Spiel läuft, bekämpfen sich die Teams auf strategische Weise. Sie verstehen die Handlungen ihrer Gegner als äußere Bedingungen, an die sie sich aktiv oder passiv anpassen müssen. Davon abgesehen gibt es Regeln, die das Handeln leiten. Fouls sind verboten, der Ball darf weder die Seiten- noch die Torauslinie passieren, Ziel ist es, Tore zu schießen und so weiter. Die kommunikative Basis der Spielregeln erkennt man leicht, wenn der Schiedsrichter das Spiel unterbricht, weil eine Regel verletzt wurde. Manchmal erzeugt die Entscheidung des Schiedsrichters Kommunikation sowohl bei den Spielern als auch bei den Zuschauern, die für oder gegen die Entscheidung argumentieren. In manchen Fällen geht die Diskussion über die Auslegung der Spielregeln für das Spiel hinaus und führt zu einem öffentlichen Diskurs über die Frage, ob bestimmte Regeln weiterhin als begründet angesehen werden können, wenn sie gegen die zugrunde liegende Spielidee verstoßen (z.B. Beachten der Chancengleichheit zwischen den Mannschaften). Strategische Aspekte und kommunikative Aspekte sind in den konkreten Aktionen eines Fußballspiels miteinander verbunden. Eine Zone der Verbindung beider Aspekte ist die Situation, in der ein bestimmtes Verhalten vom Schiedsrichter als regelkonform oder regelwidrig definiert wird.

Interpenetration

Eine spezielle Form von vermischter konkreter Handlung und Ordnung resultiert aus der Interpenetration von idealistischen und positivistischen Faktoren. Interpenetration meint, dass beide Seiten eigenständig existieren, aber mittels ihrer Verbindung in den Bereichen der Interpenetration einen gestaltenden Einfluss aufeinander ausüben. Das Handeln des Schiedsrichters im oben genannten Beispiel ist eine solche Zone der Interpenetration. Er wendet die Spielregeln, die idealistisch sind und einen kommunikativen Charakter haben, auf konkretes strategisches Handeln im Spiel an, das aus dem positivistischen Blickwinkel her erklärt werden kann. Der Schiedsrichter überträgt mit seinen Handlungen die kommunikativen Regeln in den Bereich von strategischem Handeln, das dadurch einen normativen Rahmen für seinen Ablauf erhält. Zur gleichen Zeit führt das laufende Spiel in den Bereich von Regeln hinein, die insoweit von den strategischen Handlungen der Teams durchdrungen werden, als der Schiedsrichter beispielsweise ein bestimmtes Maß an Härte toleriert, die während des Spiels auftritt. In seinem Bericht formt er Fakten des Spiels in Überlegungen zu den Spielregeln um, die als Ergebnis eines solchen Berichts eventuell geändert werden. Der Bericht reflektiert die Veränderungen, nach denen die Spiele in der Realität ablaufen.

Voluntaristische Ordnung

Was bedeutet Voluntarismus? Er bedeutet, dass Handlungen weder ausschließlich als das Ergebnis von Wahl oder Zwang unter Beachtung von

Bedingungen noch ausschließlich als das Ergebnis einer konsequenten Ableitung aus Regeln zu verstehen sind, die als verbindlich angesehen werden, oder als Resultat von objektiven Gründen, die sich dem Handelnden aufdrängen.

Voluntarismus heißt, dass Handlungen das Ergebnis eines Zusammenspiels von positivistischen und idealistischen Faktoren sind, die der Einzelne als Handelnder abzuwägen und zueinander in Beziehung zu setzen hat. Das handelnde Individuum, das zwischen diesen Faktoren steht, kann seine Autonomie bewahren und auf diese Weise verhindern, Opfer entweder der äußeren Bedingungen oder der Ideen zu werden, wenn ein Gleichgewicht zwischen beiden Seiten besteht. Das Individuum kann die Faktoren gegeneinander ausspielen. Das ist der Teil des Individuums, den Freud „Ich" nennt, in Abgrenzung zum „Es" (die biologischen Triebe und Bedingungen) und zum „Über-Ich" (Normen als äußerer, von der Gesellschaft auferlegter Zwang).

Ein Individuum, wie beispielsweise eine Mutter, die jeden Morgen um 7.00 Uhr Frühstück vorbereitet, hat die Möglichkeit, infrage zu stellen, ob dies generell zu rechtfertigen ist; sie könnte fragen, ob diese Rollenverteilung mit der Idee der Gleichberechtigung zu vereinbaren ist. Aber sie könnte sich ebenfalls ihrer Familie verpflichtet sehen. Sie berücksichtigt die Bedingungen, nämlich dass die einen zur Arbeit, die anderen zur Schule gehen, und hat die Möglichkeit, die Aufgaben entsprechend den Situationen zu variieren, z.B. am Wochenende. So könnte sie einen Kompromiss schließen, indem sie eine andere Frühstückszeit vorschlägt, Aufgaben an andere Familienmitglieder delegiert etc.

Der Ursprung individueller Autonomie ist die Antriebskraft des Subjekts, das heißt, seine Möglichkeit zu wählen und nicht vollständig durch äußere Bedingungen oder Instinkte bestimmt zu sein, allerdings geleitet von gegebenen Normen. Das menschliche Individuum kann sich Ziele setzen und Anforderungen von außen hinterfragen. Wenn Parsons sagt, dass konkrete Handlungen immer bedingende und normative Komponenten einschließen, benutzt er den Begriff „normativ" in Bezug auf die Antriebskraft, die nicht ursächlich determiniert wird, sondern offen für Wahl und Überlegung ist. Sehr deutlich wird er diesbezüglich, wenn er über Zielsetzungen spricht:

> Wie entsprechend definiert, ist ein Ziel eine konkret erwartete zukünftige Sachlage. Aber es ist ganz klar, dass nicht die vollständige Sachlage, sondern nur bestimmte Aspekte oder Ausprägungen normativen Komponenten zugeschrieben werden können, folglich eher zum Willensakt (Agency) des Handelnden als zu den Merkmalen der Situation, in der er handelt. ... Ein Ziel im analytischen Sinne muss definiert werden als die Differenz zwischen der antizipierten zukünftigen Sachlage und dem, was voraussagegemäß aus der anfänglichen Situation folgen würde, ohne dass der Willensakt des Handelnden eingegriffen hätte. (Parsons 1937/1968: 49)

Wenn Parsons (1937/1968: 76-77) weiterhin sagt, dass Handeln immer „das Bestreben nach Normkonformität" impliziert, ist „Bestreben" als Willensakt

(Agency) zu verstehen, weil nur ein freier Wille Handeln in Richtung von Normen leiten kann. Diese Betonung des Willensaktes hat weitreichende Implikationen für die Lösung des Problems der Ordnung. Insoweit als Akteure fähig sind, nach freiem Willen zu handeln, und Gegebenheiten wie äußere Gewalt oder innere Instinkte der natürlichen Solidarität mit der eigenen Gruppe ihre Handlungen nicht vollständig festlegen, kann Ordnung zwischen selbständig Handelnden nur zufällig und momenthaft auftreten, aber nicht als dauerhaftes Merkmal ihrer Beziehung verstanden werden, sofern es keine anderen Quellen der Ordnung gibt. Genau diese Position führte Parsons zu seiner Erklärung von sozialer Ordnung durch Wertekonsens. Das ist tatsächlich die einzig mögliche Form der Ordnung zwischen frei handelnden Akteuren! Dies ist genau das, was er als normative Ordnung von der faktischen Ordnung unterscheidet, die entweder aus der ursächlichen Bestimmung aufgrund äußerer Bedingungen oder innerer Instinkte oder aus situativen Koinzidenzen, beispielsweise aus der Koinzidenz von Käufer- und Verkäuferinteressen auf dem Markt, entsteht. Ihr Vertrag setzt jedoch normative Komponenten voraus, die des Konsenses der Handelnden bedürfen. Diese **Komplementarität** zwischen freiem Willen und Konsens wird in der verbreiteten Kritik an Parsons' „normativer" Lösung des Problems der Ordnung völlig übersehen. Dies gilt ebenfalls für eine neuere Interpretation, die Parallelen zwischen Parsons' normativer Lösung des Problems der Ordnung durch Wertekonsens im Sinne einer Zivilreligion und Hobbes' widersprüchlicher Zuflucht zur Autorität Gottes sieht (Wagner 1991). Das wäre nichts anderes als eine äußerlich auferlegte Zwangsordnung, die völlig unvereinbar ist mit dem Sinn des Wertekonsensus von frei handelnden Akteuren in einer **voluntaristischen Ordnung**.

Obwohl in Auseinandersetzung mit Hobbes' Suche nach politischer Ordnung entwickelt, ist Parsons' voluntaristische Lösung des Problems der Ordnung keinesfalls auf die Frage nach politischer Ordnung beschränkt. Die Lösung von Parsons ist für jeden Bereich sozialen Handelns relevant und als solche unübertroffen von neuen Ansätzen zur Lösung des Ordnungsproblems, von denen die meisten letztlich auf gewisse Formen von zufälliger oder zwangsmäßiger faktischer Ordnung hinauslaufen. Von daher wäre es ein Fehler, sich in dieser Hinsicht von Parsons abzuwenden (Luhmann 1982: 372; Wagner 1991: 122). Allerdings fiel Parsons selbst immer wieder hinter seine analytische Erkenntnis zurück, weil er nicht ausreichend zwischen Konsens, der aus der alltäglichen Lebenswelt resultiert, und Konsens als Ergebnis eines Diskurses differenzierte. Er setzte Normen zu sehr mit den „nichtrationalen" Komponenten der Handlung gleich. Traditionelle Normen der Lebenswelt sind nicht rational, aber Konsens über Normen als Resultat eines Diskurses ist rational. Parsons neigt hier zum konformistischen Pol des Kantischen Problems der Ordnung.

Ordnung und Wandel

Das Interesse der Soziologie an der Ordnung der Gesellschaft ist dasselbe wie das Interesse der Naturwissenschaften an der Ordnung der Natur: das Auffinden von grundlegenden Gesetzmäßigkeiten.

Das soziologische Interesse an der Ordnung der Gesellschaft darf nicht mit dem ideologischen Interesse am Fortbestehen einer bestimmten existierenden Ordnung in einer Gesellschaft verwechselt werden; es ist schon gar nicht als Verteidigung von Gesetz und Ordnung der Gesellschaft zu verstehen. Die Unterscheidung zwischen faktischer, normativer und voluntaristischer Ordnung zeigt, welche verschiedenen Formen von Ordnung existieren können, welche Merkmale sie haben und welchen Stellenwert die Autonomie des Individuums in ihnen hat.

Eine voluntaristische Ordnung ist eine Ordnung, in der die Autonomie des Individuums eine zentrale Rolle in den gegenseitigen Beziehungen im Vergleich zu den ausschließlich zufälligen, zwanghaften, konformistischen und ideellen Formen von Ordnung spielt.

Wandel meint Veränderungen in den Handlungsweisen und in der Ordnung von Handlungen. Das Zentrum einer Ordnung ist die Regelmäßigkeit, mit der man bestimmte Handlungen unter bestimmten Bedingungen erwarten kann. Der entscheidende Faktor, der für diese Regelmäßigkeit sorgt, ist die Zugehörigkeit der Individuen zu einer gemeinsamen Lebenswelt mit alltäglichen Regeln, die allseits unbefragt als gegeben angesehen werden.

Insoweit als diese Regeln rational infrage gestellt werden, können sie sich in die Richtung von rational gerechtfertigten und allgemeinen Ideen verändern.

Insoweit als Individuen ihre Handlungen auf wechselnde Bedingungen einstellen und in rationaler Weise im Rahmen dieser Bedingungen Mittel zur Erlangung frei gewählter Ziele einsetzen, haben sie die Möglichkeit, von dem, was bis dahin unbefragt als gegeben galt, abzuweichen. In diesem Prozess werden Regeln an neue Situationen angepasst.

Insoweit als Individuen Ziele unter Missachtung der bislang als selbstverständlich geltenden Regeln verfolgen und gleichzeitig genug Macht haben, ihr Handeln gegen das Handeln anderer Akteure durchzusetzen, kann eine bestehende Ordnung in die Richtung der Ziele des mächtigsten Akteurs, insbesondere eines charismatischen Führers, verändert werden.

Von der Handlungstheorie zur Systemtheorie: Sozialsystem, Persönlichkeitssystem und Kultursystem

Bisher haben wir die Synthese zwischen Positivismus und Idealismus behandelt, wie sie Talcott Parsons in seinem ersten Buch *The Structure of Social Action* (Parsons 1937/ 1968) vollzogen hat. Auf dem Wege der Integration von Positivismus und Idealismus erreichte er die synthetische Sichtweise des Voluntarismus. Seine nächsten bedeutsamen Werke *The Social System* und *Toward a General Theory of Action* erschienen 1951, letzteres in Zusammenarbeit mit Edward Shils und anderen Kollegen. In diesen Arbeiten bewegt sich Parsons weg von der Handlungstheorie und hin zu einer Theorie von **Handlungssystemen**. Wir wollen näher prüfen, ob dies einen entscheidenden Umschwung, das heißt ein Ersetzen der Handlungstheorie durch eine Systemtheorie beinhaltet, oder ob die handlungstheoretischen Grundlagen in dem neuen Bezugsrahmen erhalten geblieben sind (Parsons 1951; Parsons und Shils 1951a, 1951b).

Neue Begriffe kommen zum konzeptuellen Bezugsrahmen hinzu. Eine Handlung ist so zu verstehen, dass sie in einer Situation stattfindet, in welcher der Handelnde sich an kulturellen, sozialen oder physikalischen Objekten orientiert; hinzuzufügen sind organische Objekte. Ein Beispiel für ein Kulturobjekt ist ein Buch, das ein Student liest; ein Beispiel für ein soziales Objekt ist die Studentengruppe, zu der er gehört; ein physikalisches Objekt ist der Seminarraum, in dem er Kurse besucht; ein Beispiel für ein organisches Objekt ist sein Körper oder der Körper eines anderen Menschen als Organismus. Die Orientierung des Handelnden zu diesen Objekten ist durch drei verschiedene Systeme bestimmt: das **Persönlichkeitssystem**, das **soziale System** und das **kulturelle System**. Das ist der Punkt, an dem die „Systemsprache“ in Unterscheidung zur „Handlungssprache“ auftritt. Die Systeme haben ihre eigene Identität; sie haben Grenzen, die sie von Ereignissen außerhalb unterscheiden, und sie entwickeln Mechanismen der Selbsterhaltung, um als Systeme bestehen zu bleiben.

Soziales System

Das soziale System (Parsons und Shils 1951b: 190-230) gründet sich auf Interaktionen. Was heißt Interaktion? Die Bedeutung von Interaktion wird wie folgt gefasst: ein Handelnder, den wir „Ego“ nennen wollen, orientiert sein Handeln und seine Erwartungen an den Handlungen und Erwartungen eines anderen Handelnden, den wir als „Alter“ bezeichnen wollen. Das heißt, wenn Ego auf eine bestimmte Art und Weise handelt, erwartet er, dass Alter in einer bestimmten Art und Weise reagieren wird und umgekehrt. Ego gestaltet sein Verhalten nach diesen Erwartungen.

Parsons und Shils verwenden zwei weitere Begriffe, um die Interaktionen zwischen Ego und Alter zu beschreiben: Komplementarität von Handlungen und Erwartungen und **doppelte Kontingenz**. Komplementarität bedeutet, dass sich Egos Verhalten an den Erwartungen von Alter orientiert und umgekehrt. Das heißt, dass sich die Handlungen und Erwartungen wechselseitig aufeinander beziehen, entweder im Sinne von Übereinstimmung zwischen Verhalten und Erwartungen oder im Sinne von **Abweichungen** des Verhaltens in Bezug auf die Erwartungen. Doppelte Kontingenz der Gratifikationen heißt, dass die Befriedigung der Bedürfnisse von Ego nicht nur abhängig ist von seiner Auswahl der Handlungsalternativen, sondern auch von den Reaktionen von Alter und dessen Auswahl der Handlungsalternativen und umgekehrt. Das macht die Vorhersagbarkeit des jeweiligen Verhaltens zu einem dringenden Bedürfnis für Ego und Alter.

Grenzerhaltung bedeutet die Erhaltung der Normen eines Sozialsystems, die Aufrechterhaltung seiner sozialen Ordnung. Wenn beispielsweise ein Lebensmittelgeschäft sein System auf Selbstbedienung umstellt, wechselt es seine Identität und seine Grenzen. Wenn es eine bestimmende Norm war, dass ein Lebensmittelgeschäft keine Zigaretten verkauft, es aber jetzt tut, hat es seine Grenzen verändert. Handlungsformen, die früher ausgeschlossen waren, sind jetzt Teil des Systems. All dies heißt, dass Grenzerhaltung in der Systemsprache auf der fortgesetzten Reproduktion von verschiedenen Arten der sozialen Ordnung im Tauschhandel, in wechselseitigen negativen Sanktionen, Vergemeinschaftung und Kommunikation in der Sprache der Handlungstheorie basiert. Dies ist die erste Antwort auf die Frage, ob die Systemtheorie die Handlungstheorie vollständig ersetzt hat.

Eine andere Frage ist hier ebenfalls von Interesse: Schließt das theoretische Interesse an der Grenzerhaltung das theoretische Interesse am Wandel aus, wie es einige Interpreten des Strukturfunktionalismus von Parsons beklagt haben? Die Antwort muss lauten: Grenzerhaltung und Wandel sind komplementär. Wenn wir die Frage nach der Grenzerhaltung beantworten können, haben wir auch eine Antwort auf die Frage nach dem Wandel, sofern wir die Argumente umdrehen.

Persönlichkeitssystem

Das Persönlichkeitssystem basiert auf den individuellen Bedürfnisdispositionen des jeweiligen Akteurs (Parsons und Shils 1951b: 110-158). Es ist die Persönlichkeit, durch die sich die Akteure voneinander unterscheiden, und sie unterscheidet solche Handlungen, die der Persönlichkeit und Verantwortung des Individuums zugeschrieben werden, von situationsbedingten Handlungen oder solchen, die durch externe Kräfte oder die bloße Erfüllung von Rollenerwartungen bedingt sind. Das heißt also, dass Persönlichkeit zwei Aspekte hat: der erste Aspekt ist die Unterscheidung der Einzigartigkeit von Menschen im Vergleich miteinander; der zweite Aspekt ist derjenige der Bildung einer stabilen Identität. In seiner Einzigartigkeit und allgemeinen Identität findet der Mensch seine Selbstverwirklichung und Selbstdarstellung. Selbsterhaltung ist in diesem Zusammenhang als Erhaltung der jeweiligen Einzigartigkeit, Identität und Selbstverwirklichung zu verstehen. Bedürfnisdispositionen bilden die Grundlage für die Einzigartigkeit und Identität eines Akteurs. Eine Bedürfnisdisposition ist als Wunsch und Streben eines Akteurs nach bestimmten *allgemeinen* Zielen und als die Tendenz zu verstehen, unter bestimmten Bedingungen in einer charakteristischen Art und Weise zu handeln. Nimmt man an, Erfolg durch Leistung sei eine Bedürfnisdisposition für einen Menschen, so folgt daraus die Neigung, auch nach einem Rückschlag nicht aufzugeben. Man kann von diesem Individuum erwarten, dass es seine Versuche fortsetzen wird, ohne Rücksicht darauf, ob es gewinnt oder verliert, sei es ein Tennisspiel, eine Moraldiskussion oder gemeinnützige Arbeit gegen Drogenmissbrauch.

Grenzerhaltung in Bezug auf die Persönlichkeit heißt, dass der Akteur in der Lage ist, alle äußeren Handlungsanforderungen auf die Realisierung seiner persönlichen Wünsche und Identität wie auch auf die Unterscheidung von anderen zu richten, folglich auf die Erhaltung der eigenen Einzigartigkeit. Wandel heißt: Das Individuum öffnet sich äußeren Einflüssen und lässt sich beispielsweise durch billigere Angebote des Supermarkts locken, lässt sich von fremden Autoritäten beeinflussen, orientiert sich an neuen gemeinschaftlichen Vereinigungen, d.h. wechselt seinen Freundeskreis entsprechend dem Sprichwort „Sag mir, mit wem du gehst, und ich sage dir, wer du bist", spricht eine neue Sprache und öffnet sich schließlich Verfahren rationaler Rechtfertigung. Ein Mensch, der sich eher generellen Prinzipien als konkreten Verhaltensvorschriften verpflichtet fühlt, ist in der Lage, sein Verhalten zu ändern, ohne seine Identität zu wechseln.

Kulturelles System

Ein kulturelles System konstituiert sich mittels Symbolen (Parsons und Shils 1951b: 159-189). Sprache, die Bibel, literarische Werke, Kunstwerke, wissenschaftliche Errungenschaften, Architektur, Zeitungen, Lebensstil, Filme, Theater, Kneipen, Restaurants, „Tante Emma-Läden", Supermärkte, Sportveranstaltungen, Parkanlagen, Straßen und Häuser sind alles Aspekte einer Kultur. Das Autobahnsystem, Hollywood, Venice Beach, die University of California in Los Angeles (UCLA), *die Los Angeles Times* sind alles Teile des Kultursystems von Los Angeles. Die Lage des Campus mit seinen ehrfurchteinflößenden Gebäuden, der *Daily Bruin* (studentische Tageszeitung), Campusereignisse, die Restaurants, die Bibliothek, die Art wie Seminare gehalten werden, sind alles Teile des kulturellen Systems der UCLA. Ein Kultursystem bewahrt seine Grenzen, wenn es seine Identität erhält, die sich in einer bestimmten Beständigkeit und Konsistenz seiner kulturellen Muster ausdrückt.

Die Verbindung zwischen den Systemen

Der nächste Schritt betrifft die Verbindung zwischen Sozialsystem, Persönlichkeitssystem und Kultursystem. Man kann diese Verbindung mit drei zentralen Begriffen beschreiben:

1. Die Verbindung zwischen Kultur- und Sozialsystem ruft die ***Institutionalisierung*** kultureller Muster in einem Sozialsystem hervor.
2. Aus der Verbindung zwischen Kultur- und Persönlichkeitssystem resultiert die ***Internalisierung*** kultureller Muster in der Persönlichkeit.
3. Die Verbindung zwischen Sozial- und Persönlichkeitssystem bewirkt die ***Sozialisation*** einer Persönlichkeit mit Rücksicht auf die Normen und Werte sowie die Rollen des Sozialsystems.

Keine dieser drei Einflussbeziehungen sollte als eine einseitige Beziehung missverstanden werden, in der etwa das Kultursystem bestimmend auf das Persönlichkeits- oder Sozialsystem wirkt oder das Sozialsystem das Persönlichkeitssystem dominiert. Es handelt sich in allen Fällen um wechselseitige Beziehungen. Wichtig ist, dass sie auch immer klar unterschieden werden, was Parsons allerdings nicht immer befolgt hat. Teilweise vermischt und verwechselt er Institutionalisierung und Internalisierung, indem er sagt, Institutionalisierung basiert letztlich teilweise auf Internalisierung. Ebenso verwechselt er teilweise Internalisierung und Sozialisation, indem er den Unterschied zwischen dem Lernen der Bedeutungen kultureller Symbole und der Bindung des Individuums an verbindliche soziale Normen nicht klar hervorhebt.

Institutionalisierung

Institutionalisierung meint einerseits, dass der Bestand der verfügbaren kulturellen Symbole für die soziale Interaktion in einem Sozialsystem übernommen wird; andererseits bedeutet sie, dass die Normen des Sozialsystems bei völliger

Ausnutzung der kulturellen Bedeutung der Normen, überschritten werden können. Auf diese Weise wird Kultur immer etwas restriktiver und partikularistischer als es theoretisch für die kulturellen Symbole denkbar wäre, wenn sie in einem Sozialsystem angewandt werden. In einem Sozialsystem verpflichten Prozesse der Vergemeinschaftung und Konsensbildung die Akteure auf die besondere Bedeutung eines kulturellen Symbols, Verfahren der Gewaltanwendung erzwingen Normen gegen Widerstand und Austauschprozesse öffnen sie für das Interesse der Akteure.

Zusammenfassend lässt sich festhalten, dass Institutionalisierung einerseits als Partikularisierung des Kultursystems zu verstehen ist, das heißt, als Verengung der Bedeutung kultureller Symbole mittels Verfahren der Konsensbildung in einem Sozialsystem. Andererseits bedeutet sie Verallgemeinerung von sozialen Normen durch Wandel in der Richtung der vollständigen Ausschöpfung der Bedeutung von kulturellen Symbolen in Verfahren rationaler Argumentation. Dies ist ein Prozess der Interpenetration, in dem Kultur ein Teil des Sozialsystems in Form einer partikularen Sozialkultur wird, wie auch das Sozialsystem Teil des Kultursystems in Form allgemeingültiger sozialer Werte und Normen wird.

Internalisierung

Internalisierung bedeutet einerseits, dass die individuelle Persönlichkeit eine eigene spezielle Interpretation der kulturellen Symbole in ihrer Anwendung auf Bedürfnisdispositionen und Ziele findet. Andererseits ist sie aber auch als die Erhebung des Individuums über das bloße Verfolgen egoistischer Bedürfnisse und Ziele sowie als Erwerb der Fähigkeit zu verstehen, individuelle Bedürfnisse, Ziele und Handlungen zu reflektieren. Jede Reflexion ist eine Form der Anwendung von Kultur auf die Persönlichkeit eines Individuums. Während die kulturellen Symbole auf die individuellen Bedürfnisse und Ziele angewandt werden, erfahren diese Symbole eine Spezifikation. Das Individuum trifft seine Auswahl aus einer großen Anzahl möglicher Interpretationen der kulturellen Symbole. Das Individuum hat seine eigene Version der englischen Sprache, zieht einige Worte anderen vor und bevorzugt eine bestimmte Bedeutung von Worten und Werten wie „Freiheit", „Gleichheit" und „angemessenes Verhalten". Freiheit kann für eine Person bedeuten, dass sie zu jedem beliebigen Ziel fahren, unzensierte Filme jeglichen Inhalts sehen, jeden Tag am Strand verbringen oder eine Rede über ein beliebiges Thema halten kann. In unserem Beispiel des Lebensmittelgeschäfts kann das Individuum die kulturelle Lebensweise der Mittelklasse praktizieren und parallel dort unübliche Worte gebrauchen.

Internalisierung heißt also einerseits die Spezifizierung kultureller Symbole mit Blick auf die persönlichen Bedürfnisse und Ziele und andererseits die Generalisierung von Bedürfnissen und Zielen unter dem Aspekt kultureller Symbole. Dies ist ein Prozess von Interpenetration, in dem Kultur ein Teil der Persönlichkeit in individualisierter Form und Persönlichkeit in Form des persönlichen Lebensstils Teil der Kultur wird.

Sozialisation

Sozialisation bedeutet einerseits die bindende Übernahme sozialer Normen und Regeln für das Handeln und andererseits, dass die Normen und Rollen den persönlichen Bedürfnissen und Zielen, die das Individuum anstrebt, entsprechend modifiziert und angepasst werden. Die Bindung des Individuums an Normen und Rollen erfordert immer auch die Einbindung in das Sozialsystem. Das Individuum muss Mitglied des Sozialsystems sein und sich der Gemeinschaft verbunden fühlen. Die Gemeinschaft ist eine dem Individuum übergeordnete Instanz, die positive und negative Sanktionen ausüben kann, um ein normenkonformes Verhalten des Individuums zu erreichen. Damit ein Individuum sich den Normen verpflichtet fühlen kann, ist es notwendig, dass es sich mit Repräsentanten der Gemeinschaft, z.B. Vater oder Mutter, und zunehmend mit der Gemeinschaft an sich, identifizieren kann. In diesem Fall hat das Individuum ein Zugehörigkeitsgefühl und ist Träger der Normen der Gemeinschaft.

Zusammenfassend ist unter Sozialisation einerseits die Bindung des Individuums an soziale Normen und Rollen zu verstehen, andererseits aber auch die Anwendung von Normen und Rollen in Übereinstimmung mit den Bedürfnissen und Zielen der individuellen Persönlichkeit. Dies ist ein Prozess der Interpenetration, in dem die sozialen Normen in die Persönlichkeit eines Individuums, insbesondere in sein Gewissen (oder Über-Ich, wie Freud es nennt) eingehen und gleichsam die individuelle Persönlichkeit Teil des Sozialsystems wird, indem die konkrete Bedeutung der jeweiligen Normen und Rollen jeweils durch die Rollenträger und Akteure in ihrem Handeln definiert wird.

Abwehrmechanismen und Abweichung

Im Verlauf der Sozialisation sollen soziale Rollenerwartungen und individuelle Bedürfnisdispositionen in Übereinstimmung gebracht werden. Das Misslingen dieses Prozesses ruft Abwehrreaktionen durch das Individuum und abweichende Motivationen in bezug auf die Rollengestaltung hervor. Parsons und Shils (1951b: 133-137) übernehmen die folgenden Abwehrmechanismen von Sigmund Freud:

- *Rationalisierung:* Rollenkonformität, die der Befriedigung eines bestimmten Bedürfnisses im Wege steht, wird damit gerechtfertigt, dass andere Bedürfnisse mit diesem Verhalten befriedigt werden können.
- *Isolation:* Rollenkonformität wird isoliert von möglicherweise durch dieses Verhalten nicht zu erfüllenden Wünschen betrachtet.
- *Verschiebung:* Bedürfnisdispositionen, die aufgrund der Anforderungen, die an ein bestimmtes Rollenverhalten gestellt werden, nicht zum Tragen kommen, werden in einem anderen Zusammenhang realisiert, (der mit dem eigentlichen Bedürfnis in keinem wirklichkeitsbezogenen Zusammenhang steht, z.B. Traum).
- *Fixierung:* Das ängstliche Festhalten des Individuums an Verhaltensweisen, die Schutz vor möglicher Frustration bieten.
- *Verdrängung:* Bedürfnisdispositionen, die im Widerspruch zu sozialen Rollenerwartungen stehen, werden aus dem Bewusstsein gelöscht.
- *Reaktionsbildung:* Gefährliche Bedürfnisdispositionen, die Frustration erzeugen können, werden durch weniger gefährliche ersetzt.
- *Projektion:* Die Unterdrückung gefährlicher Bedürfnisdispositionen wird dadurch unterstützt, dass sie anderen Personen, die als Sündenbock dienen, zugeordnet werden.

In Bezug auf das Rollenhandeln erzeugt das Versäumnis oder Misslingen der Bildung einer ausreichenden Übereinstimmung zwischen Rollenerwartungen und Bedürfnisdispositionen die Motivation zu abweichendem Verhalten (Parsons 1951: 249-325). Wenn diese Motivation von einer externen Kontrollstelle unterdrückt wird, resultiert daraus eine zwanghafte Rollenkonformität. In der aktiven Form äußert sich diese Disposition in *zwanghaftem Leistungsdenken*, die passive Form in *erzwungener Erfüllung von Rollenerwartungen.*

Wenn die Unterdrückung dieser Tendenz mittels sozialer Kontrolle nicht gelingt, kommt es zu abweichendem Verhalten. Die aktive Form drückt sich in *Rebellion* aus; die passive Form äußert sich in *Rückzug.*

Versäumnisse oder Misslingen bei dem Versuch, eine Übereinstimmung zwischen sozialen Rollenerwartungen und individuellen Bedürfnisdispositionen zu schaffen, resultieren aus der mangelnden *Unterstützung* des Sozialisanden durch die Sozialisationsagenten und aus einer unausgeglichenen Beziehung zwischen Anerkennung und Verweigerung von Anerkennung mit Blick auf die Bedürfnisdispositionen des Sozialisanden von Seiten der Sozialisationsagenten (Parsons 1951: 300).

In dieser Phase der Theoriebildung und aus seiner Sicht von sozialer Interaktion, begreift Parsons die Interaktion zwischen Sozialisationsagenten und Sozialisanden als einen Austausch von Gratifikationen und Deprivationen auf der Basis von mehr oder weniger Unterstützung, die der Sozialisationsagent dem

Sozialisanden gewährt und von entsprechend mehr oder weniger starker Identifikation des Sozialisanden mit dem Sozialisationsagenten. Parsons (1951: 283-297) eröffnet Wege für eine komplexere Sicht, wenn er das Problem der Legitimation anspricht. In dem Maße, in dem soziale Kontrolle Legitimation miteinbezieht, hängt die Definition von Verhalten als abweichend oder konform von der Rechtfertigung durch die gemeinsamen Werte der Gesellschaft ab. Je mehr der Abwiechende Unterstützung für seine Sichtweise aus einer Randgruppe der Gesellschaft erhält, desto mehr wird er den bestrafenden Aktivitäten der Repräsentanten der Kontrolle widerstehen. Schließlich ist Abweichung auch Teil einer politischen Auseinandersetzung zwischen opponierenden sozialen Gruppen. Eine abweichende Handlung könnte in diesem Fall der erste Schritt auf dem Weg zu einer Redefinition sozialer Rollenerwartungen sein. Andererseits, je weniger Unterstützung abweichendes Verhalten findet, desto eher ist die Bestrafung Teil eines Rituals, mit dem die Gemeinschaft ihren Konsens über ihre Normen erneuert.

Drei Probleme der Ordnung

Blickt man nun zurück auf das Problem der Ordnung in sozialen Systemen, kann man drei Arten von Problemen unterscheiden (Parsons 1951: 24-45):

- Das soziale Problem der Ordnung: Wie sich Ordnung in sozialen Interaktionen und in der Wechselbeziehung zwischen verschiedenen sozialen Systemen bildet.
- Das motivationale Problem der Ordnung: Wie ein **soziales System** die Motivation individueller Persönlichkeiten anregen und deren Bedürfnisdispositionen und Zielsetzungen in die Konkretisierung sozialer Normen und Rollen umsetzen kann.
- Das kulturelle Problem der Ordnung: Wie ein soziales System seine Normen und Rollen durch den Nachweis ihrer Übereinstimmung mit den weiter gefassten kulturellen Symbolen (Werten) legitimieren kann.

Die Orientierungsalternativen des Handelns (pattern variables)

Bei der Herausgabe der Werke *„The Social System"* und *„Toward a General Theory of Action"*, die beide 1951 veröffentlicht wurden, arbeitete Parsons teilweise mit Edward Shils zusammen. Beide Autoren führten eine weitere konzeptuelle Neuerung ein: Die so genannten **Orientierungsalternativen** (pattern variables) (Parsons 1951: 58-67; 1967: 192-219; Parsons und Shils 1951b: 76-91). Es geht um fünf Dimensionen gleichrangig nebeneinander bestehender Handlungsmuster. Diese Dimensionen können als Handlungsalternativengelten, zwischen denen ein Akteur in jeder Situation wählen muss. Obwohl Parsons sich hier nicht klar ausdrückt, kann „Wahl" innerhalb dieses Kontextes nur heißen, dass ein Akteur als menschliches Wesen in der Regel die Freiheit hat, den Charakter des jeweiligen Handelns selbst zu bestimmen. Aber auch *nur diese eine* Wahl kann er selbst treffen. Mit Freiheit ist hier gemeint, dass diese handlungsleitenden Muster keine angeborenen Verhaltensinstinkte sind, sondern durch die Kultur festgelegte *Handlungsnormen*. Sie sind also freiwillig ausgewählte Handlungsdeterminanten. Die grundsätzliche Wahl kann ein Akteur jedoch nicht ablehnen. Die Wahlfreiheit zwingt die Menschen gleichzeitig zur Entscheidung, wie die Handlung verlaufen soll. Menschen sind also zur Freiheit verdammt, so lautet auch der bekannte Kernpunkt des französischen Philosophen Jean-Paul Sartre in seiner Philosophie des Existenzialismus (Sartre 1943). Auch Parsons geht davon aus, dass die Handlungsmuster grundlegende Wahlmöglichkeiten für Verhalten definieren und dass mit ihnen das gesamte Spektrum möglicher Handlungsalternativen in Handlungssituationen abgedeckt ist. Akteure entscheiden sich jedoch nicht auf der Basis des „entweder/oder": ihre Handlungen variieren innerhalb eines Kontinuums zweier Extrempositionen, die durch die Gegensätze der Handlungsmuster beschrieben werden. Da zusätzlich ein Einfluss der drei Systeme – des kulturellen, sozialen und Persönlichkeitssystems – auf jede Handlung berücksichtigt werden muss, bestimmen die Handlungsmuster auch jede Handlung durch diese drei Systeme. Das zeigt sich dann in Form von kulturellen Wertvorstellungen, sozialen Normen und Rollenerwartungen sowie in Form von persönlichen Bedürfnisdispositionen.

Folgende fünf Dimensionen von Orientierungsalternativen im menschlichen Handeln werden unterschieden:

Kollektivitätsorientierung	———	Selbstorientierung
Diffusität	———	Spezifität
Affektivität	———	Affektive Neutralität
Partikularismus	———	Universalismus
Zuschreibung (Qualitätsmerkmale)	———	Leistung (Performanz)

Als kulturelle Wertvorstellungen sind die Handlungsmuster symbolisch allgegenwärtige normative Muster für Handlungen mit einem relativ weiten Interpretations- und Anwendungsspielraum; als soziale Normen und Rollenerwartungen sind sie konkreter ausformuliert und auch verbindlicher für Akteure, die in einem sozialen System handeln; als persönliche Bedürfnisdispositionen zeigen sie sich in typischen Verhaltensmustern, die ein Individuum in typischen Handlungssituationen anzuwenden pflegt. Wir wollen jetzt die vorgenannten Dimensionen kurz erläutern.

Mit dem Begriff **Selbstorientierung** ist gemeint, dass ein Akteur seine Bedürfnisse und Erwartungen als Entscheidungskriterium für eine bestimmte Handlung in einer gegebenen Situation zugrunde legt. Der Student, der sich für einen bestimmten Kursus einschreibt, folgt damit seiner Erwartung, einen bestimmten Grad an Bildung zu einem bestimmten Thema vermittelt zu bekommen. In den westlichen Gesellschaften gehört es zum kulturellen Gedankengut, dass persönliche Bedürfnisse und Erwartungen eine Entscheidungsgrundlage für die Art der Wissensvermittlung sein sollen. In Ausübung der sozialen Norm und Rollenerwartung muss ein Student Entscheidungen im sozialen System der Universität treffen, in welchem Semester er sich in welches Seminar einschreibt. Aufgrund seiner Persönlichkeitsstruktur lehnt ein Student, der selbstbezogen handelt, den Gedanken ab, eine andere Person, z.B. aus seiner Familie, würde an seiner Statt Entscheidungen treffen. In asiatischen Kulturen hat die Familie bis heute noch mehr Einfluss auf Entscheidungen einzelner Personen, eingeschlossen höhere soziale Schichten. Dieser Unterschied zu den westlichen Kulturen zeigt sich bis zu einem bestimmten Grad selbst heute noch in den asiatischen Gemeinschaften inmitten der amerikanischen Gesellschaft. Generell bedeutet Selbstbezogenheit, dass es einen mehr oder weniger weiten Handlungsspielraum gibt, innerhalb dessen Individuen ausschließlich ihren eigenen Bedürfnissen und Erwartungen folgen können. Das paradigmatische Feld, auf dem Individuen selbstbezogen handeln, ist der Markt.

Kollektivitätsorientierung bedeutet, dass anstelle der persönlichen Bedürfnisse und Erwartungen eher kollektive Normen und Entscheidungen bestimmend für die Handlung in einer Situation sind, Normen und Entscheidungen des Kollektivs nämlich, dem ein Individuum zugehört. Ein Student an einer amerikanischen High School kann beispielsweise selbst entscheiden, welchen Bildungsweg er im einzelnen einschlagen will oder in welche Schule er gehen will, aber in der Frage des Bildungsganges selbst gibt es keine Entscheidungsmöglichkeit. Bildungszwang bedeutet hier, dass die Gemeinschaft diese Frage bereits für jedes einzelne Individuum entschieden hat. Er gehört hier zum kulturellen Gedankengut und ist eine soziale Norm, das einzelne Individuum hat diese Norm zu erfüllen, unabhängig von persönlichen Bedürfnisdispositionen.

Ein anderes Beispiel zum Vergleich: Ein junger Mann verlässt seine Eltern, die in einer ländlichen Gegend leben und seine Mit Hilfe bei der Feldarbeit brauchen; er fasst diesen Entschluss, um in der Stadt zu leben. Dieser junge Mann handelt selbstbezogen. Würde derselbe junge Mann in seinem Leben die Unterstützung der Familie höher bewerten, würde er kollektivitätsbezogen handeln. In einer moderneren Gesellschaftsform (Stadt) ist selbstbezogenes Handeln gerechtfertigter als in traditionelleren Gesellschaftsformen (Dorf), in denen die Gemeinschaftsbezogenheit noch vorherrscht.

Diffusität bedeutet, dass ein Akteur alles in eine Handlungssituation einbeziehen kann. Nichts ist ausgeschlossen, und es existieren keine klaren Kriterien, nach denen die Handlungsauswahl vorgenommen wird. Eine Bildungseinrichtung ohne unterschiedliche Seminarangebote für unterschiedliche Immatrikulationsjahrgänge, ohne ein festgelegtes Rahmenprogramm für Seminare und ohne unterschiedliche Studiengänge vermittelt keine klare Handlungsausrichtung.
Im Gegensatz dazu bedeutet **Spezifität** eine klare Handlungsausrichtung. Eine Bildungseinrichtung mit dem Programm einer weitgehend klar beschriebenen Themenstellung wie z.B. „Mathematik“ , klar unterschiedenen Seminarangeboten für unterschiedliche Studiengänge und Immatrikulationsjahrgänge ermöglicht eine spezifische Handlungsausrichtung. Wenn Studierende mit dem Lehrpersonal wie mit befreundeten Personen umgehen können und umgekehrt, vermischen sich die speziellen Rollen des Studierenden und des Lehrpersonals mit den Rollen von Freundinnen und Freunden. Also ist eine solche Handlungsausrichtung diffus im Gegensatz zu der gezielten Interaktion zwischen Lehrpersonal und Studierenden, bei der alles ausgeschlossen ist, was nicht zum Lehr- und Lernprozess gehört. Kulturelle Wertvorstellungen, soziale Normen, Rollenerwartungen und persönliche Bedürfnisdispositionen können sowohl diffuse als auch spezifische Handlungsausrichtungen begünstigen.

Affektivität bedeutet, dass ein Akteur seine Gefühle und Empfindungen in Handlungen einbringt. Die Frage, ob ich eine Person leiden kann oder nicht, beeinflusst meine Entscheidung darüber, ob ich mit ihr gut befreundet sein will oder auf Distanz bleiben möchte. Ich kann außerdem Gefühle anderen Menschen gegenüber ganz spontan und direkt zum Ausdruck bringen, ohne Zögern oder ohne jeglichen Versuch, sie zu verletzen. Ich kann Freude ausdrücken, Vergnügen, Erregung, Wut, Liebe und Hass. Familiäre und freundschaftliche Beziehungen bieten in der Regel die Gelegenheit, solche Gefühle zu zeigen. Sportveranstaltungen erlauben es ebenfalls oft, Gefühle auszudrücken. In den südeuropäischen Ländern wird die öffentliche Demonstration von Gefühlen mehr akzeptiert als in nord- und mitteleuropäischen Ländern. Die Akzeptanz in den USA bewegt sich irgendwo dazwischen.

Affektive Neutralität bedeutet, dass die Gefühlsebene bei Handlungen ausgeschlossen ist. Für die Bearbeitung meiner Steuererklärung durch eine Amtsperson in einer Bürokratie ist ihre Gefühlsverfassung ohne Relevanz. In einer bürokratischen Organisation haben die Gefühle zu anderen Menschen keine Berechtigung bei der Ausübung der sachlichen Tätigkeiten. Dasselbe gilt, wenn eine Lehrperson Studierende im Examen prüft. Kulturelle Wertvorstellungen, soziale Normen und persönliche Bedürfnisdisposition legen den Spielraum für gefühlsbetontes und gefühlsfreies Verhalten fest.

Partikularismus heißt, dass ein Akteur seiner Neigung zu einer Einzelperson oder Gruppe folgt, genauer gesagt, den Normen einer solchen Gruppe, die nur für die Gruppenmitglieder gültig sind. Es entsteht immer eine Bindung an eine Einzelperson oder Gruppe auf Kosten einer anderen Bindung an eine andere Person oder Gruppe und auf Kosten der Verbindung zu einer umfassenderen Gruppierung. Wenn ein junges Mädchen seiner Mutter erzählt, dass ihr in der Schule eine bestimmte Position von einem Gremium entzogen worden ist, das aus ihren Freunden besteht, wird ihre Mutter natürlich ihre Partei ergreifen. Sie wird sich über die von ihr vermutete Fehlentscheidung aufregen, die von unverständigen Halbstarken gegenüber ihrem armen Kind getroffen wurde. Sie wird keine Ursachenforschung betreiben über die Umstände, die ihre Tochter in diese Situation versetzt haben. Sie wird gar keine Fragen in dieser Richtung stellen. Was in dieser Situation für sie zählt, ist die Zuneigung zu ihrer Tochter und nicht Fragen von Recht oder Unrecht aus einem Blickwinkel außerhalb ihrer partikularen Bindung an ihre Tochter. Das ist mit Partikularismus gemeint.

Den Gegensatz dazu stellt der **Universalismus** dar. Betrachten wir wieder unser vorheriges Beispiel. Die Schulleitung, die sich möglicherweise mit der Entscheidung des Gremiums befassen muss, kann dies nicht auf der Grundlage einer Bindung an ein bestimmtes Kind oder auch ein anderes tun. Hier ist der Standpunkt von Recht und Unrecht in einem generellen Sinn angebracht, ausgehend von gesetzlichen und moralischen Regeln, die nicht nur für die schulische Gemeinschaft gültig sind, sondern auch darüber hinaus. Das Mädchen könnte ein Klageverfahren bei einem Gericht anstrengen. In einem solchen Fall wird die Entscheidung des Schulgremiums auf der Grundlage allgemeiner Gesetze und allgemeingültiger moralischer Regeln bewertet. Bei diesen ganzen Abläufen wird die Handlungsgrundlage mehr und mehr universell, d.h., die Handlung wechselt von der Ausrichtung an einer persönlichen Bindung zu einer umfassenderen Gemeinschaft, deren allgemeingültigere Normen auch jede kleinere Teilgruppe und deren Normen durchdringt. Als Endpunkt finden wir dann den Staat und die Verfassung, die wiederum in Grundsätze der Menschenwürde eingebettet sind. Wiederum können wir sehen, dass kulturelle Wertvorstellungen, soziale Normen und Rollenerwartungen, aber auch persönliche Dispositionen die Anwendungsmuster für diese Handlungsausrichtungen festlegen.

Ascription/Zuschreibung (von Qualitätsmerkmalen) bedeutet, dass ein Akteur eine Interaktion mit einem anderen Menschen an einem seiner Merkmale festmacht, das dieser Mensch schon von Geburt an hatte, sowie an seiner Zugehörigkeit zu einer bestimmten Gruppe oder Klasse. Eine Handlung auf jemanden aufgrund von Alter, Rasse, Herkunft oder sozialer Schichtzugehörigkeit auszurichten, heißt Handeln auf der Grundlage von Zuschreibungen. Die Aufnahme in Schulen, Colleges, Universitäten und die Einstellung in Jobs auf dieser Grundlage ist Zuschreibung.

Achievement/Leistung (Performanz) bedeutet, dass sich ein Akteur zu einem anderen Akteur in Abhängigkeit von Leistungen verhält, die dieser tatsächlich erbracht hat und aufgrund von dessen bewiesenen Fähigkeiten, d.h., wie fähig er sich erwiesen hat. Die Aufnahme in Colleges und Schulen sowie die Einstellung in Jobs auf der Grundlage von Qualifikationsnachweisen sind Entscheidungen in Abhängigkeit von Leistung und nachgewiesener Befähigung. Kulturelle Wertvorstellungen, soziale Normen und Rollenerwartungen sowie persönliche Bedürfnisdispositionen bestimmen den Anwendungsspielraum dieser Ausrichtung.

Parsons' Analyse der Beziehung zwischen Arzt und Patient als Beziehung zwischen professionellem Experten und Klienten zeigte zum ersten Mal die Anwendung der verschiedenen Handlungsmuster auf. Er wies darauf hin, dass einerseits die Absicht, einem Patienten zur störungsfreien Ausübung seiner sozialen Rollen zu verhelfen, andererseits für seine Bedürfnisbefriedigung zur Verfügung zu stehen, die Verbindung entgegenstehender Verhaltensmuster verlangt. Ein Patient möchte Vertrauen gewinnen. Er sucht aus Eigeninteresse einen Arzt auf, muss eine zunächst diffuse Beziehung beginnen und Gefühle investieren, um mit dem Arzt umgehen zu können. Der Patient möchte zuvorkommend behandelt werden, auf der Grundlage eines ihm zugeschriebenen Status. Der Arzt muss den Patienten so behandeln, dass er die Erwartungen einer umfassenderen Gemeinschaft erfüllt, auf das spezielle Krankheitsbild bezogen, neutral, universalistisch und in Anwendung seiner Fähigkeiten. Beide Extrempositionen verbinden sich in der Beziehung zwischen Arzt und Patient. Der Arzt muss sich zunächst an die Wünsche des Patienten anpassen, muss ihn aber dann mehr und mehr zur anderen Seite der Handlungsmuster hinleiten, um ihn wieder in die normalen gesellschaftlichen Rollen zu integrieren.

Das Schema der Handlungsmuster ist eine formale Neugestaltung eines Unterschieds, der von Ferdinand Tönnies (1887/1963) zwischen *Gemeinschaft* und *Gesellschaft* als speziellen Typen sozialer Beziehungen entwickelt wurde. Eine Gemeinschaft ist ein Dorf oder eine Familie; eine Gesellschaft ist eine Stadt oder ein Nationalstaat als Ganzes. In Parsons' Terminologie basiert eine Gemeinschaft auf der Anwendung der einen Seite der Dimensionen von Verhaltensmustern, nämlich der Seite, die das Verhalten einengt: **Kollektivitätsorientierung,** Diffusität, Affektivität, Partikularismus und Zuschreibung. In einer Gesellschaft wird das Gegenteil zugrunde gelegt: **Selbstbezogenheit**, Spezifität, Affektive Neutralität, Universalismus und Leistung.

Das Vier-Funktionen-Paradigma

Der nächste Schritt bei der Entwicklung von Parsons` Handlungs- und Systemtheorie war die Einführung des berühmten Vier-Funktionen-Paradigmas, auch bekannt als A-G-I-L Schema, in einem Werk mit dem Titel *Working Papers in the Theory of Action*. Dieses Werk erschien 1953 und entstand in Zusammenarbeit mit Robert F. Bales und Edward Shils. Ausgangspunkt war Bales' Untersuchung von Kleingruppen, insbesondere Diskussionsgruppen und Gesprächsgruppen. Parsons, Bales und Shils leiteten aus Bales` empirischen Beobachtungen allgemeingültige Gesetzmäßigkeiten ab und entwarfen eine erste empirische Unterscheidung von vier Problemstellungen in Systemen. Diese Problemstellungen treten auf, wenn Diskussions- und Gesprächsgruppen vier grundlegende Phasen bei der Strukturierung eines Gesprächs durchschreiten und dabei vier Funktionen erfüllen:

A: **Adaptation** (Anpassung)
G: **Goal-attainment** (Zielerreichung)
I: **Integration** (Integration)
L: **Latent pattern maintenance** (Erhaltung latenter Strukturen)

Eine *Phase* ist eine zeitlich begrenzte Periode, in welcher die Handlungen einer Gruppe in bestimmter Art und Weise ausschließlich dazu dienen, eine der vier Funktionen zu erfüllen. Eine *Funktion* ist eine Problemstellung, die eine Gruppe lösen muss, um als soziales System in der Umwelt überleben zu können. Vier unterschiedliche Arten von Umwelt korrespondieren mit den vier Typen von Problemen. Überleben bedeutet, dass ein System seine Grenzen aufrechterhält: Es ist klar definiert, welche Interaktionen Teil des Systems sind und welche nicht (Parsons, Bales und Shils 1953).

Der nächste Schritt in der Weiterentwicklung der Parsonsschen Theorie bestand darin, das Vier-Funktionen-Paradigma zu den Handlungsmustern in Beziehung zu setzen. Auch hier findet sich die Beschreibung in *Working Papers in the Theory of Action*. Um eine solche Verbindung herstellen zu können, eliminierten

Parsons, Bales und Shils zunächst das Gegensatzpaar Selbstbezogenheit vs. Kollektivbezogenheit. Die anderen vier Gegensatzpaare teilten sie in zwei Kategorien auf: zum einen die kognitive Ausrichtung auf ein Objekt und zum anderen die Einstellung zu einem Objekt (Parsons, Bales und Shils 1953).

Die kognitive Ausrichtung auf ein Objekt (Objektkategorisierung) besteht in:

- Partikularismus vs. Universalismus
- Zuschreibung von Merkmalen vs. Leistung

Einstellungen zu Objekten sind:

- Affektivität vs. Affektive Neutralität
- Diffusität vs. Spezifität

Jeweils eine Seite des Gegensatzpaares sowohl der kognitiven Ausrichtung als auch der Einstellung zum Objekt bezieht sich auf die vier Funktionen, und zwar unter folgendem Blickwinkel:

- *Anpassung*: Universalismus und Leistung als kognitive Ausrichtungen, Spezifität und Neutralität als Einstellungen.
- *Zielerreichung*: Partikularismus und Leistung als kognitive Ausrichtungen, Spezifität und Affektivität als Einstellungen.
- *Integration*: Partikularismus und Zuschreibung als kognitive Ausrichtungen, Diffusität und Affektivität als Einstellungen.
- *Erhaltung latenter Strukturen*: Universalismus und Zuschreibung als kognitive Ausrichtungen, Diffusität und Neutralität als Einstellungen.

Die kybernetische Hierarchie von Bedingungen und Kontrollen

Ein weiterer Schritt in der Entwicklung von Parsons' Theorie des Handlungssystems, war die Einführung der **kybernetischen Hierarchie** von Bedingungen und Kontrollen in den späten 1950er Jahren (Parsons 1959, 1961a).

Innerhalb dieser Sichtweise sind die vier Funktionen und die darauf bezogenen Interaktionsprozesse in einer Doppelhierarchie angeordnet. Wir können die Interaktionen, die an der Erfüllung einer bestimmten Funktion orientiert sind, als Subsysteme begreifen, die sich voneinander durch ihre jeweiligen Verhaltensnormen unterscheiden. Sie sind durch eine partikulare Kombination von Orientierungsalternativen definiert (siehe auch im Detail Münch 1982/1988:81-92). Und wir können diesen Subsystemen spezifische Namen entsprechend ihrer Funktionen geben:

A. Das Adaptationssubsystem beinhaltet alle an Adaptation (Anpassung) orientierten Interaktionen.
G. Das Goal-attainment Subsystem beinhaltet alle an Goal-attainment (Zielerreichung) orientierten Interaktionen.
I. Das Integrationssubsystem beinhaltet alle an Integration orientierten Interaktionen.
L. Das Latent-pattern maintenance Subsystem beinhaltet alle an latent-pattern maintenance (Strukturerhaltung) orientierten Interaktionen.

Diese Subsysteme werden zunächst als eine Hierarchie von Bedingungen betrachtet, mit der Rangfolge A-G-I-L, wobei Energie und Dynamik in A am höchsten und in L am niedrigsten ausgeprägt sind. Zweitens werden sie in eine Kontrollhierarchie gebracht, mit der Rangfolge L-I-G-A, wobei Information und Kontrolle in L am höchsten und in A am niedrigsten sind. Betrachten wir als Beispiel erneut die Lerngruppe, die sich auf das Examen vorbereitet.

A. Der Prozess der Mobilisierung von Wissen und Arbeitsfähigkeiten impliziert stets neue Situationen für die Gruppe, die dann zu Veränderungen in ihren Handlungen führen, zu neuen Lesetechniken und neuen Lesemustern, etc.
G. Dies kann zu einer Überprüfung einiger untergeordneter Ziele führen, die von der Gruppe in ihrem Subsystem der Zielerreichung bestimmt wurden, wie etwa den Terminplan zu verändern, einen bestimmten Text nicht zu lesen oder gar das ganze Ziel zu verändern.
I. Der Entscheidungsprozess bringt Konflikte zwischen einzelnen Akteuren oder Untergruppen mit sich. Dies gefährdet die Kohäsion und die Solidarität der gesamten Gruppe. Außerdem müssen neue Prozesse der Stabilisierung stattfinden, beispielsweise informelle Zusammentreffen der Gruppe.
L. Die neue Kohäsion und Solidarität der Gruppe verlangt auch eine Redefinition ihrer Normen; diese Normen können jedoch den Rahmen der gesamten Gruppe und ihrer Ideologie sprengen. Außerdem muss eine neue und weiter gefasste Idee zur Identitätsbildung gefunden werden.

In diesem Prozess hat eine dynamische Wandlung von A zu G zu I und zu L stattgefunden.

In der anderen Richtung findet folgender Prozess statt:

L. Im Subsystem der Erhaltung latenter Strukturen (latent pattern maintenance) setzt die Definition der identitätsbildenden Idee der Gruppe die Grenzen der Legitimität für die Gruppennormen, die für konkrete Gruppenaktivitäten formuliert sind.
I. Diese Grenzen definieren den Spielraum der Gruppenaktivitäten und sichern die Integration der Gruppe.

G. Die Gruppennormen determinieren die Formen und Prozeduren der Entscheidungsfindung.
Beispiel: Mehrheitsbildung.

A. Die Ziele, die im Entscheidungsprozess bestimmt werden, legen auch die Ausrichtung der Mittel und ihrer Zusammenstellung und damit die Grenzen für das Adaptationssystem fest.

In dieser Richtung verläuft eine absinkende Kontrolle und eine sinkende Handlungsbegrenzung von L zu I zu G und zu A.

Eine neue Grundlage für das Vier-Funktionen-Schema

Nach der Einführung der vier Funktionen des AGIL-Schemas auf der Basis der Generalisierung empirischer Beobachtungen von Diskussionsgruppen und deren Aufgabenbewältigung nach der Zuordnung der Funktionen sowie nach Orientierungsalternativen des Handelns, bietet Parsons zusätzlich eine formale Begründung:

Die vier Funktionen werden durch die Kreuzklassifikation von zwei grundlegenden Variablen von Handlungssystemen konstruiert. Er definiert Handlung innerhalb eines Systems so, dass sie entweder nach innerhalb oder nach außerhalb des Systems orientiert ist; und sie kann instrumentell für ein Ziel sein oder für sich selbst wertvoll sein. Parsons verwendet für letzteres den Begriff „konsumatorisch". So erhalten wir vier Kombinationen aus der Kreuzklassifikation der handlungsbestimmenden Variablen, die auf die vier Funktionen des AGIL-Schemas bezogen sind. Den vier Feldern des Schemas werden außerdem spezifische Kombinationen der Orientierungsvariablen zugeordnet (Parsons, Bales und Shils 1953: 172-190; Parsons 1967: 192-219) (Abb. 2.1 und 2.2):

- *Adaptation* (Anpassung) eines Systems an seine Umwelt basiert auf einer externen und instrumentellen Handlungsorientierung; dies bedeutet, Mittel werden für Zwecke mobilisiert.
- *Goal attainment* (Zielerreichung) eines Systems basiert auf einer externen Orientierung gegenüber Zielen, die über den Ist-Zustand des Systems hinausgehen. Sie ist „konsumatorisch" in ihrem Charakter, da sie ein Ziel für sich selbst erreichen will und nicht aus weiteren Gründen.
- *Integration* eines Systems basiert auf einer internen Handlungsorientierung gegenüber dem System und seinen Teilen selbst, sie ist „konsumatorisch" in ihrem Charakter, da sie um ihrer selbst willen auftritt.

Abb. 2.1: Pattern Variables und Funktionen von Handlungssubsystemen I (Parsons, Bales und Shils 1953, S. 172-190)

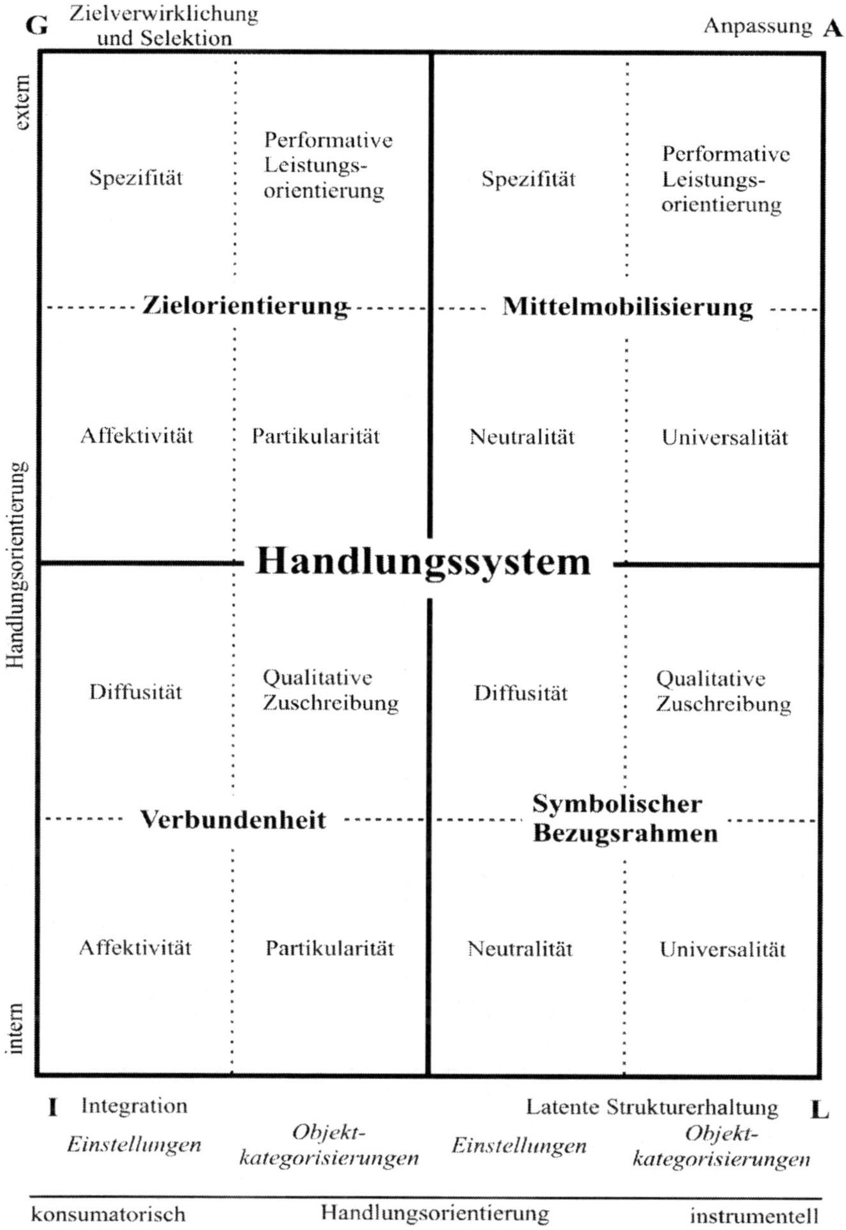

Abb. 2.2: Pattern Variables und Funktionen von Handlungssubsystemen II (Parsons 1967, S. 198)

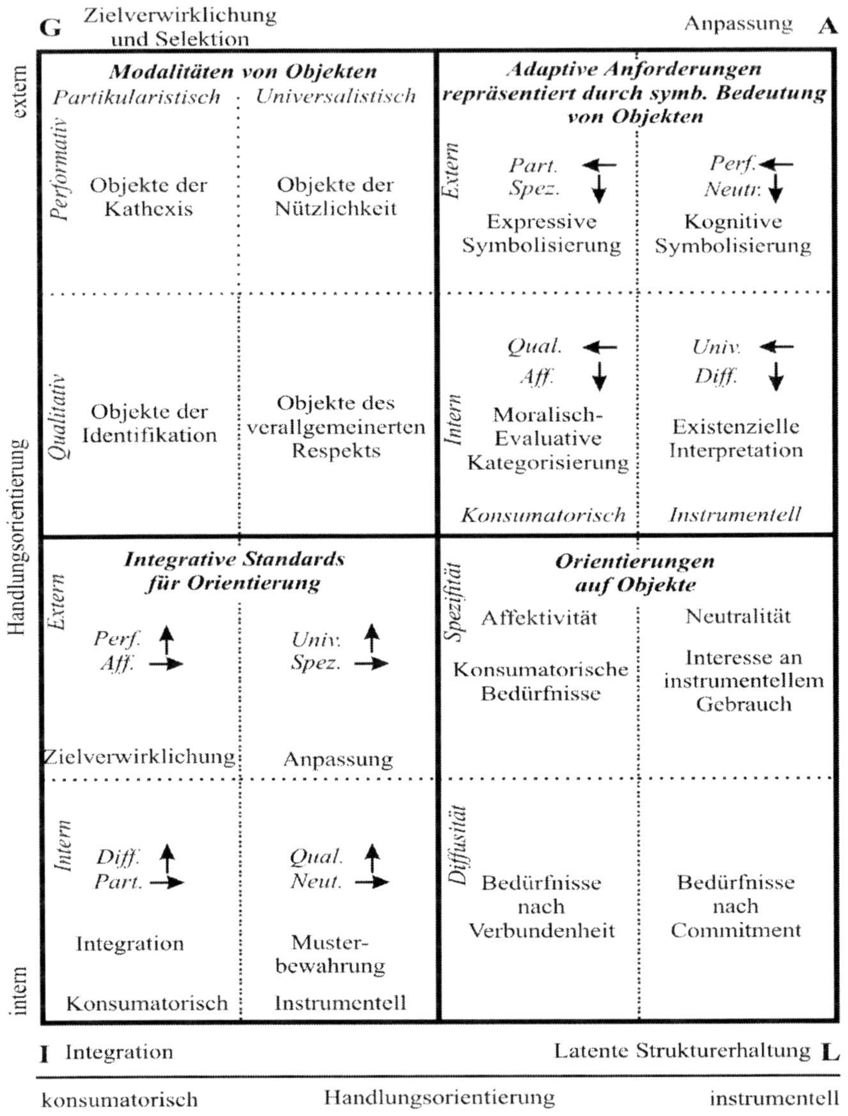

Legende: *Aff.* = Affektivität *Neutr.* = Neutralität
Perf. = Performative Handlungsorientierung *Qual.* = Qualitative Zuschreibung
Part. = Partikularität *Univ.* = Universalität *Diff.* = Diffusität *Spez.* = Spezifität

- *Latent pattern maintenance* (Erhaltung latenter Strukturen) eines Systems basiert auf einer internen Handlungsorientierung gegenüber dem System selbst; sie ist instrumentell in ihrem Charakter, da sie die legitimierenden Ideen für die konkreten Handlungen bereitstellt.

Es ist allerdings eine plausiblere Einführung des AGIL-Schemas denkbar, die im Folgenden dargestellt werden soll (Münch 1982). Wir beginnen mit zwei Basismerkmalen von Handlungen: Handlungen sind immer symbolorientiert und implementieren die Bedeutung dieser Symbole durch Interpretation im Handeln. Somit haben wir zwei Variablen, die den Handlungsbezugsrahmen definieren: Symbole und Handlungen, die Symbole interpretieren. Die symbolische Welt kann in ihrer Komplexität variieren, d.h. die Zahl der Symbole, die den Handlungshorizont ausmachen, und die Zahl der Widersprüche zwischen den Symbolen kann zwischen null und unendlich variieren.

Die Interpretations- und Implementationsmöglichkeiten im Handeln können ebenso in ihrer Anzahl variieren; das zeigt sich in hoher oder niedriger Vorhersagbarkeit bzw. niedriger und hoher Kontingenz der Handlungen. Beide Seiten können unabhängig voneinander variieren. Wir können ein Handlungskoordinatensystem mit zwei Achsen konstruieren: symbolische Komplexität und Vorhersagbarkeit (Kontingenz) der Handlungen. Dieses Koordinatensystem hat vier Eckpunkte, zwischen denen sich das Handeln vollzieht und die den Handlungsspielraum definieren. Diese vier Eckpunkte korrespondieren den vier Funktionen des AGIL-Schemas. Gleichzeitig beziehen wir die vier Funktionen auf die Varianten des Positivismus und des Idealismus.

A. Es gibt keine Restriktionen für die symbolische Repräsentation von Handlungsmitteln. Wir können uns beliebige Mittel zur Erreichung eines Zieles vorstellen. Weiterhin kann eine große Anzahl von Widersprüchen zwischen den Mitteln bestehen. Was ich mit einem bestimmten Mittel mache, also welches Ziel ich zu erreichen versuche, ist nicht begrenzt und völlig offen für meine Entscheidungen. Also haben wir eine hohe symbolische Komplexität und eine hohe Kontingenz von Handlungen. Dieses Feld innerhalb des Handlungsraumes hat den höchsten Grad an Flexibilität und Anpassungsfähigkeit gegenüber wechselnden Situationen. Mittel erfüllen die Funktion, die Reichweite für Handlungen zu erweitern und bieten die Voraussetzungen für die Anpassung. Markttausch ist die Form der Interaktion, die mit beliebigen Mitteln arbeitet. Beispiel: Ich kann mir verschiedene Mittel vorstellen, von zu Hause zur Arbeit zu gelangen: Bus, Fahrrad, Auto oder zu Fuß gehen. Und ich kann diese Mittel auch für verschiedene andere Zwecke nutzen.

G. Ziele von Handlungen sind Selektionen aus einer großen Anzahl von alternativen Zielen, die symbolisch den Akteuren präsent sind. Die Akteure müssen

Entscheidungen treffen. Nachdem die Entscheidung getroffen ist, schreibt die Spezifizierung des Zieles vor, dass es in einer bestimmten Art und Weise interpretiert und ausgeführt werden muss, die keine Alternativen zulässt. Hohe symbolische Komplexität tritt gleichzeitig mit niedriger Handlungskontingenz auf. Dies ist das Feld des Handlungsraumes, in dem die Handlungen den höchsten Grad an Ausrichtung auf ein bestimmtes Ziel aufweisen, ohne Berücksichtigung sich ändernder Situationen. Ziele spezifizieren die Reichweite der Handlungen und richten sie auf die Zielerreichung aus. Beispiel: Eine Gruppe von Studenten hat viele verschiedene Möglichkeiten, einen Stundenplan für ihre Treffen zu entwerfen. Nach der Entscheidung, sich jeden Freitag von 18 bis 20 Uhr zu treffen, sind die Handlungen präzise zeitlich bestimmt, obwohl alle Studenten wissen, dass sie sich theoretisch auch zu einer anderen Zeit zusammentun könnten.

I. Handlungsnormen gelten als selbstverständlich. Es gibt keine Alternativen zu selbstverständlichen, bindenden Normen in einer Gemeinschaft, wenn doch, wären es Ziele oder Zwecke. Innerhalb einer Gemeinschaft haben die Normen eine exakt definierte Bedeutung und beschreiben ganz genau die Handlungen. Niedrige symbolische Komplexität ist mit niedriger Handlungskontingenz gepaart. Normen schließen die Reichweite für Handlungen und bieten die Voraussetzungen für Integration. Aus Vergemeinschaftung heraus entstehen bindende Normen. Beispiel: Für die Mitglieder einer Gruppe von Studenten ist es selbstverständlich, sich untereinander zu helfen. Wenn also ein Student ein anderes Mitglied der Gruppe um Hilfe oder um Informationen über soziologische Theorie bittet, dann wird die Norm des Helfens angewandt, ohne mit einer anderen Norm zu konkurrieren; außerdem impliziert die Norm exakt, was getan werden muss.

L. Generelle Ideen und symbolische Bezugsrahmen dienen als generelle Orientierung für Handlungen. Sie reduzieren symbolische Komplexität durch Abstraktion und Generalisierung. Es existieren nicht viele Alternativen, die an ihre Stelle treten könnten. Gleichzeitig lässt ihre Abstraktion viel Platz für Interpretationen und Handlungen. Niedrige symbolische Komplexität wird von hoher Handlungskontingenz begleitet. Generelle Ideen und symbolische Bezugsrahmen generalisieren die Reichweite der Handlungen und bieten Voraussetzungen für die Aufrechterhaltung latenter Strukturen. Kommunikation und Diskurs sind die Formen der Interaktion, aus denen heraus generelle Ideen entstehen. Beispiel: Die Idee der Wahrheit bietet keine Alternativen für Studenten, die einen soziologischen Text diskutieren, aber es gibt verschiedene Bedeutungen von Wahrheit und viele verschiedene Wege, sich ihr anzunähern.

Ein zusammenfassendes Beispiel: Die Idee der Wahrheit ist eine generelle Leitidee für die wissenschaftliche Forschung. In der Wissenschaft gibt es dazu keine Alternativen. Aber sie kann auf viele verschiedene Arten interpretiert werden, und man kann sich ihr auf vielen verschiedenen Wegen annähern. Normen zu den Methoden der Annäherung an die Wahrheit werden von einer Vielzahl von Theorien und Denkschulen in verschiedener Weise bestimmt; innerhalb der Schulen haben sie jedoch keine Alternativen; sie beschreiben die Prozedur, nach der die Annäherung an die Wahrheit zu erfolgen hat. Die Ziele der Forschung, die eine Forschergruppe mit ihren Untersuchungen verfolgen will, benötigen bindende Entscheidungen. Sie sind stets aus einer großen Anzahl von Zielen selektiert. Sind sie einmal ausgewählt, bestimmen sie exakt die Richtung der Untersuchungen und wie die Ziele erreicht werden sollen. Die Hypothesen, die in der Untersuchung getestet werden, sind Mittel, die angewandt werden, um sich der Wahrheit und den Zielen des Projekts anzunähern. Es gibt keine Beschränkungen der Formulierung von Hypothesen, und diese können für verschiedene Zwecke genutzt werden. Wahrheit ist die Idee, die aus dem Diskurs über den Sinn der Wissenschaft hervorgegangen ist, die Normen kommen aus der Zugehörigkeit zu einer wissenschaftlichen Gemeinschaft, die Ziele resultieren aus wissenschaftlichen Entscheidungsprozessen, die Hypothesen werden auf einem wissenschaftlichen Markt zum Test angeboten.

Das soziale System und die generalisierten Kommunikationsmedien

Der nächste Schritt in der Entwicklung der Parsonsschen Theorie der Handlungssysteme war eine detailliertere Analyse des sozialen Systems und deren Anwendung über die mikrosoziologische Ebene hinaus auf die makrosoziologische Ebene, nämlich die Gesellschaft. Der größte Schritt in diese Richtung war eine Studie namens *Economy and Society*, entstanden in Zusammenarbeit mit Neil J. Smelser (Parsons und Smelser 1956). Die vier Subsysteme zur Erfüllung der vier Funktionen erhielten spezifische Namen: Das ökonomische System erfüllt die Funktion der Anpassung und öffnet die Reichweite der Handlungen; das politische System erfüllt die Funktion der Zielerreichung und spezifiziert die Reichweite der Handlungen; das gesellschaftliche Gemeinschaftssystem erfüllt die Funktion der Integration und schließt die Reichweite der Handlungen; das soziokulturelle System erfüllt die Funktion der Strukturerhaltung und generalisiert die Reichweite der Handlungen. Die interne Struktur und die internen Prozesse dieser Subsysteme sowie die Beziehungen der Subsysteme untereinander sind jetzt das Zentrum der Untersuchungen über das soziale System. Im weiteren Verlauf führt Parsons so genannte **generalisierte Kommunikationsmedien** (media of interchange) ein, die der Analyse der Subsysteme und ihrer Beziehungen untereinander dienen sollen: Geld für das ökonomische System, politische Macht für das politische System, Einfluss für das Gemeinschaftssystem und Wertbindungen für das sozial-kulturelle System (Treuhandsystem). Nach Ansicht von Parsons verändern Geld und Macht die Handlungssituationen durch positive Anreize oder durch negative Sanktionen. Einfluss und Wertbindungen verändern die Intentionen der Akteure durch positive Überzeugung oder negative und kritische Aktivierung von Bindungen und Verpflichtungen. Betrachten wir diese neue Konzeption Schritt für Schritt (Abb. 2.3).

Abb. 2.3: Das Sozialsystem

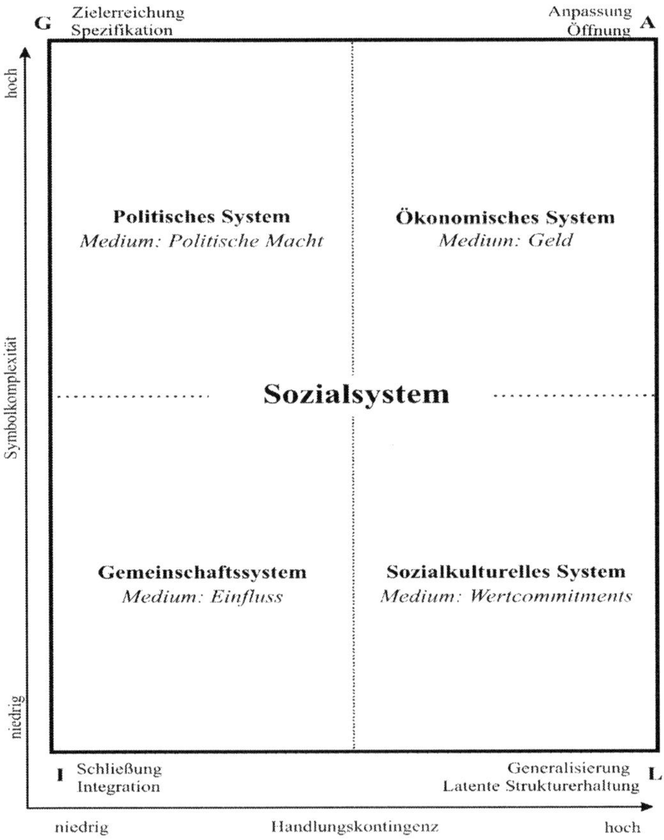

Die Subsysteme des sozialen Systems

Zunächst untersuchen wir die Strukturen, Prozesse und Kommunikationsmedien jedes einzelnen Subsystems des sozialen Systems.

A: Das ökonomische System

Die Funktion des ökonomischen Systems besteht darin, durch Mobilisierung von Ressourcen für die Anpassung des ganzen sozialen Systems an wechselnde Umweltbedingungen zu sorgen. Das ökonomische System basiert auf Interaktionen, in denen die Akteure so handeln, dass sie eine Reihe von Zielen optimal erreichen, d.h., sie handeln auf die diejenige Art und Weise, mit der sie den höchsten Gewinn, d.h. das beste Ergebnis abzüglich der Handlungskosten, erzielen. Die Interaktion zwischen den Individuen ist ein Austausch von Gütern und Dienstleistungen.

Die adäquaten Mittel sind Anreize, um andere zu motivieren, etwas abzugeben, das für mich nützlich sein könnte. Wenn ich ein Textbuch besitze, mit dem Titel „Einführung in die Soziologie", und ich brauche dieses nicht mehr, weil ich ein weiterführendes Buch, „Soziologische Theorie", haben möchte, dann kann ich jemanden suchen, der mein Einführungsbuch benötigt und mir dafür sein Buch zur soziologischen Theorie gibt. In diesem Fall nutzen wir beide das Mittel, ein Angebot zu machen, das der andere als einen Anreiz versteht und haben möchte. Aber es ist nicht einfach, jemanden zu finden, der genau das hat, was ich haben möchte, und der exakt das besitzen möchte, was ich habe. Das gilt schon für unser Beispiel, weil ein fortgeschrittener Student kaum ein Buch für Fortgeschrittene gegen ein Einführungsbuch tauschen wird. Der Austausch wird sehr viel unabhängiger von der Situation, wenn wir ein generalisiertes Austauschmedium benutzen, in diesem Fall Geld.

Im oben genannten Beispiel kann ich mein Einführungsbuch verkaufen, bekomme das Geld und kann das Buch zur soziologischen Theorie dann von jemand anderem kaufen. In diesem Fall ist der Austauschmarkt vollständig offen. Ich kann mir vorstellen, was auch immer ich will und dies auf dem Markt artikulieren. Mit dem, was ich erworben habe, kann ich machen, was ich will. Es gibt außerdem keine Einschränkungen darüber, was ich verkaufe, um andere Güter zu erwerben. Hohe symbolische Komplexität trifft auf hohe Handlungskontingenz.

Wie jedes generalisierte Kommunikationsmedium hat Geld einige spezifische Eigenschaften (Parsons und Smelser 1956; Parsons 1967, 1969).

1. Geld hat symbolischen Charakter. Es hat keinen intrinsischen (wirklichen) Wert. Ein 100 Euro Schein symbolisiert alle Güter und Dienstleistungen, die damit erworben werden können.

2. Geld ist ein generalisiertes Medium. Es kann unabhängig von den speziellen Bedingungen und Personen innerhalb einer Austauschsituation genutzt werden. Es kann unabhängig von Zeit, Ort und Personen eingesetzt werden.
3. Die Beschaffung und der Gebrauch von Geld wird durch spezielle Normen geregelt – der normative Code für das Medium. Die Normen, die Eigentum, Vertragswesen, Erwerbsarbeit und Währung regeln, sind die Rahmenbedingungen für den Gebrauch und den Erwerb von Geld. Der Einsatz von Gewalt ist verboten. Nur durch die Geltung der Normen ist Geld das einzig legitime Mittel für den Erwerb von Gütern und Dienstleistungen. Geld ist unter diesen Bedingungen das legitime Mittel, um Güter, Dienstleistungen und Arbeit zu bezahlen.
4. Geld zirkuliert zwischen Akteuren. Ich händige meine 20 Euro dem Buchhändler für ein Buch über Soziologische Theorie aus. Er gibt die 20 Euro an den Sportartikelhändler für ein Sweatshirt. Geld zirkuliert außerdem über die Grenzen des ökonomischen Systems hinaus, besonders dann, wenn Akteure aufgrund von sozio-kulturellen Konsumstilen ihr Geld ausgeben, wenn sie es zwischen Gruppen und Individuen aufgrund ihrer legitimierten Bedürfnisse aufteilen, oder wenn sie es zur Erreichung kollektiver Ziele einsetzen.
5. Geld unterliegt Prozessen von Inflation und Deflation. Wenn ich zum Zeitpunkt t_1 eine geringere Anzahl an Gütern und Dienstleistungen für 100 Euro kaufen kann als zum Zeitpunkt t_0, dann haben die 100 Euro an Wert verloren; das ist Inflation. Wenn ich zum Zeitpunkt t_1 eine größere Anzahl an Gütern und Dienstleistungen für 100 Euro kaufen kann als zum Zeitpunkt t_0, dann hat das Geld an Wert gewonnen; das ist Deflation. Beide, Inflation und Deflation, sind Zeichen einer ökonomischen Krise. Je mehr die Inflation voranschreitet, desto mehr Leute fallen unter die Armutsgrenze. Je mehr die Deflation voranschreitet, desto weniger Geld wird insgesamt zur Verfügung stehen. Viele Leute besitzen überhaupt kein Geld, so dass sie nicht einmal dann kaufen können, wenn alles billig ist.
6. Geld kann einem Prozess der Wertschöpfung unterliegen, d.h., die Vermehrung des Geldes, das für den Konsumenten zum Ausgeben zur Verfügung steht, wird von einer korrespondierenden Erhöhung der Produktion begleitet. Es gibt mehr Güter und Dienstleistungen als bisher. Das bedeutet, Geld, Güter und Dienstleistungen haben sich sowohl für Produzenten als auch für Konsumenten vermehrt, nicht etwa zu Gunsten des einen und zu Lasten des anderen. In diesem Sinne ist Wertschöpfung kein Nullsummenspiel, bei dem der Gewinn einer Seite zwangsläufig Verluste bei der anderen Seite mit sich bringt, wie etwa bei einem sportlichen Wettkampf.
7. Es gibt ein Wertprinzip, das Geld misst: Nützlichkeit. Das bedeutet, Geld erfüllt seine Funktion so weit es zum Erwerb von Gütern und Dienstleistungen

dient. Die Zahlungsfähigkeit einer ökonomischen Einheit, die aus einer ganzen Gesellschaft bestehen kann (sagen wir Mexiko), ist ein Koordinationsstandard für ökonomische Handlungen. Zahlungsfähigkeit bedeutet, sich in einer Position zu befinden, in der man Schulden zurückzahlen kann; sie hängt von der Produktion von Gütern und Dienstleistungen ab, die von der Gesellschaft hervor gebracht werden.

G: Das Politische System

Die Funktion des politischen Systems besteht darin, die Voraussetzungen zur Zielerreichung für das gesamte soziale System bereitzustellen, unter der Bedingung, dass Konflikte durch kollektive Entscheidungen beigelegt werden. Das politische System basiert auf Interaktionen, in denen Akteure bestimmte Ziele verfolgen und dadurch untereinander in Konflikt geraten. In diesem Fall muss ein Akteur Gewalt einsetzten, um den möglichen Widerstand eines anderen Akteurs zu überwinden, der versucht, seine eigenen Ziele durchzusetzen. Wenn ich eine Weide nutzen möchte, ein anderer Akteur möchte dies aber auch, kann ich einen Zaun um die Weide bauen und sie mit Waffen verteidigen. In diesem Fall wird meine Entscheidung, diese Weide zu nutzen, gegenüber dem möglichen Widerstand anderer abgesichert und durchgesetzt. Gewalt ist ein Mittel, das einen Akteur in die Lage versetzt, seine Ziele zu verwirklichen, obwohl die Interessen anderer möglicherweise in Konflikt mit den eigenen stehen; die Entscheidungen und Ziele können auch gegen den Widerstand von Gegnern durchgesetzt werden. Hohe symbolische Komplexität möglicher Ziele tritt in der Interaktion auf; dennoch ist die Handlung auf eine Alternative ausgerichtet, die der Akteur mit der größten Macht durch seine Ziele bestimmt. Das bedeutet niedrige Handlungskontingenz.

Ein generelleres Medium für den Entscheidungsprozess, das kollektiv bindende Wirkung hat, ist legitime politische Macht. In diesem Fall errichten Akteure innerhalb des sozialen Systems bestimmte Positionen durch rationale Rechtfertigung oder gemeinsame Tradition. Diese Positionen innerhalb des Entscheidungsprozesses berechtigen zur Setzung und Durchführung kollektiv bindender Ziele. Zum Beispiel können Landwirte in einer Gemeinschaft leben, bei der die Gemeindeversammlung über die Nutzung einzelner Weiden entscheidet. Die Studenten könnten ein Komitee gründen, das über kollektiv bindende Ziele entscheiden darf. Die Versammlungen, Komitees, Regierungsgremien oder Mitglieder der Regierung sind die einzigen Akteure, die kollektiv bindende Entscheidungen treffen dürfen und die das Recht zur Gewaltanwendung haben, um ihre Entscheidungen durchzusetzen. Die Reglementierungen der Entscheidungsprozesse können von Vereinbarungen über Mehrheitsregelungen bis hin zu einstimmigen Entscheidungen variieren. In diesem Sinn ist politische Macht ein generalisiertes Kommunikationsmedium, das geeignet ist, im politischen Entscheidungsprozess unter der Voraussetzung hoher symbolischer Komplexität möglicher Ziele die Selektion eines bestimmten Zieles kollektiv bindend sicherzustellen. Politische Macht weist folgende Qualitäten auf (Parsons 1969: 352-404):

1. Politische Macht hat symbolischen Charakter. Sie symbolisiert alle speziellen Entscheidungen, die kollektiv bindend getroffen werden können, und sie symbolisiert alle korrespondierenden Ziele, die verfolgt werden können und als kollektiv bindend durchgesetzt werden. Die politische Macht des Studentenkomitees symbolisiert alle speziellen Entscheidungen über die Vorbereitungen für das Examen.
2. Politische Macht ist ein generalisiertes Medium. Sie kann in jeder Situation gegen jeden angewandt werden, ohne die Gefahr, dass erfolgreich Widerstand ausgeübt wird. Sie kann unabhängig von Zeit, Ort und Personen gebraucht werden.
3. Der Erwerb und der Gebrauch von politischer Macht ist durch spezielle Normen geregelt, durch den Konsensus einer Gemeinschaft gesichert und ist rational begründet. In diesem Sinne ist politische Macht in eine Herrschaftsordnung eingebettet, die alle Normen vereint, die genau die Rechte einzelner Instanzen oder einzelner Individuen beschreibt, die Machtpositionen innehaben. Eine Verfassung ist eine solche Herrschaftsordnung.
4. Politische Macht kann zwischen Akteuren zirkulieren, besonders in demokratischen Systemen. Jeder Wähler händigt mit seiner Stimme ein kleines Stück politischer Macht an einen Repräsentanten aus, der es dann der Regierung weitergibt. Die Regierung wiederum reicht diese Macht an politische Gremien weiter, deren Aufgabe es ist, bestimmte politische Ziele durchzuführen. Politische Macht zirkuliert auch in andere soziale Subsysteme hinein, besonders wenn sie dazu genutzt wird, ökonomische Entscheidungen durchzusetzen, wenn sie über Kultur und Bildung entscheidet oder wenn sie gesellschaftliche Beziehungen per Gesetz regelt.
5. Politische **Macht** unterliegt Prozessen von **Inflation** und **Deflation**. Wenn ich zum Zeitpunkt t_1 eine geringere Anzahl Entscheidungen mit dem gleichen Aufwand (Einsatz von politischer Kommunikation, Loyalitätsbeziehungen, Steuervergünstigungen, Behörden, Ämtern) als zum Zeitpunkt t_0 erreichen kann, dann hat die politische Macht an Wert verloren; das ist Inflation. Eine Regierung hat die gleichen Entscheidungsrechte wie die vorherige Regierung; wenn sie jedoch nur einen kleinen Teil von Entscheidungen im Vergleich zur vorherigen durchsetzen kann, dann sieht sie sich Prozessen von Inflation unterworfen. Wenn die politische Szene mit neuen Machthabern besetzt ist, die sich gegenseitig in ihren Kompetenzbereichen überschneiden,

dann kann mit Inflation gerechnet werden. Wenn allerdings mehr Entscheidungen zum Zeitpunkt t_1 im Vergleich zum Zeitpunkt t_0 mit gleichem Aufwand durchgesetzt werden, dann tritt Deflation auf. Beide Prozesse, Inflation und Deflation, sind Krisenzeichen. In Inflationsphasen haben nur die starken Machthaber die Chance, Entscheidungen durchzusetzen. In Deflationsphasen kann nur ein kleiner Teil Machtpositionen einnehmen, nur wenige Entscheidungen können dem Gesamtsystem nutzen, und es herrscht eine geringere Produktion an Entscheidungen.

6. Politische Macht kann einem Prozess der Wertschöpfung unterliegen. Politische Parteien können als politische Banken agieren, die um Machtübertragung durch die Wähler kämpfen, und sie können dann die akkumulierte Macht an die Regierung sowie an spezielle politische Programme verleihen. Wenn politische Entscheidungen vermehrt werden und weiter reichen als zuvor, dann sind mehr Macht und mehr Entscheidungen im Umlauf. Jeder kleine Machthaber (Wähler) kann von diesem Prozess profitieren. In diesem Fall sind die Bedingungen eines Null-Summen-Spiels überwunden. Das Wachstum der Macht für einen Teil der Akteure führt nicht zwangsläufig zu Verlusten an Macht der anderen Akteure.
7. Es gibt ein Wertprinzip für die Messung von politischer Macht. Dieses Maß wird durch die Effektivität von politischer Macht in der Durchsetzung kollektiv bindender Entscheidungen ausgedrückt. Das Einverständnis der Akteure mit den kollektiv bindenden Entscheidungen, die auf politischer Macht basieren, dient als Standard für die Koordination politischer Handlungen. In diesem Fall kann ein Machthaber erwarten, dass seine Entscheidungen als bindend akzeptiert werden. Dies ist ein Weg, um politische Zahlungsfähigkeit im Fall politischer Kredite zu sichern; d.h., dass die ansteigende Produktion bindender Entscheidungen mit den erhaltenen Machtkrediten korrespondiert.

I: Das Gemeinschaftssystem

Die Funktion des (gesellschaftlichen) Gemeinschaftssystems sorgt für die Integration des gesamten sozialen Systems durch Vergemeinschaftung. Das (gesellschaftliche) Gemeinschaftssystem basiert auf Interaktionen, die den Charakter von Vergemeinschaftung haben und gemäß dem Prinzip der Konformität mit den in der Lebenswelt geteilten Normen vonstatten gehen. Die Normen, denen die Akteure folgen, sind selbstverständlich und haben keine konkurrierenden Alternativen. Der symbolische Horizont der Akteure ist von niedriger Komplexität. Zur selben Zeit beschreiben die Normen präzise die Handlungen für spezielle Situationen. Es gibt kaum unvorhergesehene Fälle von Handlungen (niedrige Handlungskontingenz). In gemeinschaftlicher Interaktion agieren die Akteure auf der Basis von Zugehörigkeit zur Gemeinschaft und von geteilten Verhaltensnormen. Jede Handlung bestärkt sie in ihrer Zugehörigkeit zueinander und zu derselben Gemeinschaft. Ihre Handlungsweisen setzen eine Menge von Regeln als selbstverständlich voraus. Sie handeln gerade so, weil in einer bestimmten Situation immer schon in einer bestimmten Weise gehandelt wurde. Wenn ein Arbeiter A seinem Kollegen B sagt, dass er den Streik am nächsten Tag unterstützen wird und ihn fragt, ob er es auch tun wird, und sein Kollege antwortet „ Sicher werde ich das tun „„ dann handeln beide gemeinsam auf der Basis der geteilten Zugehörigkeit zur Arbeitergemeinschaft. Sie handeln in Solidarität miteinander. B verbündet sich mit A und den anderen Arbeitern und umgekehrt, weil sie fühlen, dass sie zusammengehören und gemeinsam handeln sollten.

Das gemeinsame Gefühl der Zugehörigkeit ist ein Mittel der Motivation zu konkretem gemeinschaftlichem Handeln und zur Konformität zu geteilten Normen, dessen Effektivität auf kleine Gemeinschaften eingegrenzt ist und durch die Mitgliedschaft in anderen Gemeinschaften neutralisiert wird.

Die Entwicklung der Bürgerrechte ist, auf der Ebene der Gesellschaft als Ganzes, eine Erfindung, die einen wesentlich größeren Bereich der Motivation zu gemeinschaftlichem Handeln und zur Konformität zu gemeinsamen Normen erfasst. Als Bürger der Vereinigten Staaten ist man berechtigt, von jedem anderen Bürger Konformität zu den geteilten Normen der Bürgerrechte zu erwarten. Man hat das Recht, Zutritt zu Schulen, Colleges, Universitäten und Jobs zu erwarten, ohne Erwägung der Rasse, Religion, oder gesellschaftlichen Schicht, sondern nur auf der Basis von Leistung. Parsons nennt dieses Recht, gemeinschaftliches und konformes Handeln zu Bürgerrechtsnormen erwarten zu dürfen, „Einfluss".

Einfluss ist ein generalisiertes Medium und ist im Vergleich mit dem konkreten Gefühl von Zugehörigkeit in seiner Wirkung wesentlich weitreichender. Manche Menschen können über mehr Einfluss verfügen als andere. Die Basis für eine solche Anhäufung von Einfluss besteht aus Leistung im Dienste der Gemeinschaft. Mitglieder, die etwas geleistet haben und fortfahren, Dienste für die Gemeinschaft als Ganze zu erbringen, erlangen Anerkennung und Einfluss. Folglich haben Menschen, die freiwillig etwas in verantwortungsvollen Positionen für die Gemeinschaft tun, wie etwa als Bürgermeister, Abgeordneter, Geistlicher, Ausschussmitglied, Vereinspräsident, Mitglied des Schulrates, Präsident eines Geschäftsbereiches, Dekan einer Universität usw., auf diesem Wege Anerkennung und Einfluss erlangt. Diese Personen sind Mitglieder der Gemeinschaft, die in ihrem Lebensweg die Gemeinschaftsnormen in einer beispielhaften Weise zum Ausdruck bringen. Konformität mit den Normen der Gemeinschaft ist die grundlegendste Voraussetzung für die Erlangung von Einfluss in der Gemeinschaft. Spenden für die Gemeinschaft, für Bibliotheken, Kunstmuseen, Schulen,

Colleges und Universitäten sowie Wohlfahrtseinrichtungen sind für reiche Menschen der obligatorische Weg, einen guten Ruf und folglich Einfluss in der Gemeinschaft zu erlangen. Ein Mitglied in der Gemeinschaft, das größeren Einfluss angesammelt hat, kann diesen nutzen, um andere Mitglieder zur Teilnahme an bestimmten gemeinsamen Aktivitäten zu motivieren – zum Beisteuern zu Stiftungen, zur Hilfe für neue Kindergärten, zur Teilnahme an einer Kampagne für die Errichtung einer neuen Schule oder zur Erhaltung eines Erholungsgebietes. Einfluss hat einige allgemeine Qualitäten mit anderen Kommunikationsmedien gemeinsam (Parsons 1969: 405-438):

1. Einfluss hat symbolischen Charakter. Er symbolisiert jede Teilnahme an Gemeinschaftshandlungen und an zu den Gemeinschaftsnormen konformen Handlungen. Der Einfluss eines Bürgermeisters, z.B., wird durch die Reaktion auf Appelle zur Unterstützung seines Vorschlags, etwas zur Erhaltung eines Erholungsgebietes oder ähnliches zu tun, ausgedrückt.
2. Einfluss ist ein generalisiertes Medium. Insbesondere bei Verankerung in den Bürgerrechten übertrifft er jede Mitgliedschaft in Teilgruppen und ist unabhängig von Zeit, Ort oder der an der Interaktion beteiligten Personen wirksam.
3. Erlangen und Gebrauch von Einfluss wird durch spezielle Normen reguliert, welche die Mitgliedschaft, die Rechte der Mitgliedschaft in einer Gemeinschaft und die Gemeinschaftsnormen definieren, und er beschränkt sich auf das Bemühen um Handlungen für die Gemeinschaft, auf die Beteiligung an Gemeinschaftshandlungen und auf die Konformität zu Gemeinschaftsnormen. Man kann Einfluss nur über Mitgliedschaft, Konformität zu den Normen der Gemeinschaft, Dienstleistungen und Stiftungen für die Gemeinschaft anhäufen. Man kann Einfluss nur im Sinne der Werbung um Kooperation, um Unterstützung der Gemeinschaft und um Konformität zu den Gemeinschaftsnormen zulässig gebrauchen.
4. Einfluss kann zwischen den Handelnden zirkulieren. Wenn ein angesehenes Mitglied einer Gemeinschaft die Unterstützung einer Gruppe, die ein neues Programm zur Grundschulerziehung einrichten will, empfiehlt, so überträgt es den eigenen Einfluss auf diese Gruppe, z.B. mit einem Empfehlungsschreiben. Diese Person kann nicht gleichzeitig die Gruppe unterstützen, die gegen das Programm arbeitet. Sie kann nicht für alles Unterstützung empfehlen, sonst würde sie ihren Ruf als ernst zu nehmende Persönlichkeit und somit auch allen Einfluss verlieren. Das bedeutet, dass die Übertragung von Einfluss den Verlust eines Teils dieses Einflusses beinhaltet. Einfluss kann über die Grenzen eines gesellschaftlichen Gemeinschaftssystems hinaus in andere Teilsysteme hinein zirkulieren, z.B., wenn er gebraucht wird, um die Interessen einer bestimmten Gruppe oder Person

in die politische Entscheidungsfindung zu integrieren (politisches Lobbying), oder um bestimmte ökonomische Initiativen zu unterstützen (Werbung durch angesehene Persönlichkeiten), oder um Werten einen konkreten Sinn zu geben (angesehene Personen sprechen über den Sinn von Freiheit und Gleichheit).

5. Einfluss durchlebt Prozesse von Inflation und Deflation. Wenn man als Bürger mittels Gebrauch derselben Menge an Einfluss zu einem Zeitpunkt t_1 weniger Menschen zu gemeinsamem Handeln und zur Konformität zu den Gemeinschaftsnormen motivieren kann als zu einem Zeitpunkt t_0, dann ist eine Inflation eingetreten. Eine hohe Rate von neu in eine Gemeinschaft eintretenden Mitgliedern ist eine sehr verbreitete Ursache von Einflussinflation. Wenn man zu einem Zeitpunkt t_0 nur einen Brief in der Nachbarschaft in Umlauf bringen muss, um die Menschen aufzufordern, gemeinsam für die Bewahrung eines Erholungsgebietes zu handeln, und man zu einem Zeitpunkt t_1 fünf Briefe schreiben muss, hat sich Inflation ereignet. Deflation bedeutet, dass man mehr gemeinsames, verbindliches und konformes Handeln zum Zeitpunkt t_1 als zum Zeitpunkt t_0 bei gleichem Aufwand an Einfluss erhält, z.B. wird nur ein Brief statt fünf Briefen benötigt. Beides aber, Inflation und Deflation sind Zeichen einer Krise. In einer Inflationsperiode können nur hoch angesehene Persönlichkeiten und Gruppen zu gemeinsamem, verbindlichem und konformem Handeln motivieren. In einer Deflationsperiode haben die meisten Menschen keinen guten Ruf und so keinen Einfluss. Nur eine kleine Anzahl von Leuten tut alles für die gesamte Gemeinschaft, was bedeutet, dass nur eine geringe Produktionsrate von gemeinsamem, verbindlichem und konformem Handeln existiert.
6. Einfluss kann einen Prozess der Wertschöpfung durchlaufen. Angesehene Persönlichkeiten, Institute, Vereine, Komitees und freie Vereinigungen können als Einflussbanken agieren. Sie sammeln den gebündelten Willen einer großen Menge von Individuen und geben den gesammelten Einfluss als Kredit an verschiedene Programme für die Gemeinschaft weiter: eine neue Bibliothek, ein neues Erholungsgebiet, eine neue Schule usw. Auf diesem Weg erlaubt der Kredit eine weiterreichende Produktion von verbindlichem und gemeinschaftlichem Handeln als der direkte Austausch von konkreter Unterstützung für gemeinschaftliches Handeln. Die Menge des verfügbaren Einflusses nimmt zu, und die Produktion von gemeinschaftlichem, verbindlichem und konformem Handeln wächst ebenfalls. Auf diesem Weg werden Null-Summen-Bedingungen überwunden, weil die Zunahme von Einfluss und entsprechend von gemeinschaftlichem, verbindlichem und konformem Handeln für die gesamte Gemeinschaft

wirksam ist. Das bedeutet, dass der Einfluss eines Teils der Gemeinschaft nicht auf Kosten des Einflusses des Restes der Gemeinschaft wächst.

7. Das wichtigste Prinzip für die Messung von Einfluss ist Solidarität. Einfluss hat nur insofern einen Wert, als er Solidarität sicherstellt (Vereinigung, Teilnahme, Konformität). Der Standard für die Koordination gemeinschaftlichen Handelns ist der soziale Konsensus; wenn man auf der Basis von Einflusskrediten handelt, muss die reale Chance bestehen, dass man Konsens über gemeinsames, gemeinschaftliches und konformes Handeln erzielen kann. Ansonsten würde ein Defizit an gemeinschaftlicher Zahlungsfähigkeit bestehen.

L. Das sozial-kulturelle System

Die Funktion des Treuhandsystems (fiduciary system) oder besser (in Abweichung von Parsons) des sozial-kulturellen Systems soll für die Erhaltung der latenten Strukturen (L) des sozialen Systems durch Kommunikation und Orientierung an allgemeinen Ideen sorgen. Das ganze Treuhand- (oder sozial-kulturelle) System basiert auf Kommunikation. Die Akteure fassen ihre Handlungen unter allgemeine Ideen. Sie können viele verschiedene Interpretationen und Handlungen unter einer kleinen Anzahl von sehr allgemeinen Ideen zusammenfassen. Niedrige symbolische Komplexität ist verbunden mit hoher Kontingenz des Handelns. Die Handlungen streben zur Übereinstimmung mit den Ideen. Die Akteure kommunizieren durch Symbole (Gesten/Worte) miteinander. Ihre wechselseitige Reaktion wird durch die Bedeutung der Symbole bestimmt. Wenn eine Mutter ihren Kindern sagt, dass der Vater nach der Arbeit müde ist, wissen sie, was sie damit sagen will: „Bitte seid leise, fragt ihn nicht so viel." Wenn sie Christian daran erinnert, dass sein Bruder Bernhard auch noch da ist, weiß Christian, was sie meint: „Lass Bernhard auch mit den Spielsachen spielen." Der geteilte kommunikative Kontext der Worte und Sätze hat normalerweise eine klare Bedeutung für die kommunizierenden Akteure.

Aber man muss diesen Kontext kennen, um die beabsichtigte Bedeutung der Worte zu verstehen. Die gleichen Worte außerhalb dieses Kontextes können auch bedeuten: „Vater arbeitet sehr hart für sein Geld" und „Bernhard besucht Christian". Die gebrauchten Worte haben einen indexikalischen Charakter, sie gehören zu einem bestimmten Kontext, den man kennen muss, um zu verstehen, was gemeint ist. Indexikalische Symbole sind kontextgebundene Medien der Kommunikation, das heißt Medien der Übermittlung einer Botschaft auf eine Art, dass die angesprochene Person die Botschaft versteht. Dasselbe gilt für indexikalische Normen als eine spezielle Gruppe von indexikalischen Symbolen. Die Botschaften der Mutter an die Kinder sind auch Vorschriften: „Seid leise" und „Lass Bernhard spielen." Sie sind ebenfalls an den Kontext gebunden. In einem anderen Kontext müssen sie nicht leise sein, und Bernhard darf nicht mit dem Spielzeug spielen, z.B. in einem Spielzeuggeschäft.

Je mehr Individuen fähig sind, Symbolen (Worten) eine allgemeine und abstrakte Bedeutung zuzuschreiben, desto mehr können sie jenseits der Barrieren besonderer Kontexte kommunizieren. Kulturelle Universalien, Worte und Werte mit einer allgemeinen Bedeutung können als generalisierte Medien der Kommunikation betrachtet werden. Je mehr eine Sprache solche allgemeinen Worte entwickelt, desto mehr wird sie zu einem kontextfreien und allgemeinen Medium der Kommunikation. Begriffe wie „Erziehung" sind allgemeiner als Begriffe wie „wissen, wie man ein Pferd reitet"; Werte wie „Freiheit", „Gleichheit" und „Vernunft" haben einen allgemeineren Charakter als Normen wie „Lass Bernhard mit Deinen Spielsachen spielen" oder „Geh nicht bei Regen ohne Deinen Regenschirm hinaus." Allgemeine Symbole der Sprache und allgemeine Werte, die viele Leute teilen (die wir mit Parsons Wertbindungen nennen, um die Bindung des Individuums an Werte herauszustellen) sind generalisierte Medien der Kommunikation, die es erlauben, über die Grenzen eines jeden besonderen kulturellen Kontextes hinaus zu kommunizieren. Sie haben einige Qualitäten mit anderen generalisierten Interaktionsmedien gemeinsam (Parsons 1969: 439-472):

1. Allgemeine Symbole und Wertbindungen haben einen symbolischen Charakter; sie symbolisieren alle Akte des Verstehens der Bedeutung meiner Kommunikation und der Zustimmung zu meinen Wertbegründungen, die ich durch den Gebrauch dieser Universalien hervor rufen kann. Der Begriff „Erziehung" symbolisiert alle Verstehenshandlungen auf seiten meiner Kommunikationspartner, wenn ich dieses Wort gebrauche. Der Wert „Gleichheit" symbolisiert alle Zustimmungshandlungen, wenn ich einen Vorschlag zur Reform oder Erhaltung einer bestimmten Institution auf diesen Wert beziehe. Dies enthält nicht unbedingt Zustimmung zu meinem Vorschlag. Ich werde diese Zustimmung nur bekommen, wenn ich meine Bezugnahme auf diesen Wert auf gute Argumente stützen kann.
2. Allgemeine Symbole und Wertbindungen sind generalisierte Medien. Sie können in jedem möglichen Kontext verwendet werden, zu jeder Zeit, an jedem Ort und bei der Kommunikation mit jeder Person.
3. Der Gebrauch von allgemeinen Symbolen und Wertbindungen ist durch ein spezielles System von Normen geregelt, durch die Grammatik einer Sprache und durch Normen der Kommunikation und des Diskurses. Auf diese Weise ist der Gebrauch von Belohnungen, Gewalt oder Einfluss in Kommunikation und Streit ausgeschlossen. Jeder, der fähig ist zu reden, hat das gleiche Recht zu kommunizieren, zu diskutieren und Fragen zu stellen; nur der allseitige Konsens, der aus einer freien Diskussion zwischen Gleichen resultiert, zählt als ein Kriterium für die Allgemeingültigkeit von Symbolen und Werten.

4. Allgemeine Symbole und Wertbindungen zirkulieren zwischen Akteuren. Wenn ich dem Dekan einer Fakultät sage, dass das Semestersystem in einem größeren Maße dem Wert der Bildung entspricht als das Quartalssystem, habe ich den allgemeinen Wert von „Bildung“ in einer bestimmten Botschaft auf eine spezielle Situation angewandt und kann nicht, wenn ich konsistent bleiben möchte, später in einer anderen Weise sprechen. Ich habe dem Wert „Bildung“ eine bestimmte Bedeutung gegeben. Die Situation ist ähnlich, wenn ich nicht dieselben 20 Euro benutzen kann, um ein Paar Segeltuchschuhe zu kaufen, wenn ich für dieses Geld bereits ein Buch zur soziologischen Theorie gekauft habe. Ich habe meine kommunikative Verwendung des allgemeinen Wertes „Bildung“ auf einen anderen Akteur übertragen, der dies aufnimmt, um seine eigene Kommunikation fortzuführen. Die Bezugnahme auf meine kommunikative Nutzung des allgemeinen Wertes „Bildung“ befähigt ihn, die Kommunikation mit jeder dritten Person weiterzuführen. – Kommmunikative Nutzungen von allgemeinen Symbolen zu übertragen, bildet Ketten der Kommunikation ohne jede, sich aus dem Kontext ergebende Einschränkung. Ein Student der Harvard Universität kann die Kommunikation sofort leicht aufnehmen und ihren Verlauf weiterführen.
   Allgemeine Symbole und Wertbindungen zirkulieren auch über die Grenzen des sozial-kulturellen Systems hinaus, z.B. wenn sie in einzelnen Gemeinschaften benutzt werden, um nach der allgemeinen Legitimation ihrer Normen und Institutionen zu fragen, wenn sie auf Verfahren der Entscheidungsfindung angewandt werden, um nach der Legitimation der Prozeduren zu fragen, oder wenn sie auf ökonomisches Handeln bezogen werden, um für seine rationale Reflexion zu sorgen und um die kulturellen Muster von Arbeit, Produktion und Konsum zu definieren.
5. Allgemeine Symbole und Wertbindungen unterliegen Prozessen der Inflation und Deflation. Wenn ich zu einem Zeitpunkt t_1 ein geringeres Maß an kommunikativem Verständnis oder Konsens bei der Verwendung eines allgemeinen Symbols oder Wertes erzielen kann als zum Zeitpunkt t_0, dann hat das allgemeine Symbol etwas von seinem Wert verloren; das ist Inflation. Beispielsweise kann zur Zeit einer hitzigen Diskussion der Gebrauch von Phrasen wie „Emanzipation“, „Gesetz und Ordnung“ und „Freiheit“ übertrieben werden, so dass jeder diese Phrasen benutzt, aber niemand ihre Bedeutung in einem kommunikativen Akt versteht. Wenn in eine Diskussion viele neue Teilnehmer eintreten, muss größerer kommunikativer Aufwand betrieben werden, um bei allen Teilnehmern dasselbe Verständnis zu erzielen. Das Gegenteil, Deflation, besteht darin, dass ich mehr Verständigung mit denselben allgemeinen Symbolen zur Zeit t_1 als zur Zeit t_0 erhalte. Hier sind die Teilnehmer einer Diskussion in so geringer Anzahl, dass es einfach ist zu

kommunizieren, ich aber nur wenige Leute erreiche. Beide Prozesse, Deflation und Inflation, sind Zeichen einer Krise. Bei der Inflation gibt es viel Gespräch, aber ohne Verständigung. Bei der Deflation gibt es viel Verständigung, aber nur wenig Gespräch.

6. Allgemeine Symbole und Wertbindungen können Prozesse der Wertschöpfung ermöglichen. Bildungsinstitutionen wie Universitäten, umfassend gelesene Zeitungen und viel gesehene Fernsehprogramme können die Kommunikationen mit allgemeinen Symbolen, die von einer Vielzahl von Individuen stammen, an sich ziehen. Sie bündeln diese Kommunikationen, geben ihnen eine generelle Definition und übertragen diese Definition in andere Kontexte der Kommunikation, die generelle Definitionen für ihre Probleme und generelle Rechtfertigungen für ihre Handlungen benötigen. So können Universitäten Forschung in verschiedenen Richtungen unterstützen, und Zeitungen und Fernsehprogramme können ihre Definitionen und Rechtfertigungen auf verschiedene Streitobjekte der öffentlichen Diskussion, wie Waffenkontrolle, Luftverschmutzung oder Wirtschaftswachstum beziehen. Sie geben einigen Argumentationslinien in dieser Diskussion Glaubwürdigkeit, unterstützen sie in der Kommunikation und befähigen sie, ein weitergehendes Verständnis zu erzielen und einen übergreifenden Konsens zu bewirken, als in dem Fall, in dem nur Kommunikation von Angesicht zu Angesicht stattfindet.
Der wachsende Gebrauch von allgemeinen Symbolen durch eine solche Kreditvergabe resultiert in einem Anwachsen von kommunikativem Verstehen und Konsens. Das Wachstum dient dem ganzen Kommunikationssystem und bevorzugt nicht einen Teil zum Nachteil eines anderen Teils, wie in dem Fall von Null-Summen-Spielen. Zeitungen, wie etwa die *New York Times,* übernehmen eine Vielzahl von Kommunikationen von Korrespondenten, Politikern, Experten und anderen und konvertieren diese Einzeldarstellungen in eine abschließende Kommunikation zu einem speziellen Problem wie Waffenkontrolle; dabei unterstützen sie eine spezielle Argumentationslinie mit neuen Argumenten. Insofern als dadurch gegenseitiges Verstehen und sozialer Konsens erweitert und vertieft werden, hat ein Wachstum der gesamten Produktion von Kommunikation bzw. Konsens stattgefunden.

7. Das Wertprinzip, das der Messung von allgemeinen Symbolen und Wertbindungen dient, ist die Integrität der latenten kulturellen Muster. Das bedeutet, dass die Sprache und die Symbole, die benutzt werden, eine bestimmte dauerhafte Bedeutung haben müssen, um Verständnis bzw. Konsens zu erzeugen. Der Standard, um Kommunikation zu koordinieren, ist die Konsistenz von kulturellen Mustern. Wenn ich allgemeine Symbole und Wertbindungen in der Kommunikation benutze und sie als Kredit mit der Aussicht auf Verstehen einsetze, muss ich dazu fähig sein, Verstehen und Konsens zu

mobilisieren. Ansonsten kommuniziere ich nichtaufrichtig. Die Voraussetzung für dieses Verstehen bzw. diesen Konsens ist Konsistenz in den verwendeten Symbolen und Werten. Anderenfalls würde jeder verwirrt sein, und niemand würde in einer Kommunikation verstehen bzw. zustimmen.

Wechselseitige Beziehungen zwischen den Subsystemen des sozialen Systems

Betrachten wir nun den Leistungsaustausch zwischen den Subsystemen des sozialen Systems. Damit die Subsysteme ihre Funktion für das Sozialsystem insgesamt erfüllen können, muss ein Leistungsaustausch zwischen den einzelnen Subsystemen stattfinden. So können beispielsweise Gedanken, die aus der sozialkulturellen Kommunikation entspringen, nur dann die Erhaltung der latenten Struktur des gesamten sozialen Systems garantieren, wenn sie auf die Bereiche der Gemeinschaft, des politischen und des ökonomischen Systems übertragen werden, Damit die Übertragung stattfindet, muss man sich zunächst dafür einsetzen, Ideen zu vereinheitlichen, welche die Identität des gesamten Systems in sozial-kultureller Hinsicht definieren; dann muss man diese Ideen anwenden, um die identifizierenden und grundlegenden Ideen von Vergemeinschaftung, politischem Handeln und ökonomischem Handeln zu bestimmen. In einem sozialen System, das über differenzierte Subsysteme verfügt, die für die Erfüllung seiner grundlegenden Funktionen sorgen, müssen die Subsysteme ihre funktionalen Beiträge gegenseitig austauschen. Dieser Austausch funktionaler Beiträge zwischen den Subsystemen kann als Interpenetration bezeichnet werden.

Zwischen den vier grundlegenden sozialen Subsystemen gibt es sechs Leistungsverflechtungen (interchanges) und Interpenetrationen (wechselseitige Durchdringungen). Interpenetration ist jene Form des inneren Zusammenhangs zwischen sozialen Subsystemen, die das höchste Maß an Erfüllung der einzelnen Funktionen ermöglicht, ohne dass das System auseinanderfällt; damit wird auch die Integration der Subsysteme in Bezug zueinander beibehalten. Interpenetration ist ein ausgewogener innerer Zusammenhang zwischen den Subsystemen; keines der Subsysteme beherrscht die anderen. Sie muss von einseitigen Beziehungen unterschieden werden, bei denen bestimmte Systeme die anderen beherrschen. Interpenetration ist auch ein innerer Zusammenhang, bei dem das Gesamtsystem eine ständig wirksame Dynamik entfaltet, weil die Subsysteme stets miteinander in Spannung stehen und einander in ihren Randbereichen verändern. Sie muss daher auch von einer Struktur unterschieden werden, bei der die Subsysteme lediglich getrennt nebeneinander existieren, ganz gleich, ob es sich dabei nun um eine vollständige Trennung oder eine Versöhnung innerhalb eines weiteren Bezugsrahmens handelt, in dem die Subsysteme einander nicht gegenseitig beeinflussen.

Betrachten wir nun die sechs Leistungsverflechtungen zwischen den sozial-kulturellen, gemeinschaftlichen, politischen und ökonomischen Subsystemen des sozialen Systems im einzelnen. In der ausgereiftesten Form begreift Parsons die Leistungsverflechtung zwischen den Subsystemen des sozialen Systems als Austausch von Faktor- und Produktleistungen, der von den generalisierten Kommunikationsmedien geleitet wird, nach denen die Subsysteme jeweils operieren. **Faktoren** werden vom Quellsystem nach seinen eigenen Kriterien produziert und mittels dessen Kommunikationsmedium an das Zielsystem gesendet. Im Zielsystem werden die Faktorleistungen nach dessen Kriterien zu **Produkten** verarbeitet. Diese werden nach den Kriterien des Quellsystems erzeugt, werden aber vom Zielsystem durch dessen eigenes Kommunikationsmedium abgerufen und nach seinen eigenen Kriterien konsumiert. In den folgenden Abschnitten finden wir eine allgemeine Erklärung und eine konkrete Veranschaulichung dessen, was sich bei diesen Leistungsverflechtungen abspielt. Abschließend folgt eine kurze Darstellung der Leistungsverflechtungen in den Begriffen von Faktoren, Produkten und generalisierten Kommunikationsmedien (Abb. 2.4).

L-I: Sozial-kulturelles System und Gemeinschaftssystem

Die Interpenetrationszone von sozial-kulturellem System und Gemeinschaftssystem ist das Gebiet der Institutionalisierung von Wertmustern.

Das sozial-kulturelle System erzeugt die Legitimation von Normen und Loyalitätsforderungen für das (gesellschaftliche) Gemeinschaftssystem. Normen, die das Verhalten innerhalb des (gesellschaftlichen) Gemeinschaftssystems leiten, und die Loyalitätsforderungen, die sich auf Bindungen an die Gemeinschaft berufen, gewinnen nur dann sozial-kulturelle Legitimation, wenn sie mit allgemeinen Werten, die aus Kommunikation und diskursiver Argumentation hervorgegangen sind, in Einklang stehen.

In der entgegengesetzten Richtung des Austausches zwischen dem sozial-kulturellen System und dem Gemeinschaftssystem, dringt das Gemeinschaftssystem in das sozial-kulturelle System ein und produziert dabei Verpflichtungen auf Werte, die auf Einfluss basieren. Werte wie „Chancengleichheit", „Fairness", „Freiheit" und „Belohnung nach Leistung" werden nur dann verbindlich sein, wenn in der Gemeinschaft ein Konsens über solche Werte herrscht und wenn die Zugehörigkeit zur Gemeinschaft das Individuum gleichzeitig an die gemeinsam geteilten Werte bindet. Auf diese Art ist die Verpflichtung auf Werte nicht das Ergebnis ihrer rationalen Rechtfertigung, sondern ein Produkt der Vergemeinschaftung, das Einfluss als ein generalisiertes Medium der Kommunikation involviert.

Abb. 2.4: Das Input-Output-Paradigma des Sozialsystems (Parsons und Platt 1973, S. 432)

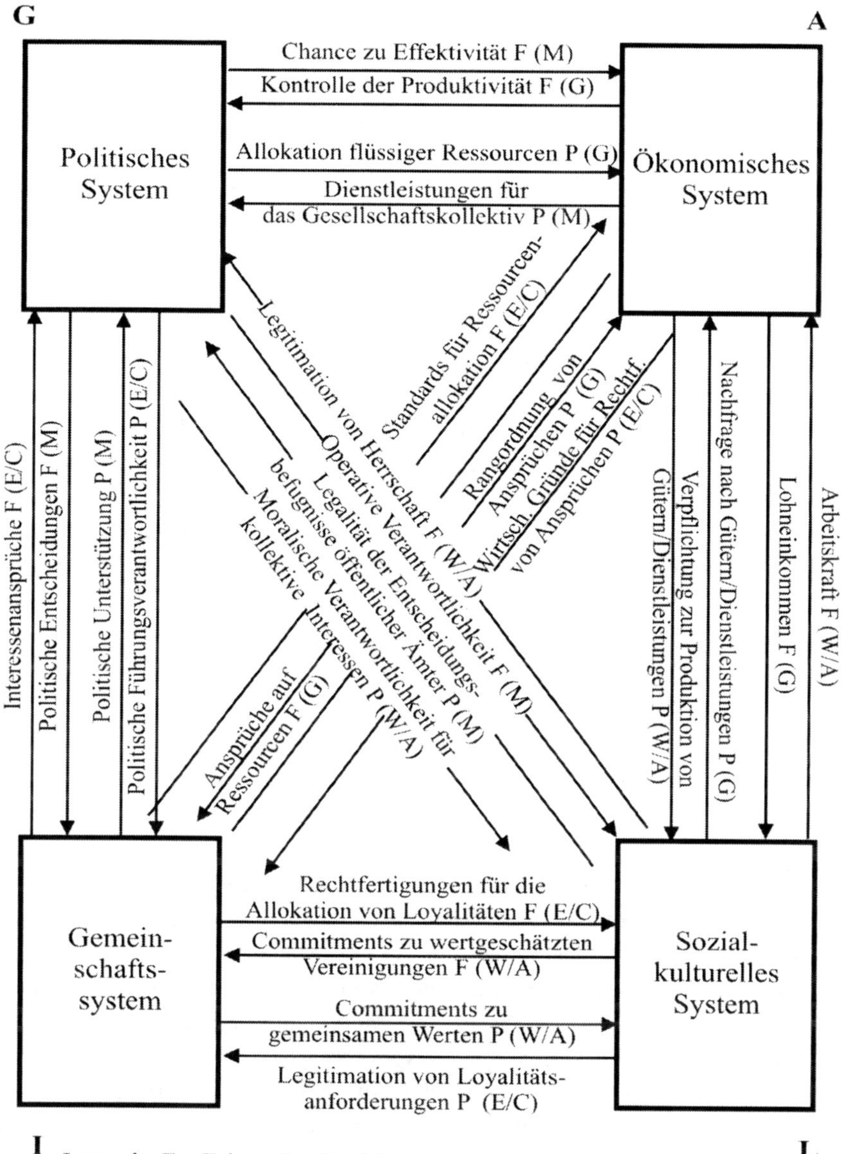

Legende: F = Faktor, P = Produkt
A = Argument, W = Wertcommitment, E = Einfluss,
C = Commitment, M = Politische Macht; G = Geld

Dies beinhaltet, dass die bindende Verpflichtung auf Werte immer eine Verpflichtung auf eine bestimmte Interpretation ist und eine Partikularisierung der Werte aus dem Spektrum weiterer möglicher Interpretationen darstellt.

L-G: Sozial-kulturelles System und politisches System

Die Zone der wechselseitigen Durchdringung von sozial-kulturellem System und politischem Systemen ist der Bereich von Wertspezifikationen und Rechtfertigungen von Entscheidungen.

Das sozial-kulturelle System vermittelt Legitimation für politische Autorität. Die Normen, die das Verfahren politischer Entscheidungsfindung lenken, müssen also in rationalen Diskursen durch allgemeine Werte und Ideen gerechtfertigt werden, um kulturelle Legitimität zu erreichen. Die Werte, die aus der sozial-kulturellen Diskussion hervorgehen, dienen als kritische Maßstäbe in erster Linie für politische Institutionen und in zweiter Linie sogar für die positiven Gesetze, die in politischer Entscheidungsfindung erlassen werden.

In der umgekehrten Richtung sind politische Entscheidungen immer Selektionen aus dem Horizont kultureller Werte und aus der Spannweite ihrer Reichweite von Interpretationen, wie sie im sozial-kulturellen Diskurs diskutiert werden. Das heißt, dass jede politische Entscheidung auch Aspekte kulturellen Sinns beinhaltet. Auf diese Art und Weise legen politische Entscheidungen fest, welche Teile des kulturellen Systems konkrete Wirklichkeit im Alltagshandeln werden.

L-A: Sozial-kulturelles System und Wirtschaftssystem

Die Zone der gegenseitige Durchdringung von sozial-kulturellem System und Wirtschaftssystem ist der Bereich der kulturellen Definition von ökonomischer Produktion und Konsum und der ökonomischen Kalkulation der Produktion von Kultur.

Das sozial-kulturelle System trägt Sorge für die Legitimation und kulturelle Prägung des ökonomischen Handelns. Kulturelle Werte, die aus sozial-kultureller Kommunikation und Diskursen entstammen, legen einen Bezugsrahmen für ökonomisches Handelnfest. Ökonomisches Handeln kann in großem Ausmaß variieren, aber es besitzt nur dann kulturelle Legitimität, wenn es die kulturell legitimierten Grenzen nicht verletzt.

In der umgekehrten Richtung durchdringt die Mobilisierung ökonomischer Ressourcen für kulturelle Werte das sozial-kulturelle System. Das bedeutet, dass kulturelle Werte nicht in alltägliches Handeln umgesetzt werden können, ohne ökonomische Ressourcen zu mobilisieren: Geld, Bibliotheken, Theater, Campusanlagen, Kunstgalerien usw. Auf diese Weise übt ökonomische Kalkulation einen Einfluss auf das Auf und Ab kultureller Werte aus. Das macht die Kultur von Marktbedingungen abhängig und transformiert Kultur in Mode. Kulturelle Werte, Ideen und Programme, die Ressourcen auf sich ziehen, haben die besten Chancen, auf den Markt zu kommen und öffentliche Aufmerksamkeit zu erhalten.

I-G: Gemeinschaftssystem und politisches System

Die Zone der gegenseitigen Durchdringung von Gemeinschaftssystem und politischem System ist der Bereich, in dem soziale Kontrolle und politische Verantwortung ausgeübt werden.

Das (gesellschaftliche) Gemeinschaftssystem sorgt für die normative und konkretisiert im Recht für die juristische Kontrolle der politischen Entscheidungsfindung. Das bedeutet, dass die politischen Akteure, die in den Entscheidungsfindungsprozess involviert sind, die Normen achten müssen, die das Verfahren der Entscheidungsfindung lenken. Das ist nur dann möglich, wenn sie in eine (gesellschaftliche) Gemeinschaft eingebunden sind, fühlen, dass sie zu dieser Gemeinschaft gehören und dadurch den gemeinsamen Normen verpflichtet sind. Das Gemeinrecht (Common Law) in England und in den Vereinigten Staaten und das Entstehen der Staatsbürgerschaft bedeuteten für die modernen westlichen Gesellschaften wichtige Schritte in die Richtung der Herausbildung einer solchen gesellschaftlichen Gemeinschaft. Für die Bürger sind politische Entscheidungen nicht nur bindend, weil sie durch politische Macht untermauert werden, sondern auch, weil die verfahrenstechnischen Normen der Entscheidungsfindung durch jeden einzelnen Bürger aufgrund seiner Mitgliedschaft in der gesellschaftlichen Gemeinschaft getragen werden. Eine Reputation, die man in der Gemeinschaft erwirbt, gibt dem jeweiligen Akteur das Recht, seine persönlichen Interessen in den Entscheidungsfindungsprozess einfließen zu lassen. Der Einfluss namhafter Leute und sozialer Gruppen gibt Interessen und Themen eine „gemeinschaftliche Lizenz", im politischen Entscheidungsprozess gehört und beachtet zu werden. Politische Akteure benötigen Reputation in der gesellschaftlichen Gemeinschaft, um Unterstützung (Stimmen, Macht) für politische Entscheidungen zu erhalten.

In der anderen Richtung sind politische Führung und die Organisation von Gemeinschaft durch positive Gesetze auf der Basis politischer Entscheidungen das Ergebnis politischer Entscheidungsfindung und dringen in das (gesellschaftliche) Gemeinschaftssystem ein. In diesem Prozess erwerben gemeinschaftliche Beziehungen den Charakter formaler Legalität, basierend auf positiven Gesetzen.

I-A: Gemeinschaftssystem und ökonomisches System

Die Interpenetrationszone von Gemeinschaftssystem und des ökonomischem System ist der Bereich, in dem ökonomische Ressourcen der Gemeinschaft zugeteilt werden und in dem die Gemeinschaft durch soziale Normen die Kontrolle über die wirtschaftlichen Aktivitäten ausübt.

Das (gesellschaftliche) Gemeinschaftssystem sorgt für die normative Regulation des ökonomischen Systems. Sofern wirtschaftlich Handelnde der Gemeinschaft und gemeinsamen Normen verpflichtet sind, werden ihre Interaktionen durch diese Normen reguliert. Eine Marktgemeinschaft stellt eine spezifische Verbindung zwischen dem Gemeinschaftssystem und dem ökonomischen System dar.

In der entgegengesetzten Richtung liefert das ökonomische System die Ressourcen, die für das Leben der Gemeinschaft notwendig sind, damit gemeinschaftliche Vereinigung überhaupt möglich ist. Die Verteilung von Ressourcen durch wirtschaftlichen Wettbewerb bestimmt auch, wer sich mit wem hauptsächlich vereinigt. Ferner ändert die Durchdringung der Gesellschaft durch den Markt das gemeinschaftliche Leben, das Aspekte der individuellen Wahl und Kalkulation erwirbt. Mit wem Individuen Umgang haben, wird eine Frage der individuellen Nutzenkalkulation. Gemeinschaftliche Beziehungen sind nicht länger durch Tradition vorgeschrieben, sondern sind Gegenstand der freien individuellen Wahl.

G-A: Politisches System und ökonomisches System

Die Interpenetrationszone von politischem System und ökonomischem System ist der Ort, an dem Ressourcen für kollektive Ziele mobilisiert werden und an dem ökonomische Aktivitäten auf kollektive Ziele ausgerichtet werden.

Das ökonomische System liefert die Ressourcen, die zur Verwirklichung kollektiver Ziele verwendet werden, die auf politischen Entscheidungen basieren. Steuern, die von Individuen und Körperschaften bezahlt wurden, stellen eine Übermittlung von ökonomischen Ressourcen in das politische System dar, wo politische Entscheidungen darüber bestimmen, welche kollektiven Ziele durch die verfügbaren Ressourcen verwirklicht werden. Wenn die Regierung einer Stadt beschließt, neue Schulen zu bauen, benötigt sie einen Teil des Steueraufkommens, um ein spezielles kollektives Ziel zu verwirklichen.

In der entgegengesetzten Richtung steuern politische Entscheidungen die Wirtschaft in Richtungen, die durch kollektive Ziele bestimmt sind. Die Beschlüsse der Regierung über den Staatshaushalt sind immer mit Geldausgaben für bestimmte Produkte verbunden, die in den entsprechenden Industrien (z.B. Militärausrüstung) für Wachstum sorgen. Steuerbefreiung für Investitionen in neue Technologien, Steuerpolitik, Budgetpolitik oder auch industrielle Planung durch den Staat bestimmen Richtungen für wirtschaftliche Aktionen und formen den Input des politischen Systems in das ökonomische System.

Das Handlungssystem

Bisher haben wir die internen Prozesse und Strukturen der Interaktion sowie die Unterscheidung und wechselseitigen Beziehungen von Subsystemen der Interaktion betrachtet. Jedoch findet Interaktion in einem Umfeld statt, das auch nicht-interaktionale Elemente beinhaltet. Nach dem bereits eingeführten Schema der Komplexität von Symbolen und der Kontingenz von Handeln, deckt Interaktion das Feld der Strukturiertheit ab, wo niedrige Symbolkomplexität mit niedriger Kontingenz des Handelns kombiniert ist. Wenn wir über dieses Feld der Interaktion hinaus den ganzen Raum des Handelns betreten, dann haben wir es mit Beziehungen der Interaktion mit ihrem Umfeld in drei Richtungen zu tun. Die symbolische Struktur der Kultur bildet ein Umfeld mit eingeschränkter Symbolkomplexität und hoher Handlungskontingenz; die verhaltensorientierten Prozesse des Lernens formen ein Umfeld mit hoher Symbolkomplexität und hoher Handlungskontingenz; die Dispositionen der menschlichen Persönlichkeit gestalten ein Umfeld mit hoher Symbolkomplexität und eingeschränkter Handlungskontingenz. Aus dieser Perspektive gesehen, ist die Ordnung von Interaktion nicht nur eine Frage ihrer internen Konstitution, sondern auch ihrer äußeren Beziehung zu Kultur, Persönlichkeit und Verhaltenssystem. Aus einer allgemeineren Sicht interessiert uns hier nicht nur die Ordnung der Interaktion, sondern auch die Ordnung von Handeln im umfassenden Sinn.

Die Subsysteme des Handlungssystems

Fangen wir zuerst mit der Charakterisierung der internen Qualitäten der Subsysteme des Handelns an und analysieren wir dann ihre wechselseitigen Beziehungen. Wir konzentrieren uns dabei auf den normativen Aspekt des Handelns (Abb. 2.5).

L: Das kulturelle System

Kulturelle Systeme sind Systeme symbolischer Konstruktionen, die auf kognitiven, expressiven, normativen und sinnvermittelnden Elementen aufbauen. Wenn wir nur kulturelle Normen betrachten, dann haben wir zu berücksichtigen, dass diese als Abstraktionen aus sozialen Kontexten zu begreifen sind und einen objektiven Sinn haben, der unabhängig von gesellschaftlichen und individuellen Interpretationen gilt. Das Werk von Max Weber gehört zur Kultur der Soziologie. Dieses Werk hat eine objektive Struktur, die über Webers persönliches Wissen über seine Arbeit hinausgeht und auch über jede Interpretation davon. Es beinhaltet eine unendlich große Zahl möglicher Interpretationen.

Abb. 2.5: Das Handlungssystem

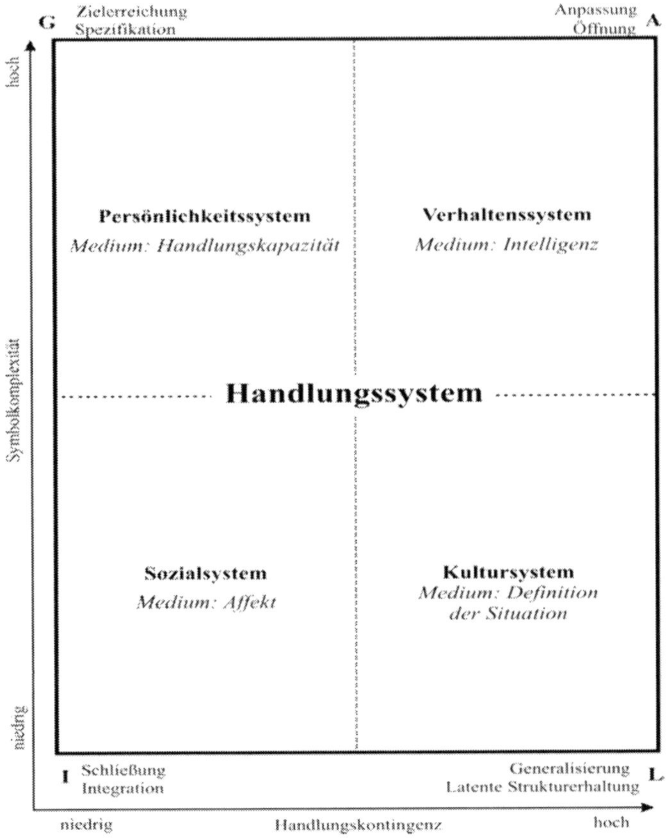

Da aber kulturelle Systeme an den Kriterien der Gültigkeit gemessen werden (Wahrheit, Identität, Konsistenz, Kohärenz), besteht eine interne Logik der Entwicklung. Somit sind Interpretationen von Webers Werk in ihrem Charakter nicht willkürlich; sie werden einem Prozess der Selektion in Bezug auf ihre Haltbarkeit unterworfen, wenn sie mit der Realität, über die sie Behauptungen aufstellen, konfrontiert werden. Diese Realität ist der jewielige Text aus Webers Werk. Nicht Webers eigene Sicht seiner Arbeit ist das Kriterium der Selektion, sondern die Realität, auf die sich eine Interpretation bezieht. Webers persönliche Sicht ist nur eine unter vielen möglichen Interpretationen seiner Texte, die gemäß dem Kriterium der Wahrheit im Hinblick auf den objektiven Sinngehalt der Texte geprüft werden muss.

Wir können nicht nur eine Entwicklungslogik kognitiver Systeme postulieren, die sich in Karl R. Poppers (1963, 1972) Sichtweise durch permanente Kritik der Wahrheit im Selektionsprozess von Behauptungen annähert, sondern auch die Möglichkeit einer Entwicklungslogik expressiver, normativer und sinnhafter Systeme annehmen, die auch auf Selektion durch Kritik basiert und somit Schritt für Schritt Fehler ausscheidet.

Auf diesem Wege werden expressive Systeme am Kriterium der Identität gemessen, die sie für eine Vielzahl von individuellen expressiven Gefühlen schaffen; normative Systeme werden am Kriterium der Konsistenz gemessen, die sie für eine Vielzahl von einzelnen Normen sozialer Systeme erzeugen; und sinnvermittelnde Systeme werden am Kriterium des kohärenten Sinnes gemessen, den sie für eine Vielzahl menschlicher Handlungen in der Welt konstruieren. Insofern als symbolische Konstruktionen permanent mit Kritik konfrontiert werden, die diese Maßregeln anwenden, dürfen wir eine Entwicklungslogik kultureller Systeme in Richtung von „annähernder" Gültigkeit erwarten, wobei man sich mehr und mehr an die Gültigkeit annähert, ohne sie je ganz zu erreichen.

Somit haben kulturelle Systeme immer das Potenzial, jede institutionalisierte gesellschaftliche Kultur in einzelnen sozialen Systemen zu überschreiten. Kulturelle Systeme werden durch Definitionen der Situation auf Handlungen angewandt. Zum Beispiel ist der Begriff des sozialen Handelns konstitutiv für Max Webers Werk. Wir können diesen Begriff als ein Instrument für die Definition eines konkreten Ereignisses in der Welt als soziales Handeln benutzen. Diese Definition der Situation erlaubt uns, das ganze umfassende Werk von Webers Soziologie für die Analyse vorliegender Ereignisse anzuwenden. Der Begriff des sozialen Handelns erschließt uns das Werk Webers und lässt uns eine Einheit in die Verschiedenartigkeit seiner Texte bringen.

Die Entwicklungslogik kultureller Systeme führt zur Herausbildung von immer allgemeineren symbolischen Konstruktionen. In diesem Prozess kann Kultur unter einigen abstrakten Prämissen zusammengefasst werden, z.B. die Kultur der Wissenschaft unter die Idee der Wahrheit: Symbolische Komplexität ist eingeschränkt durch Generalisierung. Aber diese abstrakten Prinzipien lassen einen weiten Raum für mögliche Interpretationen und Anwendungen auf das Handeln offen: die Kontingenz des Handelns ist sehr hoch entwickelt.

I: Das soziale System

In der sozialen Interaktion beziehen wir uns auf soziale Interpretationen von kulturellen Symbolen. Die innere Logik ist hier, wie Individuen zu gemeinsamen vorhersagbaren Interpretationen von Symbolen kommen, wie sie zu sozial bindenden und gemeinsamen Konstruktionen von Symbolen gelangen. Zum Beispiel wird Webers Werk von Soziologen interpretiert, die ein spezifisches Interaktionssystem bilden. Dieses **soziale System** von Soziologen setzt sich aus

Diskursen, Entscheidungsprozessen, Märkten und gemeinschaftlichen Vereinigungen zusammen, die alle zum Prozess der Institutionalisierung von Interpretationen zu Webers Werk als sozial bindend in der Soziologie beitragen. Es mag einige grundlegende Elemente geben, die von allen Soziologen geteilt werden. Alle Soziologen mögen der Überzeugung sein, dass jeder Student der Soziologie zu Beginn seines Studiums Webers Grundkategorien lernen sollte. Es bestehen jedoch Variationen von einer Abteilung zur anderen bezüglich der Art und Weise, wie dies zu tun ist; das ist der Weg, den die Abteilung für ein konkretes Seminar über Webers Kategorienlehre bestimmt. Aber die Art und Weise, wie der Kurs in einem speziellen Semester verläuft, ist das Ergebnis eines Prozesses der Entscheidungsfindung.

Im weiteren Sozialsystem der Soziologie breiten sich Abhandlungen zu Webers Werk aus, von dem unser soziologisches Seminar ein Teil ist. Es besteht eine Konkurrenz zwischen Soziologen im allgemeinen und Teilnehmern des Kurses im besonderen, und zwar im Hinblick auf neue, einflussreiche und haltbare Interpretationen von Webers Werk. In dieser Weise ist immer eine gewisse soziale Verbindlichkeit in der Behandlung von Weber durch die Studenten der Soziologie gegeben. Sie kommen nicht darum herum, seine Grundkategorien zu lernen. Dieser gemeinschaftlich bindende Weber ist in seinem Charakter viel eingeschränkter als der kulturelle Weber, speziell, wenn er auf die Inhalte von Skripten zur Prüfungsvorbereitung begrenzt wird. Gleichzeitig gibt es in einem komplexen und kontingenten sozialen System immer Prozesse, die diese Einschränkung aufheben, indem sie den sozial bindenden Weber mit dem umfassenden kulturellen Potenzial konfrontieren. So wird Webers Werk für neue Interpretationen geöffnet, aber auch in konkreten Fragen und Antworten in Prozessen der Entscheidungsfindung spezifiziert. Sozial bindende Interpretationen der Kultur werden auf konkrete Situationen mittels Affekt angewandt, der sich auf die Bindung und Identifikation mit anderen stützt. Alter nimmt Interpretationen von Ego auf der Basis seiner Bindung an ihn oder Identifikation mit ihm an.

Sozial bindende Interpretationen kultureller Systeme begrenzen den Horizont von möglichen Interpretationen und beschränken in diesem Sinne die symbolische Komplexität. Zur gleichen Zeit sind sie in ihrem Inhalt viel konkreter als kulturelle Systeme, indem sie Handeln konkret vorschreiben; sie wenden Interpretationen kultureller Systeme in viel geschlossenerer Weise auf konkrete Situationen an; so verringert sich die Kontingenz des Handelns. Webers Werk als kulturelles System erlaubt ein großes Spektrum unterschiedlicher Interpretation. Das ist hohe symbolische Komplexität für das Sozialsystem; diese wird durch eine sozial bindende Interpretation reduziert, die keine unterschiedlichen Anwendungsmöglichkeiten mehr offen lässt; auf diesem Wege wird Handlungskontingenz reduziert.

G: Das Persönlichkeitssystem

Unser nächster Schritt besteht darin, den persönlichen Weber zu untersuchen: das **Persönlichkeitssystem**. Jeder Soziologe interpretiert Webers Werk anhand von persönlichem Wissen und Dispositionen in einer speziellen Art und Weise. Obgleich jeder Soziologe Webers Werk in der sozialen Interaktion soziologischer Seminare gelernt hat, ist seine Interpretation von Weber niemals identisch mit derjenigen des Dozenten und der anderen Teilnehmer. Dozent und Teilnehmer haben am Ende des Seminars und vor dem Examen möglicherweise einen gemeinsamen Konsens über spezifische Aspekte von Webers Werk gefunden. Aber der einzelne Student hat nicht nur den sozialen Weber in seiner Studiengruppe kennengelernt, sondern auch den kulturellen Weber. Der Student kann *Wirtschaft und Gesellschaft* auf der Basis seiner allgemeinen Fähigkeiten des Sprachverstehens lesen. Er kann Weber aufgrund seiner persönlichen Erfahrung lesen, kann das Lesen fortsetzen und kann alle neuen Erfahrungen nach dem Kurs mit einbeziehen. Er wendet seine Weber-Interpretation aufgrund der eigenen Handlungskapazität auf konkrete Situationen an (z.B. in Diskussionen). Das ist die Fähigkeit, aus einer Vielzahl von Interpretationen und einer Vielzahl von Aspekten in Webers Werk eine spezifische Interpretation und einen Aspekt auszuwählen, die für die jeweils persönlichen Zielsetzungen relevant sind. Der Student ist trotz hoher Symbolkomplexität von möglichen Interpretationen und Aspekten dazu fähig, eine Alternative als bindend für sein Handeln, z.B. als Beitrag zu einer Diskussion auszuwählen.

A: Das Verhaltenssystem

Als nächstes kommen wir zu den Lernprozessen des **Verhaltenssystems**. Die Aneignung von Webers Werk durch einen Studenten ist ein Lernprozess des Verhaltenssystems. Der einzelne Student investiert seine Intelligenz, um Webers Werk zu studieren. Je höher das Niveau ist, das der Student in diesem Lernprozess erreicht, umso mehr wird er in der Lage sein, Webers Werk in intelligenter Weise zu diskutieren, zu interpretieren und anzuwenden, um zu völlig neuen Interpretationen und Anwendungen zu kommen. Auf diesem Wege versorgen uns die intelligentesten Interpreten mit Innovationen, die unsere Deutung von Webers Werk verändern können.

Intelligenz ist das Medium, das dem Studenten erlaubt, Webers Werk dazu zu benutzen, einerseits Realität zu erklären, Probleme mit der Theorie zu lösen, und andererseits die Theorie mit einer Vielzahl von Ereignissen zu konfrontieren. Um das zu tun, muss der Student eine wachsende Zahl von empirisch testbaren Hypothesen formulieren, die aus Webers Werk abzuleiten sind. Er steigert die Symbolkomplexität, kann aber auch die Hypothesen mit Hilfe einer großen Zahl verschiedener Tests mit der vielfältigen Realität konfrontieren: Die Kontingenz seines Handelns ist sehr hoch.

Wechselseitige Beziehungen zwischen den Subsystemen des Handlungssystems

Untersuchen wir nun die wechselseitigen Beziehungen zwischen den Subsystemen des Handlungssystems. Parsons nimmt an, dass die Interpenetration der Handlungssubsysteme als wechselseitiger Austausch von Faktoren und Produkten zu verstehen ist, der von den generalisierten Medien des Handelns geleitet wird (Abb. 2.6).

- Definitionen der Situation sind an den konstitutiven Gründen des Sinnes der menschlichen Existenz orientiert. Der angemessene Wertstandard ist die *Wertrationalität* des Handelns, die in moralischer Autorität gründet. Um ein strengeres kulturelles Verständnis dieses Mediums zum Ausdruck zu bringen, sollten wir den Begriff „Wertrationalität" durch „Sinnhaftigkeit des Handelns in einem kulturellen Rahmen" ersetzen.
- Affekt ist an der *Institutionalisierung von Sinn* orientiert, der relevant für die Gesellschaft ist. Der Wertstandard ist die *Einheit des Sinnes* (Harmonisierung) von Identitäten, die sich auf soziale Imperative gründen. Affekt ist das generalisierte Medium des Sozialsystems, das Wertbindungen, Einfluss, Macht und Geld als spezielle Formen hat.
- Persönliche Handlungskapazität ist an der *Internalisierung von relevantem Sinn* für die Persönlichkeit orientiert. *Zweckrationalität* bietet einen Wertstandard, der auf Praktikabilität basiert. Das ist die Fähigkeit, Handlungen auszuführen.
- Intelligenz ist an den *Gründen für kognitive Gültigkeit und Signifikanz* orientiert. Der Wertstandard ist die *kognitive Rationalität* des Handelns, die sich auf kognitive Standards stützt.

L-I: Kultursystem und Sozialsystem

In der wechselseitigen Beziehung zwischen Kultursystem und sozialer Interaktion, findet die Institutionalisierung von kulturellen Symbolen im Sozialsystem statt. Diese Beziehung beinhaltet eine Spannung zwischen der Entwicklungslogik der Erzielung kultureller, sozial unabhängiger Gültigkeit und der sozial bindenden Interpretation der Kultur. Im Institutionalisierungsprozess wird Kultur mit sozialer Interaktion verbunden; durch die Kraft der eigenen Entwicklungslogik erzeugt die Kultur Druck auf die sozialen Institutionen, sich in die Richtung von kultureller Gültigkeit zu verändern.

Abb. 2.6: Das Input-Output-Paradigma des Handlungssystems (Parsons und Platt 1973, S. 439)

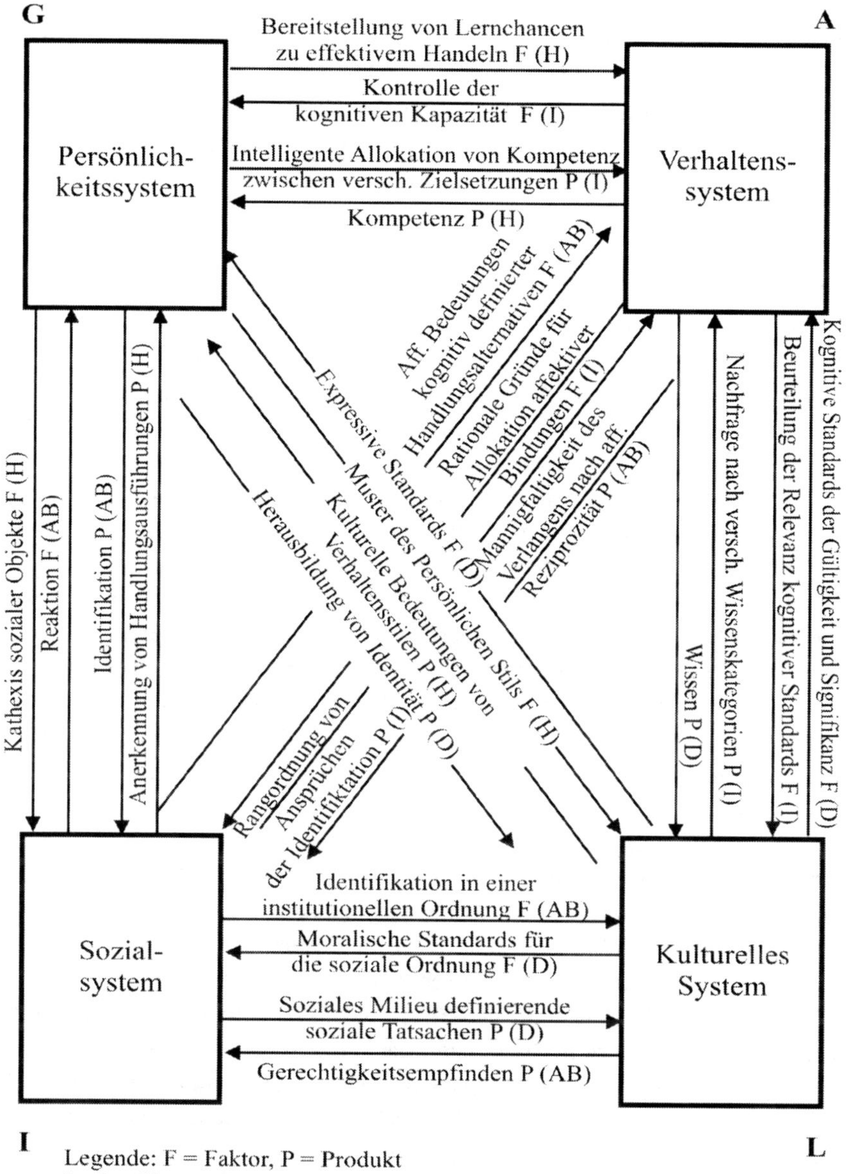

Legende: F = Faktor, P = Produkt
I = Intelligenz, H = Handlungskapazität,
AB = Affektive Bindung, D = Definition der Situation

Der verbindende Mechanismus ist die intellektuelle Kritik an den sozialen Institutionen im Lichte der kulturellen Werte, die immer über eine konkrete gesellschaftliche Kultur hinaus schreiten. In der entgegengesetzten Richtung definieren Prozesse der Konsensbildung bestimmte Interpretationen kultureller Werte in sozialen Institutionen als sozial bindend; dies reduziert das gesamte kulturelle Potenzial auf eine konkrete gesellschaftliche Kultur. Die meisten Theorien über Institutionalisierung entwirren diese beiden einander entgegenlaufenden Prozesse nicht präzise genug. Sie vernachlässigen insbesondere den fundamentalen Prozess der Kritik und das dynamische Potenzial der kulturellen Entwicklungslogik.

L-G: Kultursystem und Persönlichkeitssystem

Die Beziehung zwischen dem Kultursystem und der Persönlichkeit eines Individuums ist der Kontext der Internalisierung der Kultur in das Persönlichkeitssystem. Auch hier übt die Kultur einen Rationalisierungsdruck auf die individuelle Persönlichkeit aus. Je mehr ein Individuum der Entwicklungslogik der Kultur ausgesetzt ist, z.B. über lange Phasen der Erziehung bis zur universitären Bildung, desto mehr fühlt sich das Individuum gezwungen, seine Handlungen im Lichte von kulturellem Wissen, Expressionen, Normen und Sinnkonstruktionen zu rechtfertigen. Das beinhaltet die *Anwendung* von Kultur auf individuelles Handeln. Auf der anderen Seite gibt es einen *Selektions*prozess der Kultur zum Gebrauch der individuellen Persönlichkeit. D.h., jede Persönlichkeit hat ihre eigenen Probleme, und das Individuum beurteilt das ganze Potenzial der Kultur im Hinblick auf seine Relevanz zur Lösung der persönlichen Probleme. Sofern das Individuum seine Selektionen auf die Kultur überträgt, steuert die persönliche Selektion aus dem Kultursystem neue Elemente zum kulturellen Bestand bei, z.B. wenn eine Person ein Buch schreibt, dabei Webers Studie über den Kapitalismus selektiert und sie in ihrer eigenen Interpretation auf die Frage der Arbeitsethik in unserer Zeit bezieht. In diesem Prozess geht die Kultur aus unzähligen kreativen individuellen Handlungen hervor.

Der formende Einfluss der kulturellen Rationalität auf die individuelle Persönlichkeit sollte nicht die Tatsache verbergen, dass auf der einen Seite die individuelle Persönlichkeit neue Kultur kreiert, indem sie kulturelle Elemente selektiert, um ihre Probleme zu lösen, und dass auf der anderen Seite die kulturelle Generalisierung des individuellen Horizontes das Individuum von seinen Verpflichtungen auf die partikularistische gesellschaftliche Kultur befreit. Natürlich hat sich eine Person Kultur in Interaktionsprozessen angeeignet. Aber die persönliche Fähigkeit, Zeichen zu interpretieren, ermöglicht ihr, in der übermittelten gesellschaftlichen Kultur das ganze zugrunde liegende Potenzial des Kultursystems als eines unabhängigen Systems mit objektivem Sinn zu entdecken – die

Tiefenstruktur der Kultur. Nur eine Theorie, die deutlich zwischen der Kultur in ihrer objektiven Qualität und der gesellschaftlichen Kultur unterscheiden kann, wird diesen Aspekt der Internalisierung begreifen, der nicht Konformität zu sozialen Normen bedeutet, sondern Erwerb des kulturellen Potenzials, das über jede gesellschaftliche Kultur hinausgeht. Parsons dachte sich Internalisierung immer als eine Beziehung zwischen Kultursystem und Persönlichkeitssystemen, nicht als eine Beziehung zwischen Sozialsystem und Persönlichkeitssystem, und öffnet somit dieses Konzept der kulturellen Dynamik. Es ist eine Ironie, dass seine Theorie von Soziologen, die versäumten, eine deutliche Unterscheidung zwischen Kultur in ihrer objektiven Qualität und der gesellschaftlichen Kultur mit ihren verbindlichen Eigenschaften zu machen, konstant falsch als Konzeptualisierung von Internalisierung im Sinne der Anpassung des Individuums an den Druck des Sozialsystems dargestellt wurde. In dieser Hinsicht übertrifft Parsons Durkheim, Freud und Mead, die dazu neigten, Kultur auf gesellschaftliche Kultur zu reduzieren, und auch Piaget und Kohlberg, die nachdrücklich den kognitiven Entwicklungsaspekt von reiner Kultur im Individuum betonten, ohne sie auf irgendeine systematische Art und Weise in Beziehung zur sozialen Dimension von kultureller Interpretation zu setzen.

L-A: Kultursystem und Verhaltenssystem

Die Beziehung zwischen dem Kultursystem und den Verhaltensprozessen des Lernens konfrontiert auf der einen Seite die Kultur mit der Vielfalt von Ereignissen in der Wirklichkeit und gibt auf der anderen Seite situativ variierender Erfahrung einen Bezugsrahmen. Das Individuum benutzt seine ganze situativ wechselnde Erfahrung und all seine Wahrnehmung der Wirklichkeit als einen Testfall für die kulturelle Konstruktion der Realität. Dies ist der Prozess der Kultur*prüfung*, der die Kultur für Innovationen öffnet. Auf der anderen Seite ist die Anwendung eines kulturellen Bezugsrahmens ein Prozess der Erfahrungs*ordnung*.

I-G: Sozialsystem und Persönlichkeitssystem

Die Beziehung zwischen sozialer Interaktion und der individuellen Persönlichkeit ist der Zusammenhang der Motivation des Individuums, um an der Interaktion zu partizipieren. Die Erwartungen der interagierenden Parteien gestalten die Dispositionen des Individuums insofern, als es sich mit sozialen Objekten identifiziert und lernt, seine Dispositionen auf sozial anerkannte Weise auszuleben. Dies ist der Prozess der sozialen *Formung* personaler Dispositionen und der Platz für Freuds Überich, die kontrollierende Instanz der individuellen Persönlichkeit. Aber insoweit als das Individuum die Chance hat, seine Handlungen in sozialen Rollen gemäß seinen Bedürfnisdispositionen zu entwickeln, gibt es Faktoren, die einer einseitigen Herrschaft des Sozialsystems über die Persönlichkeit entgegenwirken. In diesem Prozess spielt das Individuum soziale Rollen gemäß seiner *Rolleninterpretation* und trägt so zur sozialen Definition von Rollen bei.

A-G: Verhaltenssystem und Persönlichkeitssystem

Die Beziehung zwischen den Lernprozessen des Verhaltens und der individuellen Persönlichkeit gestaltet die Mobilisierung von Verhaltensressourcen. Ein Individuum gibt seinem Lernen eine spezielle *Richtung,* je nach persönlichen Zielen, Dispositionen und Problemen. Die Person lernt nicht willkürlich, sondern gemäß eines Plans, der in eine bestimmte Richtung zielt. In der entgegengesetzten Richtung ist das Individuum offen für Innovationen, die aus dem Lernprozess resultieren, und definiert seine Ziele, Dispositionen und Probleme im Lichte von wachsender Erfahrung immer wieder neu.

I-A: Sozialsystem und Verhaltenssystem

Die Beziehung zwischen sozialer Interaktion und den Lernprozessen des Verhaltens ist der Kontext für die soziale Organisation des Lernens. Sofern das Sozialsystem für das Lernen seiner individuellen Mitglieder offen ist, *wechseln* diese Prozesse permanent die Definition von sozialem Wissen und sozialen Rollen. Der Student, der neue Einsichten in Webers Werk erlangt, wird tendenziell diesen Lernprozess in soziales Wissen und in die Gestaltung seiner Rolle als Student transformieren. Auf der anderen Seite wird der verbindliche Charakter der Standards des Lernens durch soziale Interaktion erzeugt. Ohne solche Standards wäre Lernen blind und könnte nicht akkumuliert oder anderen Individuen vermittelt werden.

Die Ordnung des Handelns

Die Ordnung sozialer Interaktion ist nicht nur eine Frage der inneren Zusammensetzung von Interaktion selbst, sondern auch der externen Beziehungen von Interaktion innerhalb des gesamten Handlungssystems. Diese Beziehungen können sich zwischen Anpassung über gegenseitige Isolation, Versöhnung, Konflikt und Interpenetration bis zur einseitigen Dominanz bewegen. Die Interpenetration von Subsystemen kreiert eine komplexe und kontingente Ordnung. In diesem Fall können wir ein spezifisches Subsystem mit seinen Strukturen und Prozessen innerhalb seiner Umwelt betrachten. Dieses Subsystem ist dann ein Mikrosystem; das ganze System, in welches es innerhalb seiner Umwelt eingebettet ist, können wir als Makrosystem betrachten. Was als Mikro und was als Makro gilt, ist eine Frage der Perspektive. Wenn wir uns das Sozialsystem innerhalb des

Handlungssystems anschauen, ist es ein Mikrosystem. Wenn wir Marktaustausch innerhalb des Sozialsystem betrachten, ist der erstere Mikro und das letztere Makro.

Die Conditio Humana

In seinem Spätwerk hat sich Talcott Parsons mit den grundlegendsten anthropologischen Fragen der **Conditio Humana** beschäftigt. Die Sammlung seiner Essays in seinem letzten Buch *Action Theory and the Human Condition*, das 1978 veröffentlicht wurde, also ein Jahr vor seinem Tode, ist ein Ausdruck dieser Studien. In diesem Untersuchungskontext fügte Parsons seine Konzeption des Handlungssystems in das grundlegendere System der Conditio Humana ein (Parsons, 1978: 323-433). Dieses neue System besteht aus dem telischen System, dem Handlungssystem, dem organischen System und dem physiko-chemischen System. Jedes dieser vier Subsysteme erfüllt eine der vier Funktionen gemäß Parsons' funktionalem Schema auf der Ebene der Conditio Humana. Ihre Prozesse und Austauschbeziehungen sind durch generalisierte Medien koordiniert (Abb. 2.7).

Die Subsysteme der Conditio Humana

Zuerst untersuchen wir die Subsysteme des Systems der Conditio Humana, ihre Strukturen, Prozesse und Medien.

L: Das telische System

Das telische System erfüllt die Funktion der Erhaltung latenter Strukturen durch die Definition der grundlegendsten (transzendentalen) Sinnbedingungen des menschlichen Lebens. Niedrige Komplexität von Sinnkonstruktionen wird durch hohe Kontingenz von Ereignissen begleitet, die durch die Konstruktionen erfasst werden können. Das generalisierte Medium des telischen Systems ist die transzendentale Ordnungsbildung, die sich auf die Orientierungskategorie der Transzendentalität bezieht. Die letztere ist ein allgemeiner Bezugsrahmen für sinnvolle menschliche Existenz. Von der menschlichen Perspektive aus betrachtet, ist dieser Bezugsrahmen die allgemeinste Basis für die physikalisch-chemische Ordnung, die organische Ordnung und die Ordnung des Handelns. Der relevante Bewertungsstandard vom menschlichen Gesichtspunkt aus umfaßt transzendentale Argumentation im Sinne von Kants drei Vernunftkritiken.

Abb. 2.7: Die Conditio Humana

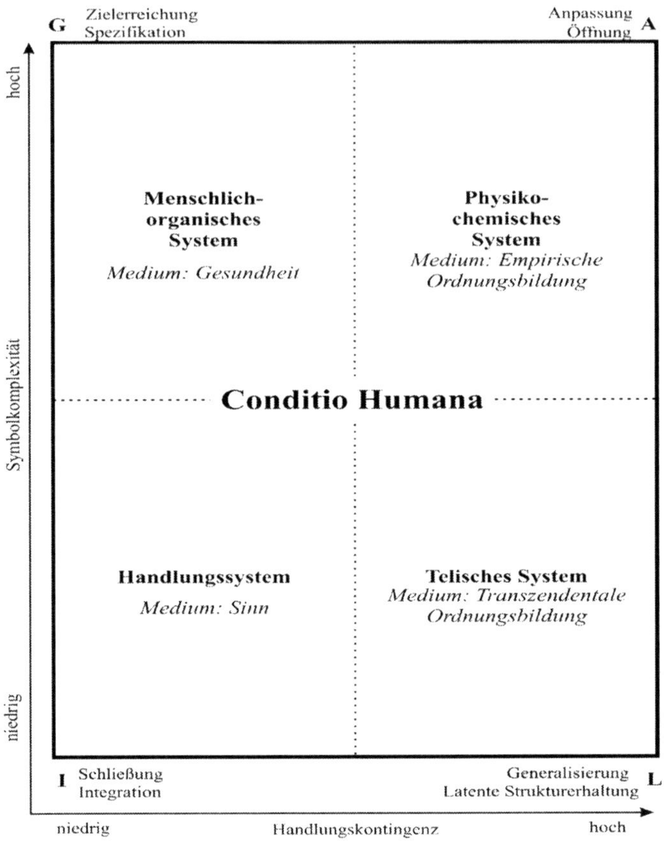

Die Tatsache, dass der Mensch nur insoweit existieren kann, als es für ihn Sinn im Leben gibt, ist die grundlegende transzendentale Bedingung für menschliche Existenz. Hier liegt der Ursprung für die universelle menschliche Suche nach Sinn, die irgendeiner Art der Religion als universellem Phänomen führt. Wenn wir gegenwärtig nach dem Sinn der Zivilisation fragen, die ihre eigenen Umweltressourcen zerstört, stellen wir die Frage nach dem Sinn in einer unmittelbar relevanten Form. Das ist der Grund, weshalb die allgemeine Suche nach Sinn jede einzelne konkrete Religion überleben wird und weshalb es unwahrscheinlich ist, dass diese Sinnbedingungen nach dem Ende der historischen Religionen – wenn es ein solches überhaupt geben wird – für das menschliche Leben irrelevant werden. Es ist auch unmöglich, die Frage nach Sinn durch Fragen nach der säkularen Moral zu ersetzen, wie es Jürgen Habermas (1981, Bd.2: 375-85) in seiner Kritik an Parsons' Konzept des telischen Systems getan hat.

I: Das Handlungssystem

Das Handlungssystem erfüllt die Integrationsfunktion durch das Ordnen von Ereignissen in sinnvolle Systeme. Nach menschlicher Überlegung wird nur ein kleiner Teil von dem, was unter der sinnvollen Bedingung des menschlichen Lebens möglich wäre, realisiert. Beispielsweise ist jede religiöse Sinnkonstruktion eine Selektion aus vielen möglichen Sinnkonstruktionen. Diese religiösen Sinnkonstruktionen bestimmen genauer als die Bedingungen für sinnvolle menschliche Existenz im allgemeinen, was sinnvolles Handeln sein könnte. In religiösen Gemeinschaften wird die Spannweite der möglichen sinnvollen Handlungen noch enger eingegrenzt. Niedrige Komplexität von Sinnkonstruktionen wird von niedriger Kontingenz des Handelns begleitet. Das generalisierte Medium, das uns erlaubt, menschliches Handeln zu koordinieren, ist *Sinn*, der durch die Regeln der Sprache geordnet wird. Sinn ist auf die Orientierungskategorie der *Generativität* bezogen, des Bezugsrahmens für die Artikulation von sinnvollen Symbolisierungen in einer Sprache. Letztere erlaubt die Erzeugung einer unendlichen Zahl von linguistischen Symbolen innerhalb ihres Systems, die alle aus ein und denselben linguistischen Grundelementen stammen. Der relevante Bewertungsstandard ist das *Verstehen* von Sinnausdrücken.

G: Das organische System

Das organische System, von dem der menschliche Organismus einen Teil bildet, ist ein zielgerichtetes System; seine Beziehung zu seiner Umwelt wird durch kybernetische Rückkopplungsprozesse kontrolliert. Es erfüllt die Funktion der Zielerreichung und ist die Stätte von organischer Evolution durch Reproduktionsprozesse, Mutation und natürliche Selektion. Hohe Komplexität von möglichen Ereignissen wird durch niedrige Kontingenz von realen Ereignissen begleitet, was durch Prozesse der Zielausrichtung und der natürlichen Selektion geschieht. Das Medium, das hier operiert, ist *Gesundheit*, was ein generalisierter Ausdruck für sehr verschiedene Charakteristiken von spezifischen Teilen des Organismus ist. Gesundheit ist auf die Orientierungskategorie der *Teleonomie* bezogen, die einen allgemeinen Bezugsrahmen für das Funktionieren des Organismus darstellt. Der Bewertungsstandard ist die *Diagnose*.

A: Das physiko-chemische System

Das physiko-chemische System ist die Stätte von physiko-chemischen Strukturen und Prozessen und erfüllt die Funktion der Anpassung innerhalb des gesamten Systems der Conditio Humana. Es stellt die Ressourcen für die anderen Subsysteme bereit. Hohe Komplexität von möglichen Ereignissen wird hier von hoher Kontingenz realer Ereignisse begleitet. Das Medium des Systems ist *empirische Ordnungsbildung*, ausgedrückt in den Gesetzen der Physik und Chemie.

Diese Gesetze decken eine Vielzahl von physiko-chemischen Prozessen ab, so dass diese Prozesse genutzt und durch Technologie in andere Systeme übertragen werden können. Das Medium, das diese Übertragung erlaubt, ist die *empirische Ordnungsbildung* durch Naturgesetze. Empirische Ordnungsbildung ist auf die Orientierungskategorie der *Kausalität* als allgemeinem Bezugsrahmen bezogen. Der Bewertungsstandard ist die *Angemessenheit von kausalen Erklärungen*.

Wechselseitige Beziehungen zwischen den Subsystemen der Conditio Humana

Parsons fährt fort mit der Konstruktion eines Modells der Interpenetration der Subsysteme der Conditio Humana aus der Sicht des menschlichen Akteurs in Begriffen des Austauschs von Faktoren und Produkten, der durch generalisierte Medien der Conditio Humana ausgeführt wird (Abb. 2.8).

Persönlichkeitsentwicklung und Sozialisation

Die Theorie der Persönlichkeitsentwicklung entfaltete Parsons auf der Grundlage der Arbeiten von Durkheim und Freud und – in den 1950er Jahren – in Zusammenarbeit mit dem behavioristisch orientierten James Olds. Später wurde die behavioristische Sichtweise durch Piagets kognitive Psychologie verdrängt, so wie sie durch Victor und Charles Lidz eingebracht wurde (Parsons 1951, 1964, 1978; Parsons und Bales 1955; Parsons und Platt 1973; Lidz und Lidz 1976).

In Parsons' Sicht entwickelt sich die menschliche Persönlichkeit als autonomes System durch die Interpenetration organischer Bedürfnisse, Triebe, Wünsche und individueller Instinkte mit der materiellen, sozialen und kulturellen Umwelt. Die Persönlichkeit bildet auf diese Weise vier Subsysteme heraus: Es, Ich, Über-Ich und Ich-Identität (Ich-Ideal). Die Interaktion zwischen dem Sozialisanden und den Sozialisationsagenten formt den Charakter und die Entwicklung aller Aspekte der Persönlichkeit, nicht nur die Entwicklung des Über-Ichs, wie es Freud konzeptualisiert hat (1923/1972). Die Persönlichkeitsentwicklung hat gemäß ihrer vier Dimensionen verschiedene Bedeutungen:

- *Steigerung der Anpassungsfähigkeit:* Das Es lernt, sich immer komplexeren, kontingenteren und sich schneller ändernden Situationen anzupassen, indem es seine Intelligenz nutzt.
- *Differenzierung:* Das Ich entwickelt die Fähigkeit, die Realisierung unterschiedlicher Ziele zu managen.

Abb. 2.8: Das Input-Output-Paradigma der Conditio Humana (Parsons 1978, S. 407)

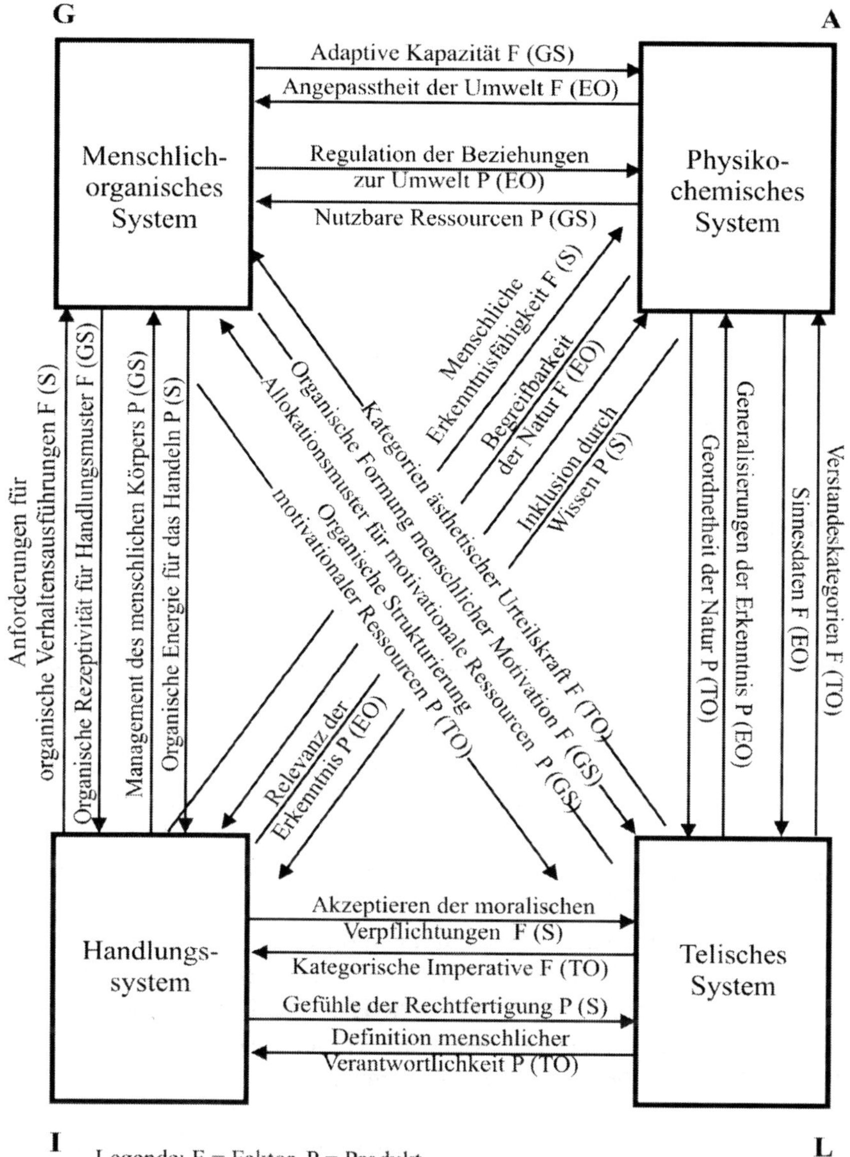

Legende: F = Faktor, P = Produkt
TO = Transzendentale Ordnungsbildung, GS = Gesundheit,
EO = Empirische Ordnungsbildung, S = Sinn

- *Inklusion:* Das Über-Ich wird fähig, eine immer größer werdende Zahl von Solidaritäten und Loyalitäten zu koordinieren.
- *Wertegeneralisierung:* Die Ich-Identität erreicht höhere Stufen der Wertegeneralisierung und hat somit die Fähigkeit, eine größer werdende Zahl spezifischer Ideen und Handlungen unter generelle Ideen und Werte zu subsumieren.

Sozialisation und Persönlichkeitsentwicklung sind ein stetiger Prozess der Interaktion zwischen dem Sozialisanden und den Sozialisationsagenten mit den Basis-Elementen von Objekt-Relationen, Objekt-Kathexis, Identifikation und Internalisierung. Diesen Prozess kann man grob in drei Stufen einteilen:

1. Mutter-Kind Interaktion während der Kindheit,
2. erweiterte Interaktion mit Mutter, Vater, Geschwistern, Gleichaltrigen und Lehrern in der Übergangsphase von der Kindheit zur Jugend,
3. die nochmals erweiterte Interaktion mit Gleichaltrigen (peers) und Erwachsenen in der Übergangsphase vom Jugendlichen zum Erwachsenen.

Mutter-Kind Interaktion

Die Interaktion zwischen Mutter und Kind ist zentrales Element im ersten Schritt der Persönlichkeitsentwicklung. Das Kind lernt, durch Belohnung und Bestrafung, die ersten Verhaltensmuster und die Kontrolle über verschiedene Impulse auszuüben, etwa durch einen vorgegebenen Essensplan, Sauberwerden, Laufen und Sprechen. Dies sind die ersten Schritte der adaptiven Erziehung des Es. Die Mutter ist das erste Objekt, auf das sich das Kind bezieht. Sie wird das Objekt der Kathexis, je mehr sie die Bedürfnisse des Babys nach Nahrung, Vergnügen, Akzeptanz und erotischer Stimulation befriedigt. Das Kind orientiert sich zunehmend an der Erreichung bestimmter Ziele. Das Ich entwickelt und differenziert sich.

Je enger die Beziehung ist, desto mehr wird sich das Kind mit seiner Mutter identifizieren. Beide formen eine Einheit der sozialen Beziehung; die Identifikation des Kindes mit der Mutter wächst. Die Identifikation mit der Mutter bildet die Basis für die Konformität des Kindes zu den Normen der Mutter. Auf diesem Wege entsteht das Über-Ich in seiner Vorform; Inklusion findet statt.

Je intensiver die Beziehung ist, umso mehr wird das Kind seine Mutter lieben. Liebe ist die Generalisierung gegenseitiger Zuneigung. Somit ist Liebe die erste vermittelnde Verbindung zur Generalisierung. Das Kind entwickelt eine generalisiertere Selbstwahrnehmung und ein generalisierteres Selbstbewusstsein, es sieht sich selbst nicht mehr nur in bezug auf gute oder schlechte Handlungen, sondern als guter oder schlechter Junge oder als gutes oder schlechtes Mädchen. Die Identität des Kindes entspringt weniger spezifischen Belohnungen oder Bestrafungen, als dass das Kind zu einer Person wird, die liebt und geliebt wird, die akzeptiert und akzeptiert wird, gut oder schlecht ist. Die Ich-Identität entwickelt sich. Werte einer höheren Stufe der Generalisierung werden internalisiert. Das sind die ersten Schritte der Wertegeneralisierung.

Erweiterte Interaktion: Mutter, Vater, Bruder, Schwester, Gleichaltrige (peers) und Lehrer

Je mehr sich die Interaktion des Kindes über die Mutter-Kind-Beziehung hinaus erweitert, desto mehr wird das Kind neue Objekt-Beziehungen, Objekt-Kathexen, Identifikationen und Internalisierungen aufnehmen. Der Vater wird in der Interaktion wichtiger. Er stellt ein Hindernis für die kontinuierliche Liebe zur Mutter dar. Speziell Jungen geraten in eine ödipale Krise. Die Objekt-Beziehungen eines Mädchens werden ebenfalls komplexer. Das Kind muss seine erotische Bindung zur Mutter aufgeben. Dies ist der erste Verlust kathektischer Objekte, eine erste Trennung. Der enge Zusammenhalt des Mutter-Kind Systems hört auf zu existieren. Neue Kathexen und Identifikationen komplexerer Art eröffnen sich dem Kind.

Die Identifikation mit dem Vater führt eine Autoritätsbeziehung ein. Die Konformität bezieht sich auf erweiterte gesellschaftliche Normen, die der Vater repräsentiert. Die Beziehung zum Vater ist in erotischer Hinsicht neutral. Diese generalisierte Beziehung ist die Verbindung zur weiteren Internalisierung genereller Werte: Leistungsorientierung, Universalismus, Neutralität und Spezifität. Dabei geht Parsons von der in den 1950er Jahren in der amerikanischen Mittelschicht vorherrschenden Arbeitsteilung zwischen Mann und Frau aus. In den Fällen, in denen der Vater fehlt oder beide Elternteile arbeiten, muss die Weiterentwicklung von einer emotional engen und partikularistischen Umwelt zu neutraleren, spezifischeren, zielorientierteren und universalistischeren Handlungs- und Denkweisen von der Mutter allein im Kind initiiert werden oder beide Partner müssen gleichermaßen helfen, die Wege zur weiteren Gesellschaft zu öffnen.
Noch komplexer sind die Beziehungen zu Geschwistern, zur Familie als Gruppe und zu Gleichaltrigen (peers) und Lehrern in der Schule. In diesem Prozess werden höhere Stufen der Anpassung, Differenzierung, Inklusion und Wertegeneralisierung erreicht.

Von der Jugend zur Post-Adoleszenz und bis zum Erwachsenenalter

Das College ist der Platz für einen neuen Schritt der Sozialisation, in der weitere Stufen der Persönlichkeitsentwicklung erreicht werden. Der Student erfährt neue Objektverluste. Er verlässt die Familie und Freunde und geht zum College. Neue Objekt-Beziehungen, Objekt-Kathexen, Identifikationen und Internalisierungen entwickeln sich. Der Student identifiziert sich mit seinen Kommilitonen auf der Basis von Solidarität und Gleichheit und erfährt somit Unterstützung. Als nächstes erreicht der Student höhere Stufen der Rationalität durch die Identifikation mit Lehrern auf der Basis von Autoritätsbeziehungen. Belohnung und Bestrafung durch Noten lassen neue Denk- und Verhaltensmuster aufkommen, die auf der Expertise von Dozenten und dem Wert der kognitiven Rationalität beruhen. Dies gibt einen weiteren Impetus für das adaptive Lernen.

Je komplexer die Objekt-Beziehungen und Objekt-Kathexen in der erweiterten akademischen Gemeinschaft werden, umso mehr differenziert sich das Ich aus und orientiert sich an komplexer werdenden Zielen. Dieser Prozess wird durch die akademische Gemeinschaft als eine relativ komplexe ganze Gesellschaft unterstützt. Die Identifikation mit der akademischen Gemeinschaft vertieft die Bindung an die Normen der kognitiven Rationalität und stellt die Mittel für die Inklusion in eine weitgefasste, eventuell internationale Gesellschaft bereit. Die Inklusion in den erweiterten akademischen Diskurs ist die Basis für die Internalisierung des Wertes der kognitiven Rationalität: Die Wertegeneralisierung schreitet weiter voran. Das Ergebnis ist eine Persönlichkeit, die höhere Stufen des intelligenten Verhaltens (Es) erreicht, zur kompetenten Entscheidungsfindung fähig ist (Ich), verschiedenste Solidaritätsbeziehungen und Loyalitäten koordinieren kann (Über-Ich) und zur Wertegeneralisierung fähig ist (Ich-Identität).

Sozio-kulturelle Evolution

Seit Mitte der 1960er Jahre wandte sich Parsons Fragen der **sozio-kulturellen Evolution** zu, insbesondere interessierte ihn die Evolution des Systems moderner Gesellschaften und ihr Schicksal (Parsons 1966, 1967: 490-520, 1971, 1977: Teil 3). Soziologen, die sich mit Parsons auseinander setzen, haben diese Hinwendung zum Paradigma der Evolutionstheorie als Widerrufung seines Einleitungssatzes zum Werk *The Structure of Social Action* von 1937, „Spencer ist tot" (Parsons 1937/1968: 3), interpretiert. Diese Interpretation ist inadäquat. In seiner Äußerung hat sich Parsons mit Spencers Utilitarismus und seinem simplen naturalistischen Darwinismus auseinandergesetzt (Spencer 1972; Darwin 1977), speziell im Hinblick auf die Kritik Durkheims an Spencer und die Beiträge von Marshall, Pareto und Weber zum Verständnis der Rolle von Institutionen und Ideen im gesellschaftlichen Leben und in der geschichtlichen Entwicklung. Parsons hat nie diese „Lektionen" vergessen, die er diesen Autoren zu verdanken hat, auch nicht als er sich Mitte der 1960er Jahre Fragen der sozio-kulturellen Evolution widmete. Webers Universalgeschichte der Weltreligionen und ihres Einflusses auf die historische Entwicklung ist in Parsons' Theorie der sozio-kulturellen Evolution äußerst präsent.

Ein multidimensionaler Ansatz zur Theorie der sozio-kulturellen Evolution

Parsons' Evolutionstheorie ist weder utilitaristisch noch darwinistisch im einfachen Sinne. Seine Aufmerksamkeit richtet sich besonders auf intrinsische Aspekte der verschiedenen Dimensionen der sozio-kulturellen Evolution. Er unterstreicht besonders die Beziehung zwischen weitreichenden kulturellen Systemen, z.B. Religionen, und spezifischen Gesellschaften. Er versucht herauszufinden, welche institutionellen Entwicklungen bestimmte Gesellschaftstypen mit höheren Kapazitäten ausgestattet haben, verschiedene Probleme auf komplexere Weise zu lösen: Anpassung an die natürliche Umwelt durch Mobilisierung knapper Ressourcen (Steigerung der Anpassungsfähigkeit); Verwirklichung eines komplexen Gefüges spezifischer Ziele durch Differenzierung bestimmter funktionaler Handlungseinheiten innerhalb eines organisierten Ganzen (strukturelle Differenzierung), Integration unterschiedlicher Gruppen und Individuen in eine gesellschaftliche Gemeinschaft (Inklusion) und die Gründung einer breiten Palette von Institutionen, Entscheidungen und Handlungen auf ein konsistentes Ideensystem (Wertegeneralisierung). Evolution unter Berücksichtigung dieser vier Probleme, so wie sie in Parsons' Vier-Funktionen-Paradigma definiert sind (Parsons 1966: Kapitel 2; 1971: Kapitel 2), bedeutet die Entwicklung einer größeren Kapazität, mit diesen Problemen fertig zu werden. Ob und unter welchen Bedingungen eine Gesellschaft wirklich diese Fähigkeiten entwickelt, ist eine völlig andere Frage, die Parsons weder gestellt noch beantwortet hat. Er war vielmehr daran interessiert, die spezifischen evolutionären Fortschritte herauszuarbeiten, die primitive Gesellschaften im Vergleich zu animalischen **Proto-Gesellschaften**, archaische Gesellschaften im Vergleich zu primitiven Gesellschaften, intermediäre Gesellschaften im Vergleich zu archaischen Gesellschaften und moderne Gesellschaften im Vergleich zu intermediären Gesellschaften – immer in Bezug auf die vier Problemfelder – erzielt haben.

Evolution ist somit in ihrem Charakter multidimensional. Differenzierung – das Hauptschema in Spencers Werk – ist nur eine Dimension im evolutionären Prozess. Nach Parsons muss Differenzierung durch höhergradige Anpassungsfähigkeit ergänzt werden. Anpassungsfähigkeit heißt hier kumulatives Lernen, das zur Entwicklung immer intelligenterer Technologien und zu einem immer umfassenderen, komplexeren und tieferen wissenschaftlichen Wissen führt. Somit ist die Untersuchung der sozio-kulturellen Evolution gleichzeitig eine Studie zur Evolution wissenschaftlichen Wissens auf der Basis der rationalen Kritik in Diskursen. Dies ist der Punkt, an dem wir die evolutionäre Erkenntnistheorie, wie sie von Karl R. Popper (1972) formuliert wurde, einfügen müssten.

Eine weitere Dimension der sozio-kulturellen Evolution ist die breitere Inklusion verschiedenster Gruppen und Individuen in eine immer komplexer werdende, aber dennoch integrierte gesellschaftliche Gemeinschaft. In dieser Sicht ist die sozio-kulturelle Evolution eine Evolution von Strukturen der Solidarität von ihrer einfachsten Form in Stammesgesellschaften hin zu höchst komplexen Formen in modernen Multi-Gruppen-Gesellschaften. Hier bezieht sich Parsons auf Durkheims Studie (1893/1973a) zur Transformation von Solidaritätsstrukturen von der mechanischen hin zur organischen Solidarität im Prozess der sozio-kulturellen Evolution. Indem höhere Stufen der sozio-kulturellen Evolution erreicht werden, tritt in Parsons' Begriffen schließlich auch eine Wertegeneralisierung ein. Das heißt, dass Systeme kultureller Ideen immer mehr von konkreten Kontexten in einer bestimmten historischen Epoche und an einem bestimmten Ort abstrahiert werden und somit bessere Mittel zur Legitimation und Kritik bestimmter Normen, Institutionen, Entscheidungen und Handlungen darstellen. Das wird offensichtlich, wenn Parsons Webers Studien (1920/1972a; 1920/1972b) zur Universalgeschichte der Weltreligionen aufgreift. Das ist auch der Punkt, an dem Parsons' Evolutionstheorie mit Habermas' (1981) Ansatz in Berührung kommt.

Somit ist Spencer nur eine und obendrein eine sehr begrenzte Quelle der Theorie der sozio-kulturellen Evolution. Parsons' Kritik an Spencer ist dabei heute so gültig wie 1937. Luhmanns Theorie der funktionalen Differenzierung steht Spencers ursprünglicher Idee viel näher als Parsons' multidimensionaler Ansatz. In gewisser Weise ist Parsons' Theorie der Versuch einer Synthese des angelsächsischen utilitaristischen Darwinismus mit dem französischen Strukturalismus und dem deutschen Idealismus.

Einen ersten Entwurf für eine Evolutionstheorie lieferte Parsons in einem Aufsatz über „Evolutionary Universals in Society" (Parsons 1967). Religion, sprachliche Kommunikation, soziale Organisation durch Verwandtschaft und Technologie sind die ersten Strukturmerkmale, die menschliche Gesellschaften von Formen des Zusammenlebens im Tierreich unterscheiden. Über die erste

Stufe einfacher Gesellschaften hinaus auf eine höhere Entwicklungsstufe führt die Ablösung der Statuszuteilung nach verwandtschaftlicher Herkunft durch **soziale Schichtung** nach Prestige aufgrund von erbrachten Leistungen, ebenso die Ersetzung von Tradition als Geltungsgrund von Ordnungen durch die kulturelle Legitimation im Lichte allgemeiner Werte. Bürokratische Organisation, Märkte und Geld, universalistische Normen und demokratische Vereinigung sind schließlich die zentralen evolutionären Errungenschaften moderner Gesellschaften.

In seiner Studie zur sozio-kulturellen Evolution sieht sich Parsons zuerst den Kern der Gesellschaften an, die er untersucht: ihre Struktur der Solidarität als Basis der gesellschaftlichen Gemeinschaft. Er ist daran interessiert, inwieweit ein bestimmter Gesellschaftstyp erfolgreich oder nicht erfolgreich in der Entwicklung von Solidaritätsstrukturen ist, die es erlauben, ein immer komplexeres Gefüge von Gruppen und Individuen zu integrieren. Dies ist das Problem der Inklusion. Dann sieht er sich die Differenzierung anderer Institutionen von der gesellschaftlichen Gemeinschaft an, und zwar unter dem Gesichtspunkt der drei verbliebenen Problemfelder: Religion, Politik und Wirtschaft in ihrer Beziehung zur gesellschaftlichen Gemeinschaft und ihre Kapazität in Bezug auf Wertegeneralisierung, Differenzierung und Anpassung. Die Ausdifferenzierung dieser institutionellen Bereiche aus der gesellschaftlichen Gemeinschaft bedeutet jedoch keine vollständige Separierung, sondern im Zuge weiterer evolutionärer Fortschritte ihre Interrelation in einem ausbalancierten Austausch von Faktoren und Produkten, die den Aufbau intermediärer Systeme in den Interpenetrationszonen zwecks Erhaltung der Systemintegration verlangen. Die wichtigsten Schritte der soziokulturellen Evolution werden nachstehend kurz zusammengefasst.

Primitive Gesellschaften

Primitive Gesellschaften, wie z.B. die australischen Aborigines (Parsons 1966: Kapitel 3), haben sich über Proto-Gesellschaften von Tieren hinausentwickelt, und zwar durch die Entwicklung von

1. Sprache, magischer Religion und einem konstitutiven Symbolismus, die alle zusammen eine gemeinsame Identität schaffen,
2. Ritualen und Solidaritätsstrukturen, die auf Blutsverwandtschaft und speziellen Heiratsregeln beruhen,
3. einer fortschrittlicheren Arbeitsteilung gemäß Geschlecht und Alter,
4. fortschrittlicheren Werkzeugen, um sich besser der Umwelt anzupassen.

Diese Komplexe sind innerhalb der Stammesgesellschaften sehr eng miteinander verbunden. Höhere Formen primitiver Gesellschaften, wie die afrikanischen Königreiche, haben einen höheren Abstraktionsgrad des Glaubenssystems erreicht, eine komplexere gesellschaftliche Gemeinschaft, die aus verschiedenen Clans besteht, eine komplexere Arbeitsteilung sowie eine höher entwickelte Technologie.

Archaische Gesellschaften

Archaische Gesellschaften, wie die ägyptischen und mesopotamischen Imperien, haben sich über die primitiven Gesellschaften in folgenden Dimensionen hinausentwickelt (Parsons 1966: Kapitel 4):

1. Die Erfindung der Schriftsprache und die Abstraktion religiösen Glaubens zu einem Gedankensystem, das die göttliche und irdische Ordnung trennt, kennzeichnen die kulturelle Entwicklung. Die irdische Ordnung ist dabei der göttlichen Ordnung untergeordnet. Diese Trennung erlaubt die Einbettung eines größeren Spektrums von Institutionen in kulturelle Ideensysteme. Die ägyptische Idee des „Maat" ist solch eine archaische Religion.
2. In Bezug auf Solidarität konnten diese Imperien wesentlich mehr Gruppen in eine gesellschaftliche Gemeinschaft integrieren, und zwar durch ein einheitliches Glaubenssystem, organisierte Arbeit und politische Herrschaft.
3. Die Arbeit war in viel komplexerer Weise geteilt. Dennoch war die Solidarität zwischen einfachen Leuten und den Leuten, die in einem Amt an administrativen und politischen Entscheidungen teilhatten, geteilt.
4. Die Technologie entwickelte sich durch spezialisiertes, komplexes und abstrakteres Wissen.

Das ägyptische Pharaonenreich entwickelte erfolgreich eine bürokratische Organisation der Arbeitsteilung. Die archaischen Gesellschaften zeigen den Beginn der Differenzierung von institutionellen Komplexen wie Religion, Arbeit und Politik von der gesellschaftlichen Gemeinschaft, unter Beibehaltung ihrer Verbindung durch politische Herrschaft. Der wichtigste integrierende Faktor für diese differenzierten institutionellen Komplexe war die Herrschaft eines Königs bzw. Pharaos.

Intermediäre historische Imperien

Die chinesischen, indischen, islamischen und römischen Imperien konnten sich aufgrund folgender Faktoren über die archaischen Gesellschaften hinaus entwickeln (Parsons 1966: Kapitel 5):

1. Sie erweiterten die Technik und den Gebrauch der Schriftsprache, die dadurch zu einer Basis für eine bis dahin nicht mögliche Abstraktion menschlichen Denkens und Wissens wurde. Religion, Philosophie und Mathematik entwickelten sich zu weit umfassenden, weit verbreiteten Gedankensystemen. In China sammelte Konfuzius die Gedanken einer gebildeten Elite von gelehrten Beamten (Literati), die für die Administration des Reiches verantwortlich waren, um ein Ideensystem zu entwickeln, das für Jahrhunderte Geltung hatte. Der Kerngedanke war die Konzeption einer ausbalancierten Ordnung der Welt – das Tao – und einer ausbalancierten Gesellschaft – das Li –, denen man sich anzupassen hatte, um die Ordnung aufrecht zu erhalten. Während im Konfuzianismus die Integration als Konformität zu einer existierenden sozialen Ordnung verstanden wurde, wurde im von Laotse begründeten Taoismus die Integration als mystische Einheit mit dem Tao interpretiert. In Indien entwickelte die intellektuelle Kaste der Brahmanen eine höchst abstrakte Idee von der Welt als einem ewigen Lebenszyklus von Vergeltung und Reinkarnation. Jede Handlung im Leben wird nach der Reinkarnation im nächsten Leben durch die Einstufung in einer höheren oder niedrigeren Kaste vergolten. Für einfache Leute war die strikte Einhaltung der rituellen Pflichten ihrer Kaste der Weg zur Erlösung, während Privilegierte die Verantwortung für ihre Handlungen durch eine indifferente Haltung bei der Erfüllung der äußerlich auferlegten Pflichten ablegten oder sich ganz durch asketische und meditative Techniken auf das Wesen des Seins konzentrierten. Der Buddhismus entwickelte die Konzeption des Nirwana, das ein Individuum durch totalen Rückzug vom Leben erreichen konnte. Der Islam des Propheten Mohammed übernahm vom Christentum und Judentum die Idee eines allein herrschenden Gottes. Sein Denken blieb jedoch legalistisch und konnte nie das Niveau eines abstrakten Ideensystem erreichen, das dem gesamten komplexen Leben als kulturelle Untermauerung dient. Als die Komplexität des Lebens weiter anstieg, wurde der Islam unausweichlich repressiv. Durch die enge Verbindung mit militärischen Eroberungen wurde der Islam zur legitimen Ideologie autoritärer Regime. Die besondere Errungenschaft des Römischen Reiches war weniger das religiöse Denken (die Götter waren, ebenso wie bei den Griechen, sehr menschlich konzipiert), sondern die Idee der natürlichen Ordnung, die Gottheiten ebenso wie Menschen umfasste und aus der griechischen Philosophie übernommen wurde.

2. In Bezug auf Solidarität umfassten diese Imperien eine weitgefasste gesellschaftliche Gemeinschaft, die aus verschiedenen Stämmen, Clans, Kasten und Schichten bestand. Trotzdem war die Mitgliedschaft in dieser Gemeinschaft nach hohen und niedrigen Rängen differenziert, je nach Position innerhalb der Hierarchie der Gruppen. Die islamischen Reiche überwanden nie die Kluft zwischen ethnischen Gruppen, sodass immer wieder Gruppen von einer herrschenden Gruppe unterdrückt wurden. Das Römische Reich konnte sich darüber hinaus entwickeln, indem es die Idee der Staatsbürgerschaft einführte, die jeden Vollbürger in die gesellschaftliche Gemeinschaft mit einbezog. Allerdings konnte das Römische Reich nie seine verschiedenen Territorien auf der Basis dieser Idee integrieren, die in den viel kleineren griechischen Stadtstaaten entstand. Das größte Verdienst des Römischen Reiches war das römische Recht, das in einer beispiellosen Art und Weise Menschen und in Bezug auf Handel und politische Entscheidungsfindung immer komplexer werdende Territorien integrierte.
3. Auch die Zielerreichung entwickelte sich durch eine komplexere Arbeitsteilung die durch politische Administration und Märkte organisiert wurde.
4. Technologie und empirisches Wissen wurden durch Erfindungen auf experimenteller Basis weiter entwickelt.

Die institutionellen Bereiche von Religion, Politik und Wirtschaft differenzierten sich von der gesellschaftlichen Gemeinschaft in Form von autonomen Systemen mit eigenen Trägerkasten und -ständen. Ihre Integration basierte hauptsächlich auf der Übereinstimmung von funktionaler Differenzierung mit der Hierarchie der Kasten und Stände.

Saatbeet-Gesellschaften

Zwei relativ kleine Gesellschaften wurden zwar nicht zu mächtigen Reichen und konnten auch nicht lange unabhängig existieren, haben aber dennoch eine entscheidende Rolle als kulturelle Innovatoren gespielt, und zwar mit Auswirkungen auf die sozio-kulturelle Evolution der gesamten westlichen Zivilisation: Israel und Griechenland (Parsons 1966: Kapitel 6).

Israel ist die Quelle der jüdisch-christlichen Kultur und trug drei wesentliche Elemente zu dieser Kultur bei:

1. Die Konzeption eines transzendenten, gesetzgebenden Gottes.

1.1 Die Konzeption einer von Gott bestimmten moralischen Ordnung, die Maßstäbe für die irdische Ordnung setzt.

1.2 Die Konzeption einer heiligen Gemeinde, die Gottes Gebote ausführt und als sein Instrument dient, die schlechte Welt in eine bessere Welt zu verwandeln.

Die griechischen Stadtstaaten waren die Quelle für die hohe Abstraktion philosophischen Wissens, besonders der dialektischen Argumentation, die zum Modell für die westliche Denkweise wurde. Das Konzept der Staatsbürgerschaft der griechischen Polis wurde zum Modell für eine Form der sozialen Integration, die unabhängig von vorbestimmten Gruppenzugehörigkeiten ist und so nur in der westlichen Welt weiterentwickelt wurde – zuerst im Römischen Reich, später in den mittelalterlichen Städten und dann in den westlichen Nationalstaaten nach den demokratischen Revolutionen.

Das System der modernen Gesellschaften

Auf die Evolution der modernen Gesellschaften bezogen betont Parsons, dass sie ein System interdependenter Gesellschaften mit einer gemeinsamen Kultur darstellen (Parsons 1971: Kapitel 3).

Antike kulturelle Wurzeln

Die Wurzeln der westlichen Kultur müssen in den kulturellen Innovationen des alten Israel und des alten Griechenland sowie in den institutionellen Innovationen des Römischen Reiches, insbesondere im römischen Recht, gesehen werden. Das Christentum nutzte als erstes diese kulturellen Innovationen, nachdem das Römische Reich auseinander gebrochen war. Gott war nicht mehr länger nur universeller Herrscher, sondern ein universell liebender Gott. Die missionarische Arbeit des Apostels Paulus trennte die Mitgliedschaft in der christlichen Gemeinde von ethnischen und politischen Mitgliedschaften. Diese Trennung ebnete den Weg für die Vorbereitung des Christentums als ein kulturelles System, das unabhängig von jeglicher politischen Gesellschaft war. Die Lehren von Origenes und Augustinus und die Beförderung des Christentums zur Staatsreligion nach einer langen Periode der Verfolgung führten zu einer Versöhnung der Lehre mit der irdischen Ordnung und stellten die originäre Idee der Umwandlung der irdischen Ordnung in den Hintergrund. Dasselbe gilt für die Etablierung des Christentums als wichtiger Machtfaktor in der mittelalterlichen Feudalgesellschaft. Die Scholastiker begriffen die Welt als eine integrierte, hierarchische Ordnung, in der jeder seinen Platz hat, ob er reich oder arm, heilig oder sündig ist.

Die Renaissance

Ein erster Durchbruch für die Moderne war das Zeitalter der Renaissance, als die Abstraktion und die dialogische Vernunft der griechischen Antike wieder entdeckt und mit dem empirischen Experimentieren verknüpft wurden. Die moderne Wissenschaft wurde geboren, die rationales Denken und logische Schlussfolgerung mit empirischem Experimentieren und technologischen Erfindungen verbindet. Es entstand eine Zusammenarbeit von Gelehrten, Künstlern, Handwerkern und Ingenieuren, die in dieser Form bisher nicht da gewesen war und die feudale Ordnung überwand. Ihre soziale Basis war die Evolution der allgemeinen Stadtbürgerschaft in den mittelalterlichen Städten, die eine Vereinigung über bisher bestehende Standesgrenzen hinweg darstellte.

Die Reformation

Die Reformation erneuerte die ordnungsumwandelnde Kraft der christlichen Religion. Zuerst führte Luther ein, dass die richtige Lebensführung im Glauben und in der Berufung zu Gott persönliches Anliegen in jedem Leben sein muss und nicht der Askese von Mönchen vorbehalten sein sollte (wichtiger als das Verhältnis zur Kirche als Organisation ist das persönliche Verhältnis des Einzelnen zu Gott). Luthers Protestantismus verharrte aber in der traditionalen Ordnung und stellte nicht die Macht der herrschenden politischen Autorität infrage. Nach seiner Lehre von den zwei Reichen muss man sich Gott in religiösen Belangen unterwerfen und in weltlichen Dingen der säkularen politischen Herrschaft. Seine Lehre enthielt auch mystische Elemente, so seine Überlegung zum Individuum als ein Gefäß, das mit dem Gefühl der Einheit mit Gott gefüllt werden muss. Nicht Arbeit, sondern die innere Einstellung ist der richtige Weg zur Erlösung.

Die wirkliche Umwandlungsmacht der christlichen Religion wurde in Max Webers Begriffen durch die asketischen Strömungen des Protestantismus hervor gebracht, insbesondere durch Calvin und seine Prädestinationslehre sowie durch die puritanischen Sekten in England und in den Niederlanden zusammen mit anderen protestantischen Strömungen wie dem Pietismus, Methodismus, Baptismus und den Quäkern. Calvin führte Gott wieder als Herrscher aus dem Alten Testament und die Konzeption des Menschen als ausführendes Werkzeug Gottes ein. Die Aufgabe des Menschen war, die sündige Welt zum Ruhme Gottes gemäß seiner Gebote in eine bessere Welt umzuwandeln. Seine Lehre der Prädestination führte nicht zum Fatalismus, ließ aber das Individuum mit der Frage zurück, ob es zu den wenigen Auserwählten gehört und Teil der Gemeinschaft der Heiligen ist. Nach Calvin kann das keiner wissen. Seine Nachfolger lehrten jedoch, dass man Gottes Entscheidung zwar nicht beeinflussen kann, an der Lebensführung aber erkennbar wird, ob man zu den Auserwählten gehört oder nicht. Aus Calvins Idee des Menschen als Werkzeug Gottes zur Errichtung einer besseren Welt zum Ruhme Gottes und aus der Einstellung der Puritaner, die Arbeit als zentralen Lebensinhalt zu betrachten, ergab sich ein extremer Druck, den Beweis, dass man zu den Auserwählten gehörte, durch unermüdliche Arbeit und durch aktive Beteiligung am Bau einer besseren Welt darzubringen. Das extremste Beispiel dieses instrumentellen Aktivismus war John Winthrops Gründung von Massachussetts in Neu-England als eine „Stadt auf einem Hügel", zu der die ganze Welt als Beispiel für Gottes Ordnung aufschauen sollte und die alles in ihrer Kraft stehende tun musste, um vor den Augen Gottes bestehen zu können. Die Idee eines Vertrages mit Gott ähnelt dem alten Vertrag des Volkes Israel mit Jahwe.

Die Konsequenz dieser religiösen Revolution war der Durchbruch der fundamentalen Spannung zwischen Gottes moralischen Anforderungen und der sündigen Welt. Dies führte zu einem permanenten Druck, die weltliche Ordnung in eine engere Korrespondenz zur von Gott vorgeschriebenen moralischen Ordnung zu bringen. In Verbindung mit der ökonomischen Aktivität setzte dieser Druck eine Sicht der Arbeit durch, die Max Weber als Geist des Kapitalismus bezeichnete: unermüdliche Arbeit, ohne die Früchte seiner Arbeit genießen zu dürfen, aber mit permanenter Reinvestition dieser Früchte in weitere ökonomische Unternehmungen. In Verbindung mit der politischen Aktivität entstand durch diesen Druck die Idee der Regierung als eines Agenten des Wandels im Sinne der Verwirklichung einer besseren Welt. In Verbindung mit der sozialen Aktivität entstand die Vorstellung, dass die Gesellschaft nach Gottes moralischen Gesetzen organisiert sein müsse. Diese kulturelle Innovation führte letztendlich zur Beendigung der Herrschaft der Tradition.

Aufklärung, Staatsbürgerschaft, Staat und Kapitalismus

Die Aufklärung änderte diesen Durchbruch nicht grundsätzlich, radikalisierte ihn aber in säkularisierter Form. Die Welt musste nun aktiv gemäß der universell gültigen Ideen von Rationalität, Freiheit und Gleichheit verändert werden. Die Entwicklung der Massenmedien und der allgemeinen Schulpflicht verursachte eine nie da gewesene Fülle und Beschleunigung von kultureller Entwicklung und ein nie dagewesenes Eindringen der zentralen Kultur in alle Lebensbereiche der Gesellschaft.

Heutzutage hat uns die Entwicklung der elektronischen Medien und der immer breitere Schichten erfassenden höheren Bildung auf eine neue Ebene der kulturellen Produktion und ihrer Einwirkung auf die Gesellschaft gebracht. In der menschlichen Geschichte gab es nie zuvor eine Gesellschaft, die so von der Kultur durchdrungen war, wie das gegenwärtige System moderner Gesellschaften.

Diese kulturelle Revolution in der westlichen Welt bildete die Basis für weitere Innovationen in sämtlichen institutionellen Bereichen, die dennoch auch andere, innere Innovationen mit einbezogen (Parsons 1971: Kapitel 5, 6): Die industrielle Revolution etablierte den rationalen Kapitalismus als ein spezifisches System. Dieses erreichte ein noch nie dagewesenes Niveau der Mobilisierung von Ressourcen und ihrer Umwandlung in Güter und Dienstleistungen auf immer höheren Stufen des gesellschaftlichen Wohlstands. Die demokratische Revolution institutionalisierte ein Konzept der Staatsbürgerschaft, das eine nie dagewesene Vielfalt von Klassen, Schichten und Gruppen in eine gesellschaftliche Gemeinschaft integrieren konnte. Je weiter diese Transformation fortschreitet, desto mehr Menschen und Gruppen werden gleichermaßen berechtigt, an der Wirtschaft mittels Eigentumsrechten, an der politischen Entscheidungsfindung mittels politischer Rechte, am gesellschaftlichen Wohlstand mittels sozialer Rechte und an der Kultur mittels des Rechts auf Bildung teilzunehmen. Der letzte Punkt führt zu dem, was Parsons die Bildungsrevolution nennt. Ein weiteres wichtiges Element dieser Transformation ist die Tätigkeit des modernen Staates als Agent der permanenten Veränderung.

So haben wir vier Hauptveränderungen entlang aller vier Problemzonen von Parsons' funktionalem Schema, die das System der modernen westlichen Gesellschaften von jedem anderen Gesellschaftstyp unterscheiden:

1. Ein Ideensystem, das universelle Gültigkeit beansprucht und einen ständigen Druck auf die Gesellschaft ausübt, sich ihm zu nähern.

2. Ein Staatsbürgerschaftssystem, das eine Vielfalt von Gruppen in eine gesellschaftliche Gemeinschaft einschließt.

3. Ein differenziertes Regierungssystem, das als Agent der permanenten Veränderung tätig ist.

4. Ein System des rationalen Kapitalismus, das eine nie da gewesene Fähigkeit entwickelt hat, durch permanente technologische Innovationen immer höhere Ansprüche zu erfüllen.

Gemäß Parsons' Analyse entstand das System moderner Gesellschaften zuerst in Nordwest-Europa, mit Großbritannien an der Spitze (Parsons 1971: Kapitel 4, 5). Dort findet man die Evolution des Konzeptes der Staatsbürgerschaft auf nationaler Ebene sowie die Differenzierung und Verknüpfung von Religion, gesellschaftlicher Gemeinschaft, Regierung und industriellem Kapitalismus. Die anderen europäischen Gesellschaften folgten diesem Weg, jedoch mit weniger Erfolg in verschiedenen Dimensionen. Im 20. Jahrhundert übernahmen die Vereinigten Staaten die Führung (Parsons 1971: Kapitel 6; siehe Lipset 1963). Parsons erklärte, dass die Vereinigten Staaten es geschafft haben, eine neue

Differenzierung und Verknüpfung von Religion, gesellschaftlicher Gemeinschaft, Politik und Wirtschaft mit der Verfassung von 1789 zu verwirklichen. Diese trennte Kirche und Staat und schaffte ein neues Potenzial für die allgemeine Staatsbürgerschaft, die eine Vielfalt von Gruppen umfasst, für eine neue Konzeption freier Vereinigungen von Menschen in einem komplexen Netzwerk, für die Massenteilhabe an Bürgerrechten, eine neue Konzeption der Zivilisierung der Wildnis durch das Eingreifen des Menschen in den Verlauf der Welt und eine neue Konzeption der individualistischen wirtschaftlichen Aktivität zur Bildung eines Kapitalismus der Massenproduktion (Gerhardt 2002).

Die Entwicklung der modernen Gesellschaften wurde immer von Gegenbewegungen, die zurück zu früheren Stufen der sozio-kulturellen Evolution führen wollen, begleitet (Parsons 1971: Kapitel 7). Parsons nennt sie fundamentalistische Bewegungen. Würden deren Ideen Realität werden, dann fänden sich die modernen Gesellschaften auf eine niedrigere Stufe der Komplexität, nämlich die Stufe traditionaler oder autoritär organisierter Gesellschaften, zurückgeworfen. Die Regime des Faschismus, in anderer Form aber auch das sowjetische System des Sozialismus, waren solche Regressionen im Prozess der sozio-kulturellen Evolution. Nach Parsons' richtiger Voraussage konnte auch das Sowjetsystem wegen seiner regressiven Elemente auf Dauer keinen Bestand haben.

Ein großes Problem ist die Übertragung des westlichen Typs der sozio-kulturellen Evolution zur Moderne auf die nicht-westlichen Gesellschaften. Die Einführung westlicher Technologie zerstört häufig die traditionale Basis dieser Gesellschaften, ohne die institutionellen und kulturellen Strukturen aufzubauen, die westliche Gesellschaften auszeichnen. So werden diese Gesellschaften zwischen den autoritären Regimen der Linken und der Rechten hin und hergerissen. Parsons Analyse der vielen Voraussetzungen, die erfüllt werden müssen, um eine moderne Gesellschaft zu bilden, sind aussagekräftig genug, um zu zeigen, dass der Weg zur Moderne für nicht-westliche Gesellschaften verbaut ist, wenn sie keinen über mehrere Generationen hinweg andauernden Wandel vollziehen.

Gelingende und misslingende Modernisierung: die moderne „gesellschaftliche Gemeinschaft"

Von zentraler Bedeutung für Parsons' Modernisierungstheorie ist sein Konzept der „gesellschaftlichen Gemeinschaft". Es beinhaltet, dass mit der Ausdifferenzierung der institutionellen Ordnungen des Kapitalismus, des Rechts, der Bürokratie, der Demokratie und der Wissenschaft ein Strukturwandel der Solidaritätsbeziehungen einhergehen muss, der zu einer von allen partikularen Herkunftsbindungen befreiten Form ziviler Vergemeinschaftung freier Bürger führt. Die zentrale Errungenschaft dafür ist diejenige der „citizenship“, deren Sinn in der deutschen Sprache im Begriff der Staatsbürgerschaft nur mit einer Schlagseite zum Staat hin zum Ausdruck gebracht wird. Die Bürger (citizens) bilden eine Vereinigung von Menschen, die sich darüber einig sind, einander gleiche Rechte zuzugestehen und gemeinsam für deren Schutz gegen Verletzungen von außen und innen einzutreten. Parsons greift die klassische Studie von T.H. Marshall (1964/1976) auf, die den historischen Prozess der Herausbildung dieser Bürgergemeinschaft in England mit der dort gegebenen Reihenfolge der Erkämpfung ziviler Freiheitsrechte im 17. und 18. Jahrhundert, politischer Teilnahmerechte im 19. Jahrhundert und sozialer Rechte der Wohlfahrt im 20. Jahrhundert herausgearbeitet hat.

Die moderne Bürgergemeinschaft ist die Trägerin des Wertkomplexes, den Parsons in einer zusammen mit Winston White verfassten Studie als **Institutionalisierten Individualismus** bezeichnet hat (Parsons und White 1964), eine Form des Individualismus, die durch das Recht sowohl vor der inneren Selbstzerstörung durch rücksichtslosen Egoismus als auch vor der äußeren Bedrohung durch autoritäre Mächte geschützt ist. Die Bürgergemeinschaft entfaltet sich mit der Zahl und Vitalität freier Vereinigungen, die den Bürger in eine wachsende Zahl von Mitgliedschaften einbinden und dabei zweierlei bewirken: einerseits die Inklusion des Bürgers in die Gesellschaft, andererseits die Vervielfachung seiner Loyalitäten, wodurch sich einerseits eine vielfältige und vielschichtige Vernetzung der Bürger, andererseits eine Stärkung ihrer Individualität ergibt. Die Bürger werden unabhängiger von einzelnen Bindungen, zugleich aber offener für eine größere Zahl von Loyalitäten. Die moderne gesellschaftliche Gemeinschaft zeichnet sich demgemäß durch einen wachsenden Pluralismus der Vereinigungen und eine zunehmende Individualität ihrer einzelnen Mitglieder aus. Dass es sich dabei um das schwierigste Stück der Modernisierung handelt, das viel schwerer zu bewältigen ist als die Ausdifferenzierung von Kapitalismus, Recht, Demokratie, Bürokratie oder Wissenschaft, macht die historische Entwicklung immer wieder deutlich. Nationalismus und Fremdenfeindlichkeit, Rechtsextremismus und Fundamentalismus sind bis heute deutliche Zeichen für die mangelnde Modernisierung der Solidaritätsbeziehungen. Selbst der radikale Multikulturalismus, der Gruppenrechte an die Stelle von Individualrechten setzen will, ist eine Form der fundamentalistischen Gegenbewegung gegen die Herausbildung einer modernen pluralistischen und individualistischen gesellschaftlichen Gemeinschaft.

Talcott Parsons hat gerade auch für das Misslingen der Modernisierung von Solidarität anhand seiner Anfang der 1940-Jahre verfassten Studien zum Nationalsozialismus Beiträge beigesteuert, die noch heute lesenswert sind (Parsons 1942a, 1942b; vgl. dazu Gerhardt 1993). Es ging ihm dabei um eine

Erklärung der Tatsache, dass in Deutschland mit dem Fehlschlagen der Weimarer Republik die liberale Demokratie nicht Fuß fassen konnte und von dem totalitären Regime des Nationalsozialismus abgelöst wurde, obwohl das Land wie die anderen westlichen Länder auch über ein modernes Industriesystem, eine fortgeschrittene Wissenschaft und Technik, ein formal-rationales Rechtssystem und eine bürokratische Verwaltung verfügte. Offensichtlich war die Ausdifferenzierung dieser modernen Ordnungen noch keine Garantie für die Herausbildung einer ebenso modernen Ordnung der Solidarität. Vielmehr hat Deutschland die extremste Form des Rückfalls in den Partikularismus einer Blutsgemeinschaft praktiziert, die sich auf Kosten der Ausgrenzung und Vernichtung anderer ethnischer Gruppen, insbesondere der Juden, behaupten sollte. Hier ist ganz offensichtlich die Modernisierung der Solidarität misslungen.

Nach Parsons' Analyse ist für die fehlgeschlagene Modernisierung in Deutschland vor allem verantwortlich zu machen, dass die forcierte Modernisierung von Bürokratie, formal-rationalem Recht, Wissenschaft, Technik und Industrie im 19. Jahrhundert nicht von einer entsprechenden Modernisierung der Sozialstruktur begleitet wurde. Der preußische Landadel, die Junker, das preußische Offizierskorps und die preußische Beamtenschaft waren die tonangebenden Schichten, die in besonderer Rigidität Titel und formalen Status, die Überordnung des Mannes über die Frau und deren Beschränkung auf die Hausfrauenrolle und den Handlungsrahmen von Haushaltsführung, Kindererziehung und Gottesdienstbesuch als Leitbilder für die Gesellschaft vertraten. Dagegen konnte sich der „ökonomische Individualismus“ des gewerblichen Bürgertums nicht als ein allgemeinverbindliches Leitbild der Gesellschaft durchsetzen, wie dies in den westlichen Demokratien der Fall war. Statt dessen verbanden sich Autoritarismus und Rechtsformalismus zu einer eigenartigen Mischung, aus der zwar ein vom Großkapital und von staatlicher Förderung geprägtes Industriesystem und ein autoritärer Wohlfahrtsstaat hervorgehen konnten, aber keine stabile liberale Demokratie. Auch die Intellektuellen boten keine ausreichenden Legitimitätsgrundlagen für eine solche Demokratie. In ihren Augen konnte die kalte Rationalisierung von Wissenschaft, Technik, Industrie, Recht und Verwaltung nur dadurch aufgefangen werden, dass die damit verbundene Entfremdung des Menschen von der modernen Welt in einer neuen Einheit aufgehoben wird. In Parsons' Augen handelte es sich dabei um eine Gegenbewegung des Romantizismus, der sich in der extrem linken Ideologie des Marxismus und der extrem rechten Ideologie der Volksgemeinschaft äußerte, von denen die letztere schließlich die Oberhand behielt.

Parsons hat so eine Erklärung für den Nationalsozialismus geliefert, deren Vorzug ihre Einbettung in eine an größeren Zusammenhängen interessierte Modernisierungstheorie ist. Man muss diese Aufsätze, wie auch eine Reihe weiterer Aufsätze zu Modernisierungsproblemen der amerikanischen Gesellschaft im Hinblick auf die Überwindung ethnischer und rassischer Diskriminierung (Parsons 1967, 1977), mit seiner allgemeineren Evolutionstheorie verbinden, um deren Erklärungskraft besser einschätzen zu können (Abb. 2.9).

Soziale Schichtung

In der frühen Phase des Struktur-Funktionalismus zogen die Arbeiten von Kingsley Davis (1949) und Wilbert E. Moore (1946) großes Interesse auf sich. Ihr gemeinsam verfasster Aufsatz „Some Principles of Stratification" wurde viel gelesen und kritisiert (Davis und Moore 1945). In diesem Artikel argumentieren die Autoren, dass jede Gesellschaft eine ungleiche Verteilung von Belohnungen, wie etwa Geld, Macht oder Ansehen entwickeln wird, da sie Menschen in Positionen zur Befriedigung grundlegender Erfordernisse des Überlebens bringen muss. Diese Positionen sind unterschiedlich attraktiv. Sie unterscheiden sich ebenfalls in ihrer Wichtigkeit für die gesellschaftlichen Überlebensbedürfnisse. Der Grund der unterschiedlichen Wichtigkeit verschiedener Positionen ist das vorherrschende Wertesystem, das die Wichtigkeit von Überlebensbedürfnissen und Positionen, die diese befriedigen, bestimmt. Talentierte und qualifizierte Menschen, die diese Positionen besetzen könnten, sind in verschiedenem Maß verfügbar. Daher wird die Ausübung einer mit einer bestimmten Position verbundenen Tätigkeit, wie Straßenarbeiter, Beamter, Verkaufsleiter, Krankenschwester, Arzt oder Lehrer umso höher belohnt, je weniger attraktiv sie ist, bzw. je mehr Wichtigkeit der Position gemäß des in der Gesellschaft vorherrschenden Wertesystems zugestanden wird und je geringer der Vorrat talentierter und qualifizierter Menschen für diese Position ist.

Die funktionalistische Schichtungstheorie hat einige grundlegende Kritik erfahren. Insbesondere aus konflikttheoretischer Perspektive wurde heftige Kritik geübt. Nach dieser Kritik ist soziale Schichtung bei weitem kein Ergebnis der funktionalen Zuweisung von Personen zu Positionen, sondern in erheblichem Umfang ein Ergebnis von Konfliktaustragung und Machtanwendung. Wesentliche Beiträge zu dieser Kritik haben Melvin M. Tumin (1953) und George Huaco (1966) geleistet. Es wurde argumentiert, dass das Schichtungssystem mehr dysfunktionale als funktionale Effekte für das Überleben der Gesellschaft hat, da es einen gesellschaftsspaltenden Konflikt zwischen den weniger und den besser belohnten Klassenverursacht. Außerdem können die höheren Klassen ihre Definitionsmacht nutzen, um die Wichtigkeit ihrer Positionen zu ihrem Vorteil zu bestimmen, was erneut den spalterischen Klassenkonflikt verstärkt.

Abb. 2.9: Nationalsozialismus als fehlgeschlagene Modernisierung

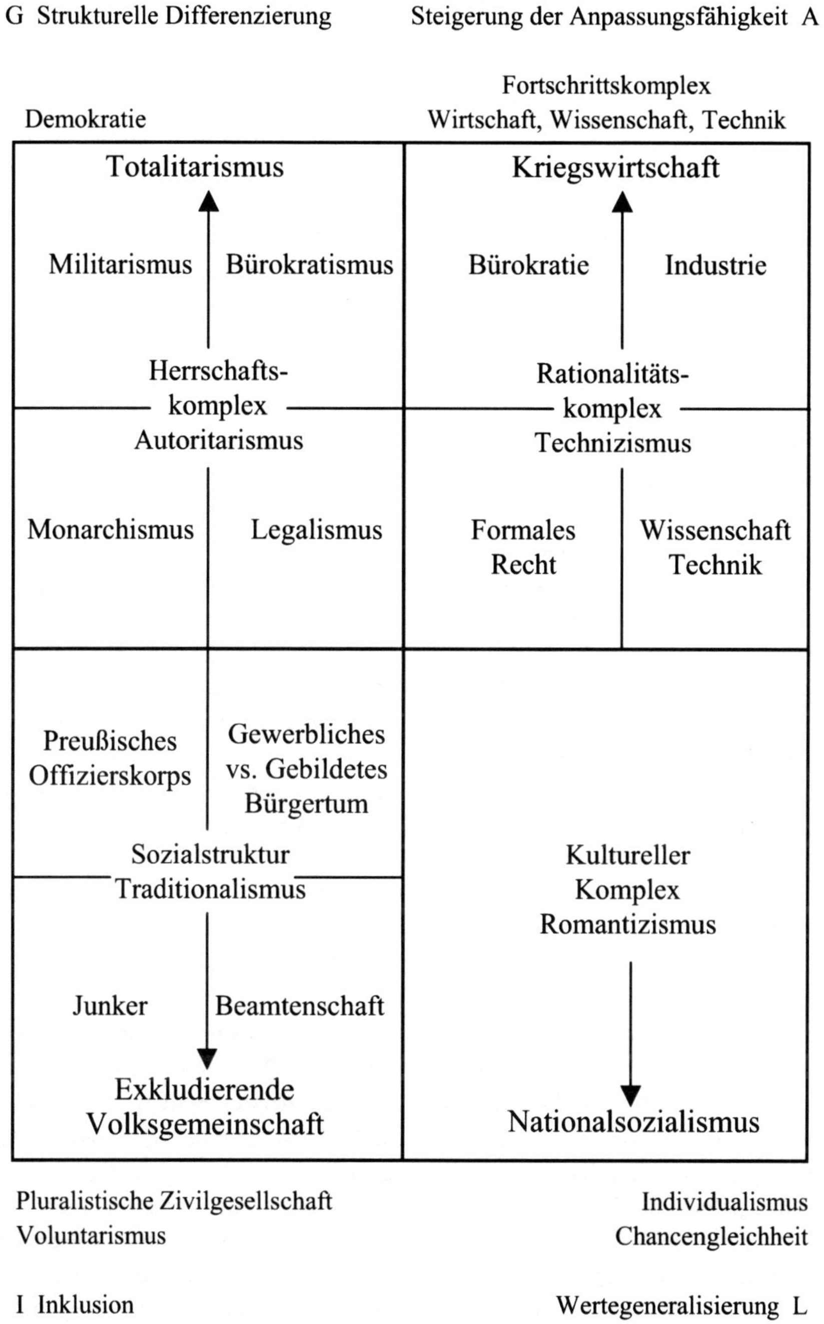

Weiterhin beeinflusst das existierende Klassensystem selbst die Chancen, sich für eine bestimmte Position zu qualifizieren, was ebenfalls Konflikt erzeugt. Die Wichtigkeit, die den Positionen beigemessen wird, und die unterschiedliche Verfügbarkeit von Personal für die Positionen sind mehr das Ergebnis der Klassenstruktur an sich, als das Ergebnis unabhängig wirkender Gründe dieser Klassenstruktur. Das letztere Argument repräsentiert eine Alternative, die von der Konflikttheorie zur Erklärung von Klassenstrukturen einer Gesellschaft angeboten wird. In dieser Sichtweise verfestigt die herrschende Klasse die Klassenstruktur der Gesellschaft durch ihre Macht, darüber zu bestimmen, welche Positionen für die Gesellschaft benötigt werden und welche wichtiger oder unwichtiger sind, sowie durch ihre Macht, die Wege zu diesen Positionen zu öffnen oder zu schließen.

Es ist nicht schwierig, Wahrheit auf beiden Seiten der Debatte zu finden. Die Unterteilung der Gesellschaft in Klassen gewährt unterschiedlichen Zugang zu öffentlichen Auseinandersetzungen über den Bedarf an und die Wichtigkeit von Positionen, und sie gewährt unterschiedlichen Zugang zu den Qualifikationen, die zur Ausübung der Positionen benötigt werden. Die Klassenunterteilung der Gesellschaft ist immer eine Quelle von Konflikten. So weit ist die Konflikttheorie zutreffend. Andererseits gilt folgendes: Je mehr sich öffentliche Diskussionen ausweiten, die Gesellschaft durchdringen und die Sprecher verschiedener Klassen, Gruppen und Schichten einbeziehen, desto weniger sind die Definitionen von Bedarf an und Wichtigkeit von Positionen und der Zugang zu den Qualifikationsmöglichkeiten für diese Positionen ein genaues Abbild der existierenden Klassenstruktur und desto mehr stützt sich ihre Legitimation auf einen breiteren Konsensus, der verschiedene Klassen, Gruppen und Schichten umfasst. Sonst würde sich die Gesellschaft in einem permanenten Klassenkampf auflösen. Das ist der wahre Aussagegehalt der funktionalistischen Perspektive. Es war Gerhard Lenski (1966), der versuchte, eine entsprechend integrierte Theorie der Schichtung auszuarbeiten, die beide Seiten berücksichtigt.

Es ist bemerkenswert, dass Parsons' (1940/1954a, 1954b, 1977) eigene Versuche, soziale Schichtung zu erklären, am Rand der skizzierten Debatte der funktionalistischen Theorie der Schichtung blieben. Dabei hätten sie helfen können, das Scheitern von Davis und Moore zu verhindern. Parsons konzentriert seinen Ansatz auf die Quellen eines legitimen Systems **sozialer Schichtung**. Es mag verschiedene Gründe für die Verteilung von Positionen und entsprechenden Belohnungen in der Gesellschaft, wie Zugang zu Geld, Macht oder Einfluss geben; solange jedoch ein Schichtungssystem in der Gesellschaft als legitim anerkannt wird, ist es abhängig von der Abstufung der Positionen gemäß des Wertesystems, über das die Gesellschaft einen Konsensus erreicht hat. Das Wertesystem impliziert eine abgestufte Skala, nach der die Positionen und die Leistungen der

Positionsinhaber bewertet werden. Es ist nur das den Positionen und den Positionsinhabern zugemessene Prestige, das aus der Anwendung des Wertesystems resultiert, nicht der Erwerb von Geld, Macht oder anderen Privilegien. Das letztere mag aus anderen Quellen stammen.

Da Parsons klar zwischen der im Wertesystem verankerten, abgestuften Skala und der tatsächlichen Verteilung von Rängen in Begriffen wie Geld, Macht und Einfluss unterscheidet, erlaubt uns sein Ansatz zu erkennen, dass eine potenzielle Spannung zwischen Wertesystem und tatsächlicher Verteilung von Rängen in Begriffen von Geld, Macht und Einfluss besteht. Die letztere kann angesichts des Wertesystems infrage gestellt werden. In modernen Gesellschaften beinhaltet das Wertesystem weiterhin die Spannung zwischen dem Recht auf gleiche Chancen auf der einen Seite und den ungleichen Belohnungen gemäß der individuellen Leistung auf der anderen Seite. Je mehr der öffentliche Diskurs offen ist und sich dieser Spannung widmet, umso mehr wird dem Schichtungssystem lediglich so weit Legitimität zugesprochen, wie es keine Ungleichheiten enthält, die aus irgendeiner Quelle außer der ungleichen Leistung unter der Bedingung gleicher Chancen resultieren. In diesem Prozess wirkt das Wertesystem mehr als eine dynamische Kraft der gesellschaftlichen Veränderung und weniger als eine Quelle der Stabilisierung des existierenden Schichtungssystems. Legitimität wird ebenso fehlen, je mehr es eine Spaltung im Wertesystem selbst und einen Mangel an Konsensus gibt und je mehr die öffentliche Diskussion zu einem Dissens über die Basiswerte führt, die zur Bewertung von Positionen in der Gesellschaft benutzt werden. Besonders Parsons' (1977) abschließende Behandlung sozialer Schichtung öffnet uns den Weg für eine solche Sichtweise, obwohl wir expliziter feststellen müssen, was nur implizit in seinem Ansatz enthalten ist. Somit hat faktische Schichtung mehrere Quellen des Zugangs, den Menschen zu Geld, Macht oder Einfluss haben. Ihre Legitimität hängt jedoch von der Mobilisierung von Wertbindungen in Bezug auf die Werte ab, über die ein Konsensus im öffentlichen Diskurs erreicht werden muss.

Weitere Entwicklungen

Zahlreiche Soziologen haben entweder direkt mit Parsons gearbeitet oder auch indirekt seinen Ansatz verfolgt, um die Theorie über ihre ursprünglichen Grenzen hinaus zu erweitern. Beispielsweise bezog Neil J. Smelser (1959, 1962) Elemente der ökonomischen Theorie und der Konflikttheorie in seinem Werk zur industriellen Revolution in Großbritannien und zum kollektiven Verhalten ein. Robert N. Bellah (Bellah 1957, 1970, 1975; Bellah, Madsen, Sullivan, Swidler und Tipton 1985) erweiterte in seinem Werk über Religion und Moral in Japan und den Vereinigten Staaten die Theorie in den Bereich der Kommunikation, Moral und Sinnkonstruktion hinein. Shmuel N. Eisenstadt (1963, 1966, 1973, 1978, 1998, 2000) führte den Ansatz in seinen historischen und entwicklungstheoretischen sowie vergleichenden Studien erheblich weiter und erklärte den spezifischen Weg zur Moderne in verschiedenen Kulturen und Gesellschaften. Edward Shils (1972, 1975) erweiterte unser Verständnis von der sozialen Ordnung und der Rolle der Intellektuellen, Bernard Barber (1952/1968, 1957, 1963, 1978, 1983) brachte die Soziologie der Wissenschaft, der Professionen und der Ungleichheit weiter. Edward Tiryakian (1962, 1975, 1977, 1978, 1983) bereicherte Parsons' Ansatz durch einen Bezug auf die Phänomenologie und durch eine neue Lesart der Klassiker. Rainer Baum (1976a, 1976b, 1981) tat dies durch theoretische Arbeiten zu den generalisierten Medien der Kommunikation und mit einer historischen Arbeit über den Holocaust, so wie auch Roland Robertson (1980, 1990) in seinem Werk über die Globalisierung. Harry Johnson (1973, 1976) erforschte das Funktionieren von Kommunikation und Medien. Leon Mayhew (1971) entwickelte die Analyse von Institutionen und Aktivitäten in der Gesellschaft, während Dean Gerstein (1981) eine Analyse der Drogenabhängigkeit konzipierte. Victor und Charles Lidz (1976) übernahmen Elemente aus Piagets kognitiver Psychologie. Mark Gould (1976, 1987) formulierte eine marxistische Überarbeitung des Parsonianismus. Die von Jan J. Loubser, Rainer C. Baum, Andrew Effrat und Victor M. Lidz (1976) zu Ehren von Parsons veröffentlichte Sammlung von Essays ist ein Beweis für wissenschaftliches Arbeiten von höchster Qualität innerhalb des Parsonsschen Rahmens.

Jeffrey C. Alexander (1982-1983, 1987a, 1987b) lieferte eine präzise Darstellung dieser breiten Vielfalt in Parsons' Theorie sowie auch eine ausgewogene Bewertung von Parsons' Stärken und Schwächen. Er argumentiert vehement für eine multidimensionale Erneuerung von Parsons' Theorie. Sein Werk liefert einen guten Beweis für die Neubelebung von Parsons' Theorie des Handelns und des analytischen Funktionalismus in den 1980er Jahren, die er „Neofunktionalismus" nannte (Alexander 1985, 1998). Er trug erheblich zur Erneuerung von Parsons' Theorie bei. Im Rahmen des Neofunktionalismus bringen jüngere Soziologen wie Paul Colomy (1985, 1990a, 1990b), Frank Lechner (1984, 1985, 1989) und David Sciulli (1984, 1988, 1989) die soziologische Theorie auf neue, erfrischende Weise weiter (Sciulli und Gerstein 1985).

In Deutschland erfährt Parsons' Werk seit den 1970er Jahren erneut Anerkennung (siehe Alexander 1984). Enno Schwanenberg (1970, 1971) und Stefan Jensen (1980) steuerten erhellende Interpretationen von Parsons' soziologischer Theorie bei. Bernhard Giesen (1980, 1991) und Michael Schmid

(1982) erarbeiteten einen wichtigen evolutionären Ansatz zur soziologischen Theorie, der sich auf Parsons bezieht, aber weiter reicht. Bernhard Miebach (1984), Karl-Heinz Saurwein (1988) und Harald Wenzel (1991) erweiterten unser Verständnis von Parsons' Werk durch neue, innovative Rekonstruktionen. Der Autor dieses Buches hat durch eine neue Lesart der Klassiker und durch die Übernahme der Leistungen konkurrierender moderner Theorien, aber auch durch die Anwendung des Bezugsrahmens auf vergleichende historische Studien zur Entwicklung der Moderne an der Neubelebung von Parsons' Theorie gearbeitet (Münch 1982, 1984, 1986, 1987, 1991, 1993, 2001b).

Niklas Luhmann (1984) hat seine Systemtheorie maßgeblich in Auseinandersetzung mit Parsons' Werk entwickelt. Jürgen Habermas (1981) hat bei seiner Erneuerung der Kritischen Theorie die Theorie des kommunikativen Handelns mit der Systemtheorie verbunden und sich dabei sehr umfangreich auf Parsons bezogen. Die Neubelebung der Weberschen Soziologie durch Wolfgang Schluchter (1979, 1988) greift ebenfalls auf das Werk von Parsons zurück. In den Vereinigten Staaten ging der Einfluss von Parsons' Theorie nach den späten 1960er Jahren zurück. Aufgrund der Neubelebung, die seit dem Beginn der 1980er Jahre einsetzte, hat sie heute aber wieder an Vitalität gewonnen.

In diesem Zusammenhang können wir auf das Werk von Amitai Etzioni (1961, 1968, 1988) verweisen. Obwohl er nicht im strengen Sinne ein Parsonianer ist, versuchte er dennoch, eine umfassende Gesellschaftstheorie zu entwickeln, die Parsons' Ansatz ähnelt und Wissen, Macht, Konsens sowie die Mobilisierung von Ressourcen miteinander verknüpft, um das komplexe Wesen der Gesellschaft zu verstehen und zu erklären, wobei allerdings die Dynamik der gesellschaftlichen Entwicklung stärker betont wird. Er verweist auf die Interaktion dieser Faktoren in der Produktion dessen, was er als aktive Gesellschaft bezeichnet; das ist eine Gesellschaft, die sich aktiv selbst entwickelt.

Außerdem können wir an dieser Stelle das Werk von Walter Buckley (1967) erwähnen. Er bemühte sich, das Potenzial der allgemeinen Systemtheorie für die Förderung der Soziologie zu erforschen. Er ist kein Parsonianer, doch bezieht sich seine Arbeit trotzdem auf die Systemtheorie in Parsons' Werk. Bei seinem strengen Systemansatz übersieht er allerdings den Kern von Parsons' voluntaristischer Theorie des Handelns.

Ein Ansatz des Neofunktionalismus: Politik als gesellschaftlicher Prozess

Das Werk von Talcott Parsons hat seit den 1980er Jahren eine Revitalisierung erfahren, für die sich die Bezeichnung Neofunktionalismus eingebürgert hat

(Alexander und Colomy 1990). In diesem Abschnitt soll eine mögliche Theoriestrategie des Neofunktionalismus exemplarisch vorgestellt werden. Sie schließt einerseits an Grundpositionen des Parsonsschen Analytischen Funktionalismus an, andererseits greift sie Elemente anderer Theorieansätze auf, um zu einer wirklichen Erneuerung zu gelangen (Münch 1982, 1996, 1998, 2001c). Es besteht auch eine Verwandtschaft zum Neofunktionalismus in der Politikwissenschaft, der insbesondere bei der theoretischen Erklärung des europäischen Integrationsprozesses eine Rolle spielt (Haas 1958; Sandholtz und Stone Sweet 1998; Rosamond 2000). Als Beispiel soll die Analyse von Politik als gesellschaftlichem Prozess dienen (Münch und Lahusen 2000).

Politische Steuerung als gesellschaftlicher Prozess

Politik findet in einem gesellschaftlichen Kontext statt, der erheblich mehr beinhaltet als nur die Mobilisierung und Anwendung von Macht. Eine umfassende Interpretation und Erklärung dessen, was in einem bestimmten Bereich der politischen Praxis vor sich geht, muss über die innere Struktur und Dynamik dieses Prozesses hinausgehen und ihn in den Gesamtzusammenhang von Gesellschaft und Kultur stellen. Dies erfordert einen Blick auf die Akteursnetzwerke, die an der Politik beteiligt sind, auf die institutionellen Regeln dieses Prozesses, die Rolle der Fachleute und die entsprechenden kulturellen Traditionen als Hintergrund insgesamt, nicht nur innerhalb eines spezifischen Politikprozesses, sondern auch in seiner Verbindung zur breiteren Gesellschaft. In diesem Sinne ist eine Politikanalyse auch eine Gesellschaftsanalyse und erfordert daher nicht nur die Politikwissenschaft, sondern auch die Soziologie.

Vom politikwissenschaftlichen Standpunkt her wird die Politikgestaltung im Hinblick auf das Regieren untersucht. Wir fragen, ob und wie die Regierungsstruktur die politische Regulierung der Gesellschaft auf demokratisch legitimierte Weise unter den strukturellen Bedingungen der Gesellschaft und der Wirtschaft in einer bestimmten historischen Epoche ermöglicht. Politische Regulierung ist eine Sache der Erzeugung und Anwendung von Regierungsmacht auf effektive und demokratisch legitimierte Art und Weise. Es wird also beispielsweise untersucht, ob die Regierung in der Lage ist, Umweltverschmutzung effektiv und demokratisch legitimiert zu reduzieren, welche Probleme der effektiven und demokratisch legitimierten Programmformulierung, -implementierung und -durchsetzung auftreten. Vom soziologischen Standpunkt her gehen wir denselben Prozess als Problem der umfassenderen gesellschaftlichen Konfliktbeilegung im Bereich der Interpenetration zwischen Regierung und Gesellschaft an und konzentrieren uns dabei auf die Frage, wie Konflikte artikuliert und beigelegt werden können, auf welche Weise neue Werte, politische Ziele und Interessen in die Arena der Konfliktbeilegung eingeschlossen werden, das heißt, wie gesellschaftliche Erneuerung stattfinden kann, wie neue soziale Bewegungen aufgenommen werden können und wie neuer Konsens entstehen kann. Politikgestaltung wird nicht als Problem des Regierens und der effektiven, demokratisch legitimierten politischen Regulierung der Gesellschaft interpretiert, sondern als Problem des sozialen Wandels und der sozialen **Integration** im Sinne der Fähigkeit der Gesellschaft zur Konfliktbeilegung im Einklang mit der gesellschaftlichen Erneuerung, der Inklusion neuer sozialer Bewegungen und der Konsensbildung.

Das hier vorgestellte Analysemodell versucht folgendes herauszuarbeiten: das Akteursnetzwerk (**Policy-Netzwerk**), die Professionen, die Situationen definieren und Problemlösungen erarbeiten, die institutionellen Regeln des Politikprozesses und die kulturellen Vorstellungen zur Legitimierung von Entscheidungen, die gegenseitig voneinander abhängig sind und den Rahmen und den Stil der politischen Regulierung prägen. Dieser Rahmen und der Stil führen zu spezifischen Fähigkeiten der politischen Regulierung in bezug auf (1) gesellschaftliche Erneuerung, (2) Konfliktbeilegung, (3) Inklusion und (4) Konsensbildung, die ebenfalls gegenseitig voneinander abhängig sind (Abb. 2.10). Politik ist ein dynamischer Prozess, in dem Ressourcen im Rahmen von politischen Institutionen und politischer Kultur mobilisiert und in kollektiv bindende Entscheidungen umgesetzt werden. Zur Durchsetzung von kollektiv verbindlichen Entscheidungen bedarf es der Mobilisierung von politischer Macht. In Demokratien müssen zu diesem Zweck Mehrheiten gewonnen werden.

Politische Macht besteht im Zugang zum Monopol der legitimen Gewaltanwendung. Die kleinste Einheit politischer Macht ist in Demokratien die Wählerstimme. Bei Parlamentswahlen überträgt der Wähler seine Stimme auf Abgeordnete, die wiederum mit ihrer Stimme Gesetze verabschieden. Diese Gesetze werden ihrerseits notfalls mittels legitimer Polizeigewalt – gegebenenfalls nach gerichtlicher Prüfung – durchgesetzt. Wenn politische Entscheidungen nicht allein mit Hilfe von Macht im Sinne von Durchsetzungsfähigkeit gegen Widerstand – letzten Endes mittels Gewalt – verwirklicht, sondern auch auf die Kooperation der Bürger bei ihrer Implementation gestützt werden sollen, dann muss dafür eine besondere Ressource mobilisiert werden. Wir können diese Ressource als Einfluss bezeichnen. Es handelt sich dabei um die Fähigkeit, andere Personen zur Unterstützung und Kooperation bei der Verwirklichung eines politischen Programms zu bewegen. Einfluss beruht anders als politische Macht nicht auf der Verfügung über einen Zugang zum staatlichen Gewaltmonopol, sondern auf Solidarität, Achtung, Respekt, Reputation, Gefolgschaft oder Anerkennung eines Führungsanspruchs.

Abb. 2.10: Soziologischer Bezugsrahmen zur Untersuchung politischer Regulierung

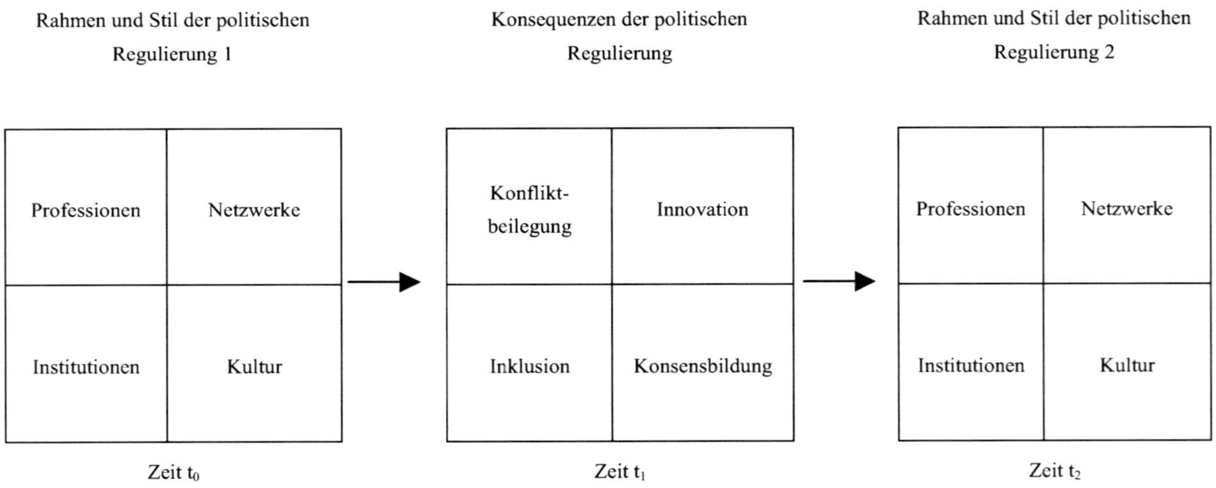

Politische Entscheidungen können aber auch sachlich mehr oder weniger richtig sein und dementsprechend auf mehr oder weniger sachliche Zustimmung stoßen. Um diese Zustimmung zu sichern, muss bei der Ausarbeitung von Gesetzesprogrammen der dazu nötige Sachverstand mobilisiert werden. Experten versehen in ihren Gutachten eine Gesetzesausarbeitung im besten Fall mit dem Siegel der Wahrheit, im schlechtesten Fall mit dem Siegel der Unwahrheit. Nur soweit unzweifelhaft Wahrheit für ein Programm in Anspruch genommen werden kann, erhält es auch die nötige sachliche Zustimmung. Was unter Wahrheit zu verstehen ist und wie sie nachgewiesen werden kann, ist von Kultur zu Kultur verschieden. Das kulturspezifische Verständnis von Wahrheit und die entsprechende gemeinsam geteilte Bindung an den Wert der Wahrheit entscheiden darüber, ob ein politisches Programm genügend sachliche Zustimmung erfährt. Über die sachliche Richtigkeit hinaus können politische Entscheidungen nur Legitimität gewinnen, wenn sie sich als vereinbar mit den in der Kultur verankerten Grundwerten und Grundnormen (Grundrechte) erweisen und einen Beitrag zu ihrer Verwirklichung leisten. Das heißt, dass politische Entscheidungen durch allgemeine Wertbindungen getragen werden müssen, um als legitim gelten zu können (Majone 1989, 1994, 1996).

Schließlich kosten politische Programme in der Regel Geld. Entweder implizieren sie – wie bei Sozial- oder Bildungsprogrammen – unmittelbar Geldausgaben oder sie verursachen mittelbar Kosten, wenn z.B. für die Kontrolle von Umweltstandards Behörden unterhalten werden müssen. Auch Geldmittel fallen dem Staat nicht von alleine in den Schoß, sie müssen vielmehr durch Steuereinnahmen aus dem Wirtschaftskreislauf abgeschöpft werden. In welchem Umfang die Steuerquellen sprudeln, hängt von der Prosperität der Wirtschaft ab. Um diese Prosperität zu sichern, müssen Regierungen sowohl günstige Rahmenbedingungen als auch durch ihre Wirtschaftspolitik Anreize für Investitionen setzen. Zu systematischen Zwecken können wir die soweit dargelegte Verflechtung von Politik, Wirtschaft, Zivilgesellschaft und Kultur in einem **sozialen Handlungsraum** verorten (Abb. 2.11).

Die politische Praxis kann als ein Produktionsprozess begriffen werden, der dynamisch abläuft: Er kann einen Aufschwung nehmen, einen Abschwung durchlaufen, stagnieren, in eine Rezession geraten und Inflationen sowie Deflationen im Wert der Kommunikationsmedien involvieren (Parsons 1969: 352-472; Münch 1995: 159-177). Der Wert politischer **Macht** bemisst sich an der Breite und Tiefe, in der politische Programme in einer Gesellschaft durchgesetzt werden können, der Wert von Einfluss an der Breite und Tiefe, in der politische Programme in einer Gesellschaft Unterstützung erfahren und auf Kooperation zählen können, der Wert von Wahrheit an der Breite und Tiefe, in der politische Programme in einer Gesellschaft auf sachliche Zustimmung stoßen. Eine **Infla-**

tion bedeutet Abnahme des Wertes, eine **Deflation** Zunahme des Wertes. Bei einer Inflation von politischer Macht muss immer mehr legitime Gewalt eingesetzt werden, um Gesetze von gleichem Umfang und gleicher Tiefe durchzusetzen. Bei einer Inflation von Einfluss müssen immer mehr Beziehungen geknüpft werden, um für Gesetze von gleichem Umfang und gleicher Tiefe Unterstützung und Kooperation zu sichern. Bei einer Inflation von Wahrheit müssen immer mehr und immer umfangreichere Gutachten gesammelt werden, um sachliche Zustimmung für Gesetze von gleicher Breite und gleicher Tiefe zu gewinnen. Bei der Inflation von Geld verschlingen politische Maßnahmen immer größere Geldsummen, ohne dass die Staatsleistungen im gleichen Umfang gesteigert werden. Die umgekehrte Dynamik, die Deflation, steigert zwar den Wert der Kommunikationsmedien, dies aber auf Kosten ihrer Verfügbarkeit, so dass die Produktion politischer Entscheidungen mangels politischer Macht, Einfluss, Wahrheit oder Geld abnimmt und deshalb die Gesellschaft nur in begrenztem Maße politisch gestaltet bzw. gesteuert werden kann. Während die politische Gesellschaftsgestaltung bei Inflation durch Überhitzung der politischen Konjunktur immer mehr Ressourcen verschlingt und einem möglichen Zusammenbruch entgegensteuert, sinkt die politische Gesellschaftsgestaltung auf ein immer geringeres Niveau bis zur Unterversorgung, wenn der konjunkturelle Abschwung in eine Deflation mündet.

Inflation und Deflation sind Prozesse, die sich selbst verstärken. Je mehr politische Macht, Einfluss und Wahrheit in Einsatz gebracht werden, umso mehr nutzen sie sich ab und verlangen im weiteren Verlauf eine stetige Erhöhung ihres weiteren Gebrauchs. Je weniger sie gebraucht werden, umso mehr schrumpfen sie weiter, weil sie durch erfolgreichen Gebrauch immer wieder erneuert werden müssen. Politische Macht, Einfluss und Wahrheit müssen in realen Aktionen bewiesen werden, damit weiter auf sie gesetzt wird. Wenn das nicht der Fall ist, zerfällt das gesellschaftliche Leben in eine Vielzahl von Einzelleben partikularer Gruppen ohne übergreifende Gemeinsamkeit. Eine sich selbst verstärkende **Deflations*spirale*** kann sich aus einer auf die Spitze getriebenen, sich selbst verstärkenden **Inflations*spirale*** ergeben, wenn das Vertrauen in politische **Macht**, Einfluss oder Wahrheit so weit schwindet, dass ihr Einsatz nichts mehr bewegen kann. Es setzt dann die Flucht in die Sachwerte ein, die sich im Rückzug auf den Einsatz von politischer Macht, Einfluss, Wahrheit und Geld in immer kleineren sozialen Kreisen äußert. Die Solidarität kleiner Gruppen ersetzt dann letzten Endes die über ihre Grenzen hinauswirkenden generalisierten Kommunikationsmedien, wie wenn die Wirtschaft wieder vom Geldtausch in den Naturaltausch zurückfallen würde.

Abb. 2.11: Politik im gesellschaftlichen Kontext

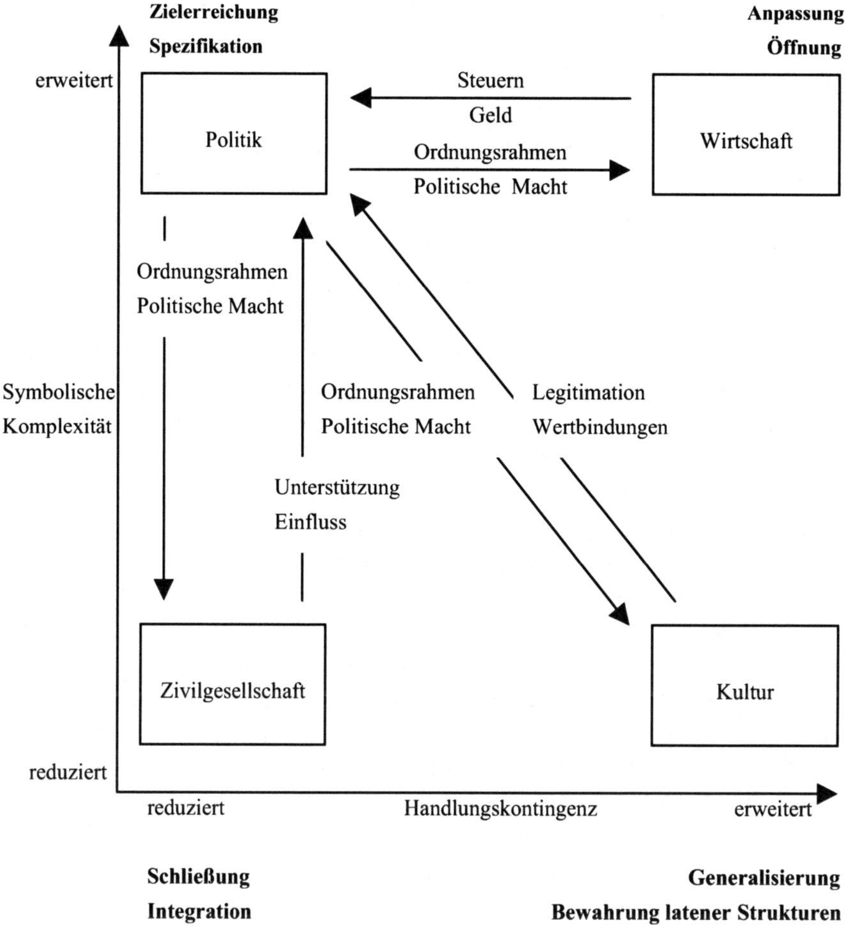

Formen der Handlungskoordination in Netzwerken

Bei der Untersuchung der Handlungskoordination in Netzwerken wird häufig auf die Spieltheorie zurückgegriffen (Scharpf 1992, 1993a; Zürn 1992). Dabei findet eine Einschränkung des untersuchenden Blicks auf strategisches Handeln statt, obwohl Handeln in der konkreten Realität selbstverständlich auch dadurch geprägt ist, dass es als Kommunikationsprozess abläuft. Es erscheint deshalb sinnvoll, die spieltheoretischen Ansätze durch ein Modell der Handlungskoordination zu ergänzen, das strategisches und kommunikatives Handeln miteinander integriert.

Die Spieltheorie allein bietet keinen Zugang zu den institutionellen und kulturellen Grundlagen der politischen Praxis. Mit einem integrierten Modell der Handlungskoordination können wir uns ein Tor zur politischen Praxis öffnen, das ihre strategische und kommunikative Seite gleichermaßen erschließt. Aus den Grundformen der Handlungskoordination können Schritt für Schritt immer tiefer geschichtete Modelle der politischen Praxis entwickelt werden. Dabei kann die Untersuchung der politischen Praxis in spezifischen Politikfeldern in einzelnen Ländern zur Herausarbeitung idealtypischer Politikmodelle dienen, in denen eine Grundform der Handlungskoordination die Führung innehat und die anderen Formen in eine sekundäre Position zwingt (Abb. 2.12).

Die Führungsrolle einer spezifischen Form der Handlungskoordination impliziert aber keineswegs, dass die anderen Koordinationsformen überhaupt keine Rolle spielen. Sie ergänzen vielmehr die führende Koordinationsform in einer durch diese Form geprägten Weise. So prägen sich z.B. im Netzwerk des Kampfes um Sieg oder Niederlage spezifische Formen des Wettbewerbs, der Synthese und des Kompromisses als Ergänzung zur Konfliktaustragung durch Machtkampf aus. Und so stellt es sich auch für die anderen Formen des Konfliktmanagements dar. Das zeigen z.B. Analysen zur Regulierung von Chemikalien und zur Regulierung der Luftreinhaltung im Zeitraum von 1970 bis 1996 in Großbritannien, Frankreich, Deutschland und den Vereinigten Staaten.

Es sind hier drei Ebenen der Analyse zu unterscheiden. Die erste Ebene stellt das analytisch konstruierte Modell eines Regulierungstypus dar. Die zweite Ebene bildet der Idealtypus der Regulierung, der sich aus der Deutung einer empirisch in einem bestimmten Politikfeld eines Landes gegebenen Regulierungspraxis mit Hilfe des analytischen Modells ergibt. Der Idealtypus ist keine reine Ableitung aus dem analytischen Modell, vielmehr durchdringen sich analytisches Modell und konkrete Regulierungspraxis im Idealtypus gegenseitig. Die dritte Ebene ist die konkrete Beschreibung einer Regulierungspraxis, die dem Idealtypus eine spezifische Ausformung verleiht. Der Sinn der idealtypischen Analyse besteht in der Herausarbeitung von Sinn- und Kausalzusammenhängen, die über einen Einzelfall hinauszugehen und deshalb von allgemeiner Bedeutung sind und gegebenenfalls auch in anderen Politikfeldern und Kontexten eine nützliche Interpretationshilfe sein können (Weber 1922/1973: 185-214). Die Regulierungspraxis in einem spezifischen Politikfeld eines Landes entspricht nie genau einem analytischen Modell. Deshalb gibt es auch verschiedene idealtypische Varianten eines analytischen Modells.

Abb. 2.12: Grundlegende Formen der Handlungskoordination in Netzwerken

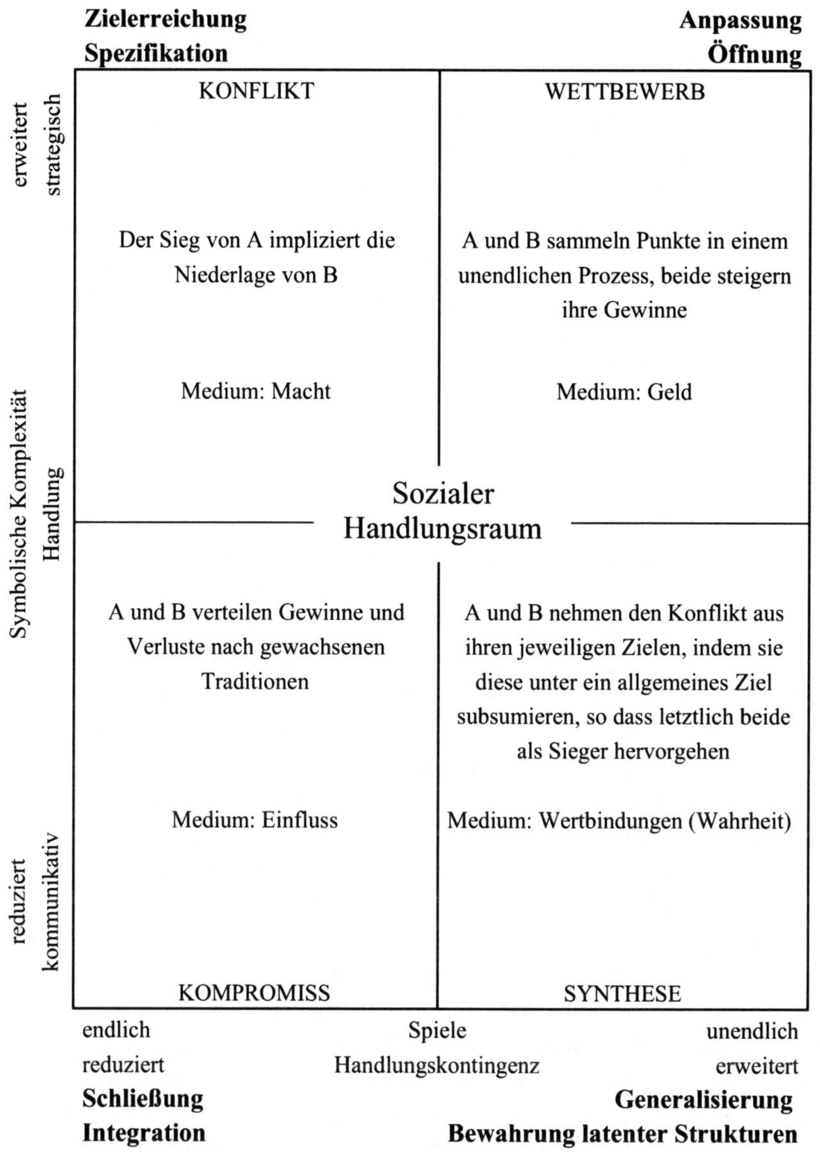

Dasselbe gilt für das Verhältnis eines Idealtypus zu unterschiedlichen, mit seiner Hilfe interpretierten Politikfeldern und Regulierungspraktiken. In der Regulierungspraxis eines Politikfeldes in einem jeweiligen Land kommen in der Regel

Elemente aller analytischen Modelle zum Vorschein. Nur das im Vergleich mit anderen Ländern größere Gewicht eines analytischen Modells erlaubt es, in diesem Vergleich die Regulierungspraxis in einem spezifischen Politikfeld mit Hilfe des mehrstufigen Verfahrens von analytischem Modell, Idealtypus und konkreter Regulierungspraxis zu interpretieren. So enthält die britische Regulierungspraxis im Vergleich mit Frankreich, Deutschland und den Vereinigten Staaten mehr Elemente des Kompromissmodells, im Vergleich zu den Niederlanden würde jedoch die Parlamentssouveränität mit klarer Mehrheitsherrschaft und der Konfrontation zwischen Regierung und Opposition Elemente des Konfliktmodells mehr in den Vordergrund bringen. Die vergleichende Interpretation einer Regulierungspraxis ändert sich demgemäß in Abhängigkeit von den einbezogenen Politikfeldern und Ländern (Vogel 1986; Brickman, Jasanoff und Ilgen 1985; Héritier 1993; Héritier et al. 1994; van Waarden 1992; Münch 1996: 180-225; Münch und Lahusen 2000; Münch et al. 2001; Lahusen 2003).

Kompromiss

Eine erste Form der Handlungskoordination im Netzwerk ist die **Kompromissbildung**. Die Akteure haben ihre je eigenen Perspektiven und Interessen und sind sich darüber im klaren, dass sie bei ihrer Verwirklichung auf die Perspektiven und Interessen der anderen stoßen. Sie begeben sich deshalb in Verhandlungen, in denen sie jeweils die Grenzen abstecken, innerhalb derer jeder Einzelne bzw. jede Gruppe die eigenen Perspektiven und Interessen verwirklichen kann, ohne den anderen zu schaden. Die jeweils gegebene Absteckung der Grenzen wird als ein Ergebnis vergangener Ausbalancierungen von Perspektiven und Interessen akzeptiert und nur vorsichtig durch neue Verhandlungen an neue Situationen angepasst, weil zu umfassende Neuverhandlungen zu große Unsicherheit an die Stelle des sicheren Besitzes von Rechten innerhalb der bestehenden Grenzen setzen und möglicherweise zu einem schlechteren Ergebnis als die gegebenen Verhältnisse führen würden. Der vorherrschende Verhaltensstil ist der Sicherung von Besitzrechten gewidmet, die Verhandlungspraxis dient der Suche nach einem fairen, von allen Seiten anerkannten Kompromiss. Es wird für die eigenen Rechte gekämpft, den anderen wird jedoch auch ein Eigenrecht zugestanden. Selbst in den härtesten Auseinandersetzungen wird dem Unterlegenen noch der Spielraum belassen, der ein respektables Weiterleben ermöglicht. Es herrscht die Sprache des gesellschaftlichen Einflusses. D.h., die Akteure im Netzwerk verhalten sich so, dass sie mit dem Respekt, der Unterstützung und der Kooperation der anderen jederzeit rechnen können. Das geht nur in dem Maße, in dem sie auch die anderen respektieren und unterstützen. Mit dem Vertrauen der anderen muss sorgsam umgegangen werden, um es auf Dauer zu erhalten. Die Erhaltung des eigenen Einflusses auf die anderen, um ihre Unterstützung und Kooperation in der Absteckung der jeweiligen Rechte sicherzustellen, verlangt die eigene Bereitschaft zur Respektierung und Unterstützung der anderen. So entwickelt sich Schritt für Schritt ein fein abgestimmtes Arrangement individueller Rechte. Nicht positiv gesatztes Recht garantiert dieses Arrangement, sondern eine in vielen Einzelabstimmungen gewachsene Tradition, auf die sich jeder Einzelne gegenüber jedem anderen berufen kann. Es herrscht hier das Gesetz der Trägheit vor. D.h., Kompromissbildung schreitet sehr langsam in kleinen Schritten der Einzelabstimmung und der Bewältigung von Einzelfällen voran, um gewachsene Traditionen an neue Situationen anzupassen und fortzubilden. Die politische Gesellschaftsgestaltung kann in diesem Punkt zu keinen tiefen Eingriffen in das Gesellschaftsgefüge gelangen. Politik ist kein eigenständiger Funktionsbereich, sondern nicht mehr als die Fortführung des vorhandenen Arrangements von Rechten und Interessen.

Das Netzwerk der Kompromissbildung können wir beispielhaft am Politikmodell der »Repräsentativdemokratie« Großbritanniens in den Politikfeldern der Chemikalienkontrolle und der Luftreinhaltung betrachten (Münch 1996: 217-225; Münch et al. 2001: Kapitel 2 und 6.1). In diesem Kompromissnetzwerk verläuft die Mobilisierung von Einfluss über die Vielzahl von Vorhöfen der Politik und bleibt auch größerenteils auf die Vorhöfe beschränkt, so dass nur in begrenztem Umfang Einfluss zur Abstützung politischer Macht zur Verfügung steht. Gesellschaftsgestaltung mittels politischer Macht verfängt sich deshalb leicht im Gestrüpp von angestammten Rechten, so dass sie nur behutsam und in kleinen Dosen in die Gesellschaft eindringen kann. Auch Erkenntnis muss sich durch lange währende Erfahrung und vor allem in der Praxis bewähren. Wahrheitsmobilisierung geschieht langsam und in kleinen Schritten. Sie kann so keine grundsätzlichen Eingriffe in die Gesellschaft begründen und erlaubt der Politik auch nur in kleinen Schritten, mittels Macht die kulturellen Grundlagen der Gesellschaft zu verändern. Auch die Geldmobilisierung ist diesen Gesetzen unterworfen. Es fließt langsam über die Vorhöfe an vorbereitete Stellen der Politik und von dort wieder langsam an bewährte Stellen in die Gesellschaft zurück.

Dem Kompromissmodell ist eine Neigung zu deflationären Erscheinungen zu eigen. Sie äußern sich darin, dass die Politik nicht genug generalisierte Ressourcen mobilisieren und so die Gesellschaft auch nur in eingeschränktem Maße gestalten kann. Die Erstarrung der Gesellschaft seit dem Ende des Zweiten Weltkriegs bis zum großen Leidensdruck in den siebziger Jahren bringt diese deflationäre Tendenz zum Ausdruck. Die Politik Margaret Thatchers hat die deflationäre Abwärtsspirale mit Hilfe des rigorosen Gebrauchs der gewonnenen Mehrheitsmacht und der darin verkörperten generellen öffentlichen Unterstützung gestoppt. Sie hat die an sich durch die Parlamentssouveränität und die gesicherte Regierungsmehrheit im Parlament gegebene politische Macht gegen den Sperriegel der Interessen eingesetzt und die Gesellschaft in einer Reihe von Gesetzesmaßnahmen allein mittels politischer Macht und nur geringem Rückgriff auf den langsamen Fluss von Einfluss, Wahrheit und Geld umgestülpt. Eine Voraussetzung dafür war allerdings der aufgestaute Leidensdruck und die daraus resultierende generelle Unterstützung der Öffentlichkeit sowie die Folgebereitschaft der Bevölkerung. Die dauerhafte Verankerung der Reformen in der Gesellschaft bedarf jedoch der nachwachsenden Abstützung durch das zivilgesellschaftliche Netzwerk von Vereinigungen (Einfluss), durch die Bewährung in der Praxis (Wahrheit) und durch nachhaltige wirtschaftliche Entwicklung (Geld). An dieser Aufgabe hat auch die neue Labour-Regierung noch genug zu tun.

Konflikt

Eine zweite Form der Handlungskoordination im Netzwerk ist der **Konflikt** um Sieg oder Niederlage. In diesem Spiel gehen die Akteure davon aus, dass der Gewinn des einen jeweils einen Verlust des anderen bedeutet und kämpfen deshalb um Sieg oder Niederlage. Sie agieren in einem Nullsummenspiel. Um in einem solchen Spiel bestehen zu können, muss vor allem Macht gesichert und erweitert werden. Die Konfliktaustragung spitzt sich deshalb zu einem Kampf um die Macht zu. Es herrscht das Gesetz der Machtakkumulation, das bedeutet, dass vorhandene Macht im Machtkampf gegen Schwächere in mehr Macht umgesetzt werden kann. Es bildet sich mit der Zeit eine Hierarchie der Ränge nach verfügbarer Macht heraus, die aber nicht vollständig stabil ist, weil Innovationen neue Chancen für Emporkömmlinge bieten und weil sich Macht verbraucht, wenn sie sich auf nichts weiteres als auf sich selbst stützen kann.

Das Konfliktnetzwerk finden wir am ausgeprägtesten im Politikmodell der »etatistisch-republikanischen Demokratie« Frankreichs vor. Es lässt sich in den Politikfeldern der Chemikalienkontrolle und der Luftreinhaltung gut beobachten (Knoepfel und Weidner 1985, Münch 1996: 209-217; Münch et al. 2001: Kapitel 3 und 6.2). In diesem Konfiktnetzwerk wird der Einfluss von Verbänden durch die selektive Konzertierung des Staates mit privilegierten Interessenvertretern mobilisiert. Der privilegierte Zugang einzelner Gruppen zur staatlichen Macht impliziert nur eine begrenzte Stützung der staatlichen Projekte durch gesellschaftlichen Einfluss, weshalb sich die nicht berücksichtigten Gruppen regelmäßig mit Desinteresse, Unterstützung radikaler Opposition, Umgehen von Gesetzen, Protest und Widerstand rächen. Weil Einfluss nur begrenzt in die Politik einfließen kann, reicht auch der Rückfluss politischer Macht in die Gesellschaft hinein nicht weit genug, um die durchgehende Implementation politischer Programme sicherzustellen. Auch Wahrheit wird durch die

Kooperation der Administration mit den staatlichen Forschungszentren nur selektiv im rein technischen Sinn für den Entwurf politischer Programme am Reißbrett genutzt, weshalb deren kulturelle Verankerung in der Gesellschaft der Oberfläche verhaftet bleibt und immer wieder auf die radikale Kritik der Intellektuellen stößt, die von einem ganz anderen, eher moralisch imprägnierten Wahrheitsverständnis ausgehen. Die Mobilisierung von Geld für Investitionen in die wirtschaftliche Zukunft des Landes geschieht in enger Zusammenarbeit zwischen Administration und teilweise verstaatlichter Großindustrie und vernachlässigt die Masse der Mittel- und Kleinbetriebe, wodurch sich die Wirtschaft in eine hochtechnologisierte Großindustrie und eine rückständige, traditionalistische Kleinindustrie spaltet. Die staatliche Macht durchdringt die Gesellschaft bei der wirtschaftlichen Modernisierung deswegen nicht weit genug und überlässt einen Teil der Wirtschaft dem Traditionalismus.

Im Rahmen des etatistischen Konfliktmodells äußern sich inflationäre Entwicklungen der politischen Macht darin, dass der Staat Gesetze verabschiedet, die bei der Umsetzung umgangen werden, auf Widerstand stoßen und die Gesellschaft nur teilweise durchdringen können. Die hinter ihnen stehende staatliche Macht beansprucht ein Ausmaß der Gesellschaftsgestaltung, das über die Realität der Gesellschaft hinausgeht, sie kann ihren Anspruch nicht voll einlösen. Je weiter der Staat den Machtkredit überzieht und Widerstand provoziert, umso mehr verliert er an Unterstützung und muss deshalb seine Ziele zurückstecken. Die Inflationsspirale schlägt in eine Deflationsspirale um.

Synthese

Eine dritte Form der Handlungskoordination im Netzwerk ist die **Synthese**bildung. In diesem Fall geht es darum, den Partikularismus der unterschiedlichen Perspektiven und Interessen durch die Formulierung allgemeingültiger Synthesen zu überwinden. Eine Synthese ergibt sich nicht einfach aus der Summe der vielen Einzelperspektiven und Einzelinteressen, sondern erst dadurch, dass von allen Besonderheiten abstrahiert und diejenige Problemlösung gefunden wird, der alle aktuellen und auch potenziellen Beteiligten zustimmen müssten. Die Zustimmung ist nicht deswegen zu gewähren, weil allen Partikularperspektiven und -interessen am besten gedient ist und der Nutzen aller gesteigert wird, sondern weil eine von ihnen unabhängige, sachlich richtige und gerechte Lösung gefunden wurde, die alle individuellen Rechte in einem größeren Ganzen miteinander in Einklang bringt. Als Verhaltensstil herrscht im Rahmen der Synthesebildung die Beweisführung vor. Die jeweiligen Standpunkte werden auf möglichst unantastbare, objektiv gültige Gründe gestützt. Die Verhandlungspraxis wird durch das Ringen um die bessere Begründung der eigenen Position im sachlichen Diskurs geprägt. Die Sprache der Wahrheit diktiert die Verhandlungen bei der Synthesebildung. Es werden nur solche Vorschläge ernstgenommen, die mit ausreichendem Sachverstand vorbereitet wurden, und nur solche können sich durchsetzen, die das Gütesiegel der wissenschaftlichen Beweisführung vorweisen können. Wissenschaft und Technik werden zu den Treuhändern einer Verhandlungspraxis, die auf die allgemeine Gültigkeit von Problemlösungen abzielt und weniger auf Machtkampf, Wettbewerb und Kompromissbildung zwischen Interessen. Das Gesetz, das die Synthesebildung formt, ist das Gesetz der diskursiven Generalisierung. Das heißt, dass die Auseinandersetzungen dazu tendieren, immer abstraktere Höhen zu erklimmen und immer subtilere Argumente und Gegenargumente einander gegenüberzustellen. Der Entscheidungsprozess kann sich dadurch erheblich von den realen Problemlagen entfernen und sich in wissenschaftliche Kontroversen verstricken, die dann ihre eigene abstrakte Realität als verbindlich definieren. Wenn z.B. ein bestimmtes, in die Scheinwerfer von Kraftfahrzeugen eingebautes Halogenlicht objektiv meßbare Grenzwerte einhält, dann ist dies für den Menschen verträglich, unabhängig davon ob er nun davon Augenschmerzen bekommt oder nicht. Auf die Klage über Verkehrslärm kommt die Antwort des Wissenschaftlers, dass unterhalb bestimmter Grenzwerte nicht der Lärm für die Gesundheit schädlich ist, sondern die Aufregung des Menschen über den Lärm.

Das Netzwerk der Synthesebildung kann exemplarisch am Politikmodell der »Konsensdemokratie« Deutschlands (West) untersucht werden. Auch hier bieten die Politikfelder der Chemikalienkontrolle und der Luftreinhaltung guten Anschauungsunterricht (Münch 1996: 182-200; Münch et al. 2001: Kapitel 4 und 6.3; Stark 1998). In diesem Synthesenetzwerk führt die enge Zusammenarbeit von Staat und repräsentativen Großverbänden zu einer umfangreichen Mobilisierung von Einfluss, der in gezielte politische Programme eingebracht wird. Die Implementation der Programme wirkt auf dem Rücken des reichhaltig vorhandenen Einflusses weit in die Gesellschaft hinein. Politische Macht besitzt insofern eine umfassende Kraft zur Gesellschaftsgestaltung. Auch Wahrheit fließt gebündelt durch große Forschungsvereinigungen und repräsentative technische Vereine mit öffentlichem Auftrag reichlich in die Gesetzgebung ein und sorgt dafür, dass die Implementation der Gesetze verbindlich in der gesellschaftlichen Kultur verankert wird. Ebenso verhält es sich mit der Mobilisierung von Geld für politische Programme der Gesellschaftsgestaltung. Es wird in gemeinsamen Großprojekten von Staat und Industrie zur gezielten Förderung technischer Entwicklungen eingesetzt. Politische Macht wird so genutzt, um die Wirtschaftsentwicklung in politisch gewünschte Bahnen zu lenken.

Die Leistungsfähigkeit dieses Modells ist inzwischen jedoch wegen der veränderten Randbedingungen an seine Grenzen gestoßen. Die neokorporatistische

Zusammenarbeit zwischen Staat und Verbänden blockiert den Politikwandel und die Berücksichtigung neuer, vielfältiger gewordener Interessen. Die Erkenntnisse und Erfindungen von Wissenschaft und Technik werden umstrittener, ebenso die technischen Großprojekte von Staat und Wirtschaft. Dem Anspruch auf repräsentative Interessenvertretung, Wahrheit und Wohlstandsmehrung tritt eine Vielzahl oppositioneller Interessen und eine verängstigte Öffentlichkeit gegenüber. Politische Macht und ihre Ressourcen in Form von Einfluss, Wahrheit und Geld verlieren an Wert, die politische Gesellschaftsgestaltung büßt entsprechend an Durchschlagskraft ein. Es entwickelt sich eine Inflationsspirale, das Vertrauen in die Politik nimmt ab, so dass der Prozess schließlich in eine Deflationsspirale der wachsenden Politikverdrossenheit und des Rückzugs von der Politik umschlägt. Diese Entwicklung konnte im Verlauf der siebziger, achtziger und neunziger Jahre beobachtet werden. In den siebziger Jahren setzte der inflationäre Prozess ein, Mitte der achtziger Jahre erfolgte der Umschlag in einen deflationären Prozess der wachsenden Politikverdrossenheit, der während der Wiedervereinigungseuphorie für kurze Zeit unterbrochen wurde.

Wettbewerb

Eine vierte Form der Handlungskoordination im Netzwerk ist der **Wettbewerb** um politische Einflussnahme. Die Akteure wollen hier im Netzwerk ihren Nutzen maximieren und verstehen ihre Beziehungen als ein Geben und Nehmen zum beiderseitigen bzw. allseitigen Vorteil. Die Gewinnsumme wird nicht als konstant, sondern als vergrößerbar betrachtet, so dass alle mit einem Gewinn aus den Verhandlungen hervorgehen können. Eine Vielzahl von Akteuren artikuliert je eigene Interessen, sie alle streben danach, aus den Verhandlungen einen maximalen Gewinn mitzunehmen. Wer in einer Verhandlungsrunde zu kurz gekommen ist, gibt sich nicht geschlagen, sondern setzt auf neue Gewinnchancen in der nächsten Verhandlungsrunde. Das ganze politische Geschehen besteht aus einer endlosen Kette von Verhandlungsrunden. Deshalb kann jeder darauf hoffen, auf lange Sicht einen Gewinn davontragen zu können. Die einzelnen Akteure stehen in dem Sinne in einem Wettbewerb, als jeder Problemlösungsvorschläge in die Verhandlungen einzubringen versucht, die andere als nützlich und deshalb als verwertbar betrachten. Diejenigen Vorschläge, die den meisten Akteuren einen Nutzen bringen, können sich am ehesten durchsetzen. Die Akteure treten in ein Austauschverhältnis zueinander, indem sie voneinander Vorschläge erwarten, die gegenüber der bisherigen Situation mehr Nutzen erbringen. Im Gegenzug zu den Vorschlägen erfolgt deren Unterstützung, so dass sie verwirklicht werden können und damit der Initiator wie auch die Unterstützenden einen Nutzen davontragen. Es werden also Formulierungsvorschläge gegen Unterstützung nach dem Prinzip der allseitigen Nutzensteigerung unter Wettbewerbsbedingungen getauscht.

Sofern die Interaktionen im Netzwerk einem Markttausch unter Wettbewerbsbedingungen nahekommen, herrscht das Gesetz des Markterfolgs. D.h. nur solche Gesetzesinitiativen können zum Zuge kommen, von denen sich die größte Zahl der Akteure einen Nutzen verspricht, wobei sich dieser Nutzen als relativ kurzfristig realisierbar erweisen muss. Je weiter der versprochene Nutzen in die Ferne rückt, umso weniger wirkt er handlungsmotivierend. Seine Realisierungschancen werden als gering eingeschätzt, da in der Zwischenzeit vieles geschehen kann, was die Realisierung verhindert. Zu Gunsten von weit in der Zukunft liegenden Gewinnen muss in der Regel auf gegenwärtige Gewinne verzichtet werden, was auch die Bereitschaft, auf sie zu setzen, schwinden lässt. Wo das Gesetz des Markterfolgs das politische Geschehen im Netzwerk bestimmt, entscheiden die Interessen der einzelnen Privatbürger und gesellschaftlichen Gruppen, welche Maßnahmen getroffen werden. Dagegen ist es kaum möglich, außer der Summe der Einzelinteressen ein Allgemeininteresse zu finden, das die vielen Einzelinteressen in ein kohärentes Ganzes einfügt. Es herrscht die Sprache des Geldes, individuelle Nutzensteigerung prägt den Verhaltensstil, gegenseitige Vorteilsnahme die Verhandlungspraxis. Verhandeln ist ein endloser »bargaining process«.

Das Netzwerk des Wettbewerbs ist am weitgehendsten im Politikmodell der »Wettbewerbsdemokratie« in den USA entwickelt. Wieder können uns die Politikfelder der Chemikalienkontrolle und der Luftreinahltung einen Einblick in dieses Modell gewähren (Münch 1996: 200-209; Münch et al. 2001: Kapitel 5 und 6.4; Jauß 1999). In diesem Wettbewerbsnetzwerk findet eine umfangreiche Mobilisierung kleinster Einheiten von Einfluss im politischen Prozess statt, die kaum durch große Verbände gebündelt werden. Um die unzähligen Barrieren von der ersten politischen Initiative bis zum Rechtsstreit überspringen zu können, müssen ständig Beziehungen geknüpft und gepflegt werden. Einfluss auf den politischen Prozess muss immer wieder neu und hart erarbeitet werden. Nur so vermag ein Zipfel der Macht, z.B. in Gestalt eines gewichtigen Senators oder Abgeordneten des Repräsentantenhauses, erhascht zu werden, der als Anfang des Aufbaus eines Machtnetzwerkes dienen kann. In keinem anderen Land ist das politische System für Einflussnahme so offen, aber nirgendwo sonst ist dieser Prozess so aufwendig und unwägbar wie in den USA. Die weitaus größte Zahl politischer Initiativen kommt gar nicht ans Ziel, und die Initiativen, die ans Ziel gelangt sind, sehen sich anschließend im Implementationsprozess weiter heftiger Gegenwehr ausgesetzt. In den Policyprozess wird also eine Vielzahl von kleinen und größeren Akten der Einflussnahme eingebracht, deren Ergebnis aber sehr ungewiß ist. Daraus ergeben sich schleichende inflationäre Tendenzen. Es muss immer umfassendere Beziehungspflege betrieben werden, um noch zu einem Ergebnis zu gelangen. Die schleichende Inflation schlägt jedoch nur in Ausnahmefällen in eine Deflationsspirale des Vertrauensschwundes und des Rückzugs aus der Politik um, weil der offene Prozess mit seiner Vielzahl an Eingangstoren genug Motive für das weitere Mitspielen bereithält. (Als eine solche Ausnahme kann der radikale Multikulturalismus betrachtet werden, und zwar insofern als er sich dem herrschenden Spiel der Wahrnehmung individueller Chancen durch die Einführung von Gruppenrechten verweigert.)

Die vorherrschende schleichende Inflation im Wettbewerbsnetzwerk bedeutet nicht nur, dass der Prozess der Gesetzgebung immer größeren Aufwand erfordert, sondern auch, dass die Gesetzesimplementation ebenso viel Einsatz verlangt. Bis hin zum Rechtsstreit muss jede Menge der jeweils erforderlichen Macht – z.B. in Gestalt eines Richterspruchs – eingesetzt werden, bis ein Gesetz im gesellschaftlichen Handeln seinen Platz findet. Wie Einfluss viele Barrieren überwinden muss, um in Politik umgesetzt zu werden, so muss auch politische Macht unzählige kleinere und größere Widerstände durchbrechen, um die Gesellschaft tatsächlich gestalten zu können. Und genauso sieht es im Verhältnis zwischen Wissenschaft und Politik aus. Gemessen am Papierverbrauch wissenschaftlicher Gutachten wächst die Menge der in die Politik einströmenden Wahrheit zu einem riesigen Umfang an. Weil aber Gutachten gegen Gutachten um jeden Zentimeter Boden auf dem Terrain der Politik kämpft, stellt sich auch hier eine schleichende Inflation ein, die allerdings wieder nur selten zu Vertrauensverlust und in eine Deflationsspirale führt. Wie aber immer mehr Gutachtenpapier beschrieben werden muss, um Macht zu gewinnen, so muss die eingesetzte politische Macht unzählige Widerstände von Gegeneinwänden im Implementationsprozess überwinden, bis sich die Gesetzesmaßnahmen in der Kultur als zumindest vorläufig geltungskräftig erweisen können. Auch die Mobilisierung von Geld für politische Projekte zur Wirtschaftsgestaltung unterliegt diesen Gesetzmäßigkeiten des Wettbewerbsmodells. Es fließt in eine Vielzahl von Einzelprojekten mit ungewissem Ausgang nicht nur in der Programmformulierung, sondern auch in der Programmimplementation. Wirtschafts- und Sozialpolitik ist deshalb nur sehr bruchstückhaft möglich, soweit ihr nicht ohnehin grundsätzlicher Widerstand entgegengesetzt wird. Die in politischen Projekten eingebrachte politische Macht kann die wirtschaftlichen Zusammenhänge nur in sehr begrenztem Maße gestalten. Die schleichende Inflation zeigt sich hier in abnehmenden Effekten der gesellschaftspolitischen Steuerung der Wirtschaft, d.h. im Auseinanderklaffen von wirtschaftlicher Prosperität und sozialer Integration.

Die inflationären Tendenzen der politischen Machtmobilisierung werden insgesamt in Grenzen gehalten und implizieren deshalb keinen großen Vertrauensverlust in bezug auf das politische System und seine Spielregeln, weil die Mißerfolge wie die Erfolge immer nur in kleinen bis kleinsten Stückchen auftreten und sich nur wenig zu großen Konflikten zwischen klar identifizierbaren Großgruppen aufhäufen. Außerdem gibt es kein Zentrum, in dem sich die Politik konzentriert und auf das sich Enttäuschte einschießen können. Politik und Gesellschaft fließen vielmehr so ineinander, dass kaum festzustellen ist, wo die eine aufhört und die andere beginnt. Gewissermaßen wird überall Politik als *bargaining* betrieben und überall findet Vergesellschaftung durch Beziehungspflege statt. So bietet die Politik keine zentrale Angriffsfläche für grundsätzliche Opposition, und die Gesellschaft verfügt über ein breites Auffangnetz für Unzufriedenheit.

Der breitere Kontext der Policy-Netzwerke

Mit der Darstellung der Policy-Netzwerke ist noch nichts über den Kontext gesagt, in den sie eingebettet sind. Über die Erfassung der spezifischen Struktur der Netzwerke hinaus muss dementsprechend das Interesse einer vollständigen Policyanalyse als Gesellschaftstheorie dem weiteren Kontext des Policy-Prozesses gelten. Es sind dabei drei grundlegende Strukturkomponenten des Policy-Kontextes zu unterscheiden: (1) die maßgeblich beteiligten Professionen, (2) die institutionellen Regeln der politischen Praxis, (3) die zugrunde liegende (politische) Kultur. Die Professionen prägen politische Programme durch ihre spezifischen Weltsichten, Rationalitätskriterien, methodischen Verfahren und Wahrheitsdefinitionen. Die institutionellen Regeln bestimmten, wie der Policy-Prozess gestaltet ist, wer Zugang findet, wer nicht, welche Argumente zum Tragen kommen können, welche nicht, wie die Kompetenzen und Mitspracherechte verteilt sind. Die politische Kultur enthält die grundlegenden Ideen über Demokratie, Staat, Regierung und Politik. Wenn wir die im einzelnen zu untersuchenden Strukturkomponenten des Policy-Prozesses in den Kontext des eingangs eingeführten sozialen Handlungsraums stellen, dann nehmen die Netzwerke das Feld der Öffnung ein, die Professionen das Feld der Spezifikation, die institutionellen Regeln das Feld der Schließung und die politische Kultur das Feld der Generalisierung (Abb. 2.13). Die Ausarbeitung dieses weiteren Kontextes ist im Rahmen dieses Aufsatzes nicht möglich, ist jedoch an anderer Stelle durchgeführt worden (Münch et al. 2001).

Kooperatives Konfliktmanagement als neuer Regulierungstypus

In allen entwickelten Demokratien lassen sich Tendenzen ausmachen, die in die Richtung des Wettbewerbsmodells weisen, das sich als pluralistische Mehrebenendemokratie entfaltet. Insofern muss die besondere Aufmerksamkeit den Funktionsbedingungen dieses Modells in den USA und der Frage seiner

Übertragbarkeit auf die europäischen Demokratien gelten. Es muss gezeigt werden, wie es in Europa verändert werden muss, um hier zu funktionieren und was in Europa der Veränderung bedarf, um den Funktionsbedingungen des neuen Politikmodells gerecht zu werden.

Was einmal als kohärent handelnder Staat bezeichnet werden konnte, verwandelt sich in allen entwickelten Demokratien tendenziell in eine Vielzahl von Foren des kooperativen Konfliktmanagements, von der lokalen bis zur globalen Ebene. In Europa schält sich das kooperative Konfliktmanagement als neuer Regulierungstypus heraus. Er verbindet die kooperativen Elemente der alten Regulierungstypen mit den Elementen des Pluralismus und des Wettbewerbs im Sinne des US-amerikanischen Regulierungstypus. Die britischen Foren der Akkommodierung von Rechten, die französischen Zirkel der Konzertierung und die deutschen neokorporatistischen Ausschüsse gebündelter Kompetenz werden angereichert durch einen größeren Pluralismus von Interessen, durch größere Beteiligung der Öffentlichkeit und stärkeren Wettbewerb um politische Unterstützung und durch offenere Konflikte zwischen unterschiedlichen Expertensichten.

Nach wie vor bleiben aber die spezifischen Regulierungstypen des Kompromisses, des Konflikts und der Synthese im Hintergrund sichtbar. Kooperatives Konfliktmanagement als Regulierungstypus entspricht in etwa dem von Beate Kohler-Koch als Regieren im Netzwerk bezeichneten Typus von Regieren, der sich vom Korporatismus (Deutschland), Etatismus (Frankreich) und Pluralismus (USA) durch die Kombination der Orientierung an individuellen Interessen statt am Gemeinwohl mit der Praxis der Konsentierung zwischen Regierungen und Interessengruppen auf europäischer Ebene statt der Mehrheitsherrschaft unterscheidet (Kohler-Koch 1999: 23).

Kooperatives Konfliktmanagement in einer pluralistischen Wettbewerbsdemokratie im Mehrebenensystem zwischen lokaler Gemeinde und globalen Regimen auf der Basis einer dicht vernetzten und aktiven Zivilgesellschaft bildet sich als neuer Regulierungstypus heraus. Der Versorgungs- und Vorsorgestaat verliert deshalb an Integrationskraft, weil er nicht mit der Mobilisierung der Individuen oberhalb und unterhalb seiner Regulierungsebene schritthalten kann. In der globalen Moderne ist nationalstaatliche Integration ein Hindernis für den Fortschritt der europäischen und globalen Integration, die indessen zwangsläufig nicht die Integrationsform kollektiver Solidarität auf die europäische und globale Ebene heben kann.

Integration im Rahmen des sich herausbildenden, tendenziell liberalen Mehrebenenregimes ist ein Prozess der fortwährenden Verhandlung. Die Qualität der Integration äußert sich dann vor allem im Zugang zu Netzwerken und Entscheidungsverfahren und in der Transparenz solcher Verfahren. Es kommt mehr

Abb. 2.13: Policy-Netzwerke im Kontext von Professionen, institutionellen Regeln und politischen Kulturen

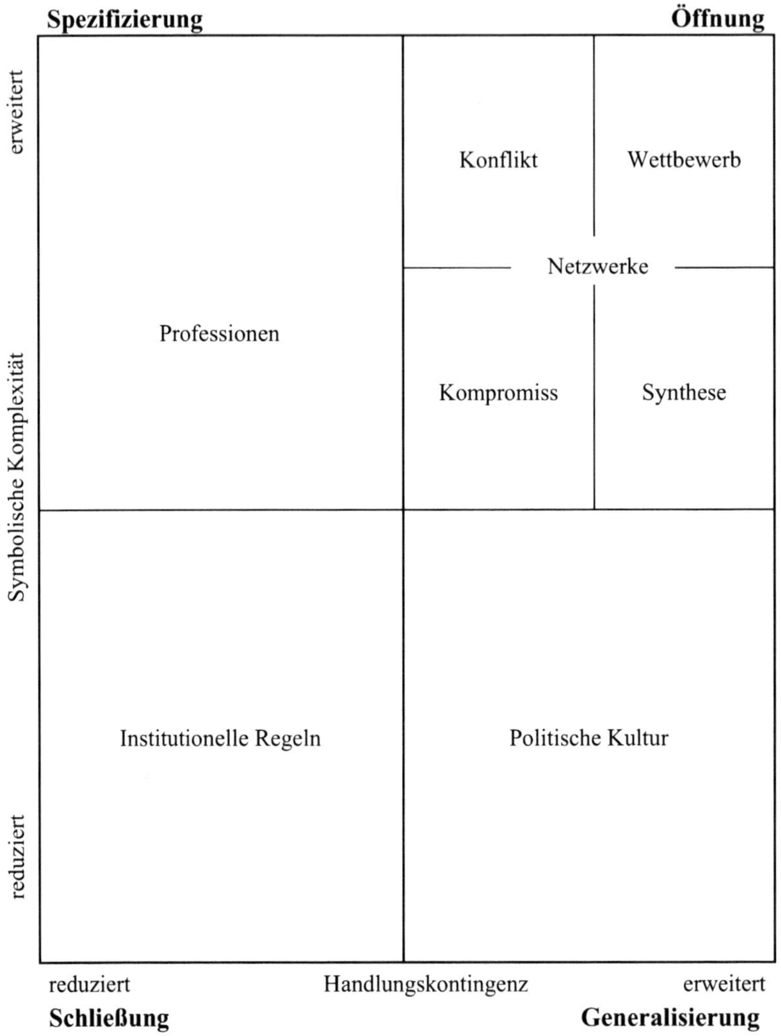

auf die Befähigung des Individuums zur Selbstverantwortung an als auf dessen allumfassenden Schutz durch den Staat. Die neue Form der Integration stellt nicht mehr in weiser Vorsorge gleiche und ökologisch verträgliche Lebensbedingungen für alle her, sondern sorgt allein für faire Verfahren des Interessenausgleichs, Chancengleichheit und Unterstützung für die Gestrauchelten, um ihr weiteres Mitspielen zu sichern. Auch die Erhaltung des ökologischen Gleichgewichts kann nicht mehr für sich in Anspruch nehmen als die faire Berücksichtigung im Kampf der Interessen. Der Weg vom Vorsorgestaat zur aktiven Bürgergesellschaft führt uns in der Tat in eine andere Moderne (Münch 1998, 2001c).

Sozialer Wandel

Es stellt sich schließlich die Frage, wie der **soziale Wandel** in die Richtung des neuen Regulierungstypus des kooperativen Konfliktmanagements zu erklären ist. Dazu benötigt man eine Theorie des sozialen Wandels, die grundsätzlich fünf Ebenen des Wandels zu unterscheiden hat:

1. Langfristige evolutionäre Entwicklungslogik
2. Mittelfristige funktionale Entwicklungsdynamik
3. Mittelfristige institutionelle Entwicklungspfade
4. Entwicklung als mittelfristige soziale Konstruktion von Ordnung
5. Kurzfristige Entwicklungskonflikte

Die evolutionäre **Entwicklungslogik** gibt auf lange Sicht auf Dauer stabilisierbare Bahnen der Entwicklung vor. Für unseren Fall heißt dies, dass Institutionen der politischen Regulierung zunehmend komplexere Risiken zu kontrollieren haben und deshalb ihre Kapazität zur Erfassung solcher Risiken steigern müssen. Das geschieht durch die zunehmend breitere Mobilisierung von wissenschaftlichem und technischem Sachverstand, insbesondere durch die Einbeziehung unterschiedlicher disziplinärer und paradigmatischer Perspektiven. Dieser institutionelle Wandel zielt auf die Steigerung der Anpassungsfähigkeit an komplexer werdende Risiken. Die Antwort auf komplexere Risiken durch komplexere Beobachtungsinstrumente verlangt auch komplexere Formen der Entscheidungsfindung durch die strukturelle Differenzierung von Entscheid-ungsverfahren. Dieser Anforderung entspricht z.B. die Herausbildung von Regulierungsagenturen, denen es obliegt, die allgemeinen Vorgaben von Gesetzen, die im Parlament verabschiedet wurden, klein zu arbeiten, zu konkretisieren und in spezifische Standards in einem eigenen Normsetzungsverfahren umzusetzen. Auf diese Weise bildet sich eine neue, funktional auf Normsetzung spezialisierte Arena des politischen Entscheidens heraus. Das politische System erreicht eine weiter gehende strukturelle Differenzierung, die jetzt neue Fragen der Inklusion von Interessengruppen in die Entscheidungsverfahren aufwirft. Von breiteren Bevölkerungsschichten werden die Ergebnisse der Normsetzung nur getragen, wenn die Beteiligung an Normsetzungsverfahren über den engen Kreis dominierender Experten und Interessengruppen hinaus geht und einem breiten Spektrum von Perspektiven und Interessen der Zugang möglich ist. Transparenz, Zugänglichkeit und die Verantwortlichkeit für das Gemeinwohl sind entscheidende Kriterien für Normsetzungsverfahren, um das Erfordernis der Inklusion erfüllen zu können. Schließlich bedarf die Regulierung komplexer gewordener Risiken durch Normsetzungsverfahren einer Verallgemeinerung der Rechtfertigungsgründe für die Normsetzung. Die Orientierung von Sicherheitsstandards an dem allgemeinen Prinzip des Standes der Technik unter Berücksichtigung der Kosten (Verhältnismäßigkeit) erlaubt im Unterschied zur inhaltlichen Fixierung technischer Verfahren eine ständige Anpassung der Verfahren an den Fortschritt des Wissens. Die Orientierung an dem traditionell Gegebenen wird durch die Orientierung am Erkenntnisfortschritt ersetzt. Für die politische Regulierung von technischen Risiken ist das eine Form der Wertegeneralisierung, die das Festhalten an bestimmten Praktiken nur insoweit erlaubt, als sie im Lichte der neuesten Erkenntnis zu rechtfertigen sind. Das gilt auch für die Ablehnung von Neuerungen, etwa im Bereich der Gentechnik, die auf Dauer nur so weit wirksam ist, als sie sich auf wissenschaftliche Erkenntnisse stützen kann.

Wie wir soweit sehen, impliziert die langfristige evolutionäre Entwicklungslogik einen Wandel von Regulierungsinstitutionen in die Richtung von Steigerung der Anpassungsfähigkeit, struktureller Differenzierung, Inklusion und Wertegeneralisierung. Sie folgt dem Gesetz der Beantwortung gesteigerter Umweltkomplexität in Gestalt von komplexer werdenden technischen Risiken durch die Steigerung der Eigenkomplexität politischer Entscheidungsverfahren. Ob sich diese evolutionäre Entwicklungslogik faktisch vollzieht, hängt von der Entfaltung der Entwicklungsdynamik auf der zweiten Ebene, von der Beharrungskraft gegebener Entwicklungspfade auf der dritten Ebene und vom Ausgang der Entwicklungskonflikte auf der vierten Ebene unserer Theorie des sozialen Wandels ab.

Die mittelfristige **Entwicklungsdynamik** wird durch den Umfang von technischen Innovationen vorangetrieben. Je schneller und umfassender die Wissenschaft neues Wissen hervorbringt und je schneller und umfassender dieses Wissen in Technik umgesetzt wird und je schneller und umfassender die neue Technik die Massenproduktion speist, um so schneller und umfassender wächst die Komplexität technischer Risiken, die zu entsprechenden institutionellen Innovationen der politischen Regulierung zwingen. Wissenschaft, Technik und Industrie bilden einen Innovationskomplex, der als Motor der Entwicklungsdynamik fungiert. Je weniger Fesseln sie unterworfen sind, um so stärker entfaltet dieser Innovationskomplex seine dynamische, Entwicklung vorantreibende Kraft. Die wachsende wirtschaftliche Konkurrenz und der erweiterte Handlungsspielraum für Forschung, technische Entwicklung und industrielle Produktion in der offenen Weltwirtschaft geben dem Innovationskomplex eine besondere Schubkraft, die einen wachsenden Druck auf die Anpassung von Institutionen der politischen Regulierung an die gestiegene Komplexität technischer Risiken ausübt.

In welchem Tempo, in welcher Form und mit welchem Anpassungserfolg die gewachsene Entwicklungsdynamik durch Institutionenwandel verarbeitet wird, ist eine Sache des historischen Entwicklungspfades von Institutionen. Dieser **Entwicklungspfad** wird vom Gesetz der Trägheit von Institutionen und der entsprechenden Pfadabhängigkeit von Entwicklung beherrscht. Vorhandene Institutionen haben die traditionale Legitimität des Gegebenen, das Bedürfnis der Vermeidung von Störungen eines in sich kohärenten Institutionenmusters durch neue Elemente und die Transaktionskosten von Veränderungen auf ihrer Seite. Deshalb erfolgen Veränderungen mit um so größerer Verzögerung, je mehr sie eine Abweichung vom existierenden Institutionenmuster verlangen. Sie werden entweder abgestoßen oder so weit absorbiert, dass sie sich dem vorhandenen Gefüge unterordnen und demgemäß keine Störung verursachen. Es wäre jedoch falsch, Trägheit und Pfadabhängigkeit zum alles beherrschenden Gesetz zu erklären, wie dies im Rahmen neo-institutionalistischer Theorieansätze oft geschieht. Wir würden zu weit gehen, wenn wir wie in der Tendenz Hall und Soskice (2001) aus dem Fit von Institutionen und Umwelt in der Vergangenheit einen ebensolchen Fit auch in der Zukunft ableiteten. Dieses Argument würde sich einer Ebenenverwechslung schuldig machen. Neue Herausforderungen auf der Ebene der Entwicklungsdynamik werden nicht schon durch das Vorhandensein gegebener Entwicklungspfade bewältigt, vielmehr sind Entwicklungspfade die Ebene, die sich entwicklungshemmend gegen die Entwicklungsdynamik sperrt. Hat sich aber die Entwicklungsdynamik verstärkt, dann muss das Beharren auf den gegebenen Institutionen mit entsprechenden Funktionsdefiziten, in unserem Fall mit Defiziten einer technische Innovationen ermöglichenden und zugleich kontrollierenden politischen Regulierung technischer Risiken erkauft werden.

Auf der vierten Ebene geht es um die **soziale Konstruktion** von Ordnung durch die Weltsicht und das Rationalitätsverständnis der maßgeblichen Trägerschichten der Ordnung. Die alte Ordnung wurde durch die Expertensicht der sachlichen Problemlösung geprägt. Die neue Ordnung ist eine Konstruktion, die aus dem Konflikt zwischen dem etablierten Expertenkartell und den auf Beteiligung drängenden neuen Akteuren – alternative Wissenschaft, weitere Disziplinen und Umweltschützer – hervorgeht. Die alte Ordnungsphilosophie der sachlichen Problemlösung durch Experten wird durch die neue Ordnungsphilosophie des kooperativen Konfliktmanagements verdrängt.

Die Spannung zwischen der Veränderungskraft der Entwicklungsdynamik und der Beharrungskraft von Entwicklungspfaden entlädt sich auf der fünften, untersten Ebene in **Entwicklungskonflikten** zwischen Modernisierern und Bewahrern, zwischen den Profiteuren der neuen Ordnung und den Profiteuren der alten Ordnung. Die bestehenden Institutionen werden von allen politischen Kräften gestützt, deren Interessen sie unmittelbar und mittelbar dienen. Das etablierte Netzwerk von Beamten, Experten und Interessenten wehrt Veränderungen in dem Maße ab, in dem sie ihre Positionen gefährden würden. Diejenigen Teile des Netzwerks, die unter dem wachsenden Regulierungsdefizit leiden, werden jedoch bereit sein, sich für Veränderungen zu öffnen. Das kann die nach Innovationen strebende Industrie sein, es können aber auch neue Organisationen des Verbraucher- und Umweltschutzes sein. Der entbrannte Machtkampf geht um so mehr zu Gunsten der Modernisierer aus, je tiefer die Regulierungskrise wirkt, je mehr die alte Regulierungsphilosophie an Überzeugungskraft verloren hat und je mehr die Bewahrer des Bestehenden unter den Verdacht geraten, das Gemeinwohl dem Festhalten an Privilegien zu Gunsten ihrer partikularen Interessen zu opfern. Gelingt es den Modernisierern, die Bewahrer in die Ecke des Gemeinwohl schädigenden Partikularismus zu treiben und Position um Position im Machtgefüge zu erobern, werden sie zu den Trägern eines Institutionenwandels, der den Entwicklungspfad an die neuen Herausforderungen der Entwicklungsdynamik anpasst und die Gesellschaft ein Stück weiter auf dem Pfad der evolutionären Entwicklungslogik voran treibt.

Mit diesem Modell einer Theorie des sozialen Wandels auf fünf Ebenen verknüpfen wir die sonst unverbundenen, für sich selbst aber ungenügenden Ansätze der Evolutionstheorie (Entwicklungslogik), des Funktionalismus (Entwicklungsdynamik), des Institutionalismus (Entwicklungspfad), des Sozialkonstruktivismus (soziale Konstruktion) und der Konflikttheorie (Entwicklungskonflikte). Sozialer Wandel wird dabei nicht nur im positivistischen Sinn kausal erklärt, sondern auch im hermeneutischen Sinn als sinnhafter Vorgang begriffen, als Herausbildung einer neuen Ordnung, deren Sinn es zu verstehen gilt (Abb. 2.14).

Abb. 2.14: Eine Theorie des sozialen Wandels auf fünf Ebenen

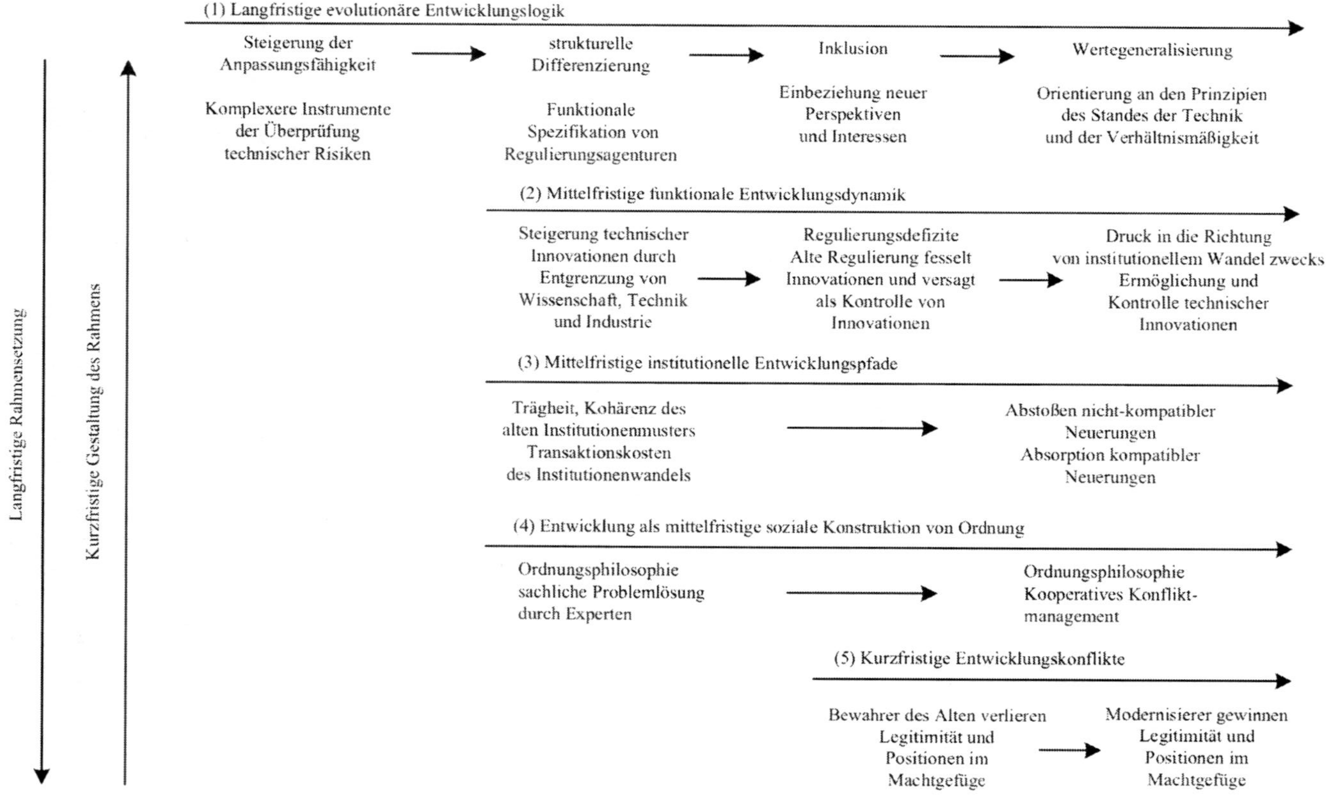

Zusammenfassung

Handlungstheorie

1. Positivismus

1.1. Begrifflicher Bezugsrahmen

(1) Ziele

(2) Mittel

(3) Bedingungen

(4) Prinzipien

(4.1) Prinzipien der rationalen Wahl von Mitteln in Bezug auf Ziele unter bestimmten Bedingungen

(4.1.1) Prinzip der Optimierung mehrerer Ziele

(4.1.2) Prinzip der Maximierung eines Ziels

(4.2) Prinzip der natürlichen Selektion

(5) Handlung

Residualkategorien: Ideen, Normen, Traditionen. Die Prinzipien der Optimierung und Maximierung sind selbst festgelegt, das heißt, sie basieren auf Normen.

1.2 Propositionen

1.2.1 Wann immer einem Akteur verschiedene Handlungen zur Auswahl stehen, wählt der Akteur diejenige Alternative, von der er das Optimum der Verwirklichung verschiedener Ziele erwartet.

1.2.2 Wann immer einem Akteur verschiedene Handlungen zur Auswahl stehen, wählt der Akteur diejenige Alternative, von der er die maximale Realisierung eines Zieles erwartet.

1.3 Theoretische Lösung des Problems der Ordnung

1.3.1 Eine voraussagbare Ordnung von Handlungen entsteht dann, wenn die Kalkulationen aller an einer Situation beteiligten Akteure darüber, wie Ziele zu optimieren sind (oder ein Ziel zu maximieren ist), darin konvergieren, ein bestimmtes Verhaltensmuster zu formen. *Technische Anweisung*: Sorge immer für die freie, gegenseitige Anpassung von Handlungen; vermeide Einschränkungen von Handlungsmöglichkeiten.

1.3.2 Eine voraussagbare Ordnung von Handlungen entsteht dann, wenn die externen Bedingungen so strukturiert sind, dass das Verhalten aller beteiligten Akteure in eine bestimmte, ein Verhaltensmuster etablierende Richtung gelenkt wird. *Technische Anweisung*: Setze eine übergeordnete Herrschaftsinstanz mit einem bestimmten Ziel und zentralisierter Macht über die Akteure ein.

1.4 Voraussagen

1.4.1 Wenn eine Handlung nicht länger zu einer optimalen Zielerreichung führt, wird sie aufgegeben. *Falsifizierende Beispiele*: Jede Handlung, die unabhängig von dem wirtschaftlichen Ergebnis beibehalten wird; zum Beispiel das Beibehalten der Gewohnheit, zu demselben Lebensmittelgeschäft zu gehen, obwohl der nahe Supermarkt billiger ist. Die Handlung ist nicht wirtschaftlich kalkuliert. Die Interpretation der Gewohnheit als ökonomisch kalkuliert, z.B. weil sie Suchkosten spart oder auf einer hohen Präferenz für die Gewohnheit beruht, ist eine immunisierende Post-hoc-Erklärung aus ökonomischer Perspektive.

1.4.2 Wenn eine Handlung nicht länger zur maximalen Verwirklichung eines Ziels führt, wird sie aufgegeben. *Falsifizierende Beispiele*: Jede Handlung, die unabhängig von ihrem Beitrag zur maximalen Verwirklichung eines Ziels beibehalten wird; zum Beispiel, wenn wir ein bestimmtes Programm zur Examensvorbereitung auswählen und einen Teil in der Diskussion beibehalten, obwohl wir wissen, dass er nicht mehr für das Examen verlangt wird.

2. Idealismus

2.1. Begrifflicher Bezugsrahmen

(1) Ideen

(2) Normen

(3) Bedingungen

(4) Prinzipien

(4.1) Prinzip der Subsumierung einer Handlung bei gegebenen Bedingungen unter eine generell gültige Idee.

(4.2) Prinzip der Ableitung einer Handlung bei gegebenen Bedingungen aus Normen, die als selbstverständlich betrachtet werden.

(5) Handlung

Residualkategorien: Ziele, Mittel, ökonomische Kalkulation eines Zieleoptimums, Maximierung eines Ziels.

2.2 Propositionen

2.2.1 Wann immer einem Akteur verschiedene Handlungen zur Auswahl stehen, wählt der Akteur diejenige Handlung, die unter generell gültige Ideen subsumiert werden kann.

2.2.2 Wann immer einem Akteur verschiedene Handlungen zur Auswahl stehen, wählt der Akteur diejenige Handlung, die von selbstverständlichen Normen abgeleitet werden kann.

2.3 Theoretische Lösung des Problems der Ordnung

2.3.1 Eine voraussagbare Ordnung entsteht dann, wenn alle an einer Situation beteiligten Akteure über generell gültige Ideen übereinstimmen.

Technische Anweisung: Lasse Akteure über ihre persönlichen Interessen hinausschreiten und sehen, was aus vernünftigen Gründen gültig ist. Das heißt, lasse sie einen rationalen Diskurs mit Argumenten führen.

2.3.2 Eine voraussagbare Ordnung entsteht, wenn alle an einer Situation beteiligten Akteure selbstverständliche gemeinsame Regeln teilen. *Technische Anweisung*: Akteure müssen eine Gemeinschaft mit engen intimen Beziehungen, einer festen Mitgliedschaft, wechselseitiger Solidarität und einer stabilen Tradition, in der ihr Verhalten eine Gewohnheit wird, formen.

2.4 Voraussagen

2.4.1 Wenn eine Handlung nicht mit generell gültigen Ideen übereinstimmt, wird sie nicht gewählt. *Falsifizierende Beispiele*: Jede gewählte Handlung, die nicht mit generell gültigen Ideen übereinstimmt; zum Beispiel verletzt ein Student, der illegale Mittel bei einer Klausur benutzt, um sich einen Vorteil gegenüber anderen Studenten zu verschaffen, die Idee der Chancengleichheit.

2.4.2 Wenn eine Handlung nicht mit den Normen der Gemeinschaft übereinstimmt, führen die Mitglieder der Gemeinschaft diese Handlung nicht aus. *Falsifizierende Beispiele*: Jede von Mitgliedern einer Gemeinschaft gewählte Handlung, die nicht mit den Normen der Gemeinschaft übereinstimmt; zum Beispiel, wenn ein Student einen Außenstehenden über Vorgänge in seiner Gruppe informiert, obwohl es eine Gruppennorm ist, niemandem zu erzählen, was in der Gruppe geschieht.

3. Voluntarismus

3.1 Begrifflicher Bezugsrahmen

(1) Ziele

(2) Mittel

(3) Bedingungen

(4) Normen

(5) Ideen

(6) Handlungen

Residualkategorien: Die Theorie beansprucht, inklusiv zu sein und daher solche Kategorien nicht zu benötigen.

3.2 Propositionen

3.2.1 Je mehr Akteure das optimale Ergebnis ihrer Handlungen kalkulieren und je mehr sie unter den Bedingungen von Tausch und Wettbewerb handeln, desto häufiger wechseln sie ihre Handlungen (Variabilität des Handelns).

3.2.2 Je mehr Akteure das maximale Ergebnis einer Handlung kalkulieren und je mehr sie unter den Bedingungen von Herrschaft und Konflikt handeln, desto mehr erhalten ihre Handlungen eine bestimmte Richtung (Gerichtetheit des Handelns).

3.2.3 Je mehr ein Akteur seine Handlungen unter generell gültige Ideen subsumiert, desto mehr erhalten sie allgemeine Identität und Kontinuität, unabhängig von wechselnden Situationen (Identität des Handelns).

3.2.4 Je mehr ein Akteur seine Handlung von selbstverständlichen Normen ableitet, desto mehr erhält seine Handlung durch das Befolgen eines bestimmten voraussagbaren Musters eine Regularität, unabhängig von wechselnden Situationen (Regularität des Handelns).

3.3 Theoretische Lösung des Problems der Ordnung

Sofern es um die Voraussagbarkeit und die Regularität von Verhaltensmustern geht, ist Ordnung das Ergebnis der Etablierung von in der Gemeinschaft selbstverständlichen Normen. Um jedoch eine bleibende Identität trotz wechselnder Situationen beizubehalten, muss die Ordnung genauso durch einen Diskurs in Beziehung zu generell gültigen Ideen gesetzt werden. Ebenso macht sie die Notwendigkeit, angesichts wechselnder Bedingungen und Mittel variabel zu sein, zu einem Ergebnis wirtschaftlicher Kalkulation. Und die Notwendigkeit, Handlungen zu einem bestimmten Ziel hin zu steuern, verlangt, dass die Ordnung durch eine übergeordnete Autorität mit Sanktionsmacht durchgesetzt werden muss. *Technische Anweisung*: Abhängig von den Charakteristiken, die eine Ordnung aufzuweisen hat, müssen verschiedene Maßnahmen angewendet werden: Die Formierung einer Tradition innerhalb einer geschlossenen Gruppe, diskursive Argumentation aufgeklärter Akteure, wirtschaftliche Kalkulation oder die Einsetzung von Macht und Autorität.

3.4 Voraussagen

3.4.1 Wenn ein Akteur das optimale Ergebnis einer Handlung kalkuliert und die Handlung nicht zu diesem Optimum beiträgt, wird sie geändert. *Falsifizierendes Beispiel*: Eine großes Maß an wirtschaftlichen Kalkulationen, aber eine niedrige Rate von Handlungsveränderungen.

3.4.2 Wenn ein Akteur das maximale Ergebnis einer Handlung kalkuliert, wird diejenige Handlung von dem Akteur weitergeführt, die so ausgerichtet ist, dass sie zur maximalen Erreichung eines Ziels beiträgt. *Falsifizierendes Beispiel*: Eine hohes Maß der Maximierung, aber eine geringe Gerichtetheit des Handelns auf Ziele.

3.4.3 Wenn ein Akteur seine Handlung unter generell gültige Ideen subsumiert, behält der Akteur eine Identität in seinen Handlungen bei, auch wenn sie sich verändern. *Falsifizierendes Beispiel*: Eine starke Orientierung an generellen Ideen, aber eine schwache Identität von Handlungen.

3.4.4 Wenn ein Akteur seine Handlung von selbstverständlichen Normen ableitet, dann behält er ein gleichmäßiges Verhaltensmuster bei. *Falsifizierendes Beispiel*: Ein großes Bekenntnis zu Normen, aber eine geringe Regularität in Verhaltensmustern.

Systemtheorie

4. Soziale Systeme

4.1 Funktionen

4.1.1 Je mehr soziales Handeln durch Kommunikation, Diskurs und Wertbindung geleitet wird, desto mehr erhält es ein generelles Muster aufrecht.

4.1.2 Je mehr soziales Handeln durch Vergemeinschaftung, Solidarität, Konsens und Einfluss geleitet wird, desto mehr wird es sich konform zu feststehenden Normen verhalten.

4.1.3 Je mehr soziales Handeln durch Autorität und Macht geleitet wird, desto mehr wird es eine spezifische Richtung einschlagen, selbst wenn viele alternative Handlungsmöglichkeiten vorstellbar sind.

4.1.4 Je mehr soziales Handeln durch Markttausch und Geld geleitet wird, desto mehr wird es sich je nach Situation verändern (mit vorhandenen Mitteln und unter gegebenen Umständen) und desto stärker wird es seine adaptiven Fähigkeiten entfalten.

4.2 Interpenetration

4.2.1 Je mehr Wertbindungen die gesellschaftliche Gemeinschaft, die Politik und die Wirtschaft durchdringen, desto mehr werden sich soziale Normen, Herrschaftsausübung und Marktverhalten in die Richtung von Generalisierung, d.h. breiter gerechtfertigter Muster verändern.

4.2.2 Je mehr Einfluss den öffentlichen Diskurs, die Politik und die Wirtschaft durchdringt, desto mehr werden sich Diskussionsvorschläge, Herrschaftsausübung und Marktverhalten an definitiven Normen orientieren.

4.2.3 Je mehr politische Macht den öffentlichen Diskurs, die gesellschaftliche Gemeinschaft und die Wirtschaft durchdringt, desto mehr werden Diskussionsvorschläge, soziale Normen und Marktverhalten in die durch politische Macht erzwungene Richtung gelenkt, selbst im Falle von Widerstand.

4.2.4 Je mehr Geld den öffentlichen Diskurs, die gesellschaftliche Gemeinschaft und die Politik durchdringt, desto mehr wird das Produktionsniveau von Diskussionsvorschlägen, sozialen Normen und Herrschaftsausübung gesteigert und an wechselnde Bedingungen und Ziele angepasst.

4.3 Produktion

4.3.1 Je mehr die Wertbindungen durch Einfluss, politische Macht und Geld abgesichert sind, desto größer wird ihre Fähigkeit, Botschaften zu übermitteln.

4.3.2 Je stärker Einfluss durch Wertbindungen, politische Macht und Geld abgesichert wird, desto größer wird seine Fähigkeit, Unterstützung zu mobilisieren.

4.3.3 Je mehr sich politische Macht auf Wertbindungen, Einfluss und Geld stützen kann, desto größer wird ihre Fähigkeit, kollektiv verbindliche Entscheidungen zu treffen und durchzusetzen.

4.3.4 Je mehr Geld durch Wertbindungen, Einfluss und politische Macht abgesichert ist, desto größer wird seine Fähigkeit zur Allokation von Ressourcen, Waren und Dienstleistungen an artikulierte Bedürfnisse.

4.4 Vermittlung

4.4.1 Je mehr die Kommunikation durch Wertbindungen vermittelt wird, desto größer werden der Umfang und die Reichweite der gegenseitigen Verständigung.

4.4.2 Je mehr die Vergemeinschaftung durch Einfluss vermittelt wird, desto größer werden der Umfang und die Reichweite der Unterstützung.

4.4.3 Je mehr die Herrschaftsausübung durch politische Macht vermittelt wird, desto größer werden der Umfang und die Reichweite der kollektiv verbindlichen Entscheidungen.

4.4.4 Je mehr der Marktaustausch durch Geld vermittelt wird, desto größer werden der Umfang und die Reichweite der Transaktionen von Ressourcen, Waren und Dienstleistungen.

4.5 Dynamik und Wachstum

4.5.1 Je mehr die Nachfrage nach Verständigung, Unterstützung, kollektiv verbindlichen Entscheidungen, Ressourcen, Waren und Dienstleistungen im Zeitraum von t_0 bis t_1 das Angebot übersteigt, desto größer wird das Wachstum der dafür einzusetzenden Medien und desto höher wird die Inflationsrate sein.

4.5.2 Je mehr das Angebot an Verständigung, Unterstützung, kollektiv verbindlichen Entscheidungen, Ressourcen, Waren und Dienstleistungen im Zeitraum von t_0 bis t_1 die Nachfrage übersteigt, desto mehr wird die Zahl der Einheiten der dafür einzusetzenden Medien sinken und desto höher wird die Deflationsrate sein.

4.5.3 Je mehr und je schneller das Angebot an Kommunikationsmedien wächst, ohne ein entsprechendes Wachstum beim Angebot an Produkten, desto größer wird die Inflationsrate sein.

4.5.4 Je mehr das Angebot an Kommunikationsmedien in Bezug auf das Angebot an Produkten zurückfällt, desto größer wird die Deflationsrate sein.

4.5.5 Je mehr das Angebot an Kommunikationsmedien und die Produktion insgesamt steigen, desto mehr werden Verständigung, Konformität, kollektiv verbindliche Entscheidungen, Waren und Dienstleistungen im gesamten System wachsen und Nullsummen-Bedingungen überwinden.

5. Handlungssysteme

5.1 Funktionen

5.1.1 Je mehr Handeln durch Symbole und Situationsdefinitionen geleitet wird, desto mehr wird es ein generelles Muster aufrechterhalten.

5.1.2 Je mehr Handeln durch soziale Interaktion und Affekt (affektive Bindung) geleitet wird, desto besser kann es vorausgesagt werden.

5.1.3 Je mehr Handeln durch persönliche Dispositionen und Handlungskapazitäten geleitet wird, desto mehr wird das Verhalten in eine spezifische Richtung gehen, auch wenn alternative Handlungsmöglichkeiten offen stehen.

5.1.4 Je mehr Handeln durch Lernprozesse und Intelligenz geleitet wird, desto situationsspezifischer wird es sein und desto mehr wird es seine adaptiven Fähigkeiten entfalten.

5.2 Interpenetration

5.2.1 Je mehr soziale Interaktion, persönliche Dispositionen und Lernprozesse von Situationsdefinitionen durchdrungen werden, desto mehr werden sie sich in die Richtung von Generalisierung, d.h. von umfassend legitimierten Mustern bewegen.

5.2.2 Je mehr kulturelle Symbolisierung, persönliche Dispositionen und Lernprozesse von Affekt durchdrungen werden, desto mehr werden sie in definitiver Weise geordnet sein.

5.2.3 Je mehr kulturelle Symbolisierung, soziale Interaktionen und Lernprozesse von persönlicher Handlungskapazität durchdrungen werden, desto mehr werden sie auf spezifische Ziele ausgerichtet sein.

5.2.4 Je mehr kulturelle Symbolisierung, soziale Interaktion und persönliche Dispositionen von Intelligenz durchdrungen werden, desto mehr werden sie nach dem Wandel von Situationen variieren und desto größer werden ihre adaptiven Fähigkeiten sein.

5.3 Produktion

5.3.1 Je mehr Situationsdefinitionen durch Affekt, persönliche Handlungskapazität und Intelligenz abgesichert sind, desto größer wird ihre Fähigkeit sein, Botschaften zu übermitteln.

5.3.2 Je mehr Affekt durch Situationsdefinitionen, persönliche Handlungskapazität und Intelligenz abgesichert ist, desto größer wird seine Fähigkeit sein, soziale Interaktion zu koordinieren.

5.3.3 Je mehr persönliche Handlungskapazität durch Situationsdefinitionen, Affekt und Intelligenzabgesichert ist, desto größer wird ihre Fähigkeit sein, Entscheidungen zu fällen und auszuführen.

5.3.4 Je mehr Intelligenz durch Situationsdefinitionen, Affekt und persönliche Handlungskapazität abgesichert ist, desto größer wird ihre Fähigkeit zur Anpassung an die Veränderung von Situationen sein.

5.4 Vermittlung

5.4.1 Je mehr kulturelle Symbolisierung durch Situationsdefinitionen vermittelt wird, desto größer werden der Umfang und die Reichweite verständlicher Botschaften sein.

5.4.2 Je mehr soziale Interaktion durch Affekt vermittelt wird, desto größer werden der Umfang und die Reichweite der Koordination sozialer Interaktionen sein.

5.4.3 Je mehr persönliche Entscheidungen durch persönliche Handlungskapazität vermittelt werden, desto größer werden der Umfang und die Reichweite der getroffenen und ausgeführten Entscheidungen sein.

5.4.4 Je mehr Lernprozesse durch Intelligenz vermittelt werden, desto größer werden der Umfang und die Reichweite erfolgreicher Anpassungen an die Veränderung von Situationen sein.

5.5 Dynamik und Wachstum

5.5.1 Je mehr die Nachfrage nach Sinn, Koordination von Interaktionen, persönlichen Entscheidungen und Verhaltensanpassungen im Zeitraum von t_0 bis t_1 das Angebot übersteigt, desto größer wird das Wachstum der dafür einzusetzenden Einheiten der Medien und desto höher wird die Inflationsrate sein.

5.5.2 Je mehr das Angebot an verständlichen Botschaften, Koordination von Interaktionen, Entscheidungen und Verhaltensanpassungen im Zeitraum von t_0 bis t_1 die Nachfrage übersteigt, desto mehr wird die Zahl der dafür einzusetzenden Einheiten der Medien sinken und desto höher wird die Deflationsrate sein.

5.5.3 Je mehr und je schneller das Angebot an Interaktionsmedien in Bezug auf das Angebot an Produkten wächst, desto größer wird die Inflationsrate sein.

5.5.4 Je mehr das Angebot an Interaktionsmedien in Bezug auf das Angebot an Produkten zurückfällt, desto größer wird die Deflationsrate sein.

5.5.5 Je mehr das Angebot an Interaktionsmedien und die Produktion insgesamt zunehmen, desto mehr werden verständliche Botschaften, Koordination von Interaktionen, persönliche Entscheidungen und Verhaltensanpassungen im gesamten System wachsen und Nullsummen-Bedingungen überwinden.

6. Die Conditio Humana

6.1 Funktionen

6.1.1 Je mehr Ereignisse von transzendentalen Bedingungen geleitet werden, desto mehr werden sie ein allgemeines Muster aufrechterhalten.

6.1.2 Je mehr Ereignisse durch Handeln geleitet werden, desto stärker werden sie koordiniert sein.

6.1.3 Je mehr Ereignisse von organischen Bedingungen geleitet werden, desto mehr werden sie einen zielgerichteten Charakter entfalten.

6.1.4 Je mehr Ereignisse von physikalischen und chemischen Prozessen geleitet werden, desto stärker werden sie unter veränderten Bedingungen variieren.

6.2 Interpenetration

6.2.1 Je mehr transzendentales Ordnen das Handeln, den Organismus und die physikalischen und chemischen Prozesse durchdringt, desto mehr werden sie ein allgemeines Muster aufrechterhalten.

6.2.2 Je mehr die transzendentalen Bedingungen, der Organismus und die physikalischen und chemischen Prozesse von Sinn durchdrungen werden, desto mehr werden sie koordiniert sein.

6.2.3 Je mehr die transzendentalen Bedingungen, der Organismus und die physikalischen und chemischen Prozesse von Gesundheit durchdrungen werden, desto mehr werden sie zielgerichtet sein.

6.2.4 Je mehr empirisches Ordnen die transzendentalen Bedingungen, das Handeln und den Organismus durchdringt, desto mehr werden sie sich an veränderte Situationen anpassen.

6.3 Produktion

6.3.1 Je mehr das transzendentale Ordnen von Sinn, Gesundheit und empirischem Ordnen geleitet wird, desto größer ist seine Fähigkeit, ein latentes Muster aufrechtzuerhalten.

6.3.2 Je mehr Sinn durch transzendentales Ordnen, Gesundheit und empirisches Ordnen geleitet wird, desto stärker wird seine Koordinationsfähigkeit sein.

6.3.3 Je mehr Gesundheit durch transzendentales Ordnen, Sinn und empirisches Ordnen geleitet wird, desto stärker wird ihre zielgerichtete Fähigkeit sein.

6.3.4 Je mehr empirisches Ordnen durch transzendentales Ordnen, Sinn und Gesundheit geleitet wird, desto stärker wird seine Anpassungsfähigkeit sein.

6.4 Vermittlung

6.4.1 Je mehr transzendentale Bedingungen durch transzendentales Ordnen vermittelt werden, desto stärker wachsen Zahl und Ausmaß der Ereignisse, die man in einem konsistenten System begreifen kann.

6.4.2 Je mehr Handeln durch Sinn vermittelt wird, desto stärker wachsen Zahl und Ausmaß des Handelns, das koordiniert werden kann.

6.4.3 Je mehr Organismen durch Gesundheit vermittelt werden, desto stärker wachsen Zahl und Ausmaß der organischen Prozesse, die zielgerichtet arbeiten können.

6.4.4 Je mehr physikalische und chemische Prozesse durch empirisches Ordnen vermittelt werden, desto stärker wachsen Zahl und Ausmaß jener Prozesse, die aneinander angepasst werden können.

6.5 Dynamik und Wachstum

6.5.1 Je mehr die Nachfrage nach latenter Aufrechterhaltung von Mustern, Koordinierung von Handlungen, organischer Ausrichtung auf Ziele und physikalisch-chemischer Anpassung das Angebot übersteigt, das im Zeitraum von t_0 bis t_1 wächst, umso stärker wird die Zahl der Einheiten der entsprechenden Medien anwachsen, die dafür investiert werden müssen, d.h. umso höher wird die Inflationsrate sein.

6.5.2 Je mehr das Angebot an latenter Aufrechterhaltung von Mustern, Koordinierung von Handlungen, organischer Ausrichtung auf Ziele und physikalisch-chemischer Anpassung die Nachfrage übersteigt, die im Zeitraum von t_0 bis t_1 wächst, umso stärker sinkt die Zahl der Einheiten der entsprechenden Medien, die dafür investiert werden müssen, d.h. umso höher wird die Deflationsrate sein.

6.5.3 Je mehr und je schneller das Angebot an Medien der Conditio Humana wächst, ohne dass es zu einem entsprechenden Anstieg im Angebot an Produkten kommt, desto höher wird die Inflationsrate sein.

6.5.4 Je mehr das Angebot an Medien der Conditio Humana hinter dem Anwachsen des Angebots an Produkten zurückbleibt, desto höher wird die Deflationsrate sein.

6.5.5 Je mehr das Angebot an Medien der Conditio Humana wie auch das der Produktion gemeinsam wachsen, desto mehr werden die Erhaltung von latenten Strukturen, die Koordinierung von Handlungen, die organische

Ausrichtung auf Ziele und die physikalisch-chemische Anpassung im gesamten System zunehmen und die Nullsummen-Bedingungen überwinden.

7. Entwicklung der Persönlichkeit und Sozialisation

7.1 Funktionen

7.1.1 Je mehr der menschliche Organismus mit wechselnden Bedingungen interagiert, desto mehr Intelligenz wird mobilisiert und desto mehr erwirbt die menschliche Persönlichkeit die Kompetenz, beim Erreichen von Zielen mit wechselnden Situationen umzugehen.

7.1.2 Je mehr sich der menschliche Organismus mit sozialen Objekten identifiziert, desto stärker wird Affekt das Handeln anleiten und desto mehr wird die menschliche Persönlichkeit Selbstkontrolle und ein moralisches Gewissen erwerben, welche das persönliche Erreichen von Zielen der Disziplin und festgeschriebenen Regeln unterwirft.

7.1.3 Je mehr sich der menschliche Organismus mit der kulturellen Symbolisierung konfrontiert sieht, desto mehr werden Definitionen der Situation das Handeln anleiten und desto mehr wird die menschliche Persönlichkeit eine allgemeine Identität annehmen, die bei jeglichem konkreten, adaptiven und zielgerichteten oder durch Regeln geleiteten Handeln ein generelles Muster aufrechterhält.

7.1.4 Je mehr der menschliche Organismus Möglichkeiten erhält, sich gegenüber seiner faktischen, sozialen und kulturellen Umgebung abzuheben, desto mehr wird Leistungsfähigkeit mobilisiert und desto mehr wird die menschliche Persönlichkeit ein starkes Ego erwerben.

7.2 Wachstum

7.2.1 Je größer die Zahl und das Ausmaß von Situationen, mit denen die menschliche Persönlichkeit konfrontiert wird, desto stärker wächst ihre Kompetenz, Wissen zu mobilisieren, um Ziele zu erreichen.

7.2.2 Je größer die Zahl und das Ausmaß von Menschen und sozialen Kreisen, mit denen die menschliche Persönlichkeit konfrontiert wird, desto stärker wächst ihre Fähigkeit, ein breites Spektrum an Loyalitäten zu koordinieren.

7.2.3 Je größer die Zahl und das Ausmaß von Symbolisierungen, mit denen die menschliche Persönlichkeit konfrontiert wird, desto größer werden Zahl und Ausmaß der Handlungen sein, welche die Persönlichkeit innerhalb ihrer Identität vereinbaren kann, und umso größer wird ihre Fähigkeit zur Reflektion ausgeprägt sein.

7.2.4 Je größer die Zahl und das Ausmaß von Möglichkeiten, sich zu widersetzen, die der menschlichen Persönlichkeit zur Verfügung stehen, desto größer wird ihre Fähigkeit sein, eine einzigartige Identität aufrechtzuerhalten, sich von anderen zu unterscheiden und Zwängen und Versuchungen zu widerstehen.

8. Sozio-kulturelle Evolution

8.1 Funktionen

8.1.1 Je mehr Ressourcen eine Gesellschaft mobilisieren kann, desto größer wird ihre Fähigkeit sein, sich an wechselnde Situationen anzupassen.

8.1.2 Je mehr eine Gesellschaft funktionale Differenzierung erreichen kann und dabei gleichzeitig die Koordination der Arbeitsteilung aufrechterhält, desto größer wird ihre Fähigkeit sein, eine immer höhere Zahl und ein immer höheres Maß an unterschiedlichen Zielen zu erreichen.

8.1.3 Je mehr es einer Gesellschaft gelingt, eine Vielzahl von Gruppen in einer Vergemeinschaftung unter der Idee einer gemeinsamen Staatsbürgerschaft zu vereinen, desto größer wird ihre Fähigkeit sein, eine immer größere Zahl und ein immer breiteres Spektrum an sozialen Interaktionen zu koordinieren.

8.1.4 Je mehr es einer Gesellschaft gelingt, ihr Wertesystem zu generalisieren, desto größer wird ihre Fähigkeit sein, in einer immer größeren Zahl von Transformationen eine grundlegende Identität zu bewahren.

8.2 Wachstum

8.2.1 Je mehr ein Wertesystem von einer konkreten Gesellschaft unterschieden und mit ihr verflochten ist, desto höher ist das Maß an Wertegeneralisierung und Transformation der Gesellschaft in die Richtung von immer generalisierteren und anspruchsvolleren Werten.

8.2.2 Je weniger ein Wertesystem von einer konkreten Gesellschaft unterschieden ist, desto mehr werden die beiden einander gegenseitig in ihren Bemühungen unterstützen, eine traditionelle kulturelle und soziale Ordnung aufrechtzuerhalten.

8.2.3 Je mehr ein Wertesystem von einer konkreten Gesellschaft unterschieden ist, mit ihr aber nicht verflochten bleibt, desto mehr wird das Wertesystem in einem abstrakten Mystizismus enden und desto mehr bleibt die Gesellschaft ihren eigenen traditionellen bzw. dynamischen Kräften von Gemeinschaft, Macht und Interessen überlassen.

8.2.4 Je mehr es einer Gesellschaft gelingt, Zwischensysteme zu errichten, um zwischen konfligierenden funktionalen Anforderungen mittels Interpenetration zu vermitteln, desto größer wird ihre Fähigkeit sein,

Anpassung, das Erreichen von Zielen, Integration und Erhaltung von latenten Strukturen gleichzeitig zu steigern.

9. Soziale Schichtung

9.1 Je stärker die Übereinstimmung zwischen dem System der sozialen Schichtung einer Gesellschaft und ihrem Wertesystem ist, und je stärker der Konsens über dieses Wertesystem, desto stärker ist die Legitimität des Schichtungssystems ausgeprägt.

9.2 Je schwächer die Übereinstimmung zwischen dem System der sozialen Schichtung einer Gesellschaft und ihrem Wertesystem ist, und je stärker der Konsens über dieses Wertesystem, desto schwächer ist die Legitimität des Schichtungssystems und desto stärker wird der kulturelle Druck auf das System, sich zu verändern.

9.3 Je weniger es einen Konsens über das Wertesystem in der Gesellschaft gibt, desto weniger wird das System der sozialen Schichtung als legitim anerkannt und desto mehr wird es ausschließlich aus dem Zugang zu Geld, Macht oder Einfluss resultieren und somit ein faktisch zwar bestehendes aber nicht legitimes System darstellen.

Neofunktionalismus

10. Politik als gesellschaftlicher Prozess

10.1 Je mehr politische Macht in politischen Netzwerken generiert und in politische Programme umgesetzt wird, umso effektiver werden diese Programm implementiert.

10.2 Je mehr Einfluss (politische Unterstützung) aus der Zivilgesellschaft für politische Programme mobilisiert werden kann, umso mehr wird ihre Implementation durch die Kooperation einflussreicher Akteure unterstützt und umso verbindlichere Geltung erlangen die Programme.

10.3 Je mehr Wertbindungen durch kulturelle Diskurse für politische Programme generiert werden können, umso mehr verfügen sie über allgemein anerkannte Legitimität und umso mehr wird ihre Implementation als legitim akzeptiert.

10.4 Je mehr Geld durch eine prosperierende Wirtschaft und daraus resultierende Steuereinnahmen für politische Programme bereitsteht, umso größer und flächendeckender wird ihr Umfang sein.

10.5 Je mehr Policy-Netzwerke und ihre Rahmung durch die Struktur von Professionen, institutionellen Regeln und politischer Kultur dem Typus des Kompromisses entsprechen, umso größer ist die Trägheit der

Generierung und Implementation politischer Programme und umso mehr Einfluss muss für sie zwecks kooperativer Unterstützung eingesetzt werden.

10.6 Je mehr Policy-Netzwerke und ihre Rahmung durch die Struktur von Professionen, institutionellen Regeln und politischer Kultur dem Typus des Konflikts entsprechen, umso eindeutiger ist die Generierung und Implementation politischer Programme auf planmäßig verfolgte Ziele ausgerichtet und umso mehr politische Macht muss für sie zwecks effektiver Durchsetzung mobilisiert werden.

10.7 Je mehr Policy-Netzwerke und ihre Rahmung durch die Struktur von Professionen, institutionellen Regeln und politischer Kultur dem Typus der Synthese entsprechen, umso größer ist der sachliche Gehalt der Generierung und Implementation politischer Programme und umso mehr Wahrheit (Wissen) muss für sie zwecks Anerkennung als legitim eingebracht werden.

10.8 Je mehr Policy-Netzwerke und ihre Rahmung durch die Struktur von Professionen, institutionellen Regeln und politischer Kultur dem Typus des Wettbewerbs entsprechen, umso größer ist die Offenheit und Variation der Generierung und Implementation von politischen Programmen und umso mehr Geld muss zwecks Behauptung im Wettbewerb in Kampagnen und Lobbying für sie gesteckt werden.

10.9 Die Entgrenzung von Wissenschaft, Technik und Industrie in der Weltwirtschaft wirkt in die Richtung der Herausbildung von kooperativem Konfliktmanagement als neuem Regulierungstypus.

10.10 Der soziale Wandel hin zu einem neuen Regulierungstypus vollzieht sich in der Interaktion der vier Ebenen der langfristigen evolutionären Entwicklungslogik, der mittelfristigen funktionalen Entwicklungsdynamik, der mittelfristigen institutionellen Entwicklungspfade und der kurzfristigen Entwicklungskonflikte zwischen den Kräften der Veränderung und den Kräften der Beharrung.

Kritische Würdigung

Talcott Parsons unternahm den tief greifendsten Versuch, eine Synthese in der soziologischen Theorie zu erzielen, obwohl es ihm nicht in jeder Hinsicht gelang. Seine größte Leistung ist die Bereitstellung eines formalen Bezugsrahmens, der verwendet werden kann, um konfligierende Paradigmen in ein System zu integrieren. Seine Bemühung um Synthese war jedoch von Beginn an in die

Richtung einer Suche nach jenen Faktoren beeinflusst, welche die Ordnung im sozialen Leben erklären. Diese Suche wurde mit einem sehr stark von Durkheim geprägten Ansatz zur Frage der Ordnung durchgeführt. Seine Position wurde grundsätzlich dadurch geprägt, dass er Durkheims Kritik des Utilitarismus teilte, die im Kern richtig ist, aber dazu neigt, den Beitrag des utilitaristischen Denkens zum Verständnis des sozialen Handelns außer Acht zu lassen.

Parsons' erste Lösung des Problems der Ordnung in *The Structure of Social Action* (1937/1968) wurde von Kritikern weitgehend missverstanden, die auf Formen vorhersehbarer Interaktion verweisen, die nicht aus gemeinsam geteilten Normen resultieren. Dies ist jedoch keine Falsifizierung von Parsons' Aussage, die herausstellen möchte, dass keine andere Form der Koordinierung von sozialem Handeln, z.B. äußere Gewalt oder die Konvergenz von Interessen, dieselbe Verbindlichkeit und somit Gleichmäßigkeit und Stabilität des sozialen Handelns produziert wie gemeinsam geteilte Normen. Parsons selbst gestand zu, dass es „faktisch" gegebene, erzwungene und zufällige Formen von Ordnung gibt, die aus äußerer Gewalt und konvergierenden Interessen resultieren. Was er im Gegensatz zur faktischen Ordnung als „normative" Ordnungbezeichnet, basiert auf der Zustimmung von frei wählenden, vernünftigen Akteuren und stellt somit eine Art der Ordnung dar, die nur unter der Voraussetzung der Freiheit und der Vernunftfähigkeit des Menschen möglich ist. Dies ist der Grund, weshalb seine Position als „Voluntarismus" bezeichnet wird.

Parsons hielt jedoch nicht den Unterschied zwischen allgemeinen Werten und konkreten Normen, zwischen Vernunft und Konformität aufrecht und neigte dazu, die normative Lösung des Problems der Ordnung im Sinne von Normkonformität zu verstehen; damit schloss er den Gegensatz zu dieser Position aus, nämlich die Zustimmung zu einer Ordnung auf der Grundlage von Argumentation und Diskurs. Er arbeitete das Kantianische Problem der Ordnung nicht vollständig durch und geriet in die Fänge des Konformismus anstatt die Spannung zwischen Idealismus und Konformismus klar aufrechtzuerhalten, obwohl er sich dieser Gegensätze in der Unterscheidung zwischen Objektivismus und Historismus in der idealistischen Tradition des Denkens durchaus bewusst war (Parsons 1937/1968: 437-488). Daher neigte er dazu, Webers Begriff des Einflusses von Ideen auf das soziale Leben mit Durkheims Begriff der kollektiven Repräsentationen zu vermischen. Ein vollständiges Verständnis des Problems der Ordnung im sozialen Handeln muss aber die Spannung zwischen zufälligen, erzwungenen, konformistischen und idealistischen Formen der Ordnung in einer allgemeinen Theorie der voluntaristischen Ordnung viel stärker beibehalten als Parsons dies tat. Das bedeutet die Einbeziehung von Marktaustausch, Konflikt und Diskurs in die Erklärung der Produktion von Ordnung.

Den nächsten Schritt in der Entwicklung seiner Soziologie hat Parsons in *The Social System* (Parsons 1951) und *Toward a General Theory of Action* (Parsons und Shils 1951a)vollzogen. Auch er bedeutete noch kein vollständiges Ende seiner konformistischen Neigung. Parsons' näherte sich dem menschlichen Handeln in der Interpenetration des sozialen Systems, der Persönlichkeit und des kulturellen Systems vor allem durch die Frage, wie aus diesem Austausch eine Ordnung des Handelns entsteht. Er erweiterte die Frage noch durch die Unterscheidung des sozialen, des motivationalen und des kulturellen Problems der Ordnung. Bei seiner Beschäftigung mit Ordnung unterschied er nicht klar zwischen Institutionalisierung, Internalisierung und Sozialisation, sondern verwob sie in einem einzigen Komplex, wobei die Sozialisation die Führungsposition innehatte (Wrong 1961). Auf der anderen Seite tauchten Elemente der behavioristischen Sicht des menschlichen Handelns auf. Er begriff Interaktion als einen Austausch von Gratifikationen und Deprivationen und spielte somit die Bedeutung von Vereinigung und Kommunikation herunter. Seine Theorie der Persönlichkeitsentwicklung wurde später von Durkheim, Freud und dem Behaviorismus seines Mitarbeiters James Olds beeinflusst. Sie formulierte die Bedingungen für das Entstehen eines eher konformistischen Persönlichkeitstypus. In einer Weiterentwicklung seiner Theorie auf der Ebene des allgemeinen Handlungssystems bezog er in der Zusammenarbeit mit Victor und Charles Lidz auch Elemente von Mead und Piaget ein, so dass er sich einer erheblich komplexeren Theorie der Persönlichkeitsentwicklung in der Interpenetration des Systems der Persönlichkeit, des verhaltensmäßigen Lernens, der sozialen Interaktion und der kulturellen Symbolisierung näherte und somit Wege hin zu einem differenzierten Verständnis der konformistischen, reflektiven, rebellischen und veränderlichen Aspekte der Persönlichkeit wies. Ein vollständiges Verständnis dieser Dimensionen der Persönlichkeitsentwicklung erfordert jedoch die wietere Inklusion der Beiträge von Piaget, Kohlberg, Simmel und Mead in den Bezugsrahmen von Parsons' Handlungstheorie.

Dasselbe gilt für Parsons' Theorie des sozialen Systems, die aus der Sicht der Herstellung von Ordnung formuliert ist und die entsprechenden Mechanismen im Austausch der einzelnen Subsysteme des sozialen Systems herausstellt. Mit der Formulierung des Vier-Funktionen-Schemas überschritt Parsons jedoch seine ursprüngliche Verschmelzung von Werten und Normen, Vernunft und Konformität. Er war nun in der Lage, klar und deutlich zwischen diesen beiden Dimensionen, zwischen kulturellem und sozialem System auf der Ebene des allgemeinen Handlungssystems und treuhänderischem und gemeinschaftlichem System auf der Ebene des sozialen Systems zu unterscheiden. Vor allem in seiner Theorie der sozio-kulturellen Evolution erkannte er die Macht allgemeiner kultureller Ideen und Werte, welche die Ordnung transformieren und über jedes konkrete soziale System hinausgreifen, sowie die Macht der intellektuellen Argumentation, die das Glaubenssystem jeder partikularen Gemeinschaft überschreitet.

Parsons' Vier-Funktionen-Paradigma ermöglicht es, sich adäquat auf alle Dimensionen des sozialen Lebens und der sozialen Entwicklung, auf Solidarität und Diskurs, Macht und Marktaustausch gleichermaßen zu konzentrieren. Eine vollständige Realisierung des Potenzials seiner Theorie erfordert jedoch eine erheblich stärkere Inklusion der Beiträge der verschiedenen Paradigmen, die sich auf die Untersuchung einer dieser Dimensionen spezialisiert haben. Die Konzeptualisierung des sozialen und kulturellen Systems muss durch die Diskurstheorie und den symbolischen Interaktionismus erneuert werden, die des Gemeinschaftssystems durch Strukturalismus, Phänomenologie und Ethnomethodologie, die des politischen Systems durch Konflikttheorie und Strukturierungstheorie und die des ökonomischen Systems durch die Theorie von Rational Choice und durch den Marxismus. Wenn dies erreicht ist, kann die Theorie von Parsons den umfassenden Bezugsrahmen für die Arbeit an einem immer feiner gewobenen Netz der soziologischen Theorie als gemeinsames Unterfangen aller Soziologen bieten, ganz gleich von welcher Grundlage sie ausgehen. Im Hinblick auf die oft gestellte Frage, ob Parsons' Hinwendung zur Systemtheorie eine Abkehr von den grundlegenden Einsichten seiner früheren Handlungstheorie bedeutet, sollten wir aus diesem Kapitel folgendes gelernt haben: Parsons' Systemtheorie bedeutet keine Abkehr von seinen früheren Einsichten. Sie beinhaltet eine Erweiterung, aber keine Zurückweisung der Handlungstheorie.

Es gab schon viele kritische Bewertungen von Parsons' Werk. Von den vielen vorhandenen Arbeiten können wir vor allem Black (1961), Loubser, Baum, Effrat und Lidz (1976), Bourricaud (1977) sowie Alexander (1982-1983, Band 4) erwähnen. Auch vom Autor dieses Buches gibt es eine ausführliche Würdigung (Münch 1982/1988). Robert Holton und Bryan Turner (1989) haben unser Verständnis von Parsons' Sicht der Ökonomie in der Gesellschaft weitergebracht.

Orientierungsfragen

Analytischer Funktionalismus

1. Warum und inwiefern stellt die Entstehung und Aufrechterhaltung sozialer Ordnung ein soziologisches Problem dar? Welches sind die positivistischen Erklärungen für Handlung und Ordnung, welches sind die idealistischen

Erklärungsansätze? Wie bringt Parsons beide Erklärungsansätze zu einer Synthese?

2. Erläutern Sie die voluntaristische Sozialordnung nach Parsons am Beispiel a) des Tauschs von Ware gegen Geld auf einem Marktplatz, b) der Sozialordnung im modernen Staat!
3. Worin bestehen Elemente, Identität, Grenzen und Mechanismen der Aufrechterhaltung des Sozialsystems, des Kultursystems und Persönlichkeitssystems? Welche Verbindungen bestehen zwischen Sozialsystem, Kultursystem und Persönlichkeitssystem? Welche drei Ordnungsprobleme lassen sich unterscheiden?
4. Erläutern Sie das Problem der doppelten Kontingenz!
5. Wenden Sie Parsons' analytisches Vier-Funktionen-Schema praktisch an: A) Eine mittlere Stadt in einer europäischen Grenzregion oder strukturarmen Wirtschaftsregion ist bestrebt, Touristen und Investoren anzulocken. Sie unternimmt Anstrengungen, um sich an die durch die Globalisierung bedingten neuen Erfordernisse anzupassen. Erläutern Sie die Entwicklungslogik und -dynamik der Stadt als Sozialsystem! B) Ein mittelständisches Produktionsunternehmen geht an die Börse, um mehr Liquidität zu bekommen. Wie verändert sich das Unternehmen bedingt durch die neuen Eigentumsverhältnisse als Aktiengesellschaft? Wenden Sie Parsons' Theorie der generalisierten Kommuniationsmedien auf die analytischen Funktionsbereiche Ökonomie, Lokalpolitik und Stadtverwaltung, Gemeinwesen und Stadtkultur bei der mittleren Stadt an; erläutern Sie damit die Struktur des Interaktionssystems Stadt und die Logik und Dynamik ihres Wandels und verfahren Sie analog beim Produktionsunternehmen!
6. In welcher Beziehung steht das Interaktionssystem zu der allgemeinen Kultur, den Persönlichkeiten der Individuen sowie zu den Verhaltensweisen der Personen, Gruppen und Organisationen?
7. Wenden Sie Parsons' Theorie der generalisierten Kommunikationsmedien auf der Ebene des allgemeinen Handlungssystems a) auf die mittlere Stadt und b) auf das Produktionsunternehmen an! Welche externen Bedingungen stellen Kultur, Persönlichkeit und Verhalten für das Kollektiv dar? In welche Richtung verändert sich das Verhältnis von Kollektiv und Individuum im Zusammenhang mit den zuvor dargestellten Veränderungen?
8. Beschreiben Sie die Phasen und Stufen der Persönlichkeitsentwicklung und Sozialisation sowie die Prozesse, die Parsons zufolge in der Sozialisation ablaufen! Vergleichen Sie Parsons' Sicht mit derjenigen von Durkheim und von Mead! Was meint Parsons mit dem Begriff des Institutionalisierten Individualismus?

9. Gesellschaften entwickeln sich nach bestimmten (sozialen) Gesetzmäßigkeiten. Vergleichen Sie die Entwicklungsgesetzmäßigkeiten sowie Phasen und Stufen, die moderne Gesellschaften nach dem multidimensionalen Ansatz bei Parsons durchlaufen haben, mit den Modernisierungstheorien bei Durkheim und bei Luhmann! Nehmen Sie kritisch dazu Stellung!
10. Entwerfen Sie je ein Szenario für gelingende und misslingende Modernisierung für das System moderner Gesellschaften im 21. Jahrhundert a) unter den Bedingungen wirtschaftlicher Globalisierung und des verschärften internationalen Marktwettbewerbs sowie b) unter den Bedingungen globaler Kommunikation durch die neuen Medien, die annähernd in Echtzeit erfolgt!

Neofunktionalismus

1. Stellen Sie die Generierung von Macht im Handlungsraum unter Einbeziehung von Geld, Einfluss und Wertbindungen an einem Beispiel dar.
2. Stellen Sie den Policy-Prozess der Generierung und Implementation von politischen Programmen im Kontext von Policy-Netzwerken, Professionen, institutionellen Regeln und politischer Kultur dar.
3. Was ist eine Machtinflation?
4. Was ist eine Machtdeflation?
5. Was ist eine Inflations-Deflations-Spirale der Macht?
6. Welche Eigenschaften kennzeichnen das Policy-Netzwerk des Wettbewerbs (des Konflikts, des Kompromisses, der Synthese), welche Konsequenzen ergeben sich aus ihnen für Innovation, Konfliktbeilegung, Inklusion von Akteuren und Konsensbildung?
7. Wie ist der soziale Wandel in die Richtung der Herausbildung von kooperativem Konfliktmanagement als Typus der Regulierung technischer Risiken zu erklären?

Wichtige Begriffe

Analytischer Funktionalismus

Abweichung
Adaptation (Anpassung)
Affektivität/Affektive Neutralität
Ascription (Zuschreibung)/Achievement (Leistung)

Bedingungs-Kontroll-Hierarchie, kybernetische
Conditio Humana
Diffusität/Spezifität
Evolution, soziale
Faktor/Produkt
Goal-Attainment (Zielerreichung)
Handlung
Handlungssystem, allgemeines
Individualismus, institutionalisierter
Institutionalisierung
Integration
Interaktion
Internalisierung
Interpenetration
Kommunikationsmedien, generalisierte
Komplementarität
Kontingenz, doppelte
Kontingenz, einfache
Latent-Pattern-Maintenance (Erhaltung latenter Strukturen)
Machtdeflation
Machtinflation
Normen
Ordnung, faktische
Ordnung, normative
Ordnung, soziale
Ordnung, voluntaristische
Ordnungserklärungen, idealistische
Ordnungserklärungen, positivistische
Orientierungsalternativen/Pattern Variables
Partikularismus/Universalismus
Persönlichkeitssystem
Protogesellschaften
Regeln
Schichtung, soziale
Selbst-/Kollektivitätsorientierung
Sozialisation
System, kulturelles
System, soziales
Systemtheorie, funktionalistische
Verhaltenssystem
Wandel, sozialer
Zuschreibung/Leistung

Neofunktionalismus

Entwicklungsdynamik
Entwicklungskonflikt
Entwicklungslogik
Entwicklungspfad
Inflations-Deflations-Spirale der Macht
Kompromiss
Konflikt
Konstruktion, soziale
Machtdeflation
Machtinflation
Policy-Netzwerk
Synthese
Wandel, sozialer
Wettbewerb

3. Systembildung und Systemdifferenzierung Niklas Luhmanns Systemtheorie

Biografische Angaben

Niklas Luhmann wurde am 8. Dezember 1927 in Lüneburg geboren. Er besuchte ein humanistisches Gymnasium. Gegen Ende des Krieges, 1944, wurde er noch als Luftwaffenhelfer zum Kriegsdienst eingezogen, weshalb er den Besuch des Gymnasiums vorzeitig beenden musste. Von 1946 bis 1949 studierte er in Freiburg Rechtswissenschaften. Nach dem juristischen Vorbereitungsdienst war er annähernd zehn Jahre in der niedersächsischen Landesverwaltung tätig, die meiste Zeit davon im Kultusministerium. Schon während dieser Tätigkeit betrieb Luhmann ein ausgiebiges Literaturstudium und fing an, einen Zettelkasten mit Exzerpten und eigenen Gedanken aufzubauen, den er zeitlebens ständig erweiterte und als reichhaltige Materialsammlung nutzte. Für das akademische Jahr 1960/61 ließ er sich vom juristischen Dienst beurlauben und ging zum Studium der Verwaltungswissenschaft und Soziologie an die Harvard University in Cambridge, Massachusetts, USA, wo die Begegnung mit Talcott Parsons eine entscheidende Bedeutung bekommen sollte. Das Studium bei Parsons führte zu einer lebenslangen Hinwendung zur Systemtheorie, die Luhmann konsequenter als Parsons aus jeder Bindung an die Handlungstheorie herauslöste und radikalisierte. Zu dieser Zeit beginnt eine bis an das Lebensende nicht mehr abreißende reichhaltige Publikationstätigkeit. An das Studium an der Harvard University schloss sich eine dreijährige Tätigkeit am Forschungsinstitut der Verwaltungshochschule Speyer an (1962-65). Helmut Schelsky betreute seine Promotion und Habilitation an der Universität Münster. Er wurde dann zunächst Abteilungsleiter an der Sozialforschungsstelle Dortmund (1966-68), um schließlich 1968 einem Ruf auf einen Lehrstuhl für Soziologie an der neu gegründeten Fakultät für Soziologie der Universität Bielefeld zu folgen. Luhmann lehrte in Bielefeld bis zu seiner Emeritierung im Jahre 1993 und hat mit seiner breit ausgreifenden Entwicklung der Systemtheorie zu einer umfassenden Theorie der **Gesellschaft** maßgeblich das Gesicht der Bielefelder Fakultät und darüber hinaus die

Theoriediskussion in der deutschen Soziologie geprägt. Am 6. November 1998 ist Niklas Luhmann in Oerlinghausen verstorben.

Systeme

Die soziale Welt ist nicht nur eine Abfolge von Ereignissen, die zufällig geschehen, und das, was in der sozialen Interaktion zwischen den Akteuren abläuft, wird nicht nur von den Eigenschaften, dem Besitz und den Fähigkeiten der Akteure bestimmt. Es gibt mehr, das die Abfolge der Ereignisse, das Auftreten sozialer Handlungen und den Verlauf der sozialen Interaktion bestimmt. Nach Niklas Luhmanns Theorie sozialer Systeme macht die Tatsache, dass die soziale Realität so wie die Welt im allgemeinen in sozialen Systemen organisiert ist, jenen zusätzlichen Faktor aus, der im Auftreten, in der Abfolge und im Verlauf der sozialen Interaktion einen Unterschied ergibt (Luhmann 1969/1983, 1970, 1984).

Beginnen wir mit einem Beispiel: Eine Frau fragt ihren Mann, ob er am Abend mit ihr ins Kino gehen möchte, um einen neuen Film zu sehen. Was danach geschieht, hängt vom System ihrer vertrauten Beziehung ab, das sich in der Geschichte ihrer Kommunikationen entwickelte. Wenn der Code ihres Systems besagt, dass der Mann die Wünsche seiner Frau als Druck empfindet, während die Frau seine Reaktionen als Flucht aus einem gemeinsamen Leben sieht, bewegt sich ihre Interaktion unabhängig von ihren Absichten in eine ganz bestimmte Richtung. Der Mann empfindet vielleicht den Druck und fürchtet, obwohl er gar nicht ins Kino gehen will, die Reaktion seiner Frau. Er antwortet daher nicht mit einem klaren „ja" oder „nein", sondern mit einem „vielleicht" und einem Hinweis auf das Fernsehprogramm am Abend. Die Frau betrachtet dies als erneute Ablehnung ihres Mannes, ihre Interessen zu teilen und fordert eine konkrete Antwort. Wenn der Mann sich weigert, mitzukommen, sieht sie sich in ihrer Meinung bestätigt und reagiert, indem sie sich verärgert aus der Situation zurückzieht. Stimmt der Mann zu, sie zu begleiten, wird sie immer noch misstrauisch sein und seine Handlung als nicht wirklich von seinem Wunsch, ihre Interessen zu teilen, motiviert betrachten; sie wird ebenfalls verärgert reagieren, was dazu führen kann, dass keiner von beiden ins Kino geht. Die Handlung ihres Mannes verändert das System nicht und führt daher zu keiner gemeinsam geteilten Erfahrung eines Kinobesuches. Was geschieht, ist unabhängig von den Handlungen, die Frau und Mann einzeln ausführen, hängt aber vom Code des Systems ab, in dem sie kommunizieren.

Diese Bestimmung von Handlungen durch Systeme impliziert nicht, dass kein Wandel in der Handlung möglich ist. Es gibt auch noch die andere Seite. Systeme entwickeln sich, Systeme brechen zusammen und werden durch neue ersetzt, und Systeme wandeln sich. Das hängt damit zusammen, dass jede Kommunikation die Möglichkeit der Verneinung des bisher Bejahten enthält. Der Mann kann seiner Frau spontan antworten, dass ein Kinobesuch am Abend eine tolle Idee wäre. Die Frau wäre dann überrascht und würde nach wie vor argwöhnen, dass da irgendetwas sein muss, das die Meinung ihres Mannes geändert hat. Das Ergebnis wäre dann nicht anders. Diese Reaktion des Mannes kann jedoch auch den Beginn eines Wandels in ihrem System oder sogar den Aufbau eines völlig neuen Systems darstellen. Wandel involviert eine neue Situation, in der dem Mann im allgemeinen die Wünsche seiner Frau nach wie vor als Druck erscheinen und die Frau ihren Mann so sieht, als ob er aus dem gemeinsamen Leben flüchten wollte. Im besonderen jedoch kommen beide zu der Übereinkunft, dass sie einmal pro Monat ins Kino gehen sollten, um ihre Beziehung aufrechtzuerhalten. Sie würden ein neues System aufbauen, wenn die spontane Entscheidung des Mannes, ins Kino zu gehen, einen vollständigen Wandel ihrer gegenseitigen Wahrnehmung auslösen würde. Ihr System könnte auch vollständig zusammenbrechen und somit zur Scheidung und zum Aufbau neuer Systeme mit neuen Partnern führen.

Dieses einführende Beispiel zeigt deutlich, dass soziale Systeme einen Unterschied in der Bestimmung von Auftreten, Abfolge, Verlauf und Ergebnis von sozialem Handeln ausmachen, und dass es sich lohnt, ihre Mechanismen zu untersuchen, um unser Wissen über die soziale Realität zu verbessern. Wir werden dies in den folgenden Abschnitten tun.

Komplexität

Luhmann führte seine **funktionalistische Systemtheorie** ein, indem er über die strukturell-funktionale Theorie hinausging und eine fundamentalere Frage aufwarf. Nach Luhmanns Meinung war es das Hauptanliegen der strukturell-funktionalen Theorie, die Frage zu beantworten, welche strukturelle Anordnung zur Aufrechterhaltung eines Systems in einem spezifischen Umfeld beitragen würde. Luhmann selbst stellt die noch grundlegendere Frage: „Warum gibt es überhaupt Systeme, und welche Funktion erfüllen Systeme?" Aufgrund dieser Abkehr von der Funktion von Strukturen für das Fortbestehen eines Systems hin zur Funktion von Systemen an sich nannte Luhmann (1970: 113-114) seine Theorie eine funktional-strukturelle Theorie. Diese Grundsatzfrage bezüglich des Warum und Wofür von Systemen steht immer noch im Hintergrund seiner neuesten Version der Systemtheorie. Seine Antwort auf diese Frage beginnt mit einer Aussage zu einer bestimmten Eigenschaft der Welt: ihrer **Komplexität** (Luhmann 1970: 114-117; 1984: 45-51). Er meint, dass der Mensch die Welt vom Wesen her als komplex erlebt. Diese Komplexität der Welt nimmt mit der Anzahl der Ereignisse und der Anzahl der Beziehungen zwischen Ereignissen, die möglicherweise geschehen können, zu. Sie müssen nicht tatsächlich geschehen; es reicht, dass sie möglicherweise passieren könnten, damit dies zur Komplexität der Welt beiträgt, so wie sie dem Menschen erscheint.

In einer solch komplexen Welt wird der Mensch leicht desorientiert, kann den Verlauf der Ereignisse nicht vorhersehen, weiß nicht, wie er handeln soll, und trägt die Last, alles untersuchen und beweisen zu müssen, ohne jedoch irgendein Ergebnis zu erhalten, das der Person eine Orientierung vermitteln und ihr sagen würde, wie sie handeln soll. Die soziologische Anthropologie von Arnold Gehlen (1940/1993) liefert folgende Antwort auf dieses Problem der Menschheit: Soziale Institutionen, das heißt die Strukturierung des menschlichen Verhaltens durch Regeln und soziale Rollen, befreien den Menschen davon, in einer so komplexen Welt eine Orientierung finden zu müssen, einfach indem sie Wege vorschreiben, die Welt zu sehen und in der Welt zu handeln. Weil der Mensch der Welt offener gegenüber steht als andere Lebewesen und weniger von der instinktiven Anpassung an die Welt bestimmt wird, besteht für den einzelnen Menschen ein enormer Mangel an Orientierung. Dies führt zu einem riesigen Bedarf an Orientierung. Und genau diese Orientierung bieten die sozialen Institutionen. Sie erfüllen für den Menschen eine Entlastungsfunktion; sie befreien ihn von dem Druck, mit einer überkomplexen Welt fertig werden zu müssen.

Dies ist der Hintergrund der soziologischen Anthropologie, vor dem Luhmann die Systemtheorie einführt. Er stellt Systeme an den Platz, an dem man bei Gehlen soziale Institutionen findet. Luhmann liefert im Vergleich zur soziologischen Anthropologie eine abstraktere Lösung für das Problem der Komplexität der Welt für den Menschen. Systeme sind mehr als soziale Institutionen; sie können verschiedener Natur sein, z.B. auch nicht-soziale Systeme wie menschliches Bewusstsein als **psychisches System**, der menschliche Organismus, Maschinen oder symbolische Systeme. Soziale Institutionen können ebenfalls Teile sozialer Systeme sein, obwohl soziale Systeme mehr umfassen als nur soziale Institutionen allein. Selbst eine nicht institutionalisierte Begegnung zwischen zwei Akteuren kann ein **soziales System** sein.

Wir können generell folgende Prämisse einführen: Systeme erfassen, verarbeiten und reduzieren Komplexität und machen somit die Welt anpassbar an das Bedürfnis des Menschen nach minimaler Ordnung, so dass der Mensch sich orientieren und planmäßig in der Welt handeln kann. In unseren vorher genannten Beispielen ist es möglicherweise für den Fan und den Ordner, den Studenten und den Professor, den Mann und die Frau nicht sehr befriedigend, im Verlauf ihrer Interaktion durch die aufgezeigten sozialen Systeme in Bezug auf spezifische Bedürfnisse bestimmt zu werden; dennoch bieten ihnen die Systeme eine Orientierung und erfüllen somit diese abstrakte Funktion. Die Reaktion des Mannes kann für seine Frau unbefriedigend sein, ist aber eine für sie vorhersehbare Reaktion, so dass sie sich orientieren und Pläne machen kann, ihn zu überzeugen. Wäre irgendeine beliebige Reaktion seinerseits möglich, so wäre es erheblich schwieriger für sie, mit ihm zu leben. Für sie ist irgendeine Ordnung besser als gar keine.

Dies ist der anthropologische Hintergrund von dem Luhmann bei der Einführung seiner Systemtheorie in den 1960er Jahren ausging. Obwohl er sein Vokabular im Verlauf seiner Entfaltung der Systemtheorie teilweise veränderte, bleibt dieser Hintergrund dennoch für das Verständnis des Kerns seiner Theorie wichtig.

Doppelte Kontingenz

Ein ähnlicher Gedankengang findet sich in Luhmanns (1984: 148-190) Behandlung der Frage nach dem Entstehen von sozialen Systemen und somit sozialer Ordnung in einem minimalen Sinne in seiner neueren Version der Systemtheorie. Hier beginnt er erneut mit der Komplexität der Welt, so wie sie sich dem Menschen zeigt, nun in der spezifizierten Version von zwei Akteuren, die einander in der Welt begegnen. Den Akteuren erscheint die Welt als komplex und kontingent. Sie ist komplex aufgrund der endlosen Anzahl von Ereignissen und Beziehungen zwischen ihnen, die möglicherweise auftreten könnten; und sie ist kontingent, weil jedes Ereignis, das geschieht, auch hätte ausbleiben können, während statt dessen endlos viele andere Ereignisse hätten eintreten können. Hohe Kontingenz von Ereignissen bedeutet, dass alles, was ist, auch anders sein könnte. In einer solchen Welt ist der Erfolg des Handelns eines Einzelnen abhängig vom Auftreten spezifischer Ereignisse, die geschehen können, aber auch nicht.

Der Erfolg des Jungen, Äpfel aus dem Garten des Nachbars zu bekommen, hängt von äußeren Bedingungen ab, wie zum Beispiel dem Zaun, der den Garten umgibt, der Höhe des Baumes und seiner Fähigkeit, die richtigen Mittel einzusetzen, um über den Zaun und auf den Baum zu klettern. Sein Erfolg hängt von diesen Bedingungen und Mitteln ab. Dies ist **einfache Kontingenz**. Er muss jedoch auch das Verhalten und die Erwartungen seines Nachbarn berücksichtigen. Wird er den Jungen erwarten und beobachten, wird er in den Garten stürzen, nachdem er die Handlung des Jungen entdeckt hat, wird er den Jungen schnappen und wird er von dessen Vater Schadenersatz fordern? Was der Junge letztlich tut, und wie erfolgreich er dabei ist, hängt von den Erwartungen und dem Verhalten des Nachbarn ab. Und das Verhalten des Nachbarn wiederum hängt davon ab, was er von dem Jungen erwartet. Dies ist doppelte Kontingenz. Der Erfolg meines Verhaltens hängt nicht nur davon ab, was ich in Bezug auf bestimmte äußere Bedingungen tue, sondern auch davon, was jemand anderer tut, und das ergibt sich wiederum aus der Erwartung dieser Person hinsichtlich meines eigenen Verhaltens. Eine gegenseitige Verschränkung von Erwartungen und Verhalten kennzeichnet soziale Interaktionen, produziert doppelte Kontingenz und macht die Koordination und gegenseitige Vorhersehbarkeit von Handlungen sehr schwierig und unwahrscheinlich.

Dennoch gibt es in der sozialen Interaktion eine solche Koordination und gegenseitige Vorhersehbarkeit. Die Frage lautet dann: Woher kommt sie? Die klassische Antwort formulierte Durkheim (1895/1973b): Soziale Interaktion findet nicht in einem Vakuum statt, sondern in einer Gesellschaft, die jede Interaktion durch ihre Normen und Institutionen anleitet. Parsons (1937/1968) generalisierte Durkheims Position und sagte, dass soziale Interaktion, wenn sie in einer Gesellschaft mit einem grundlegenden Konsens zu Werten und Normen stattfindet, geordnet, gesteuert, koordiniert und für die Akteure vorhersehbar ist. Luhmann teilt Parsons Sicht auf empirischer Basis. Er sagt, dass in vielen konkreten Fällen soziale Interaktion von einem Konsens über Werte und Normen koordiniert und gesteuert wird. Diese empirische Beobachtung beantwortet jedoch nicht die Frage, warum und wie eine solche Ordnung entsteht, wenn man von der Prämisse der doppelten Kontingenz ausgeht.

Nach Luhmanns Meinung geben Durkheim und Parsons nur eine eingeschränkte Antwort auf die Frage der Ordnung; sie ist auf den Fall beschränkt, dass ein Konsens besteht, ganz gleich aus welchen Gründen. Wie aus der Situation der doppelten Kontingenz Ordnung entsteht, lässt sich nach Luhmann so nicht erklären. Diese abstraktere Frage erfordert eine abstraktere Antwort. Die Klassiker des siebzehnten und achtzehnten Jahrhunderts versuchten, diese Frage zu beantworten, als sie fragten, wie die Menschen aus dem Naturzustand oder nach Rousseau aus dem unfriedlichen Zivilisationszustand heraustreten und den Zustand der friedlichen zivilisierten Gesellschaft erreichen. Ihre Antwort war der Gesellschaftsvertrag, der entweder aus dem Interesse aller resultierte, den Krieg aller gegen alle zu vermeiden, um ihre Selbsterhaltung zu sichern, wie es Hobbes (1651/1966) formulierte, oder aus der Koinzidenz der Interessen der Menschen an Freiheit, Leben und Privateigentum, so wie es Locke (1690/1963) postulierte, oder aus der Solidarität von Menschen, die zusammen in einer Gesellschaft leben und einen Allgemeinwillen bilden, so wie es sich Rousseau (1762/1964) vorstellte, oder auch aus der Einsicht, dass eine zivilisierte Gesellschaft auf der Grundlage von allgemein geltendem Recht der Vernunft entspricht, so wie Kant (1793/1964e) argumentierte.

Luhmann glaubt nicht an die Gültigkeit irgendeiner dieser klassischen Lösungen für das Problem der Ordnung. Statt eine davon neu einzusetzen, präsentiert er seine eigene Lösung aus der Sicht der modernen Systemtheorie, indem er das Prinzip der **Ordnung aus Chaos** postuliert. Das Prinzip der Ordnung aus Chaos besagt, dass Ordnung zufällig aus den vielen möglichen Handlungen und Beziehungen zwischen Handlungen in einer höchst komplexen und kontingenten Welt entsteht. Da immer die Gefahr von Zusammenbrüchen und Unterbrechungen besteht, ist es wahrscheinlich, dass sich die Akteure an allem festhalten, was eine Verbindung und Fortsetzung von Handlungen ermöglicht. Wie Luhmann sagt, löst allein die Tatsache der doppelten Kontingenz Bemühungen aus, dieses Problem zu lösen. In seinen Worten lässt ein autokatalytischer Prozess die Lösung des Problems und die Entstehung von Ordnung aus Chaos entstehen. Wie kommt es dazu? Chaos ist ein Zustand der Welt, in dem keine Ordnung entdeckt werden kann, beispielsweise keine bestimmte Abfolge von Tönen. Ordnung ist ein Zustand, in dem man eine solche spezifische Abfolge von Tönen in einer Melodie erkennen kann. Warum sollte sich aber die Welt vom Chaos zur Ordnung wandeln, wenn es anscheinend nichts gibt, das eine Brücke bauen kann? Luhmanns Antwort besteht darin, dass eben eine solche Brücke existiert: die doppelte Kontingenz, die zugleich Teil des Chaos und Teil der Ordnung ist.

Die Erfahrung der doppelten Kontingenz ist etwas, das eine erste Struktur im Chaos bildet, und das eine minimale Art von Ordnung darstellt. Doppelte Kontingenz ist etwas, das es immer gibt. Daher ist es etwas, das die Akteure immer erwarten können; es ist etwas, das regelmäßig vorkommt und damit ein *geordneter* Aspekt der Realität. Und zwei Akteure, die einander begegnen, *konvergieren* in dieser Erfahrung der doppelten Kontingenz. Diese Konvergenz ihrer Standpunkte ist ein weiterer vorhersehbarer und somit *geordneter* Aspekt der Realität. Dies ist der ursprüngliche Beitrag der doppelten Kontingenz zur Produktion von Ordnung. Es handelt sich um eine Produktion von Ordnung durch Aufbau eines Systems gegenseitig aufeinander bezogener Erwartungen von doppelter Kontingenz. Auf diese Weise entsteht durch die Begegnung von zwei Akteuren mit der psychischen Erfahrung der doppelten Kontingenz ein *soziales* System. Und es gibt noch einen weiteren Schritt, der zur Einrichtung von Ordnung in einem solchen System führt: jede Handlung, die einen Anschluss an eine andere Handlung erlaubt, wird wahrscheinlich festgehalten und fortgeführt.

Warum ist dem aber so? Und woher kommt diese Wahrscheinlichkeit der Fortsetzung von Handlungen, die an andere Handlungen angeschlossen werden können? Luhmann widmet diesem Problem in seinem Buch über soziale Systeme ein ganzes Kapitel; allerdings bringt er die Frage nicht genau auf diesen Punkt. Er begnügt sich mit der Antwort, dass alles, was einen Anschluss an etwas anderes ermöglicht, das heißt, Ordnung schafft, wahrscheinlich ausgewählt wird. Dennoch offenbart er seine Position. Er vermutet eine Konvergenz der Interessen der Akteure, die aus der jeweiligen Erfahrung von doppelter Kontingenz auf die Negierung des Zustandes von Unordnung und auf die Erzeugung von Ordnung drängen. In *Soziale Systeme* schreibt er:

> Ego erfährt Alter als alter Ego. Er erfährt mit der Nichtidentität der Perspektiven aber zugleich die Identität dieser Erfahrung auf beiden Seiten. Für beide ist die Situation dadurch unbestimmbar, instabil, unerträglich. In dieser Erfahrung konvergieren die Perspektiven, und das ermöglicht es, ein Interesse an Negation dieser Negativität, ein Interesse an Bestimmung zu unterstellen. Damit ist, in Begriffen der allgemeinen Systemtheorie formuliert, ein „state of conditional readiness" gegeben, eine Systembildungsmöglichkeit im Wartestand, die nahezu jeden Zufall benutzen kann, um Strukturen zu entwickeln. (Luhmann 1984: 172)

Hier stoßen wir auf den anthropologischen Hintergrund von Luhmanns frühen Schriften. Dieser ist in seinem späteren Werk zur Systemtheorie nach wie vor präsent. Das anthropologische Bedürfnis nach Ordnung motiviert die Akteure, die in der Erfahrung von Unordnung konvergieren, alles zu akzeptieren, was die Welt geordnet und vorhersehbar macht und sie somit von dem Druck befreit, diese Ordnung selbst herstellen zu müssen.

Interpenetration

Aus diesem gegenseitigen Bewusstsein der doppelten Kontingenz im psychischen Bewusstsein der Menschen entsteht ein soziales System, ein aus Kommunikationen bestehendes System gegenseitig ausgerichteter Erwartungen und Handlungen, das eine eigene Qualität annimmt. Es entstammt dem Bewusstsein jedes Einzelnen und unterscheidet sich dennoch vom Bewusstsein der beiden. In diesem Sinne wird das soziale System der Kommunikation von gegenseitig ausgerichteten Erwartungen und Handlungen der beiden Akteure von zwei unabhängigen Quellen gebildet (die ihrerseits selbst Systeme sind, allerdings psychische). Deshalb postuliert Luhmann, dass ein soziales System, so wie alle Systeme, aus mehreren Elementen gebildet wird; es entsteht nicht nur aus einer Quelle, sondern aus mindestens zwei Quellen. Und eine spezifische Beziehung zwischen den beiden Quellen produziert das neue System: es handelt sich um ihre Interpenetration. Die beiden psychischen Systeme sind verknüpft – sowohl miteinander als auch mit dem neu geschaffenen sozialen System. Psychische Systeme und soziale Systeme haben eines gemeinsam. Beide konstituieren sich aus der Errichtung von Sinngrenzen und operieren im **Medium** von Sinn, psychische Systeme in Gedanken, soziale Systeme in Kommunikationen. Das heißt jedoch nicht, dass der Sinn einer Äußerung in der Kommunikation mit dem Sinn eines darauf bezogenen Gedankens eines psychischen Systems identisch ist. Was sich im Kommunikationsprozess eines Paares als gemeinsames Verständnis von Liebe herausbildet, ist nicht dasselbe, was sich die einzelnen Personen in ihren Gedanken darunter ausmalen. Es ist nicht mehr als ein Anhaltspunkt, der die Anschlussfähigkeit von Kommunikationen gewährleistet. Sinn stellt eine **strukturelle Kopplung** zwischen sozialen und psychischen Systemen her, ohne ihre grundsätzliche Trennung aufzuheben. Der Sinn von Liebe ist in der Kommunikation des sozialen Systems eines Paares und in den Gedanken der einzelnen Personen jeweils ein anderer.

Was bedeutet nun in diesem Kontext **Interpenetration**? Nach Luhmann (1984: 150, 286-345) durchdringt ein psychisches System ein anderes, wenn seine Komplexität und Kontingenz in das andere psychische System eindringen und das Problem schaffen, jene Komplexität im anderen System zu reduzieren. Ein psychisches System stellt für das andere System immer Unordnung dar und umgekehrt. Sofern das zweite System, das vom ersten durchdrungen wird, in der Lage ist, diese Komplexität auf seine Weise zu erfassen und zu verarbeiten, bewahrt es seine Unabhängigkeit vom ersten System und umgekehrt. Damit haben wir zwei Systeme, die einander gegenseitig durchdringen, aber dennoch jeweils ihre **Grenzen** und ihre Autonomie bewahren. Sie verschmelzen nicht zu einem System. Egos Erwartungen und Handlungen können das Bewusstsein von Alter durchdringen, tun dies aber nur aus Alters Sicht. Ganz gleich was Ego erwartet bzw. tut, kann Alters Bewusstsein nur Alters eigene Wahrnehmung und Interpretation von Egos Erwartungen und Handlungen enthalten.

Das versteht Luhmann unter einander gegenseitig durchdringenden psychischen Systemen, die dennoch ihre Autonomie bewahren. Sie brauchen sogar die Durchdringung, um ihre eigene Autonomie produzieren zu können. Alter braucht die Erwartungen und Handlungen von Ego als Rohstoff, um sich aus seiner eigenen Sicht eine Meinung zu bilden. Was aus ihrer Interpenetration entsteht, ist das soziale System, das von ihrer Kommunikation über gegenseitige Erwartungen und Handlungen gebildet wird. Die Akteure vermitteln einander ihre Erwartungen und Handlungen. Dieser Prozess unterscheidet sich vom individuellen Bewusstsein und verläuft nach seinen eigenen Gesetzen. Wären beide Akteure nicht in der Lage, etwas außerhalb ihres individuellen Bewusstseins zu schaffen, dann kämen gegenseitiges Verständnis und die Koordination von Handlungen nur zufällig zustande und könnten nicht regelgerecht erzeugt werden. In der sozialen Interaktion verlassen die Akteure ihr individuelles Bewusstsein und kommunizieren als soziale Akteure, die in einer Sache konvergieren: in der identischen Erfahrung der doppelten Kontingenz und im identischen Interesse an der Lösung dieses Problems sowie der Reduzierung der von diesem Problem produzierten Unsicherheit.

Auf diese Weise entsteht eine zweite Interpenetration: die Interpenetration zwischen den psychischen Systemen der einzelnen Akteure und dem sozialen System, an dem sie teilnehmen. Die psychischen Systeme durchdringen das soziale System mit der Komplexität und Kontingenz ihres Zustandes und Verlaufs. Was auch immer im Bewusstsein der Akteure geschieht, erreicht die Interaktion innerhalb ihres sozialen Systems und gefährdet dessen Ordnung. Ihre individuelle Spontaneität droht ihre Verständigung und die Regelmäßigkeit ihrer Interaktion zu stören. Dennoch erfordert ihre Interaktion den Beitrag ihres jeweiligen individuellen Bewusstseins; andernfalls würde es in einem leeren Zustand verharren: nur Konvention, ohne neue Ideen. Sofern sich jedoch das soziale System ihrer Kommunikationen von ihrem individuellen Bewusstsein unterscheidet, werden die Produkte dieser Bewusstseinseinheiten innerhalb des sozialen Systems nach dessen eigenen Bedingungen erfasst und verarbeitet. Auf der abstraktesten Ebene wird jede spontane Idee des Bewusstseins, die nicht mit den bislang im System kommunizierten Ideen verbunden werden kann, unterdrückt, angepasst oder einfach umgangen, während jede Idee, die sich an die fortlaufende Kommunikation anschließen lässt, aufgegriffen wird. Auf diese Weise wird das soziale System von den psychischen Systemen durchdrungen, bewahrt aber dennoch Autonomie.

In der entgegengesetzten Richtung wird das Bewusstsein des einzelnen vom Prozess der Kommunikation im sozialen System erfüllt. Dies bedeutet Unordnung für das Bewusstsein des einzelnen, die seine Identität gefährdet, aber erforderlich ist, um eben jene Identität zu erzeugen. Was sich in der Kommunikation abspielt, läuft immer Gefahr, die Grenzen des Bewusstseins eines Einzelnen aufzubrechen, produziert aber auch die Quellen, die das Bewusstsein braucht, um seine Identität herzustellen. Der Einzelne braucht Aussagen über sich selbst, die von anderen Akteuren mitgeteilt werden, um seine Wahrnehmung von sich selbst zu bilden. Allerdings vollzieht das autonome Bewusstsein diesen Akt auf eigene Weise. Was ein Einzelner über die Einschätzung seiner Person durch andere weiß, ist immer die eigene, verarbeitete Sicht dieser Person von der Wahrnehmung, die andere von ihr haben. Auf diese Weise durchdringt das soziale System das psychische System eines Einzelnen, während das psychische System seine Autonomie bewahrt. Wenn beide so handeln, erfolgt eine Interpenetration (Abb. 3.1).

Abb. 3.1 Interpenetration

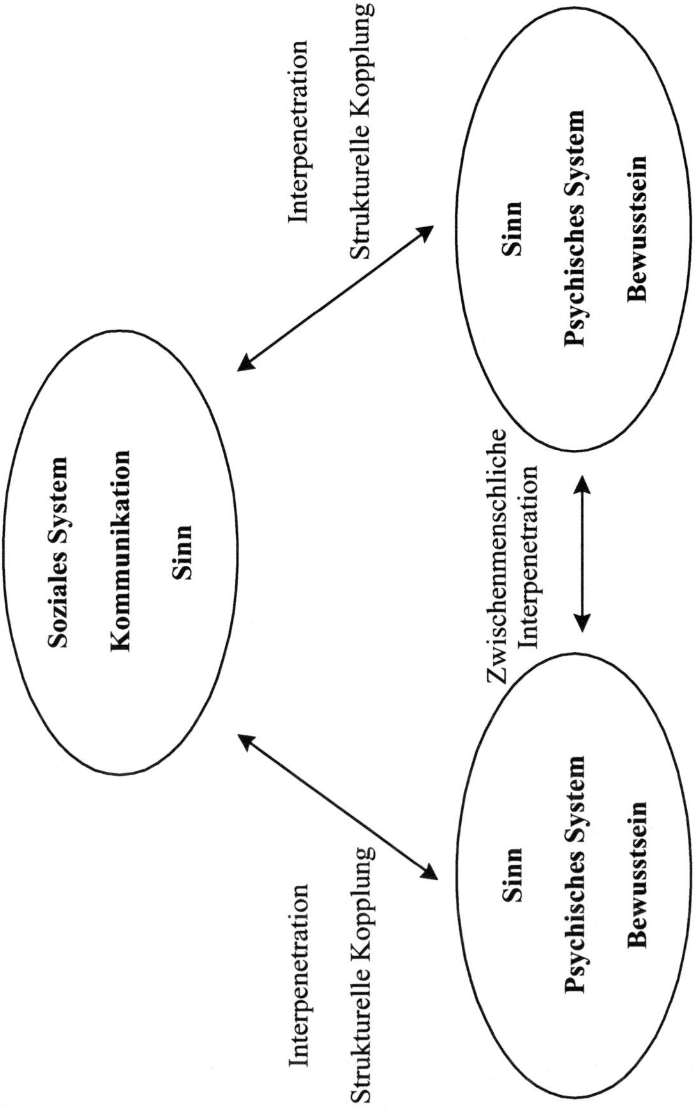

Selbstreferenz

Nun haben wir einen Punkt erreicht, an dem wir das Hauptkonzept von Luhmanns neuer Version der Systemtheorie vorstellen können: die **Selbstreferenz** (Luhmann 1984: 57-67, 593-646; Maturana und Varela 1980). Als wir über Systeme sprachen, die bei der Erfassung und Verarbeitung der komplexen und kontingenten Produktionen anderer Systeme in ihrer *Umgebung* ihre Autonomie bewahren, handelte es sich dabei um eine Beschreibung dessen, was Luhmann die Selbstreferenz von Systemen nennt. In seinen früheren Werken verwendete er für diese Eigenschaft von Systemen den Begriff „relative Autonomie"; das heißt, dass solche Systeme offen sind für das Erfassen und Verarbeiten der komplexen und kontingenten Ereignisse in ihrem Umfeld nach ihren eigenen Gesetzen und somit eine externe Bedrohung ihrer Autonomie zu einer inneren Ressource machen, die eben zu dieser Autonomie beiträgt. Luhmann nennt diesen Prozess „Selbstreferenz" oder mit dem griechischen Begriff, ***Autopoiesis***. Systeme, die diese Fähigkeit besitzen, heißen autopoietische Systeme. Das abstrakte erste soziale System, das aus der Konvergenz der Erfahrung von doppelter Kontingenz und der Konvergenz der Interessen der Akteure an der Lösung dieses Problems gebildet wird, ist ein selbstreferenzielles System, da alles, was in der Umgebung dieses Systems geschieht – beispielsweise im individuellen Bewusstsein – auf das Problem zurückgeführt wird, mit doppelter Kontingenz umzugehen.

Alles, was die Akteure erfahren, während sie in die soziale Interaktion involviert sind, wird von ihnen aufgrund von *Anschlussfähigkeit* an das, was bislang geschehen ist und was demnächst eintreten wird, das heißt aufgrund von Anschlussfähigkeit an eine vorausgegangene und eine nachfolgende Handlung, erfasst und verarbeitet. Anschlussfähigkeit innerhalb eines Netzwerks fortlaufender Handlungen, so dass die Akteure ihre Handlungen vorhersehen und berechnen und Unsicherheit abbauen können, ist das Kriterium für das Erfassen und Verarbeiten von allem, was in der **Umwelt** des sozialen **Systems** geschieht und die Aufmerksamkeit dieses Systems in Anspruch nimmt. Das heißt, was immer in der Umgebung passiert, wird entsprechend dem Problem erfasst und verarbeitet, dass doppelte Kontingenz bewältigt werden muss. Eine mögliche Strategie besteht darin, alles Neue auszuschließen, oder auch seinen Sinn dem anzupassen, was im sozialen System vorherrscht. Aber selbst erfolglose Versuche zum Ausschließen und Anpassen arbeiten in die Richtung der Selbstreferenz: Sie sind die notwendigen Ereignisse, die an das Problem der doppelten Kontingenz erinnern und zu neuen Bemühungen führen, dieses Problem zu lösen. Nichts kann diese selbstreferenzielle Natur des sozialen Systems aufbrechen, solange die Akteure einander gegenüberstehen und in ihrer Erfahrung der doppelten Kontingenz konvergieren.

Auf der abstraktesten Ebene ist die soziale Welt stets ein autopoietisches System. Das bedeutet nicht, dass es keine Störungen und Zusammenbrüche gäbe. Allerdings sind diese Teil einer endlosen Bemühung um die Reduzierung von Komplexität und Kontingenz. Auf einer weniger abstrakten Ebene gibt es konkretere Probleme, die als Beschreibung des abstrakten Problems der doppelten Kontingenz betrachtet werden können. Ereignisse werden nicht nach dem abstrakten Kriterium erfasst und verarbeitet, ob sie an vorausgegangene und nachfolgende Ereignisse angeschlossen werden können, sondern nach Kriterien wie diesem: Zeigen sie, dass ich dem anderen Akteur vertrauen kann oder misstrauen muss? Passen sie in ein gemeinsam geteiltes Weltbild? Entsprechen sie einer Tradition, einem rational begründeten Wertsystem, der Vernunft? Entsprechen sie den etablierten Normen? Und so weiter.

All diese Beispiele sind Konkretisierungen des abstrakteren Problems der doppelten Kontingenz. Vertrauen und Misstrauen stehen der abstrakten Ebene am nächsten. Beides sind Strategien zur Lösung des Problems der doppelten Kontingenz und werden selbst zu Problemen, die gelöst werden müssen. In einer selbstreferenziellen Form wird alles, was geschieht, erfasst und verarbeitet im Hinblick auf die Bewahrung von Vertrauen oder Misstrauen als Mittel zum Abbau von Komplexität und Kontingenz. In einer Welt, in der wir einander misstrauen, wird alles, was wir tun, von anderen als Bedrohung behandelt und umgekehrt. Auf diese Weise können wir uns vor unangenehmen Überraschungen schützen und so Komplexität und Kontingenz abbauen. Allerdings ist die Kapazität des Misstrauens beim Aufbau von Handlungszusammenhängen vom Wesen her beschränkt. Misstrauen führt wegen der allgegenwärtigen Furcht davor, ein Opfer von Täuschung zu werden, üblicherweise zu Zurückhaltung beim Eingehen von Interaktionen, so dass nur ein geringes Ausmaß und eine geringe Intensität von Interaktionen übrig bleiben. Dagegen motiviert uns Vertrauen viel stärker dazu, an sozialer Interaktion teilzunehmen. Wenn wir mit einer Haltung des Vertrauens beginnen, wird alles auf diese Haltung bezogen, und jedes Ereignis, das mit ihr konform geht, trägt zur Konstruktion eines Systems des gegenseitigen Vertrauens bei, das selbstreferenziell wird. Die Menschen vertrauen einander und können deshalb vertrauensvoll handeln, was das vorhandene Vertrauen noch erhöht.

Kommunikation

Jedes System besteht aus verschiedenen Elementen und Beziehungen zwischen diesen Elementen. Um ein System zu identifizieren, müssen wir seine Elemente und deren Beziehungen untereinander kennen. Welches sind die identifizierenden Elemente und Beziehungen, die ein soziales System ausmachen? Vor seiner Anfang der 1980er Jahre vollzogenen kommunikationstheoretischen Wende hat Luhmann soziale Systeme als Einheiten von sozialen Interaktionen und – je dauerhafter sie bestehen – von sozialen Rollen begriffen. Mit dieser Wende wurden Kommunikationen als Grundelemente sozialer Systeme eingeführt. Kommunikationen werden wiederum in Handlungen konkretisiert, die den Akteuren zugerechnet werden (Luhmann 1984: 66-67, 191-241). Wenn Akteure einander treffen, werden sie mit dem Problem der doppelten Kontingenz konfrontiert. Dies ist die Ausgangssituation, in der die Akteure für einander Bedeutung erlangen. Was Ego tut, wird für Alter bei der Planung seiner Handlungen sehr wichtig. Was immer auch Ego tut, hat für Alter eine Bedeutung. Die Bedeutung von Egos Handeln ist eine Auswahl aus einer Vielzahl von Möglichkeiten. Sie impliziert einen fundamentalen Unterschied, nämlich den Unterschied zwischen dem, was tatsächlich existiert und den vielen Möglichkeiten, die existieren könnten. Außerdem gibt es einen Unterschied zwischen der Identität der tatsächlichen Bedeutung des Hier und Jetzt und dem Unterschied innerhalb der vielen alternativen Möglichkeiten, die anders geartet sind. Dieser grundlegende, doppelte Unterschied in der Erfassung und Verarbeitung von Sinn ist die treibende Kraft für die **Kommunikation**.

Sinn ist stets eine Auswahl zwischen Alternativen und bezieht sich trotzdem auf diese Alternativen, die als künftige Möglichkeiten weiterhin Bestand haben. Die Verarbeitung von Sinn setzt einerseits Grenzen durch Auswahl, erweitert aber andererseits den Handlungshorizont, weil sich die Auswahl von Sinn auch auf das bezieht, was nicht ausgewählt wurde, aber hätte gewählt werden können oder noch gewählt werden könnte. Aufgrund dieser doppelten Natur der Reduktion und Produktion von Komplexität hat auch die Verarbeitung von Sinn einschränkende und erweiternde Auswirkungen auf nachfolgende Handlungen: Sie schränkt den Spielraum für sinnhafte Anschlüsse an den übertragenen Sinn ein, präsentiert aber auch eine ganze Reihe von Alternativen, die aufgegriffen werden könnten, um die Interaktion fortzusetzen.

Diese Spannung (Luhmann nennt sie „Unterschied“) zwischen tatsächlichem und möglichem Sinn ist die Kraft, die alle Kommunikation davor bewahrt, in einem Konsens zu enden und sie statt dessen vorwärts treibt; ihre endlose Aufgabe ist dabei der Abbau von Komplexität durch Auswahl von Sinn und Steigerung der vorstellbaren Komplexität durch gleichzeitigen Bezug auf das, was hätte ausgewählt werden können und noch ausgewählt werden könnte. Luhmann sagt, dass Konsens das Ende von Kommunikation wäre. Dies ist jedoch aufgrund der doppelten Natur der Kommunikation von Sinn nicht möglich, die gleichzeitig Sinn abbaut und Komplexität produziert. Wenn ein Professor einem Studenten sagt „Wir werden als Abschluss nächste Woche eine Multiple-Choice-Prüfung auf der Grundlage des Stoffes aus diesem Semester schreiben", so *kennzeichnet* er nicht nur das, was nächste Woche geschehen *wird*, sondern sagt implizit auch, was nächste Woche *nicht* geschehen wird – was aber möglicherweise so sein könnte. Die Worte des Professors kennzeichnen eine zukünftige Handlung und verweisen auch auf etwas, das anders geartet, aber trotzdem möglich ist.

Luhmann unterscheidet drei Komponenten einer Kommunikation: **Information**, **Mitteilung** und **Verstehen**. Die Kommunikationsofferte des Professors an den Studenten enthält eine bestimmte sachliche Information, sie erfolgt in einem spezifischen Akt der Mitteilung (schriftlich, mündlich mit begleitender Gestik) und veranlasst einen Akt des Verstehens, d.h. der Entschlüsselung, auf der Seite des Studenten. An diesen Kommunikationsvorgang schließt sich möglicherweise – aber nicht zwingend – ein weiterer Kommunikationsvorgang an, in dem der Student seine Zustimmung oder Ablehnung als neue Information, verpackt in eine spezifische Form der Mitteilung zum Ausdruck bringt und einen Verstehensakt des Professors auslöst. Durch die Mitteilung wird die Kommunikation von der Handlung eines Akteurs getragen. Mit Verstehen ist nicht mehr als die Aufnahme der Mitteilung des Senders durch den Empfänger gemeint, nicht dass beide in der Deutung der Mitteilung übereinstimmen. Verstehen kann infolgedessen auch ein Missverständnis enthalten.

Wie kommen diese Elemente in einem Kommunikationsprozess zum Tragen? Fahren wir mit dieser Frage fort, indem wir uns einer Kommunikation zwischen Professor und Student zuwenden. Zunächst gibt es hier die Information „eine Multiple-Choice-Abschlussprüfung nächste Woche"; als nächstes folgt die Handlung des Professors beim Übermitteln dieser Botschaft (Mitteilung); dann kommt das Verstehen der Information durch den Studenten; und als letzter Schritt schließlich folgt die akzeptierende oder ablehnende Reaktion des Studenten. Die Schwierigkeiten in der Kommunikation zwischen beiden beginnen mit dem Übermitteln der Botschaft: Hat der Professor gesagt, was er meint und beabsichtigt? Können wir seinen Worten vertrauen? Setzt er doch Kenntnisse voraus, die über den Stoff aus diesem Semester hinausgehen? Diese Fragen betonen die Möglichkeit einer Diskrepanz zwischen dem Übermitteln der Botschaft (Mitteilung) und den wahren Absichten des Professors. Im Prinzip kann der Professor keine Aufrichtigkeit vermitteln. Wenn er ausdrücklich betont, dass er aufrichtig ist, dann nimmt diese Aussage die Ehrlichkeit aus allem anderen heraus, was er ohne diesen Zusatz sagt. Es stellt sich dann folgende Frage: Ist die Botschaft des Professors, dass er aufrichtig ist, selbst aufrichtig, ohne dass er sagt, dass seine Aussage zur Aufrichtigkeit aufrichtig ist? Eine solche Thematisierung der Aufrichtigkeit führt zu einem endlosen Regress des Infragestellens von Ehrlichkeit.

Sobald Aufrichtigkeit auf diese Weise thematisiert wird, gibt es paradoxerweise keine Möglichkeit, zu wissen, ob etwas aufrichtig gesagt wurde oder nicht. Aufrichtigkeit muss in einer Abfolge von Kommunikation bestätigt werden, in der man die Konsistenz zwischen Worten und Handlungen belegen kann, ohne Worte darüber zu verlieren. Diese Differenz zwischen Worten und Handlungen trägt aber auch zur Fortführung der Kommunikation bei. Jeder Zweifel an der Aufrichtigkeit des Professors wirft mehr Fragen seitens des Studenten auf, um die Kluft zwischen dem Übermitteln einer Botschaft und der zukünftigen Handlung zu verringern. Außerdem besteht eine Differenz zwischen dem unmittelbaren Sinn der Botschaft und allem, was gemeint sein könnte, sowie eine Differenz zwischen der Botschaft und allem, was sie ausschließt, was aber gesagt worden sein könnte. Und es gibt nicht nur diese Differenz zwischen der tatsächlichen Botschaft und allen möglichen Botschaften, sondern auch eine Redundanz der Kommunikation. Der Professor kann in vielen Worten mitteilen, was er in der Abschlussprüfung vorhat. Diese redundanten Worte wiederholen einerseits, was er mit dem Satz „Wir schreiben nächste Woche eine Multiple-Choice-Prüfung" meinte. Andererseits aber lassen sie auch weitere Differenzen entstehen, weil sie sich auch auf etwas beziehen, was nicht gesagt wurde.

In der redundanten Rede verengt und erweitert der Professor also zugleich das Feld der Kommunikation. Das heißt, dass die Möglichkeiten zum Verstehen und Missverstehen seitens des Studenten zunehmen. Die Kommunikation wird noch schwieriger. Es gibt viele Punkte, bei denen der Student seine Interpretation von Sinn an die Worte des Professors anknüpfen kann. Welche Interpretation soll er wählen? Die Interpretation des Studenten ist zwangsläufig eine Auswahl aus einer großen Vielzahl von Alternativen und kann nicht vermeiden, dass sie sich implizit auf diese alternativen Interpretationsmöglichkeiten bezieht. Was auch immer der Student sagt, wird in vielen Fällen Bemühungen seitens des Professors auslösen, die Deutung zu korrigieren. Ihre Kommunikation setzt sich als ein Suchprozess fort, solange die in dieser Kommunikation erfahrene Differenz nicht von anderen Differenzen übertroffen wird, die dann die Aufmerksamkeit auf sich ziehen.

Kommunikation bewegt sich immer in die Richtung der Abarbeitung und Reduzierung der größten Differenz zwischen dem tatsächlichen und dem potenziellen Sinn einer Botschaft. Und die Schwierigkeiten nehmen noch zu, wenn wir Fragen zur **Akzeptanz** oder **Nichtakzeptanz** von Botschaften stellen. Kommunikation selbst braucht keine Akzeptanz, um als Kommunikation erfolgreich zu sein. Sie zielt lediglich darauf ab, Verständigung zu erreichen. Das Verstehen einer Botschaft lässt jedoch noch offen, ob sie akzeptiert wird oder nicht. Gerade diese Offenheit trägt auch zur Fortsetzung der Kommunikation bei. Da sich die Botschaft des Professors implizit auf ihre Alternativen bezieht, kann der Student dies in seiner Reaktion einsetzen, indem er solche Alternativen aufgreift, z.B. eine Prüfung in Form eines Aufsatzes, und er kann sich für diese Art der Abschlussprüfung einsetzen. Jede Botschaft eröffnet die Möglichkeit zur Negierung. Außerdem treibt eine solche Negierung die Kommunikation voran. Der Prozess, der in einer solchen Kommunikation abläuft, ist selbstreferenziell. Was immer der Professor und der Student sagen, wird aufgezeichnet und verarbeitet als ein Beitrag zur Bestimmung des Sinns von Prüfungen, ob dieser Prozess nun Verständnis oder Missverständnis, Akzeptanz oder Nichtakzeptanz von Aussagen beinhaltet.

Diese Selbstreferenz bestimmt die Art von Elementen und Beziehungen, die Teil der fortlaufenden Entwicklung des Systems sein können: Alles, was geschieht, wird als Kommunikation von Sinn verstanden und lässt sich in die Elemente der Botschaft, der Mitteilung (des Übermittelns der Botschaft), des Verstehens/Missverstehens sowie der Akzeptanz/Nichtakzeptanz zerlegen. Die Beziehungen, die zwischen diesen Elementen bestehen, werden als Sinnbeziehungen bestimmt. Sie lassen sich zerlegen in Beziehungen der Konsistenz/ Nichtkonsistenz von Botschaften, der Aufrichtigkeit/Unaufrichtigkeit des Übermittelns von Botschaften und der dabei verfolgten Absichten, der Korrektheit/ Unkorrektheit von Interpretationen sowie der Zuschreibung von Gültigkeit/-Ungültigkeit der Botschaften in den Reaktionen. Außerdem beinhaltet jedes System Beziehungen der Konditionierung zwischen Elementen und Beziehungen. In der Kommunikation bedingt eine Frage eine Antwort, eine Aussage eine Reaktion von Akzeptanz oder Nichtakzeptanz, eine Botschaft eine Interpretation und das Übermitteln einer Botschaft deren Annahme als aufrichtig oder unaufrichtig. Damit ist die Anzahl von Beziehungen zwischen Elementen und anderen Beziehungen, die wirklich zusammenpassen, sehr gering im Vergleich zur vorstellbaren Gesamtzahl solcher Beziehungen. Das bedeutet Konditionieren als grundlegende Strategie zum Abbau von Komplexität in einem System.

Indem Luhmann die Elemente sozialer Systeme als Kommunikationen begreift, betont er in besonderer Weise ihre Fragilität. Sie sind nichts als aneinander gereihte Ereignisse, wobei die Kette abreißt, sobald kein Anschluss hergestellt werden kann. Deshalb ist die sichere Unterscheidung zwischen Anschlussfähigem und nicht Anschlussfähigem fundamental für das Fortführen von Kommunikation und damit für das Fortbestehen eines sozialen Systems. Die hohe Wahrscheinlichkeit des Scheiterns von Anschlüssen begünstigt das

Überleben solcher Systeme, die durch Ja/Nein-Codierung eindeutig definieren, was anschlussfähig ist und was nicht.

Wenn in der medial inszenierten politischen Kommunikation der Gegenwart die Wahlstimmen nicht mehr aufgrund der unterschiedlichen Inhalte von Parteiprogrammen verteilt werden, sondern aufgrund der Sympathiewerte der Spitzenkandidaten, dann ist das dadurch verursacht, dass auf diese Weise ein hoch komplexes Geflecht von Fragen und Antworten, Argumenten und Gegenargumenten durch eine entscheidbare Frage aufgelöst wird: Wer erscheint mir in der Summe aller Eigenschaften sympathischer? Ohne diese Vereinfachung der Wahlentscheidung müsste jeder Wähler angesichts der Komplexität der Zusammenhänge und angesichts der Unbeantwortbarkeit der Frage, wer Recht hat und welche Wirkung welche Maßnahme haben wird, kapitulieren und sich der Stimme enthalten. Die Personalisierung des Wahlkampfes erhält insofern die Entscheidungsfähigkeit des politischen Systems in einer Welt, in der nicht mehr mit Sicherheit die Richtigkeit von Entscheidungen beurteilt werden kann. Ohne diese Vereinfachung würde die Politik im Chaos der Entscheidungsunfähigkeit versinken (Luhmann 2000). Ähnliches lässt sich zur Meinungsbildung in der Kommunikation der Massenmedien sagen. Wenn Sympathiewerte darüber entscheiden, wer in welchem Umfang gehört wird und wem Vertrauen geschenkt wird, dann findet dadurch eine Vereinfachung der sonst völlig unübersichtlichen Landschaft artikulierter Meinungen statt, so dass sich überhaupt für gewisse Zeit eine dominierende Meinung herausbildet, die der Politik wiederum als Leitlinie dienen kann (Luhmann 1996).

System und Umwelt

Eine weitere Strategie zum Abbau der Komplexität eines **Systems** ist die Markierung seiner **Grenzen** und seine Differenzierung von der **Umwelt** (Luhmann 1984: 35-37, 242-285). Wenn der Professor dem Studenten sagt, dass das generelle Anzweifeln des Lehrplans in ihrem Gespräch über die Abschlussprüfung nicht zulässig ist, versucht er eine solche Grenzziehung ihres Systems der Prüfungsdiskussion und unterscheidet es von jeder anderen Kommunikation und Handlung, die irgendwo auf der Welt stattfindet. Was sonst noch in der Welt geschehen kann, wird ausgegrenzt als Teil der Umwelt des Systems. Die Grenzen sozialer und psychischer Systeme sind Sinngrenzen. Das heißt, sie unterliegen einem anhaltenden Prozess der Definition durch die Akteure, die an der Kommunikation eines Systems teilnehmen.

Was Teil des Systems der Examensdiskussion ist und was nicht – wo die Grenzen liegen – wird vom Professor und den Studenten während ihres tatsächlichen Kommunikationsprozesses festgelegt. Der Student kann weiterhin sagen: „Der Lehrplan weist einige untragbare Mängel auf, weil er sich der Sammlung sehr kleiner Wissenspakete widmet; wir sollten jedoch dieses System nicht noch mehr steigern, indem wir das Examen in Multiple-Choice-Fragen aufsplittern." Dies kann den Professor zu folgender Antwort motivieren: „Ihre Aussage befindet sich noch innerhalb der Grenzen unserer Diskussion. Wir können sie aufgreifen und die Aussage auf unsere Frage beziehen, welche Art von Prüfung wir nächste Woche schreiben sollten." Auf diese Weise wird die Aussage des Studenten zum Lehrplan sinnhaft mit der Frage der richtigen Prüfung verbunden und wird Teil des Systems der Prüfungsdiskussion. Da sie zu einem Teil der Suche nach der richtigen Prüfung gemacht werden kann, wird die Aussage des Studenten Teil des Systems. Teil dieses Systems ist jede Kommunikation, die man als Suche nach der richtigen Art der Prüfung interpretieren kann.

Ob eine Kommunikation zu einem System gehört oder nicht, kann auf viele verschiedene Arten geprüft und entschieden werden. Die Reaktion des Professors „Das gehört jetzt nicht zum Thema" ist nur eine Möglichkeit; der Professor mag scheitern, und die Studenten mögen bei ihrem Versuch, die Grenzen zu erweitern, indem der gesamte Lehrplan einschließlich der Prüfung thematisiert wird, Erfolg haben. Wenn wir weiter gehen als Luhmann, könnten wir folgende Ebenen der Skizzierung von Grenzen eines Systems unterscheiden: Manche Arten der Kommunikation werden einfach nicht von den Diskussionsteilnehmern verstanden und können daher in der Diskussion nicht aufgegriffen werden. Sie werden ausgeschlossen, weil sie niemand sinnvoll mit dem Diskussionsthema in Verbindung bringen kann. Die Diskussionsteilnehmer befinden sich im Konsens darüber, dass es ihr Ziel ist, einen fairen Weg zu finden, ihr Wissen zu prüfen. Jeder Beitrag, der diesen Konsens verletzt, wird von der gesamten Gruppe abgelehnt. Es kann einen Vorsitzenden geben, der den Verlauf der Diskussion leitet. Er hat aufgrund der Kompetenzübertragung durch die gesamte Gruppe die Macht, Beiträge auszuwählen oder auszuschließen. Was eingeschlossen oder ausgeschlossen wird, resultiert letztlich auch aus situativen Verhandlungen zwischen den Akteuren.

Ein System existiert nur so weit und so lange, wie seine Grenzen von den kommunizierenden Teilnehmern in ihren Kommunikationen markiert werden können. Die Grenzen können, wie in obigem Beispiel dargelegt, in sachlicher Hinsicht festgesetzt werden. Es ist dann sachlich bestimmt, ob eine Kommunikation bzw. Handlung sinnhaft mit den systemischen Prozessen verbunden werden kann oder nicht. Aber es gibt auch eine zeitliche Markierung der Grenzen eines Systems. Wenn der Professor sagt: „Wir können nicht jetzt über die Prüfung sprechen, aber wir können das heute in den letzten zwanzig Minuten des Seminars tun", dann setzt er für das System der Prüfungsdiskussion zeitliche Grenzen. Was immer vor und nach dieser Zeit geschieht, gehört nicht zu dem System. Dass es für viele Systeme wichtig ist, ihre Grenzen zu bewahren, wird durch die vielen Fälle zusätzlicher Diskussionen bestätigt. Ein Student kann nach der Diskussion in der Gruppe beispielsweise zum Professor kommen und sich für eine weitere Änderung der Prüfung aussprechen. Der Professor könnte dann antworten: „Warum haben Sie diese Frage nicht in der Gruppe angesprochen? Es ist jetzt zu spät, darüber zu entscheiden, weil die anderen Studenten keine Möglichkeit haben, uns ihre Meinung zu sagen, sich an der Entscheidung zu beteiligen und über das Ergebnis informiert zu werden." So schließt er die Aussage des Studenten aus zeitlichen Gründen aus.

Ohne solche zeitlichen Grenzen wüsste niemand, was zu einem System gehört und was nicht. Vor allem Systeme der Entscheidungsfindung benötigen solche zeitlichen Grenzen. Andernfalls wäre keine Entscheidung bindend. Allerdings braucht nicht jedes System solche zeitlichen Grenzen. Die Systeme der philosophischen oder wissenschaftlichen Diskussion beispielsweise haben ausdrücklich keine solchen Einschränkungen. Zeitlich gesehen setzen sie sich endlos in die Zukunft fort. Und viele Systeme haben zeitliche Grenzen in dem Sinne, dass eine bestimmte Zeit als Treffpunkt vorgegeben ist: zum Beispiel ein Seminar, das jeden Mittwoch von 14 bis 16 Uhr während des Semesters läuft.

Schließlich werden die Grenzen eines Systems in sozialer Hinsicht abgesteckt. Hier stellt sich die Frage, wer zu dem System in welcher Rolle gehört. Die Teilnehmer unserer Examensdiskussionsgruppe sind genau definiert durch die Studenten, die in der Gruppe eingeschrieben sind. Ein Student, der nicht eingeschrieben ist, darf nicht an der Diskussion teilnehmen. Wenn ein Student die Frage „Sind Sie hier eingeschrieben?" nicht mit „ja" beantworten kann, muss er den Raum und die Diskussionsgruppe verlassen. Die soziale Markierung des Systems schließt auch alles aus, was nicht in den in diesem System relevanten sozialen Rollen thematisiert werden kann. Nur als Student aus der Gruppe ist man berechtigt, zu sprechen. Jegliches Interesse, das sie haben, und das von den persönlichen Zielen und anderen Rollen abhängt, muss in legitime Studenteninteressen umgewandelt werden, um innerhalb des Systems kommuniziert zu werden. Studenten, die beklagen, dass sich ihr Biorhythmus in der nächsten Woche auf einem Tiefpunkt befindet oder dass sie Streit mit ihrem Freund oder ihrer Freundin haben und daher nicht in der Lage sind, intensiv zu arbeiten, können nicht erwarten, dass diese Gründe berücksichtigt werden, weil nur Faktoren, die alle Studenten auf gleiche Weise betreffen, legitim in Betracht gezogen werden können. So wird das System der Examensdiskussion von allen anderen Systemen unterschieden, an denen die Studenten und der Professor in anderer Hinsicht beteiligt sind: ihre Organismen, ihr persönliches Bewusstsein und andere soziale Rollen wie Freund, Ehemann, Ehefrau, politischer Aktivist etc. Auch die von Luhmann vor seiner kommunikationstheoretischen Wende eingeführte soziale Grenzziehung durch Teilnahmerechte muss – will man Luhmanns späterer Definition von sozialen Systemen Rechnung tragen – als Kommunikation begriffen werden. Durch Mitgliedschaft wird die Anschlussfähigkeit von Kommunikationen definiert, die sich auf die Mitgliedschaftsrolle beziehen lassen. Kommunikationen, die diesen Anschluss nicht herstellen können, werden der Umwelt zugeordnet.

Indem man Grenzen dafür setzt, was zu einem System gehört und was nicht, erhält die Differenzierung zwischen System und Umwelt große Bedeutung für das, was in der Welt geschieht. „Treffe eine Unterscheidung, so dass sich die Welt in eine bezeichnete und eine unbezeichnete Seite aufteilt," steht am Anfang aller Systembildung. Das System ist dann eine Form, die sich von allem, was nicht zur Form gehört, unterscheidet. So übernimmt Luhmann (1997: 60-78) den Formkalkül des Mathematikers George Spencer Brown (1979) in die Systemtheorie. Alles wird so strukturiert, und die Beziehung zwischen System und Umwelt wird zur primären Beziehung in der Welt überhaupt. Die Identität eines Ereignisses wird dann von seiner Zugehörigkeit zu einem spezifischen System bestimmt und davon, wie es sich von dem unterscheidet, was in der Umwelt eines Systems existiert. Vom Standpunkt eines Systems aus gesehen ist alles, was außerhalb seiner Grenzen geschieht, Teil der Umwelt und wird als Beitrag zur Komplexität der Umwelt betrachtet. Die Umwelt ist unstrukturiert und enorm komplex. Ungeachtet der Tatsache, dass es vom Standpunkt dieses Systems aus noch andere Systeme mit eigenen Prozessen zur Reduzierung der Komplexität außerhalb eines spezifischen Systems gibt, stellt dies alles Umwelt mit dem Charakter hoher Komplexität dar. Einerseits ist es eben diese Komplexität, die das System in seiner Existenz bedroht, während sie andererseits vom System für seine Selbstproduktion gebraucht wird. Was daher ein System kennzeichnet, das in der Lage ist, seinen Bestand in einer solchen Umwelt zu erhalten, ist seine Fähigkeit, einen Unterschied in der Komplexität zwischen sich selbst und seiner Umwelt zu bewahren, indem es die Komplexität der Umwelt für seinen eigenen Zweck nutzt.

Ein funktionierendes System ist daher immer weniger komplex als seine Umwelt; andernfalls würde es sich in der Umwelt auflösen. Das System nimmt seine Identität aus der Tatsache, dass nicht alles, was in der Umwelt geschehen kann, auch innerhalb der Grenzen des Systems auftreten kann. Im individuellen Bewusstsein der Studenten und des Professors können viele verschiedene Ideen entstehen, die das System der Examensdiskussion bedrohen, die aber auch erforderlich sind, um die Diskussion mit Ideen zu bereichern. Dieses Problem wird gelöst, indem jede Idee auf die Frage gelenkt wird, was eine zuverlässige und faire Methode der Prüfung ist. So wird die Komplexität der Umwelt nach den Kriterien des Systems erfasst und verarbeitet; sie wird für die Bedürfnisse des Systems genutzt und reduziert. Die Beibehaltung dieses Unterschieds zwischen höherer Umweltkomplexität und reduzierter systemischer Komplexität wird zum wichtigsten Element der Beziehung des Systems zu seiner Umwelt.

Der Prozess der Aufrechterhaltung des Unterschieds zwischen geringerer Eigenkomplexität und höherer Umweltkomplexität wirft ein neues Licht auf den älteren Begriff der Anpassung eines Systems an seine Umwelt, der lange Zeit sehr passiv interpretiert wurde. Im Lichte der Verarbeitung von Umweltkomplexität durch das System betrachtet man diesen Anpassungsprozess als aktiv durch das System geprägt. Es handelt sich hier um Anpassung durch Selektion, was heißt, dass die Fähigkeit eines Systems, sich einer Umwelt anzupassen, wächst, sofern es die Mittel besitzt, die Umweltkomplexität entsprechend seiner eigenen Kriterien zu erfassen und zu verarbeiten. Das System ist dann in der Lage, in jeder Umwelt zu bestehen und muss sich nicht in dem Sinne an die Umwelt anpassen, dass es sich auf sie einstellt. Es gewinnt erheblich mehr Unabhängigkeit von dieser Umwelt und ist sogar fähig, die Umweltkomplexität für seine eigene Selbstproduktion nach seinen eigenen Bedingungen zu verwenden. Dies ist die Leistung eines autopoietischen Systems. Sofern unser System der Examensdiskussion diese Fähigkeit zur Selbstreferenz hat, muss es sich weder den Interessen des Professors noch denen der Studenten anpassen, sondern kann ihre individuellen Beiträge nutzen, um eine zuverlässige und faire Methode zur Prüfung des Wissens der Studenten zu finden.

Ein System ist eine **Form**, die einen Unterschied zwischen sich und seiner Umgebung ausmacht. Sein Funktionieren zieht immer **Selbstreferenz** und **Fremdreferenz** nach sich, indem es ständig den Unterschied zwischen System und Umwelt neu schafft. Das System bezieht sich auf die Umwelt, indem es beobachtet, was dort geschieht, und Ereignisse aus der Umwelt in seinem Funktionieren in systemische Ressourcen umsetzt, die darauf ausgerichtet sind, den Unterschied zwischen System und Umwelt zu bewahren.

Die Selbstreferenz systemischer **Operationen** führt immer zugleich auch ihre Fremdreferenz mit sich. Die Unterscheidung von System und Umwelt ist auch eine Unterscheidung zwischen dem Eigenen und dem Fremden. Das ausgeschiedene Fremde bleibt die stets mitlaufende undefinierte Seite der Unterscheidung, der so genannte „**unmarked space**". Diese undefinierte Seite hat den Status einer latenten Präsenz. Die weitere systemische Operation kann bei Gelegenheit darauf zurückgreifen und das Latente in den Status des Manifesten überführen. In diesem Augenblick wird automatisch die Seite gewechselt: Umweltkomplexität wird in systemische Eigenkomplexität überführt, ist dann definiert und systemisch bearbeitbar.

Da ein System nicht mehr ist als eine Kette von Ereignissen, besteht es aus nichts anderem als Operationen. Jenseits der ablaufenden Operationen existiert kein System. Operationen sind Vorgänge, die durch die Ereignisse in eine Kette eingefügt und von der losen Ansammlung des Beliebigen getrennt werden. „Unterscheiden" und „Bezeichnen" sind die Grundbegriffe, mit denen Luhmann im Anschluss an den Formkalkül von Spencer Brown (1979) das System-Umwelt-Verhältnis und die Operationsweise von Systemen erfasst (Luhmann 1997: 60-78). Durch die Unterscheidung von System und Umwelt wird eine bezeichnete Seite (System) von einer unbezeichneten Seite (Umwelt) geschieden. Was zum System gehört, wird genau bestimmt, was nicht dazugehört, wird nur per Negation ausgeschlossen, aber nicht näher beschrieben. Es ist eben alles, was außerhalb des Systems passiert und möglich ist. Die systemische Operation des Unterscheidens wird auch als Beobachten bzw. Beobachtung beschrieben. Das System operiert als Beobachter. Die erste Unterscheidung besteht in derjenigen zwischen System und Umwelt, aus der alle weiteren Unterscheidungen bei der Beobachtung der Umwelt folgen. Was der Beobachter beim Beobachten nicht sehen kann, ist just sich selbst als Beobachter und die Beobachtung. Das ist der stets gegebene **blinde Fleck** der Beobachtung. Systemische Operationen sind deshalb „tautologische" Prozesse, das heißt, sie können nur das sehen, was sie sehen. Etwas einfacher ausgedrückt: Die Kategorien, die sie beim Beobachten anwenden, schränken das Spektrum des Sichtbaren ein und bestimmen die Art und Weise, in der das Beobachtete gesehen wird. Wer die Umwelt in feindselig/nicht feindselig unterscheidet, hat keine Chance, etwas anderes wahrzunehmen als feindselige oder nicht feindselige Menschen, Handlungen oder Vorgänge. Diese Blindheit des Beobachtens kann durch die Einrichtung einer **Beobachtung zweiter Ordnung** bzw. eine Metabeobachtung gemildert werden. In diesem Fall tritt der Beobachter aus der **Beobachtung erster Ordnung** aus und beobachtet just sein Beobachten erster Ordnung. Er kann z.B. beobachten, dass er Umweltereignisse immer nur in feindselig/nicht feindselig unterscheidet und kann dem Beobachter erster Ordnung empfehlen, weitere Unterscheidungen einzuführen, z.B. die Unterscheidung von gefährlich/nicht gefährlich. Das ermöglicht dem Beobachter erster Ordnung z.B., auf nicht gefährliche Feindseligkeit gelassener zu reagieren als auf gefährliche Feindseligkeit, auf gefährliche Nichtfeindseligkeit vorsichtiger als auf nicht gefährliche Nichtfeindseligkeit. Die Beobachtung zweiter Ordnung kann auch als Selbstbeobachtung oder Selbstbeschreibung bezeichnet werden. Durch Selbstbeobachtung findet eine Enttautologisierung erster Ordnung statt. Da die Selbstbeobachtung selbst den Gesetzen der Beobachtung unterworfen ist, tritt die **Tautologie** auf dieser Stufe in neuer Gestalt auf. Eine

Beobachtung dritter Ordnung würde wieder für eine Enttautologisierung zweiter Ordnung sorgen, allerdings auf Kosten einer Tautologie dritter Ordnung. Es handelt sich demnach um einen unendlichen Regress.

Spiegelbildlich zur Tautologie gibt es die **Paradoxie** der Einheit der Differenz von System und Umwelt. Gemeint ist damit, dass die Unterscheidung von System und Umwelt als Beobachtungsmodus im System schon enthalten ist, d.h. die Umwelt ein Teil des Systems ist, obwohl sie das Differente im Verhältnis zum System darstellt. Das liegt daran, dass die Umwelt für das System nur als nach seiner eigenen Unterscheidung beobachtete Umwelt existiert. Wie kann diese Paradoxie aufgelöst werden, die Umwelt also wieder vom System getrennt werden? Auch das geschieht durch Beobachtung zweiter Ordnung, die dann zur Entparadoxierung erster Ordnung führt. Das heißt, das System kann sich auf zweiter Ebene selbst beobachten, wie, d.h. mit welchen Kategorien, es die Umwelt beobachtet. Natürlich tritt dabei eine Paradoxie zweiter Ordnung auf, die dann wieder durch Beobachtung dritter Ordnung aufgelöst werden könnte, und so fort (Luhmann 1997: 794-95). Beobachtung zweiter Ordnung ist nach Spencer Brown (1979: 56-57) ein Wiedereintritt einer Form in die Form bzw. einer Unterscheidung in die Unterscheidung, ein **re-entry**. Das heißt, dass jetzt innerhalb des Systems wieder eine Unterscheidung zwischen Beobachter (System) und Beobachtetem (Umwelt) eingeführt wird. Der Beobachter zweiter Ordnung beobachtet die Beobachtungen des Beobachters erster Ordnung.

Wenn es in Luhmanns Perspektive noch einen Platz für den Begriff der Rationalität gibt, dann hier in dem Sinne der gestuften Beseitigung von blinden Flecken (Luhmann 1997: 50-51, 177-83, 577-78, 817-18). Alles, was von der Umwelt vor die Tore eines Systems gelangt, kann nur durch Beobachtung Relevanz für das System erlangen, auch alles, was selbst wieder als systemische Operation bzw. als Ergebnis systemischer Operationen in der Umwelt auftritt. Zwischen Systemen ist keine Kommunikation möglich, immer nur wechselseitiges Beobachten. Für die Berührung zwischen systemischen Operationen verwendet Luhmann (1986, 1997) die Begriffe der **Irritation** und der Resonanz. Ein System kann durch Ereignisse in der Umwelt mehr oder weniger irritiert werden, d.h. Beobachtungen und Operationen auslösen, die auf Verarbeitung der Irritation zielen. Ohne Beobachtung gibt es jedoch keine Irritation für das System, weil alles nicht Beobachtete für das System nicht existiert. Das heißt, dass Irritation letztlich immer Selbstirritation ist. Dasselbe gilt für die Resonanz eines Systems. Sie besteht darin, dass ein System auf (Selbst-)Irritation durch systemeigene Operationen nach eigener Beobachtung reagiert. Im bildlichen Sinn kann es nur solche Töne abgeben, die es schon in sich enthält, gleichviel wer den Klangkörper in welcher Weise auch immer zum Klingen bringt (Luhmann 1986).

Systemische Differenzierung

Es sind viele Strategien zum Erfassen und Verarbeiten der Umweltkomplexität innerhalb der Grenzen eines Systems möglich. Es gibt mehr oder weniger starre Strategien wie z.B. die Strategie, alles zurückzudrängen, alles der innerhalb eines Systems vorherrschenden Meinung anzupassen, Informationen zu unterdrücken, Kommunikation zu zensieren, alles in die Begriffe des Systems zu fassen, die Umwelt zu beherrschen, die Mitgliedschaft einzuschränken, alles in Bezug auf die Identität des Systems zu diskutieren und über das zu verhandeln, was von der Umwelt her in das System eintritt oder nicht. Ein wichtiges Mittel zum Erfassen und Verarbeiten der Umweltkomplexität innerhalb der Grenzen eines Systems ist die Wiederholung der Differenzierung zwischen System und Umwelt innerhalb des Systems selbst, der Wiedereintritt einer Unterscheidung in die Unterscheidung (re-entry). Es gibt drei Arten einer solchen Differenzierung: segmentär, hierarchisch und funktional (Luhmann 1970: 123-125; 1980; 1984: 37-39, 256-265, 551-593, 624-631; 1997: 595-618). **Segmentäre Differenzierung** ist eine Wiederholung von Gruppenbildungen, die darauf ausgerichtet sind, dieselben Funktionen zu erfüllen: Familien innerhalb einer einfachen Stammesgesellschaft sind in ihrer Struktur ähnlich und erfüllen dieselbe Funktion der Reproduktion der ökonomischen, gemeinschaftlichen, politischen und kulturellen Lebensweise des Stammes. Die Aufteilung eines Seminars in vier Diskussionsgruppen, die denselben Text bearbeiten, ist eine ähnliche segmentäre Differenzierung. Die Aufspaltung des Seminars steigert die Fähigkeit, eine größere Anzahl von Fragen der Studenten zu erfassen und zu verarbeiten. Daher ist das Seminar in der Lage, mehr Komplexität zu erfassen und zu verarbeiten, als dies die Seminargruppe vor ihrer Aufteilung tun konnte. Das Problem, das dann zu lösen ist, besteht in der Koordinierung der Diskussionsgruppen in Plenardiskussionen.

Hierarchische Differenzierung schreibt verschiedenen Teilsystemen, die hierarchisch koordiniert werden, unterschiedliche Funktionen zu. Beispielsweise ist eine Bürokratie meist in Autoritätsebenen untergliedert. Am unteren Ende stehen die Büros, die mit den Klienten zu tun haben. Ihre Funktion ist es, die Umweltkomplexität mittels Klientenkommunikation im Hinblick auf das bürokratische System zu erfassen. Das Ausfüllen eines Formulars reduziert die Umweltkomplexität auf eine systemische Komplexität, die vom System zu verbindlichen Entscheidungen verarbeitet und umgewandelt werden kann. Dann können die Büros am unteren Ende die hinsichtlich des Systems formulierten Informationen an die Abteilung weiterleiten, die über einen Fall entscheidet. Die Funktion dieser Abteilung ist es, in Routinefällen verbindliche Entscheidungen zu treffen. Die Entscheidung wird mit bindender Wirkung an das Büro am unteren Ende zurückgesandt, das dann den Klienten über die Entscheidung informiert. Eine dritte Ebene in der Hierarchie könnte mit nicht routinemäßigen Fällen beschäftigt sein. Diese Fälle werden am unteren Ende der Hierarchieleiter gesammelt und über die zweite Ebene an die dritte Ebene geleitet, die darüber entscheidet und diese Entscheidung mit bindender Wirkung über die zweite und die erste Ebene an den Klienten zurücksendet. Hierarchische Differenzierung dieser Art koordiniert die verschiedenen Teilsysteme durch die hierarchische Organisation von Autoritätsbeziehungen. Differenzierte Systeme können eine höhere Komplexität erfassen und verarbeiten als undifferenzierte. Der Beamte, der mit dem Klienten zu tun hat, kann mehr Forderungen des Klienten tolerieren als er es könnte, wenn er selbst entscheiden müsste. Somit erfüllt der Beamte eine Mittlerfunktion zwischen dem Klienten und der für die Entscheidung zuständigen Abteilung.

Funktionale Differenzierung schreibt verschiedenen Teilsystemen unterschiedliche Funktionen zu, die auf derselben Ebene ohne hierarchische Beziehung zueinander arbeiten. Solche funktional differenzierten Teilsysteme produzieren für einander eine vorstrukturierte Komplexität, die innerhalb eines jeden Teilsystems nach dessen eigenen Kriterien erfasst und verarbeitet wird. Ein Unternehmen ist funktional in Teilsysteme von Forschung, Entwicklung, Produktion, Marketing und Verwaltung differenziert. Jedes davon erfüllt eine unterschiedliche Funktion. Die Forschung liefert neue Ideen, die Entwicklung schafft neue Prototypen, die Produktion fertigt, das Marketing verkauft Produkte und die verschiedenen Teilsysteme der Verwaltung sind mit dem Anwerben, Fördern und Koordinieren von Personal und der Buchhaltung beschäftigt. Durch diese Differenzierung ist die Firma wesentlich besser in der Lage, eine hohe Komplexität aus der Welt der wissenschaftlichen Forschung, der individuellen Kreativität, der Anforderungen des Personals und des Verhaltens der Kunden zu erfassen und zu verarbeiten. Sie besitzt verschiedene Teilsysteme, die mit bestimmten Teilen der Umweltkomplexität zu tun haben und somit einen größeren Teil dieser Komplexität erfassen und verarbeiten können.

Von den drei Arten der Differenzierung ermöglicht die funktionale Differenzierung die Erfassung und Verarbeitung der größten Menge an Umweltkomplexität. Im Gegensatz zum segmentären Typus aber wird sie zusammenbrechen, wenn irgendeines der Teilsysteme nicht funktioniert. Im Vergleich zum hierarchischen Typus ist ihre Koordination viel flexibler, aber auch schwieriger. Nach Luhmann funktioniert die Koordination hier allein dadurch, dass die Teilsysteme differenziert werden und gegenseitig die von ihnen selbst produzierte Komplexität erfassen und verarbeiten. Das heißt, das Teilsystem Entwicklung und das Teilsystem Produktion sind insoweit koordiniert, als das Teilsystem Produktion alles, was vom Teilsystem Entwicklung geformt wurde, erfassen kann, allerdings nach seinen eigenen Kriterien der Organisation der Massenproduktion.

Nicht jeder gute Prototyp besteht diesen Test der Umwandlung in ein Produkt, das serienmäßig hergestellt werden kann. Sofern das Teilsystem Produktion die Fähigkeit besitzt, ein Modell in ein Massenprodukt umzuwandeln, sind die beiden Systeme koordiniert. Auch der umgekehrte Fall gilt. Das System Entwicklung greift jede Klage seitens des Systems Produktion auf, allerdings nur bezüglich seiner Aufgabe, ein konsistentes Modell zu schaffen. In dieser Hinsicht sind beide Systeme gut koordiniert. Sie greifen ineinander. Somit ist die funktionale Differenzierung von selbstreferenziellen Systemen gleichzeitig ein Mittel zum Erfassen und Verarbeiten höherer Umweltkomplexität sowie ein Mittel zur Integration dieser Teilsysteme. Man braucht keinen speziellen Mechanismus, um die Systeme zu integrieren. Funktionale Differenzierung ist zugleich ihr Integrationsmedium.

Segmentäre, hierarchische und funktionale Differenzierung sind nicht nur funktional äquivalente Mittel zum Erfassen und Verarbeiten von Umweltkomplexität auf einer höheren Ebene; nach Luhmann tun sie dies mit einem zunehmenden Maß an Fähigkeit von der segmentären zur hierarchischen zur funktionalen Differenzierung. Seiner Meinung nach verläuft die Entwicklung der Gesellschaft genau in dieser Richtung. Der Mechanismus, der diese Entwicklung leitet, ist die steigende Fähigkeit, mit Umweltkomplexität umzugehen. Systeme, die diese Fähigkeit erzeugen, sind besser auf eine sich ändernde Umwelt und verschiedene Umwelten eingestellt.

Eine weitere für Luhmann wichtige Differenzierung, ist die Differenzierung von Ebenen sozialer Systeme: Interaktion, Organisation und Gesellschaft. In primitiven Gesellschaften existieren diese drei Ebenen von sozialen Systemen nebeneinander, das heißt in jeder Begegnung. Die Interaktion zwischen Vater und Sohn ist ein System einer situativen Interaktion, eine Beziehung innerhalb der Organisation der ökonomischen Produktion durch die Familie und eine Autoritätsbeziehung, die der Verteilung der Autorität quer durch die Gesellschaft entspricht. In der modernen Zeit haben sich diese drei Systeme viel stärker auseinander entwickelt und differenziert. Die Interaktion zwischen Vater und Sohn hat nichts mit ihrer Mitgliedschaft in einem Unternehmen zu tun, das eine Organisation ist, oder mit der Verteilung von Autorität innerhalb der Gesellschaft.

Systeme der Interaktion sind vom Wesen her situativ und sind situativ von dem getrennt, was außerhalb geschieht. Eine kurze Begegnung im Aufzug, eine Diskussion an der Ecke, ein Gespräch mit dem Ladeninhaber, eine Diskussion im Seminar und ein Austausch von Ware gegen Geld sind Systeme der Interaktion. Organisationen sind erheblich weniger situativ differenziert; sie stützen sich auf eine verfasste Struktur, definitive Rollen, eine eingetragene Mitgliedschaft, einen Code. Beispiele sind Unternehmen, Verwaltungen, Universitäten, Gewerkschaften, Berufsverbände und Rundfunk- und Fernsehanstalten wie CBS, NBC oder ABC.

Gesellschaften sind noch weniger situativ differenziert und vom Wesen her am dauerhaftesten. Sie sind weniger formal strukturiert als Organisationen. Sie bilden den letzten Bezugspunkt für die Interaktion. Das Leben in der Gesellschaft wird vor allem nach seiner segmentären, hierarchischen bzw. funktionalen Differenzierung in Teilsysteme strukturiert. Eine Gesellschaft hat eine bestimmte kulturelle Identität, eine politische Organisation zur Entscheidungsfindung, eine ökonomische Organisation zum Umgang mit knappen Mitteln sowie eine assoziative Organisation ihrer Mitgliedschaft mittels Staatsbürgerschaft. Diese formen kulturelle, politische, ökonomische und assoziative Teilsysteme, die als autopoietische Systeme ausdifferenziert werden, je weiter sich die Gesellschaften entwickeln. Heute hat sich eine Weltgesellschaft mit einem weltweiten kulturellen System, einem weltweiten politischen System, einer weltweiten Wirtschaft und weltweiten freiwilligen Vereinigungen etabliert. Das globale politische System in Gestalt von Institutionen der globalen Regulierung (Vereinte Nationen, Weltbank, Internationaler Währungsfonds, Welthandelsorganisation) ist jedoch in sich segmentär in Nationalstaaten differenziert.

Ob wir auf der interaktionalen, organisatorischen oder gesellschaftlichen Ebene agieren, stellt einen Unterschied dar für die Bestimmung, den Verlauf und das Ergebnis unseres Handelns, je mehr diese Ebenen als Systeme an sich differenziert wurden. In unserem Vater-Sohn-Beispiel in einer primitiven Gesellschaft konvergieren die verschiedenen Ebenen. In einer modernen Gesellschaft wie der unseren divergieren sie.

Schauen wir uns weitere Beispiele aus der modernen Gesellschaft an. Die Interaktion eines Paares, das gemeinsam ein romantisches Dinner in einem Restaurant einnimmt, wird von ihrer Vertrautheit und der Situation des Zusammenseins beim Dinner geleitet. Alles, was um die beiden herum geschieht, wird von diesem Blickwinkel geleitet und beeinflusst ihre Interaktion lediglich durch diese selbstreferenzielle Vermittlung. Der Mann kann sich vielleicht ärgern, dass der Kellner so laut ist; die Frau aber erinnert ihn: „Reg' dich nicht darüber auf. Konzentrieren wir uns heute Abend auf uns selbst und lassen unser Essen durch nichts stören.“ So wird der Lärm des Kellners selbstreferenziell zu einer systemisch verarbeiteten Komplexität gemacht. Was dieses interaktionale System kennzeichnet, besteht darin, dass es nur sehr geringfügig zur Kenntnis nimmt, was außerhalb, und vor allem weiter entfernt von der Situation, geschieht. Und es hat auch nur minimale Auswirkungen auf die Umwelt. Die meisten Menschen bemerken das Paar, das gemeinsam das Dinner einnimmt, überhaupt nicht. Dies ist anders, wenn wir die organisatorische Ebene erreichen. Stellen wir uns vor, dass wir nicht ein intimes Dinner eines Liebespaares beobachten, sondern ein

Geschäftsessen zweier Direktoren desselben Unternehmens. Was sie tun, wird nach wie vor teilweise nur durch die Situation, die Abfolge des Essens und die Abfolge ihrer Konversation bestimmt; viel mehr aber wird es geprägt durch ihre Position und ihre entsprechenden Rollen in ihrem Unternehmen. Nehmen wir an, einer ist der Marketingchef und einer der Produktionsleiter. Worüber sie sprechen, der Verlauf ihrer Unterhaltung und das Ergebnis werden sehr stark beeinflusst von den Abteilungen, die sie in ihren Rollen vertreten sowie durch die etablierten Beziehungen zwischen diesen Abteilungen. Wenn die Marketingabteilung die Produktionsabteilung als sehr unflexibel betrachtet, wird alles, was sie tun, zu einer Thematisierung dieser Situation führen. Und das Ergebnis ihres Gesprächs wird Auswirkungen auf die gesamte Organisation weit über die Grenzen ihrer situativen Interaktion hinaus haben.

Die Bestimmung und Auswirkungen eines solchen Geschäftsessens werden noch weiter reichen, wenn der Personalchef dieser Firma ein Essen mit dem Gewerkschaftsführer hat. Ihr Gespräch wird von gesellschaftsweiten ökonomischen Problemen sowie der gesellschaftsweiten Beziehung zwischen Unternehmen und Gewerkschaft beeinflusst. Der Verlauf wird von dieser etablierten Beziehung geleitet, das Ergebnis hat Auswirkungen auf die gesamte Gesellschaft. Ihre Interaktion erreicht die Ebene der Gesellschaft. Sicherlich involviert dieser gesellschaftliche Prozess auch die Ebene der Organisation und die der situativen Interaktion, aber er reicht auch über diese Ebenen hinaus und setzt emergente Eigenschaften der Gesellschaft in Bewegung. Gesellschaftliche Prozesse involvieren stets organisatorische und interaktionale Prozesse. Interaktionale Prozesse jedoch beziehen nicht immer organisatorische und gesellschaftliche Prozesse ein. Organisatorische Prozesse beinhalten stets interaktionale Prozesse, nicht immer jedoch gesellschaftliche Prozesse. Obwohl die höheren Prozesse stets die niedrigeren in sich enthalten, lassen sie sich nicht vollständig auf diese reduzieren. Sie weisen emergente Eigenschaften auf, das heißt, eigene Prozesse, die nur auf ihrer Ebene auftreten.

Autopoiesis und strukturelle Kopplung

Das zentrale Element von Systemen ist ihr autopoietischer Charakter, ihre Selbstreferenz. Wie wir festgestellt haben, ist dies die Fähigkeit der Systeme, die Umweltkomplexität in ihren eigenen Begriffen zu erfassen und zu verarbeiten und so ihr bedrohliches Wesen in systemische Ressourcen zur Selbstproduktion und Reproduktion zu verwandeln. Wie Luhmann es paradoxerweise ausdrückt, gewinnen diese Systeme durch Geschlossenheit an Offenheit. Was er damit meint, besteht darin, dass der intern abgeschlossene Charakter, die fest umrissenen Grenzen des Systems, und die Fähigkeit, alles aus der Umwelt nur in Begriffen des Systems aufzugreifen, maximale Offenheit gegenüber der Umweltkomplexität erlaubt. Ein solches System muss sich nicht vor der Umwelt verstecken oder sie unterdrücken. Es ist in der Lage, mit allem in der Umwelt zu leben und seine Identität zu bewahren. Luhmanns paradoxe Formulierung kann jedoch nicht verhehlen, dass hier nur eine relativ eingeschränkte Offenheit besteht. Ein autopoietisches System ist nur insoweit offen, als dies nicht seine Identität berührt. Es verwandelt alles in seine eigene Sprache. Stets verzerrt diese Transformation der Umweltkomplexität in systemische Begriffe das, was ursprünglich in der Umwelt entstanden war. Ein Bürger, der mit der Verwaltung zu tun hat, erkennt vielleicht nicht mehr wieder, was er gesagt hatte, wenn er liest, was der Beamte in bürokratischen Begriffen niedergeschrieben hat. Der Philosoph, der sich für gleiche Rechte für Frauen aussprach, erkennt seine Aussage nicht mehr in den Worten des Politikers, der die Ideen des Philosophen teilweise in einer öffentlichen Rede einsetzt. Das Kriterium für den Philosophen ist Wahrheit; das Kriterium für den Politiker ist, möglichst viele Stimmen zu erhalten. Diese Offenheit, die aus selbstreferenzieller Geschlossenheit resultiert, ist eine eingeschränkte Offenheit. Wir müssen dies viel stärker berücksichtigen als Luhmann.

Selbstreferenz kann auf drei ganz bestimmte Ebenen bezogen werden: den Code, die Struktur oder das **Programm** und die **Prozesse** eines Systems. Der **Code** ist ein **binäres** Schema, wie die Differenzierungen zwischen wahr/unwahr, richtig/falsch, recht/unrecht, schön/hässlich und zuverlässig/unzuverlässig. Die Struktur oder das Programm ist eine Reihe generalisierter Erwartungen, Werte, Normen, Rollen und persönlicher Attribute. Der Prozess ist die fortschreitende Interaktion, die Kommunikation und Handlung beinhaltet: Information, Übermitteln einer Botschaft, Interpretation, Reaktion. In unserem System der Prüfungsdiskussion ist der Code die Unterscheidung zwischen Zuverlässigkeit und Unzuverlässigkeit von Prüfungen. Die Struktur oder das Programm erfasst den Wert, dass jedes Mitglied der Gruppe gleichberechtigt an der Diskussion teilnehmen kann, die Norm, dass kein Widerspruch toleriert wird, die Rollen der Diskussionsteilnehmer, die sprechen wollen und warten müssen, bis sie an der Reihe sind, sowie die persönlichen Zuschreibungen, die bestimmte Beiträge von einer Person erwarten, je nach ihrem früheren Verhalten als schüchtern, offen, spontan, intelligent, zögernd, gut argumentierend, kreativ, schnell, langsam etc. Der Prozess ist die fortschreitende Diskussion, die aus Kommunikation und Handlung besteht. Selbstreferenz beinhaltet alle Ebenen. Der Code von zuverlässigen/unzuverlässigen Prüfungen funktioniert als Gesamtrichtlinie der Strukturen und Prozesse. Alles ist auf diesen Code ausgerichtet. Andernfalls würde sich das System auflösen und wäre nicht in der Lage, sich zu reproduzieren. Die Struktur oder das Programm reguliert die Form der anhaltenden Interaktion. Sie definiert die Identität des Systems nicht so feststehend wie der Code; daher wird sie je nach ihrer Fähigkeit, zur Reproduktion des Code beizutragen, beibehalten oder verändert. Die Diskussionsteilnehmer können sich von einer Form der Reihung von Redebeiträgen zu einer anderen Form bewegen. So wandeln sie die Struktur des Systems oder Programms, nicht aber seinen Code. Im Prozess von Kommunikation und Handlung ist ein Wandel von einer Situation zur anderen sehr wahrscheinlich; auf dieser Ebene wird die Umweltkomplexität innerhalb der bestehenden Struktur oder des Programms und im Hinblick auf die Reproduktion des Code erfasst und verarbeitet.

Wie lernt ein solches System? Es lernt durch die Erfassung der Umweltkomplexität, allerdings nur in den vom Code vorgeschriebenen Begriffen. Wann immer der Code sich selbst ändert, lernt das System nicht, sondern bricht zusammen und wird durch ein neues System mit einem neuen Code abgelöst.

Die Selbstproduktion von Systemen misst den Prozessen dieser alltäglichen Routine große Bedeutung bei. Wir können dies anhand eines Beispiels aus Luhmanns frühen Werken erklären, das sehr gut in die neue Sprache der Selbstreferenz passt, nämlich seine Studie zur Legitimation durch Verfahren (Luhmann 1969/1983). In dieser Studie zeigt Luhmann (1969/1983: 11-53), dass unter den Bedingungen einer komplexen Welt, so wie sie von der Modernität produziert wurde, jeder Versuch, die Entscheidungsfindung zu legitimieren, indem man sie aus vorgegebenen stabilen Werten oder einer etablierten traditionalen Autoritätsstruktur ableitet, zum Scheitern verurteilt ist. In einer solchen Welt gibt es viel mehr Fragen, die bezüglich der Legitimität einer Entscheidung aufgeworfen werden können, zum Beispiel in der Gesetzgebung oder vor Gericht, als durch Bezug auf gewisse innewohnende Werte oder irgendeine traditionale Autorität beantwortet werden können. In einer Welt, in der alles vorstellbar ist, bedeutet eine Entscheidung zwangsläufig eine Selektion aus vielen Alternativen, die nach wie vor präsent bleiben. Wie kann man diese Lücke zwischen Entscheidungen und Alternativen schließen? Luhmanns Antwort lautet, dass die Legitimation solcher Entscheidungen nicht länger von außen und von stabilen Werten oder Strukturen kommen kann, sondern innerhalb des Prozesses der Entscheidungsfindung selbst produziert werden muss. Damit liegt das Schwergewicht auf den Eigenschaften dieses Prozesses. Schauen wir uns einmal sein Beispiel der Entscheidungsfindung im Gerichtsverfahren an (Luhmann 1969/1983: 57-135).

Nach Luhmann muss die Entscheidungsfindung im Gerichtsverfahren zunächst als ein System ausdifferenziert werden, das in der Lage ist, Grenzen zu errichten, die festlegen, was zum System gehört und was nicht. In einer historischen Perspektive hat sich das Entstehen von Gerichtsverfahren als ausdifferenziertes System vom Beweis durch Bezug auf Gott hin zum Beweis basierend auf persönlicher Reputation und schließlich zum freien Beweis bewegt. Wenn es nichts als einen freien Beweis gibt, können sich die Entscheidungen nicht länger auf einfache Gründe wie ein Zeichen Gottes oder die Reputation eines Zeugen stützen. Die Entscheidung muss begründet werden, indem man die Verfahrensmittel selbst verwendet. Taktische Dinge gewinnen an Bedeutung. Das Gerichtsverfahren muss auch in zeitlicher, sachlicher und sozialer Hinsicht autonom sein. Es braucht Zeit, kann nur akzeptieren, was in seine Sprache passt und schreibt den Teilnehmern am Verfahren spezifische Rollen vor.

Kontaktsysteme zwischen Menschen, die sich regelmäßig bei Gericht treffen, machen es leichter, komplexe Dinge strukturiert zu behandeln. Einzelne Entscheidungen lassen sich in eine ganze Reihe von Entscheidungen einbetten, die Verhandlungsprozesse zwischen den Menschen innerhalb des Kontaktsystems möglich machen.

Da jeder, der teilnimmt, in dem System eine spezifische Rolle einnehmen muss, lässt sich die Umweltkomplexität in systemische Ressourcen der Entscheidungsfindung umwandeln, weil jetzt alles in den Begriffen des Systems behandelt werden kann, jeder Teilnehmer involviert wird und unausweichlich am Prozess der Entscheidungsfindung teilnimmt, der jeden zumindest in dem Sinne an das Ergebnis bindet, dass er an der Entscheidung beteiligt war. Nach einer solchen Entscheidung wird jeder, der nicht bereit ist, diese zu akzeptieren, zumindest in seiner Position isoliert. Dies verstärkt den bindenden Charakter der Entscheidung.

Die Teilnehmer werden in die Geschichte des Entscheidungsprozesses eingebunden, indem sie Berichte vortragen. In diesem Prozess hat jeder Bericht bindende Auswirkungen und schmälert den Handlungsspielraum für eine Person, doch wird ein schmälernder Effekt innerhalb des Systems selbst erzeugt. Das Verfahren ermöglicht Konflikt, das heißt, Diskussion zwischen konkurrierenden Positionen; er muss allerdings in den gerichtlichen Begriffen des Systems geführt werden. So wird es dem Verfahren möglich, so viel Umweltkomplexität wie nur möglich zu erfassen, zu verarbeiten und sich zu reproduzieren, indem zwischen recht und unrecht unterschieden wird, was dem Code entspricht.

Wir können nicht annehmen, dass der Entscheidungsprozess zu einem erheblichen Wandel der Meinungen durch Lernen führt. Er produziert vielmehr eine kontinuierliche Kanalisierung von Meinungen hin zu einer bindenden Entscheidung mit der Auswirkung, dass Proteste aufgesplittert und isoliert werden. Weil das Verfahren scheinbar jede aufgeworfene Frage aufgreift – allerdings in eigenen Begriffen –, wird Protest als partikulare Unzufriedenheit Einzelner isoliert. Er dient nicht mehr länger als Basis für Zweifel bezüglich der Legitimität der Entscheidung.

Die Präsentation des Entscheidungsprozesses für die Öffentlichkeit erfolgt unabhängig von der faktischen Beteiligung der Öffentlichkeit oder der Anzahl von Menschen im Publikum. Die vor der Öffentlichkeit gesprochenen Worte, die der öffentlichen Überprüfung zugänglich gemacht wurden, müssen sorgfältig gewählt werden und haben bestimmte bindende Auswirkungen auf die Parteien, die sie äußern. Und die potenzielle Beteiligung der Öffentlichkeit bindet die Öffentlichkeit ebenfalls an die Entscheidung. Dies trägt dazu bei, dass man sich einer letztlich bindenden Entscheidung annähert.

Prozedurale Legitimation von Entscheidungen ist einfacher, wenn statt einer zielorientierten Programmierung eine konditionale Programmierung des Prozesses etabliert wurde. Die als konditionale Programmierung von Entscheidungen bezeichnete Form schreibt bestimmte Entscheidungen vor, wenn bestimmte Bedingungen gegeben sind. Der als zweckbestimmte Programmierung bezeichnete Typus schreibt nur ein Ziel vor, für das die richtigen Mittel gefunden werden müssen. Konditionale Programme erlauben eine Konzentration auf die gegebenen Tatbestände der Situation. Wenn man zu einer Entscheidung darüber kommt, führt dies unmittelbar zur nächsten Entscheidung darüber, was getan werden muss: eine bestimmte Bestrafung für eine bestimmte Verletzung des Gesetzes.

Dies sind die Elemente eines Gerichtsverfahrens, die dieses Verfahren zu einem selbstreferenziellen System machen, das in der Lage ist, sich selbst als ein System zu reproduzieren, das für verbindliche rechtliche Entscheidungen verwendet wird, ohne sich auf eine externe stabile Legitimierung aus Werten oder Autoritätsstrukturen zu stützen. Der Prozess der Entscheidungsfindung selbst produziert verbindliche Entscheidungen, indem er kontinuierlich den Handlungsspielraum schmälert, die Teilnehmer an bestimmte Berichte bindet, die Öffentlichkeit auf die Entscheidung verpflichtet und Protest als partikularistische Unzufriedenheit Einzelner ohne Anspruch auf kollektive Legitimität aufsplittert und isoliert.

Dies ist ein gutes Beispiel, um den Anspruch der Systemtheorie zu stützen, dass Systeme einen Unterschied ausmachen. Allein das Vorhandensein von Gerichtsverfahren kanalisiert alles, was in Bezug auf eine bestimmte Verletzung des Rechts gesagt werden kann, in den Code, das Programm und die Prozesse dieses Systems, die das Schicksal einer jeden Handlung, ihren Verlauf und ihr Ergebnis bestimmen. Ein solches System bricht direkte Kausalität auf. Ein Ereignis bedingt nicht ein anderes Ereignis; eine Ursache führt nicht zu einer bestimmten Wirkung. Die Etablierung von Systemen stellt einen Unterschied dar: Ursache und Wirkung werden durch das System vermittelt, was die Richtung der Ursache und ihr Verhältnis zu ihrer Wirkung beeinflusst. Die Abfolge stellt sich jetzt so dar: Umweltkomplexität dringt in ein System ein, das diese Komplexität in Selbstproduktion erfasst und verarbeitet. Dies erzeugt neue Komplexität für andere Systeme.

Ein letztes Beispiel mag als weitere Illustration dieses besonderen Charakters von Systemen auf der Ebene der Gesellschaft dienen. Auf dieser Ebene ist die funktionale Differenzierung der Gesellschaft in selbstreferenzielle Teilsysteme ein Resultat der gesellschaftlichen Entwicklung in der modernen Zeit (Luhmann 1984: 624-631). Wissenschaft, Bildung, Politik, Recht und Wirtschaft sind solche funktional differenzierten Teilsysteme der Gesellschaft. Jedes dieser Systeme funktioniert nach spezifischen Codes, Funktionen, Strukturen oder Programmen und Prozessen. Der Code der Wissenschaft ist die Differenzierung zwischen wahr und nicht wahr; ihre Funktion ist die Erweiterung des Wissens; ihre Struktur wird von den Regeln der wissenschaftlichen Forschung bestimmt; ihre Prozesse werden von Wahrheit als generalisiertem Medium der Kommunikation vermittelt. Der Code der Bildung ist die Differenzierung zwischen gebildet und ungebildet; ihre Funktion ist die Entwicklung der Persönlichkeit; ihre Struktur wird durch die Regeln der Schulbildung bestimmt; ihre Prozesse werden von Bildungswerten vermittelt. Der Code des politischen Systems ist die Differenzierung zwischen dem Besitz oder Nichtbesitz von Macht; seine Funktion ist das Treffen kollektiv verbindlicher Entscheidungen; seine Struktur wird durch die Institutionen von Gesetzgebung und Verwaltung bestimmt; seine Prozesse werden von Macht als generalisiertem Kommunikationsmedium vermittelt. Der Code des Rechtssystems ist die Differenzierung zwischen recht und unrecht; seine Funktion ist das Austragen von Konflikten; seine Struktur wird durch die Regeln des Rechtsverfahrens bestimmt; seine Prozesse werden vom Recht als Kommunikationsmedium vermittelt. Der Code der Wirtschaft ist die Differenzierung zwischen zahlen und nicht zahlen; ihre Funktion ist der Umgang mit knappen Ressourcen; ihre Struktur wird durch die Institutionen von Produktion, Distribution und Konsumtion bestimmt; ihre Prozesse werden durch Geld vermittelt. Jedes System ist selbstreferenziell, was gleichzeitig seine Differenzierung und Integration stützt und es der Gesellschaft so erlaubt, ein größeres Maß der Komplexität zu erfassen und zu verarbeiten (Tab. 3.1).

In welchem Bezug stehen diese Systeme zueinander? Sie stehen in Beziehungen von System und Umwelt unter der Bedingung der Autopoiesis zueinander. Dies ermöglicht es der Gesellschaft, so viel Komplexität wie möglich intern zu produzieren, aber dennoch in der Lage zu sein, diese intern produzierte Komplexität zu erfassen und zu verarbeiten, um sich auf einer höheren Ebene der Komplexität zu reproduzieren. Es handelt sich um eine einzigartige Konvergenz von maximaler Freiheit und maximaler Ordnung in den Begriffen der Systemtheorie. Die wechselseitige Irritation von gesellschaftlichen Funktionssystemen wird in der entwickelten Moderne durch strukturelle Kopplung geordnet.

Tab. 3.1: Funktionssysteme

	Wissenschaft	Politik	Recht	Wirtschaft
Funktion	Erweiterung von Wissen	Kollektiv verbindliche Entscheidung	Stabilisierung normativer Erwartungen (Streitschlichtung)	Regulierung von Knappheit
Medium	Wahrheit	Macht	Recht	Geld
Code	Wahr / unwahr	Macht haben / nicht haben	Recht / unrecht	Eigentum haben / nicht haben
Programm	Methodologie	Regeln der Politik Politische Programme	Rechtsordnung Gesetze Präjudizien Verträge	Wirtschaftsordnung Konsum- und Investitionsprogramme
Kommunikation	Wissenschaftliche Aussage	Politische Entscheidungen	Rechtsaussagen	Wirtschaftliche Transaktionen

Angelehnt an: Wolfgang Schneider, *Grundlagen der soziologischen Theorie*, Wiesbaden: Westdeutscher Verlag, 2002, Bd. 2, S. 361, Tafel 9.13.

Dadurch werden die wechselseitigen Irritationen in eine für beide Seiten geordnete Form gebracht. Recht und Politik werden durch die Verfassung aneinander gekoppelt, Recht und Wirtschaft durch Eigentum und Vertrag, Wissenschaft und Erziehungssystem durch Universitäten, Politik und Wissenschaft durch politische Beratung, Erziehungssystem und Wirtschaft durch Zeugnisse und Zertifikate (Luhmann 1997: 776-788) (Tab. 3.2). Strukturelle Kopplung führt nach Luhmanns Konstruktion nicht zur Überschneidung zwischen den Funktionssystemen. Die Brücke ist in beiden aneinander gekoppelten Systemen in jeweils anderer Weise, nämlich in eigener Beobachtung präsent. Für das Recht ist die Verfassung ein Torwächter für verfassungsmäßige politische Gesetzgebung, für die Politik ein Torwächter für verfassungsmäßige rechtliche Kontrolle der Politik. Für das Recht ist das Eigentum ein Rechtstitel, für die Wirtschaft eine ökonomische Ressource. Wissenschaftliche Beratung ist für die Wissenschaft ein nach Wahrheit zu beurteilendes Aussagensystem, für die

Politik eine im Machtkampf verwertbare Machtressource. Was wissenschaftlich wahr ist, kann nur dann politisch effektiv werden, wenn es in Begriffe eingebettet ist, die mehr Stimmen einbringen. Eine wissenschaftliche Kritik der politischen Entscheidungsfindung bleibt eine wissenschaftliche Kritik und kann nicht Teil der politischen Entscheidungsfindung selbst werden. Auch moralische Kritik wird nur als Umweltkomplexität in der politischen Entscheidungsfindung nach deren eigenem Code erfasst und verarbeitet. Moralische Urteile werden in Quellen der Machtmobilisierung umgewandelt. Trotz struktureller Kopplung bleiben die Funktionssysteme strikt voneinander getrennt.

Tab. 3.2: Strukturelle Kopplung

Funktionssystem	Strukturelle Kopplung	Funktionssystem
Recht	Verfassung	Politik
Recht	Eigentum / Vertrag	Wirtschaft
Wissenschaft	Universitäten	Erziehungssystem
Wirtschaft	Zeugnisse, Zertifikate	Erziehungssystem
Politik	Steuern, Abgaben Notenbank	Wirtschaft
Politik	Politische Beratung	Wissenschaft

Gesellschaft

Luhmanns Gesellschaftstheorie steht auf drei Grundpfeilern, auf einer Evolutionstheorie, einer Theorie der systemischen Differenzierung und einer Theorie der symbolisch generalisierten Kommunikationsmedien. **Evolution** ist im Unterschied zu Schöpfung und Planung ein nicht absichtsvoll und nicht geplant verlaufender Prozess der gesellschaftlichen Entwicklung (Luhmann 1997: 413-431). Die Evolution wird in Luhmanns (1997: 456-497) Perspektive durch drei Prozesse geprägt: Variation, Selektion und Restabilisierung. „Variation" heißt, dass ungeplant Neues entsteht: neue Gedanken, neue Thesen, neue Verhaltensweisen, neue Organisationsformen, neue Regeln, neue Institutionen. Die Möglichkeit, dass jeder Satz negiert werden kann, versieht die sprachliche Kommunikation mit einem ungeheuren Potenzial der Variation. „Selektion" heißt, dass der weitere Gebrauch und damit das Überleben des durch Variation erzeugten Neuen davon abhängen, ob es in der Umwelt aufgegriffen und gestützt wird, an die Umwelt angepasst ist bzw. sich selbst die Umwelt anpassen kann. „Restabilisierung" heißt, dass die durch das Neue hervor gebrachten Störungen und Widersprüche bewältigt werden, Kohärenz in Denken, Handeln, Organisationen, Institutionen und Gesellschaft wiederhergestellt werden kann. Der Vorschlag, die Hierarchie einer Organisation von drei Entscheidungsebenen (Vorstand, Bereichsleiter, Abteilungsleiter) auf zwei Entscheidungsebenen (Vorstand, Abteilungsleiter) zu reduzieren, ist eine Variation. Ob der Vorschlag zum Zuge kommt, entscheidet sich durch Selektion, z.B. durch Überzeugungsarbeit und Kaltstellen von Widerstand leistenden Bereichsleitern. Die dauerhafte Institutionalisierung der neuen zweistufigen Hierarchie hängt von der Restabilisierung des jetzt durcheinander gewirbelten Organisationsgefüges ab, d.h. insbesondere vom Funktionieren der Arbeitsteilung und der Entscheidungsweitergabe und -umsetzung.

Eine entscheidende Frage ist, ob sich die Evolution der Gesellschaft ungeplant in eine bestimmte Richtung bewegt oder ob sich keine Richtung der Evolution ausmachen lässt. In Luhmanns Augen ist trotz aller Zufälligkeit und Veränderbarkeit zumindest in der bisherigen Evolution der gesellschaftlichen Organisation des Lebens eine Richtung der zunehmend komplexeren Differenzierung zu erkennen. Dabei hat Luhmann lange drei, zuletzt dann vier Entwicklungsstufen der Differenzierung unterschieden. Segmentäre, stratifikatorische (hierarchische) und funktionale Differenzierung sind die zunächst eingeführten Stufen, denen im Spätwerk noch die Differenzierung in Zentrum und Peripherie als Zwischenstufe zwischen segmentärer und stratifikatorischer Differenzierung hinzugefügt wird (Luhmann 1997: 634-776). In der Evolution verschieben sich die Gewichte jeweils zur neu hinzu kommenden Form der Differenzierung, die alten Formen verschwinden aber nicht völlig. Einfache Gesellschaften sind segmentär in gleich geartete Familien und Klans differenziert und weisen kaum Arbeitsteilung zwischen den Familien und Klans auf. In den archaischen Hochkulturen z.B. in Ägypten und Mesopotamien, bildet sich eine starke Differenzierung zwischen dem Zentrum der Herrschaft in einer Stadt und der Peripherie der weit verstreuten kleineren Städte und Dörfer heraus. Im europäischen Mittelalter hat sich am deutlichsten der Typus der stratifikatorisch differenzierten Ständegesellschaft mit dem Adel als Führungsschicht ausgeprägt. Hier ist die Arbeitsteilung schon weit entwickelt, sie ist aber vollständig in das hierarchische Gefüge von Ständen und Unterständen integriert. Erst die in der Neuzeit entstehende Moderne löst die Arbeitsteilung von der ständischen Differenzierung, um die gesellschaftliche Organisation auf die funktionale Differenzierung in autopoietisch operierende Teilsysteme ohne Zentrum und Spitze umzustellen. Wirtschaft, Recht, Politik, Verwaltung, Wissenschaft, Erziehung und Kunst werden als selbstreferenzielle, nach einem je eigenen Code operierende Teilsysteme ausdifferenziert und von den Restriktionen der mittelalterlichen Hierarchie befreit, insbesondere aus der Vormundschaft der Religion entlassen.

Mit der Verschiebung der Gewichte von den einfacheren zu den komplexeren Differenzierungsformen in der gesellschaftlichen Evolution verändert sich auch der jeweils vorrangige Modus der Inklusion des Individuums in die Gesellschaft bzw. spiegelbildlich seine Exklusion aus der Gesellschaft (Luhmann 1997: 618-634). Bei segmentärer Differenzierung geschieht dies durch die Mitgliedschaft in Familien und Klans, bei der Differenzierung in Zentrum und Peripherie durch die Nähe zum Zentrum, bei stratifikatorischer Differenzierung durch die Zugehörigkeit zu einem Stand, einer Klasse oder einer Schicht, bei funktionaler Differenzierung durch Teilnahme an den Kommunikationsprozessen der ausdifferenzierten Teilsysteme. Im Unterschied zu den drei älteren Differenzierungsformen beinhaltet die funktionale Differenzierung eine mehrfache, oft uneinheitliche Inklusion. Während bei stratifikatorischer Differenzierung die Standeszugehörigkeit das gesamte Lebensschicksal des einzelnen bestimmt, entscheidet die Inklusion in ein Teilsystem in der funktional differenzierten Gesellschaft nicht zugleich über die Inklusion in andere Teilsysteme. Wer reich ist, bekommt nicht zwangsläufig im Rechtsstreit recht, wird nicht mehr als andere bei Fragen der Wahrheit erhört, hat nicht immer den besseren Geschmack und auch nicht auf jeden Fall mehr Macht und nicht mehr Glück in der Liebe als andere. Da jedoch die älteren Formen der Differenzierung in funktional differenzierten Gesellschaften nur in ihrem Gewicht eingeschränkt sind, aber nicht völlig verschwinden, kann natürlich die Mitgliedschaft in einer reichen Familie und damit in einer höheren Schicht auch auf nachfolgende Generationen übertragbare Vorteile der Inklusion in andere als das wirtschaftliche Teilsystem und die Fortführung von kumulierten Inklusionsvorsprüngen über mehrere Teilsysteme hinweg mit sich bringen. Insofern taugt der Begriff der Klassengesellschaft für Luhmann zwar nicht mehr als Leitsemantik in der fortgeschrittenen Moderne, verschwindet aber nicht völlig, sondern wird von der Leitsemantik der funktionalen Differenzierung auf den Rang einer Sekundärsemantik herabgestuft (Luhmann 1988: 151-176; 1997: 1055-1060).

Ein wesentlicher Motor der Evolution, der für eine Steigerung der Variation sorgt, ist die Ausdehnung der Reichweite der gesellschaftlichen Kommunikation, die im historischen Prozess durch die Erfindung neuer Medien jeweils neue Entwicklungsschübe erfahren hat. Kommunikationssysteme konstituieren sich selbst mit der Unterscheidung zwischen Medium und Form. Diese Unterscheidung dient dazu, nach „letzten Elementen" zu suchen. An die Stelle der Suche nach ontologischen Fixpunkten tritt die beobachterabhängige Unterscheidung zwischen dem Medium und der Form. Wenn Luhmann von Kommunikationsmedien spricht, meint er die Verwendung der Differenz von medialem Substrat und der Form, d.h. der Markierung einer Unterscheidung, welche die Welt in eine markierte und eine unmarkierte Seite aufteilt, für systemische Prozesse. Kommunikation ist Luhmann zufolge nichts anderes als das Prozessieren der Differenz zwischen Medium und Form. Die Unterscheidung von Medium und Form übersetzt die Unwahrscheinlichkeit der Kommunikation in eine für das System handhabbare Differenz und transformiert sie somit in eine Ressource für die Produktion und Reproduktion seiner Autonomie. Die gesellschaftliche Kommunikation bildet verschiedene Medien/Formen aus, je nachdem, welches Problem es zu lösen gilt (Luhmann 1997: 190-202). Luhmann (1997: 202-205) unterscheidet **Verbreitungsmedien** und **Erfolgsmedien**. Neue Verbreitungsmedien haben jeweils die Reichweite gesellschaftlicher Kommunikation ausgedehnt: Ihre Entwicklung hat von der oralen Sprache mit geringer Reichweite und Speicherkapazität zur Schrift mit einer erheblich gesteigerten Reichweite und Speicherkapazität geführt, die im weiteren Verlauf durch technische Erfindungen erweitert werden: durch den Buchdruck und durch die elektronischen Medien (Luhmann 1997: 205-315). Erfolgsmedien sind symbolisch generalisierte Kommunikationsmedien wie Wahrheit, Werte, Eigentum/Geld, Kunst, Macht, Recht und Liebe (Luhmann 1997: 316-412). Ihre Leistung besteht darin, dass sie gesellschaftliche Kommunikation unabhängig von Ort, Zeit und Personen über große Distanzen hinweg ermöglichen und für einen selbstlaufenden Prozess der unablässigen gesellschaftlichen Kommunikation sorgen. Durch die Kreuztabellierung des Erlebens und Handelns von Ego und Alter charakterisiert Luhmann die Wirkungsweise der entsprechenden Medien. Durch Wahrheit oder Werte wird Alters Erleben auf Eges Erleben übertragen, durch Liebe Alters Erleben auf Egos Handeln, durch Eigentum/Geld oder Kunst Alters Handeln auf Egos Erleben, durch Macht/Recht Alters Handeln auf Egos Handeln (Luhmann 1997: 336) (Tab. 3.3).

Tab. 3.3 Symbolisch generalisierte Kommunikationsmedien

Alter \ Ego	Erleben	Handeln
Erleben	Ae ⟶ Ee Wahrheit Werte	Ae ⟶ Eh Liebe
Handeln	Ah ⟶ Ee Eigentum / Geld Kunst	Ah ⟶ Eh Macht / Recht

Aus: Niklas Luhmann, *Die Gesellschaft der Gesellschaft*, Frankfurt a. M.: Suhrkamp, 1997, S. 336.

Symbolisch generalisierte Kommunikationsmedien arbeiten analog zur basalen Ja/Nein-Unterscheidung der Sprache nach einem binären Mediencode: zahlen/nichtzahlen (Geld), Macht haben/Macht nichthaben (Macht), recht/unrecht (Recht), wahr/falsch (Wahrheit), schön/hässlich (Kunst), lieben/nicht lieben (Liebe). Durch diese binäre Codierung können sich die systemischen Operationen spezialisieren und eindeutig Zugehöriges von nicht Zugehörigem unterscheiden, Komplexität reduzieren und doch sehr offen für die Überführung von Umweltkomplexität in systemische Komplexität sein. Diese Offenheit ermöglicht die ***Selbstplatzierung*** der Medien. Ihre Durchsetzung bedarf nicht der besonderen Begründung durch Werte. Sie platzieren sich gewissermaßen selbst durch ihr Funktionieren. Eine weitere Eigenschaft der Medien ist ihre ***prozessuale Reflexivität***. Sie können im Sinne einer Beobachtung zweiter Ordnung auf sich selbst angewandt werden: Geld auf Finanzströme (Börse), Macht auf Macht (Kompetenzhierarchie), Recht auf Recht (Legeshierarachie), Wahrheit auf Wahrheit (Mehrstufigkeit wissenschaftlicher Diskurse), Kunst auf Kunst (ein Kunstwerk macht sich ein weiteres Kunstwerk zum Gegenstand), Liebe auf Liebe (Liebesbeziehung wird in Liebe betrachtet). Unterhalb des binären Codes erfolgt der Einsatz von Medien nach Programmen: Eigentumsrecht für Geld, Verfassung für Macht, Gerichtsordnung für Recht, Methodologie für Wahrheit, ästhetische Normen für Kunst, Normen des Liebens für Liebe. Durch ***symbiotische Symbole*** werden die Medien mit der Körperlichkeit des menschlichen Handelns verknüpft: Geld mit Bedürfnissen, Macht mit physischer Gewalt, Liebe mit Sexualität. Luhmann ergänzend, könnte man für Recht des Rechtsempfinden, für Wahrheit Tatsachen und für Kunst das ästhetische Empfinden nennen. Medien treiben das Wachstum der gesellschaftlichen Kommunikation voran und steigern gleichzeitig die Risiken der Kommunikation, die sich in konjunkturellen Auf- und Abschwüngen, Inflations- und Deflationsprozessen äußern (Münch 1995: 77-107).

Dementsprechend verlangt das Prozessieren der Kommunikation ein hohes Maß des Vertrauens in die symbolisch generalisierten Kommunikationsmedien, wenn das Abgleiten in Inflations-/Deflationsspiralen vermieden werden soll. Durch die Symbolisierung des *Einschließens von Ausgeschlossenem*, meint Luhmann, wird das sehr weitreichende Kommunizieren mit Hilfe eines Mediums vor überzogener Anwendung und damit vor Inflation geschützt. Zentralbanken können die Marktteilnehmer von der Sorge um die Knappheit des Geldes befreien und auf diese Weise angstgeschürte Inflation verhindern. Das nur sparsame Einsetzen des staatlichen Gewaltmonopols schützt vor inflationärem Machtgebrauch. Das wechselseitige Vertrauen in die Liebe entlastet ein Paar von der Anstrengung permanenter Liebesbeweise. Einschließen des Ausgeschlossenen heißt hier, dass bei der Geldverwendung auf das Denken an die Knappheit des Geldes, in Machtbeziehungen auf Machtbeweise, in Liebesbeziehungen auf Liebesbekundungen verzichtet werden kann, das jeweils eigentlich nicht Dazugehörige doch möglich ist, weil es unter der Ägide des geltenden Mediencodes steht. Symbolisch generalisierte Kommunikationsmedien dienen schließlich als *Katalysatoren* für die Ausdifferenzierung geschlossener Funktionssysteme. Indem sie alle Kommunikationen auf einen und nur einen binären Code einstellen, sichern sie die Grenzziehung zwischen System und Umwelt ab (Luhmann 1997: 359-393). Je sicherer diese Grenzziehung erfolgt, umso mehr trägt ein Kommunikationsmedium die Ausdifferenzierung eines Funktionssystems: Wirtschaft (Geld), Politik (Macht), Rechtssystem (Recht), Wissenschaft (Wahrheit), Kunstsystem (Kunst). Die Kommunikationsmedien operieren nur innerhalb der Grenzen des jeweiligen Funktionssystems: Geld nur in der Wirtschaft, Macht nur im politischen System, Recht nur im Rechtssystem, Wahrheit nur in der Wissenschaft. Darin unterscheidet sich Luhmanns Theorie der autopoietisch operierenden Funktionssysteme grundsätzlich von Parsons' Theorie des Leistungsaustauschs zwischen den Funktionssystemen, der durch die grenzüberschreitende Zirkulation der Kommunikationsmedien gewährleistet wird. Der Ausdifferenzierung und der Funktionsweise dieser Funktionssysteme hat Luhmann jeweils eigene Studien gewidmet (Luhmann 1982, 1988, 1990, 1993, 1995, 1996, 2000).

Die zunehmende Ausdifferenzierung von Funktionssystemen im Evolutionsprozess verändert die gesellschaftliche Organisation grundlegend. Sie sprengt letztlich alle territorialen Grenzen, insbesondere die Grenzen der Organisation in Nationalstaaten und bringt eine Weltgesellschaft von global operierenden Funktionssysteme hervor. Als Motoren dieser Entwicklung fungieren die Wirtschaft, die Wissenschaft und die Kunst. Sie ziehen das Recht, das Erziehungssystem sowie auch das politische System nach sich. Das politische System bleibt allerdings intern segmentär in Nationalstaaten differenziert. Diese Weltgesellschaft ausdifferenzierter Funktionssysteme verfügt weder über eine Spitze noch über ein Zentrum. Die Politik ist nicht mehr das Zentrum der Steuerung der Gesellschaft, sondern nicht mehr als ein Funktionssystem, das nach seinen eigenen Gesetzen operiert, nur sich selbst, aber nicht andere Systeme steuern kann. Für andere Systeme kann die Politik nur Impulse setzen, die dort beobachtet und nach den je eigenen Operationsweisen verarbeitet werden.

Zusammenfassung

1. Systeme sind vom Wesen her selbstreferenziell, das heißt, sie erfassen und verarbeiten Umweltkomplexität nach ihren eigenen Bedingungen.
2. Systeme bestehen aus Elementen und Beziehungen zwischen Elementen, und sie bedingen bestimmte Beziehungen zwischen Elementen und zwischen Beziehungen.
3. Soziale Systeme bestehen aus Kommunikationen.
4. Kommunikation lässt sich in Information, Mitteilung (das Übermitteln von Sinn), Verstehen/Missverstehen von Sinn (und Akzeptieren/ Nichtakzeptieren) der Information aufgliedern.
5. Sinn ist eine Selektion aus einer großen Vielzahl von Alternativen und bezieht sich auf diese Alternativen, was zum Problem der Koordination von Kommunikation führt.
6. Soziale Systeme sind von ihrer Umwelt in sachlicher, zeitlicher und sozialer Hinsicht differenziert.
7. Soziale Systeme haben, wie alle anderen Systeme, eine geringere Komplexität als ihre Umwelt.
8. Je mehr soziale Systeme oder andere Systeme ihre Komplexität steigern, ohne die Umweltkomplexität exakt zu reproduzieren, desto mehr werden sie in der Lage sein, höhere Komplexität zu erfassen und zu verarbeiten.
9. Je mehr sich soziale Systeme intern differenzieren, desto mehr werden sie in der Lage sein, Umweltkomplexität zu erfassen und zu verarbeiten.
10. Je mehr sich soziale Systeme von segmentärer zu hierarchischer und zu funktionaler Differenzierung bewegen, desto größer ist die Umweltkomplexität, die sie erfassen und verarbeiten können.
11. Segmentär differenzierte Systeme werden durch gemeinsame regelmäßige Versammlungen integriert, hierarchisch differenzierte Systeme durch Autoritätsstrukturen, funktional differenzierte Systeme allein durch die Differenzierung in selbstreferenzielle Systeme.

12. Je mehr Interaktion, Organisation und Gesellschaft als Ebenen der Kommunikation differenziert werden, desto größer ist die Umweltkomplexität, die erfasst und verarbeitet werden kann.
13. Je mehr soziale Systeme selbstreferenziell operieren, desto mehr werden sie sich der Umwelt aktiv durch Selektionsprozesse anpassen.
14. Je mehr ein soziales System Code, Struktur (Programm) und Prozesse differenziert, desto mehr ist es zur Selbstproduktion fähig, indem es Prozesse mittels Strukturen (Programm) entsprechend dem Code lenkt, und desto mehr wird es Prozesse und Strukturen (Programme) im Hinblick auf eine maximale Reproduktion des Code verändern.
15. Je mehr die Entscheidungsfindung bei Gericht zu einem differenzierten und autonomen Verfahren wird und sich auf Kontaktsysteme, Rollenspiele, Berichte, Isolierung von Protest, zugelassenen Konflikt, Inklusion der Öffentlichkeit und konditionale Programme stützen kann, desto mehr wird sie zu verbindlichen Entscheidungen führen.
16. Je mehr die Gesellschaft aus funktional differenzierten Teilsystemen mit Codes, Strukturen (Programmen), Prozessen und Kommunikationsmedien als Elementen der selbstreferenziellen Organisation besteht, desto größer ist die Umweltkomplexität, die erfasst und verarbeitet werden kann.
17. Je mehr das soziale Leben in sozialen Systemen organisiert ist, desto mehr werden Ereignisse nicht einfach in Ketten von Ursache und Wirkung verbunden, sondern in komplexeren Ketten von Umweltkomplexität → systemischer Erfassung und Verarbeitung → Umweltkomplexität.
18. Die Ausdifferenzierung eines Systems geschieht durch Unterscheidung und Bezeichnung, es bildet sich eine Einheit der Differenz von System und Umwelt; das Verhältnis des Systems zur Umwelt besteht in Beobachtung.
19. Beobachtung ist tautologisch (blinder Fleck) und paradox organisiert und kann durch Beobachtung zweiter Ordnung enttautologisiert und entparadoxiert werden. Dieses Verfahren bedeutet den Wiedereintritt der Unterscheidung in die Unterscheidung (re-entry) und ist selbst tautologisch und paradox auf zweiter Stufe angelegt.
20. Die gegenseitige Beziehung zwischen ausdifferenzierten Funktionssystemen ist durch Irritation, Resonanz und strukturelle Kopplung bestimmt.
21. Die Evolution der Gesellschaft folgt den Gesetzen der Variation, Selektion und Restabilisierung.
22. Die Evolution steigert die Komplexität der gesellschaftlichen Organisation des Lebens durch die fortschreitend übereinander gelagerte Differenzierung in Segmente, Zentrum und Peripherie, Hierarachieebenen (Stratifikation) und spezialisierte Funktionssysteme, wobei die jeweils neuen Differenzierungsformen gegenüber den älteren zunehmend an Gewicht zulegen.

23. Als Träger der Ausdifferenzierung von Funktionssystemen dienen maßgeblich symbolisch generalisierte Kommunikationsmedien: Geld, Macht, Recht, Wahrheit, Kunst, Liebe.
24. Die Evolution der gesellschaftlichen Organisation des Lebens bewegt sich auf eine funktional in Teilsysteme differenzierte Weltgesellschaft ohne Zentrum und Spitze zu.

Kritische Würdigung

In einer abschließenden Bewertung von Luhmanns Systemtheorie ragen zwei Elemente heraus. Zunächst zeigt diese Theorie nachdrücklich auf, wie das soziale Leben über unmittelbare Interaktion hinaus organisiert ist. Dies ist eine Einsicht, die eine notwendige Ergänzung, insbesondere zu mikrosoziologisch ausgerichteten Theorieansätzen darstellt, die auf der Ebene der Interaktion verbleiben. Luhmanns Systemtheorie legt dar, wie es für das Auftreten, den Verlauf und das Ergebnis einer Handlung einen Unterschied ausmacht, wenn sie innerhalb eines Systems organisiert ist. So bricht Luhmann bei der Analyse des sozialen Handelns mit den schlichten Schemata von Ursache und Wirkung sowie Grund und logischer Konsequenz.

Das zweite Element von Luhmanns Systemtheorie ist ihre vorrangige Betonung der Art und Weise, in der Ordnung aus Unordnung, Systeme aus der Komplexität der Welt, Ordnung aus Chaos entsteht. Niemand sonst hat sich so subtil mit diesem Thema befasst wie Luhmann in seiner Systemtheorie. Er zeigt die Unwahrscheinlichkeit und Zerbrechlichkeit von Ordnung, die dennoch von der universellen Gefahr gestützt wird, zusammenzubrechen. Diese universelle Gefahr ist die treibende Kraft, die Systeme und Ordnungen zusammenhält.

Bei der Bewertung von Luhmanns Lösung des Problems der Ordnung muss man sich jedoch fragen, ob es einen Unterschied zwischen seiner Lösung und der von Hobbes gibt. Obwohl Luhmann Hobbes' Lösung ablehnt, präsentiert er selbst eine sehr ähnliche Lösung. Aus der Sicht von Hobbes lässt die konvergierende Erfahrung von Unordnung und die einhergehende Furcht eines jeden vor jedem das konvergierende Interesse daran entstehen, irgendeiner Ordnung gegenüber dem Fehlen von Ordnung den Vorzug zu geben, und zwar aus dem puren Selbsterhaltungstrieb. Wir sehen in Luhmanns Lösung keinen Unterschied zu der von Hobbes vorgetragenen Lösung. Sicherlich spricht sich Luhmann nicht für einen daraus resultierenden Sozialvertrag aus, der die Herrschaft des Leviathan errichtet. Statt dessen votiert er für ein erheblich situativeres Aufbauen, Abbauen und erneutes Aufbauen von Ordnung in der sozialen Interaktion. So teilt er die Sicht des symbolischen Interaktionismus und begreift soziale Ordnung als verhandelte Ordnung. Das heißt, soziale Ordnung wird nicht ein für alle Mal in einem Sozialvertrag geschaffen, sondern ist etwas, das mit der Zeit voran schreitet, Zeit braucht und von einer Situation zur nächsten durch die Bemühungen der Akteure, ihre Handlungen einander anzuschließen und dabei das Problem der doppelten Kontingenz zu lösen, geschaffen und immer wieder neu erzeugt wird. Hier unterscheidet sich Luhmanns Lösung des Problems der Ordnung deutlich von derjenigen von Hobbes; sie hat jedoch mit Hobbes' Lösung eines gemeinsam: die Konvergenz der Erfahrung von Unordnung als untragbar, was zur Konvergenz der Interessen daran führt, irgendeine Ordnung der Unordnung vorzuziehen. Und wir müssen sagen: unabhängig vom materiellen Charakter dieser Ordnung.

In dieser Hinsicht reproduziert Luhmann die Lösung des Ordnungsproblems durch Hobbes. Wir müssen jedoch zugeben, dass Luhmann viel vorsichtiger ist als Hobbes. Er glaubt nicht daran, dass Ordnung ein für alle Mal aus dem konvergierenden Interesse an der Lösung eines Problems resultiert. Zwar gibt es ein permanentes Interesse an der Lösung dieses Problems, doch droht auch ein permanenter Zusammenbruch, so dass das soziale Leben eine kontinuierliche Bemühung der Errichtung von Ordnung aus dem Chaos darstellt. Hier werden jedoch die Grenzen von Luhmanns Theorie deutlich. Die Theorie erklärt nicht die Errichtung von Ordnung aus dem Chaos, weil keinerlei Regelmäßigkeit etabliert wird. Es gibt nur die permanente Suche nach Ordnung und die Abfolge von sehr situativen Ordnungen, aber keine dauerhafte Struktur des sozialen Handelns. Das heißt, dass Luhmann es aufgibt, Ordnung zu erklären, weil er sich statt dessen auf ihr Gegenstück, die Unordnung, konzentriert, die das Wesen des ständigen Auf und Ab erfolgreicher und erfolgloser Anschlüsse zwischen Kommunikationen darstellt.

Luhmanns Darstellung der Frage, wie Ordnung in einer Gesellschaft entsteht und sich auflöst, ähnelt an dieser Stelle den Versuchen, die als Chaostheorie oder Chaosforschung propagiert werden, nämlich eine Anwendung von Modellen, die in den Naturwissenschaften erarbeitet wurden, um zufällige Ordnungen zu erklären, die aus dem Chaos entstehen und sich in Chaos auflösen (siehe Davies 1988; Dendrinos 1990; Küppers 1987). Es ist nichts Neues in dem, was uns die Chaostheorie sagt: Je mehr die einzelnen Individuen von Urbindungen befreit werden und als autonome Individuen handeln, desto mehr stellt Ordnung in ihrer Beziehung etwas dar, das zufällig geschieht und sich auch zufällig auflöst. Daher sind in diesem Lebensbereich Vorhersagen über künftige Ereignisse fast unmöglich; dies gilt auch für die Planung der Zukunft. Diese Position ist jedoch, was das soziale Leben anbelangt, weit von der Realität entfernt, da es sich dabei um eine Zusammensetzung von Eigenschaften handelt, die sehr unterschiedliche und miteinander in Bezug stehende Arten und Ebenen der Ordnung aufwiesen. Zufällige Ordnung ist nur ein Aspekt des sozialen Lebens; es bedarf erheblich komplexerer Theorien, um die ganze Komplexität des sozialen Lebens zu erfassen. Die Geschichte der Soziologie liefert uns eine breite Vielfalt solcher Werkzeuge, die wir in einem integrierten Netz von Theorien kombinieren müssen. In dieser Vielfalt von Theorien ist die Chaostheorie nicht neu und deckt nur einen sehr kleinen Teil des sozialen Lebens ab.

In Luhmanns Begriffen lässt sich lediglich zufällige Ordnung erklären. Allerdings gibt es weitere Eigenschaften der sozialen Ordnung: Kontinuität und Gültigkeit, genaue Vorhersehbarkeit von Handlungen und Zwang. Diese Elemente lassen sich in den Begriffen von Luhmanns Theorie nicht erklären. Wir brauchen Theorien der kommunikativen Rationalität, der Konsensbildung und der Herrschaft, um diese Elemente der sozialen Ordnung zu erklären. Luhmanns ausschließliche Beschäftigung mit der Differenzierung zwischen Ordnung und Unordnung machen ihn unempfänglich für die letzteren Eigenschaften von sozialem Leben und sozialer Ordnung. Er erkennt nicht, dass er stets mit einer sehr künstlichen Annahme arbeitet: der Komplexität der Welt. Normalerweise leben die Menschen nicht in einer so komplexen Welt, weil sie in eine vorgegebene Lebenswelt gemeinsam geteilter Weltsichten und Normen hineingeboren werden. Ihre Gedanken sind in Sinngrenzen eingeschlossen; sie sind nicht in der Lage, die Erfahrung der Selektion aus einer extrem komplexen Welt zu machen, so wie es Luhmanns Akteure fast immer tun. Daher gibt es für viele Beispiele des sozialen Lebens kein Problem der Ordnung, weil sie dort einfach existiert. Da das soziale Leben von Beginn an so organisiert war, liegen hier die Wurzeln der sozialen Ordnung. Das Problem ist dann: wie kann diese lebensweltliche Ordnung sich in weiter entfernte Bereiche des sozialen Lebens ausbreiten? Dies ist jedoch eine Frage, die in Luhmanns Begriffen nicht gestellt werden kann.

In einer modernen Gesellschaft gibt es nicht beliebig viele alternative Ideen, die in Prozessen der Legitimation von Entscheidungen verwendet werden können: Freiheit, Gleichheit, Rationalität, Beherrschung der Welt. Viele Prozesse der Legitimation sehen sich nicht mit dem Problem der Komplexität konfrontiert, sondern legen eine kleine Zahl von Maßstäben an viele Entscheidungen an; auf diese Weise dienen sie der Kritik von Institutionen und Entscheidungen und tragen zu ihrem Wandel in die Richtung einer engeren Konsistenz mit diesen Maßstäben bei. Macht ist dagegen das typische Mittel zur Herstellung von Ordnung in einer Welt, in der alles anders sein könnte. Dies ist die Konstellation von Luhmanns Theorie. Und in gewissem Sinn sieht er das Funktionieren von Systemen so. Weil in dieser Konstellation irgendeine Ordnung besser ist als gar keine Ordnung, bewegt sich die Bildung von Systemen ohne jegliche Einschränkung in die Richtung der Etablierung einer unreflektierten Macht über den Menschen. Es gibt keine Möglichkeit, über die Legitimität irgendeines Systems zu reflektieren.

Dieser Mangel von Luhmanns allgemeiner Theorie sozialer Systeme hat auch Folgen für seine Gesellschaftstheorie. Dieser Theorie zufolge bewegt sich die soziale Entwicklung in die Richtung einer funktionalen Differenzierung in selbstreferenzielle Teilsysteme. Es ist jedoch eben diese autopoietische Natur der Teilsysteme, die nicht zulassen würde, was wir als wichtiges Element der Entwicklung der modernen Gesellschaft seit der Aufklärung betrachten: den Beitrag der Kritik im Lichte des rationalen Diskurses zur gesellschaftlichen Entwicklung selbst. In Luhmanns Begriffen bleibt diese Kritik in intellektuelle Kreise eingeschlossen. Ihre Transformation in politische Kreise entfernt zwangsläufig jegliche Rationalität aus dieser Kritik; sie ist dann nur noch einer von vielen Versuchen, Stimmen zu gewinnen. Dem widerspricht jedoch die Tatsache, dass auch die politische Entscheidungsfindung von rationalen Diskursen geprägt wird, ohne dass dabei Bezug auf das Gewinnen von Stimmen genommen wird.

Zusammenfassend können wir sagen, dass uns Luhmanns Systemtheorie tiefe Einsichten in das Funktionieren von Systemen sowie in den Unterschied bietet, den sie ausmachen, um das Entstehen von Ordnung aus Chaos auf subtile aber kurzfristige Weise zu erklären. Seine Theorie ist jedoch aufgrund seiner ausschließlichen Beschäftigung mit nur einem Element der Welt, der Komplexität, besonders eingeschränkt auf einen Zustand, der in der menschlichen Erfahrung nicht sehr üblich ist. Seiner Gesellschaftstheorie misslingt es insbesondere, Fortschritte zu erfassen, die aus dem rationalen Diskurs resultieren. Lernen kann aus seiner Sicht kein kontinuierlicher, rationaler Wandel eines Codes hin zu höheren Ebenen der Gültigkeit sein. Es kann nur eine Abfolge von strukturellem Wandel innerhalb der Grenzen eines etablierten Codes, des Zusammenbruchs eines Systems mit diesem Code sowie der Etablierung eines neuen Systems mit einem neuen Code darstellen.

So unterstützt Luhmann Thomas Kuhns (1967) Theorie der wissenschaftlichen Entwicklung als Abfolge von normaler Wissenschaft, die sich mit dem Lösen von Rätseln innerhalb der Grenzen eines etablierten Paradigmas beschäftigt, dem Zusammenbruch dieses Paradigmas in einer Revolution und der Etablierung eines neuen Paradigmas. Es gibt keine Möglichkeit, den Erfolg des neuen Paradigmas rational zu bewerten, d.h. zu behaupten, dass es der Wahrheit näher steht als seine Vorgänger. Im Gegensatz dazu formulierte Karl Popper (1963, 1972) eine Theorie des wissenschaftlichen Fortschritts, nach der wir mit Problemen beginnen, Theorien für ihre Lösung vorschlagen, die teilweise scheitern und neue Probleme aufwerfen, und diese Theorien durch neue Theorien ersetzen, die diese Probleme lösen können und so weiter. Wir können in diesem Prozess annehmen, dass nachfolgende Theorien, die Probleme lösen, die ihre Vorgänger nicht lösen konnten, der Wahrheit näher sind. Dies ist eine Position, die es uns ermöglicht, wissenschaftliche Entwicklung in Begriffen der Rationalität zu *bewerten*.

Warum sollten wir auf eine solche Bewertung verzichten, wenn wir die Entwicklung der Gesellschaft generell betrachten? Habermas' Kritische Theorie zeigt einen Weg, auf dem wir sie in der modernen Zeit immer noch erreichen können. Hier müssen wir Luhmanns Position in Bezug auf Habermas' (1981) Kritische Theorie korrigieren, um eine umfassende Sicht der gesellschaftlichen Entwicklung zu gewinnen. Luhmann weigert sich, einen Zugang zu einer solchen Position zu bieten, weil er die Wurzeln des Codes sozialer Teilsysteme nicht in einer alles umfassenden gemeinsamen Kultur ansiedelt. Aus seiner Sicht gibt es lediglich binäre Schemata, die eine Unterscheidung zwischen Systemen und ihrer Umwelt garantieren. Der politische Code ist beispielsweise die Unterscheidung zwischen dem Besitz oder Nichtbesitz von Macht. Solange die politische Entscheidungsfindung entsprechend dieser Differenzierung verläuft, bewahrt das politische System seine Grenzen. Die Differenzierung zwischen dem Besitz und Nichtbesitz von Macht ist jedoch ein kommunikativer Akt, der ein Verständnis des Sinns von Macht und ihrer Legitimität mit sich bringt. Der tatsächliche Prozess der Zuteilung von Macht wurzelt daher in der kulturellen Idee legitimer Macht. Wenn über ihre Definition kein Konsens herrscht, gibt es keinen sicher geltenden und eindeutigen Code der Politik im empirischen Sinne eines wirklich existierenden politischen Systems. Ein solches System muss als Produkt der Interpenetration zwischen kulturellen Ideen zur Legitimation von Macht und der reinen Machtpolitik als Erwerb und Anwendung von Macht zwecks Durchsetzung kollektiv verbindlicher Entscheidungen verstanden werden. Die Verfassung des politischen Systems ist das Bindeglied zwischen Kultur und Politik. In ihren grundlegenden und unveränderlichen Aspekten ist sie Teil des Codes des empirisch existierenden politischen Systems; in ihren veränderlichen Aspekten ist sie Teil seines Programms. Wenn wir den Code des politischen Systems nicht als Teil der gemeinsamen gesellschaftlichen Kultur interpretieren, sprechen wir nicht von einem empirisch gegebenen politischen System, sondern nur von einer analytischen Konstruktion ohne empirischen Bezug. Eine fest etablierte, in der gemeinsamen Kultur einer Gesellschaft verwurzelte Verfassung muss als Teil des Codes eines empirisch funktionierenden politischen Systems begriffen werden. Im Gegensatz zu Luhmanns Sicht ist ein solcher Code ein kulturelles Phänomen.

Nach Luhmanns Theorie besitzen moderne Gesellschaften kein Zentrum mehr, sondern bestehen aus funktional differenzierten geschlossenen Systemen, die aufeinander so reagieren, wie Systeme auf eine übermäßig komplexe Umwelt reagieren: durch Erfassung und Verarbeitung der Ereignisse in der Umwelt nach ihren eigenen Gesetzen. Allerdings gibt diese Sicht *einem* gesellschaftlichen Teilsystem eine versteckte Dominanz, nämlich dem System der Verwaltung, denn hier werden Entscheidungen getroffen und auch wirklich ausgeführt, während die anderen Systeme – beispielsweise der moralische Diskurs oder die Wissenschaft – auf die Ebene rein geistiger Spiele ohne reale Folgen beschränkt bleiben. Wann immer die Menschen versuchen, politische oder administrative Entscheidungen in moralischer Hinsicht zu treffen, lässt sich dies lediglich als Entdifferenzierung und Rückfall in vormoderne Zeiten interpretieren. Dies rückt aber das Zentrum der gesellschaftlichen Entscheidungsfindung in die politische Verwaltung der Gesellschaft, weil hier die Entscheidungen wirklich getroffen und ausgeführt werden. Einerseits erweist sich Luhmanns Gesellschaftstheorie als Konstruktion aus der Sicht eines Verwaltungsjuristen, der die Welt unter dem Aspekt einer funktionierenden Verwaltung betrachtet, der es gelingt, mit ihrer Umwelt zu spielen, ohne das, was außerhalb ihrer Grenzen gesagt wird, ernst zu nehmen. Andererseits ist dies nicht so sehr eine Fortsetzung des soziologischen Diskurses von Comte bis Parsons, die neue Lösungen für klassische soziologische Probleme bietet, als vielmehr eine Fortsetzung des philosophischen Diskurses von Kant bis Husserl, was auch Habermas (1985: 426) betont hat. Luhmann bietet eine neue Weltsicht, die erklärt, wie die Komplexität der modernen Welt abgebaut und Einheit produziert wird: er ersetzt die klassische Beziehung zwischen Subjekt und Objekt durch die Beziehung zwischen System und Umwelt. Systeme reproduzieren sich selbst durch Unterscheidung von der komplexen Umwelt und dennoch durch einen Bezug zu ihr. Die Welt ist nichts als ein fortlaufender Prozess dieser Differenzierung. Was überlebt oder nicht, wird im evolutionären Prozess der Variation, Reproduktion und Selektion bestimmt. Es gibt keine Chance, diesen Prozess durch intersubjektive, rationale Reflexion in Diskursverfahren zu steuern. Luhmann erkennt jedoch nicht, dass das soziale Leben nicht nur eine Sache ausdifferenzierter Systeme ist, sondern auch eine Sache von Diskursen, die sich über die Grenzen von Ökonomie, Politik, Recht und Wissenschaft erstrecken.

Luhmanns wesentlicher Fehler ist seine Weigerung, einen Unterschied zwischen analytischen und empirischen Systemen zu machen. In analytischer Hinsicht hat Luhmann recht. Per definitionem besteht beispielsweise ein klarer Unterschied zwischen Moral und Politik. Dies impliziert jedoch nicht, dass die empirisch gegebene Differenzierung zwischen moralischem Diskurs und politischer Entscheidungsfindung in der realen Gesellschaft diesen Unterschied reproduziert. Der Code politischer Systeme ist im analytischen Sinne die Differenzierung zwischen dem Besitz und dem Nichtbesitz von Macht. Empirisch gesehen werden der Sinn dieser Unterscheidung und ihre Legitimität in der Kommunikation definiert, die sich im Rahmen einer mehr oder weniger gemeinsamen gesellschaftlichen Kultur vollzieht, die grundlegende moralische Ideen in sich enthält. Das Programm, nach dem man Macht erwirbt, überträgt und anwendet, wird mittels moralisch verbindlicher Ideen als gute oder schlechte Politik beurteilt. Andernfalls gäbe es keine stabile Grenze zwischen dem System der empirischen Politik und ihrer Umwelt. Moralischer Konsens ist eine notwendige Voraussetzung für die Autonomie der modernen demokratischen politischen Systeme. Gesellschaften, denen es an solchem Konsens mangelt, haben keine solchen autonomen politischen Systeme. Analytisch gesehen könnten wir uns – wie Luhmann – auf die *strukturelle Koppelung* von moralischen Regeln und politischer Entscheidungsfindung beziehen. Empirisch betrachtet sind jedoch die moralischen Regeln als politische Ethik ein wesentlicher Bestandteil des politischen Codes und Programms, die das politische Handeln leiten.

Wir müssen drei Ebenen der Politik unterscheiden: die analytische, empirische und subjektive. Sie sind folgendermaßen zu charakterisieren: (1) Was nach dem politischen Code im analytischen Sinn erfasst und verarbeitet wird, verleiht oder entzieht Macht einfach per definitionem. (2) Die Grenzen empirisch differenzierter politischer Systeme wurzeln im moralischen Konsens über die Spielregeln, die den Code und das Programm des Systems bilden. Autonomie wird durch moralischen Konsens garantiert. (3) Subjektiv gesehen können die Akteure nach dem politischen Code im analytischen Sinne die Realität wahrnehmen und handeln oder nicht, den Spielregeln entsprechen oder nicht, andere Codes anwenden oder nicht und sich konform gegenüber anderen Regeln verhalten oder nicht.

Als Person kann ein Arbeitgeber seine Mitarbeiter nach ihren Bedürfnissen und nicht nach ihrer Leistung bezahlen. In diesem Fall kann er subjektiv nach einem moralischen Code handeln und sein moralisches Ansehen steigern. Aber der Arbeitgeber leistet auch Zahlungen und verliert Geld und kann sogar Bankrott gehen. Sein moralisches Handeln verändert die Gesetze der Wirtschaft nicht. Der Arbeitgeber kann kein Geld ausgeben, ohne dafür äquivalente Leistungen zu erhalten und dennoch sein finanzielles Budget erhalten oder sogar erhöhen. Diese Einsicht ist jedoch eine logische, nicht eine empirische Wahrheit.

Im realen Handeln sind alle drei Ebenen vermischt. Ein Umweltschützer, der gegen ein neues Kernkraftwerk demonstriert, ist ein Teil der Machtkette, verhält sich konform gegenüber den Spielregeln oder auch nicht und kann subjektiv auf Machtgewinn ausgerichtet sein oder nicht. Subjektiv gesehen könnte er ein moralischer Fundamentalist sein, der die Spielregeln verletzt und gewaltsam an die Macht gelangen will. In diesem Fall trägt er zum Abbau des moralischen Konsensus über die Spielregeln und auch der Grenzen des politischen Systems bei. Dennoch bricht Politik auf der analytischen Ebene nie zusammen. Die Handlung des Umweltschützers setzt ganz einfach die Kette der Dekonstruktion und

Rekonstruktion von Macht fort, dies jedoch nur, weil die analytische Ebene lediglich die Definition von Politik ist. In diesem Sinne wird Autopoiesis per definitionem beibehalten.

Eine empirisch gehaltvolle Betrachtung des politischen Geschehens könnte an Luhmanns Konzept der strukturellen Kopplung anschließen, dabei aber einen Schritt zurück zu einer Handlungstheorie vollziehen, die Politik als Handlungsraum begreift, dessen Koordinaten durch Recht, Wissenschaft, Wirtschaft und andere Institutionen bestimmt werden. Die Verfassung wäre in dieser Sicht kein Element der strukturellen Kopplung, das an der Autopoiesis der Politik nichts ändert, sondern der normative Rahmen der Politik, der über die Art ihrer Operationen entscheidet. Wie Politik gemacht wird, ist demnach rechtlich konstituiert. Erst in diesem Rahmen können die Gesetzmäßigkeiten des Machtgewinns und Machtverlusts wirksam werden. Politische Beratung pflanzt insofern ein Element der Wissenschaft in die Politik ein, als im gegebenen Fall die Ergebnisse wissenschaftlicher Forschung determinieren, für welches politische Programm eine Mehrheit zu gewinnen ist. Das heißt, in die politische Arena geworfen, lassen wissenschaftliche Ergebnisse der Politik nicht mehr die Freiheit der beliebigen instrumentellen Nutzung nach dem politischen Kriterium, ob sich mit ihnen eine Mehrheit gewinnen lässt oder nicht. Das heißt, dass die Ergebnisse der Wissenschaft über den öffentlichen Diskurs und die politische Beratung einen Rahmen des als geltend betrachteten Wissens setzen, innerhalb dessen erst das politische Spiel von Machtgewinn und Machtverlust ablaufen kann. Damit wird nicht die Logik des Politischen geändert (das Machtspiel), aber der Rahmen, in dem sie sich vollzieht, und das ist für die Art und Weise, wie Politik konkret gemacht wird, ganz entscheidend. Dasselbe gilt auch für den durch Steuerzuflüsse von der Wirtschaft bereitgestellten Rahmen wirtschaftlicher Ressourcen für die Politik.

Weder das Recht noch die Wissenschaft noch die Wirtschaft ändern etwas daran, dass Politik analytisch betrachtet ein Machtspiel ist, bei dem Macht weitere Macht generiert. Was aber politisch konkret geschieht, wie das politische Machtspiel betrieben wird und zu welchen Ergebnissen es gelangt, wird durch Recht, Wissenschaft und Wirtschaft nicht einfach angestoßen, um „Irritationen" zu erzeugen, sondern im Sinne einer Rahmensetzung maßgeblich konstituiert. Will man verstehen und erklären, was politisch geschieht, muss man das Machtspiel in den entsprechenden rechtlichen, wissenschaftlichen und wirtschaftlichen Rahmen stellen. Wir bewegen uns dabei in der Interpenetrationszone der Politik mit dem Recht, der Wirtschaft und der Wissenschaft. Um angemessen zu erfassen, was in dieser Zone geschieht, müssen wir uns von dem Korsett der Systemtheorie befreien. Politik ist dann nicht mehr als ein in sich geschlossener systemischer Prozess zu begreifen, sondern als ein Handlungsraum, in dem politische

Akteure Macht gewinnen bzw. erhalten wollen und dabei im Rahmen rechtlicher Normen, wissenschaftlichen Wissens und finanzieller Ressourcen handeln, die sowohl als Restriktionen als auch als Ressourcen des politischen Handelns dienen. Das Augenmerk gilt dann nicht mehr allein der Machtlogik, sondern ausdrücklich den Effekten, die aus ihrer Entfaltung in einem konkreten Handlungsraum unter spezifischen strukturellen Bedingungen hervorgehen. Wir interessieren uns dann ausdrücklich für die Netzwerke, die Politiker mit Experten verbinden, für die formalen und informellen institutionellen Regeln, die das Handeln in diesen Netzwerken leiten, für die Rationalitätskriterien und Weltsichten der involvierten Professionen, für die Interpretation der kulturellen Werte im öffentlichen politischen Diskurs. Politik wird dann nicht allein als autopietische Operation, sondern auch als ein konkretes Feld des Machtkampfes im Bourdieuschen Sinn sichtbar (Münch und Lahusen 2000). Es geht dabei nicht einfach darum, dass man denselben Gegenstand – die Politik – als autopietisch operierendes System oder als konkreten Handlungsraum betrachten kann, das Ganze also nicht mehr als eine Sache der gewählten Beobachtungsperspektive wäre. Aus der Entscheidung für die eine oder andere Perspektive ergeben sich vielmehr forschungsstrategische Entscheidungen für das Design von Untersuchungen, das sich letztlich empirisch als mehr oder weniger fruchtbar erweisen muss.

Luhmanns Systemtheorie inspirierte die Arbeiten einer erheblichen Anzahl von Soziologen. Beispielsweise finden wir Baeckers (1988) Werk über die moderne Ökonomie, Stichwehs (1982, 1984, 1988, 1994) Arbeiten zu den modernen Wissenschaften, Teubners (1987, 1988, 1989) Studien über das Rechtssystem und Willkes (1983, 1992, 1997) Studien über Systemtheorie und Staat. Mayntz, Rosewitz, Schimank und Stichweh (1988) führten aus, wie der Prozess der Ausdifferenzierung und die Entwicklung autonomer Teilsysteme der Gesellschaft aus der Politik und dem Aufbau von Institutionen durch ihre Träger und Vertreter resultiert. Gerhards und Neidhardt (1990) zeigten die Voraussetzungen für das Funktionieren von Öffentlichkeit als ausdifferenziertes Teilsystem der modernen Gesellschaft auf. Uwe Schimank (1996) hat eine umfassende Abhandlung über Theorien der gesellschaftlichen Differenzierung vorgelegt.

Orientierungsfragen

1. Inwiefern und aus welchem Grund stellt die Komplexität der Welt für den Menschen ein Problem dar? Welche Antwort hat die Kulturanthropologie Gehlens auf dieses Problem gegeben? Wie hat Luhmann das Problem

gelöst? Diskutieren Sie Stärken und Schwächen beider Antworten im Vergleich!

2. Wie entsteht Luhmann zufolge ein Sozialsystem zwischen Robinson Crusoe und Freitag, die als Fremde auf einer einsamen Insel aufeinander treffen? Erläutern Sie am Beispiel des Robinson-Freitag-Systems die Konzepte der Weltkomplexität, der doppelten Kontingenz, der Interpenetration, der Selbstreferenz, Kommunikation und Sinn! Wodurch markiert es die Grenze zu seiner Umwelt, und warum muss es die Grenze aufrechterhalten?
3. Wodurch sind Interaktion, Organisation und Gesellschaft als Systeme definiert? Wie entwickelt sich das Verhältnis der drei Ebenen sozialer Systeme im Zuge der sozialen Evolution? Veranschaulichen Sie den Prozess der gesellschaftlichen Evolution anhand eines selbstgewählten Beispiels, das Interaktion, Organisation und Gesellschaft als Analyseebenen zugrunde legt!
4. Welche Formen sozialer Differenzierung sind charakteristisch für frühhistorische Clangesellschaften, für mittelalterliche Feudalgesellschaften und für moderne Industriegesellschaften? Wodurch unterscheiden sich die Gesetze und die Logik der sozialen Evolution bei Luhmann von der Logik der sozialen Evolution bei Parsons und bei Habermas?
5. Erläutern Sie die Operationsweise eines autopoietischen Systems a) auf der Ebene der Interaktion am Beispiel des Robinson-Freitag-Systems, b) auf der Ebene der Organisation am Beispiel einer Verwaltungsbehörde, die über das Aufenthaltsrecht ausländischer Bürger im Inland befindet und c) auf der Ebene der Gesellschaft anhand des wechselseitigen Bezugs der Funktionssysteme von Wirtschaft, Recht und Politik. Verwenden Sie dabei die Begriffe des Ereignisses, der Beobachtung, des Codes, der Irritation und der strukturellen Kopplung!
6. Aufgrund von welchen Annahmen müssen wir grundsätzlich auf Bewertungen verzichten, wenn wir uns Luhmanns Systemtheorie zu Eigen machen? Wie löst Habermas im Unterschied zu Luhmann die Frage der Bewertung? Was hat Habermas' Theorie des kommunikativen Handelns Luhmanns Systemtheorie in dieser Hinsicht voraus?
7. Inwiefern widerspricht Luhmann seinem Konzept der Autopoiesis, wenn er das Konzept der strukturellen Kopplung einführt? Welche Unterscheidung fehlt bei Luhmann? Ziehen Sie Parsons zum Vergleich heran!
8. Vergleichen Sie die Differenzierungs-, Evolutions- und Kommunikationstheorie mit der Theorie von Differenzierung und Interpenetration über generalisierte Kommunikationsmedien und gesellschaftliche Modernisierung bei Parsons! Diskutieren Sie die Stärken und Schwächen beider Ansätze im direkten Vergleich!

Wichtige Begriffe

Akzeptanz/Nichtakzeptanz
Autopoiesis
Beobachtung erster Ordnung
Beobachtung zweiter Ordnung
Code, binärer
Differenzierung, funktionale
Differenzierung, hierarchische
Differenzierung, segmentäre
Differenzierung, systemische
Erfolgsmedien
Evolution
Fleck, blinder
Form
Fremdreferenz
Geschlossenheit, operative
Gesellschaft
Grenze
Information
Irritation
Kommunikation
Komplexität
Kopplung, strukturelle
Medium/Form
Mitteilung
Operationen
Ordnung aus Chaos
Paradoxie
Programm
Prozesse
re-entry
Reflexivität, prozessuale
Selbstplatzierung
Selbstreferenz
Space, unmarked
Symbole, symbiotische
System, psychisches
System, soziales
System/Umwelt
Systemtheorie, funktionalistische
Tautologie
Verbreitungsmedien
Verstehen

II. Das Erbe des Marxismus

4. Regulierung und Transformation des Kapitalismus Von Claus Offes Politischer Ökonomie des Spätkapitalismus zur Neo-institutionalistischen Soziologie des Wohlfahrtsstaates

Biografische Angaben

Claus Offe wurde am 16.3.1940 in Berlin geboren. Nach dem Studium der Soziologie, Volkswirtschaft und Philosophie an der Universität Köln und an der Freien Universität Berlin arbeitete er von 1965-1969 als Assistent am Frankfurter „Institut für Sozialforschung" mit Jürgen Habermas zusammen. Er promovierte 1968 mit einer Dissertation zum Thema „Leistungsprinzip und industrielle Arbeit" und habilitierte sich 1973 im Fachbereich Politikwissenschaft an der Universität Konstanz. Von 1975 an war er an den Universitäten Bielefeld und Bremen sowie während zahlreicher Forschungsaufenthalte und Fellowships in den USA, den Niederlanden und Australien tätig. Seit 1995 hat er einen Lehrstuhl für Politische Soziologie und Sozialpolitik an der Humboldt-Universität Berlin inne.

Spätkapitalismus und Wohlfahrtsstaat

Für die marxistische Analyse des modernen Kapitalismus stellt dessen politische Regulierung und die Entwicklung des **Wohlfahrtsstaates** eine besondere Herausforderung dar. Die Frage ist, ob dadurch eine dauerhaft stabile Gesellschaftsformation entsteht oder ob es sich dabei um ein in sich widersprüchliches Arrangement handelt, das auf Dauer keine Stabilität garantiert. Im Zusammenhang mit der Entgrenzung des **Kapitalismus** im Zuge der Europäisierung und Globalisierung der Wirtschaft stellt sich weiterhin die Frage nach der Überlebensfähigkeit des Wohlfahrtsstaates in der internationalen Wirtschaft. Schon Marx und Engels (1848/1959) haben im *Kommunistischen Manifest* die Grenzenlosigkeit des kapitalistischen Akkumulationsprozesses beschrieben. Zu diesen Fragen hat sich eine umfangreiche theoretische und empirische Forschung entwickelt, die einerseits von marxistischen Perspektiven geleitet wird, andererseits aber auch weit darüber hinausgeht und unabhängig von jeder marxistischen Verengung des Blicks nach Antworten auf die gestellten Fragen sucht. Wir wollen diesen Forschungszusammenhang in diesem Kapitel zunächst exemplarisch an Claus Offes Politischer Ökonomie des **Spätkapitalismus** erschließen, die noch deutlich dem Marxismus verpflichtet ist. Daran anschließend betrachten wir die Erweiterung von Offes theoretischem Ansatz zu einer Politischen Soziologie des Wohlfahrtsstaates. Schließlich skizzieren wir maßgebliche nicht-marxistische Ansätze der Politischen Soziologie des Wohlfahrtsstaates in ihrer Stoßrichtung.

Aus marxistischer Sicht muss man die Gesellschaft und ihre Entwicklung in erster Linie im Sinne einer kapitalistischen Entwicklungslogik begreifen. Marx ging davon aus, dass der widersprüchliche Charakter dieser Entwicklung unausweichlich zum Zusammenbruch der kapitalistischen Gesellschaftsformation führen würde. Es waren jedoch das erfolgreiche Überleben des Kapitalismus im Westen und gleichzeitig das Scheitern des Sozialismus und seine negative Veränderung zum totalitären Herrschaftssystem in den Ländern des ehemaligen Sowjetblocks im Osten, die neue Probleme für die westliche marxistische Theorie aufwarfen. Es gab zahlreiche Versuche, diese neuen Entwicklungen in marxistischen Begriffen zu erklären, die das Überleben des Kapitalismus seiner Fähigkeit zuschrieben, mit seinen eigenen Widersprüchen fertig zu werden. Das Scheitern des Sozialismus wurde auf der anderen Seite historischen Umständen zugeschrieben, nicht aber einem Fehler, der dem Programm innewohnt, das aus der marxistischen Theorie resultiert.

Claus Offe (1972, 1984a, 1984b, 1984c, 1985, 1987) lieferte eine der interessantesten Revisionen der marxistischen Theorie, um das Überleben des Kapitalismus sowie die Widersprüche und Konflikte zu erklären, die seine Entwicklung begleiten. Es handelt sich dabei um eine neomarxistische Theorie des „Spät"-Kapitalismus. Obwohl sich Offe nicht explizit mit den Gründen beschäftigte, die dem Scheitern des realen Sozialismus zugrunde liegen, arbeitete er eine Zeit lang mit der Annahme, es sei auf historische Umstände, nicht aber auf dem Programm innewohnende Mängel zurückzuführen. Obwohl er diese Annahme nicht explizit zum Ausdruck brachte, glaubte er einige Zeit lang, dass der Sozialismus eine Lösung für die dem Kapitalismus innewohnenden Widersprüche böte. Wie viele Marxisten verlor jedoch auch er letztlich das Vertrauen in diese Aussage. Seine skeptische Einschätzung der Chancen für die erfolgreiche Etablierung einer Bewegung, die zu einer Ablösung des Spätkapitalismus durch den Sozialismus führen würde, scheint sich aus einer Skepsis abzuleiten, die er auch gegenüber der Durchführbarkeit des Programms des Sozialismus an sich empfindet (Offe 1984b: 323-358). Er ist inzwischen weniger auf der Suche nach einer völlig neuen Gesellschaft unter der Flagge des Sozialismus. Statt dessen konzentriert er sich mehr auf die Frage, wie die gefährlichen Auswirkungen der Dynamik der Moderne unter Kontrolle gehalten werden können und eine dauerhafte Synthese von Kapitalismus und Wohlfahrtsstaat möglich ist (Offe 1989, 1994, 2003b). Des Weiteren gilt sein Augenmerk der Transformation in Mittelosteuropa (Offe 1996a, 1996b).

Kapitalismus: Strukturelle Widersprüche und Klassenkampf

Offes frühere Arbeiten (1972, 1975/2003c) weisen eine erheblich stärkere marxistische Perspektive auf als seine späteren Arbeiten (1984a, 1984b, 1984c, 1985, 1986, 1989, 1990, 1994, 1996a, 1996b, 1998/2003a; Offe und Heinze 1986). Jedoch war Offe auch in seinen früheren Werken ein marxistischer Revisionist, denn er maß organisierten Märkten, dem Staat, der Wissenschaft und der Technik mehr Bedeutung für die Prägung der kapitalistischen Entwicklung bei, als dies bei orthodoxeren marxistischen Standpunkten üblich ist.

Betrachten wir einmal seine frühere Theorie der marxistischen Entwicklung näher, da sie eine paradigmatische Revision des Marxismus darstellt, die sich mit der Eigenart des Spätkapitalismus befasst, wenn auch in marxistischen Begriffen. Nach der Behandlung dieser früheren Theorie werde ich einige Anmerkungen zu Offes späteren Korrekturen seines revisionistischen Marxismus machen, die auf eine ausgewogenere Theorie der modernen Gesellschaft abzielen.

In einer paradigmatischen Aussage seiner früheren Arbeiten beginnt Offe (1972: 7-25) mit der Definition des Kapitalismus als eine Art der ökonomischen Produktion, die auf dem Privatbesitz der Produktionsmittel basiert. Die Entwicklung des Kapitalismus vollzieht sich entsprechend der Logik der Kapitalakkumulation, die auf der Selbstverwertung des Kapitals beruht. Im Gegensatz zu traditionellen Produktionsweisen ist das Kriterium für die Produktion daher nicht länger die Befriedigung konkreter Bedürfnisse, das heißt der Nutzwert der Produkte, sondern vielmehr das Wachstum des Kapitals an sich, das heißt, der

Tauschwert der Produkte. Selbstverwertung des Kapitals bedeutet, dass investiertes Kapital – einerseits in Form materieller Ressourcen und technischer Ausstattung (konstantes Kapital), andererseits in Form von Arbeit (variables Kapital) – einen Überschuss (Mehrwert) liefern muss, der beim Absatz der Produkte realisiert wird, so dass der Produktionsprozess mehr Kapital erzeugt als investiert wurde. Das vermehrte Kapital kann dann wiederum erneut verwendet werden, um die Investitionen nach Abzug der Kosten für Ressourcen, Technologie und Arbeit zu erhöhen. Auf diese Weise schafft investiertes Kapital mehr Reichtum, der auf einer höheren Stufe der Produktion erneut investiert werden kann. Diese Selbstverwertung des Kapitals führt zu einer steigenden Akkumulation von Kapital und steigert somit den gesamten Reichtum der Gesellschaft an sich auf immer höhere Stufen, ungeachtet der Frage, wer von dem akkumulierten Reichtum profitiert.

Wie Marx betonte, lieferte die Befreiung des Arbeiters von seinem Herrn, d.h. von feudalen Machtbeziehungen und gegenseitigen Pflichten, und folglich seine Entfremdung von den Produktionsmitteln die Grundlage für die Einführung freier Arbeit als eine Ware, die der Kapitalist auf dem Arbeitsmarkt kaufen konnte. Nach der Marxschen Arbeitswerttheorie kauft der Kapitalist Arbeit entsprechend ihrem realen Wert, nämlich dem Preis, der für alle Mittel zu ihrer Reproduktion gezahlt werden muss: Nahrung, Kleidung, Wohnung und Erziehung der Kinder als Arbeitskräfte der Zukunft. Da er jedoch die Arbeit über die Zeit hinaus verwenden kann, die nötig ist, um die Kosten für ihre Reproduktion abzudecken, hat der Kapitalist eine Quelle zur Produktion eines Mehrwerts über den Wert des von ihm investierten Kapitals hinaus. Nach Ansicht von Marx ist somit Arbeit die alleinige Quelle der Kapitalakkumulation.

Der **kapitalistische** Prozess der **Akkumulation** ist jedoch geprägt durch einen fundamentalen Widerspruch: die Produktion ist zunehmend kollektiv organisiert (fabrikmäßige Warenproduktion), aber die Produkte werden auf dem Markt privat angeeignet. Insbesondere fließt der kollektiv produzierte Mehrwert allein in die Taschen des Kapitalisten. Dies ist die kapitalistische Version des grundlegenden Widerspruchs in der industriellen Ökonomie: einerseits gibt es ein Wachstum der Produktivkräfte (Technologie), andererseits einen Wandel in den Produktionsverhältnissen, die zunächst die Entwicklung dieser Produktivkräfte *fördern*, sie im Laufe der Zeit jedoch *einschränken*. Marx zieht von diesem **strukturellen Widerspruch** eine Parallele zum Antagonismus zwischen den Klassen: Die Arbeiterklasse produziert Mehrwert, die kapitalistische Klasse eignet sich diesen Mehrwert an. Die widersprüchliche Entwicklung des Kapitalismus wird unmittelbar auf den Klassenkampf übertragen, wobei das Proletariat als treibende Kraft fungiert, die auf die Ablösung des Kapitalismus durch den Kommunismus hinarbeitet. Der

Kommunismus stellt eine höhere Produktionsweise dar, die in der Lage ist, die Widersprüche des Kapitalismus aufzuheben.

Spätkapitalismus: Strukturelle Widersprüche ohne Klassenkampf

Offe (1972) argumentiert, dass sich die Parallelen zwischen strukturellem Widerspruch, Klassenantagonismus und Klassenkampf im Verlauf der kapitalistischen Entwicklung aufgelöst haben und durch ein erheblich komplexeres Geflecht von strukturellem Widerspruch und Konflikten zwischen Gruppen ersetzt wurden. Die zunehmende Komplexität solcher Beziehungen wird von der wachsenden Komplexität des strukturellen Widerspruchs als solchem begleitet. Offe untersucht die Erscheinungsformen des strukturellen Widerspruchs und seine Auswirkungen auf Konflikte in der Gesellschaft.

Nicht nur die einfache Tatsache, dass der Kapitalist den vom Arbeiter produzierten Mehrwert vereinnahmt, kennzeichnet den Widerspruch zwischen wachsender gesellschaftlicher Produktion und privater Aneignung. Es ist nur ein Faktor, der den Klassenkampf als wichtigsten Konflikt entstehen ließ. Der Widerspruch ist erheblich ausgeprägter. Er bedeutet, dass einerseits die Produktion kollektiv organisiert wird, beispielsweise indem man in den Großbetrieben die Produktion rational plant und kollektiv organisiert. Andererseits werden Entscheidungen über die Verwertung des vermehrten Kapitals durch weitere Investitionen von einzelnen Kapitalisten (oder deren Vertretern) auf der Grundlage ihres partikularen Interesses getroffen, sich im Wettbewerb mit anderen Kapitalisten zu behaupten. Diese Entscheidungen erfolgen nicht in kollektiver Verantwortung in Bezug auf ein gesellschaftliches Gesamtinteresse.

Aus marxistischer Sicht ist daher im Interesse der gesamten Wirtschaft oder sogar der ganzen Gesellschaft die kollektive Planung der Produktion in großen Unternehmen sinnvoller als die Organisation von Investitionen: diese Methode ist anarchisch und zeigt irrationale Wirkungen, z.B. periodische Überproduktion, die zu einer Nicht-Verwertung und damit Zerstörung von Kapital, zu Rezession, Inflation und Arbeitslosigkeit führt. Das zunehmende Ersetzen von Arbeitskräften (variables Kapital) durch Technologie (konstantes Kapital) senkt den Gewinn, weil Arbeit als einzige Quelle des Überschusses einen immer kleineren Teil des Kapitals bildet. Dies führt zu einer Senkung der Investitionen, weil diese weniger lohnend werden; die Folge ist Stagnation.

Das sind die unmittelbaren irrationalen Folgen der privaten Organisation der ökonomischen Entscheidungsfindung rein zum Zwecke der Akkumulation von Kapital. Es gibt aber noch weitere Folgen: Einzelne Kapitalisten sind nicht in der

Lage, für eine entsprechende Infrastruktur zu sorgen, wie z.B. Verkehrswege, Schulen, wissenschaftliche Forschung, Krankenhäuser und Rechtsprechung (die alle für die ordnungsgemäße kapitalistische Produktion erforderlich sind), weil eine Investition in diese öffentlichen Güter nicht lohnend ist. Weitere Folgen sind politische Unruhe und Protest aufgrund von Repression und Irrationalität in der kapitalistischen Aneignung des Mehrwerts, die durch einzelne Kapitalisten nicht unter Kontrolle gehalten werden können.

Einen weiteren Ausdruck des Widerspruchs zwischen kollektiver Produktion und privater Aneignung verkörpert die Tatsache, dass ökonomische Produktion – direkt oder indirekt – die gesamte Bevölkerung einbezieht und ökonomische Entscheidungsfindung die gesamte Gesellschaft betrifft. Beide werden jedoch im Privaten durchgeführt, ohne dass die Auswirkungen der Entscheidungen auf die ganze Gesellschaft vom Standpunkt der Gesellschaft selbst berücksichtigt werden. Nur eine Organisation der ökonomischen Entscheidungsfindung vom Standpunkt der Gesellschaft könnte diesen Widerspruch auflösen: die gesamte Gesellschaft ist betroffen, aber die Entscheidungsfindung wird anarchisch von den einzelnen, miteinander konkurrierenden Unternehmen vorgenommen.

Aufgrund ihres inhärenten Widerspruchs hat die Entwicklung des Kapitalismus selbstzerstörerische Wirkungen. Ihre Unfähigkeit, rationale Entscheidungen vom Standpunkt der gesamten Wirtschaft oder sogar Gesellschaft aus zu treffen, hat Auswirkungen, die zur Selbstzerstörung führen können: Einzelne kapitalistische Unternehmen laufen stets Gefahr, aus dem Markt gedrängt zu werden; Verwertungskrisen aufgrund überschüssiger Produktion gefährden die Akkumulation von Kapital im Allgemeinen; und der aus Ausbeutung und Repression resultierende Klassenkampf gefährdet das Fortbestehen des Kapitalismus als Gesellschaftsformation. Marx nimmt an, dass diese selbstzerstörerischen Wirkungen des grundsätzlichen Widerspruchs zwischen kollektiver Produktion und individueller privater Aneignung schließlich zum Zusammenbruch des Kapitalismus und zu seiner Ablösung durch den Sozialismus bzw. Kommunismus führen werden. An diesem Punkt trennt sich Offe von Marx und verweist dabei auf die Fähigkeit des kapitalistischen Systems, Institutionen zur Kontrolle der selbstzerstörerischen Kräfte zu bilden; außerdem sieht er keine Bewegung, die in der Lage sein könnte, den Sozialismus erfolgreich zu etablieren.

Mechanismen zur Kontrolle der selbstzerstörerischen Kräfte des Kapitalismus: Organisierte Märkte, Wissenschaft und Technik, staatliche Regulierung

Nach Offe haben die Entwicklung von organisierten Märkten mit der Bildung von Oligopolen, Monopolen, Kartellen und multinationalen Unternehmen sowie die Beseitigung von Preiswettbewerb, die Selbstfinanzierung, die Managementplanung und die langfristige Gewinnstabilisierung die Überlebensfähigkeit des einzelnen kapitalistischen Unternehmens verbessert. Dies liegt daran, dass diese Maßnahmen bestandsgefährdenden Wettbewerb für die Unternehmen beseitigen oder reduzieren, indem sie sowohl Input- als auch Output-Märkte mit Macht durchdringen und das einzelne Unternehmen vom Kostendruck und den Problemen der Kapitalverwertung befreien. Die entsprechende Ideologie ist die Ablösung des Kapitalisten durch die Managerklasse und das Unternehmen „mit Herz".

Die Überlebensfähigkeit der ganzen kapitalistischen Wirtschaft wurde durch zwei Entwicklungen verbessert: durch die Institutionalisierung von technischem Fortschritt mit Wissenschaft und Technologie als führenden Produktivkräften und durch die institutionelle Verbindung von Forschung und Entwicklung mit der Produktion und der nachfolgenden Reorganisation. Dies geschah dank der langfristig profitablen Kapitalverwertung mittels systematischer Innovation, Überwindung der Stagnation, Entwicklung neuer Investitionsquellen und institutionalisierter Zerstörung des Kapitals. Die entsprechende Ideologie ist diejenige der postindustriellen technologischen Gesellschaft.

Die Regulierung des gesamten kapitalistischen Systems durch den Staat hat die Überlebensfähigkeit des Kapitalismus verbessert, weil Verwertungsprobleme durch staatliches Eingreifen bewältigt werden und weil der Klassenkompromiss aktiv vom Staat organisiert wird. Die entsprechende Ideologie ist diejenige der Technokratie, einer Mischung aus Ökonomie, Planwirtschaft, neuem Industriestaat, aktiver und pluralistischer Gesellschaft und Wohlfahrtsstaat (Abb. 4.1).

Die widersprüchlichen Wirkungen der kontrollierenden Mechanismen

Die Institutionalisierung von Mechanismen, die selbstzerstörerische Wirkungen der kapitalistischen Entwicklung ausgleichen, zeigt ein doppeltes, widersprüchliches Gesicht: einerseits ist sie eine notwendige Voraussetzung für das Überleben des Kapitalismus, andererseits erzeugt sie Gegenstrukturen, die auf nicht-kapitalistische Weise arbeiten (Offe 1972: 27-63). Diese funktionieren nicht nach dem Kriterium der Kapitalverwertung, die nur indirekt mit der Befriedigung von Bedürfnissen durch Märkte zusammenhängt, sondern nach dem Kriterium der Produktion von Nutzwert durch das unmittelbare Erfüllen konkreter Bedürfnisse. In diesem Prozess werden immer mehr Menschen von der unmittelbaren, durch Kapitalverwertung bestimmten produktiven Arbeit separiert, und eine wachsende Menge an Kapital wird von Reinvestitionen abgezogen und nicht-produktiven Bereichen des Verbrauchs zugeführt, beispielsweise Gesundheit, Wohlfahrt und anderen Dienstleistungen. Die Anzahl der Beschäftigten, die nicht unmittelbar an der Produktion von Mehrwert beteiligt sind, sondern am Anbieten von Dienstleistungen, nimmt beständig zu. Es steigt nach Offe tendenziell auch die Zahl der überhaupt nicht in die Erwerbsarbeit einbezogenen Menschen (Auszubildende, Rentner, Erwerbslose).

Abb. 4.1: Kontrollmechanismen des Spätkapitalismus

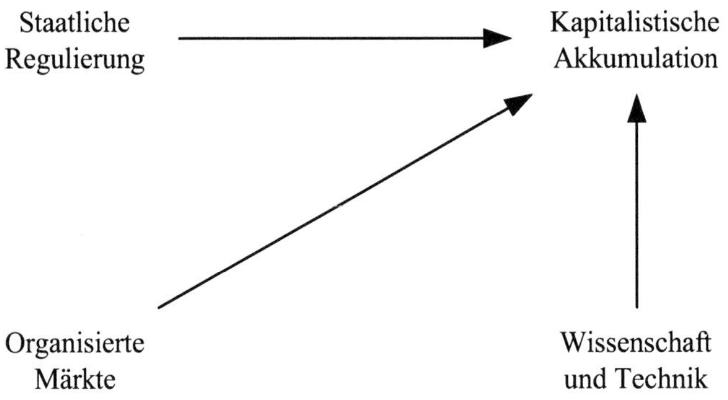

Auch Investitionen in nicht-produktive Bereiche wachsen an. Diese Entwicklung führt zu einer „Erosion“ der traditionellen liberalen Legitimierung der Einkommensverteilung durch die Idee des gerechten Austauschs von Äquivalenten auf dem Markt. Einkommen basiert immer häufiger auf Kriterien, die nicht im Marktaustausch verwurzelt sind. Für einen wachsenden Teil der Bevölkerung hat deshalb die der Legitimation des kapitalistischen Systems zugrunde liegende Idee keine Bedeutung. Es handelt sich dabei um das potenzielle Reservoir, das in Protestbewegungen gegen den Kapitalismus mobilisiert werden kann. Diese Menschen bewerten Leistungen anhand ihres unmittelbaren Nutzwertes, der dann zum Maßstab für die Einschätzung der ökonomischen Entscheidungsfindung selbst werden kann. Die anarchische ökonomische Entscheidungsfindung konkurrierender Unternehmen verliert zum Teil ihre Legitimität. Wenn so viele Bereiche, die mit ökonomischen Investitionen in Zusammenhang stehen, vergesellschaftet wurden und nun unter die kollektive Entscheidungsfindung fallen, warum sollte dies nicht auch bei Entscheidungen über ökonomische Investitionen an sich der Fall sein?

Dies ist Offes Version einer Annahme von Marx, dass nämlich die wachsende Vergesellschaftung der Produktion die Bausteine für die Ablösung des Kapitalismus durch den Sozialismus enthält. Die kollektive Organisation der spätkapitalistischen Produktion entwickelte sich so weit, dass es vielleicht nur noch eines weiteren Schrittes bedarf, um das gleiche Verfahren auf die ökonomische Investition auszudehnen. Diejenigen Menschen, deren Handeln von kollektiv organisierten, nicht kapitalistisch wirtschaftenden Institutionen geprägt wird, sind am meisten daran gewöhnt, kritische Fragen zu stellen. Dieses Milieu – und nicht die Arbeiterschaft – bildet eher die Basis einer Bewegung gegen den Kapitalismus und hin zum Sozialismus. Die Arbeiterschaft selbst nimmt unmittelbar am Fortschritt des Kapitalismus teil. So lautet Offes Erklärung für das Phänomen, dass die neuen sozialen Bewegungen weit überproportional von Pfarrern, Lehrern, Sozialpädagogen und Studenten getragen werden.

Der Staat spielt in der kapitalistischen Entwicklung eine zunehmend zentrale Rolle (Offe 1972: 65–105; 1975/2003c). Die Sicherung der Akkumulation von Kapital erfordert eine generelle Anleitung, die aus der anarchischen Entscheidungsfindung der einzelnen kapitalistischen Unternehmen nicht hervorgehen kann. Diese Anleitung wird zur Aufgabe des Staates, der wie ein „ideeller Gesamtkapitalist“ entscheiden und jene Bedingungen schaffen muss, die den kapitalistischen Prozess der Akkumulation insgesamt fördern. Dabei muss der Staat gegen die partikularistischen Interessen einzelner kapitalistischer Unternehmen entscheiden, die ihr kurzfristiges partikulares Interesse über das langfristige Interesse an der Aufrechterhaltung des Systems selbst stellen. Andererseits muss der Staat die aus Ausbeutung und Repression im ökonomischen Bereich resultierenden Proteste und Unruhen absorbieren. Der demokratische Staat ist sehr gut in der Lage, solche Proteste und Unruhen aufzugreifen und sie in bindende Entscheidungen umzuwandeln, weil er die Offenheit gegenüber der ihn umgebenden Komplexität mit der Fähigkeit zum Treffen und Durchsetzen kollektiv bindender Entscheidungen verbindet. Allerdings lässt die Verbindung des demokratischen Staates mit dem Kapitalismus auch einen fundamentalen Widerspruch entstehen. Einerseits muss der Staat die Bedingungen für die Akkumulation von Kapital auch gegen die Interessen einzelner kapitalistischer Unternehmen schaffen; andererseits muss er für eine wachsende Anzahl von Menschen offen sein, die an eine nicht-kapitalistische Produktion von Nutzwerten denken, weil sie nicht unmittelbar an der kapitalistischen Produktion beteiligt sind. Um dieses Problem zu lösen, muss der Staat im Interesse einer Förderung des Akkumulationsprozesses entscheiden und gleichzeitig dieses Bündnis mit dem Kapitalismus verbergen, um breite Unterstützung für seine Entscheidungen und die gesamte Gesellschaftsformation des Kapitalismus an sich zu erhalten. Es gibt allerdings keine Garantie dafür, dass der demokratische Staat dieses Problem auf Dauer wird lösen können. Es besteht immer die Möglichkeit, dass der Staat durch demokratische Entscheidungsverfahren gezwungen wird, in den kapitalistischen Prozess so weit einzugreifen, dass die Akkumulation von Kapital untergraben wird. Der Kapitalismus braucht den demokratischen Staat, um die Bedingungen für seinen Fortbestand zu garantieren, ist aber umso weniger in der Lage, mit diesem Staat zu leben, je mehr der Staat gegen den kapitalistischen Prozess an sich mobilisiert wird.

Dieser Widerspruch manifestiert sich besonders deutlich im modernen **Wohlfahrtsstaat** (Offe 1984a: 323–339). Er ist ein notwendiger Ausgleich für kapitalistische Ausbeutung und liegt im Interesse sowohl des gesamten Kapitals als auch der Beschäftigten. Konservative Kritiker argumentieren jedoch, dass der Wohlfahrtsstaat die Produktivität der Wirtschaft untergraben hat und somit auch seine eigenen Quellen für die weitere Entwicklung. Die Lohnkosten sind so weit gestiegen, dass kapitalistische Unternehmen nicht mehr investieren, wenn als Folge davon die Belegschaft vergrößert werden müsste. Die Sozialleistungen wurden aus konservativer Sicht auf ein so hohes Niveau gehoben, dass es z.B. attraktiver ist, von Sozialhilfe zu leben als langweilige Arbeit zu verrichten. Die Folge davon sind rückläufige Investitionen und wachsende Arbeitslosigkeit. Kritiker von links argumentieren jedoch, dass der Wohlfahrtsstaat die Ausbeutung von Lohnarbeit nicht ändert, sondern lediglich die Einkommen innerhalb der Beschäftigten umverteilt, nicht aber zwischen Kapital und Arbeit. Seine Organisation wurde zu einem bürokratischen Instrument sozialer Kontrolle, weil er Normkonformität für Sozialleistungen verlangt. Außerdem lässt er die Illusion aufkommen, dass der Klassenantagonismus zwischen Kapital und Arbeit überwunden sei.

Offe hält beide Meinungen für richtig, da sie den fundamentalen Widerspruch des Wohlfahrtsstaates zum Ausdruck bringen. In der Tat können kapitalistische Unternehmen ihre Investitionen senken, wenn sie erwarten, dass die Lohnkosten zu hoch sein werden; ebenso können Erwerbsfähige schlecht bezahlter Arbeit ausweichen und statt dessen Sozialleistungen in Anspruch nehmen. Andererseits argumentiert aber die Linke, dass der Wohlfahrtsstaat den fundamentalen Widerspruch zwischen kollektiver Produktion und privater Aneignung, der dem Kapitalismus innewohnt, aufrecht erhält. Nach Offe besteht aber keinerlei Hoffnung – weder für die Konservativen noch für die Linke –, dem Wohlfahrtsstaat entkommen zu können. Der neokonservative Kritiker kann nicht auf eine ausreichend breite Bewegung bauen, um die frühere Mittelklasse zu erreichen. Der linke Kritiker kann sich nicht darauf verlassen, dass die Bewegung breit genug ist, um über die neue Mittelklasse hinauszugehen. Während jedoch Offe die Durchführbarkeit des neokonservativen Modells der Reduzierung des Wohlfahrtsstaates bezweifelt, weil der Kapitalismus ohne Sozialausgleich nicht fortbestehen kann, sieht er im Sozialismus – zumindest in der Theorie – das Mittel, dem oben aufgezeigten Widerspruch zu entgehen. Es ist selbst theoretisch fast unmöglich, eine optimale Schnittstelle zwischen Wohlfahrtsstaat und Kapitalismus zu finden. Nach Offes Meinung stehen dem auch die Irrationalitäten der politischen Kompromissbildung entgegen. Der einzige Ausweg ist der Sozialismus, also die kollektive Organisation der gesamten Gesellschaft. Allerdings ist keine Bewegung in Sicht, die dies erreichen könnte. Daher müssen wir mit den Widersprüchen zwischen Wohlfahrtsstaat und Kapitalismus leben.

In seinem späteren Werk gibt Offe (1989) sogar die Suche nach dem Sozialismus auf. Seiner Meinung nach ist es nun lediglich möglich, das kapitalistische System durch staatliche Regulierung, Sozialarrangements und einen starken Dritten Sektor der zwischenmenschlichen Solidarität unter Kontrolle zu halten. Hauptthema seiner Forschung ist nun die Institutionalisierung von Solidaritätsstrukturen in einer gesellschaftlichen Gemeinschaft innerhalb der kapitalistischen Gesellschaft. Markt, Staat und gesellschaftliche Gemeinschaft sind die drei grundlegenden Institutionen, die in der modernen Gesellschaft miteinander in Beziehung stehen und sich gegenseitig kontrollieren müssen.

Zur Neo-institutionalistischen Soziologie des Wohlfahrtsstaates: Vom Organisierten Kapitalismus zum Desorganisierten Kapitalismus, vom Neokorporatismus zum Neovoluntarismus

Neomarxistische Theorien des Spätkapitalismus erlebten in den späten 1960er und frühen 1970er Jahren eine Blüte, flauten aber zu Ende der 1970er und Beginn der 1980er Jahre ebenso schnell wieder ab. Eine einflussreiche Revision des Marxismus in ökonomischer Hinsicht, die sich mit dem Monopolkapital befasst, wurde von Paul A. Baran und Paul M. Sweezy (1966) formuliert. James O'Connor (1973) lieferte eine marxistische Theorie über den Trend des kapitalistischen Staates zu Steuerkrisen, während Nicos Poulantzas (1968, 1978) dem Staat in marxistischen Analysen weitgehende Autonomie zugestand. Seiner Auffassung nach ist der Staat einerseits der Ort für Klassenkämpfe zwischen den Fraktionen der kapitalistischen Klasse, andererseits aber greift er nach seiner eigenen Logik der Aufrechterhaltung politischer Macht in die Wirtschaft ein.

Am tragfähigsten und als heute nach wie vor aktuell haben sich Forschungsansätze erwiesen, die der institutionellen Einbettung des Kapitalismus und seiner Regulierung durch den Staat bzw. durch die Zusammenarbeit von Staat, Arbeitgeberverbänden und Gewerkschaften Rechnung tragen. Durch diese institutionelle Einbettung wurde der Klassenkonflikt gemildert und die Krisenanfälligkeit des Kapitalismus unter Kontrolle gebracht. Zwei mit Offes Spätkapitalismusanalyse verwandte Forschungsansätze haben dieser institutionellen Domestizierung des Kapitalismus ihr besonderes Augenmerk geschenkt: die Regulationstheorie und die Neokorporatismusforschung.

Mit Claus Offes marxistisch inspirierter Analyse des **organisierten Kapitalismus** konvergiert der Ansatz der so genannten Regulationsschule und die Theorie des Postfordismus. Dabei geht es um die Frage, durch welche institutionellen Arrangements und durch welches „Akkumulationsregime" der Kapitalismus seinen Fortbestand sichert (Lipietz 1987, 1993; Piore und Sabel 1984; Jessop 1990; Esser, Görg und Hirsch 1994). Weit über die Engführung einer marxistischen Analyse geht der eher mit Emile Durkheims (1893/1973) Berufsgruppentheorie verwandte Ansatz der Neokorporatismusforschung hinaus, der insbesondere von Wolfgang Streeck, Philippe C. Schmitter, Colin Crouch und Franz Traxler entwickelt wurde. Der Fokus dieses Ansatzes ist auf die Frage gerichtet, wie weit die in Kontinentaleuropa verbreitete Zusammenarbeit von Staat und Wirtschaftsverbänden (Gewerkschaften und Arbeitgeberverbände) in höherem Maße als das insbesondere in den Vereinigten Staaten verwirklichte Modell von weniger regulierter Wirtschaft, Interessenpluralismus und Konkurrenzdemokratie soziale Integration gewährleistet, ohne Abstriche bei der Dynamik des wirtschaftlichen Wachstums machen zu müssen (Schmitter und Lehmbruch 1979; Streeck und Schmitter 1985; Streeck 1999a, 1999b; Crouch 1993; Crouch und Streeck 1997; Traxler, Blaschke und Kittel 2000).

Aus politikwissenschaftlicher Perspektive haben Fritz Scharpf und Vivien Schmidt maßgebliche Beiträge zur Analyse des institutionellen Wandels des Kapitalismus und der Verflechtung von Staat, Verbänden und Wirtschaft im Zusammenhang von Europäisierung und Globalisierung geleistet (Scharpf 1996; Schmidt 1996; Scharpf und Schmidt 2000). Theoretische Grundlage dieser Analyse der politischen Steuerung des Kapitalismus ist der am Max-Planck-Institut für Gesellschaftsforschung von Renate Mayntz und Fritz Scharpf entwickelte Akteurszentrierte Institutionalismus. Es geht dabei darum, das Entstehen und die Transformation von Institutionen aus dem Handeln und dem Netzwerk von Akteuren zu erklären. Das Handeln der Akteure wiederum wird durch die jeweils gegebenen institutionellen Rahmenbedingungen in seinen Entfaltungsmöglichkeiten bestimmt (Mayntz 1993; Mayntz und Scharpf 1995; Scharpf 2000).

Die Zusammenarbeit von Staat, Arbeitgeberverbänden und Gewerkschaften in der Regulierung der Wirtschaft wird als Tripartismus und als **Neokorporatismus** bezeichnet und vom Pluralismus des offenen Wettbewerbs um die Einflussnahme auf die politische Regulierung der Wirtschaft unterschieden. Gøsta Esping-Andersen (1990) hat in diesem Forschungszusammenhang drei Modelle des **Wohlfahrtskapitalismus** unterschieden: (1) das sozialdemokratisch geprägte skandinavische Modell, (2) das konservativ geprägte kontinentaleuropäische Modell und (3) das liberal geprägte amerikanische Modell. Das sozialdemokratische Modell setzt auf die Finanzierung durch Steuern, auf ein größtmögliches Volumen der Erwerbstätigkeit von Männern und Frauen und garantiert in hohem Maße einen vom individuellen Markterfolg unabhängigen gleichen Lebensstandard für alle. Das konservative Modell setzt überwiegend auf einkommensabhängig gestufte Sozialversicherungsbeiträge der Erwerbstätigen, privilegiert steuerlich Familien mit einem Haupternährer und differenziert den Lebensstandard sowie Sozialversicherungsleistungen oberhalb des Sockels der Sozialhilfe mehr als das sozialdemokratische Modell nach dem Einkommen aus Erwerbstätigkeit. Das liberale Modell setzt auf eine steuerfinanzierte minimale Grundsicherung, auf ein größtmögliches Volumen der Erwerbstätigkeit von Männern und Frauen und auf eine relativ starke Differenzierung des Lebensstandards nach dem individuellen Markterfolg, einschließlich der Absicherung von Krankheit, Invalidität und Alter durch private Vorsorge. Im Anschluss an Esping-Andersen kann von zwei Varianten des neokorporatistischen Modells gesprochen werden, vom sozialdemokratischen und vom konservativen.

Die Annahme, dass der Neokorporatismus ein tragfähigeres Modell der sozialen Integration bei gleichzeitigem Erhalt der wirtschaftlichen Wachstumsdynamik ist als das liberal-pluralistische Modell, ist seit den 1980er Jahren in zunehmendem Maße infrage gestellt worden. Maßgebend dafür war die Tatsache, dass mit der antizyklischen staatlichen Konjunktursteuerung mittels Staatsausgaben im Sinne von John Maynard Keynes keine Erfolge mehr erzielt werden konnten, sondern insbesondere die Arbeitslosigkeit in vielen Industrieländern ein dauerhaft hohes Niveau von 10 Prozent und mehr erreichte und nicht abgebaut werden konnte. Die in den Vereinigten Staaten von Ronald Reagan, in Großbritannien von Margaret Thatcher forcierte neokonservative Revolution orientierte sich nicht mehr an der Wirtschaftssteuerung des Keynesianismus, sondern setzte auf die angebotsorientierte Wirtschaftspolitik des Neoliberalismus, wie er in den USA besonders radikal von Milton Friedman vertreten wurde. Die angebotsorientierte Wirtschaftspolitik lehnt die keynesianische Nachfragesteuerung durch Staatsausgaben ab, weil dadurch die Marktkräfte auf Dauer zerstört werden. Statt dessen sollen der Verzicht auf solche Eingriffe, eine relativ niedrige Steuerlast und eine geringe Regulierung des Arbeitsmarktes die

Marktkräfte mobilisieren und die Bereitschaft zum Angebot wirtschaftlicher Leistungen erhöhen. Nur dadurch entstehen aus neoliberaler Sicht genügend Anreize zur Einstellung von Arbeitskräften auf Seiten von Arbeitgebern und zur Annahme von Arbeitsangeboten auf Seiten von Arbeitnehmern.

Zum Programm des **Neoliberalismus** gehört dementsprechend die zunehmende Deregulierung von Märkten, einschließlich des Arbeitsmarktes, der Arbeitsvermittlung und des Arbeitsverhältnisses selbst. In Großbritannien bedeutete dies den regulierenden Eingriff des Staates mittels Gesetzgebung, um historisch gewachsene, zwischen Arbeitgebern und Arbeitnehmern praktizierte Regulierungen zu beseitigen, was vor allem die Macht der Gewerkschaften in der Gestaltung des Arbeitsverhältnisses einschränkte. Insgesamt ergab sich daraus ein Trend der Desorganisation des Kapitalismus in dem Sinne, dass die Kapitalakkumulation ein Stück weit von Rücksichtnahmen auf Abmachungen zwecks sozialer Absicherung von Belegschaften befreit wurde. In den Vereinigten Staaten bedeutete dies beispielsweise die Schließung von Produktionsstätten mit gewerkschaftlicher Vertretung der Arbeitnehmerschaft und die gleichzeitige Eröffnung neuer Produktionsstätten ohne gewerkschaftliche Vertretung. Zu diesem Trend gehört auch die Verlagerung von Tarifvereinbarungen von der nationalen Ebene eines Industriesektors auf die betriebliche Ebene. Dadurch entsteht eine größere Variationsbreite von Tarifen, und die Arbeitnehmer sind in größerem Maße als zuvor vom Entgegenkommen ihres jeweiligen Arbeitgebers abhängig. Für den Trend zur Desorganisation des Arbeitsverhältnisses im Sinne seiner Freisetzung aus historisch gewachsenen Regulierungen haben Scott Lash und John Urry (1987) den Begriff **Desorganisierter Kapitalismus** geprägt. Wolfgang Streeck (1999b) hat für die zunehmende Verlagerung von Tarifvereinbarungen von der nationalen auf die betriebliche Ebene und für ihre situative Aushandlung nach dem Markterfolg eines jeweiligen Betriebes den Begriff **Neovoluntarismus** eingeführt.

Angesichts dieser Entwicklungstendenzen stellt sich in der Tat die Frage der Überlebensfähigkeit des Neokorporatismus und des damit verbundenen Modells der Sozialintegration in einer Epoche, die von der weltweiten Öffnung von Märkten geprägt ist. Kann die neokorporatistische Organisation des Kapitalismus und seine Einbettung in dicht geflochtene wohlfahrtsstaatliche Arrangements in einer offenen Weltwirtschaft überleben? So lautet die zentrale Frage. Verschärft wird das darin steckende Problem durch die Konkurrenzsituation der europäischen Wohlfahrtsstaaten mit den Vereinigten Staaten, zumal diese in den 1990er Jahren den kontinentaleuropäischen Wohlfahrtsstaaten in der technologischen Innovation, im damit verbundenen wirtschaftlichen Strukturwandel, im Beschäftigungsvolumen, in der Schaffung neuer Arbeitsplätze und in der Reduktion der Arbeitslosenquote weit davongeeilt sind. Aus der Sicht der Neokorporatismusforschung gilt es deshalb zu ermitteln, durch welche Reformen die europäischen Wohlfahrtsstaaten ihre Integrationskraft wiedergewinnen können. Ein Ausweg könnte die Europäische Sozialunion sein, die jedoch wegen der zu großen Heterogenität der Wirtschaftskraft und der Sozialversicherungssysteme der Mitgliedstaaten der Europäischen Union in absehbarer Zeit nicht zu verwirklichen ist. Deshalb bleibt als einziger Weg die Regenerierung der nationalstaatlichen Sozialintegration durch Reformen. Modellfälle dafür bieten die Niederlande und Dänemark. In den Niederlanden hat die erneuerte Konsensfindung zwischen Arbeitgeberverband, Gewerkschaften und Staat zumindest zu einem weitgehenden Abbau der Arbeitslosigkeit geführt. In Dänemark ist dies durch die konsequente Kontrolle der Inanspruchnahme von Arbeitslosenunterstützung und durch gezielte Reintegrationsprogramme für Arbeitslose gelungen. Aus der Sicht der Neokorporatismusforschung erscheint dagegen der Weg der Vereinigten Staaten – dem Neuseeland in einer radikalen Umkehr gefolgt ist – zu riskant, weil er das Opfer größerer sozialer Ungleichheit, höherer Kriminalitätsraten und größerer sozialer Unsicherheit mit sich bringt (Streeck 1999b; Visser und Hemerijck 1998; Lessenich und Ostner 1998; Kaufmann 1997; Leibfried und Pierson 1998).

In der Politischen Soziologie des **Wohlfahrtsstaates** haben institutionalistische Theorieperspektiven zunehmende Bedeutung gewonnen. Sie betonen die **Pfadabhängigkeit** der Entwicklung von Institutionen und leiten daraus eine relativ dauerhafte Persistenz nationaler Unterschiede in der institutionellen Einbettung des Kapitalismus auch in der offenen Weltwirtschaft ab. **Institutionen** als regulierende Kräfte des sozialen Lebens sind in der klassischen Soziologie insbesondere von Emile Durkheim (1961) systematisch erfasst worden. Für Durkheim war die Entwicklung des Kapitalismus nur in Formen der institutionellen Einbettung ohne krisenhafte Erscheinungen der sozialen Desorganisation denkbar. In Durkheims Perspektive sind Institutionen funktional und kausal (historisch-genetisch) zu erklären. Insbesondere Robert K. Merton (1949/1968a) hat diesen Durkheimschen Ansatz weiter geführt und ein eigenes, komplexes Paradigma der funktionalen Analyse institutionalisierter sozialer Praktiken entwickelt. Grundlegend aus anthropologischer Perspektive ist die Institutionentheorie Arnold Gehlens (1940/1993), die insbesondere den Entlastungseffekt von Institutionen heraus gearbeitet hat. Karl-Siegbert Rehberg (2002) hat aufbauend auf Gehlen eine kultursoziologische Institutionentheorie entworfen. Aus phänomenologischer Perspektive ist der wissenssoziologische Ansatz der Institutionentheorie von Peter Berger und Thomas Luckmann (1970) von zentraler Bedeutung. Einen strukturalistischen Ansatz der Institutionentheorie hat Mary Douglas (1987) entwickelt.

Gegenwärtige Analysen der institutionellen Einbettung des Kapitalismus knüpfen an Karl Polanyis (1978) Studie über die Great Transformation an. Es geht dabei um die Entbettung der feudalen Ökonomie durch die Entwicklung des Kapitalismus und dessen Wiedereinbettung in Gestalt seiner wohlfahrtsstaatlichen Regulierung. Eine weitere oft zitierte Denkfigur ist Mark Granovetters (1985) Konzept der Embeddedness wirtschaftlicher Aktivitäten in soziale Netzwerke, die ihnen Ordnung und Berechenbarkeit verleihen. In der Organisationssoziologie sind insbesondere der mikrosoziologische Ansatz von Lynne Zucker (1977) und die makrosoziologischen Ansätze von Meyer und Rowan (1977) sowie DiMaggio und Powell (1983) einflussreich geworden. Zucker hat in Experimenten die verhaltensdeterminierende Kraft der Einbettung individueller Entscheidungen in Organisationen nachgewiesen. Meyer und Rowan haben gezeigt, dass die institutionalisierten Formen der Organisation sozialer Praktiken weniger von deren Effizienz als von „Rationalitätsmythen" geprägt werden. DiMaggio und Powell haben dargelegt, dass Organisationen in so genannte organisationale Felder eingebettet und einem Isomorphismusdruck der Anpassung an vorhandene institutionelle Muster unterworfen sind, der in drei Formen auftritt: als erzwungener Isomorphismus (politisch oktroyiertes Recht), mimetischer Isomorphismus (Nachahmung) und normativer Isomorphismus (Anpassung an Rationalitätsparadigmen herrschender Professionen). Fligstein (1990) hat mit diesem Ansatz des Isomorphismus den Wandel amerikanischer Unternehmen von der Einproduktunternehmung zur diversifizierten und divisional gegliederten Unternehmung im Zeitraum vom 1919 bis 1979 erklärt. Inzwischen ist aus diesen neuen Ansätzen ein Paradigma des **Neo-Institutionalismus** entstanden, das sich immer mehr verzweigt (Powell und DiMaggio 1991; Göhler 1994; Maurer und Schmid 2002). Es wird durch neue Elemente ergänzt, die das Paradigma aus dessen allzu starker Fixierung auf Pfadabhängigkeit befreien und die korrespondierende Schwäche in der Erklärung von sozialem Wandel beheben sollen. DiMaggio und Powell haben deshalb ihren Ansatz durch die Berücksichtigung von Macht- und Interessenkonstellationen erweitert (DiMaggio 1988, 1997; Powell 1991; Powell und DiMaggio 1991). Fligstein und Stone Sweet (2002) beziehen in ihre institutionalistische Erklärung der rekursiv sich aufschaukelnden Marktentwicklung und rechtlichen Regulierung in der Europäischen Gemeinschaft explizit eine an Ernst B. Haas' (1958) **Neofunktionalismus** anknüpfende funktionalistische Perspektive ein. Die rechtliche Regulierung des europäischen Binnenmarktes wird funktionalistisch als eine von der Öffnung der nationalen Märkte zwecks Ordnungsbildung erzwungene institutionelle Neuerung erklärt, die den Anstoß für die weitere wirtschaftliche Integration gibt, von der wiederum weitere rechtliche Regulierungen erzwungen werden. Die wirtschaftliche Integration erzeugt einen

Spillover zur rechtlichen Integration, die wiederum einen Spillover-Effekt auf die weitere wirtschaftliche Integration hat und so fort. Das Theorem der Pfadabhängigkeit wird mehr und mehr durch Elemente ergänzt, die Bedingungen der Abweichung von historisch vorgeprägten Pfaden spezifizieren (Arthur 1994; Pierson 2000; Crouch und Farrell 2002).

Inzwischen werden auch Beziehungen zur **Institutionenökonomik** hergestellt, die in drei Varianten vorzufinden ist. Die Theorie der Verfügungsrechte erklärt Institutionen als Regelung von Verfügungsrechten über Ressourcen, die aus der Nutzenmaximierung von interessierten Akteuren erklärt werden und die wiederum als Rahmen für weitere Nutzenmaximierung fungieren. Die Agenturtheorie erklärt Institutionen als vertragliche Regelungen zwischen einem Prinzipal (z.B. Endhersteller) und einem Agenten (z.B. Zulieferer), die der beiderseitigen Nutzenmaximierung dienen. Die Transaktionskostentheorie erklärt institutionelle Regelungen als Ergebnis der Transaktionskostenkalkulation zwischen Transaktionspartnern (z.B. Endhersteller und Zulieferer), wobei jeder die für ihn kostengünstigste Lösung anstrebt (Richter und Furubotn 1999). Besondere Beachtung haben die institutionenökonomischen Erklärungen der Herausbildung und des Wandels von Institutionen des Kapitalismus durch Douglas North (1981) und Oliver Williamson (1975, 1985) gefunden. Es zeichnet sich eine Annäherung der Institutionenökonomik an den soziologischen Institutionalismus ab (North 1990; Denzau und North 1994; Williamson 1998, 2000). In diesem Kontext entwickelt sich die so genannte **Neue Wirtschaftssoziologie** (Deutschmann 1999; Weede 2000; Harrison und Huntington 2000; Fligstein 2001; Beckert 2002).

Betrachten wir zur Erschließung der Vorgehensweise institutionalistischer Analysen ein Beispiel: den Flächentarifvertrag als institutionelles Element des so genannten **Rheinischen Kapitalismus** in Deutschland. Dabei greifen wir auf die Unterscheidung von funktionaler und kausaler Erklärung bei Emile Durkheim (1961) zurück. In Durkheims Begriffen handelt es sich bei Institutionen bzw. bei institutionalisierten Praktiken um soziale Tatbestände, die außerhalb des Individuums ein Eigenleben haben, vor und nach jedem einzelnen individuellen Leben existieren, dem sozialen Leben eine allgemein geltende Ordnung geben, einen normativen Zwang ausüben und wie Dinge zu behandeln sind. Institutionen als Regelungskomplexe des sozialen Lebens sind nach Durkheim sowohl einer funktionalen Analyse, als auch einer kausalen Analyse zu unterwerfen. Funktionalistisch ist zu fragen, welche Funktionen eine institutionalisierte soziale Praxis erfüllt, kausal heißt die Frage, welche sozialen Kräfte (Interessen, politische Akteure) sie historisch hervorgebracht haben und welche sozialen Kräfte sie in der jeweiligen Gegenwart zwecks Interessenbefriedigung, Machterhalt oder Wertverwirklichung stützen.

Wir können den Flächentarifvertrag als eine institutionalisierte Praxis der vertraglichen Abgeltung von Arbeitsleistungen begreifen, deren Funktion die Sicherung von sozialer Integration unter den Bedingungen kapitalistischer Massenproduktion ist. Historisch (bzw. kausal-genetisch) betrachtet, ist der Flächentarifvertrag das Ergebnis von Klassenkämpfen, Koalitionen und politischen Aushandlungsprozessen im Dreieck von Staat, Arbeitgeberverbänden und Gewerkschaften mit dem Ergebnis spezifischer rechtlicher Regulierungen. Da die Klassenkämpfe, Koalitionen und Aushandlungsprozesse in einzelnen Gesellschaften auf je spezifische Weise abgelaufen sind, haben sich auch unterschiedliche rechtliche und konventionelle Praktiken des Tarifvertrags ergeben, die jeweils die Funktion der sozialen Integration auf eine je eigene Art erfüllen. Sie können als funktional äquivalent betrachtet werden, wenn vernachlässigt wird, dass sie jeweils eine eigene Qualität von sozialer Integration produzieren.

Je länger soziale Praktiken gepflegt werden, um so mehr wird das Gesetz der Pfadabhängigkeit von gesellschaftlicher Entwicklung wirksam. Es beruht auf dem Zusammenwirken mehrerer Kräfte, die in der Trägheit und Veränderungsresistenz von Institutionen konvergieren. Einmal etablierte Institutionen werden durch eine Art traditionaler Legitimität gestützt. Was immer schon praktiziert wurde, bedarf keiner besonderen Begründung, dagegen müssen für Neuerungen schlagkräftige Argumente gefunden werden. Institutionalisierte soziale Praktiken haben sich im Laufe einer längeren Entwicklung von wechselseitigen Anpassungsprozessen zu einem relativ kohärenten Ganzen zusammengefügt, so dass Änderungen an einer Stelle zu erheblichen Störungen an anderen Stellen führen. Das Ganze auf einen Schlag zu ändern, gelingt jedoch nur in außergewöhnlichen historischen Situationen, in denen tiefgreifende Krisen der Funktionserfüllung mit der erfolgreichen Organisation einer revolutionären Bewegung zusammentreffen. Institutioneller Wandel verursacht erhebliche Kosten der Ersetzung einer alten Praxis durch eine neue Praxis, die man sich bei einem Festhalten am Gegebenen sparen kann. Institutionen bedienen außerdem die Interessen von mehr oder weniger mächtigen Gruppen. Etablierte Großunternehmen samt Belegschaft und Gewerkschaften mit ihren Mitgliedern haben ein größeres Interesse am Flächentarifvertrag als weniger gut auf dem Markt positionierte kleinere Unternehmen samt Belegschaft sowie gewerkschaftlich nicht organisierte Arbeitnehmer.

Der Flächentarifvertrag ist durch die verschärfte globale Konkurrenz, die Differenzierung der Unternehmenslandschaft und den abnehmenden gewerkschaftlichen Organisationsgrad der Arbeitnehmerschaft insbesondere in Ostdeutschland unter heftigen Veränderungsdruck geraten. Viele Unternehmen entziehen sich durch Austritt aus dem Arbeitgeberverband der Geltung ausgehandelter Tarifverträge, oft auch mit Zustimmung ihrer gewerkschaftlich nicht organisierten Belegschaft. Es sieht so aus, dass der Flächentarifvertrag unter den veränderten Bedingungen einer offeneren und intern differenzierteren Ökonomie nicht mehr so effektiv die Funktion der sozialen Integration erfüllen kann. Das zeigt sich an dessen exkludierender Wirkung insbesondere für die nicht mehr beschäftigbaren, gering qualifizierten Arbeitskräfte und für die weniger gut positionierten Unternehmen. Der Verlust an Arbeitsplätzen in den weniger produktiven Unternehmen wird auch nicht mehr durch die produktiveren Großunternehmen aufgefangen. Die entsprechende Funktionskrise wird von neuen Kämpfen um die Gestaltung des Tarifvertrags begleitet. Etablierte Großunternehmen und Gewerkschaften stützen noch teilweise die alte Institution, weil sie ihre Interessen bedient, weniger etablierte kleinere Unternehmen praktizieren betriebliche Tarifvereinbarungen. Die globale Konkurrenz zwingt jedoch insbesondere stark internationalisierte Unternehmen zu flexibleren, leistungsabhängigen Formen des Entgelts, die unter den veränderten ökonomischen Rahmenbedingungen immer mehr auch von den betrieblichen Interessenvertretungen mitgetragen werden, um den Abbau von Arbeitsplätzen zu vermeiden. (Windolf und Nollert 2001; Zugehör 2002; Höpner 2003; Streeck und Höpner 2003). Die Kämpfe und Verhandlungen zwischen den maßgeblichen Interessengruppen führen tendenziell zu dem Ergebnis einer Liberalisierung der vertraglichen Gestaltung von Arbeitsentgelt.

Dieser soziale Wandel erfolgt auf dem vorhandenen Entwicklungspfad durch begrenzte Veränderungen der historisch gewachsenen institutionalisierten Praktiken (flexiblere Formen des Arbeitsentgelts, betriebliche statt sektorale Vereinbarungen) im Rahmen weiter bestehender institutioneller Strukturen (Mitbestimmung, Betriebsräte). Dabei lässt sich inzwischen unzweifelhaft eine Entfernung vom Pfad starrer Flächentarife mit geringerer Lohnspreizung hin zu flexiblen, leistungsbezogenen Betriebstarifen mit größerer Lohnspreizung beobachten. In dieser Hinsicht bewegt sich das Modell des Rheinischen Kapitalismus mit seiner starken kollektiven Inklusion der voll beschäftigten und relativ homogenen Arbeitnehmerschaft in die Richtung des angelsächsischen Modells eines liberalen Kapitalismus mit stärker individualisierten und differenzierenden, auf den Markt setzenden Formen der Inklusion. Es ist eine umstrittene Frage, ob das institutionelle Muster des Rheinischen Kapitalismus dadurch so viel an Kohärenz verliert, dass es seine spezifischen Wettbewerbsvorteile verliert. In der Perspektive ihres **Varieties of Capitalism**-Ansatzes sehen Hall und Soskice (2001) die Wettbewerbsvorteile so genannter **koordinierter Marktwirtschaften** in der Förderung von inkrementaler Innovation (Perfektionierung vorhandener Produkte) durch das nach ihrer Deutung kohärente Muster von geringer Börsenkapitalisierung und statt dessen langfristiger Bankenfinanzierung der Unternehmen, Unternehmenskontrolle durch Aufsichtsräte, betrieblicher Mitbestimmung, beruflicher Bildung und interorganisatorischer Kooperation in Forschung und Entwicklung. Dem gegenüber sollen **liberale Marktwirtschaften** mit stärkerer Börsenkapitalisierung von Unternehmen, Unternehmenskontrolle durch den Markt, fehlender betrieblicher Mitbestimmung, fehlender beruflicher Bildung und fehlender interorganisatorischer Kooperation in Forschung und Entwicklung für radikale Innovationen (neue Produkte neuer Hochtechnologieindustrien) dienlich sein. Jedoch kann aus der Existenz beider Innovationstypen und ihrer Verknüpfung mit spezifischen institutionellen Mustern keineswegs geschlossen werden, dass beide Typen in alle Zukunft hinein so wie in der Vergangenheit weiter bestehen werden. Zwei konträre Thesen stehen in diesem Zusammenhang einander gegenüber: Die Erosionsthese nimmt an, dass die Globalisierung von den OECD-Ländern eine Liberalisierung der Wohlfahrtsregime verlangt (Siebert und Klodt 1999), um wettbewerbsfähig zu bleiben. Die Kompensationsthese behauptet, dass die Marktöffnung die Nationalstaaten als Kompensation für die wachsenden Risiken zur Gewährleistung von größerer sozialer Sicherheit zwingt (Rodrik 1997; Agell 1999). Nach einer Zusammenstellung von Volker Bornschier (2002: 124-136) haben eine ganze Reihe von empirischen Studien schon seit Ende der 1970er Jahre z.T. ohne voneinander Notiz zu nehmen wiederholt bestätigt, dass eine positive Korrelation zwischen der Weltmarktintegration (gemessen am Anteil von Importen und Exporten am Bruttoinlandsprodukt) und der Staatsquote von OECD-Ländern besteht und dass die Differenzen zwischen eher liberalen und eher koordinierten Marktwirtschaften fortbestehen (vgl. auch Leibfried und Rieger 2001). Es stellt sich allerdings die Frage, ob vergangene Korrelationen eine Extrapolation in die Zukunft erlauben und ob man mit dem Maßstab der Staatsquote erfasst, was sich in den institutionellen Regelungen von Wohlfahrtsstaaten tatsächlich verändert. Es trifft zwar zu, dass gerade die schon liberalen Marktwirtschaften zuerst seit den 1980er Jahren noch weiter liberalisiert wurden, aber ebenso ist zu beobachten, dass seit den 1990er Jahren ein Liberalisierungstrend in den koordinierten Marktwirtschaften eingesetzt hat. Das muss nicht zu einer völligen Angleichung der koordinierten an die liberalen Marktwirtschaften führen. Es ist durchaus möglich, dass sich der Abstand nur wenig verringert. Dennoch findet ein Wandel der koordinierten Marktwirtschaften in die Richtung eines liberaleren Regimes statt. Einige Evidenz spricht in der Tat für einen solchen Wandel. Er äußert sich in der Einpflanzung von Formen der individualisierten marktlichen Inklusion anstelle der kollektiven nicht-marktlichen Inklusion in das vorhandene institutionelle Muster. Entgegen der Einschätzung von Hall und

Soskice reicht offensichtlich weder die Kraft institutioneller Kohärenz noch die Persistenz bedienter Interessen aus, um diesen Wandel zu verhindern.

An dieser Stelle macht sich bemerkbar, dass institutionalistische Erklärungsansätze die Veränderung verhindernde Wirkung von instiutioneller Kohärenz und Pfadabhängigkeit überschätzen und die Veränderungskraft neuer Umweltbedingungen (globale Konkurrenz, offene Kapitalmärkte, Differenzierung der Unternehmenslandschaft, der Arbeitnehmerschaft und der Sozialstruktur, Tertiarisierung der Ökonomie) und die damit in der Regel einhergehenden Krisen, veränderten Interessen- und Machtkonstellationen, Kämpfe und Verhandlungen zwecks Neuordnung unterschätzen. Was ebenso aus dem Blickfeld gerät, ist die Überlagerung historischer Entwicklungspfade durch einen evolutionären Entwicklungspfad, der durch das Schrumpfen von Distanzen und die zunehmende Ablösung des segmentär differenzierten Systems von Nationalstaaten durch eine funktional und transnational arbeitsteilig und in mehrere Ebenen (lokal, national, europäisch, global) differenzierte Weltgesellschaft geprägt wird. Folgen wir an dieser Stelle dem Evolutionsmodell von Talcott Parsons (1971), dann lassen sich die Veränderungen des nationalstaatlich organisierten Rheinischen Kapitalismus als ein Voranschreiten auf einem evolutionären Entwicklungspfad interpretieren, der nationale Integrationsmuster so weit verändert, dass sie mit den Anforderungen transnationaler Integration in der sich herausbildenden Weltgesellschaft kompatibel sind. Durch die Inklusion der Entwicklungs- und Schwellenländer in die Weltwirtschaft kann innere Inklusion (Gleichheit) innerhalb der Industrieländer nicht länger auf Kosten der äußeren Exklusion (Ungleichheit) im Verhältnis zwischen Industrie- und Entwicklungsländern erreicht werden. Die voranschreitende äußere Inklusion auf Weltgesellschaftsebene erzwingt anscheinend ein Stück weit die Abkehr von kollektiven Formen der inneren Inklusion in den Industrieländern, die lange Zeit und teilweise noch heute durch protektionistische Maßnahmen (Zölle und Subventionen) in den Bereichen der Landwirtschaft und der arbeitsintensiven Industrieproduktion stabilisiert wurden. Je mehr diese protektionistischen Maßnahmen im Zuge der Handelsliberalisierung abgebaut werden, um so mehr scheint der Spielraum für Formen der inneren kollektiven Inklusion in den Industrieländern zu schrumpfen und Formen der individualisierten Inklusion Platz machen zu müssen. Diese von außen beeinflusste Entwicklung wird von innen durch die steigende Bildung, die Differenzierung der Lebensverhältnisse und die Individualisierung der Lebensläufe zusätzlich gestützt. Es scheint nicht abwegig zu sein, diesen Trend als Teil einer breiter wirksamen **sozialen Evolution** der Form von Inklusion in der sich herausbildenden Weltgesellschaft zu deuten. Sie überlagert die historischen Entwicklungspfade einzelner nationaler Gesellschaften zunehmend und unterwirft deren bisherige Divergenz einem zunehmenden Konvergenzdruck.

Wir können drei Kräfte identifizieren, die eine Erweiterung institutionalistischer Erklärungsansätze verlangen:

(1) Kämpfe und Verhandlungen interessierter Akteursgruppen um die Beibehaltung und Veränderung von Institutionen unter der Führung politischer Unternehmer, (2) Funktionen sowie Funktionsdefizite und -krisen von Institutionen, (3) evolutionäre Entwicklung.

Zusammenfassung

1. Je weiter sich der Kapitalismus entwickelt, desto mehr verschärft sich der Widerspruch zwischen kollektiver Produktion und individueller (privater) Aneignung von Produkten.
2. Je schärfer der Widerspruch zwischen kollektiver Produktion und individueller Aneignung von Produkten in der kapitalistischen Entwicklung ausgeprägt ist, desto schwieriger wird das Überleben für einzelne Kapitalisten, desto mehr werden daher Krisen der Kapitalverwertung durch den Mangel an Innovation, durch Überproduktion und mangelnde Investitionen verschärft und desto mehr werden Klassenkämpfe verstärkt.
3. Je schwieriger das Überleben für einzelne Kapitalisten ist, desto mehr wird das System des Kapitalismus einen organisierten Markt durch Oligopole, Monopole und Kartelle entwickeln.
4. Je mehr Krisen der Kapitalverwertung die Akkumulation von Kapital gefährden, desto mehr wird das kapitalistische System eine enge Beziehung mit der Entwicklung von Wissenschaft und Technik eingehen und diese zu den wichtigsten Produktivkräften machen.
5. Je mehr Krisen in der Kapitalverwertung auftreten und je mehr Klassenkämpfe entstehen, desto mehr wird das kapitalistische System zum Eingreifen des Staates und zur Regulierung des Klassenkompromisses führen.
6. Je mehr das kapitalistische System nicht-kapitalistische Institutionen hervorbringt, die seine selbstzerstörerischen Wirkungen ausgleichen, z.B. organisierte Märkte, Wissenschaft und Technik sowie staatliche Kontrolle, desto mehr steigt die Zahl der Menschen, die nicht direkt an der kapitalistischen Produktion von Mehrwert beteiligt sind, und desto mehr wächst die Menge des Kapitals, das in nicht-produktiven Bereichen zur Befriedigung konkreter Bedürfnisse verbraucht wird.

7. Je größer die Anzahl der Menschen, die nicht direkt an der kapitalistischen Produktion von Mehrwert beteiligt sind, und je höher die Menge des Kapitals, das in nicht produktiven Bereichen verbraucht wird, desto mehr wächst das Potenzial für Zweifel an der Legitimität der kapitalistischen Aneignungsweise sowie im Gegenzug für die Anerkennung der Idee der kollektiven Organisation der Aneignung.
8. Je mehr nicht-kapitalistische Institutionen zunehmen, desto mehr wird die Gesellschaft bereit sein, die private Aneignung von Produkten durch kollektive Aneignung zu ersetzen, d.h. private, anarchische ökonomische Entscheidungsfindung durch kollektive, rational geplante Entscheidungsfindung abzulösen.
9. Je mehr der Staat versucht, Unruhe und Proteste zu absorbieren, die aus der Akkumulation von Kapital entstehen, desto mehr wird er die demokratische Beteiligung und den sozialen Wohlstand ausweiten.
10. Je mehr der Staat die demokratische Beteiligung ausweitet, desto mehr gerät er – im Gegensatz zu den Anforderungen der kapitalistischen Akkumulation – unter Druck, eingreifen zu müssen.
11. Je mehr der Staat als ideeller Gesamtkapitalist fungiert, die Bedingungen der Akkumulation von Kapital fördert und dabei gleichzeitig die demokratische Beteiligung ausweitet, desto mehr wird er seinen Einsatz für die Akkumulation von Kapital verbergen müssen, um breite Unterstützung zu erfahren.
12. Je mehr der Staat die Sozialleistungen erhöht, desto mehr steigt die Gefahr wachsender Lohnnebenkosten, so dass Investitionen, die weitere Beschäftigung nach sich ziehen würden, gesenkt werden. Daher sind für den Arbeiter Sozialleistungen attraktiver als schlecht bezahlte Arbeit. Beides führt zu Rezession und Arbeitslosigkeit und untergräbt das Wohlfahrtssystem an sich.
13. So weit der Staat auch die Sozialleistungen erhöht, wird er doch den Widerspruch zwischen kollektiver Produktion und privater Aneignung nicht auflösen, sondern einen Apparat der sozialen Steuerung und Repression aufbauen und die Illusion der Versöhnung der Klassen schaffen.
14. Sofern die Aneignung von Produkten im Sozialismus kollektiv organisiert wird, werden die dem Kapitalismus eigenen Irrationalitäten der ökonomischen Entwicklung vermieden.
15. Sofern sich das sozialistische Programm als undurchführbar erweist, wird die moderne kapitalistische Gesellschaft ihre gefährliche Dynamik nur dann unter Kontrolle halten, wenn der Markt, der Staat und die Solidaritätsstrukturen der gesellschaftlichen Gemeinschaft sich gegenseitig ergänzen und kontrollieren.

Kritische Würdigung

In kritischer Würdigung von Offes (1972; 1975/2003c) früherer Theorie über den Spätkapitalismus können wir sagen, dass sie die Auswirkungen des Widerspruchs zwischen kollektiver Produktion und privater Aneignung im Kapitalismus auf die gesellschaftliche Entwicklung in den Vordergrund stellt, sofern dieser die primär bestimmende Kraft in der Gesellschaft ist. Die Auswirkungen sind nämlich Wettbewerb, der das Fortbestehen einzelner kapitalistischer Unternehmen gefährdet, Krisen in der Kapitalverwertung und Klassenkampf. Die Theorie prognostiziert, dass dieses widersprüchliche System eigene Mechanismen erzeugen wird, um seine selbstzerstörerischen Effekte auszugleichen. Die Gefahr, dass einzelne kapitalistische Unternehmen vom Markt gedrängt werden, schafft die Organisation des Marktes. Die Gefahr, dass das gesamte Kapital an einem Mangel an Innovationen leidet, bringt Wissenschaft und Technik hervor. Die Gefahr des Zusammenbruchs der Gesellschaftsformation des Kapitalismus aufgrund von Krisen der Kapitalverwertung und aufgrund von Klassenkampf führt zum Eingreifen des Staates.

Können wir annehmen, dass der Kapitalismus diese Institutionen lediglich schafft, weil sie für sein eigenes Überleben erforderlich sind? Kapitalismus ist kein selbstorganisierendes System, das in der Lage ist, die Bedingungen für sein eigenes Weiterleben zu erzeugen. Die Richtung, in die er sich entwickelt, hängt von den Handlungen verschiedener Akteursgruppen ab, die auf der Grundlage sehr unterschiedlicher Ziele und Ideen handeln und die direkt oder indirekt mit dem Kapitalismus verbundenen Institutionen auf sehr unterschiedliche Art und Weise formen. Welchen Grund gibt es also für die Annahme, dass die genannte Vielfalt an Handlungen genau jene Institutionen hervorbringen wird, die gebraucht werden, um das Überleben des Kapitalismus zu sichern? Eher das Gegenteil ist der Fall. Der Kapitalismus hat sich in aller Welt verbreitet und muss mit sehr unterschiedlichen Institutionen in seinem Umfeld leben, die stützende, eingreifende oder auch destruktive Auswirkungen auf die kapitalistische Akkumulation haben. Historisch gesehen, scheint jede Art der Kombination des Kapitalismus mit anderen Institutionen möglich, sicherlich mit sehr unterschiedlichen Auswirkungen auf die kapitalistische Akkumulation.

Oligopole und Monopole entwickelten sich in Großbritannien in späteren Phasen, existierten in Deutschland aber von Beginn an, als der industrielle Kapitalismus in der zweiten Hälfte des 19. Jahrhunderts begann. Oligopole und Monopole entstehen, weil einige Unternehmen über genügend Macht verfügen, um Konkurrenten vom Markt zu drängen. Es gibt viel mehr einzelne Kapitalisten, die unter dieser Entwicklung leiden, als Kapitalisten, die von ihr profitieren.

Wir können nicht verallgemeinernd sagen, dass die Einrichtung von Oligopolen und Monopolen aus dem Erfordernis des Überlebens der Einzelkapitale resultiert. Es handelt sich um einen sehr konfliktträchtigen Prozess innerhalb der kapitalistischen Klasse, der durch die Mobilisierung von Macht durch einige Kapitalisten gegenüber anderen bestimmt wird.

Die Institutionalisierung von Wissenschaft und Technik und ihre enge Verbindung mit der ökonomischen Produktion sind Elemente, die in der Herausbildung des Kapitalismus von Beginn an eine wichtige Rolle gespielt haben. Es handelt sich um eine einzigartige historische Konvergenz, nicht um einen Prozess, der von den systemischen Anforderungen des Spätkapitalismus bedingt wurde. Ohne die Mitarbeit von Wissenschaftlern, Handwerkern und Unternehmern im Großbritannien des 18. Jahrhunderts hätte es nie eine Blüte des industriellen Kapitalismus gegeben. Das herausragende Beispiel dafür ist James Watts Zusammenarbeit mit dem Unternehmer Boulton beim Bau der Dampfmaschine und deren Einsatz in der Produktion. Ohne die Zusammenarbeit von Wissenschaft und Industrie hätte es hundert Jahre später in Deutschland keinen Aufstieg der chemischen Industrie gegeben.

Ebenso verhält es sich mit dem Staat. Der Kapitalismus entwickelte sich von Beginn an mit staatlicher Hilfe. Selbst in Großbritannien wurden kapitalistische Entwicklungen durch staatliche Gesetze gefördert, die ökonomische Expansion durch freien Handel garantierten. In Deutschland wurde die kapitalistische Entwicklung durch einen Staat unterstützt, der die Entwicklung großer Industriekonzerne forcierte. Hier sorgte der Staat von Beginn der kapitalistischen Entwicklung an gleichzeitig für sozialen Wohlstand und soziale Repression, nicht erst als Folge späterer Notwendigkeiten für das Fortbestehen des Kapitalismus. So formierten sich Kapitalismus und Wohlfahrtsstaat zur gleichen Zeit. Es ist weniger der Fall, dass die Bestandserfordernisse des entwickelten Kapitalismus staatliche Unterstützung hervorgehen lassen, sondern vielmehr, dass staatliche Unterstützung zur kapitalistischen Entwicklung führt.

Offe hat recht, wenn er darauf verweist, dass die kapitalistische Akkumulation vom Entstehen nicht-kapitalistischer Institutionen begleitet wird. Es ist allerdings falsch, wenn er die Herausbildung solcher nicht-kapitalistischen Institutionen nur aus ökonomischer Sicht erklärt, also mit Hilfe der funktionalen Erfordernisse für das Fortbestehen des Kapitalismus. Offes frühere Theorie (1972) ist nicht völlig frei von solchen funktionalistischen Annahmen, obwohl seine spätere Theorie deutlich über solche Einschränkungen hinausgeht.

Der Kapitalismus existiert Seite an Seite mit anderen Institutionen. Welche Institutionen sich neben dem Kapitalismus entwickeln, hängt auch von anderen Faktoren ab als nur von den systemischen Bestandserfordernissen des Kapitalismus. Hier müssen wir Prozesse ansprechen, die über ökonomische Anforderungen hinaus reichen. Um die Entwicklung des Kapitalismus zu erklären, oder auch die Form, die er annimmt, wenn er sich mit anderen Institutionen verbindet, dürfen wir nicht nur die Anforderungen für das Überleben des Kapitalismus berücksichtigen, sondern müssen auch die an dieser Entwicklung beteiligten nicht-ökonomischen Prozesse in Betracht ziehen. Welche Form der Kapitalismus in einer bestimmten Gesellschaft erhält und wie er sich entwickelt, wird von verschiedenen Faktoren bestimmt: von den Chancen, dass sich bestimmte Industriezweige ökonomisch fortentwickeln, vom politischen Handeln des Staates und seiner Beziehung zur kapitalistischen Entwicklung, von der Fähigkeit der Arbeiterklasse, Bürgerrechte zu erkämpfen und von der Fähigkeit der kapitalistischen Klasse, mit der Arbeiterklasse Kompromisse einzugehen. Dies führt zu einem gewissen Grad zur Inklusion der Arbeiterklasse in die Gesellschaft und setzt sich fort in der Legitimation und Kritik der kapitalistischen Institutionen durch öffentliche Debatten über die Organisation von Wirtschaft und Gesellschaft im Allgemeinen. Der Erfolg des institutionellen Wandels hängt auch von den Chancen ab, durch die in der Gesellschaft vorherrschenden Ideen und Theorien Legitimation zu erhalten.

Schließlich führt Offes frühere Analyse zu dem Glauben, dass die Auflösung des grundsätzlichen Widerspruchs des Kapitalismus auch die Irrationaliäten der ökonomischen Entwicklung beseitigen würde, wenn der Kapitalismus durch einen Sozialismus ersetzt würde, bei dem Produktion *und* Investition kollektiv organisiert sind. Dies ist jedoch lediglich ein Glaube an die „große Lösung", der typisch ist für das Denken in der Tradition von Hegels Idee der Synthese (1821/1964-1971), die aus dem dialektischen Widerspruch von These und Antithese resultiert. Es gibt keinen Grund, weshalb der Sozialismus nicht mit ähnlichen oder neuen Problemen konfrontiert würde, die aus der Anwendung der kollektiven (politischen) Entscheidungsfindung auf ökonomische Investitionen entstehen. Diese Anwendung würde die ökonomische Rationalität des Profitmachens durch die politische Rationalität des Stimmengewinns ersetzen.

Alle real existierenden sozialistischen Systeme mussten mit mehr Irrationalitäten in der ökonomischen Produktion und Investition kämpfen als die etablierten kapitalistischen Wirtschaftssysteme. Es wäre eine Selbsttäuschung zu glauben, dass das Scheitern des realen Sozialismus primär durch historische Zufälle verursacht wurde, nicht durch Fehler, die dem Programm des Sozialismus an sich innewohnen. Der Glaube, dass kollektive *politische* Entscheidungsfindung ein adäquates Mittel zur Lösung *wirtschaftlicher* Probleme sei, ist völlig unbegründet. Wir haben guten Grund, hinsichtlich eines solchen Übergewichts der politischen Entscheidungsfindung skeptisch zu sein.

All diese Kritik bezieht sich auf Offes frühere Theorie (1972) des Spätkapitalismus, auf die wir uns in diesem Kapitel konzentriert haben, weil sie grundlegende Elemente aus dem Marxismus übernommen hat. Aber selbst in seinem frühen Werk geht Offe weit über die rein ökonomische Determination der gesellschaftlichen Entwicklung hinaus, indem er organisierte Märkte, den Staat sowie Wissenschaft und Technik als Institutionen einführt, die von der kapitalistischen Wirtschaft nicht nur funktionell benötigt werden, sondern auch nach ihren eigenen Bedingungen arbeiten und Leistungen für die Gesellschaft im Allgemeinen erbringen, und die das Wesen der kapitalistischen Wirtschaft prägen. Besonders der Staat, das entsprechende Verhältnis zwischen Macht und Herrschaft und die Voraussetzungen für Legitimität sind wichtig, um das System des Spätkapitalismus aus Offes Sicht zu verstehen. Offe ist ein Soziologe, der sein besonderes Augenmerk auf die Politik der kapitalistischen Wirtschaft legt (Offe 2003b).

Schon in seinem frühen Werk ergänzte Offe die neomarxistische *politische* Ökonomie mit Elementen der funktionalen Analyse. In seinem späteren Werk versucht er, die Grenzen des Marxismus noch weiter zu überschreiten, indem er seine Sicht mit Elementen aus der Rational-Choice-Theorie, aus Habermas' Diskursethik und aus einer Theorie der gesellschaftlichen Gemeinschaft ergänzt, die sich auf Parsons bezieht. Nach seiner jetzigen Auffassung kann die moderne Gesellschaft ihre Dynamik nur dann unter Kontrolle halten, wenn sie Mittel und Wege findet, Markt, Staat und gesellschaftliche Gemeinschaft als grundsätzliche Institutionen sich gegenseitig ergänzen und kontrollieren zu lassen. Dabei erweitert Offe seinen früheren revisionistischen Marxismus so weit, dass wir vermuten können, er würde jeglicher Kritik zustimmen, die wir an seiner früheren Theorie geübt haben und würde die Verbesserungen und Erweiterungen vornehmen, die eine solche Kritik erfordert. Sein frühes Werk ist eine Reflexion der Erneuerung und Verbindung von Paradigmen, die seit den 1960er Jahren in Bewegung geraten sind. Sein jetziges Werk geht noch stärker in diese Richtung. Dessen Kern besteht in einer Politischen Soziologie des Wohlfahrtsstaates, die ihren Ausgangspunkt allerdings nach wie vor bei den Widersprüchen des Spätkapitalismus nimmt (Offe 1998/2003a).

In der Politischen Soziologie des Wohlfahrtsstaates hat der Neo-Institutionalismus das Theorem der Pfadabhängigkeit besonders stark gemacht, wodurch die Sprengkraft der ökonomischen Dynamik und der dadurch ausgelöste Institutionenwandel ebenso unterschätzt werden wie die Dynamik historischer Machtkämpfe und die Überlagerung historischer Entwicklungspfade durch die evolutionäre Entwicklungslogik. Was dem Neo-Institutionalismus und der von ihm geprägten Neuen Wirtschaftssoziologie fehlt, ist die Einbettung in eine umfassendere Gesellschaftstheorie, in der die Politische Ökonomie nach wie vor ihren Platz hat.

Orientierungsfragen

1. Stellen Sie dar, in welchen Punkten Offe über die Theorie des Klassenkampfes von Marx hinausgeht!
2. Welche Institutionen sind für Offe der Garant des modernen Kapitalismus? Inwiefern haben diese Mechanismen widersprüchliche Wirkungen?
3. Einige Autoren argumentieren, dass der (Wohlfahrts-)Staat im Zeitalter der Globalisierung an Macht verliert. Zeigen Sie aus der Perspektive von Offe, wie sich diese Entwicklung auf das Bestehen der kapitalistischen Ordnung auswirkt! Können Sie Elemente identifizieren, die auf supranationaler Ebene die Funktionen des Staates übernehmen?
4. Unterscheiden Sie den organisierten und den desorganisierten Kapitalismus.
5. Erläutern Sie die Pfadabhängigkeit gesellschaftlicher Entwicklung.

Wichtige Begriffe

Akkumulation, kapitalistische
Institutionenökonomik
Kapitalismus
Kapitalismus, desorganisierter
Kapitalismus, liberaler
Kapitalismus, organisierter
Kapitalismus, Rheinischer
Marktwirtschaft, koordinierte
Marktwirtschaft, liberale
Neofunktionalismus
Neo-Institutionalismus
Neokorporatismus
Neoliberalismus
Neovoluntarismus
Pfadabhängigkeit
Spätkapitalismus
Widerspruch, struktureller
Wirtschaftssoziologie, Neue
Wohlfahrtskapitalismus
Wohlfahrtsstaat

5. System und Lebenswelt Jürgen Habermas' Theorie des kommunikativen Handelns

Biografische Angaben

Jürgen Habermas wurde am 18. Juni 1929 in Düsseldorf geboren. Sein Vater war Leiter der Industrie- und Handelskammer in Gummersbach im Bergischen Land, der Großvater war dort Seminardirektor und Pfarrer gewesen. Nach einer vom Nationalsozialismus geprägten Jugendzeit nahm Habermas 1949 ein Studium der Philosophie, Geschichte, Germanistik und Psychologie an der Universität Göttingen auf. Nach einem kurzen Abstecher nach Zürich schloss er sein Studium 1954 in Bonn bei Erich Rothacker mit einer Dissertation über Schellings Geschichtsphilosophie ab. Ein starkes Leitbild war danach die Philosophie Martin Heideggers. Erst die Publikation von Heideggers 1935 gehaltener Vorlesung zur Einführung in die Metaphysik im Jahre 1953 ohne jede Erklärung zu seiner Unterstützung des Nationalsozialismus während seines Rektorats in Freiburg brachte Habermas auf Distanz zu Heidegger. Nach einer kurzen freien publizistischen Tätigkeit, u.a. für die *FAZ* und den *Merkur*, wurde er 1956 von Theodor W. Adorno als wissenschaftlicher Assistent an das 1952 wieder eröffnete *Institut für Sozialforschung* an der Johann-Wolfgang-Goethe-Universität in Frankfurt a.M. geholt. Dort war Habermas zunächst an der Durchführung einer empirischen Untersuchung zum politischen Bewusstsein der Studenten beteiligt, die 1962 unter dem Titel *Student und Politik* publiziert wurde (Friedeburg, Habermas, Oehler und Weltz 1962). Als Max Horkheimer Einwände gegen seine Habilitationsschrift zum *Strukturwandel der Öffentlichkeit* erhob, verließ Habermas das Institut und ergriff die von Wolfgang Abendroth in Marburg gebotene Chance zur Habilitation. Noch während des Habilitationsverfahrens veranlassten Hans Georg Gadamer und Karl Löwith seine Berufung auf eine außerordentliche Professur an der Universität Heidelberg. Schon 1964 folgte er einem Ruf auf Horkheimers Lehrstuhl für Philosophie und Soziologie in

Frankfurt, wo er sich der Weiterführung der im *Institut für Sozialforschung* begründeten Tradition der Kritischen Theorie widmete. Habermas wurde ein wichtiger Gesprächspartner der Studentenbewegung, ohne sich jedoch von ihr vereinnahmen zu lassen. Im Jahre 1971 wurde er zusammen mit Carl Friedrich von Weizsäcker an das neu gegründete *Max-Planck-Institut zur Erforschung der Lebensbedingungen der wissenschaftlich technischen Welt* in Starnberg berufen, wo er die Ausarbeitung einer kritischen Gesellschaftstheorie in den Mittelpunkt seiner Forschungstätigkeit stellte. Sie ist 1981 unter dem Titel *Theorie des kommunikativen Handelns* erschienen. In demselben Jahr verließ er das unmittelbar danach wieder geschlossene Starnberger Institut und ging 1982 zurück nach Frankfurt, um dort bis zu seiner Emeritierung im Jahre 1994 Philosophie zu lehren. Habermas hat ein Werk geschaffen, das in der Soziologie, inzwischen aber mehr in der Philosophie eine breit ausgefächerte Rezeption gefunden hat. Er hat die Kritische Theorie weit über Adorno und Horkheimer hinaus auf neue Grundlagen gestellt und ist zugleich zu einer maßgeblichen Instanz des kritischen intellektuellen Diskurses in Deutschland und der ganzen Welt geworden.

Theorie und Praxis

Jürgen Habermas hat die Bedeutung von Kommunikation für die Produktion, Reproduktion und Transformation der Gesellschaft besonders prononciert herausgearbeitet. Darin stimmt sein Projekt mit demjenigen von Niklas Luhmann überein. Während Luhmann jedoch Kommunikation als Element systemischer Operationen begreift, geht Habermas von der Verankerung von Kommunikation in der intersubjektiven sprachlichen Verständigung der Bewohner einer gemeinsamen **Lebenswelt** aus. Er will das in der sprachlichen Verständigung enthaltene Potenzial einer von allen vorgängigen Restriktionen befreiten Form der sozialen Integration freilegen und gegen deren Verzerrungen durch Prozesse der Vermachtung verteidigen, auch gegen die Imperative der funktional differenzierten systemischen Reproduktion der Gesellschaft. Schon in seiner 1962 erschienenen Habilitationsschrift über den *Strukturwandel der Öffentlichkeit* (1962/1990b) hat Habermas am Beispiel der sich im 18. Jahrhundert herausbildenden bürgerlichen Öffentlichkeit (freiwillige Vereinigungen, Lesegesellschaften, Musik- und Theatervereine) das Modell einer öffentlichen Verständigung über die Organisation des gesellschaftlichen Lebens expliziert, das die naturwüchsige Entwicklung des Kapitalismus und die Zwänge politisch-administrativer Herrschaft einer reflektierten Kontrolle nach Maßstäben des

Allgemeininteresses unterwirft. Im **öffentlichen Diskurs** soll das Allgemeininteresse von den bloß partikularen Interessen geschieden werden. Das Allgemeininteresse kann einmal in dem Konsens über moralische Regeln zum Ausdruck kommen, die über alle Grenzen hinweg universelle Richtigkeit beanspruchen, zum anderen in dem auf die Mitglieder einer gemeinsamen Lebenswelt beschränkten Konsens über die **Ethik** des guten Lebens. **Moral** ist für Habermas der Statthalter für universell gültige Normen, d.h. für das Richtige, Ethik steht für die in einer besonderen Gemeinschaft geltenden Vorstellungen über das gute Leben, d.h. für das Gute. In seiner Analyse zum Strukturwandel der Öffentlichkeit kommt Habermas zu dem Ergebnis, dass das Potenzial der nicht vermachteten Konsensbildung in dem Maße verschüttet wurde, in dem sich die Massenmedien der öffentlichen Meinungsbildung bemächtigt haben. An die Stelle der Selbstaufklärung des Publikums – im Sinne von Kants (1784/1964b) Verständnis von Aufklärung – trat die Herstellung von unreflektierter Massenloyalität. In einem Vorwort zur Neuauflage der Studie hat Habermas 1990 diese Einschätzung revidiert. Er konzediert darin, nicht vorausgesehen zu haben, in welchem Umfang die Massenmedien inzwischen auch zu einer Plattform der Einspeisung des kritischen Potenzials der neuen sozialen Bewegungen in die **öffentliche Meinungsbildung** geworden sind. Mit Luhmann (1996) könnten wir diese Position allerdings wieder infrage stellen, weil es keine Anhaltspunkte dafür gibt, die den neuen sozialen Bewegungen per se das Privileg der „richtigen" Kritik der gesellschaftlichen Institutionen geben, und weil öffentliche Meinungsbildung angesichts der Komplexität auf starke Vereinfachungen, wie z.B. die Sympathiewerte von Meinungsführern angewiesen ist, um überhaupt zu Ergebnissen zu gelangen.

Habermas hat seinen Theorieansatz in der Tradition der aus dem Marxismus hervor gegangenen Kritischen Theorie der Frankfurter Schule entwickelt, die am nachhaltigsten von Theodor W. Adorno und Max Horkheimer geprägt wurde. In zwei bedeutsamen Kontroversen hat er seine Klingen geschärft und die Entwicklung seines Denkens im Positivismusstreit Mitte der 1960er Jahre und in einer Diskussion mit Niklas Luhmann Anfang der 1970er Jahre voran getrieben. Im so genannten Positivismusstreit der deutschen Soziologie trat er im Anschluss an Adorno als Verfechter der Kritischen Theorie gegen den von Hans Albert im Anschluss an Karl R. Popper vertretenen Kritischen Rationalismus an. Ein Ergebnis dieser Auseinandersetzung ist sein 1968 erschienenes Werk *Erkenntnis und Interesse* (1968a), in dem er in kritischer Aneignung der erkenntnistheoretischen Traditionen die Konturen einer Erkenntnistheorie zeichnet, die den Erkenntnisprozess an drei unterschiedliche erkenntnisleitende Interessen mit einem quasi transzendentalen Status bindet: an das **technische Erkenntnisinteresse** an der Verfügung über die Natur (im sozialtechnologischen Sinne auch über die Gesellschaft), an das **praktische Erkenntnisinteresse** am Verstehen von Lebenswelten und Texten und an der Verständigung über die Geltung von Normen und an das **emanzipatorische Erkenntnisinteresse** an der Auflösung verzerrter, d.h. vermachteter Kommunikation. In seinen Augen arbeitet eine auf **Sozialtechnologie** zielende Sozialwissenschaft mit einem halbierten (genau genommen mit einem auf ein Drittel reduzierten) Vernunftbegriff, weil sie das praktische und das emanzipatorische Erkenntnisinteresse ignoriert. In *Technik und Wissenschaft als Ideologie* (1968b) und *Zur Logik der Sozialwissenschaften* (1969) hat er diese Position weiter konkretisiert.

Die Kritik an einer auf Sozialtechnologie reduzierten Sozialwissenschaft ist auch die Stoßrichtung von Habermas' kritischer Auseinandersetzung mit Niklas Luhmanns Systemtheorie. Gegen die auf Sozialtechnologie eingestellte Systemtheorie sollte eine auch dem praktischen und dem emanzipatorischen Erkenntnisinteresse dienende umfassende Gesellschaftstheorie zu ihrem Recht kommen. Ironischerweise ist allerdings gerade Luhmann angetreten, ein von ihm auf etwa dreißig Jahre veranschlagtes Projekt der Ausarbeitung einer Gesellschaftstheorie, eben auch gegen den verengenden Blick einer sozialtechnologisch verstandenen Sozialwissenschaft zu verfolgen. In Habermas' Augen arbeitete Luhmann dennoch im Fahrwasser eines auf Funktionalismus verengten Vernunftbegriffs, dem die Erweiterung um das praktische und emanzipatorische Erkenntnisinteresse fehlt. Für Luhmann dagegen folgt Habermas einem „alteuropäischen" Vernunftbegriff, mit dem der Komplexität der modernen Welt nicht mehr beizukommen ist. Mit ihm wird allzu leicht die nüchterne Analyse der Tatsachen durch emphatische Appelle, Wunschdenken und vergebliches Hoffen auf das Unmögliche ersetzt.

Ungeachtet solcher Einwände aus Luhmanns kritischer Gegenposition hat Habermas seinen Weg, das Verhältnis zwischen Theorie und Praxis durch eine am emanzipatorischen Erkenntnisinteresse orientierte kritische Gesellschaftstheorie zu bestimmen, konsequent fortgeführt. Danach gilt es, Theorie und Praxis nicht sozialtechnologisch, sondern kritisch-reflektierend in Diskursen zu verknüpfen. In der Einleitung zur 1971 erschienenen Neuausgabe der ursprünglich 1963 unter dem Titel *Theorie und Praxis* (1971b) publizierten Aufsatzsammlung hat er einen Zwischenbericht des erreichten Erkenntnisstandes gegeben. In inhaltlicher Hinsicht sollte diese kritische Gesellschaftstheorie an die Tradition des historischen Materialismus von Karl Marx anschließen, dessen Intentionen aber in einer dem Entwicklungsniveau des Spätkapitalismus angemessenen Weise umsetzen. In *Legitimationsprobleme im Spätkapitalismus* (1973) und *Zur Rekonstruktion des Historischen Materialismus* (1976) ging es darum, die Krisentendenzen des Spätkapitalismus als Legitimationskrisen zu erfassen und das darin steckende Veränderungspotenzial auszuloten.

Inzwischen war Habermas nicht nur zu einem für die Theoriediskussion in den Sozialwissenschaften maßgeblichen Gesellschaftstheoretiker geworden, sondern auch zu einem Hoffnungsträger der intellektuellen Linken, der indessen zur Politik der Straße immer ein Verhältnis der kritischen Distanz pflegte, ob es sich nun um die Studentenbewegung der zweiten Hälfte der 1960er Jahre oder um die neuen sozialen Bewegungen der 1970er und 1980er Jahre handelte (Habermas 1969). Mit der Publikation seiner Theorie des kommunikativen Handelns im Jahre 1981 hat Habermas (1981, 1983, 1984) schließlich einen Ausarbeitungsstand seiner Gesellschaftstheorie erreicht, mit dem er sich auf Augenhöhe mit Luhmanns Projekt einer systemtheoretisch angelegten Gesellschaftstheorie messen konnte und mit dem er der Theoriediskussion in den 1980er Jahren entscheidende Impulse gab (Honneth und Joas 1986). Danach trennten sich die Wege von Luhmann und Habermas wieder. Während Luhmann sein Projekt der Ausarbeitung einer systemtheoretisch gefassten Gesellschaftstheorie konsequent zu Ende führte, hat sich Habermas (1991) mehr der philosophischen Seite der Weiterführung seines Ansatzes zu einer Diskursethik zugewandt.

Die Theorie des kommunikativen Handelns zielt auf eine zweistufig angelegte Gesellschaftstheorie, die Handlungstheorie und Systemtheorie miteinander verknüpft. Ihre Konturen sollen in den folgenden Abschnitten herausgearbeitet werden.

Strategisches Handeln und kommunikatives Handeln

Für Habermas (1981, Bd. 1: 25–203, 369–452) ist die Unterscheidung zwischen **strategischem Handeln** und **kommunikativem Handeln** ganz wesentlich. Sie knüpft an eine Unterscheidung an, die er schon 1968 in kritischer Auseinandersetzung mit Marx eingeführt hat: Arbeit als instrumentelles Verhältnis des Menschen zur Natur und Interaktion als kommunikatives Verhältnis des Menschen zu seinem Mitmenschen (Habermas 1968b). Strategisches Handeln ist eine spezielle Form teleologischen oder instrumentellen Handelns. Letzteres ist darauf ausgerichtet, unter ganz bestimmten Bedingungen mit Hilfe verfügbarer Mittel ein bestimmtes Ziel zu erreichen. Instrumentelles Handeln ist dann erfolgreich, wenn es an das vorher gesteckte Ziel gelangt. Wir nennen es instrumentell, weil der Akteur sein Handeln und die verfügbaren Mittel als Instrument zum Erreichen eines bestimmten Ziels betrachtet. Es ist für diesen Zweck instrumentell. Im geplanten instrumentellen Handeln verfährt der Akteur in seiner Handlung nach einem Plan, der dem Akteur zeigt, wie er sein Ziel realisieren kann. Beispielsweise will ein Mann von einer Stadt in eine andere reisen. Sein Ziel ist es, die andere Stadt zu erreichen. Nach einiger Zeit kommt er an einen Fluss. Der Fluss ist eine externe Bedingung, die er berücksichtigen muss. Die Stadt bleibt das Ziel, nun tritt aber als externe Bedingung ein zusätzlicher Faktor hinzu, nämlich der Fluss, der zwischen dem Mann und der Stadt liegt. Der Mann muss das richtige Mittel einsetzen, um unter diesen Umständen sein Ziel zu erreichen. Er kann nicht einfach zu Fuß übersetzen. Er muss schwimmen oder eine Brücke finden oder bauen, um über den Fluss zu gelangen und so seinen Weg zur Stadt fortsetzen zu können. Er ist erfolgreich, sobald er in der Stadt angekommen ist. Dies ist instrumentell erfolgreiches Handeln.

Wenn sich instrumentelles Handeln auf andere Personen als Objekte bezieht, dann ist es strategisches Handeln, das vom gegenüber anderen Personen möglichen kommunikativen Handeln zu unterscheiden ist. Strategisches und kommunikatives Handeln sind zwei unterschiedliche Formen des sozialen Handelns. Strategisches Handeln kann verdeckt oder offen sein. Verdecktes strategisches Handeln kann als bewusste Täuschung (Manipulation) oder als unbewusste Täuschung (System verzerrter Kommunikation) auftreten (Habermas 1981, Bd.1: 446) (Abb. 5.1).

Abb. 5.1: Strategisches und kommunikatives Handeln

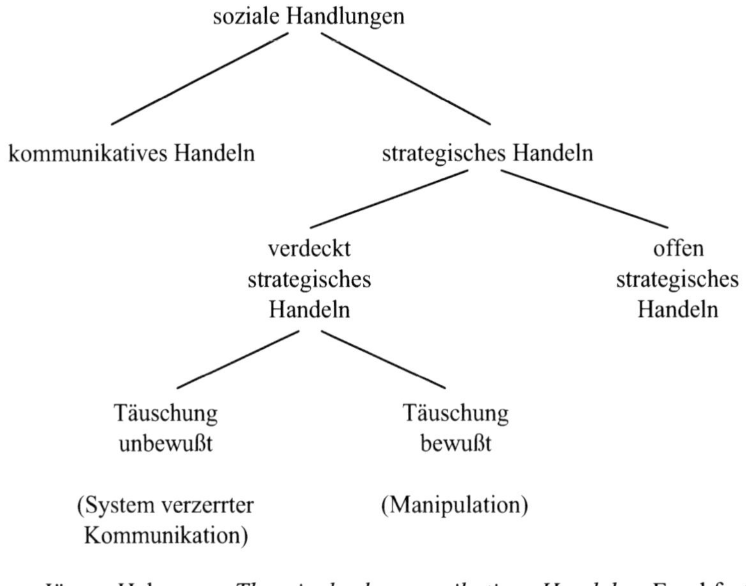

Aus: Jürgen Habermas, *Theorie des kommunikativen Handelns*, Frankfurt a. M.: Suhrkamp, 1981, Bd. 1, S. 446.

Den Charakter des kommunikativen Handelns versucht Habermas durch Rückgriff auf die Universalpragmatik, speziell auf die Sprechakttheorie zu erschließen. Die Universalpragmatik beschäftigt sich mit den allen Sprachen gemeinsamen Regeln des Sprechens. Die Sprechakttheorie ist ein spezifischer Ansatz der Universalpragmatik, der das Sprechen umfassend als eine Sprachhandlung zwischen Sprecher und Hörer zu erfassen versucht. Ausgangspunkt von Habermas' (1981, Bd. 1: 385–97) diesbezüglichen Erörterungen ist die Sprechakttheorie von John Austin (1962).

Austin unterscheidet drei Typen von Sprechakten: lokutionäre, illokutionäre und perlokutionäre Akte. Mit einer **Lokution** drückt ein Sprecher einen Sachverhalt aus. Einem Subjekt wird ein Prädikat zugeschrieben, z.B. dass ein Haus gelb gestrichen ist oder ein Zug schnell fährt. Eine **Illokution** bringt einen Modus zum Ausdruck, in dem ein Sachverhalt zur Sprache kommt: Behauptungen, Wünsche, Befehle, Versprechungen, Hoffnungen, Befürchtungen und dgl. Man kann z.B. behaupten, wünschen, befehlen, versprechen, hoffen oder befürchten, dass ein Haus gelb gestrichen sei oder ein Zug schnell fahre. Mit **Perlokutionen** will der Sprecher beim Hörer etwas bewirken, einen Effekt erzielen, ihn zum Einlenken zwingen, ihn provozieren oder einschüchtern, ihn freudig oder traurig stimmen. Habermas geht es bei diesen Unterscheidungen um den Nachweis, dass Perlokutionen kein genuiner Bestandteil sprachlicher Äußerungen sind, sondern absichtsvolle Beigaben des Sprechers, die dem kommunikativen Akt eine strategische Komponente verleihen. Lokutionen verweisen auf einen Sachverhalt. An Illokutionen kann der Hörer unmittelbar erkennen, was der Sprecher will. Er kann damit nicht getäuscht werden. Perlokutionen sind aber in ihrer Zielsetzung für den Hörer nicht unmittelbar an einem ausgesprochenen Satz erkennbar. Er kann nur durch detektivische Arbeit mittelbar die Ziele erschließen, die der Sprecher verfolgt. Das heißt, dass Perlokutionen und damit strategisches Handeln nicht unmittelbar in der Sprache enthalten sind. In der Sprache selbst steckt demgemäß keine verborgene Täuschung, alles liegt offen. Sprachliche Verständigung ist demgemäß als solche nur auf dem Wege möglich, dass sich Sprecher und Hörer wechselseitig offen und von gleich zu gleich begegnen. Der Sprecher kann den Hörer nicht zum Verstehen seiner Äußerung zwingen, er ist auf dessen gleichberechtigte Kooperation bei der Entschlüsselung des Gesagten angewiesen. In der Sprache steckt deshalb ein Modus der Vergesellschaftung von freien und gleichberechtigten Personen.

Im weiteren Verlauf seiner kritischen Aneignung der Sprechakttheorie setzt sich Habermas mit verschiedenen empirisch inspirierten Klassifikationen von Sprechakten auseinander, u.a. mit John Searles (1979) Unterscheidung von konstativen, kommissiven, direktiven, deklarativen und expressiven Sprechhandlungen, um schließlich theoriegeleitet zu drei klar unterscheidbaren Typen zu gelangen: **Konstativa**, die sich auf die objektive Welt beziehen und einen Sachverhalt behaupten, **Regulativa**, die sich auf die soziale Welt beziehen und eine Norm aufstellen, **Expressiva**, die sich auf die subjektive Welt beziehen und ein Empfinden zum Ausdruck bringen. Kriterium für diese Unterscheidung ist der Weltbezug und der damit verbundene spezifische Geltungsanspruch, der in sprachlicher Verständigung eingelöst werden muss. Um als Sprechhandlung gelten zu können, muss dementsprechend eine sprachliche Äußerung einen spezifischen Weltbezug haben und einen spezifischen Geltungsanspruch erheben. Die Einlösung dieses Geltungsanspruchs kann nur durch „rational motiviertes" Einverständnis geschehen, d.h. durch freie Zustimmung unter Gleichberechtigten, nicht durch manipulativ erzeugte Zustimmung, weil nur so dem in der Sprache verankerten Telos der Verständigung Genüge getan wird (Habermas 1981, Bd. 1: 397–445).

In Korrespondenz zur Unterscheidung von drei Sprechakttypen gelangt Habermas auch zu drei Typen des kommunikativen Handelns: (1) **konstative Sprechhandlungen** (Konversation), in denen Behauptungen aufgestellt, in Zweifel gezogen, kritisiert, bestätigt oder verworfen werden, (2) **normenreguliertes Handeln**, das sich an der Geltung von Normen orientiert, (3) **dramaturgisches Handeln**, in dem das innere Selbst einer Person nach außen dargestellt wird (Habermas 1981, Bd. 1: 448). Konstative Sprechhandlungen beziehen sich auf die objektive Welt und können auf ihre Wahrheit hin geprüft werden, normenreguliertes Handeln bezieht sich auf die soziale Welt und kann auf seine Richtigkeit hin beurteilt werden, dramaturgisches Handeln bezieht sich auf die subjektive Welt und kann hinsichtlich seiner Wahrhaftigkeit bewertet werden (Tab. 5.1).

Die Unterscheidung von strategischem und kommunikativem Handeln ist analytisch zu verstehen. Normalerweise vermischen sich beide Handlungsformen als Elemente des konkreten Handelns, wobei die eine oder die andere das Übergewicht hat. Den Professor um Informationen zu bitten, ist für den Studenten ein Mittel, die Prüfung zu bestehen; daher kommuniziert der Student in einer bestimmten strategischen Absicht. Allerdings bestimmen die Kriterien des kommunikativen Handelns den Erfolg dieser Aktion: Werden sie einander verstehen und zu einem **Konsens** darüber gelangen, was zu tun ist? Andererseits kann instrumentelles Handeln Teil einer Kommunikation sein, die auf gegenseitige Verständigung abzielt. Student und Professor erkennen vielleicht, dass sie sich in Bezug auf die Bedeutung des Begriffs „Hausarbeit" missverstehen. Diese Vermischung strategischer und kommunikativer Elemente im konkreten Handeln impliziert jedoch nicht, dass wir eine analytische Unterscheidung vermeiden sollten. Wir müssen diese vornehmen, um die Bedingungen und Auswirkungen dieser Aspekte auf das Handeln genau zu erfassen.

Tab. 5.1: Reine Typen sprachlich vermittelter Interaktion

Formal-pragmatische Merkmale / Handlungstypen	kennzeichnende Sprechakte	Sprachfunktionen	Handlungsorientierungen	Grundeinstellungen	Geltungsansprüche	Weltbezüge
strategisches Handeln	Perlokutionen, Imperative	Beeinflussung des Gegenspielers	erfolgsorientiert	objektivierend	[Wirksamkeit]	objektive Welt
Konversation	Konstative	Darstellung von Sachverhalten	verständigungsorientiert	objektivierend	Wahrheit	objektive Welt
normenreguliertes Handeln	Regulative	Herstellung von interpersonalen Beziehungen	verständigungsorientiert	normenkonform	Richtigkeit	soziale Welt
dramaturgisches Handeln	Expressive	Selbstrepräsentation	verständigungsorientiert	expressiv	Wahrhaftigkeit	subjektive Welt

Aus: Jürgen Habermas, *Theorie des kommunikativen Handelns*, Frankfurt a. M.: Suhrkamp, 1981, Bd. 1, S. 439.

Was wir aus der Analyse der Unterhaltung zwischen Professor und Student lernen können, besagt, dass die Unterhaltung umso weiter fortschreitet, je mehr die Teilnehmer gezwungen werden, ihre Ansprüche durch Begründungen und Beweise zu stützen, die jeder akzeptieren müsste. Die Diskussionspartner bewegen sich von einem Bereich gegenseitiger Bekanntschaft, partikularistischen Vertrauens und stillschweigenden Einvernehmens hin zu einem Bereich, in dem alles durch Beweise begründet werden muss, die jeder akzeptieren kann, ohne den Sprecher vorher zu kennen. Die Unterhaltung bewegt sich von einfacher Kommunikation hin zu dem, was Habermas (1981, Bd. 1: 25-71) als rationalen Diskurs bezeichnet.

Rationalität, Kommunikation und Diskurs

An dieser Stelle können wir die verschiedenen Kriterien der Rationalität von **strategischem** und **kommunikativem Handeln** auflisten. Strategisches Handeln ist dann rational, wenn unter bestimmten Bedingungen entsprechende Mittel eingesetzt werden und damit das vom Akteur gesteckte Ziel erfolgreich erreicht wird. Wir können zwei grundlegende Formen des strategischen Handelns unterscheiden: Der erste Typus ist zielgerichtetes Handeln. Es impliziert die Ausrichtung der Handlung auf das Erreichen eines einzelnen Ziels. Je rationaler die Handlung dabei ist, desto vollständiger führen die angewandten Mittel zum Erreichen des Ziels. Der Akteur handelt hier nach dem Prinzip, das Erreichen eines bestimmten Ziels zu maximieren. Der zweite Typus ist ökonomisch kalkuliertes Handeln. Dieses impliziert die Ausrichtung des Handelns auf das Erreichen eines Höchstmaßes an Zielen aus einer ganzen Reihe von Zielen. Je rationaler hier die Handlung ist, desto mehr ermöglichen es die angewandten Mittel, ein Höchstmaß aller Ziele zu realisieren. Das Höchstmaß ist beispielsweise höher, wenn ein Akteur mit zehn gleichrangigen Zielen alle zehn halbwegs erreicht, anstatt an ein Ziel vollständig und an die anderen neun nur zu zehn Prozent zu gelangen. Hier handelt der Akteur nach dem ökonomischen Prinzip, das Erreichen einer ganzen Reihe von Zielen zu optimieren.

Kommunikatives Handeln ist insofern rational, als die Akteure ihre Aussagen mit guten Gründen rechtfertigen können, denen die Akteure zustimmen. Wir können zwei Formen des kommunikativen Handelns unterscheiden: Die erste ist einfache **Kommunikation**. Die Akteure werden von gegenseitigem Vertrauen und stillschweigendem Einverständnis angeleitet und versuchen, einen Konsens darüber zu erlangen, wie sie symbolische Ausdrücke interpretieren und wie sie handeln sollen. Sie handeln nach einem Prinzip der Konformität gegenüber gemeinsam geteilten Normen. Die Rationalität dieser Handlung verschmilzt mit der Konformität gegenüber einer gemeinsam geteilten Lebenswelt von Ideen und Normen. Hier bedeutet die Rechtfertigung einer Aussage durch vernünftige Gründe, dass man ihre Konformität gegenüber dem gegebenen Wissen über eine gemeinsam geteilte Lebenswelt aufzeigt. Die zweite Art des kommunikativen Handelns ist der rationale Diskurs. Die Akteure müssen ihre Aussagen gegenüber einer breiteren Öffentlichkeit rechtfertigen als nur innerhalb der engen Grenzen einer Gemeinschaft, die Normen und Vorstellungen einer Lebenswelt teilt. Jeder, nicht nur die Mitglieder einer bestimmten Gemeinschaft, sollte in der Lage sein, einer Aussage zuzustimmen. Diese Anforderung der Rationalität impliziert, dass eine Aussage jeder nur vorstellbaren Kritik – von wem auch immer – standhalten müsste, um als von vernünftigen Gründen gerechtfertigt aufrechterhalten zu werden. So muss eine Aussage von universellen Vorstellungen, Normen oder Gesetzen getragen werden, denen nach gründlicher Prüfung jeder zustimmen würde, damit sie als gültig angenommen werden kann. Sie gilt nur so lange, wie kein Versuch, sie zu kritisieren, Erfolg hat. Während die Rationalität der einfachen Kommunikation auf die Grenzen des vorherrschenden Wissens einer Gemeinschaft beschränkt ist, reicht die Rationalität des **Diskurses** über die Grenzen jeder einzelnen Gemeinschaft hinaus.

Ein **rationaler Diskurs** findet statt, sobald folgende Anforderungen durch eine fortlaufende Kommunikation erfüllt sind (Habermas 1971a, 1981, Bd. 1: 48–49):

1. Jeder kann mit gleichem Recht und ohne zeitliche, sachliche oder soziale Einschränkungen Aussagen machen.
2. Jeder kann mit gleichem Recht und ohne zeitliche, sachliche oder soziale Einschränkungen Aussagen infrage stellen und kritisieren.
3. Nur die Rechtfertigung von Aussagen durch Gründe in der Argumentation entscheidet über die Akzeptanz einer Aussage.
4. Von zwei konkurrierenden Aussagen wird diejenige akzeptiert, die von den besseren Argumenten gestützt wird. Ein Argument ist dann besser, wenn es eine Aussage durch Gründe rechtfertigen kann, die jeder als gültig betrachtet. Ein Argument bedeutet die logische Ableitung einer bestimmten Aussage von einer allgemein anerkannten Idee, Norm oder einem Gesetz unter bestimmten Bedingungen.
5. So lange jeder nach den Bedingungen 1 bis 4 einer Aussage zustimmt, wird sie als gültig angenommen.

Diese Kriterien bilden nach Habermas eine **ideale Sprechsituation**. Nur Aussagen, die in der idealen Sprechsituation die Zustimmung von jedem nur denkbaren Teilnehmer an Diskussion und Kritik erfahren, können als gültig betrachtet werden. Und dies gilt nur, solange keine Kritik vorstellbar ist, die von besseren Argumenten gestützt wird als die Aussage selbst. Dies ist das Kriterium der Gültigkeit von Aussagen. Wir müssen diese Gültigkeit von Aussagen auf der Grundlage von rationalem Diskurs von der sozialen Verbindlichkeit von Aussagen in einer Gemeinschaft auf der Basis von einfacher Kommunikation unterscheiden. In der einfachen Kommunikation werden Aussagen von Argumenten getragen, die sie von dem innerhalb einer Gemeinschaft vorherrschenden Wissen ableiten. Im rationalen Diskurs werden Aussagen von Argumenten gestützt, die sie von Ideen, Normen oder Gesetzen deduzieren, die von all jenen Zustimmung erhielten, die um ihre Kritik gebeten würden.

Habermas unterscheidet vier Typen problematisierbarer Äußerungen: kognitiv-instrumentelle, moralisch-praktische, evaluative und expressive, denen spezifische Formen der Argumentation, spezifische Geltungsansprüche und spezifische Weltbezüge, zugeordnet werden (Habermas 1981, Bd. 1: 33–71, 114–151). Kognitiv-instrumentelle Äußerungen beziehen sich auf die objektive Welt und erheben den Anspruch auf die Wahrheit von Aussagen bzw. die Wirksamkeit teleologischer Handlungen; ihre Geltung wird in theoretischen Diskursen geklärt. Moralisch-praktische Äußerungen beziehen sich auf die soziale Welt und erheben den Anspruch auf die Richtigkeit von normativen Aussagen bzw. Handlungsnormen; ihre Geltung wird in **praktischen Diskursen** geklärt. Expressive Äußerungen beziehen sich auf die subjektive Welt von persönlichen Empfindungen und erheben den Anspruch auf die Wahrhaftigkeit von Expressionen; ihre Geltung wird durch **therapeutische Kritik** geklärt. Habermas denkt dabei daran, dass Unklarheiten über Expressionen des Subjekts letztlich nicht auf einer Ebene der Gleichheit thematisiert werden, sondern in einer Beziehung zwischen Therapeut und Klient. Damit ist aber eine wesentliche Bedingung von Diskursen – die Gleichheit – nicht gegeben. Der Therapeut kann die expressiven Äußerungen seines Klienten über sich selbst der Kritik unterwerfen und problematisieren, um ihn zu wahrhaftigen Äußerungen und einer Selbstvergewisserung zu motivieren. Zwischen Therapeut und Klient besteht aber eine unaufhebbare Ungleichheit. Der Therapeut ist immer der Fragende, hat aber keinen direkten Zugang zum Inneren des Klienten, der Klient ist immer der Antwortende und benötigt die Anleitung des Therapeuten, um sich über sich selbst vergewissern zu können. Eine vierte Form von Äußerungen sind evaluative (bewertende). Sie haben keinen eigenen Weltbezug, sondern können sich prinzipiell auf alle drei von Habermas unterschiedenen Welten wertend beziehen, auf die objektive Welt der Dinge, die soziale Welt der sozialen Beziehungen und die subjektive Welt der Personen. Evaluative Äußerungen erheben den Anspruch auf die Angemessenheit von Wertstandards; ihre Geltung wird durch ästhetische Kritik geklärt. Auch hier tritt die Kritik an die Stelle des Diskurses, weil über kulturelle Werte in der

Regel nur innerhalb begrenzter Wertegemeinschaften, aber nicht universell intersubjektive Einigung erzielt werden kann. Eine fünfte Form des Diskurses ist schließlich der explikative Diskurs, der nicht die Geltung spezifischer Äußerungen zum Gegenstand hat, sondern die Frage der Verständlichkeit und Wohlgeformtheit von Äußerungen. Es handelt sich hier um einen Metadiskurs über die Frage, was mit einem der vier Typen von Äußerungen gemeint ist (Tab. 5.2).

Tab. 5.2: Argumentationstypen

Bezugsgrößen / Formen der Argumentation	Problematische Äußerungen	Kontroverse Geltungsansprüche
theoretischer Diskurs	kognitiv-instrumentell	Wahrheit von Propositionen; Wirksamkeit teleologischer Handlungen
Praktischer Diskurs	moralisch-praktisch	Richtigkeit von Handlungsnormen
ästhetische Kritik	evaluativ	Angemessenheit von Wertstandards
therapeutische Kritik	expressiv	Wahrhaftigkeit von Expressionen
explikativer Diskurs	- - - - -	Verständlichkeit bzw. Wohlgeformtheit symbolischer Konstrukte

Aus: Jürgen Habermas, *Theorie des kommunikativen Handelns*, Frankfurt a. M.: Suhrkamp, 1981, Bd. 1, S. 45.

Betrachten wir einige Beispiele von Äußerungen anhand ihrer Formulierung in Gestalt von kognitiven, normativen, expressiven und evaluativen Aussagen. Kognitive Aussagen sind Aussagen über Tatbestände oder Beziehungen zwischen Tatbeständen mit singulärem oder allgemeinem Charakter. Eine singuläre kognitive Aussage ist beispielsweise: „Am 26. Februar 1985 überquerten 250.000 Autos den Wilshire Boulevard auf dem San Diego Freeway in Los Angeles." Solche Aussagen teilen mit, dass etwas an einem bestimmten Ort zu einer bestimmten Zeit der Fall ist. Eine allgemeine kognitive Aussage ist zum Beispiel: „Autos verschmutzen die Luft, wann und wo immer sie auf den Straßen fahren." Eine allgemeine kognitive Aussage zu einer faktischen Beziehung ist zum Beispiel: „Je stärker der Anstieg oder Rückgang von Wohlstand in einer Gesellschaft, desto höher ist die Selbstmordquote" (Durkheims Gesetz vom anomischen Selbstmord).

Eine singuläre normative Aussage ist beispielsweise folgende: „Die Studenten in meiner Gruppe Soziologie 113 an der University of California, Los Angeles (UCLA) im Wintersemester 1985 werden aufgefordert, vier Arbeiten abzugeben und eine Abschlussprüfung zu absolvieren." Wir müssen feststellen, dass diese Aussage als normative Aussage zu sehen ist, wenn sie sich an die Studenten selbst wendet. Richtet sie sich an einen außenstehenden Beobachter, so muss man sie als kognitive Aussage über die Normen betrachten, die den Studenten in einem Soziologie-Kurs eine Anleitung geben. Eine allgemeine normative Aussage ist Folgende: „Jeder muss das Eigentum einer Person respektieren." Eine konditionale allgemeine normative Aussage lautet wie folgt: „Immer wenn eine erste Person die Eigentumsrechte einer Zweiten verletzt hat, muss die Erste für den Schaden der Zweiten bezahlen."

Singuläre expressive Aussagen sind z.B. folgende: „Ich fühle mich heute gut" oder „Ich bin glücklich". Sage ich aber „Die Menschen in Berlin sind über die Wiedervereinigung glücklich", dann ist dies eine kognitive Aussage über Gefühle anderer Menschen. Eine konditionale singuläre Aussage könnte lauten: „Immer wenn ich dich besuche, freue ich mich über unser Zusammensein". Da sich expressive Aussagen immer auf ein einzelnes Subjekt beziehen, können sie nur singulärer Natur sein.

Eine singuläre evaluative Aussage ist: „Der Campus der UCLA ist schön." Eine allgemeine evaluative Aussage ist: „Ein sonniger Himmel ist immer schön." Eine konditionale allgemeine evaluative Aussage ist: „Immer wenn die Sonne aufgeht, zeigt sich der Himmel in einem schönen Licht."

Die Verständlichkeit einer Aussage könnte Gegenstand folgender Konversation sein: „Wie fühlst du dich?"; „Ich fühle mich nicht wohl"; „Was meinst du damit, hast du ein Problem?"; „Ich bin mit meiner Arbeit nicht zufrieden"; „Und warum?"; „Weil ich zu oft mit den Arbeitskollegen uneins bin.";

„Dann suche dir andere Arbeitskollegen oder eine andere Arbeit."; „Ja, das werde ich tun". Ein solcher explikativer Diskurs will den Sinn von Äußerungen oder eines Textes freilegen. Gegebenenfalls könnte das ganze Leben als ein Text gedeutet werden, dessen Sinn es in einem explikativen Diskurs zu erschließen gilt. Geht es dabei nicht nur um die Explikation von Sinn, sondern auch um die verbindliche Konstruktion von Sinn, dann würden wir die Ebene eines religiösen Diskurses betreten, für den es aber in Habermas' Augen in einer säkularisierten Welt keinen Platz mehr gibt. Entweder handelt es sich dabei um die Verständigung über kulturelle Werte (ästhetische Kritik) oder über normative Festlegungen des richtigen Lebens (**praktischer Diskurs**) oder über die Genese und Beschaffenheit der Welt (**theoretischer Diskurs**) oder über innere Empfindungen von Lebenssinn (therapeutische Kritik). Eine singuläre expressive Aussage zum Sinn wäre z.B.: „Pastor Doles Predigt im heutigen Gottesdienst hat meinem Leben den Sinn zurückgegeben." Eine allgemeine kognitive Aussage zum Sinn wäre: „Regelmäßige Teilnahme am Gebet verleiht dem Leben einen Sinn." Eine konditionale allgemeine Aussage zum Sinn wäre: „Wenn man an Gott glaubt, sieht man Licht in der Dunkelheit des Lebens (man erkennt einen Sinn in einer scheinbar sinnlosen Welt)".

Die Gültigkeit von Aussagen dieser Art muss im Diskurs bewiesen bzw. durch Kritik in ihrer Reichweite geklärt werden. Betrachten wir als Beispiel einen praktischen Diskurs über die Richtigkeit von Normen. Die Frage der Richtigkeit von Normen bringt ein Element in die soziale Interaktion ein, das Kommunikation von strategischem Handeln unterscheidet. Was richtig und was falsch ist, wird zu einer wichtigen Determinanten des Handelns.

Das endlose Infragestellen und Kritisieren ist die treibende Kraft des rationalen Diskurses, die es uns ermöglicht, davon auszugehen, dass Aussagen, die dieser strengen Kritik und Untersuchung standhalten, langfristig Gültigkeit erlangen werden. Dies impliziert nicht, dass wir uns über jede spezifische Aussage, die Kritik überdauert hat, sicher sein können, weil morgen schon neue Kritik vorgebracht werden könnte. Allerdings können wir sicher sein, dass uns Kritik im rationalen Diskurs langfristig näher zur Gültigkeit unseres Wissens bringt und dass es keinen anderen Weg zur Gültigkeit gibt, als das endlose Infragestellen von Gültigkeitsansprüchen. Der Weg zu gültigem Wissen besteht darin, dass man kontinuierlich Dissens erzeugt. Konsens ist nur eine sehr zerbrechliche Phase des rationalen Diskurses, nicht der Beweis für Gültigkeit. Wir müssen hier Habermas berichtigen. Nach seiner Konsenstheorie der Gültigkeit liefert Konsens unter der Bedingung der idealen Sprechsituation die Gültigkeit von Wissen. Dieses Kriterium der Gültigkeit zieht nach wie vor ein Element sozialer Verbindlichkeit nach sich: Konsens besteht nur für eine Weile, weil die Teilnehmer einige Teile des gemeinsam geteilten Wissens, das in ihrer Gemeinschaft vorherrscht, als gegeben hinnehmen. Daher ist Konsens kein echtes Kriterium für Gültigkeit. Es gibt kein Kriterium, um die Gültigkeit einer hier und jetzt gemachten Aussage für immer und ewig zu beweisen. Wir können lediglich annehmen, dass die endlose Kritik des rationalen Diskurses auf lange Sicht zum Überleben derjenigen Aussagen führen wird, die der Gültigkeit näher stehen als jene, die nicht standgehalten haben. Mit Karl Popper (1963) können wir sicher sein, dass es einen endlosen Prozess der Annäherung an Gültigkeit gibt, nicht jedoch, dass eine einzelne Aussage gültig ist, die zu einer bestimmten Zeit Konsens erfahren hat (siehe Münch 1984: 77-126).

Die nicht-diskursiven Elemente im Diskurs des realen Lebens

Habermas wurde in der Literatur heftig dafür kritisiert, dass er eine Rationalitätstheorie konstruierte, die auf irrealen Bedingungen basiert, nämlich den Bedingungen der idealen Sprechsituation. Diese, so die Kritiker, können nie vollständig realisiert werden. Diese Kritik ist jedoch völlig unangebracht. Die Kritiker sitzen einem Trugschluss falsch angelegter Konkretheit auf. Habermas' Rationalitätstheorie ist eine analytische Aussage. Sie greift jene strukturellen Bedingungen heraus, unter denen in der Gültigkeit unseres Wissens und der entsprechenden Rationalität des Handelns ein Fortschritt stattfinden würde, wenn das Handeln lediglich von den strukturellen Eigenschaften des rationalen Diskurses bestimmt würde: Akteure kommunizieren, jeder hat das gleiche Recht, Aussagen zu machen und zu kritisieren, nur das bessere Argument zählt, und eine Aussage wird nur so lange akzeptiert, wie sie strenger Kritik standhält. Je mehr die Prüfung von Wissen auf diese Weise fortschreitet, desto mehr steht das daraus resultierende Wissen auf einer universellen Grundlage. Diese Aussage zum Fortschreiten unseres Wissens und der Rationalität hat einen bedingten Charakter. Nur soweit die Bedingungen der idealen Sprechsituation realisiert werden, bewegt sich unser Wissen zu einer universelleren Rationalität hin. Die Wahrheit der Theorie hängt nicht davon ab, ob die Bedingungen der idealen Sprechsituation auch tatsächlich vollständig existieren, so dass allein der rationale Diskurs die Entwicklung des Wissens beeinflusst.

Um Habermas' Theorie der diskursiven Rationalität zu beweisen, müssen wir lediglich die strukturellen Bedingungen des Diskurses von anderen Faktoren isolieren, damit wir ihren spezifischen Einfluss auf den Fortschritt des Wissens prüfen können. Dies unterscheidet sich nicht von irgendwelchen anderen wissenschaftlichen Untersuchungsmethoden. Konkrete Realität ist stets eine Mischung aus verschiedenen Faktoren, die Ereignisse, Verhaltensweisen und

Entwicklungen beeinflussen. Dies gilt für die physikalische Realität ebenso wie für die soziale Realität. Auch die Gesetze der Physik isolieren analytisch die Beziehungen zwischen bestimmten Ursachen und ihren bestimmten Auswirkungen auf bestimmte Verhaltensweisen von Objekten. Die Sozialwissenschaft verfährt immer so. In seiner vollen Konkretheit betrachtet, wird das soziale Leben fast nie allein von, sagen wir, Marktstrukturen, Machtstrukturen oder Gemeinschaftsbeziehungen bestimmt. Meistens vermischen sie sich. Um jedoch die spezifischen Auswirkungen von Märkten, Machtstrukturen und Gemeinschaftsbeziehungen auf soziales Handeln und soziale Ordnung zu spezifizieren, müssen wir sie herausfiltern und ihre Wirkungen analytisch darstellen. Auf ähnliche Weise vermischt sich im konkreten sozialen Leben die Struktur des rationalen Diskurses meistens mit anderen Strukturen, was zu gemischten Auswirkungen auf soziales Handeln und soziale Ordnung führt. Dennoch ist es die Aufgabe der Sozialwissenschaft, die spezifischen Wirkungen des rationalen Diskurses auf soziales Handeln und soziale Ordnung zu ermitteln. Dafür müssen wir die Struktur des rationalen Diskurses herausfiltern und aufzeigen, was mit sozialem Handeln und sozialer Ordnung geschehen würde, wenn sie allein vom rationalen Diskurs bestimmt würden. Es hilft uns hier nichts, wenn wir einfach sagen, dass alles gemischt ist. All jene, die nach solchen „konkreten Theorien" suchen, verstehen die Aufgabe der Wissenschaft nicht.

Jede konkrete Unterhaltung würde, auch wenn das Hauptaugenmerk auf dem rationalen Diskurs liegt, Elemente von Herrschaft, Verhandlung und gemeinschaftlicher Vereinigung implizieren. Ein konkreter Diskurs selbst würde Faktoren dieser Art benötigen, um wirklich stattzufinden. Die Teilnehmer müssen sich zunächst gegenseitig akzeptieren, einander zuhören und vertrauenswürdig sein sowie vertrauensvoll handeln. Dies wäre aber nicht der Fall, wenn es keine gemeinschaftliche Vereinigung zwischen den Teilnehmern an einer Diskussion gäbe. Andererseits jedoch schränkt diese gemeinschaftliche Vereinigung Kritik und Innovation ein. Kritik ist oft schädlich. Es ist auch leichter, einen Feind zu kritisieren als einen Freund. Primär braucht Diskurs zwar Kritik, sekundär aber auch die Akzeptanz durch andere Mitglieder einer Gemeinschaft. Der Aufbau einer solchen Gemeinschaft setzt jedoch der Innovation Grenzen, weil der Horizont des Denkens umso stärker eingeengt wird, je mehr sich die Gemeinschaft herausbildet. Außerdem erfordert effektiver Diskurs die Führung durch einen moderierenden Vorsitzenden. Dieses Element der Herrschaft ist im Diskurs unabdingbar, um die Diskussion auf bestimmte Punkte zu konzentrieren, damit hier Fortschritte erzielt werden können. Gleichzeitig aber unterdrückt die Führung in der Diskussion Beiträge, die erforderlich sind, um die Kritik auf eine breitere Basis zu stellen. Um die Unterhaltung flexibel zu halten, bedarf es der Verhandlungen, damit die Teilnehmer eine Diskussion fortsetzen können, indem sie einen Kompromiss zu den Präliminarien akzeptieren. Ohne eine solche Verhandlung würde die Diskussion nicht über die Vorarbeiten hinausgehen. Allerdings macht dies jedoch eben diese einleitenden Maßnahmen immun gegen Kritik, was gegen die Regeln des Diskurses ist.

Die Auswirkungen des Diskurses auf soziales Handeln und soziale Ordnung

Die Vermischung von rationalem Diskurs und Elementen gemeinschaftlicher Vereinigung, Herrschaft und Verhandlung bedeutet nicht, dass der rationale Diskurs keine Auswirkungen auf die Entwicklung des Wissens, des sozialen Handelns und der sozialen Ordnung hätte. Die Auswirkungen können genauso groß oder gering sein wie jene von gemeinschaftlicher Vereinigung, Herrschaft und Verhandlung, die ihrerseits wiederum nicht die einzigen effektiven Faktoren sind, die den Verlauf der Wissensproduktion, des sozialen Handelns und der sozialen Ordnung beeinflussen. Es gibt keine soziale Ordnung, die nur auf Herrschaft, Verhandlung oder Solidarität basiert, ebenso wie keine soziale Ordnung existiert, die ausschließlich auf dem rationalen Diskurs beruht.

Jede soziale Ordnung wird jedoch von unterschiedlichen Beiträgen geschaffen, die diese verschiedenen strukturellen Bedingungen leisten; und jede soziale Ordnung entwickelt sich in die Richtung jener strukturellen Bedingungen, die in einer spezifischen historischen Situation in einer Gesellschaft vorherrschen. Und genau die spezifischen Auswirkungen jener strukturellen Bedingungen der Entwicklung von Wissen, Handeln und Ordnung wollen wir kennen lernen. Um diese Anforderung zu erfüllen, müssen wir Theorien zu Prozessen aufbauen, die wir analytisch auswählen und von anderen Prozessen abtrennen, um ihre spezifischen Auswirkungen auf Wissen, Handeln und Ordnung zu untersuchen. Genau dieses analytische Wissen liefert uns Habermas' Theorie zu Kommunikation und Diskurs.

Dieser Theorie zufolge können wir annehmen, dass sich die Entwicklung von Wissen, Handeln und Ordnung, sofern sie von den prozeduralen Regeln (Verfahrensregeln) des rationalen Diskurses beeinflusst wird, auf höhere Ebenen der Rationalität zu bewegt, und zwar in dem Sinne, dass Wissen entwickelt und angewandt wird (Kognitionen, Normen, Expressionen und Evaluationen), das bislang Kritik überdauert hat und sich einem höheren Niveau allgemeiner Gültigkeit nähert, dem jeder, der am Diskurs beteiligt ist, zustimmen kann. Wissen, Handeln und Ordnung streben einer höheren Ebene der allgemeinen Gültigkeit zu. Rationaler Diskurs als ein Element, das die Entwicklung der sozialen Ordnung beeinflusst, war in den modernen westlichen Gesellschaften von herausragender Bedeutung, seit die Aufklärung die vorher für den rationalen Diskurs bestehenden Schranken beseitigte und sein Vordringen in jeden Bereich des gesellschaftlichen Lebens förderte. In den historischen Epochen vor der Aufklärung war rationaler Diskurs auf kleine Kreise von Gelehrten beschränkt. Die Philosophen der Aufklärung waren die ersten, die den Aufbau einer völlig neuen Gesellschaft auf den Grundlagen der Rationalität forderten. Die Philosophen der französischen Aufklärung im 18. Jahrhundert waren die radikalsten Protagonisten dieser Idee. Ihr Bündnis mit der bürgerlichen Mittelschicht während der französischen Revolution bedeutete den großen politischen Durchbruch ihres Bestrebens, eine neue Gesellschaft auf den Grundprinzipien der Rationalität zu errichten. Obwohl ihr politischer Erfolg in der französischen Geschichte aufgrund der Ablösung der Revolution durch das Regime von Napoleon und die Restaurierung der alten Mächte eingeschränkt war, hatte die Aufklärung weltweit nachhaltige kulturelle Auswirkungen. Der Platz des rationalen Diskurses wurde in der Anleitung der Entwicklung der sozialen Ordnung nach und nach immer wichtiger. Dies gilt für die gesamte Entwicklung, trotz der Rückschläge während der Zeit des Faschismus zwischen 1920 und 1945.

Nehmen wir ein Beispiel: In den Vereinigten Staaten von Amerika ist der Supreme Court (Bundesgericht) die zentrale rechtliche Institution, die einen wichtigen Einfluss auf die Entwicklung der sozialen Ordnung ausübt. Diese Institution ist in einem höheren Maße diskursiv strukturiert als alle anderen rechtlichen Institutionen mit ähnlichem Einfluss auf die Gesellschaft irgendwo in der Welt. Der Gerichtshof traf zahlreiche wichtige Entscheidungen darüber, was vom normativen Standpunkt aus im amerikanischen Leben recht oder unrecht ist. Er erließ wichtige Urteile, beispielsweise über die Freiheitsrechte der Medien und von Verdächtigen oder über die Gleichheitsrechte von Minderheiten und Frauen. Die Veränderungen, die im Kampf gegen die Chancenungleichheit in der Zulassung zu Schulen, Hochschulen, Universitäten, Verwaltungen und Unternehmen stattfanden, lassen sich nicht erklären, ohne dass man auf die Entwicklung der Entscheidungsfindung am Supreme Court zurückgreift (siehe Münch 1986: 439-451). Und wir können eine klare Entwicklung hin zu einem höheren Niveau der allgemeinen Gültigkeit der Entscheidungen des Gerichts beobachten.

Ein Beispiel ist die Geschichte der Gerichtsentscheidungen zur Diskriminierung bei der Zulassung zur Schule. Die Fälle, über die das Gericht befinden musste, betrafen schwarze Schulkinder, die Zugang zu Schulen mit ausschließlich weißen Schülern forderten. Von einer Entscheidung zur nächsten wurden die Urteile des Gerichts immer subtiler und das Verständnis von Chancengleichheit wurde immer breiter, so dass die Entscheidung auf immer allgemeinere Grundlagen gestellt wurde. In der ersten Entscheidung zu Gunsten eines Abbaus der Diskriminierung von Schwarzen votierte das Gericht nicht für eine Zulassung von Schwarzen zu Schulen, die nur von Weißen besucht wurden, sondern dafür, den Schwarzen die Möglichkeit zu bieten, eine Schule nur für Schwarze ungeachtet deren Qualität zu besuchen (1899, *Cumming vs. Richmond County Board of Education*). In einer viel späteren Entscheidung sprach sich das Gericht für getrennte Schulen aus, die aber gleich ausgestattet sein sollten (1950, *Sweatt vs. Painter, McLaurin vs Oklahoma State Regents for Higher Education*). Der große Durchbruch fand 1954 statt, als sich das Gericht gegen getrennte Schulen aussprach und argumentierte, dies würde bei schwarzen Kindern für immer ein Minderwertigkeitsgefühl hinterlassen (1954, *Brown vs. Board of Education of Topeka*).

Bei diesen Entscheidungen prüfte das Gericht die Vereinbarkeit der Zulassungsverfahren der Schulen mit der allgemeinen normativen Aussage der 14. Ergänzung (Amendment) zur US-Verfassung. Diese Ergänzung von 1868 machte die ehemaligen schwarzen Sklaven zu Bürgern der Vereinigten Staaten und verbot es allen Staaten, die Bürger ohne ordnungsgemäße Rechtsverfahren ihrer Privilegien und Immunitäten, der Gleichheit vor dem Gesetz sowie der Rechte auf Leben, Freiheit und Eigentum zu berauben. Das Gericht bestimmte, dass bestimmte Zulassungsverfahren dieser Ergänzung widersprächen. Die historische Entwicklung führte somit zu einer zunehmend strengeren Auslegung der 14. Ergänzung mit immer strengeren Anforderungen bezüglich der Chancengleichheit bei der Zulassung zu Schulen. Der Sinn von Chancengleichheit, so wie sie in der 14. Ergänzung formuliert ist, wird so generalisiert, dass eine wachsende Anzahl von Personen und Fällen eingeschlossen wird. Aufgrund dieser Erweiterung des Anwendungsspielraums werden aus der Sicht der 14. Ergänzung immer mehr Fälle illegitim. Soziale Tatbestände, die lange Zeit als gegeben hingenommen worden waren, werden nun als Ungleichheiten deutlich und werden als verfassungswidrig betrachtet. Das verlangt die Abschaffung dieser verfassungswidrigen Ungleichheiten und die allgemeinere Begründung der sozialen Ordnung in jedem Bereich der Gesellschaft, das heißt, dass Institutionen mit ihren spezifischen Normen und Praktiken in Richtung einer genaueren Übereinstimmung mit dem universellen normativen Gedanken der Chancengleichheit geändert werden müssen, so wie es in der 14. Ergänzung ausgesagt ist. Da rationale Diskurse den Verlauf der sozialen Entwicklung beeinflussen – wie es insbesondere der Fall ist, wenn es eine mächtige Institution gibt, die auf Diskurs basiert, wie z.B. der Supreme Court in den Vereinigten Staaten –, entwickelt sich die soziale Ordnung so, dass sie sich einer genaueren Übereinstimmung zwischen ihren institutionellen Normen und Praktiken und den universellen Normen annähert.

Was wir über die Auswirkungen des institutionalisierten rationalen Diskurses gesagt haben, sollte nicht als Behauptung missverstanden werden, dass alles in der Gesellschaft von rationalem Diskurs bestimmt wird und dass sich jede Gesellschaft in eine einzige Richtung hin zu höheren Ebenen der Rationalität bewegt. Ob dem so ist oder nicht, hängt einzig und allein von dem Ausmaß ab, in dem der rationale Diskurs fest in der Gesellschaft institutionalisiert ist und gegenüber Faktoren überwiegt, die darauf hinwirken, die gesellschaftliche Entwicklung in andere Richtungen zu leiten. Um die Gesellschaft wirklich zu durchdringen, benötigt der rationale Diskurs des Gerichts außerdem die Unterstützung durch nicht-diskursive Faktoren: nur ein sehr hoch angesehenes Gericht besitzt den *Einfluss*, dass seine Entscheidungen als *verbindlich* angenommen werden, nur *Verhandlungen* vor Gericht halten in umstrittenen Fällen den Prozess der Entscheidungsfindung *flexibel* und *effizient*, nur die *Autorität* des Gerichts ermöglicht die strikte *Durchsetzung* seiner Entscheidungen gegen Widerstand. Es ist aber eben diese Abhängigkeit der Gerichtsentscheidungen von nicht-diskursiven Elementen, die Verzerrungen der Entscheidungsfindung Tür und Tor öffnet, so dass der rationale Diskurs von gemeinschaftlicher Vereinigung, Verhandlung und Herrschaft überlagert wird. Lange Zeit vertrat das Gericht nur die Moral der weißen Bevölkerung, da es ein Teil dieser Gemeinschaft war; seine Entscheidungsfindung hängt manchmal von der Fähigkeit ab, in Verhandlungen zum Erfolg zu gelangen; seine Entscheidungsfindung wird auch durch die politischen Standpunkte der Mehrheit der Mitglieder beeinflusst. Allerdings impliziert diese Vermischung von Diskurs, Vereinigung, Verhandlung und Herrschaft nicht, dass der Diskurs überhaupt keine Auswirkungen hätte. Es ist nur so, dass die Auswirkungen des Diskurses auf die soziale Ordnung durch solche nicht-diskursiven Elemente eingeschränkt werden, je mehr sie gegen die Ergebnisse des Diskurses arbeiten und das Eindringen dieser Ergebnisse in die Gesellschaft behindern. Habermas' Theorie der diskursiven Rationalität thematisiert etwas, das eine Auswirkung auf die gesellschaftliche Entwicklung hat; in welchem Umfang dies geschieht, hängt von der Bandbreite des rationalen Diskurses in der Gesellschaft ab.

Kritische Theorie

Hier kommen wir zu einer grundlegenden Eigenschaft der Theorie der diskursiven Rationalität, die es Habermas ermöglicht, mit der Tradition der Kritischen Theorie der Frankfurter Schule auf einer neuen Ebene des theoretischen Fortschritts fortzufahren und somit einige der Dilemmata der älteren Kritischen Theorie zu vermeiden (Habermas 1981, Bd. 1: 455–543; siehe Adorno et al. 1969; Jay 1973, 1984, 1986; Tar 1977; Held 1980; McCarthy 1982; Bottomore 1984). Mit Hilfe der Theorie der diskursiven Rationalität können wir einerseits gesellschaftliche Fortschritte aus der Sicht eines Beobachters beschreiben und erklären, der die Auswirkungen des Diskurses auf die Entwicklung von Wissen und sozialer Ordnung betrachtet. Wir können auch aus der Sicht eines Beobachters Einschränkungen und Zusammenbrüche der Rationalität beschreiben und erklären, z.B. Verzerrungen der Kommunikation und des rationalen Diskurses aufgrund des Eindringens von strategischem Handeln, wie Herrschaft und Verhandlung, in diskursive Verfahren. Wir können beispielsweise zeigen, wie die Beherrschung des Supreme Court durch konservative Richter, die sich der herrschenden weißen, angelsächsischen und protestantischen Bevölkerung verpflichtet fühlten, den Diskurs am Gericht lange Zeit verzerrte, so dass es mehr als fünfzig Jahre dauerte, ehe man von der Entscheidung über getrennte Schulen aus dem Jahre 1899 schließlich 1954 zur freien Zulassung von Schwarzen an jeder beliebigen Schule und schließlich zur Entscheidung über die integrierten Schulen gelangte. Wir können zeigen, wie die vorherrschende weiße Meinung und die konservative Vorherrschaft am Gericht die Regeln des freien Zugangs und der Gleichheit im Diskurs verletzten, damit die Kommunikation verzerrten und zu Entscheidungen führten, die der Gesellschaft aufgedrängt wurden, aber als Entscheidungen mit verzerrter Rationalität betrachtet werden müssen. Sie könnten nicht allgemein gültig sein, weil sie der Kritik nicht standhalten würden, sobald freier Zugang zum und Gleichheit im Diskurs solcher Kritik Tür und Tor öffnen würden. Die Eröffnung der Diskussion in den 1950er und 1960er Jahren brachte solche Kritik ein und führte logischerweise zu einem Wandel der Gerichtsentscheidungen in Richtung einer Generalisierung der Idee der Chancengleichheit.

Eine Analyse dieser Art ist ein Beitrag zum rationalen Diskurs in der Gesellschaft an sich. Das heißt, der Soziologe, der eine solche Analyse durchführt, beobachtet nicht nur gesellschaftliche Prozesse, sondern trägt mit eben dieser Analyse auch direkt zum rationalen Diskurs bei. Er verlässt den Standpunkt eines Beobachters gesellschaftlicher Prozesse und wechselt zum Standpunkt eines Teilnehmers an eben diesen Prozessen des rationalen Diskurses über. Eine soziologische Überprüfung der Entscheidungen des Supreme Court zu den Bürgerrechten in den vergangenen einhundert Jahren, die von Leuten gelesen wird, die sich an öffentlichen Debatten über Entscheidungen des Supreme Court beteiligen, oder die in tatsächliche Überlegungen des Gerichts selbst einfließt, ist ein direkter Beitrag zum rationalen Diskurs am Gericht und übt einen Einfluss auf diesen Diskurs aus, unabhängig vom Umfang und Ergebnis dieses Einflusses.

Ein Soziologe, der den Verlauf der Entscheidungsfindung in einem bestimmten Fall untersucht, könnte die Entscheidungsträger befragen. Er kann dies aus der Sicht eines Beobachters tun, der beschreibt und erklärt, kann aber auch mit seinen Gesprächspartnern über Verzerrungen des Entscheidungsfindungsprozesses sprechen und die Gültigkeit der daraus resultierenden Entscheidung infrage stellen. Dies kann weitere Überlegungen seitens einiger Richter hervorrufen und zu einer Neubewertung des Falls führen. Wir müssen hier jedoch festhalten, dass der Soziologe, der sich vom Standpunkt eines Beobachters zu demjenigen eines Teilnehmers am rationalen Diskurs hinbewegt, dies unter gleichen Bedingungen tun muss, nicht als autoritativer Experte, der sein Publikum berät. Er muss mit alternativen Analysen und Interpretationen konkurrieren, ebenso mit der Analyse und Deutung der befragten Richter unter gleichen Bedingungen, andernfalls würde der Soziologe selbst die Kommunikation verzerren. Der Soziologe ist nie in der Position von jemandem, der seinem Publikum die „Wahrheit" sagt, sondern einer von vielen Teilnehmern an dem endlosen gesellschaftlichen Unterfangen des rationalen Diskutierens der Gültigkeit von Kognitionen, Normen, Expressionen und Evaluationen, die seine Kultur darstellen und in seiner sozialen Ordnung institutionalisiert werden. An diesem Punkt geht Habermas über die Einschränkungen rein hermeneutischer Ansätze zur Untersuchung der Gesellschaft als Text hinaus, die sich beispielsweise auf die Hermeneutik von Gadamer (1960) stützen. Letzterer beschränkt sich darauf, herauszuarbeiten, wie ein Übersetzer zu einem gültigen Verständnis des Sinns eines Textes gelangen kann, wenn er sich auf eine virtuelle Konversation mit dem Autor einlässt und so zu einem gegenseitigen Verständnis gelangt. Die Frage, ob die Ansprüche des Textes gültig sind oder nicht, kann jedoch auch gestellt werden und muss in einem anderen Diskurs über die Gültigkeitsansprüche des Textes beantwortet werden.

Die Leistung von Habermas' Theorie der prozeduralen Rationalität (Verfahrensrationalität) befreit die Kritische Theorie aus dem Dilemma, Verzerrungen von Kommunikation und Rationalität in der gesellschaftlichen Entwicklung kritisieren und zu dieser Verzerrung beitragen zu müssen, indem sie einen Standpunkt über dem erworbenen Wissen der Gesellschaft einnimmt und eine Wahrheit beansprucht, die nicht ein für alle mal bewiesen werden kann. Die politische Umsetzung dieser Beanspruchung von höherer Wahrheit führt unvermeidlich hin zur politischen Beherrschung der Gesellschaft durch eine intellektuelle Elite und wandelt die beanspruchte Wahrheit in eine herrschende Ideologie um. Dieses Schicksal widerfuhr dem Marxismus in den nach sowjetischem und chinesischem Typus ausgerichteten sozialistischen Ländern. Habermas versucht, dieses Dilemma zu lösen, indem er die Rationalität dem Verfahren des rationalen Diskurses überlässt. Kein absolutes Wissen, wie in Hegels Philosophie, keine wissenschaftliche Theorie wie Marx' historischer Materialismus und kein historisches Subjekt wie Lukács' Klassenbewusstsein der aufgeklärten Arbeiterklasse ist Träger der Rationalität, sondern ein unendliches Verfahren: das Verfahren des rationalen Diskurses.

Habermas verleiht der Kritischen Theorie eine neue Basis zur Integration der Gesellschaftstheorie mit der rationalen Kritik der gesellschaftlichen Entwicklung. Allerdings handelt es sich dabei um eine Integration, die nicht für irgendeine Gesellschaftstheorie oder irgendeine Form der Gesellschaftskritik Vorrang gegenüber konkurrierenden Theorien und Kritiken fordert, so wie es der Marxismus und die ältere Kritische Theorie taten, ehe sie mit Adorno auf die ästhetische Kritik als letzten Ausweg für das Erreichen eines unverzerrten kritischen Blickwinkels zurückgriffen. Habermas zeigt, wie kritische Sozialwissenschaft möglich ist; es handelt sich jedoch um ein Verfahren, das kritische Sozialwissenschaft darstellt, nicht um eine inhaltlich bestimmte Gesellschaftstheorie. Habermas' Erfolg nahm dem Marxismus und der Kritischen Theorie ihren Anspruch auf höhere Wahrheit.

Im Wesentlichen jedoch setzt Habermas die Tradition der Kritischen Theorie fort. Das Thema der Kritischen Theorie ist das Schicksal von **Vernunft**, Sinn und Freiheit in der modernen Gesellschaft. Um eine Vorstellung von diesem Thema zu erhalten, müssen wir mit der Trennung von kognitiver „theoretischer" Vernunft und normativer „praktischer" Vernunft in der Philosophie von Immanuel Kant beginnen (1781/1964a, 1788/1964c, 1790/1964d, 1793/1964e). Nach Kant müssen praktische Fragen nach der Gültigkeit normativer Aussagen und theoretische Fragen nach der Wahrheit kognitiver Aussagen unterschiedlich beantwortet werden. Theoretische Fragen sind die Domäne der (Natur-) Wissenschaften, praktische Fragen sind die Domäne der moralischen Argumentation. Die Wissenschaften beantworten Fragen nach dem „Was ist?", während die moralische Argumentation Fragen nach dem „Was sollte sein?" beantwortet. Nach Kants Meinung ist der tatsächliche Verlauf der Geschichte eine Sache, während ihre moralische Bewertung etwas ganz anderes ist. Moralische Begründung, die darauf ausgerichtet ist, herauszufinden, was in moralischen Begriffen universell gültig ist, ist ein kritischer Maßstab für den tatsächlichen Verlauf der Geschichte und daher ein unerlässliches Korrektiv der Geschichte. Die Geschichte hat nur dann Sinn, wenn wir niemals aufhören, ihre Entwicklung nach moralischen Maßstäben zu korrigieren; es gibt jedoch in der tatsächlichen geschichtlichen Entwicklung selbst keinen immanenten Sinn. Es besteht keine Möglichkeit, die Kluft zwischen moralischer Argumentation und tatsächlicher geschichtlicher Entwicklung vollständig zu überbrücken. In diesem Sinne votiert Kant für eine sehr eingeschränkte Geschichtsphilosophie. Sie kann keine historischen Gesetze entdecken, die zur Konvergenz zwischen dem tatsächlichen Verlauf der Geschichte und der Erzeugung von Sinn in der

Geschichte führt, was das Entstehen einer Welt zur Folge hat, die höhere Ebenen der Vernunft in der sozialen Ordnung erreicht.

Die Philosophen des deutschen Idealismus, die nach Kant kamen, waren mit Kants Einschränkung der Geschichtsphilosophie auf eine kritische Bewertung des tatsächlichen Verlaufs der Geschichte nicht zufrieden. Sie suchten statt dessen nach einer neuen Konvergenz zwischen Vernunft und Geschichte; die Geschichtsphilosophie musste den Weg zu dieser Vereinigung weisen. Am einflussreichsten wurde die Geschichtsphilosophie von Hegel (1807/1964-1971, 1821/1964-1971). Nach Hegel verläuft die Entwicklung der Geschichte dialektisch. Am Beginn steht eine primitive Einheit von Vernunft und Welt im primitiven Bewusstsein des Menschen in einer primitiven Gesellschaft. Der Aufstieg der modernen bürgerlichen Gesellschaft und der modernen Wissenschaft brach diese ursprüngliche Einheit auf und trennte Vernunft und Welt. In dieser Situation der Entfremdung des Bewusstseins von der Welt erscheint die Welt als etwas Fremdes, das von eigenen Gesetzen geleitet wird. Erst der Aufstieg des absoluten Wissens, der auf die Epoche der modernen Wissenschaft und bürgerlichen Gesellschaft folgt, löst dialektisch das geteilte Wissen jener Epoche ab und führt zu einer neuen Einheit und Synthese von Vernunft und Welt auf einer höheren Ebene der historischen Entwicklung. In der Gesellschaft ist es der Staat, der darauf ausgerichtet ist, das Allgemeine zu verwirklichen, und der die getrennten Klassen auf einer höheren Ebene vereint.

Karl Marx glaubte nicht an Hegels Optimismus bezüglich der Vereinigung von Vernunft und Geschichte im Aufstieg von absolutem Wissen und Staat, wies aber statt dessen darauf hin, dass der Staat lediglich das partikulare Interesse einer herrschenden Klasse repräsentiert, wobei „absolutes Wissen" nichts anderes ist, als die herrschende Ideologie dieser Klasse (Marx 1844/1968, 1845/1969, 1867/1962; Marx und Engels 1846/1969, 1848/1959a). Er selbst folgte jedoch der Denkweise des deutschen Idealismus. Er ersetzte lediglich die idealistische Geschichtsphilosophie durch eine materialistische. Während nach Hegels Meinung die Entwicklung des Geistes die treibende Kraft der Geschichte darstellt, ist es aus Marx' Sicht die Beherrschung der Natur durch die Menschen in ihrer Arbeit. Marx behauptete, die Gesetze entdeckt zu haben, welche die historische Entwicklung leiten: das Verhältnis zwischen Produktivkräften und Produktionsverhältnissen. In der primitiven Gesellschaft leben die Menschen in einer ursprünglichen Einheit mit der Natur und miteinander in Arbeit. Der Aufstieg des Kapitalismus bricht die Bindungen der Menschheit zur Natur und zu den anderen Menschen auf. Die Produktion von Waren wird zu einem System, das von seinen eigenen Gesetzen geleitet wird, und seine Ausweitung auf Profitstreben an sich führt zur Entfremdung der Menschen von der Welt, die sie umgibt, sowie des Menschen vom Menschen in der kapitalistischen Produktion: der Antagonismus von Kapital und Arbeit.

Die Welt der Warenproduktion erscheint als Welt an sich, die Beziehungen zwischen den Menschen als Beziehungen zwischen Sachen, die von Naturgesetzen bestimmt werden, obwohl diese Welt vom Menschen selbst geschaffen wurde. Diesen Zustand nennt Marx Entfremdung in der Warenproduktion oder Warenfetischismus. Die Ausbeutung des Arbeiters in der kapitalistischen Produktion bezeichnet er als Entfremdung von Lohnarbeit und Kapital. Allerdings wird die Entwicklung der Geschichte durch Gesetze bestimmt, die zum Zusammenbruch dieses antagonistischen Systems des Kapitalismus führen. Die Widersprüche dieses Systems zwischen der Entwicklung von Produktivkräften und ihrer Einschränkung durch die Produktionsverhältnisse, zwischen Arbeit und Kapital, die Krisen dieses Systems, die aus der periodischen Überproduktion resultieren, eine sinkende Profitrate, die wachsende Armut der Arbeiterklasse, die Entwicklung großer organisierter Industrien, das wachsende politische Bewusstsein und die Organisation der Arbeiterklasse lassen eine Periode der Revolution entstehen, in der das kapitalistische System umgestürzt und durch den Sozialismus sowie später durch den Kommunismus abgelöst wird. In dieser Phase der historischen Entwicklung vereinen sich Vernunft und Welt auf einer neuen Ebene.

Jeder weiß, dass die Durchsetzung des real existierenden Sozialismus nach der russischen Revolution im Oktober 1917 zu einer Katastrophe führte, von der sich keine sozialistische Gesellschaft jemals erholte. Es war der Anspruch von Marx, dass seine Theorie der Schlüssel zu einer neuen Vereinigung von Vernunft und Welt, Sinn und Geschichte sein sollte, der die Wurzel zur totalitären Herrschaft der kommunistischen Partei bildete. In den Händen dieser Partei wurde Marx' Anspruch auf Wahrheit in die Beherrschung der Menschen durch eine Ideologie umgewandelt.

Max Weber (1920/1972a, 1922/1972c) brach mit dieser Tradition der Geschichtsphilosophie im deutschen Denken. Gemeinsam mit dem Neo-Kantianismus seiner Zeit am Beginn des 20. Jahrhunderts glaubte er nicht an eine Konvergenz von Sinn und Geschichte und machte die Trennung von Tatsachenaussagen und normativen Aussagen zu einem wesentlichen Bestandteil seiner Methodologie. Nur Tatsachenaussagen können Gegenstand wissenschaftlicher Beweise sein, während Normen den persönlichen Entscheidungen des einzelnen überlassen bleiben. Wir können die Wahrheit sachlicher Aussagen durch wissenschaftliche Methoden nachweisen, nicht aber die Gültigkeit von Normen. Es gibt keine verbindliche Methode, um die Gültigkeit von Normen zu beweisen. Über Normen können wir nur auf der Grundlage persönlicher Präferenzen entscheiden. Was der eine verherrlicht, verdammt der andere. In unserer Gesellschaft findet sich daher kein Weg zu einer universell verbindlichen Moral. Weber beginnt mit Kants Trennung von Tatsachenaussagen und normativen Aussagen; allerdings teilt er nicht Kants Glauben an die Möglichkeit allgemein gültiger Ergebnisse der moralischen Argumentation. Dies können wir als Sinnverlust der modernen Gesellschaft bezeichnen, mit dem ein Verlust von Freiheit einhergeht. Der Ursprung dieser Verluste ist der allumfassende Prozess der Rationalisierung. Die Wurzeln dieses Prozesses der Rationalisierung sind in der jüdisch-christlichen Religion zu finden, vor allem in der höchsten Form ihrer Entwicklung im asketischen Protestantismus. Diese Religion hat die methodisch-rationale Lebensführung über die Klostermauern hinaus in die reale Welt hineingetragen, vor allem in den Bereich der ökonomischen Produktion und Berufsarbeit sowie in die Verwaltung der Welt durch Bürokratien. Außerdem hat sie die Suche nach Wahrheit von der Theologie auf die Wissenschaft übertragen. Allerdings hat diese Übertragung Kräfte geschaffen, die immer mehr von ihrem ethischen Ursprung und der ethischen Kontrolle im asketischen Protestantismus getrennt werden. Die kapitalistische Wirtschaft ist jetzt ein sich selbst reproduzierendes System der Profitmaximierung um ihrer selbst willen, das die Menschen, die es braucht, für sich selbst erzieht. Die Bürokratie stellt ein stahlhartes Gehäuse für die Menschen dar. Die Wissenschaft schaltet Magie und Religion als verbindliche Grundlagen des Lebens vollkommen aus. Die Folge davon ist ein erheblicher Sinnverlust, weil Religion in einem Zeitalter nicht mehr verbindlich ist, in dem alles durch wissenschaftliche Untersuchung infrage gestellt werden kann. Wissenschaft beantwortet aber nicht die Fragen des ethischen Lebens, sondern überlässt diese der persönlichen Entscheidung des einzelnen. Und es kommt zu einem erheblichen Verlust an Freiheit, weil die Menschen unter der Herrschaft der Gesetze des Kapitalismus und der bürokratischen Verwaltung leben.

Weber hat somit ein Paradoxon der Rationalisierung entdeckt. Der Prozess der Rationalisierung befreite den Menschen von der Autorität der Tradition und etablierte seine Herrschaft über die Welt. Er führte zum Triumph der Rationalität über die Tradition. Aber eben dieser Prozess hinterließ dem Menschen eine völlig entzauberte Welt, in der er keinen vorgefertigten Sinn findet, sondern diesen individuell und im Konflikt mit seinen Mitmenschen entdecken muss. Und die Befreiung der Menschen von traditionalen Kräften errichtete die Macht des Kapitalismus und der Bürokratie in der modernen Welt.

Besteht eine Chance, diesem Paradoxon des Rationalismus zu entkommen? Weber gibt uns keine sehr viel versprechende Antwort. Fragen der Moral, der Werte und Normen, die das menschliche Verhalten und die gesellschaftliche Entwicklung leiten sollen, können nicht allgemein gültig beantwortet werden. Was getan werden soll, muss der Einzelne für sich selbst entscheiden. Was mit der Gesellschaft und ihrer Entwicklung geschehen soll, kann auch nicht allgemein gültig begründet werden. Es findet sich daher keine andere Möglichkeit, als dies im politischen Kampf auszutragen. Daher muss die Demokratie mit starker Führung und parlamentarischer Kontrolle eine zentrale Rolle in der Ausrichtung der gesellschaftlichen Entwicklung auf Ziele spielen. Die moderne Gesellschaft braucht eine Führung, aber ihre Führer müssen von konkurrierenden Führern kontrolliert werden, die sich um politische Unterstützung durch das Volk und ein Parlament bemühen, das genug Rechte hat, jede wichtige politische und administrative Entscheidung zu untersuchen, und das als jene Institution handelt, durch die politische Führer sozialisiert werden müssen, um Führer zu werden, die eher nach einer Verantwortungsethik handeln als nach einer Gesinnungsethik. Die Verantwortungsethik fordert einerseits eine persönliche Wertbindung, andererseits aber eine Anerkennung der stets möglichen Widersprüche zwischen Werten und Zielen und eine Bereitschaft, Werte, Ziele und Mittel im Lichte neuer Erkenntnisse zu überdenken, die schädliche und widersprüchliche Folgen ihrer Realisierung aufzeigen. Die Gesinnungsethik des fanatischen Gläubigen erkennt keine Widersprüche zwischen gleichrangigen Werten an und berücksichtigt auch nicht die Folgen seiner Handlung über die Realisierung von Werten hinaus, denen er sehr stark verpflichtet ist. Wie Weber zeigt, hat eine Gesinnungsethik in der modernen Zeit unmoralische Folgen; nur eine Verantwortungsethik kann unter diesen Bedingungen akzeptiert werden. Die Ausübung dieser Verantwortungsethik verlangt jedoch immer persönliche Entscheidungen. Sie ist in Webers Augen nicht das Ergebnis eines rationalen Diskurses, da in modernen Gesellschaften kein verbindliches Verfahren zur Beantwortung moralischer Fragen möglich ist.

Gelehrte, die in der Tradition des deutschen Idealismus und seines materialistischen Nachfolgers, des Marximus, ausgebildet wurden, waren nie mit Webers Antwort bezüglich der Chancen, dem Paradoxon der Rationalisierung zu entfliehen, zufrieden. Was sie bis zum heutigen Tage immer noch suchen, ist die Vereinigung von Vernunft, Sinn und historischer Entwicklung in der modernen Gesellschaft. Georg Lukács (1923/1968), der ungarische Marxist, gehörte zu den wichtigsten Gelehrten, die in den 1920er Jahren versuchten, eine Lösung für dieses Problem zu finden. Er reformulierte Marx' Theorie der Entfremdung und des Fetischismus in der kapitalistischen Warenproduktion. Und er entdeckte den Schlüssel für einen Ausweg aus dem Widerspruch zwischen aufstrebender Vernunft und der irrationalen Beherrschung des Menschen durch die rationalen Gesetze der Warenproduktion in der Entwicklung des Klassenbewusstseins, das in der kapitalistischen Warenproduktion unter der Entfremdung litt: im Bewusstsein der Arbeiterklasse. Das Klassenbewusstsein der Arbeiterklasse wird zum Träger der Vernunft in dieser Epoche der Geschichte, weil es die Klasse ist, deren Interessen mit der geschichtlichen Bewegung hin zu einer erneuten Vereinigung von Vernunft und Welt, Mensch und Natur, Mensch und Mensch in einer zukünftigen kommunistischen Gesellschaft zusammentrifft. Lukács optimistische Sicht der historischen Entwicklung wurde jedoch bald durch die Errichtung der totalitären Herrschaft Stalins in der Sowjetunion sowie durch die Versöhnung der Arbeiterklasse mit dem Kapitalismus in den aufstrebenden kapitalistischen Wohlfahrtsgesellschaften des Westens widerlegt. Lukács' Versuch, seine Theorie zu retten, indem er ein richtiges und ein falsches Bewusstsein der Arbeiterklasse unterschied, ließ die Widersprüche noch offenkundiger werden, weil dies offenbarte, dass die Umwandlung der marxistischen Theorie in eine totalitäre Herrschaft ihre Wurzeln in der Theorie selbst hat und nicht nur von historischen Umständen bedingt ist. Der Theoretiker muss entscheiden, was wahres oder falsches Klassenbewusstsein ist. Die Theorie muss eine höhere Wahrheit beanspruchen als jede konkurrierende Theorie, was nur die Etablierung ihrer Herrschaft bedeutet.

Max Horkheimer (1967, 1968), Theodor W. Adorno (1966/1973; Horkheimer und Adorno 1947/1969) und ihre Kollegen, z.B. Walter Benjamin (1973, 1974), Leo Löwenthal (1980, 1981) und Herbert Marcuse (1962, 1967), gründeten Ende der 1920er und zu Beginn der 1930er Jahre am Institut für Sozialforschung der Universität Frankfurt die Schule der Kritischen Theorie. Während des Hitler-Regimes verlagerten sie ihre Schule nach New York und brachten sie schließlich nach dem Ende des 2. Weltkrieges nach Deutschland zurück. Diese Schule wurde zur wichtigsten Quelle des westlichen marxistischen Denkens. Als jedoch Horkheimer und Adorno in den 1930er und 1940er Jahren ihre Kritische Theorie formulierten, teilten sie nicht mehr die optimistische Sicht von Lukács hinsichtlich der Konvergenz von historischer Vernunft und historischer Entwicklung im Klassenbewusstsein der Arbeiterklasse und auch nicht uneingeschränkt seine Meinung über die Ursprünge der modernen Herrschaft über den Menschen in der kapitalistischen Warenproduktion. Adorno und Horkheimer – und in ähnlicher Form auch Marcuse – entwickelten eine allgemeinere Sicht des Prozesses der Rationalisierung. Allerdings teilten sie nicht Webers Antwort auf das Paradoxon der Rationalisierung. Für Adorno und Horkheimer ist, wie sie es auch in ihren teils gemeinsam teils einzeln verfassten Werken *Kritische Theorie* (Horkheimer 1968), *Dialektik der Aufklärung* (Horkheimer und Adorno 1947/1969), *Kritik der instrumentellen Vernunft* (Horkheimer 1967) und *Negative Dialektik* (Adorno 1966/1973a) formulierten, der Ursprung der modernen Herrschaft eine sehr abstrakte Entwicklung des menschlichen Denkens: der Aufstieg der instrumentellen Vernunft, die ihre Wurzeln im „identifizierenden Denken" hat. Das heißt, Fragen der Wahrheit sowie des guten Lebens und der Moral wurden ursprünglich in ein und demselben Prozess der Argumentation beantwortet, wie beispielsweise in der klassischen griechischen Philosophie. Diese Einheit wurde durch den Aufstieg der modernen Wissenschaften und ihres „identifizierenden" und instrumentellen Bezugs zur Welt aufgebrochen. Jetzt ist der Mensch nicht mehr länger ein Begleiter dessen, was er erforscht, sondern ein Beobachter und ein Herr, der die Natur und die ganze Welt seiner Herrschaft auf der Grundlage von objektivem Wissen unterwirft.

Dies führt zum zentralen Prozess der Verdinglichung der Welt, die jetzt für den Menschen etwas Externes ist, das ihm entfremdet ist und durch offenbar unveränderliche objektive Gesetze bestimmt wird. Je mehr Menschen sich der Welt mittels der modernen Wissenschaften annähern, desto mehr produzieren sie die Verdinglichung einer Welt, die ihrerseits beginnt, die Menschen zu beherrschen, weil sie jetzt den Gesetzen dieser verdinglichten Welt unterworfen sind. Dieser Prozess der Verdinglichung der Welt wird umso stärker, je mehr die Sozialtheorie nach den Regeln der Identifizierung des Denkens und der instrumentellen Vernunft verfährt. Eine Sozialwissenschaft, die versucht, objektive Gesetze des sozialen Prozesses zu erfassen, steigert lediglich die Verdinglichung der Welt und errichtet die Herrschaft einer verdinglichten Welt über die Menschheit. Daher müssen Adorno und Horkheimer den marxistischen Anspruch zurückweisen, jene Gesetze entdeckt zu haben, die darauf hinwirken, die historische Entwicklung zur Wiedervereinigung von Vernunft und Realität zu lenken. Dieser Anspruch ist nichts anderes als eine weitere Verdinglichung, die für die Herrschaft der marxistischen Ideologie über den Menschen verantwortlich zu machen ist.

Es gibt für Adorno und Horkheimer keinen Ausweg aus diesem Dilemma. Jeder Versuch, mit den Methoden der Wissenschaft einen Ausweg aus dem Paradoxon der Rationalisierung zu weisen, würde lediglich dieses Paradoxon weiter führen. Sie mussten daher ihrer eigenen Logik treu bleiben und dieses Unterfangen aufgeben. Was blieb, war Horkheimers spätere Flucht in die Theologie, Marcuses politischer Aktionismus und Adornos Rückzug auf die ästhetische Kritik. Für Adorno ist das Kunstwerk der einzige Weg, bei dem das Partikulare nicht vom Allgemeinen beherrscht wird, bei dem eine ursprüngliche Vereinigung des Künstlers mit dem Gegenstand seiner Arbeit besteht, bei dem Künstler und Objekt für sich bleiben und nicht von einem wissenschaftlichen Prozess der Verdinglichung unterdrückt werden. Sowohl der Künstler als auch sein Werk bleiben frei. Ästhetische Kritik ist die einzige Möglichkeit, Kritik zu üben, ohne eine Herrschaft mittels Verdinglichung zu erzeugen.

So gaben Adorno und Horkheimer die Kritische Theorie mit einem gescheiterten Projekt auf: Es besteht keine Chance für die kritische Sozialtheorie, die Wiedervereinigung von Vernunft und Realität auf allgemein gültige Weise darzulegen. Jeder Versuch, dies zu tun, würde aufgrund der Verdinglichung scheitern.

Jürgen Habermas, der sich zur Aufgabe gemacht hat, die Kritische Theorie zu erneuern, verwies zur Enttäuschung vieler Anhänger der älteren Kritischen Theorie auf dieses Scheitern. Er zeigte aber auch einen Ausweg aus dem Dilemma auf. In den Augen von Habermas scheiterte die ältere Kritische Theorie, weil es ihr nie gelungen war, sich von der traditionellen Bewusstseinsphilosophie zu befreien, so wie sie vom deutschen Idealismus etabliert wurde. In Bezug auf diese Bewusstseinsphilosophie musste sich die Vernunft im Bewusstsein äußern, das als ein sich in der Geschichte verwirklichender objektiver Geist verstanden wird. In dieser Hinsicht muss es ein höheres Bewusstsein geben, das im Vergleich zum Bewusstsein früherer Epochen höhere Wahrheit und Gültigkeit beansprucht. Jeder Anspruch auf Wahrheit fällt daher mit der Errichtung von Herrschaft über den Menschen zusammen. Wie Habermas offen legt, ist die Theorie der diskursiven Rationalität ein Ausweg aus diesem Dilemma, weil sie den Fortschritt der Rationalität nicht in ein Bewusstsein oder eine inhaltlich bestimmte Theorie einbettet, sondern in ein formales Verfahren: das Verfahren des rationalen Diskurses. In gewissem Sinn kehrt Habermas zu Kants eingeschränktem Typus einer Geschichtsphilosophie zurück. Wenn wir einen rationalen Diskurs über die historische Entwicklung aufnehmen, wird diese Entwicklung nach den vorläufig gültigen Werten und Normen korrigiert, die aus diesem Diskurs hervorgehen.

Theorie der Moderne: Die Kolonialisierung der Lebenswelt durch die Systeme

Habermas gibt die Zielsetzung, eine Gesellschaftstheorie zu entwickeln, nicht zu Gunsten der praktischen Philosophie auf. Er ist nach wie vor daran interessiert, Fragen zur historischen Entwicklung im Hinblick auf die Konvergenz oder Divergenz von Vernunft und Realität zu beantworten. Daher interpretiert er Webers Theorie der Rationalisierung neu. In der Sicht von Habermas (1981, Bd. 2: 445-593) bildet der Prozess der **kommunikativen Rationalisierung** den Ursprung der kulturellen und gesellschaftlichen Rationalisierung. Ursprünglich leben die Menschen in einer Lebenswelt, in der sie auf der Grundlage einer stillschweigenden Übereinkunft kommunizieren, die als gegeben hingenommen wird. Das gesellschaftliche Handeln erhält durch die Unterscheidung des unantastbaren, unveränderbaren, Ehrfurcht einflößenden Sakralen vom veränderbaren Profanen eine feste Ordnung, wie Habermas (1981, Bd. 2: 118-141) im Anschluss an Durkheim feststellt. Regelmäßig abgehaltene Rituale bekräftigen die im Sakralen verwurzelte Ordnung. Von diesem Bild einer festen sakralen, durch Rituale regelmäßig bekräftigten Ordnung ausgehend, begreift Habermas die Modernisierung des gesellschaftlichen Zusammenlebens und seiner Ordnung als einen Prozess der **Versprachlichung des Sakralen**. Das heißt, dass die soziale Ordnung ihre Geltung immer weniger aus ihrer Unantastbarkeit und ihrer rituellen Bekräftigung und immer mehr aus ihrer Rechtfertigung in Verfahren der sprachlichen Verständigung zieht. Dabei setzt Habermas voll und ganz auf die implizit integrative Kraft sprachlicher Verständigung. Sprache erlaubt das Aufwerfen beliebiger Fragen, nichts muss unangetastet bleiben und führt doch immer wieder zur Verständigung je uneingeschränkter die Kommunikation fortgesetzt wird. Weil wechselseitiges Verstehen nur möglich ist, wenn sich die Kommunikationspartner wechselseitig als gleichberechtigte Subjekte anerkennen, ist im Vollzug sprachlicher Verständigung Herrschaft per se aufgehoben und gleichzeitig die Chance gegeben, durch den Austausch von Argumenten bei allem Dissens einen Punkt des Konsenses zu finden, und wenn es nur der Konsens über den Dissens ist. In dieser Eigenart der Sprache liegt der Grund dafür, dass Habermas von der zugleich befreienden wie auch integrierenden Kraft der sprachlichen Verständigung so überzeugt ist:

„Verständigung wohnt als Telos der menschlichen Sprache inne." (Habermas 1981: Bd. 1: 387)

Die in stillschweigender Übereinkunft wurzelnde Ordnung bricht mit jeder gestellten Frage auf, was unvermeidbar mit dem Wesen der Konversation verbunden ist. Je mehr Fragen aufgeworfen werden, desto mehr Rechtfertigungen von Aussagen durch immer allgemeinere Gründe sind gefordert. Dies führt zur Differenzierung zwischen dem rationalen Diskurs und der einfachen Kommunikation in einer als selbstverständlich hingenommenen Lebenswelt. Fragen von faktischer Wahrheit werden in der Wissenschaft diskutiert, Fragen der moralischen Gültigkeit in der moralischen Argumentation und Fragen von Wertausdrücken in der ästhetischen Kritik. Die kulturelle Rationalisierung und die Differenzierung von Bereichen des spezialisierten **kulturellen Diskurses** führen zur Herrschaft des Expertenwissens über die lebensweltliche Verständigung. Sie sind die kulturelle Basis für die weitere gesellschaftliche Differenzierung und Rationalisierung der **Funktionssysteme** der **kapitalistischen Wirtschaft**, der **bürokratischen Verwaltung** und des **Rechtssystems**. Dieser Prozess beinhaltet die Evolution neuer Medien zur Koordination sozialer Interaktion: Geld, Macht und Recht. In der Lebenswelt ist Kommunikation mittels Sprache das Medium zur Integration und Koordination von Handlungen. Das können wir soziale Integration nennen. Geld, Macht und Recht entwickelten sich aus der Sprache als solche Medien, sind jetzt aber von der Sprache getrennte, symbolisch generalisierte Medien der Kommunikation, die eine Integration und Koordination von Handlungen ohne Sprache möglich machen. Was sie produzieren, ist systemische Integration. Die kapitalistische Wirtschaft, die bürokratische Verwaltung und das Rechtssystem sind jetzt Systeme, die von der Lebenswelt der menschlichen Kommunikation getrennt sind und einzig und allein auf der Basis funktionieren, dass sie durch Geld, Macht und Recht als Steuerungsmedien integriert werden.

Lebenswelt und Systeme reproduzieren sich nach je eigenen Gesetzmäßigkeiten. Die Lebenswelt gewährleistet die symbolische Reproduktion der Gesellschaft, die Systeme sorgen für ihre materielle Reproduktion. Jede Seite ist aber jeweils auf die Zufuhr von Ressourcen der anderen Seite angewiesen. Ohne die kommunikativ erzeugten Bindungsressourcen der Lebenswelt verselbstständigen sich die systemischen Prozesse von Wirtschaft, politisch-administrativem System und Recht und sprengen die Integrationskraft der Gesellschaft. Ohne wirtschaftliche, politisch-administrative und rechtliche Ressourcen fehlen der Lebenswelt die materiellen Grundlagen ihres Fortbestehens.

Habermas unterscheidet drei Komponenten der Lebenswelt (Kultur, Gesellschaft und Persönlichkeit) und drei Typen von Reproduktionsprozessen (kulturelle Reproduktion, soziale Integration und Sozialisation). Durch ihre Kreuztabellierung ergeben sich insgesamt neun Formen der lebensweltlichen Reproduktion. Die kulturelle Reproduktion sorgt in der Kultur für konsensfähige Deutungsschemata („gültiges Wissen"), in der Gesellschaft für Legitimation, in der Persönlichkeit für bildungswirksame Verhaltensmuster und Erziehungsziele. Die soziale Integration erzeugt in der Kultur Obligationen, in der Gesellschaft legitim geordnete interpersonelle Beziehungen, in der Persönlichkeit soziale Zugehörigkeiten. Die Sozialisation erbringt in der Kultur Integrationsleistungen, in der Gesellschaft Motivationen für normkonforme Handlungen, in der Persönlichkeit Interaktionsfähigkeiten („personale Identität") (Habermas 1981, Bd. 2: 214) (Tab. 5.3).

Die Reproduktion der Lebenswelt kann erheblichen Störungen unterworfen sein, die in verschiedenen Formen mehr oder weniger dauerhaft und tiefgreifend zutage treten. Die maßgebliche Ursache für Reproduktionsstörungen ist verzerrte, d.h. durch Macht überformte Kommunikation. Reproduktionsstörungen (Pathologien) äußern sich in Krisenerscheinungen. Gestörte kulturelle Reproduktion bedeutet für die Kultur Sinnverlust, für die Gesellschaft Legitimationsentzug, für die Person das Entstehen von Orientierungs- und Erziehungskrisen. Gestörte soziale Integration äußert sich in der Kultur in der Verunsicherung der kollektiven Identität, in der Gesellschaft in Anomie, in der Person in Entfremdung. Gestörte Sozialisation zeigt sich in der Kultur in Traditionsbruch, in der Gesellschaft in Motivationsentzug, in der Person in Psychopathologien (Habermas 1981, Bd. 2: 215) (Tab. 5.4). Die Reproduktion der Lebenswelt wird durch verständigungsorientiertes Handeln gewährleistet, das für die verschiedenen Komponenten der Lebenswelt eine je spezifische Reproduktionsfunktion erfüllt.

Tab. 5.3: Beiträge der Reproduktionsprozesse zur Erhaltung der strukturellen Komponenten der Lebenswelt

strukturelle Komponenten / Reproduktionsprozesse	Kultur	Gesellschaft	Persönlichkeit
kulturelle Reproduktion	konsensfähige Deutungs-schemata (»gültiges Wissen«)	Legitimationen	bildungswirksame Verhaltensmuster, Erziehungsziele
soziale Integration	Obligationen	legitim geordnete interpersonelle Beziehungen	soziale Zugehörigkeiten
Sozialisation	Interpretations-leistungen	Motivationen für normenkonforme Handlungen	Interaktions-fähigkeiten (»personale Identität«)

Aus: Jürgen Habermas, *Theorie des kommunikativen Handelns*, Frankfurt a. M.: Suhrkamp, 1981, Bd. 2, S. 214.

Auch hier unterscheidet Habermas durch Kreuztabellierung neun Typen: kulturelle Reproduktion durch verständigungsorientiertes Handeln heißt für die Kultur Überlieferung, Kritik und Erwerb von kulturellem Wissen, für die Gesellschaft Erneuerung legitimationswirksamen Wissens, für die Person Reproduktion von Bildungswissen. Soziale Integration durch verständigungsorientiertes Handeln ergibt für die Kultur Immunisierung eines Kernbestandes von Wertorientierungen, für die Gesellschaft Koordinierung von Handlungen über intersubjektiv anerkannte Geltungsansprüche, für die Person Reproduktion von Mustern sozialer Zugehörigkeit. Sozialisation durch verständigungsorientiertes Handeln resultiert für die Kultur in Enkulturation, für die Gesellschaft in Wertinternalisierung, für die Person in Identitätsbildung (Habermas 1981, Bd. 2: 217).

Tab. 5.4: Krisenerscheinungen bei Reproduktionsstörungen (Pathologien)

strukturelle Komponenten / Störungen im Bereich der	Kultur	Gesellschaft	Person	Bewertungsdimension
kulturellen Reproduktion	Sinnverlust	Legitimationsentzug	Orientierungs- u. Erziehungskrise	Rationalität des Wissens
sozialen Integration	Verunsicherung der kollektiven Identität	Anomie	Entfremdung	Solidarität der Angehörigen
Sozialisation	Traditionsabbruch	Motivationsentzug	Psychopathologien	Zurechnungsfähigkeit der Person

Aus: Jürgen Habermas, *Theorie des kommunikativen Handelns*, Frankfurt a. M.: Suhrkamp, 1981, Bd. 2, S. 215.

Die materielle Reproduktion der Systeme erfolgt durch die reflexive Anwendung ihrer jeweiligen Steuerungsmedien auf sich selbst, das heißt durch die Generierung von Geld durch Geld in der Wirtschaft, die Generierung von politisch-administrativer Macht durch politisch-administrative Macht im politisch-administrativen System, durch die Generierung von Recht durch Recht im Rechtssystem.

Für Habermas ist nun die Entkopplung von System und Lebenswelt der entscheidende Kern des gesamten Modernisierungsprozesses, der als Ausdifferenzierung der Systeme aus der Lebenswelt begriffen wird. In vormodernen Gesellschaften ist die materielle Reproduktion in die symbolische Reproduktion innerhalb der Lebenswelt integriert. In einfachen Gesellschaften ist die materielle Reproduktion Teil ihrer verwandtschaftlichen Organisation, in traditionalen Gesellschaften ist sie Teil ihrer ständischen Organisation, d.h. politische Herrschaft, Arbeitsteilung und Recht folgen dem Muster verwandtschaftlicher bzw. ständischer Gliederung. In der modernen Gesellschaft folgen Wirtschaft, politische Herrschaft und Recht eigenen Organisationsprinzipien.

Nach Meinung von Habermas ist es die Leistung der modernen Systemtheorie, so wie sie von Talcott Parsons (1969) und Niklas Luhmann (1984, 1997) herausgearbeitet wurde, die Ausdifferenzierung von eigengesetzlich arbeitenden Funktionssystemen in den Mittelpunkt der Analyse moderner Gesellschaften gestellt zu haben. Habermas kritisiert jedoch, dass sie den Ursprung eines jeden Funktionssystems und eines jeden Mediums der systemischen Kommunikation in den kommunikativen Prozessen der Lebenswelt aus den Augen verloren haben. Daher entgleiten ihnen alle Mittel zur kritischen Diskussion der funktionalen Ausdifferenzierung von Systemen aus Prozessen der Legitimation in moralischer Hinsicht. Sie können lediglich ihre faktische Entwicklung betrachten und diese Entwicklung als einen unvermeidbaren, „naturwüchsigen" Prozess verdinglichen. Sie tun dies entweder – wie Parsons – optimistisch und sehen eine Konvergenz dieses Prozesses mit der Etablierung des, wie er es nannte, Institutionalisierten Individualismus, vor allem in den Vereinigten Staaten, oder sie betrachten diesen Prozess – wie Luhmann – auf neutrale Weise als faktisch unvermeidbar, um jeden Versuch zur Bewertung des Prozesses als Rückkehr zu alteuropäischem Denken zu geißeln, das hinter der historischen Entwicklung zurückbleibt.

Habermas will mehr: Er will die Kritische Theorie dadurch erneuern, dass er in einer zweistufigen, Handlungs- und Systemtheorie integrierenden Gesellschaftstheorie die Beziehung zwischen lebensweltlicher Kommunikation und systemischen Prozessen der Wirtschaft, der bürokratischen Verwaltung und des Rechts in den Mittelpunkt seiner Untersuchung rückt. Indem er Webers (1922/1972c: 387-513) Sicht des rationalen Rechts aufnimmt, zeigt er, dass das Recht eine Verbindung zwischen lebensweltlicher Kommunikation und systemischen Prozessen herstellen könnte. So können – vermittelt durch das Recht – moralische Richtlinien auf ökonomische und bürokratische Prozesse einwirken. Die Rationalisierung des Rechtssystems hat jedoch ihrerseits die Legalität von der im moralischen Diskurs etablierten Moral getrennt. Ein Rückgriff auf Weber öffnet deshalb keinen Weg zur Neugestaltung der Verbindung zwischen lebensweltlicher Kommunikation und systemischen Prozessen. Nach Meinung von Weber erzeugte die kommunikative Rationalisierung der Lebenswelt einen Sinnverlust; die Rationalisierung der gesellschaftlichen Teilsysteme von

Wirtschaft, Bürokratie und Rechtssystem führte zum Verlust der Freiheit. Laut Weber ist dies ein unvermeidbares Paradoxon der Rationalisierung.

Habermas akzeptiert Webers Darstellung in empirischer Hinsicht als eine Beschreibung dessen, was geschehen ist. Sie erklärt sogar, was er als **Kolonialisierung der Lebenswelt** durch die Systeme von Wirtschaft, Bürokratie und positivem Recht bezeichnet. Dies bedeutet, dass Prozesse der Integration von sozialem Handeln durch Geld, Macht und Recht das Zentrum der Kommunikation in der Lebenswelt durchdringen, indem sie die Bereiche Familie, Schule, Bildung und öffentliche Diskussion den Imperativen ökonomischer, administrativer und rechtlicher Entscheidungsfindung unterwerfen (Abb. 5.2).

Kolonialisierung der Lebenswelt durch die Systeme bedeutet Monetarisierung, Bürokratisierung und Verrechtlichung von Kommuniktionsproblemen. Die Monetarisierung kommunikativer Prozesse äußert sich z.B. in der Beherrschung der öffentlichen Kommunikation durch die Gesetze der Kapitalverwertung, z.B. in der Ausrichtung von Fernsehprogrammen an werbeträchtigen Einschaltquoten. Die Bürokratisierung kommunikativer Prozesse zeigt sich in der bürokratischen Organisation der Jugendarbeit. Die Verrechtlichung kommunikativer Prozesse erkennen wir in der zunehmenden Standardisierung von Schulen und Hochschulen durch Schulrecht, Hochschulrecht, Schul- und Prüfungsordnungen oder in der rechtlichen Standardisierung von Ehe und nichtehelicher Lebensgemeinschaft. Kommunikative Prozesse werden dadurch in zunehmendem Maße systemischen Imperativen unterworfen und können dadurch ihr Potenzial der Verständigung nicht mehr entfalten. Kommunikation verliert ihre Identität und wird systematisch verzerrt. Sie folgt dann nicht den Regeln der idealen Sprechsituation, sondern den Imperativen der Kapitalverwertung, der bürokratischen Verwaltung und der juristischen Schematisierung. In einem allgemeinen Sinn wird Kommunikation auf diese Weise der Vermachtung unterworfen, d.h. dass ökonomische, politisch-administrative oder rechtlich zugewiesene Macht und nicht die besseren Argumente über die Durchsetzung von Vorschlägen, Meinungen oder Forderungen entscheiden.

Habermas akzeptiert Webers Diagnose des Sinn- und Freiheitsverlustes in der fortgeschrittenen Moderne zwar als empirische Tatsachenfeststellung, aber nicht als theoretische Erklärung einer unveränderbaren Entwicklung. Er glaubt nicht an die Unvermeidbarkeit des Paradoxons der Rationalisierung. Der Grund dafür ist seine Neufassung von moralischer Argumentation im rationalen Diskurs. Aus seiner Sicht zerstört die Differenzierung der Lebenswelt in der kommunikativen Rationalisierung die Religion als Quelle der Moral, nicht aber die Moral selbst, weil das Verfahren des rationalen Diskurses es uns ermöglicht, auch weiterhin faktische, wertbildende und normative Fragen zu diskutieren, mit dem Ziel, auf höhere Ebenen und zu immer allgemeinerer Gültigkeit vorzudringen.

Abb. 5.2: Entkopplung von System und Lebenswelt, Kolonialiserung der Lebenswelt durch Systeme

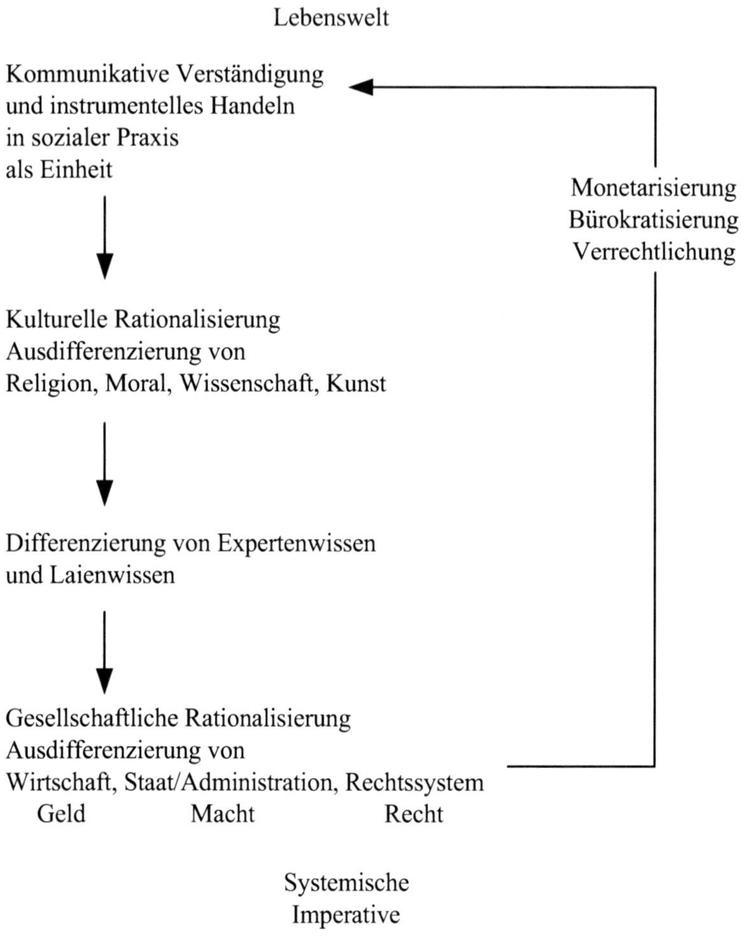

Deshalb sollten wir nicht einzig und allein das Entstehen differenzierter und unabhängig funktionierender Systeme konstatieren, sondern auch die Frage nach ihrer Legitimität durch die Rückbeziehung ihrer Entwicklung auf die moralische Argumentation im rationalen Diskurs stellen.

An diesem Punkt wechselt Habermas von der soziologischen Analyse einer faktischen historischen Entwicklung zur Aufgabe des kritischen Theoretikers, der Fragen zur Kluft zwischen dieser Entwicklung und Vorstellungen der Moral stellt, die aus dem rationalen Diskurs resultieren. Fragen der Legitimität und der rationalen Kritik ersetzen dann Fragen der soziologischen Analyse. Hier allerdings muss Habermas mit konkurrierenden Positionen in einen gleichrangigen rationalen Diskurs über diese Fragen eintreten. Seine Theorie zur Gesellschaft und zur gesellschaftlichen Entwicklung, die er mit Hilfe von Elementen von Max Weber, Talcott Parsons und Niklas Luhmann konstruierte, kann keine höhere Wahrheit beanspruchen und beantwortet keinerlei Fragen bezüglich der Richtung, in welche die Gesellschaft gehen sollte. Er muss die Antworten auf diese Frage dem Verfahren des moralischen Diskurses überlassen. Allerdings fällt Habermas genau hier gelegentlich in das Scheitern der marxistischen Tradition zurück. Er überschätzt die Bedeutung des rationalen Diskurses in der modernen Gesellschaft und neigt dazu, alles uneingeschränkt seinen Regeln unterwerfen zu wollen. Diese Neigung zeigte sich besonders deutlich in seinen früheren Schriften. In seinen neueren Werken dagegen erkennt er eher die unabhängigen und notwendigen Beiträge der Institutionen für das moderne gesellschaftliche Leben an, die sich vom rationalen Diskurs unterscheiden: ökonomische Märkte, politische Märkte, administrative Verfahren, Verhandlungen, Expertenwissen, gemeinschaftliche Assoziation, rechtliche Entscheidungsfindung im Wettbewerb und so weiter. Seine Position besteht jetzt darin, dass man diese verschiedenen Systeme an Verfahren des Diskurses zurückbinden muss, ohne sie durch den Diskurs aufzusaugen. Eine entscheidende Rolle bei der Vermittlung zwischen System und Lebenswelt spielt jetzt das Recht. Es ist jetzt nicht länger ein Funktionssystem jenseits der Lebenswelt, sondern eine Interpenetrationszone, die zwischen lebensweltlichen moralischen Diskursen und systemischen Prozessen vermittelt (Habermas 1992).

Auf der Grundlage und in Fortführung seiner zweistufigen Gesellschaftstheorie hat sich Habermas insbesondere mit fünf Fragenkomplexen der gegenwärtigen Moderne beschäftigt: (1) mit dem philosophischen Diskurs der Moderne als Projekt der Vernunft, (2) mit der demokratischen Fundierung des Rechtsstaats, (3) mit der Herausforderung des Multikulturalismus, (4) mit der demokratischen Gestaltung und sozialen Integration der im Rahmen der Europäischen Union entstehenden europäischen Gesellschaft und der bislang vorwiegend ökonomisch determinierten Weltgesellschaft und (5) mit der ethischen Kontrolle des technischen Fortschritts, insbesondere im Bereich der Biotechnologie. In *Der philosophische Diskurs der Moderne* (1985) verteidigt Habermas sein Projekt einer weiterhin auf die Verwirklichung der Vernunft im geschichtlichen Prozess setzenden Diskurstheorie der Prüfung von Geltungsansprüchen gegen die Vernunftkritik des französischen Poststrukturalismus und Postmodernismus. In *Faktizität und Geltung* (1992) versucht er nachzuweisen, dass der Rechtsstaat der Verankerung in demokratischer Partizipation und Legitimation bedarf, um nicht ausgehöhlt zu werden. Er entwirft das Konzept einer deliberativen Demokratie, in der alle politisch-administrativen und rechtlichen Entscheidungsprozesse ihre Legitimation allein aus ihrer Verschränkung mit Prozessen einer nichtvermachteten öffentlichen Kommunikation beziehen. Dieses Modell einer deliberativen Demokratie hat gegenüber einem an Rousseau anknüpfenden republikanischen Modell den Vorzug, auf ein relativ geschlossenes und homogenes Kollektiv als Quelle der legitimierenden Konsensbildung verzichten zu können, gegenüber einem liberalen Modell der Umsetzung des Interessenpluralismus in bindende Entscheidungen durch Verhandlung und Kompromissbildung den Vorzug, partikulare von verallgemeinerungsfähigen Interessen unterscheiden und letzteren einen Platz in der Gestaltung des Zusammenlebens einräumen zu können.

In *Die Einbeziehung des Anderen* (1996) hat Habermas in die Debatte über politischen Liberalismus, Kommunitarismus und Multikulturalismus eingegriffen. Sein Konzept einer deliberativen Demokratie soll helfen, die Mängel dieser drei Positionen zu beseitigen. Wie in seinem Ansatz angelegt, setzt er auf die zugleich befreiende und durch Verständigung integrierende Kraft der Sprache und ihrer Entfaltung in Diskursen. Je mehr Raum der diskursiven Verständigung über das Zusammenleben gegeben wird, umso mehr Freiheiten können gewährt werden, ohne sie durch starke Gemeinschaftsgefühle – etwa von Nationen – im Zaum halten zu müssen. Zugleich ist eine gegenseitige Anerkennung von kulturellen Identitäten möglich, ohne ihnen Vorrang vor der gemeinsamen Basis der diskursiven Verständigung geben zu müssen.

In *Die postnationale Konstellation* (1998) arbeitet Habermas die Konturen einer durch den Ausbau von Demokratie und Sozialordnungen auf europäischer und globaler Ebene geordneten europäischen und globalen Gesellschaft heraus, in der die Desintegrationspotenziale des globalen Kapitalismus gezähmt werden.

In *Die Zukunft der menschlichen Natur* (2001) setzt sich Habermas mit den ethischen Fragen der neuen Biotechnologie auseinander und bietet mit Hilfe seiner Diskursethik Lösungen an. Die Diskursethik ist eine prozedurale Ethik (Verfahrensethik). Das heißt, sie verspricht sich allein von der Einrichtung von Diskursverfahren eine Wiederherstellung bzw. ständige Erneuerung des durch neue technische Erfindungen immer wieder aufbrechenden ethischen Konsenses. In einer sich durch technische Erfindungen immer schneller wandelnden Gesellschaft kann die Ethik nicht mehr auf lange Sicht fixiert werden. Sie bedarf vielmehr der ständigen Einstellung auf neue Probleme.

Habermas hat über seine wissenschaftlichen Publikationen hinaus immer wieder mit eigenen Beiträgen in die öffentliche Debatte eingegriffen und hat eine maßgebliche Rolle in der kritischen intellektuellen Begleitung der Entwicklung der Bundesrepublik gespielt. Ausdruck dieser öffentlichen Rolle ist z.B. die Ehrung mit dem Friedenspreis des deutschen Buchhandels im Herbst 2001. In dieser Rolle hat Habermas (1987) unter anderem mit gewichtigen Argumenten in den Historikerstreit um die Unvergleichlichkeit des Holocaust und die daraus resultierende moralische Verantwortung Deutschlands in der Welt eingegriffen. In diesem Zusammenhang hat er anknüpfend an eine ältere Begriffsbildung Dolf Sternbergers das Konzept des Verfassungspatriotismus als Ersatz für die obsolet gewordene Integration durch die Nation in die Debatte eingebracht. Im Diskurs über die Wiedervereinigung hat er gegen die faktisch vollzogene Eingliederung der neuen Bundesländer in die Bundesrepublik für einen umfassenden öffentlichen Diskurs über eine gemeinsam zu gestaltende zukünftige Verfassung geworben (Habermas 1990a). In der Debatte über die Gentechnik hat Habermas vehement für eine diskursethische Fundierung der Handhabung der neuen technischen Möglichkeiten gestritten. Inhaltlich hat er argumentiert, dass sich das Klonen von Menschen schon deshalb aus ethischen Gründen versagt, weil ein geklonter Mensch fremdbestimmt wäre und insofern keine volle Selbstverantwortung für seine Person und sein Handeln übernehmen könnte, also mit dem modernen Selbstverständnis des Menschen als freie selbstverantwortliche Person nicht vereinbar wäre.

Zusammenfassung

1. Je mehr die kulturelle Rationalisierung fortschreitet, desto mehr löst sie gesellschaftliche Rationalisierung aus, die Moral, Kunst und Wissenschaft von der Religion sowie das rechtliche, das politische und das ökonomische System von der Lebenswelt trennt.
2. Je mehr das rechtliche, das politische und das ökonomische System rationalisiert und intern durch eigene technische Medien (Recht, Macht und Geld) integriert werden, desto weniger lassen sie sich auf der Basis des moralischen Konsensus steuern.
3. Je mehr die Rationalisierung der Gesellschaft fortschreitet, desto mehr erweitern sich das rechtliche, das politische und das ökonomische System und durchdringen die Lebenswelt; dabei werden Bereiche der kommunikativen Konsensbildung auf ein Minimum reduziert und die Lebenswelt wird „kolonisiert“.
4. Je mehr soziale Interaktion als Kommunikation fortschreitet, desto mehr wirft sie Fragen der Rechtfertigung von Aussagen auf.
5. Je mehr Fragen der Rechtfertigung in der Kommunikation auftreten, desto mehr stillschweigende Übereinkünfte werden aufgebrochen und desto mehr werden Verständigung und Konsens auf universelle Grundlagen gestellt.

6. Je mehr der rationale Diskurs fortschreitet, desto mehr führt er zur Universalisierung von Wissen (Kognitionen, Normen).
7. Je mehr die gesellschaftliche Entwicklung von Fragen der Rechtfertigung im rationalen Diskurs beeinflusst wird, desto mehr wird sie in Richtung einer engeren Konsistenz mit universell gültigen Normen korrigiert.

Kritische Würdigung

Es kann nicht die Aufgabe der Zukunft sein, alle ausdifferenzierten gesellschaftlichen Institutionen durch die Institution des rationalen Diskurses zu ersetzen. Dies würde eine Wiederholung des Scheiterns der marxistischen Theorie bedeuten, als sie die Ablösung sämtlicher ökonomischen und politischen Institutionen durch den Kommunismus versprach. Viele ihrer Anhänger lasen Habermas unter diesem Gesichtspunkt und glaubten, dass nur eine Gesellschaft, in der nichts außer dem rationalen Diskurs regiert, lebenswert sei. Es stimmt zwar, dass sich Habermas in dieser Hinsicht nicht sehr klar ausdrückte, doch ein genaueres Studium seiner Theorie des kommunikativen Handelns zeigt, dass er lediglich dafür votiert, dem rationalen Diskurs einen Platz in der Gesellschaft zu geben, so dass er als kontinuierlich arbeitendes *Korrektiv* der gesellschaftlichen Entwicklung wirken kann. Er kann daher nicht für die Ablösung der kapitalistischen Wirtschaft, der bürokratischen Verwaltung, des formalen Rechtssystems oder der liberalen Demokratie mittels Verfahren des rationalen Diskurses votieren; er kann sich aber für die Institutionalisierung einer festen Verbindung zwischen ihnen aussprechen, so dass diese Systeme von den aus rationalen Diskursen resultierenden moralischen Maßstäben geformt werden. Da jedoch der rationale Diskurs auch die Imperative der ökonomischen Produktion, bürokratischen Verwaltung sowie gerichtlichen und politischen Entscheidungsfindung zu berücksichtigen hat, muss diese Verbindung zwei Seiten haben, so dass die funktionalen Imperative auch die moralische Argumentation in dem Maße einschränken, in dem sie das Funktionieren des ökonomischen, administrativen, rechtlichen und politischen Systems untergraben würde. Prozesse der Legitimation müssen den moralischen Diskurs mit ökonomischer, administrativer, rechtlicher und politischer Entscheidungsfindung gleichgewichtig verbinden. Beide Seiten müssen sich gegenseitig kontrollieren und in ihre Schranken weisen.

Prozesse der systemischen Entscheidungsfindung lassen sich vom moralischen Standpunkt aus kritisieren; sie erfüllen jedoch auch positive Funktionen für moralische Diskurse. Beispielsweise müssen moralische Diskurse zeitlich eingeschränkt werden und zu einer Schlussfolgerung gelangen, um auf die politische Entscheidungsfindung übertragen zu werden. Wenn der Supreme Court in den Vereinigten Staaten zu keiner Entscheidung kommt, dann kann er auch keinen Einfluss auf die politische Entscheidungsfindung ausüben. Dies setzt dem Diskurs äußere Grenzen, weil der Diskurs allein aus sich heraus kein Ende findet. Ökonomische Knappheit errichtet ebenfalls Grenzen, beispielsweise für die vollkommen gleiche Verteilung von Gütern. Diese Auswirkungen systemischer Imperative ändern die moralischen Maßstäbe nicht, zwingen aber dazu, bei der Anwendung moralischer Prinzipien spezifische Umstände zu berücksichtigen. Der moralische Diskurs verändert die ökonomischen, administrativen, rechtlichen und politischen Imperative nicht, schränkt sie aber in ihrer Wirkung ein und verleiht der Legitimation politischer Entscheidungen einen normativen Bezugsrahmen. So sorgen Teilsysteme *zwischen* moralischem Diskurs und ökonomischer, administrativer, rechtlicher und politischer Entscheidungsfindung für deren *Interpenetration*: ökonomische, administrative, politische, rechtliche und öffentliche Diskurse.

Moralischer Diskurs, ökonomische Transaktionen, politische, administrative und rechtliche Entscheidungsfindung setzen sich außerdem nicht nur gegenseitig Grenzen, wenn sie sich miteinander verbinden, sondern liefern einander auch die erforderlichen Ressourcen, um ihren jeweils spezifischen Zweck zu erfüllen. Die erste innere Anforderung für den moralischen Diskurs ist die Assoziation der Diskursteilnehmer, das Aushandeln der Verfahrensweise und die Diskussionsleitung. Außerdem müssen die Diskursteilnehmer über Einfluss verfügen, damit die Ergebnisse des Diskurses in der Gesellschaft akzeptiert werden. Man benötigt darüber hinaus Geld, um Ergebnisse umzusetzen, und Macht, damit man die Resultate in verbindliche Entscheidungen umwandeln kann. Es gibt daher eine ökonomische, politische, administrative und rechtliche Umsetzung von Moral in konkretes Handeln, die ihre Produktion im rationalen Diskurs ergänzt. Jedes System braucht Ressourcen, die nur von den anderen Systemen geliefert werden können. So verläuft die gesellschaftliche Entwicklung nicht in einer Einbahnstraße der Übertragung von moralischen Diskursen auf ökonomische, politische, administrative und rechtliche Systeme, sondern in einem komplexen Prozess ihrer gegenseitigen Durchdringung.

Wenn wir Habermas' Theorie des kommunikativen Handelns zusammenfassend bewerten wollen, dann können wir sagen, dass sie uns wichtige Einsichten in die Struktur und die Prozesse der Kommunikation und ihrer Auswirkungen auf die gesellschaftliche Entwicklung liefert und in ihrer Analyse der Kommunikation weit über den symbolischen Interaktionismus hinausgeht, um die kommunikative Produktion, Reproduktion und Transformation der ganzen Gesellschaft ins Visier zu nehmen. Die Theorie des kommunikativen Handelns bedarf jedoch der Ergänzung durch eine Theorie, die ihr Augenmerk auf die systemische Produktion, Reproduktion und Transformation der Gesellschaft richtet. Dafür bietet der zweistufige Aufbau von Habermas' Gesellschaftstheorie, die Verknüpfung von Handlungstheorie und Systemtheorie, den richtigen Ansatz. Allerdings muss dabei der systemischen Seite mehr Eigenrecht als es in Habermas' konkreter Umsetzung der im Grundsatz richtigen Idee geschieht. Lebenswelt und Systeme können ohne Komplexitätseinbußen nur gleichgewichtig miteinander verschränkt werden. Nicht möglich – da komplexitätsvernichtend wirkend – ist die Umklammerung der Systeme durch eine mittels moralischer Diskurse aufgeklärte Lebenswelt. Habermas' Kolonialisierungsthese liest sich über weite Strecken so, dass sie diesen Anforderungen der Komplexitätserhaltung in der Moderne nicht genügend Beachtung schenkt und deshalb die befreienden Wirkungen der Monetarisierung, Verrechtlichung und Bürokratisierung von traditionell durch gewachsene Herrschaftsverhältnisse geprägten Lebenswelten nicht ausreichend würdigt und die Gefahren der Entkolonialisierung der Lebenswelt systematisch unterschätzt. Der Verrechtlichung ehelicher und familiärer Verhältnisse ist eben auch die Gleichberechtigung der Ehepartner und das Aufbrechen patriarchaler Herrschaft in der Familie zu verdanken. Die Monetarisierung der massenmedialen öffentlichen Diskussion erweitert die Plattform der öffentlichen Meinungsbildung. Die Steuerung der öffentlichen Meinungsbildung durch die Sympathiewerte von Meinungsführern erlaubt es, überhaupt zu einer öffentlichen Meinung als Leitlinie für politische Entscheidungen zu gelangen. Rationale Diskurse wären hier völlig überfordert und würden im Chaos des nicht endenden Meinungsstreits versinken.

Habermas erkennt selbst den „*unzweideutig* freiheitsverbürgenden Charakter rechtlicher Normierungen" (Habermas 1981, Bd.2: 530). Er zieht daraus allerdings nicht die Konsequenz, dass gerade deshalb der Rückführung der von willkürlicher Herrschaft befreiten Lebensverhältnisse in Formen der lebensweltlichen Verständigung außerhalb des formalen Rechts enge Grenzen gesetzt sind und deshalb das Projekt einer Befreiung der Lebenswelten von der „Kolonialisierung" durch das Recht in der konkreten Umsetzung über weite Strecken scheitern müsste. Es gibt sicherlich die Schattenseite der mit der Verrechtlichung einher gehenden neuen Zwänge. Sie völlig beseitigen zu wollen, würde jedoch die Lebensverhältnisse der Willkür situativ variierender Interessenwahrnehmung, Machtausübung und Verhandlung ausliefern. Das Zurückdrehen der Verrechtlichung wäre für einen hohen Preis erkauft.

Auch die Monetarisierung der Lebensverhältnisse erweitert zunächst einmal Handlungsspielräume, z.B. für die Anbieter und Abnehmer von Dienstleistungen. Heute existiert ein ausgedehnter Beratungsmarkt für alle Sonderfälle des Lebens, für die es früher entweder gar keine Beratung gab oder eben nur den Rat engster Freunde. Die Monetarisierung der Pflege alter Menschen durch die Inanspruchnahme der Dienstleistungen von Sozialstationen schafft in der Regel den pflegenden Töchtern Freiräume für die Ausübung einer Berufstätigkeit. Die Monetarisierung der Pflegedienstleistung macht außerdem deutlich, dass es sich dabei um ein knappes Gut handelt. Die Optimierung des Einsatzes von Ressourcen sorgt dafür, dass für eine konkrete Dienstleistung keine Zeit auf Kosten anderer ebenso dringender Nachfrage nach Dienstleistungen verschwendet wird. In der Gesellschaft werden Aufwendungen für die Pflege älterer Menschen nicht in unbezahlter Arbeit versteckt, sondern ins Bewusstsein gerückt, so dass sich jeder langfristig durch Vorsorge darauf einstellen kann. Die Ansparung einer Zusatzrente ist dabei allemal rücksichtsvoller, als auf die spätere Inanspruchnahme der Kinder zu setzen. So schwierig es ist, hier zwischen den Generationen eine faire Aufteilung von Rechten und Pflichten zu finden, befreit die Monetarisierung der Pflege älterer Menschen doch alle, die Älteren und die Jüngeren, von direkter wechselseitiger Abhängigkeit. Würde darüber ein Diskurs geführt, käme man wahrscheinlich zu dem Ergebnis, dass der Gewinn der befreienden Wirkung der Monetarisierung von Pflegedienstleistungen den Verlust der damit einhergehenden „Entfremdung" zwischen den Älteren und den Jüngeren bei weitem übersteigt und ein Zurückschrauben der Monetarisierung mit Einschränkungen der freien Lebensgestaltung von Älteren und Jüngeren verbunden wäre, die heute niemand mehr auf sich nehmen würde.

Mit der Bürokratisierung der Lebensverhältnisse ist es nicht anders. In der Regel entsteht sie dort, wo Organisationen zur Bewältigung von standardisierbaren Problemen in großem Umfang geschaffen werden oder sich vorhandene Organisationen dieser Probleme annehmen oder kleinere Projektgruppen durch Wachstum ihrer Mitglieder und ihres Tätigkeitsvolumens ihre Tätigkeit und ihre Arbeitsteilung in größerem Umfang als zuvor standardisieren, formalisieren oder zentralisieren müssen. Allerdings gibt es gerade heute auch Gegenbewegungen der Entstandardisierung, Entformalisierung und Dezentralisierung, weil neue Märkte mit jungen kleinen Unternehmen entstehen, große Unternehmen in kleinere Teile zerlegt oder Monopolunternehmen wie die Post oder Energiekonzerne aufgelöst werden und Konkurrenz durch kleinere Unternehmen bekommen. Netzwerke verdrängen Hierarchien als Form der Organisation von Zusammenarbeit. Trotz dieses Trends der Entbürokratisierung verschwindet Bürokratisierung nicht aus dem gesellschaftlichen Leben. Sie wird nach wie vor überall dort gebraucht, wo Zusammenarbeit in größeren Einheiten organisiert werden muss und die Abnehmer von Dienstleistungen ein standardisiertes Produkt nachfragen. Die Organisationsvorteile der Bürokratie für solche Zwecke bleiben weiter bestehen und legen gegen Wünsche nach Entbürokratisierung Sperren ein, die von jedem in der Regel auch akzeptiert werden, der für bestimmte Teile des Lebens auf die Entlastung durch Standardisierung nicht verzichten will. Der damit einhergehende Mangel an Sensibilität für den Einzelfall kann einen Verzicht auf Berechenbarkeit in vielen Fällen nicht rechtfertigen. Demgemäß sind auch der Entbürokratisierung engere Grenzen gesetzt als der von der Kritischen Theorie emphatisch vorgetragene Wunsch nach Entbürokratisierung vermuten lässt.

In diesem Zusammenhang macht sich besonders auffällig bemerkbar, dass die Kritische Theorie auf einem Auge sehr unkritisch ist: Sie will nicht gern wahrhaben, dass das Gute eine oft nicht zu beseitigende schlechte Seite hat und wünscht sich eine Welt, in der dieses Dilemma grundsätzlich aufgehoben ist. Hier ist der Punkt erreicht, an dem der moralische Impetus der Kritischen Theorie weitere Reflexion eher behindert als befördert.

Habermas hat dargelegt, wie eine kritische Gesellschaftstheorie in unserer Zeit noch möglich ist. Allerdings muss man auch die andere Seite dieser Kritischen Theorie sehen, die man in besonderer Schärfe vor Augen geführt bekommt, wenn man sie mit Hilfe von Luhmanns Gesellschaftstheorie beleuchtet: ihre Neigung, das Wünschbare zugleich für möglich zu halten und eine Welt gestalten zu wollen, die sich nur noch aus Gutem und Gerechtem zusammen setzt. Es geht dadurch das Gespür dafür verloren, dass es zu allem Guten und Gerechten auch eine zweite Seite des weniger Guten oder Gerechten gibt, zumindest unterhalb abstrakter Prinzipien auf der Ebene der konkreten Gesellschaftsgestaltung. Im Lichte solcher einschränkenden Betrachtungen muss sich auch die Kritische Theorie auf das zurechtstutzen lassen, was sie ehrlicherweise leisten kann: Anhaltspunkte für den Einbau kritischer Reflexion in den gesellschaftlichen Entscheidungs- und Evolutionsprozess zu liefern, ohne jedoch ein Privileg für bessere Einsichten beanspruchen zu dürfen und ohne diesen Prozess verbindlich steuern zu können.

Habermas' Erneuerung der Kritischen Theorie durch den Aufbau einer Theorie des kommunikativen Handelns regte weitere Entwicklungen an (Honneth, McCarthy, Offe und Wellmer 1989). Klaus Eder (1985) erweiterte Habermas' Theorie in einer umfassenden Studie zur Entwicklung der politischen und rechtlichen Kultur in Deutschland zwischen 1770 und 1870, sowie in seinen Arbeiten zu den neuen sozialen Bewegungen. Max Miller (1986) hat zu dieser Entwicklung mit einer umfassenden Untersuchung über kollektive Lernprozesse beigetragen. Axel Honneth (1985) steuerte eine kritische Machttheorie bei. Albrecht Wellmer (1971) versuchte, philosophische Elemente der früheren Kritischen Theorie neu zu beleben.

Orientierungsfragen

1. Welche Bedeutung hat Kommunikation nach Habermas a) für die Interaktion und b) für die Produktion, Reproduktion und Transformation der Gesellschaft? Wie grenzt sich Habermas damit a) von Mead und b) von Luhmann ab?
2. Diskutieren Sie die Unterscheidung zwischen dem strategischen Handeln und dem kommunikativen Handeln mit der Zwischenstufe der strategischen Kommunikation a) bezüglich der Handlungsmotivation des Akteurs und der Erfolgskriterien, b) bezüglich der Beurteilung des Gegenübers durch den Akteur und c) bezüglich der Bestimmung der Typen des Handelns durch Habermas.
3. Weshalb kann nicht nur das strategische, sondern auch das kommunikative Handeln als rational gelten? Diskutieren Sie die Bedingungen und Grenzen, Logik und Verlauf des rationalen Diskurses anhand eines selbstgewählten Beispiels!
4. Die ideale Sprechsituation kommt im realen Leben gar nicht vor, wenden Kritiker ein. Reagieren Sie anstelle von Habermas auf diese Kritik und verteidigen Sie die Theorie des kommunikativen Handelns! Bei welchen Kritikpunkten muss Habermas allerdings passen?
5. Legen Sie dar, wie aus der Auseinandersetzung mit der Kritischen Theorie Habermas' Theorie der kommunikativen Rationalität hervorgegangen ist! Worin bestand deren Dilemma, das zum Scheitern führte? Wie löst Habermas das Dilemma auf?
6. Wie verbindet Habermas im Unterschied zu Parsons und zu Luhmann die Handlungstheorie mit der Systemtheorie?
7. Fassen Sie zusammen, wie Habermas die Theorie der Rationalisierung von Weber im Hinblick auf die kommunikative Rationalität neu interpretiert und eine eigene Theorie der Moderne entwickelt! Welche Widersprüche für Kultur, Gesellschaft und Individuum resultieren aus der Entkopplung von System und Lebenswelt?
8. Wodurch können die Widersprüche der Moderne nach Habermas aufgelöst werden? Inwiefern fällt Habermas in das Scheitern der Kritischen Theorie zurück?
9. Erläutern Sie die These der Kolonialisierung der Lebenswelt durch die Systeme an Beispielen a) der Monetarisierung, b) der Verrechtlichung und c) der Bürokratisierung!

Wichtige Begriffe

Allgemeininteresse
Diskurs
Diskurs, kultureller
Diskurs, öffentlicher
Diskurs, praktischer
Diskurs, rationaler
Diskurs, theoretischer
Erkenntnisinteresse, emanzipatorisches
Erkenntnisinteresse, praktisches
Erkenntnisinteresse, technisches
Ethik
Expressiva
Handeln, dramaturgisches
Handeln, kommunikatives
Handeln, normreguliertes
Handeln, strategisches
Illokution
Kolonialisierung der Lebenswelt
Kommunikation
Konsens
Konstativa
Kritik, therapeutische
Lebenswelt (Kultur, Gesellschaft, Persönlichkeit)
Lokution
Meinung, öffentliche
Moral
Perlokution
Rationalisierung, kommunikative
Regulativa
Sakralen, Versprachlichung des
Sozialtechnologie
Sprechhandlung, konstative (Konversation)
Sprechsituation, ideale
System (Wirtschaft, Bürokratie, Recht)
Theorie, Kritische
Verhandlung
Vernunft

6. Die Welt als System
Immanuel Wallersteins Weltsystemanalyse

Biografische Angaben

Immanuel Wallerstein wurde am 28. September 1930 in New York geboren. Er studierte an der Columbia University, wo er 1959 seinen Ph.D.-Grad erlangte und bis 1971 auch als Professor im Fachbereich Soziologie lehrte. Nach einer fünfjährigen Tätigkeit an der McGill University trat er 1976 eine Stelle als Professor an der Binghamton University, die zur State University of New York gehört, an. Im gleichen Jahr wurde er Direktor des „Fernand Braudel Center for the Study of Economies, Historical Systems, and Civilizations", einem rennomierten Zentrum für vergleichende wirtschaftshistorische Forschung. Wallerstein ist als Mitglied, Gastprofessor, Fellow und Ehrendoktor zahlreicher Universitäten und wissenschaftlicher Vereinigungen (unter anderem in Finnland, Südkorea, England, Frankreich und Hongkong) einer der anerkanntesten international tätigen Sozialwissenschaftler. Seine wissenschaftlichen Aktivitäten wurden 2000 geehrt, als er zum Senior Research Scholar der Yale University berufen wurde.

Das Weltsystem

Die Entstehung und Fortentwicklung des **Weltsystems** ist Gegenstand der „Weltsystemanalyse", die Immanuel Wallerstein, Terence K. Hopkins und ihre Kollegen am *Fernand Braudel Center for the Study of Economies, Historical Systems, and Civilizations* an der State University of New York in Binghamton im Staate New York während der 1970er und 1980er Jahre entwickelten (Wallerstein 1974, 1979, 1980, 1983, 1984, 1989; Hopkins und Wallerstein 1982). Die Weltsystemanalyse beginnt mit drei grundlegenden Annahmen: (1) Es gibt eine expandierende Weltwirtschaft. (2) Es existieren viele expandierende

Staaten. (3) Produktionsbeziehungen, innerstaatliche und zwischenstaatliche Politik werden geprägt von der Beziehung zwischen Kapital und Arbeit (Hopkins und Wallerstein 1982: 11–13). Dieses Weltsystem nahm seinen Ursprung in Europa im sechzehnten Jahrhundert und dehnte sich seitdem von dort über den ganzen Globus aus. Das zentrale Element des Weltsystems ist die Unterscheidung in ein ökonomisch weiter fortgeschrittenes **Zentrum** und eine ökonomisch weniger fortgeschrittene **Peripherie**. Das Zentrum verlagerte sich im Laufe der Zeit geografisch gesehen von Westeuropa in den nordatlantischen Raum und tendiert nun in Richtung Pazifik. Das System wird sich allmählich weiter ausbreiten, bis es schließlich jeden Teil der Welt abdeckt. Ehemals externe Bereiche wurden Teil des Systems und ergänzen nun die Peripherie der weniger weit fortgeschrittenen Gebiete. Dies ist der Prozess der Peripherisierung von Gebieten, die einst außerhalb des Systems unabhängig existierten. „Zentrum" und „Peripherie" bezeichnen komplementäre Teile der Weltwirtschaft, die eine derivative Unterscheidung zwischen starken und schwachen Staaten entstehen lassen. Der Ursprung der Unterscheidung von Zentrum und Peripherie ist ökonomisch begründet. Die Staaten expandieren in doppelter Hinsicht innerhalb dieses Systems: (1) Staaten im Zentrum versuchen, ihre Herrschaft über andere Staaten sowie externe Völker und Gebiete, die in die Peripherie vorrücken, auszudehnen. (2) Dieser Prozess führt dazu, dass es eine grössere Anzahl von Staaten innerhalb des Gesamtsystems gibt, was wiederum die Anzahl der zwischenstaatlichen Beziehungen erhöht (Abb. 6.1).

Die Ausweitung der Herrschaft der Zentrumsstaaten und die feste Etablierung ihrer Herrschaft entspricht politisch dem ökonomischen Prozess der Peripherisierung. Wenn sich die Weltwirtschaft und das zwischenstaatliche System ausweiten, werden Produktionsbeziehungen sowie inner- und zwischenstaatliche Beziehungen durch das Verhältnis zwischen Kapital und Arbeit geprägt, das die Situation bestimmt, in der Individuen, Haushalte, Gemeinschaften, Organisationen und Staaten handeln. Zwischenstaatlich gesehen, liefern die Staaten der Peripherie zunehmend die billigen Arbeitskräfte für die ökonomisch fortgeschrittenen Zentrumsstaaten.

Dass es eine Weltwirtschaft, aber viele Staaten gibt, gilt als Widerspruch (Hopkins und Wallerstein 1982: 12). Hinsichtlich der Weltwirtschaft und der weltweiten Akkumulation von Kapital sollte es keine Schranken für den Handel, den Import und Export von Kapital oder für die Errichtung von Produktionsstätten im Ausland geben. Die Expansion der Weltwirtschaft greift auf der einen Seite in die Souveränität der Staaten ein. Auf der anderen Seite wirkt auch der Trend der Staaten zur Errichtung einer souveränen Macht auf die Expansion der Weltwirtschaft ein, weil dies dem Import von Kapital und Waren zu Gunsten der einheimischen Industrie Schranken setzt. Die Annäherung der ökonomischen und politischen Unterschiede von Zentrum und Peripherie tendiert dazu, diesen Widerspruch abzubauen, weil in diesem Fall die Expansion des Kapitals in der Weltwirtschaft mit der Expansion der Herrschaft der Zentrumsstaaten über den Rest der Welt zusammenfällt.

Die Expansion der Weltwirtschaft schafft eine grundlegende Arbeitsteilung zwischen dem Zentrum und der Peripherie (Hopkins und Wallerstein 1982: 44-50). Die Peripherie arbeitet auf einem niedrigen Niveau der technischen Entwicklung und liefert einfache landwirtschaftliche Produkte und mineralische Ressourcen für die industrielle Produktion. Das Zentrum ist technisch hoch entwickelt und bietet komplexe Industriegüter. Tendenziell werden daher die Industrien des Zentrums billige Arbeitskräfte in der Peripherie anheuern, indem sie dort Fabriken bauen. Der Austausch dieser Güter zwischen Zentrum und Peripherie findet unter ungleichen Bedingungen statt. Die Peripherie muss ihre einfachen Produkte zu billigen Preisen veräußern, während die komplexen Produkte des Zentrums zu hohen Preisen verkauft werden. In der Peripherie ermöglichen niedrige Lohnkosten niedrige Preise, und es gibt kaum Druck in Richtung technischer Innovation, um Lohnkosten zu sparen. Im Zentrum erfordern höhere Lohnkosten, die aus dem Druck einer starken Arbeiterbewegung und der beruflichen Qualifikation der Beschäftigten resultieren, höhere Preise für Waren und üben einen wesentlich stärkeren Druck in Richtung technischer Innovation aus. In der Peripherie vereinfacht technische Innovation meist die manuelle Arbeit, während sie im Zentrum von höheren Anforderungen an berufliche Qualifikation begleitet wird. Daher wird die Kluft zwischen niedrigen Lohnkosten und niedrigen Warenpreisen in der Peripherie und hohen Lohnkosten und hohen Preisen im Zentrum nicht kleiner; sie kann sogar noch größer werden, wenn die Weltwirtschaft expandiert. Der Austausch bleibt ungleich. Die Peripherie muss viel mehr billige Produkte verkaufen, die viel billige Arbeit erfordern, um wenige hochpreisige Artikel aus dem Zentrum zu erhalten, die dort mit hohen Lohnkosten hergestellt wurden.

Die Akkumulation von Kapital läuft nicht nur im Zentrum ab, sondern ist ein globaler Prozess. Er beinhaltet auch nicht nur reine Lohnarbeit (Hopkins und Wallerstein 1982: 14–23). Nach Marx resultiert die Akkumulation von Kapital aus der Ausbeutung des Lohnarbeiters, der seine Arbeitskraft zum Preis ihrer Reproduktionskosten verkauft. Allerdings produziert der Arbeiter mehr Waren als für die Reproduktion seiner Arbeitskraft erforderlich sind. Der Arbeiter schafft einen Mehrwert, der die Quelle für den Gewinn ist, den der Kapitalist aus dem Produktionsprozess zieht. Dieser Mehrwert wird vom Arbeiter geschaffen, aber vom kapitalistischen Unternehmen angeeignet, um sein Kapital zu erhöhen, und führt so zum Prozess der Kapitalakkumulation.

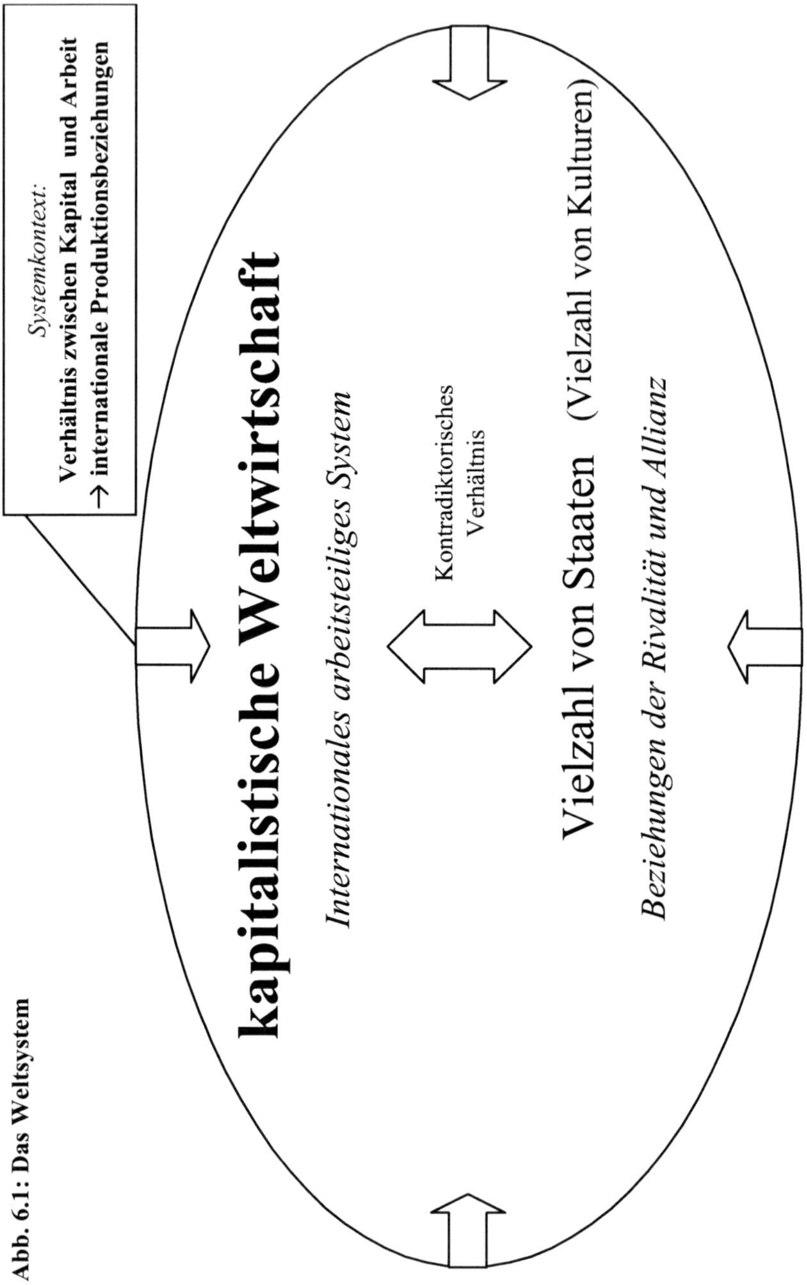

Abb. 6.1: Das Weltsystem

Laut Wallerstein und Hopkins beinhaltet jedoch die weltweite Expansion der kapitalistischen Wirtschaft des Zentrums in die Peripherie stets auch andere Formen der Ausbeutung von Arbeit als Lohnarbeit in peripheren Gebieten, so z.B. die Ausbeutung von Arbeitern, die für die Reproduktion ihrer Arbeitskraft nicht voll bezahlt werden; dies wiederum erfordert die Produktion einiger landwirtschaftlicher Produkte durch sie selbst oder andere Familienmitglieder. Bauern, die einerseits für ein Unternehmen arbeiten, andererseits aber teilweise ihre eigene Nahrung herstellen müssen, um ihre Familie zu unterhalten, zählen zu dieser Kategorie (Hopkins und Wallerstein 1982: 48–50).

Zwischen Zentrum und Peripherie entsteht ein semiperipherer Bereich, indem sich ehemals periphere Gebiete in eine Position zwischen dem Zentrum und nach wie vor unentwickelten oder neu aufgenommenen peripheren Bereichen bewegen. Allerdings können auch Gebiete, die einst zum Zentrum gehörten, in den niedrigeren Rang eines semiperipheren Bereichs abgleiten, weil sie ihre Position im Wettbewerb der Zentrumsregionen verloren haben. Die semiperipheren Gebiete fungieren als Mittler zwischen dem Zentrum und der Peripherie; sie dienen als Zentrum für die peripheren Gebiete und als Peripherie für die Gebiete des Zentrums; somit vereinen sie Elemente von Zentrum und Peripherie gleichermaßen in sich (Hopkins und Wallerstein 1982: 47).

Das staatliche System entwickelt sich hin zur Einrichtung der Herrschaft der Zentrumsstaaten über die Staaten der Peripherie, weil die Zentrumsstaaten erheblich mehr Macht aus ihrer fortgeschrittenen wirtschaftlichen Entwicklung ziehen und diese Macht nutzen können, um einen ungleichen Austausch zwischen den Staaten des Zentrums und der Peripherie zu unterstützen. Dies nennt man im allgemeinen Imperialismus. Er kann durch formale politische Herrschaft des Zentrums über die Peripherie mittels Kolonialismus oder durch informelle Herrschaft mittels wirtschaftlicher Unterdrückung und Ausbeutung errichtet werden (Hopkins und Wallerstein 1982: 51–52).

Die zwischenstaatlichen Beziehungen im Zentrum können zwei Formen annehmen. Es kann mehrere rivalisierende Zentrumsstaaten geben, von denen kein Einziger in der Lage ist, eine Vorherrschaft aufzubauen, so dass es zu einem relativen Gleichgewicht der Macht zwischen den rivalisierenden Staaten kommt. Die andere mögliche Form des Zentrumsstaatssystems ist der Aufbau der Vorherrschaft eines Staates, die man Hegemonie nennen kann. Im Unterschied zur Herrschaft der Zentrumsstaaten über die Staaten der Peripherie impliziert die Hegemonie nicht primär die politische Dominanz eines Staates über die anderen, sondern wirtschaftliche Überlegenheit (Hopkins und Wallerstein 1982: 52-53).

Die Entwicklung des Kapitalismus verschärfte den Konflikt zwischen der Bourgeoisie und dem Proletariat als bewegender Motor in den kapitalistischen Gesellschaften. Je mehr dieser Konflikt in den Staaten des Zentrums in den

Hintergrund trat und ins Weltsystem rückte, desto mehr tauchte er als Konflikt zwischen der reichen „bourgeoisen" Bevölkerung der Zentrumsstaaten und der armen „proletarischen" Bevölkerung der Staaten der Peripherie auf.

Das globale System entwickelt sich in zyklischen Rhythmen von unterschiedlicher Länge, von Aufschwung, Stagnation und Rückgang (Hopkins und Wallerstein 1982: 53-54). Einerseits findet sich ein kurzlebiger Handelszyklus. Auf der anderen Seite behaupten Wallerstein und Hopkins, dass sich die Weltwirtschaft insgesamt in langfristigen Zyklen von Aufschwung, Stagnation und Rückgang entwickelt hat, wobei jede Phase einen Zeitraum von 150 bis 300 Jahren umfasst. Sie gehen davon aus, dass dies ein unvermeidbares Element der kapitalistischen Entwicklung ist, das allerdings jetzt in immer kürzeren Wellen auftritt. Der wichtigste Grund für diese zyklischen Wellen ist die Zeitspanne der Anpassung zwischen Produktion und Verbrauch in der Weltwirtschaft.

Drei wichtige säkulare Tendenzen markieren die Entwicklung der Weltwirtschaft (Hopkins und Wallerstein 1982: 54-57). Zunächst gibt es die kontinuierliche Expansion des kapitalistischen Weltsystems, das in jeden Winkel der Erde vordringt, und das wachsende Volumen des Kapitals an sich. Gleichzeitig bringt die Entwicklung des kapitalistischen Weltsystems eine Kommodifizierung beinahe aller Ressourcen mit sich. Land, Arbeit und natürliche Ressourcen werden zu Waren, die nach ihrem Tauschwert bewertet werden, nicht mehr aber nach ihrem Gebrauchswert. Schließlich impliziert diese Entwicklung die permanente Mechanisierung der Produktion in Form permanenter technologischer Innovation. Jedes Unternehmen ist gezwungen, damit weiterzumachen, um mit der Konkurrenz Schritt halten zu können. Die industrielle und die wissenschaftlich-technische Revolution waren wichtige Ereignisse in dieser Entwicklung. Die Mechanisierung insgesamt ist jedoch ein dauerhafter Prozess. In diesem Prozess verlagert sich das Kapital in den Gebieten des Zentrums weg von seiner Arbeitsbasis (variables Kapital) und hin zu seiner mechanischen Basis (konstantes Kapital) und beinhaltet auch die wiederholte Neueingliederung von Kapital auf Arbeitsbasis (variabel) durch den Einsatz von billiger Arbeit in peripheren Gebieten (Abb. 6.2).

Grundlegende Annahmen

Wir können die bislang dargelegten Grundsätze der Weltsystemanalyse zusammenfassen:

1. Je mehr sich das Wirtschaftssystem des Kapitalismus entwickelt, desto mehr wird es weltweit expandieren.

Abb. 6.2: Zentrum, Semiperipherie und Peripherie

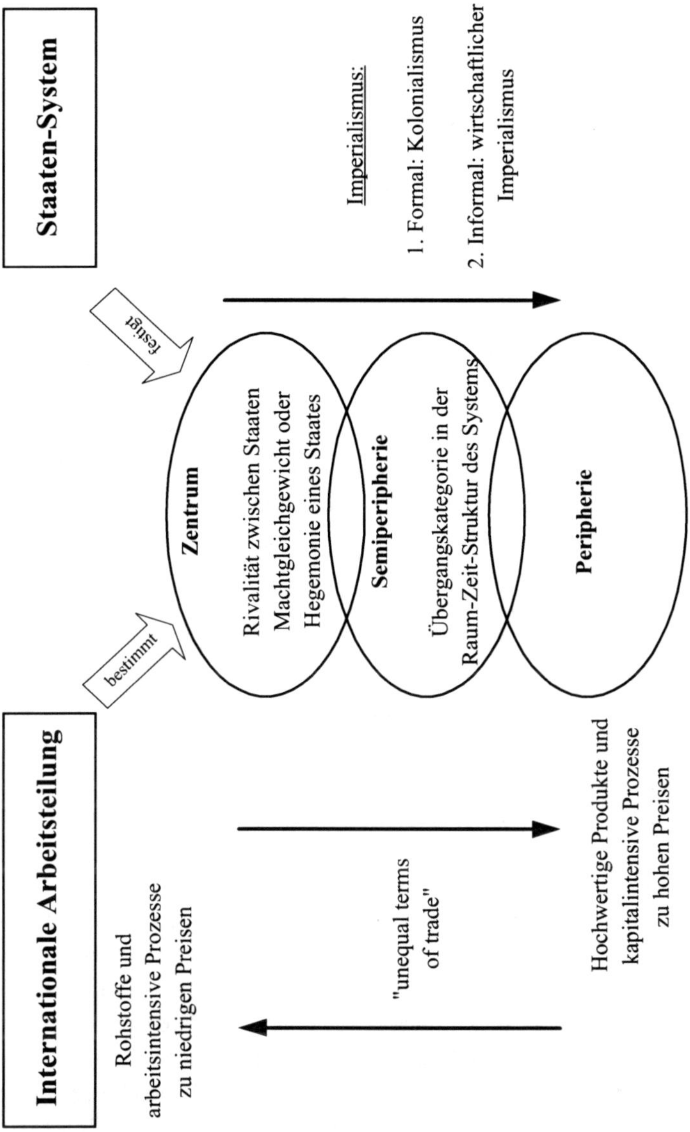

2. Je mehr sich das Wirtschaftssystem des Kapitalismus entwickelt, desto mehr wird es zur Entwicklung und Eingliederung von Staaten und zwischenstaatlichen Beziehungen führen.
3. Je mehr sich das Wirtschaftssystem des Kapitalismus entwickelt, desto mehr werden Produktionsbeziehungen sowie inner- und zwischenstaatliche Beziehungen durch die Beziehung zwischen Kapital und Arbeit geprägt.
4. Je mehr sich das Wirtschaftssystem des Kapitalismus weltweit entwickelt und je mehr Staaten in diesem Prozess etabliert werden, desto mehr wächst der Widerspruch zwischen der Expansion der Wirtschaft und der souveränen Rechtsprechung der Staaten, was zu Konflikten zwischen den Staaten und der Weltwirtschaft führt.
5. Je mehr sich das Wirtschaftssystem des Kapitalismus entwickelt, desto mehr wird es in ein wirtschaftlich fortgeschrittenes Zentrum und eine wirtschaftlich rückständige Peripherie untergliedert, ebenso auch in politisch starke Staaten des Zentrums und politisch schwache Staaten der Peripherie.
6. Je mehr sich die Weltwirtschaft in ein modernes Zentrum und eine rückständige Peripherie spaltet, desto mehr impliziert der wirtschaftliche Austausch zwischen ihnen den Austausch hochpreisiger Industriegüter auf der Basis höherer Löhne gegen billige landwirtschaftliche und mineralische Produkte, basierend auf niedrigen Löhnen; er findet somit unter ungleichen Bedingungen statt.
7. Je mehr sich das Wirtschaftssystem des Kapitalismus weltweit entwickelt, desto mehr impliziert der Prozess der Kapitalakkumulation die Ausbeutung nicht nur der reinen Lohnarbeit von Vollzeitarbeitern im Zentrum, sondern auch von Teilzeitarbeitern in der Peripherie, die auch von der eigenen Produktion landwirtschaftlicher Güter leben.
8. Je mehr sich das Wirtschaftssystem des Kapitalismus entwickelt, desto mehr entstehen zwischen Zentrum und Peripherie semiperiphere Bereiche, die zwischen ihnen vermitteln.
9. Je mehr sich das Staatssystem entwickelt, desto mehr werden die Staaten des Zentrums die Herrschaft über die Staaten der Peripherie festigen.
10. Je mehr sich das Staatensystem entwickelt, desto mehr befinden sich die Staaten des Zentrums entweder in einem Gleichgewicht der Rivalität, oder ein Staat errichtet eine Hegemonie auf ökonomischer Basis.
11. Je mehr sich das Wirtschaftssystem des Kapitalismus weltweit entwickelt, desto mehr wird der ursprüngliche interne Konflikt zwischen Bourgeoisie und Proletariat durch den externen Konflikt zwischen der reichen Bevölkerung des Zentrums und der armen Bevölkerung der Peripherie abgelöst.

12. Je mehr sich das Wirtschaftssystem des Kapitalismus entwickelt, desto mehr geschieht dies in zyklischen Rhythmen von Aufschwung, Stagnation und Rückgang, wobei der Trend zu kürzeren Aufwärts- und Abwärtsphasen geht.
13. Je mehr sich das Wirtschaftssystem des Kapitalismus weltweit entwickelt, desto mehr nimmt es auch ehemals externe Bereiche als periphere Zonen in das System auf.
14. Je mehr sich das Wirtschaftssystem des Kapitalismus entwickelt, desto mehr macht es Land, Arbeit, natürliche Ressourcen und alle Produkte überhaupt zu einer Ware und führt somit zur Kommodifizierung aller Lebensbereiche.
15. Je mehr sich das Wirtschaftssystem des Kapitalismus entwickelt, desto mehr impliziert es eine permanente Mechanisierung des Produktionsprozesses.

Spezifische Hypothesen

Die grundsätzlichen Annahmen der Weltsystemanalyse können durch eine Reihe spezifischerer Hypothesen ergänzt werden, die sich um drei „Antinomien" gruppieren: (1) Wirtschaft/Staat, (2) Angebot/Nachfrage, (3) Kapital/Arbeit.

Wirtschaft und Staat

Die Antinomie Wirtschaft/Staat resultiert aus der Logik der expandierenden Wirtschaft, Grenzen zwischen den Staaten abzubauen und dem Trend der Staaten, solche Grenzen aufrecht zu erhalten, um ihre Souveränität zu bewahren. Die folgenden Hypothesen lassen sich um diese Antinomie gruppieren (Hopkins und Wallerstein 1982: 58-64):

1. Sobald das Weltsystem etabliert ist, wird es mindestens ebenso viele (wenn nicht sogar mehr) Warenketten geben, die über staatliche Grenzen hinausgehen, wie innerhalb staatlicher Grenzen verbleiben.

Diese Hypothese besagt, dass der internationale Handel schon zu Beginn des europäischen Wirtschaftssystems im sechzehnten Jahrhundert etabliert wurde und seither bestehen blieb. Nur Phasen des wirtschaftlichen Niedergangs führten zeitweise zu einem Rückgang des internationalen Handels. Die Hypothese bedeutet, dass der internationale Handel eine wesentliche Voraussetzung für die Entwicklung des Kapitalismus war und nicht erst ein späteres Ergebnis dieser Entwicklung darstellt.

2. Je mehr sich die Differenzierung zwischen Zentrum, Semiperipherie und Peripherie gefestigt hat, desto mehr wird diese Stratifikation in der weiteren Entwicklung des Systems aufrechterhalten.

Diese Hypothese erklärt die Beibehaltung der etablierten Stratifikation im System.

3. Je näher ein Staat dem wirtschaftlich fortgeschrittenen Zentrum steht, desto stärker ist seine Staatsmaschinerie.

Diese Hypothese erklärt die Abhängigkeit politischer Stärke von wirtschaftlichem Fortschritt. Andererseits schwächt die Eingliederung ehemals externer Staaten in die Peripherie des Systems ihre politische Stärke:

4. Sobald einstmals unabhängige Staaten in die periphere Zone des Weltsystems eingegliedert werden, nimmt die Stärke ihrer Staatsmaschinerie ab.

Der Ursprung jeglicher Überlegenheit ist der Produktionsvorteil: Je größer der Produktionsvorteil eines Gebietes oder Staates, desto größer wird nach einiger Zeit auch sein Vorsprung im Handel sein.
Andererseits fördert ein Vorsprung im Handel auch den finanziellen Vorsprung:

6. Je größer der handelsmäßige Vorsprung eines Gebietes oder Staates, desto größer wird sein finanzieller Vorsprung sein.

Militärischer Vorsprung gilt als abhängig vom produktiven Vorteil und überschneidet sich mit dem Vorteil im Handel. Dies zeigt deutlich, dass Wallerstein und Hopkins der ökonomischen Basis Priorität gegenüber der politischen Basis einräumen:

7. Je größer der produktive Vorsprung eines Staates, desto größer ist seine militärische Stärke, die sich mit zeitlicher Verzögerung und parallel zum Vorsprung im Handel entwickelt.

Die Hegemonialmacht propagiert freien Handel, um die Hegemonie auszubauen. Für einen Staat, der nach Hegemonie strebt, ist es leichter, seine Macht über periphere Staaten mittels informaler Herrschaft als durch Kolonialisierung zu erweitern. Andererseits erfordert eine abnehmende Hegemonie Versuche, die Macht über periphere Staaten durch Kolonialisierung aufrecht zu erhalten:

8. Je mehr eine hegemoniale Macht bemüht ist, ihre Hegemonie auszubauen, desto mehr wird sie den freien Handel propagieren.
9. Je mehr ein Staat in Richtung Hegemonie tendiert, desto mehr wird er seine Macht über periphere Staaten mittels informaler Herrschaft erweitern und umso weniger mittels Kolonialisierung.

Der Rückgang einer Hegemonie verbunden mit einem weltweiten wirtschaftlichen Abschwung fördert bei anderen starken Staaten Versuche, merkantilistische Schranken aufzubauen, um dem Abschwung zu entgehen:

10. Je mehr eine Hegemonie parallel zur Weltwirtschaft zurückgeht, desto mehr werden andere starke Staaten versuchen, diesem Abschwung durch Errichtung merkantilistischer Schranken zu entgehen.

Die hegemoniale Macht, die eine wirtschaftliche Schwäche erleidet und Kontrolle über Kolonien hat, wird sich der Entkolonialisierung widersetzen, um Ressourcen aus den Kolonien ziehen zu können. Die peripheren Zonen wiederum ziehen ihre Fähigkeit zur Entkolonialisierung aus der wachsenden wirtschaftlichen Stärke:

11. Je schwächer eine hegemoniale Macht wirtschaftlich ist, desto mehr wird sie sich der Entkolonialisierung widersetzen.
12. Je mehr ein peripherer Staat wirtschaftliche Fortschritte macht, desto eher wird er in der Lage sein, eine Entkolonialisierung zu erreichen.

Der Handel verläuft nach folgenden Grundsätzen:

13. Je mehr Konkurrenz zwischen den Staaten herrscht, desto mehr werden sie dazu tendieren, Zollschranken zu errichten.
14. Je mehr eine Hegemonie entsteht, desto mehr wird der freie Handel verstärkt.
15. Je mehr die Weltwirtschaft wächst, desto mehr werden sich die Zentrumsstaaten auf bestimmte Produkte konzentrieren und diese austauschen; je mehr sie rückläufig ist, desto mehr wird jeder Staat seine Produktion diversifizieren und den Außenhandel reduzieren.
16. Je mehr die Weltwirtschaft wächst, desto mehr importieren semiperiphere Staaten aus den Staaten des Zentrums; je mehr sie rückläufig ist, desto mehr werden sie diese Importe reduzieren.
17. Je mehr eine hegemoniale Macht errichtet wird, desto mehr werden sich die peripheren Staaten einem Austausch mit dieser Macht zuwenden; je mehr im Zentrum Konkurrenz vorherrscht, desto mehr werden sich einzelne Staaten der Peripherie mit bestimmten Staaten des Zentrums in bestimmten Einflussbereichen oder Zollgebieten verbinden.

Angebot und Nachfrage

Um das Thema Angebot und Nachfrage lassen sich folgende Hypothesen gruppieren (Hopkins und Wallerstein 1982: 64–67):

1. Sofern ein struktureller Wandel erfolgt, wird er zunehmend mit deutlichen Mustern eines zyklischen Rhythmus verbunden sein.
2. Je mehr sich die Weltwirtschaft entwickelt, desto kürzer wird die Abfolge der zyklischen Rhythmen.
3. Je mehr sich die Weltwirtschaft entwickelt und ein System bildet, desto mehr werden zwischen Zentrum, semiperipheren und peripheren Gebieten zyklische Rhythmen aufeinander abgestimmt.
4. Je mehr sich die Weltwirtschaft entwickelt, desto mehr erfolgt dies stufenweise.
5. Sofern es zur Stagnation kommt, wird diese verschiedene Bereiche der Wirtschaft aus früheren Stagnationsphasen betreffen.
6. Wenn Kapitalgüter weltweit produziert werden, werden sie regelmäßig die Nachfrage aus der Verbrauchsgüterindustrie übertreffen und somit zu Krisen der Überproduktion und Kontraktion führen.
7. Je mehr die Weltwirtschaft expandiert, desto mehr wird dies zur Umverteilung der effektiven Nachfrage führen, resultierend aus der zunehmenden Proletarisierung der Arbeitskräfte weltweit.
8. Sofern die Weltwirtschaft expandiert, fließen Investitionen vom Zentrum in die Peripherie, und auch die Migration von Arbeitskräften von der Peripherie ins Zentrum nimmt zu.
9. Sobald der Expansion eine Stagnation folgt – und umgekehrt –, zieht eine Übergangsphase ein besonderes Muster einer gesteigerten Rate der Akkumulation von Kapital nach sich.
10. Wenn es zu einer Übergangsphase kommt, gibt es ökologische Erschöpfung, vor allem hinsichtlich Land und Arbeit, vor allem in bestimmten peripheren Bereichen.
11. Wenn es zu einer Übergangsphase kommt, verschärfen sich Klassenkonflikt und Repression, vor allem in peripheren Gebieten.
12. Wenn es zur Kontraktion kommt, werden besondere produktive Aktivitäten von Gebieten der Peripherie ins Zentrum und in die Semiperipherie verlagert.
13. Wenn es zur Kontraktion kommt, wird reale Beschäftigung vom Zentrum in semiperiphere Gebiete verlagert, normalerweise aber nicht in periphere Regionen.

Kapital und Arbeit

Das Verhältnis zwischen Kapital und Arbeit wird von folgenden Hypothesen erfasst (Hopkins und Wallerstein 1982: 68-72):

1. Je mehr die Weltwirtschaft expandiert, umso mehr wandeln sich Subzistenzhaushalte in teilzeitproletarische Haushalte und teilzeitproletarische Haushalte werden zu vollzeitproletarischen Haushalten.

Bislang haben jedoch teilzeitproletarische Haushalte die Mehrheit gebildet, Länder des Zentrums haben mehr vollzeitproletarische Haushalte als die anderen Zonen.

2. Je mehr die Arbeit Vollzeitstatus erhält, umso besser ist sie organisiert und umso höher werden ihre vom Unternehmer zu tragenden Reproduktionskosten sein. Deshalb liegt das Niveau der Reallöhne in den Ländern des Zentrums höher als in den Ländern der Peripherie.
3. Wann immer eine Periode des wirtschaftlichen Rückgangs eintritt, werden teilzeitproletarische Haushalte am stärksten leiden und zuerst aus der Arbeit gedrängt, während einige vollzeitproletarische Haushalte zu teilzeitproletarischen Haushalten herabsinken.
4. Wenn und nur wenn es äußerer Zwang verlangt, werden Subzistenzhaushalte in die Lohnarbeit gehen und teilzeitproletarische Haushalte werden.
5. In dem Maße in dem Subzistenzhaushalte zu teilzeitproletarischen Haushalten werden, sinkt ihr Lebensstandard im allegemeinen. Wenn teilzeitproletarische Haushalte Vollzeitstatus erreichen, steigt ihr Lebensstandard im allgemeinen.

Da die Expansion der Weltwirtschaft einen größeren Teil der Bevölkerung peripherer Regionen in den Status von teilzeitproletarischen Haushalten gebracht hat, ist der Lebensstandard der weltweit zur Verfügung stehenden Arbeitskräfte gesunken. Ein Anstieg des Lebensstandards ist ein Phänomen von nur wenigen Ländern des Zentrums.

6. Wenn das Realeinkommen als Ergebnis der Expansion des ökonomischen Systems steigt, werden die Nutznießer Kapitalisten, Professionelle, Techniker, höhere Verwaltungsangestellte und Beamte sein.
7. Je mehr sich die Weltwirtschaft entwickelt, umso mehr wird das Kapital akkumulieren, was im wachsenden Umfang und Wert der Produktionsmittel zum Ausdruck kommt, die im Sinne wachsender Operationsgrößen konzentriert und im Sinne größerer Spannweite von Eigentum und Kontrolle einer kleineren Zahl von Eigentümern und Managern des Kapitals zentralisiert werden.
8. Je mehr das Verhältnis nichtmenschlicher zu menschlichen Produktionsmitteln wächst, umso mehr nimmt die Konzentration des Kapitals zu.

9. Je mehr die Rate der Akkumulation (die Profitrate) abnimmt, umso mehr wird das Kapital zentralisiert.

Die beschriebenen Prozesse gelten nur für die Zentrumsregionen, wo die Bevölkerungen vollständig proletarisiert (in Lohnarbeit) sind und alle Produktionsmittel den Status von Kapital haben. Die Ausbeutung von teilzeitproletarischer Arbeitskraft in peripheren Regionen bietet viele bessere Voraussetzungen für die Kapitalakkumulation als erwartet werden könnte, wenn der Prozess ganz bei den Zentrumsländern läge:

10. Je mehr der Akkumulationsprozess teilzeitproletarische Arbeit in peripheren Regionen einbezieht, umso größer wird der Umfang der Akkumulation und der Konzentration sowie auf lange Sicht der Zentralisation sein.

Zusammenfassung

1. Die Entwicklung des Weltsystems folgt in erster Linie der Logik der Kapitalakkumulation und steht in einem Spannungsverhältnis zur segemtären Differenzierung des Staatensystems in souveräne Einzelstaaten.
2. Das Weltsystem differenziert sich nach dem Muster von Zentrum und Peripherie mit einer Semiperipherie dazwischen.
3. Mit der Ausdifferenzierung von Zentrum und Peripherie verlagert sich die Kapitalakkumulation in die Ausbeutung der Peripherie durch das Zentrum.
4. Das Verhältnis der Staaten im Zentrum variiert zwischen Rivalität und Hegemonie, das Verhältnis zwischen Zentrum und Peripherie formt sich als Herrschaft der Zentrumsstaaten über die Staaten der Peripherie.
5. Ökonomische Überlegenheit von Regionen/Staaten wird in politische Herrschaft umgemünzt.
6. Die Expansion des Weltsystems entwickelt sich in zyklischen Rhythmen von Angebot und Nachfrage.
7. Die Ausbeutung der Arbeit in den Ländern des Zentrums sinkt aufgrund ihrer guten gewerkschaftlichen Organisation, dagegen nimmt sie in der Peripherie aufgrund der Überführung von Subzistenzhaushalten in teilzeitproletarisierte Haushalte zu.

Kritische Würdigung

Bei einer Bewertung der Weltsystemanalyse erkennen wir ihre Konzentration auf die ökonomischen und, in zweiter Linie, politischen Dimensionen des Weltsystems. Die Akkumulation von Kapital ist das grundlegende Element der Entwicklung dieses Weltsystems. Ihre Gesetze sind die primären Kräfte, die diese Entwicklung leiten. Wir können daher aus der Analyse des Weltsystems lernen, wie sich die Welt entwickeln würde, wenn die Akkumulation von Kapital die primäre Kraft dieser Entwicklung wäre. Alle speziellen Hypothesen basieren auf dieser grundsätzlichen Annahme. Wir lernen jedoch nichts über den spezifischen Beitrag nicht-ökonomischer Kräfte für die Entwicklung des Weltsystems als ein System, das weit über die ökonomische Dimension hinausreicht, einschließlich der politischen Dimension als unabhängigem Faktor und den Dimensionen der Gemeinschaftsbildung und Kultur. Außerdem können wir voraussetzen, dass sich auch die Weltwirtschaft nicht in der Weise entwickelt hätte, wie sie es getan hat, wenn sie nicht von den nicht-ökonomischen Faktoren der politischen Herrschaft, Gemeinschaftsbildung und kulturellen Universalisierung vorangetrieben worden wäre.

Die Bildung des europäischen Staatensystems nach dem Westfälischen Frieden von 1648 und zur Zeit des Absolutismus war nicht nur einfach das Ergebnis einer sich entwickelnden Wirtschaft und basierte nicht einfach nur auf einem produktiven Vorteil. Der Aufstieg von Großbritannien und Frankreich in die Position der führenden Staaten in dieser Entwicklung war in erheblichem Maße ein Ergebnis ihrer Etablierung als homogene und starke politische Einheiten. In Großbritannien basierte dies auf der Stärke des nationalen Parlaments, in Frankreich auf der Macht des Königs. Da Deutschland erst 1870 eine starke, einheitliche politische Macht wurde, konnte es in diesem System keine ebenbürtige Rolle spielen. Die Errichtung des britischen und französischen Imperialismus basierte ganz klar auf der politischen Überlegenheit im europäischen Zentrum. Ohne eine solche politische Überlegenheit hätte sich der ökonomische Vorteil nicht im gleichen Maße in die Expansion der Wirtschaft in die Peripherie außerhalb Europas hinein umsetzen lassen. Die ökonomisch weit fortgeschrittenen Niederlande konnten in diesem Konzert nur die zweite Geige spielen, denn es handelte sich um einen kleinen Staat, dem es an der politischen Macht fehlte, um mit Großbritannien und Frankreich mithalten zu können. Wir müssen daher politische Macht als wichtige Kraft betrachten, die einen erheblich stärkeren Einfluss auf die Bildung des Weltsystems ausübt, als dies die Weltsystemanalyse von Wallerstein und Hopkins einräumt. Politische Macht erklärt primär die Bildung des Systems der Zentrumsstaaten und seine politische Expansion in der ganzen Welt. Sekundär trägt sie zur Entwicklung der Weltwirtschaft bei. Dies ist das Thema der geopolitischen Theorie (Collins 1988: 135–137).

Diese Entwicklung lässt sich nicht vollständig erklären, ohne dabei die Bildung von Gemeinschaften zu berücksichtigen. Großbritannien lag bei der Bildung der nationalen Staatsbürgerschaft weit vor den anderen Ländern; sie riss Schranken zwischen den Ständen nieder und bezog daher jede Schicht der Gesellschaft in einen allumfassenden Prozess der ökonomischen Produktion und der politischen Entscheidungsfindung ein. Außerdem war Großbritannien besonders gut in der Lage, seine Herrschaft über die peripheren Gebiete der Welt zu festigen, indem es gemeinsame Bindungen zwischen Teilen seines Empires schuf. Dies war Großbritanniens Vorteil gegenüber Frankreich und den anderen Mächten, die versuchten, eine imperiale Herrschaft aufzubauen – ganz klar eine Kraft der Gemeinschaftsbildung, die ungeachtet jeglicher politischen und ökonomischen Kräfte wirksam war. Das britische Empire schuf eine gemeinsame Einheit, die als wichtige Basis für die politische Herrschaft und die ökonomische Expansion diente. Handel innerhalb einer Gemeinschaft ist leichter zu bewerkstelligen als Handel zwischen nicht vereinigten Völkern, selbst wenn sie sich einer gemeinsamen politischen Autorität unterwerfen. Das britische Empire war jedoch mehr als nur politische Herrschaft. Es hatte seine Rituale und Symbole der Gemeinschaft. Seine spätere Umwandlung in den Commonwealth of Nations drückt die historisch entwickelten gemeinsamen Bindungen aus. Schaut man über das Beispiel Großbritanniens hinaus, so stellen wir fest, dass die Entwicklung des europäischen Systems sehr stark von der Bildung und Teilung religiöser Gemeinschaften beeinflusst wurde. Zunächst war da die Begründung auf eine christliche Kirche, dann folgte die Teilung in katholische und protestantische Länder und Gemeinschaften nach der Reformation. Die Religionskriege und ihre Ergebnisse bestimmten in erheblichem Maße die Bildung des europäischen Staatensystems, eine Kraft, die ganz klar auf der Gemeinschaftsbildung basiert.

Heute erleben wir in aller Welt das Erwachen nationaler Gruppen, die für die Bildung unabhängiger Gemeinschaften kämpfen. Dies ist eine Kraft, die ins Weltsystem eintritt und seine Entwicklung beeinflusst, die man nicht einfach auf ökonomische oder politische Prozesse reduzieren kann. Im Allgemeinen erklären die Gemeinschaftsbildung und ihre Voraussetzungen primär die Entwicklung des Weltsystems in der Dimension von Vereinigung und Trennung der Menschen. Sekundär tragen sie zur Expansion oder Kontraktion der Weltwirtschaft und des weltweiten Staatensystems bei.

Schließlich ist keine vollständige Erklärung der Entwicklung des Weltsystems möglich, ohne den grundlegenden Beitrag, den die europäische Kultur dazu geleistet hat, zu Hilfe zu nehmen. Nach Wallersteins Meinung ist Kultur nicht mehr als das ideologische Schlachtfeld des ökonomischen Weltsystems (Boyne

1990; Wallerstein1990a, 1990b). Wir müssten Max Webers (1920/1972a) vergleichende Studien zum Verhältnis zwischen den Weltreligionen und der Entwicklung des Geistes des modernen Kapitalismus vergessen, wenn wir ihm hierbei folgen wollten. Wie Weber zeigte, gab es in Asien ökonomisch und politisch gut entwickelte Herrschaftssysteme, nämlich China und Indien, die jedoch nicht zum Zentrum des Weltsystems wurden, das sich ab dem sechzehnten Jahrhundert von Europa ausgehend herausbildete. Die wichtigste Kraft, die diesen Unterschied erklärt, ist ihre Kultur. Während China und Indien auf religiösen Systemen basierten, die konservative Auswirkungen hatten und so die bestehende Ordnung als bestmögliche Ordnung legitimierten, brachte die europäische Kultur, die sich im asketischen Protestantismus herausschälte, eine revolutionäre Kraft ins Spiel: die Beherrschung einer von Not, Leid und Übel geplagten Welt auf der Grundlage universeller Gebote wurde zur vorherrschenden kulturellen Haltung. Privilegierte Intellektuelle in Asien, konfuzianische Literati in China und die Brahmanen in Indien, waren die Träger einer konservativen Ideologie. In Europa wurden die nicht privilegierten bourgeoisen Puritaner zum Träger einer revolutionären Ideologie, die auf die Umwandlung der ganzen Welt nach ihren Werten zielte: die Werte des methodisch-rationalen Handelns, das darauf abzielt, die Welt zu beherrschen. Dies war der Ursprung der Expansion der europäischen Kultur über die ganze Welt, einer Kultur, die für jeden Teil der Welt universelle Gültigkeit beanspruchte und vom Wesen her nicht kontemplativ war, sondern auf die Umwandlung der Welt nach ihren grundlegenden Prinzipien abzielte. Diese Kultur wurde während der Aufklärung säkularisiert, wandelte aber ihren revolutionären Tenor nicht. Sie diente als kulturelle Quelle der weltweiten Expansion, nicht nur für die kapitalistische Wirtschaft, sondern auch für die Ideen von Demokratie, Bürgerrechten und Menschenrechten, wenn auch aufgrund ihrer erheblich komplizierteren Voraussetzungen mit weniger Erfolg. Wenn autoritäre und diktatorische Kräfte zunehmend weltweiter intellektueller Kritik ausgesetzt sind, so ist dies auch eine notwendige Folge der kulturellen Entwicklung des Weltsystems.

Aus dieser Sicht ging aus Europa seit dem sechzehnten Jahrhundert nicht nur die Expansion einer Weltwirtschaft hervor, sondern – wie es Roland Robertson (1978, 1980, 1990, 1992) formulierte – ein Prozess der Globalisierung, der ein Weltsystem entstehen ließ, das Prozesse ökonomischer, politischer, gemeinschaftlicher und kultureller Expansion beinhaltet. Aus dieser Sicht ist es auch viel leichter, die wichtige Rolle der Sowjetunion und ihrer Satellitenstaaten in der Entwicklung dieses Weltsystems zu berücksichtigen. Der Sowjetblock errang seine Position in der Welt viel mehr durch politische (vor allem militärische) Macht, durch ideologische Indoktrination und starke hierarchische Organisation als durch produktive Vorteile. Dies widerspricht eindeutig der Hypothese von

Wallerstein und Hopkins (1982: 63) über die Abhängigkeit der militärischen Stärke vom produktiven Vorteil. Andererseits war die kommunistische Ideologie eine Version des europäischen kulturellen Anspruchs auf universelle Gültigkeit, der sich um Weltherrschaft bemühte und im asketischen Protestantismus wurzelte. Allerdings zeigt der Zusammenbruch des Sowjetsystems, dass militärische Macht nicht auf unbegrenzte Zeit Defizite der ökonomischen Produktivität, der sozialen Integration und der kulturellen Legitimation überbrücken kann.

Weitere Entwicklungen

Verschiedene Autoren haben das Zentrum-Peripherie-Modell der Weltsystemanalyse für ihren Forschungsbereich übernommen, auch wenn sie nicht immer die marxistischen Annahmen teilen. Die Kategorien und Thesen der Weltsystemanalyse haben in den 1980er Jahren Eingang in die entwicklungstheoretische und -politische Diskussion gefunden. Dieter Senghaas (1977) untersuchte die ökonomischen und politischen Strukturen des peripheren Kapitalismus in den Ländern der Dritten Welt. Er empfahl den Entwicklungsländern die „strukturelle Abkopplung" von den Zentrumsökonomien, um aus der Abhängigkeit der internationalen Arbeitsteilung zu entkommen. Nach 1989 wurde die Aufteilung von Erster, Zweiter und Dritter Welt infrage gestellt, was auch eine Kritik an Zentrum-Peripherie-Modellen mit sich brachte. Insbesondere Ulrich Menzel (1992, 1995, 1998) zeigte sich im deutschsprachigen Raum als Verfechter des „Endes der Dritten Welt".

Immanuel Wallerstein gilt als einer der ersten Globalisierungstheoretiker, der schon lange Zeit vor anderen Autoren die von der Globalisierung verursachten ökonomischen, politischen und kulturellen Veränderungen benannt und untersucht hat. Autoren der aktuellen Globalisierungsdiskussion beziehen sich daher auf sein Werk und übernehmen Begriffe aus der Weltsystemanalyse für ihre eigenen Analysen. David Harvey (1989) untersuchte den Zusammenhang zwischen Technologie und Weltsystem. Für ihn bewirken technologische Schübe eine Raum-Zeit-Kompression, die wiederum veränderte Konfigurationen des kapitalistischen Weltsystems bedingen. Saskia Sassen (1991, 1996) analysierte die Veränderungen der Weltwirtschaft vor allem im Hinblick darauf, welche Auswirkungen auf das globale Städtesystem zu finden sind. Sie zeigte, dass einige Städte der industrialisierten Welt (wie New York, London oder Tokio) zu dominierenden Zentren der Weltwirtschaft werden. Sie koppeln sich zunehmend von nationalen Volkswirtschaften ab, werden so zu „global cities", und beherrschen die Zentrums-Ökonomie.

Ulf Hannerz (1996) legte den Schwerpunkt seiner Analyse auf die komplexen Beziehungen zwischen Zentrums- und Peripherie-Kultur. Sein Konzept der „Kreolisierung" erfasst die asymmetrischen Beziehungen zwischen der hegemonialen Kultur der industrialisierten Länder, insbesondere der amerikanischen Populärkultur und den verschiedenen nationalen Kulturen und Sub-Kulturen der Peripherie. Doch handelt es sich dabei um keine einseitige und vollständige Dominanz, da die Kulturen der Peripherie nach seiner Analyse verschiedene kulturelle Einflüsse aufnehmen, modifizieren und in ihre eigenen symbolischen Bezugssysteme integrieren. Ähnlich argumentiert Roland Robertson (1990, 1992): Die Globalisierung darf nicht als einseitiger Prozess verstanden werden, in dem das Zentrum die globalen Veränderungen nach Belieben beeinflusst und so untergeordnete Räume dominiert. Statt dessen besteht in den verschiedenen Dimensionen der Globalisierung eine wechselseitige Beeinflussung von globalen und lokalen Kräften, was Robertson mit dem Begriff der Glokalisierung bezeichnet.

Auch in den Arbeiten von Manuel Castells (1989, 2001/2002) finden sich Elemente der Weltsystemanalyse wieder, die allerdings modifiziert und auf veränderte technologische, ökonomische, politische und kulturelle Realitäten angewandt werden. Ausgehend von Studien zu informationstechnologischen Innovationen und ihren Auswirkungen auf städtische Strukturen untersucht er in den letzten Jahren den wirtschaftlichen, politischen und kulturellen Wandel des Informationszeitalters. Dieser sei sehr tief greifend, da er einen Wandel der sozialräumlichen Organisation mit sich bringe: Der bisherige „Raum der Orte" werde vom „Raum der Ströme" abgelöst. Das vorherrschende Muster gesellschaftlicher Organisation werde das Netzwerk, das hierarchische Beziehungen zwischen Zentrum und Peripherie zwar nicht verschwinden lasse, aber strukturell verändere.

Wie wir sehen, gibt es über die Weltsystemanalyse von Immanuel Wallerstein hinaus eine ganze Reihe von mehr oder weniger verwandten Ansätzen, die sich dezidiert der Entwicklung, Struktur und Dynamik des Weltsystems widmen. Dazu zählen auch Ansätze, die an die Stelle des Weltsystems weitergehender die **Weltgesellschaft** setzen. Nach einer Unterteilung von Volker Bornschier lassen sich folgende Ansätze mit entsprechenden Analyseschwerpunkten unterscheiden (Bornschier 2002: Abbildung 5.1, S. 139):

Immanuel Wallerstein (Wallerstein 1974, 1979)	Rhythmen, Trends und Zyklen der Weltökonomie mit Schwerpunkt Wirtschaft

George Modelski (Modelski 1987; Modelski und Thompson 1995)	Zyklen der Führung in der Weltpolitik mit Schwerpunkt Politik
Stephen Krasner und John G. Ruggie (Krasner 1983; Ruggie 1975)	Internationale Regime mit Schwerpunkt Politik *und* Kultur
Christopher Chase-Dunn (Chase-Dunn 1998; Chase-Dunn und Hall 1997)	Rhythmen, Trends und Zyklen der Politischen Ökonomie des Weltsystems mit Schwerpunkt Wirtschaft *und* Politik
Talcott Parsons (Parsons 1961a, 1966, 1971)	Normative Integration als neue Stufe der Evolution mit Schwerpunkt Kultur
John W. Meyer (Meyer und Hannan 1979; Meyer, Boli, Thomas und Ramirez 1997; Boli und Thomas 1999)	Gemeinsamer kultureller Kontext steuert Staatsbildung, Massenbildung und Bürgerrechtsausdehnung mit Schwerpunkt Kultur
Peter Heintz (Heintz 1982)	Kulturelle Integration um gemeinsame Werte mit dem Zentralwert Entwicklung in der Nachkriegsära mit Schwerpunkt Kultur
Volker Bornschier (Bornschier 1998, 2002)	Politische Weltökonomie in der Weltgesellschaft mit Schwerpunkt Wirtschaft *und* Politik *und* Kultur

Auch die in Lateinamerika entwickelte Dependencia-Theorie gehört in den Kontext der Weltsystem-Ansätze. Sie erklärt die anhaltende Unterentwicklung insbesondere Lateinamerikas als Folge der Abhängigkeit der Peripherie vom Zentrum, insbesondere als Folge der ungleichen Austauschbeziehungen zwischen Nord (teure Industrieprodukte) und Süd (billige Rohstoffe und arbeitsintensive landwirtschaftliche und einfache industrielle Produkte). Am einflussreichsten sind die Beiträge von André Gunder Frank (1967, 1989), Fernando Cardoso und Enzo Faletto (1969/1979) sowie Osvaldo Sunkel (1972) geworden. Die Dependencia-Theorie knüpft an die marxistische Imperialismustheorie von Lenin, Hilferding und Rosa Luxemburg an, die Anfang des 20. Jahrhunderts die globale Ausbreitung des Kapitalismus im Zuge der Kolonialisierung peripherer Regionen durch die Staaten des Zentrums thematisiert hat (Senghaas 1972, 1974). Die Dependencia-Theorie ist als Kritik an der strukturfunktionalistisch dominierten Modernisierungstheorie (u.a. Rostow 1960/1990) der 1950er Jahre entstanden, die nach dieser Kritik zu wenig beachtet hat, dass Modernisierung als Konsequenz der Integration peripherer Regionen in das vom kapitalistischen Zentrum dominierte Weltsystem selbst die Unterentwicklung in der Peripherie verursacht.

Weiterhin hinzuzählen kann man den systemtheoretischen Ansatz:

Niklas Luhmann und Rudolf Stichweh (Luhmann 1975; Stichweh 2000)	Weltgesellschaft als Ergebnis der Evolution und der globalen Ausdifferenzierung von Funktionssystemen

Aus neofunktionalistischer Perspektive ist die Weltgesellschaft das Ergebnis von Spillover-Effekten der von schrumpfenden Distanzen vorangetriebenen transnationalen ökonomischen Integration durch nationale Grenzen überschreitende Arbeitsteilung auf die Funktionsbereiche von Politik, Recht und Kultur (Haas 1958; Münch 1998, 2001c).

Einen neuen Aufschwung haben Theoriefragen seit 1990 durch die Globalisierungsdebatte bekommen, die sich aber ganz überwiegend mit den Konsequenzen der Globalisierung für die OECD-Länder und weniger mit ihren Konsequenzen für die Entwicklungsländer beschäftigt hat (Bornschier 2002: 36). Nach einer Unterteilung von Volker Bornschier (2002: 150) lassen sich folgende fünf Hauptrichtungen der Globalisierungsdebatte unterscheiden:

- Globaler Kapitalismus (Ohmae 1990; Ross und Trachte 1990; Sassen 1994; Sklair 1995; Castells 1996; Dunning 1997).
- Globale Politik und Regimeentwicklung (Keohane 1984; Modelski 1999; Murphy 1994; Rosenau 1990; Held 1995; Zürn 1998; Bernauer 2000; Bernauer und Ruloff 1999).
- Politische Weltökonomie (Bornschier und Chase-Dunn 1999; Bornschier 1998; Arrighi 1999; Narr und Schubert 1994; Hirsch 1995; Altvater und Mahnkopf 1996; Weede 1996).
- Globale Kultur (Giddens 1990; Robertson 1992; Beck 1997; Spybey 1995; Meyer et al. 1997; Ramirez et al. 1997).
- Weltgesellschaft (Bornschier 1998, 2002; Held 1995; Held, McGrew, Goldblatt und Perraton 1999; Albrow 1996; Münch 1998, 2001; Stichweh 2000).

Orientierungsfragen

1. Stellen Sie dar, wie nach der Weltsystemtheorie die Arbeitsteilung zwischen Zentrum und Peripherie organisiert ist!
2. Inwiefern sind Zentrum und Peripherie voneinander getrennte soziale Räume, inwiefern sind sie miteinander verbunden? Beziehen Sie bei der Antwort transnationale Interdependenzen (bspw. Multinationale Unternehmen, Migrationsmuster und kulturelle Flüsse) mit ein!
3. Wenden Sie die Annahmen der Weltsystemtheorie zur globalen Arbeitsteilung auf die aktuelle Diskussion über die wirtschaftliche Globalisierung an! Geben Sie dazu den Standpunkt von Globalisierungskritikern und -befürwortern wieder und formulieren Sie Pro- und Contra-Positionen.

Wichtige Begriffe

Peripherie
Weltgesellschaft
Weltsystem
Zentrum

III. Konflikttheorie und Figurationssoziologie

7. Die Funktionen des sozialen Konflikts Lewis Cosers Konfliktfunktionalismus

Biografische Angaben

Lewis A. Coser wurde 1913 in Berlin geboren. Er emigrierte nach der Machtergreifung der Nationalsozialisten 1933 nach Paris und studierte vergleichende Literaturwissenschaft und Soziologie an der Sorbonne; 1941 nahm er ein U.S.-Visum für politische Flüchtlinge wahr und ging nach New York. Er studierte Soziologie bei Robert K. Merton und Paul Lazarsfeld an der Columbia University, wo er 1954 den Ph.D.-Grad erlangte. In den Nachkriegsjahren war Coser einige Zeit als Publizist für eine Reihe von politischen Magazinen tätig. Er lehrte zunächst an der University of Chicago, an der University of California in Berkeley und an der Brandeis University, bevor er das Soziologie-Department an der State University of New York in Stony Brook gründete. Im Jahre 1987 wurde er in Stony Brook emeritiert. In den Jahren danach war er als Professor Emeritus zuerst am Boston College, dann an der Boston University tätig. Am 8. Juli 2003 verstarb Lewis Coser in Cambridge, Massachusetts.

Konflikt und Integration

Die Entwicklung der Konflikttheorie in der amerikanischen Soziologie der 1950er Jahre ist ganz wesentlich auf das Werk von Lewis A. Coser zurückzuführen. Sein 1956 veröffentlichtes Buch *The Functions of Social Conflict* wurde ein wesentlicher Bestandteil der Soziologie. Im Gegensatz zu Dahrendorf entwickelte Coser keine radikale Konflikttheorie der Gesellschaft, die den Kampf um Macht und die Ausübung von Zwang in den Mittelpunkt der soziologischen

Analyse rückt. Die Abhängigkeit des Konfliktprozesses von der Verfügung über Macht und seine Auswirkung auf die Macht der involvierten Akteure ist nicht das Hauptanliegen von Cosers Analyse des **sozialen Konflikts**. Er formuliert keine Theorie, die in erster Linie auf dem Machtverhältnis zwischen den Akteuren im Konflikt sowie auf ihrer Fähigkeit beruht, Quellen der Macht zu mobilisieren, um den Verlauf des Konflikts vorhersagen zu können. Coser konstruiert in diesem Sinn keine Konflikttheorie im engeren Sinn. Sein Hauptanliegen sind die integrativen Funktionen des sozialen Konflikts für Gruppen und für die Gesellschaft insgesamt.

Coser beginnt mit der Feststellung, dass die amerikanische Soziologie jener Zeit sozialen Konflikt in erster Linie als störendes Phänomen der Gesellschaft betrachtete, das Belastungen und Spannungen erzeugt. Konflikt galt als eine Erscheinung, die vom normalen, „gesunden" Zustand der Gesellschaft abweicht und unter Kontrolle gebracht werden muss, damit die Gesellschaft normal funktionieren kann. Coser erinnert daran, dass dies ursprünglich nicht die Sicht der ersten beiden Generationen amerikanischer Soziologen war. Mit ihrer Betonung der sozialen Reform betrachteten sie den Konflikt als unausweichliches Element des gesellschaftlichen Prozesses und des sozialen Wandels. Erst als die Soziologie akademischer wurde, und nachdem sich ihr empirischer Zweig mit Auftragsforschung für Unternehmen und Verwaltungen befasste, wurde Konflikt als störend betrachtet, als etwas, das unter Kontrolle gebracht werden muss.

Um wieder eine positivere Auffassung von Konflikt zu gewinnen, greift Coser auf Georg Simmels (1908/1992) klassische Behandlung des Themas zurück, die 1908 unter dem Titel „Der Streit" als viertes Kapitel seiner *Soziologie* veröffentlicht wurde. Er beginnt jedes Kapitel mit einer Aussage von Simmel, analysiert diese dann genau und führt eine relativierende Neuformulierung ein. Zwei Arten von Annahmen über sozialen Konflikt zieht Coser in Betracht: Annahmen zu den Bedingungen, welche die **Konfliktintensität** steigern oder verringern, und Annahmen zu den intern und extern integrativen Funktionen des Konflikts für die daran beteiligten Gruppen (Abb. 7.1).

Abb. 7.1: Konfliktbedingungen und -funktionen

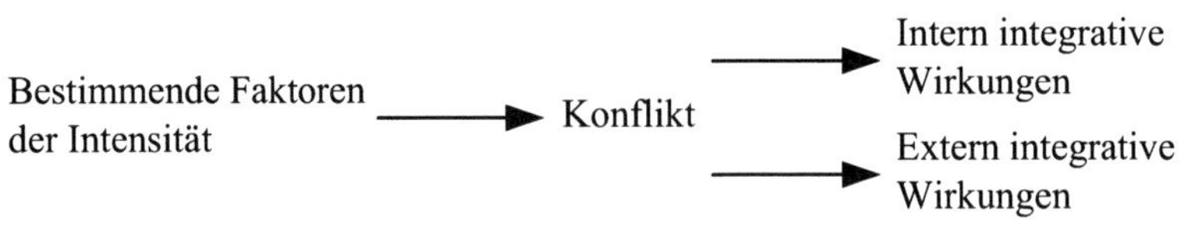

Konfliktintensität

Cosers erste Annahme zur Konfliktintensität leitet sich von Simmels These ab. In ihr heißt es, dass eine soziale Beziehung, die Möglichkeiten bietet, Unzufriedenheit auszudrücken und Konflikt offen auszutragen, die Gefahr vermeidet, durch angestaute Feindseligkeit und Rückzug aufgrund der anhaltenden Unterdrückung gegnerischer Kräfte gestört zu werden. Wenn man Menschen die Möglichkeit gibt, ihrer Unzufriedenheit unmittelbar Ausdruck zu verleihen, hält man die Intensität des Konflikts auf einem niedrigeren Niveau, als wenn man diese Unzufriedenheit unterdrückt, bis sie sich aufstaut und dann auf einem viel höheren Niveau zum Ausbruch kommt. Außerdem arbeiten auch „Ventileinrichtungen", bei denen man die Feindseligkeit innerhalb gewisser Grenzen herauslassen kann und die manchmal auch vom eigentlichen Gegenstand der Feindseligkeit ablenken, gegen die Kumulation von Konflikten. Sie bieten eine gewisse Befreiung von aufgestauter Agression, wobei die Intensität des Konflikts auf relativ niedrigem Niveau gehalten wird. Die permanente Verschiebung von Feindseligkeiten auf Nebenschauplätze hindert die Menschen jedoch daran, ihre Unzufriedenheit klar zu äußern, und die Gesellschaft daran, sich in eine Richtung zu verändern, die diese Unzufriedenheit verringern würde. Unter diesen Umständen staut sich Unzufriedenheit auf jeden Fall auf und wird vom Wesen her umso aggressiver. In einer Zusammenfassung dieser Einsichten können wir folgende These formulieren:

1. Je mehr Möglichkeiten für das offene Ausdrücken von Unzufriedenheit in einer sozialen Beziehung vorhanden sind, je mehr Institutionen es dafür in einer Gesellschaft gibt (einschließlich derer, die eine Verschiebung der Unzufriedenheit auf Nebenschauplätze ermöglichen), und je weniger die Verschiebung sozialen Wandel verhindert und die ursprüngliche Unzufriedenheit verstärkt, umso unwahrscheinlicher ist es, dass ein Konflikt in einer höchst intensiven, feindseligen und störenden Form zum Ausbruch kommt.

Ein weiterer Faktor, der die Intensität des Konflikts bestimmt, ist die Vermischung eines spezifischen Konflikts über sich gegenseitig ausschliessende Ziele mit einer allgemeinen Feindseligkeit, die in früheren Frustrationen unter den Konfliktparteien wurzelt. Coser spricht in diesem Fall vom realistischen und nicht realistischen Konflikt oder entsprechenden Konfliktelementen. Ein realistischer Konflikt besteht zwischen zwei Parteien, die ihre Ziele nicht zur gleichen Zeit und im gleichen Umfang erreichen können – wo also das Erreichen der Ziele einer Partei zu Lasten der Ziele der anderen Partei geht. Diesen Konflikt auszutragen, ist ein Mittel zu einem spezifischen Zweck. Es kann noch andere Mittel geben, diesen Zweck zu erreichen. Wenn man beispielsweise das Feld dem Gegner überlässt und in einem anderen Feld nach Gewinnmöglichkeiten sucht, oder wenn man Gewinne macht, nachdem der Gegner gesättigt ist, dann würde man zum gleichen Ziel gelangen, ohne dabei den Konflikt austragen zu müssen. So werden realistische Konflikte vermieden oder innerhalb enger Grenzen gehalten, sofern die Akteure Alternativen sehen, um ihre Ziele zu verwirklichen. Allgemeine Feindseligkeit jedoch, die in einer aufgestauten Frustration gründet, kann nicht durch etwas anderes ersetzt werden; sie ist kein Mittel zum Zweck, sondern ein Zweck an sich. Sie kann nur von einem Objekt zu einem anderen umgelenkt werden. Ihre Intensität bleibt jedoch auf dem gleichen Niveau. Wir können folgende Thesen formulieren:

2. Je mehr Alternativen der Konfliktaustragung ein Akteur hat, um ein spezifisches Ziel zu erreichen, desto weniger intensiv wird der Konflikt ausgetragen.

3. Je frustrierter ein Akteur aus seiner früheren Erfahrung heraus ist, desto intensiver wird er seine Feindseligkeit gegen irgendein beliebiges Objekt richten.

Die nächsten Überlegungen von Coser befassen sich mit den Auswirkungen einer Kombination realistischer und nicht realistischer Konfliktelemente. Zunächst erklärt er, dass laut Simmels Analyse sozialer Konflikt nicht immer allgemeine feindselige Impulse beinhaltet und dass feindselige Impulse auch ausgedrückt werden können, ohne eine Basis im realistischen sozialen Konflikt zu haben. Je mehr die beiden aber verbunden werden, desto intensiver wird der Konflikt. Wir formulieren daher:

4. Je mehr ein realistischer sozialer Konflikt mit allgemeinen feindseligen Impulsen verbunden wird, desto intensiver wird dieser Konflikt ausgetragen.

Die Frage, die Coser dann interessiert, lautet: In welcher Art der sozialen Beziehung ist die Feindseligkeit vom Wesen her am stärksten, wenn sie zum Ausbruch kommt? Mit Bezug auf Simmels Analyse zeigt Coser, dass enge Beziehungen immer konvergierende und divergierende Motivationen, Harmonie und Konflikt, Liebe und Hass mit sich bringen. In einer Beziehung, in der die Partner nach tiefer Harmonie streben, ist jede kleinste Unzufriedenheit auch eine potenzielle Quelle für tiefen Konflikt. Liebe impliziert Hass, wann immer sie mit enttäuschenden Erfahrungen konfrontiert wird. Neutrale Beziehungen involvieren keine so starken negativen Gefühle, weil sie auch keine sehr positiven Gefühle mit sich bringen. Wir können dies wie folgt formulieren:

5. Wann immer man eine enge Beziehung eingeht, weist diese Beziehung gleichzeitig positive und negative Gefühle auf.

Wenn wir diesen Gedankengang fortführen, können wir sagen, dass ein Konflikt umso intensiver wird, je enger die Beziehung gestaltet ist:

6. Je enger eine Beziehung, desto intensiver der Konflikt.

Die Gründe für die Formulierung dieser These sind leicht verständlich. Ein Konflikt zwischen sehr weit voneinander entfernten Parteien konzentriert sich lediglich auf das spezifische Objekt der Unzufriedenheit und involviert nicht die ganze Person. Es ist ein normales Phänomen, solche Konflikte zu haben. Außerdem besteht bei distanzierteren Beziehungen mehr Toleranz bezüglich des Verhaltens anderer Menschen. Diese Menschen interessieren uns nicht besonders, daher tolerieren wir mehr. Wir erwarten nicht, dass ihre Meinungen mit unseren eigenen Normen konform gehen und dass sie sich uns gegenüber loyal verhalten. Wir erwarten aber mehr Loyalität und Konformismus von Leuten, mit denen wir eine enge Beziehung haben. Daher geben schon kleinste Abweichungen von unseren Erwartungen Anlass zu tiefer Enttäuschung und erzeugen verhältnismäßig radikale und intensive Reaktionen. Wenn daher in einer solchen Beziehung ein Konflikt entsteht, wird er mit hoher Intensität ausgetragen.

Ein völlig anderer Faktor, der die Intensität des Konflikts beeinflusst, ist seine Ideologisierung. Solange der Konflikt auf ein spezifisches Objekt der Unzufriedenheit beschränkt bleibt, wenn also beispielsweise zwei Parteien darüber streiten, ob eine neue Straße gebaut werden soll oder nicht, kann er in Grenzen gehalten werden. Wenn man jedoch die spezifischen Positionen in einem solchen Konflikt mit einer grundsätzlichen Ideologie verbindet, wird der Konflikt auf eine viel tiefere Ebene der Unzufriedenheit verlagert; er wendet sich von persönlichen Meinungen ab, die mehr oder weniger angemessen sein können, und richtet sich auf überpersönliche Ideologien. Jetzt geht es nicht mehr um die Frage, wie man eine adäquate Lösung findet – meistens per Kompromiss -, sondern darum, wer Recht und wer Unrecht hat. Aufgrund der kollidierenden Ideologien müssen beide für ihre Position die Wahrheit beanspruchen; es gibt keinen Mittelweg als Konfliktlösung, der durch einen Kompromiss gefunden werden könnte. Der Konflikt muss bis zur letzten Konsequenz ausgefochten werden. Eine Ideologie beansprucht absolute Wahrheit, und bei der Wahrheit gibt es keine Kompromisse. Wir können daher Cosers entsprechende These folgendermaßen formulieren:

7. Je mehr ein Konflikt über eine spezifische Angelegenheit ideologische Positionen mit einbezieht, desto intensiver wird der Konflikt ausgetragen.

Interner Konflikt und interne Integration

Bislang haben wir Cosers Analyse der Bedingungen diskutiert, von denen die Intensität des Konflikts beeinflusst wird. Wir wenden uns jetzt seiner Analyse der Auswirkungen des **internen Konflikts** auf die Integration sozialer Gruppen und Gesellschaften zu.

Zunächst gibt es in sozialen Beziehungen stets trennende Elemente; die Einheit kann durch Konfliktaustragung wiederhergestellt werden. In lose strukturierten Gruppen und in einer offenen Gesellschaft, die eine Konfliktaustragung auf diese Art und Weise ermöglichen, ist das Austragen von Konflikten ein unvermeidliches Element der Konsensbildung. In totalitären Gesellschaften dagegen würde das Austragen von Konflikten dazu führen, dass die herrschende Ideologie infrage gestellt wird und daher nach der These des ideologischen Konflikts die ganze Gesellschaft umgewälzt würde. Konfliktaustragung arbeitet daher nur insofern als Prozess der Konsensbildung, als es eine Übereinstimmung über grundlegende Werte gibt und der ideologische Konflikt innerhalb deren Grenzen gehalten wird. Wir können Cosers entsprechende These so formulieren:

8. Je mehr Möglichkeiten zur Konfliktaustragung in lose strukturierten Gruppen und offenen Gesellschaften vorhanden sind, und je mehr grundlegende Übereinstimmung über Werte herrscht und der ideologische Konflikt innerhalb dieser Grenzen gehalten wird, desto mehr führt die Austragung des Konflikts zur Wiederherstellung von Einheit und Konsens.

Führen wir diesen Gedankengang fort, können wir feststellen, dass das normale Austragen von Konflikt in sozialen Beziehungen und Gesellschaften nicht ein Zeichen von Schwäche und Instabilität ist. Es ist vielmehr ein Zeichen von Stärke und Stabilität. Eine starke, stabile Beziehung ist durch Konflikt viel weniger existenziell gefährdet, als eine schwache, instabile. Im letzteren Fall muss der Konflikt unterdrückt werden, weil sonst die Gefahr besteht, dass man sich noch weiter voneinander entfernt. Das Fehlen von offen ausgetragenen Konflikten kann daher ein Ergebnis von Unterdrückung sein, was ein Zeichen von Schwäche in der Beziehung ist. Andererseits besteht für eine starke, stabile Beziehung keine Gefahr des auseinander Brechens, wenn sie mit einem Konflikt konfrontiert wird. Sie kann daher mehr Raum für einen offenen Konflikt lassen. Wir können Cosers These wie folgt formulieren:

9. Je stärker und stabiler eine soziale Beziehung ist, desto weniger wird ihre Integration durch einen offenen Konflikt gefährdet und desto mehr Raum lässt sie für eine offene Austragung des Konflikts.

Externer Konflikt, interne Integration und Identität

Die nächsten Thesen, die Coser diskutiert, befassen sich mit den Auswirkungen **externer Konflikte** auf die interne Identitätsbildung und Integration einer Gruppe bzw. einer Gesellschaft.

Zunächst macht ein Konflikt mit einer anderen Gruppe die Grenzen einer Gruppe, ihrer Mitgliedschaft und die Werte, Normen und Verhaltensweisen, die von den Gruppenmitgliedern geteilt werden, sichtbar. Die Identität der Gruppe wird gegenüber der Identität anderer Gruppen immer wieder neu bestätigt. Cosers entsprechende These, Teil 1, kann so formuliert werden:

10. Je mehr soziale Gruppen in Konflikte mit anderen Gruppen involviert sind, desto mehr werden ihre Grenzen und ihre Identität immer wieder neu bestätigt.

Daran anknüpfend können wir sagen, dass die Mitglieder einer Gruppe durch den Konflikt, der mit einer gegnerischen Gruppe ausgetragen wird, zusammengeschweißt werden. Der Konflikt verleiht ihrer gemeinsamen Identität und ihrer Abgrenzung gegen Außenstehende einen unmittelbar wahrnehmbaren Ausdruck – er bekräftigt ihre gemeinsame Solidarität und ihre gemeinsamen Gefühle füreinander. Wenn wir sehen, dass ein Mitglied unserer Gruppe von einem Außenstehenden angegriffen wird, beeinflusst dies unser Solidaritätsgefühl mit diesem Mitglied und veranlasst uns, ihm Unterstützung zu geben. Wir haben vielleicht häufig Streit mit unseren Geschwistern, Freunden, Parteirivalen und Arbeitskollegen, aber angesichts eines Angriffs von außen gegen sie werden wir nicht zögern, ihnen unsere Unterstützung zu gewähren. Wir können Cosers entsprechende These folgendermaßen formulieren:

11. Je mehr zwischen einer sozialen Gruppe und einer anderen Gruppe ein externer Konflikt besteht, desto mehr wächst der innere Zusammenhalt der Gruppe.

Die spontane Solidarität der Gruppenmitglieder ist jedoch nicht das einzig mögliche Resultat des externen Konflikts. In vielen Fällen können interne Kontroversen dem externen Konflikt vorausgehen; diese Kontroversen werden von den internen Gegnern nicht immer beiseite geschoben, wenn sich externe Probleme stellen. In diesem Fall tendieren die Führer einer Gruppe dazu, die inneren Kontroversen mit Unterstützung der Gruppenmehrheit zu unterdrücken, umso einheitlich gegenüber der anderen Gruppe reagieren zu können. Folglich wird die Gruppe selbst den kleinsten Abweichungen von der Gruppenmeinung und der Gruppensolidarität gegenüber intolerant. Dies gilt umso mehr, je kleiner die Gruppe ist, und je mehr die Gruppe in ständige Kämpfe gegenüber der

Außenwelt verstrickt ist. Etablierte große Gruppen dagegen können erheblich mehr innere Abweichungen dulden, weil Konflikte von außen den Fortbestand der Gruppe an sich nicht gefährden. Laut Cosers These stehen große, etablierte Gruppen weniger unter dem Druck, interne Konflikte unterdrücken zu müssen, als kleine Gruppen. In diesem Zusammenhang formulieren wir Cosers These so:

12. Je kleiner eine soziale Gruppe, je weniger fest sie etabliert ist und je mehr sie in externe Kämpfe mit der Außenwelt verstrickt ist, desto intoleranter wird sie im Inneren und desto mehr wird sie interne Abweichungen und Konflikte unterdrücken.

Wenn wir diesen Gedanken weiterspinnen, können wir uns vorstellen, dass der Konflikt mit einem äußeren Feind für Gruppenführer als willkommener Anlass dienen kann, den inneren Zusammenhalt zu stärken und Abweichungen sowie Konflikte innerhalb der Gruppe zu unterdrücken. Das ist besonders bei Gruppen zu erwarten, die im Inneren nicht gefestigt sind, denen es an originärem Konsens fehlt und die schwach sowie instabil sind, aber dennoch eine Führung besitzen, die bestrebt ist, die Gruppe mit allen nur verfügbaren Mitteln zusammenzubinden. Straff organisierte Gruppen fallen ebenfalls in diese Kategorie. Sie können innere Abweichungen und Konflikte nicht tolerieren und tendieren dazu, sie zu unterdrücken, indem sie einen Konflikt mit einem Gegner von außen provozieren. Es ist auch möglich, die Aufmerksamkeit der Gruppe angesichts eines Konflikts nach außen auf einen internen Abweichler zu lenken, um einen Gruppendruck in Richtung Konformismus auszulösen. Wir können Cosers entsprechende These so formulieren:

13. Je strenger eine soziale Gruppe geführt ist, und je schwächer und instabiler ihre originäre Solidarität ist, desto mehr wird ihre Führung Konflikte mit einem äußeren Feind bzw. mit einem internen Abweichler provozieren, um einen Druck der Gruppe in Richtung von internem Gruppenkonformismus zu erzeugen.

Externer Konflikt und externe Integration

Nun bleiben uns noch Cosers Thesen zu den integrativen Wirkungen des externen Gruppenkonflikts auf die externe Beziehung zwischen den sozialen Gruppen.

Zunächst steht hier der zweite Teil der These, der sich mit dem Phänomen befasst, dass Konflikte zwischen sozialen Gruppen dazu beitragen, ihre Position im Innern und ihre Beziehung zur Gesellschaft als Ganzes zu betonen. Da der Konflikt zwischen den Gruppen ihre Grenzen ständig neu bestätigt, wird die

Mobilität von einer Gruppe zur nächsten minimiert. Die vorhandene soziale Struktur wird dadurch stabilisiert. Wir können Cosers entsprechende These, Teil 2, folgendermaßen formulieren:

14. Je mehr soziale Gruppen in einer Gesellschaft miteinander im Konflikt stehen, desto mehr werden sie ihre Grenzen bestätigen und desto mehr werden sie die soziale Mobilität minimieren; somit stabilisieren sie die bestehende soziale Struktur.

Der Konflikt übt auch einen einigenden Effekt auf die Beziehung zwischen den Kontrahenten aus. Zunächst bringt das Austragen des Konflikts die Kontrahenten zusammen und schafft zumindest einen minimalen Teil an gegenseitiger Vereinigung und sogar Gemeinsamkeit. Die Kontrahenten teilen eine gemeinsame Situation. Diese kann der Beginn einer wachsenden Beziehung sein, die über den Konflikt hinausgeht, sogar bis in den Bereich der Solidarität hinein. Einstige Gegner können einander auf diese Weise kennen lernen und gegenseitigen Respekt füreinander entwickeln. Dies ist die assoziative Basis für die Vereinbarung von gemeinsam geteilten Verhaltensregeln zwischen den Konfliktparteien. Je mehr solche Regeln in der Tat vereinbart werden, desto geordneter erfolgt das Austragen des Konflikts und desto mehr werden beide Parteien in der Lage sein, weitere Beziehungen zu knüpfen, die über den Konflikt hinausgehen. Ohne diese Verknüpfung von Konfliktaustragung und Vereinigung, die ein Gefühl der Solidarität erzeugt, könnte aus einem Konflikt kein gegenseitig akzeptierter Friede hervorgehen.

Weiterhin bringt ein Konflikt, der unter der Führung gemeinsamer Regeln ausgetragen wird, oft Menschen und Gruppen zusammen, die einander wirklich brauchen. Dies gilt zum Beispiel für alle Wettbewerbe im Sport. Sportwettkämpfe führen Menschen zusammen, um Beziehungen zwischen Freunden zu schaffen. Ein anderes Beispiel ist die rechtlich geordnete Konfliktaustragung, etwa nach Verfahren des Gewohnheitsrechts. Sie gewährleistet, dass beide Konfliktparteien das Ergebnis der Konfliktaustragung als normativ verbindlich betrachten. Werden auf diese Weise neue Normen geschaffen, die gemeinsam geteilt werden, dann entstehen aus der Konfliktaustragung neue soziale Bande. Und ein Konflikt mit Abweichlern von den Normen der Konfliktaustragung rückt die Existenz dieser Normen ins Bewusstsein der Menschen; somit erneuert er soziale Bande. Wir können Cosers entsprechende These in vier Hypothesen zusammenfassen:

15. Je mehr Menschen oder Gruppen sich zusammenfinden, um Konflikte auszutragen, desto mehr knüpfen sie soziale Bande untereinander, die gegenseitigen Respekt und Achtung entstehen lassen und zur Institutionalisierung gemeinsamer Normen der Konfliktaustragung führen.

16. Je mehr die Menschen bei geregelten Sportwettkämpfen zusammenkommen, desto mehr knüpfen sie freundschaftliche Beziehungen.
17. Je mehr eine Gesellschaft Konflikte über Normen in normativ geregelten Verfahren austrägt, desto mehr wird sie zur Einrichtung gemeinsamer Normen gelangen und dadurch neue soziale Bande schaffen.
18. Je mehr eine Gesellschaft Konflikte mit Abweichlern austrägt, desto mehr bestätigt sie ihre Normen und die bestehenden sozialen Bande neu.

Eine weitere Konsequenz der Konfliktaustragung ist das Interesse einer Konfliktpartei an der Einheit ihres Gegners. Der Grund dafür besteht darin, dass das Verhalten eines geeinten Gegners eher vorhersehbar ist als das eines gespaltenen. Die Austragung von Konflikten mit der Führung einer gespaltenen Gruppe sichert nicht immer den Frieden mit dem anderen Teil dieser Gruppe. Wir können Cosers entsprechende These so formulieren:

19. Je mehr Gruppen das Verhalten ihrer Gegner vorhersehen wollen, desto mehr werden sie an ihrer Einheit interessiert sein.

Außerdem schafft und bewahrt der Konflikt insofern ein Gleichgewicht der Kräfte als seine Austragung jede Gruppe über die Stärken der anderen Gruppe in Kenntnis setzt; dies führt zu Bemühungen, das Machtpotenzial des Gegners zu testen. Ohne eine solche andauernde Prüfung der Kräfte kann die Beziehung leicht in ein Ungleichgewicht geraten, ohne dass dies von den Konfliktparteien entdeckt wird, bis der Konflikt tatsächlich ausbricht. Wir können Cosers entsprechende These so formulieren:

20. Je mehr Gruppen gegenseitig ihre Kräfte in der Konfliktaustragung messen, desto mehr werden sie in der Lage sein, die Kräfte ihrer Gegner richtig einzuschätzen und so ein Gleichgewicht der Kräfte herzustellen.

Schließlich bekräftigt der Konflikt Vereinigungen und Koalitionen oder lässt neue entstehen. Dies ergibt sich so, weil eine Gruppe durch den Konflikt mit einer gegnerischen Gruppe anderen Gruppen näher gebracht wird, die ebenfalls negativ gegen diesen Gegner eingestellt sind. Außerdem werden Gruppen, die im Konflikt mit einem Gegner stehen, ausdrücklich die Unterstützung anderer Gruppen suchen. Dies führt auch auf Seiten des Gegners zu Vereinigungen und Koalitionen, so dass ein ausgedehntes Netz von Vereinigungen und Koalitionen entsteht. Diese Vereinigungen und Koalitionen sind dauerhafter, wenn sie in früheren Beziehungen und sonstigen Gemeinsamkeiten wurzeln. Wir können Cosers entsprechende These in den folgenden beiden Hypothesen zusammenfassen:

21. Je mehr eine Gruppe sich in einem Konflikt mit einer gegnerischen Gruppe befindet, desto mehr wird sie vorhandene Vereinigungen und Koalitionen mit anderen Gruppen bestätigen oder neue eingehen.
22. Je mehr Vereinigungen und Koalitionen über den spezifischen Grund der gegenseitigen Hilfe hinausreichen und frühere Beziehungen und gemeinsame Standpunkte involvieren, desto dauerhafter werden diese Vereinigungen und Koalitionen sein.

Diese Analyse des sozialen Konflikts präsentierte Coser in 16 Thesen in *The Functions of Social Conflict*. Er ergänzte diese Analyse durch eine Reihe von Essays, die 1967 unter dem Titel *Continuities in the Study of Social Conflict* erschienen. Diese Essays ändern den Tenor von Cosers Ansatz nicht; sie vermitteln nur ausführlichere Kommentare und eine Erweiterung und Anwendung der in dem älteren Buch formulierten Thesen. Wir können daher unsere formale Präsentation seiner Analyse des sozialen Konflikts auf die Thesen in dem früheren Buch beschränken.

Zusammenfassung

1. Die Intensität eines Konfliktes nimmt zu
   - je weniger alternative Möglichkeiten der Artikulation von Unzufriedenheit bestehen,
   - je weniger Alternativen der Zielerreichung es gibt,
   - je mehr Frustration aus früheren Erfahrungen vorliegt,
   - je mehr allgemeine feindselige Impulse beigemischt sind,
   - je enger die Beziehung der Gegner ist,
   - je mehr ideologische Elemente involviert sind.
2. Ein Konflikt führt zu Einheit und Konsens,
   - je mehr Möglichkeiten der Konfliktaustragung vorhanden sind,
   - je stabiler die soziale Beziehungzwischen den Gegnern ist.
3. Ein Konflikt einer Gruppe nach außen mit einer anderen Gruppe festigt die innere Integration durch
   - Bekräftigung der Grenzen nach außen,
   - Festigung des Zusammenhalts,
   - steigende Intoleranz für Abweichung nach innen,
   - Loyalitätsverlangen der Führung.

4. Ein Konflikt einer Gruppe nach außen mit einer anderen Gruppe stärkt die äußere Integration mit anderen Gruppen durch
   - Stabilisierung der bestehenden Beziehungen
   - das Entstehen neuer Bande
   - Förderung freundschaftlicher Beziehungen (Sportwettkampf)
   - Entwicklung gemeinsamer Normen
   - Bekräftigung gemeinsamer Normen
   - Interesse an der Einheit des Gegners
   - verbesserte Einschätzung der Kräfte des Gegners
   - Koalitionsbildung
   - Verstetigung von Koalitionen.

Kritische Würdigung

Cosers Sicht des sozialen Konflikts ist nicht diejenige einer Konflikttheorie, die mit einem Machtkonzept als Kernpunkt des begrifflichen Bezugsrahmens arbeitet. Statt dessen befasst sich Coser mit den Bedingungen, von denen die Intensität des Konflikts bestimmt wird, die aber nicht der von den Konfliktparteien mobilisierten Macht innewohnen. Er untersucht die Konsequenzen verschiedener Formen der Konfliktaustragung über das Ergebnis des Konflikts an sich hinaus. Er zeigt wie Offenheit beim Äußern von Unzufriedenheit (wie ein offener *Markt* für das Äußern von Meinungen) die Intensität des Konflikts verringert, während das Einbeziehen von allgemeiner Feindseligkeit, Ideologie und Enge der Beziehungen den Konflikt intensiviert. Märkte eröffnen Möglichkeiten zum Äußern negativer Meinungen und verhindern die Kumulation unterdrückter Konflikte. Aggressive Feindseligkeit, die auf persönlicher Frustration beruht, trägt eine unspezifische aggressive Energie von der menschlichen Persönlichkeit in ansonsten spezifische soziale Konflikte hinein und verschärft somit diese Konflikte. Ideologie verengt den Geist und schränkt die Fähigkeit der Konfliktparteien ein, zu anderen Mitteln und zu Kompromissen zu greifen. Dies ist ein kulturelles Element, das seinen Einfluss auf den Konflikt ausübt. Ein gemeinschaftliches Element, das die Intensität des Konflikts beeinflusst, ist die Enge der sozialen Beziehungen.

Betrachtet man diese Einflüsse auf die Intensität des Konflikts, so zeigt sich, dass sie streng genommen nicht innerhalb des Prozesses der Mobilisierung von Macht der Konfliktparteien liegen. Wir haben hier Elemente von Märkten, Persönlichkeiten, Kulturen und Gemeinschaften, die spezifische Effekte auf soziale Konflikte ausüben und damit deren Intensität bestimmen. Mit seiner Theorie bietet Coser eine wertvolle Erweiterung der Konfliktperspektive durch diese Elemente, die ansonsten hauptsächlich in Theorien behandelt werden, die sich auf Märkte, Persönlichkeiten, Kultur und Gemeinschaft konzentrieren. Was er jedoch in keiner seiner Thesen ausdrücklich darlegt, sind die internen Faktoren des Machtspiels, von denen die Intensität des Konflikts beeinflusst wird. Hier müssten wir eine Steigerung der Konfliktintensität erwarten, wenn die konfligierenden Ziele nicht veränderbar sind. Mit der abnehmenden Zahl alternativer Ziele und Mittel und mit der Menge an Macht, die auf beiden Seiten zur Verfügung steht, gilt:

23. Je weniger austauschbar die in einen Konflikt involvierten Ziele und Mittel sind und je größer die Macht ist, die mobilisiert werden kann, desto intensiver wird ein Konflikt ausgetragen.

Weiterhin müssen wir zwischen Intensität und Gewalt unterscheiden, wie Dahrendorf betont hat. Coser hat dieser Unterscheidung in seinen *Continuities in the Study of Social Conflict* (Coser 1967: 3) zugestimmt. Wir müssten eine starke Konfliktintensität erwarten, wenn all die genannten Faktoren vorhanden sind, aber dafür weniger Gewalt, je mehr sich die Konfliktparteien gemeinsamen Normen der Konfliktregulierung verpflichtet fühlen, die auf gemeinsam geteilten Wertvorstellungen beruhen. Wettbewerb kann daher in der demokratischen Politik sehr intensiv sein, bringt aber nur wenig Gewalt mit sich, während der Machtkampf in instabilen, unterentwickelten Gesellschaften sowohl eine starke Intensität als auch ein erhebliches Gewaltpotenzial mit sich bringt. In demokratischen Gesellschaften teilen die Konfliktparteien die Spielregeln viel mehr als in unterentwickelten Gesellschaften. Wir können dies in folgender Aussage formulieren:

24. Je intensiver ein Konflikt ausgetragen wird und je weniger er von gemeinsamen Normen reguliert wird, desto mehr Gewalt ist im Konflikt involviert.

Bislang haben wir Cosers Thesen zur Konfliktintensität betrachtet. Für sie ist charakteristisch, dass sie Faktoren des Konflikts beinhalten, die außerhalb der analytischen Dimension des Machtspiels liegen und auf Eigenschaften von Märkten, Persönlichkeiten, Kulturen und Gemeinschaften beruhen. Daher erweitert Coser die Theorie des sozialen Konflikts in Richtung einer umfassenderen Theorie, die sich nicht nur auf Elemente wie Ziele, Mittel und Macht konzentriert. Er tut dies jedoch, ohne formell von den internen Auswirkungen von Zielen, Mitteln und Macht auf die Intensität des Konflikts auszugehen. Coser erweitert die Konflikttheorie, ohne von ihrem eigentlichen Kern auszugehen: von der Konstellation von Mitteln, Zwecken und Macht sowie vom Machtspiel.

Dasselbe gilt für Cosers Behandlung der Folgen von Konfliktaustragung. Coser beschäftigt sich nicht mit der Bestimmung des Ergebnisses des sozialen Konflikts durch die Machtkonstellation und mit den desintegrativen Auswirkungen des Austragens von Konflikten auf die Gesellschaft, sondern mit den integrativen Effekten auf Gruppen und auf Beziehungen zwischen den Gruppen. An diesem Punkt weicht er von Konflikttheoretikern wie Dahrendorf und Collins ab (siehe Kapitel 5 dieses Bandes und Kapitel 4 in Band 2). Zunächst zeigt er, dass in lose strukturierten Gruppen und in einer offenen Gesellschaft die Konfliktaustragung eine Voraussetzung für Konsens ist. Konflikt ist in diesem Sinne ein Zeichen von Stärke und Stabilität innerhalb einer Gruppe oder Gesellschaft. Dann legt er dar, wie der externe Konflikt interne Gruppengrenzen, die Gruppenidentität, den Zusammenhalt und den Druck der Gruppe in Richtung Konformismus immer wieder neu bekräftigt. Er verweist auch auf das Phänomen, dass straffe, aber schwach etablierte Gruppen häufig den Konflikt mit Feinden als Mittel zur Steigerung des Gruppenkonformismus einsetzen. Dann unterstreicht er, wie die Konfliktaustragung eine Verbindung zwischen den Konfliktparteien herstellt, ein Interesse an ihrer Einigkeit und ein Gleichgewicht der Kräfte. Schließlich weist er nach, wie Konflikte die Bildung von Vereinigungen und Koalitionen zur gegenseitigen Unterstützung nach sich ziehen. Hier sehen wir die Wirkungen des Austragens von Konflikten auf die interne und externe Integration von Gruppen und Gesellschaften. Das heißt aber nicht, dass Coser desintegrative Auswirkungen des Konflikts auf Gruppen und Gesellschaften leugnet. Er weiß sehr gut um diese Effekte und nennt ausdrücklich die Bedingungen, unter denen der Konflikt die in den Thesen dargelegten integrativen Effekte hat. Wir können die Thesen auch umkehren, um zu sehen, dass Konflikte umso mehr desintegrative Wirkungen haben, je weniger die in den Thesen formulierten Bedingungen der integrativen Wirkungen von Konflikten gegeben sind. So haben wir hier die Elemente einer Theorie, die auf die Auswirkungen eines Konflikts jenseits des Ergebnisses des Konfliktverfahrens an sich hinweist – nämlich das Erreichen von Zielen und das Verteilen von Gewinnen – bis hinein in die Felder der Kultur und der Sozialstruktur, der Konsenssicherung und der Gemeinschaft.

In diesem Sinn erweitert Coser die streng konflikttheoretische Sichtweise, weil er die Bedingungen für Konsens- und Gemeinschaftsbildung in einer Welt spezifiziert, die vom Konflikt geprägt ist. Dabei richtet er jedoch den Blick in erster Linie auf die Integration. Die desintegrativen Effekte des Konflikts müssen erfasst werden, indem man seine Thesen umkehrt: das *Fehlen* der Bedingungen für Integration. Die negativen Bedingungen umfassen vor allem das Fehlen von Märkten für offen artikulierte Konflikte, das Vermischen von allgemeiner Aggressivität mit sozialem Konflikt, die Ideologisierung des Konflikts, die Härte der Gruppendominanz, die jede abweichende Meinung zu einem Akt der Illoyalität macht, das Fehlen gemeinsamer Normen der Konfliktaustragung, das Fehlen von Möglichkeiten, den Gegner kennenzulernen und sich mit ihm zusammenzutun, das Fehlen von Möglichkeiten, um gegenseitig Macht zu erproben oder von Möglichkeiten, um Vereinigungen und Koalitionen einzugehen, sowie die Intensivierung des äußeren Konflikts, um den internen Gruppendruck zu erhöhen. All dies sind Voraussetzungen, unter denen Konflikte desintegrative Wirkungen haben. Wir können sie aus Cosers Analyse der Bedingungen ableiten, von denen die Konfliktintensität und die Gruppenintegration bestimmt wird, indem wir den Vorgang von der anderen Seite aus betrachten. Das heißt aber nicht, dass Coser eine ausgewogene Theorie der desintegrativen und integrativen Effekte des Konflikts formuliert hätte. Sein Schwergewicht liegt auf der Analyse der integrativen Wirkungen.

Eine Theorie des sozialen Konflikts, die sich auf die desintegrativen Effekte konzentriert, würde weitere Bedingungen hinzufügen, die zu einem Bruch durch Konflikt führen, vor allem, wenn mehr Gewicht auf die Konstellation von Zielen, Mitteln und Macht und auf die in sozialen Konflikten vorhandene Gewalt gelegt wird. Wenn wir all das bedenken, können wir Cosers Analyse des sozialen Konflikts sehr gut verwenden. Dennoch müssen wir berücksichtigen, dass diese Analyse nicht in den Begriffen einer genuinen Konflikttheorie formuliert ist, die Ziele, Mittel, Macht und Herrschaft in den Mittelpunkt stellt, sondern dass sie statt dessen Anleihen bei Theorien macht, die Konsensbildung und Integration zum Gegenstand haben. Daher sollte sie eigentlich als Ergänzung zur reinen Konflikttheorie gelesen werden. In Wahrheit steht sie dem Funktionalismus näher als der strengen Konflikttheorie, denn das Hauptziel ihrer Betrachtungen ist die Integration sozialer Systeme. Mit Jonathan H. Turner (1986) könnten wir sie daher als Konfliktfunktionalismus bezeichnen. Allerdings ist Coser deutlich über die Grenzen der Konflikttheorie und des Funktionalismus hinausgegangen (siehe auch Coser 1971).

Orientierungsfragen

1. Erläutern Sie die integrativen Funktionen des sozialen Konflikts! Warum haben Konflikte nicht nur trennende, entzweiende, desintegrative Wirkungen?
2. Welche Faktoren sind mitentscheidend dafür, ob ein sozialer Konflikt überhaupt ausgetragen wird, und falls ja, wie intensiv er ausgetragen wird?

3. Aus welchem Grund ist das Austragen sozialer Konflikte innerhalb sozialer Gruppen ein Anzeichen für die Stärke und nicht für die Schwäche des Gruppenzusammenhalts?
4. Wie viel Konflikt nach innen und wie viel Konflikt nach außen verträgt eine soziale Gruppe, so dass sie einerseits nicht zerfällt und andererseits keine absolute Macht gegenüber ihren Mitgliedern gewinnt? Brauchen Gruppen Konflikte zur Herausbildung und Aufrechterhaltung der Gruppenidentität?
5. Erläutern Sie anhand der Konflikte a) zwischen rivalisierenden Jugendbanden und dem Staat und b) zwischen verschiedenen Städten bei einer Olympiabewerbung die sozialintegrativen und die desintegrativen Effekte von offenem Konflikt und Konkurrenz!
6. Inwiefern greift Coser Simmels formale Soziologie auf? Inwiefern reicht seine Konflikttheorie über Simmel hinaus?
7. Erläutern Sie anhand eines Beispiels aus dem Alltagsleben, aus welchem Grund Cosers Konflikttheorie nur die integrativen Wirkungen des Konflikts beleuchtet, nicht aber seine desintegrativen Wirkungen!

Wichtige Begriffe

Konflikt, direkter
Konflikt, externer
Konflikt, indirekter
Konflikt, interner
Konflikt, latenter
Konflikt, sozialer
Konfliktintensität

8. Herrschaft und Konflikt Ralf Dahrendorfs Konflikttheorie der Gesellschaft

Biografische Angaben

Ralf Dahrendorf wurde am 1.5.1929 in Hamburg geboren. Aus einem sozialdemokratischen Elternhaus stammend, war er 1944/45 wegen der Mitgliedschaft in einer anti-nationalsozialistischen Schülervereinigung von der Gestapo inhaftiert. Von 1947 an studierte er Philosophie und klassische Philologie in Hamburg und promovierte dort 1952. Er schloss ein Graduiertenstudium der Soziologie an der London School of Economics (LSE) an und erlangte dort 1956 den Ph.D.-Grad. Neben seiner akademischen Tätigkeit, die er unter anderem als Professor an den Universitäten Tübingen und Konstanz sowie als Direktor der London School of Economics und als Warden des St. Antony's College in Oxford ausübte, hat er einige Zeit auch bedeutende politische Ämter übernommen. Von 1968 bis 1974 war er Mitglied des Bundesvorstands der FDP, 1969/70 Mitglied des Deutschen Bundestags und 1970-1974 Mitglied der Kommission der Europäischen Gemeinschaft. Seit 1993 ist er Lord im britischen Oberhaus.

Das funktionalistische und das konflikttheoretische Bild der Gesellschaft

Gegen Ende der 1950er Jahre konzentrierte sich die Kritik am damals vorherrschenden Funktionalismus vor allem auf die Frage des Konflikts und des Wandels der Gesellschaft. Ihm wurde vorgeworfen, keine Erklärungen für Konflikt und Wandel liefern zu können. Einflussreiche Beiträge zu dieser kritischen Bewegung lieferten C. Wright Mills (1956), Ralf Dahrendorf (1961) und Alvin Gouldner (1960, 1963, 1971, 1980). Wir wollen uns in diesem Kapitel mit dem

Beitrag von Ralf Dahrendorf beschäftigen. Er versuchte, ein Bild der Gesellschaft zu zeichnen, das sich auf Konflikt und Wandel konzentriert. Es ging ihm um eine Konflikttheorie der Gesellschaft. In den letzten Jahren hat sich Dahrendorf vor allem zu Fragen der europäischen Integration geäußert (Dahrendorf 1957, 1958a/1965, 1958b, 1958c, 1961, 1967, 1992, 1999; Dahrendorf/Furet/Geremek, 1993).

Dahrendorf spricht dem Funktionalismus keinesfalls jeglichen Wert zum Verstehen und Erklären der Vorgänge in der Gesellschaft ab, wirft ihm aber Einseitigkeit vor. In seinen Augen beschäftigt sich der Funktionalismus nur mit den Strukturen und Prozessen, die dazu beitragen, die Gesellschaft aufrecht und im Gleichgewicht zu halten. Diesem funktionalistischen Bild der Gesellschaft stellt er ein anderes Bild gegenüber, das betont, was zur Destruktion der Gesellschaft führt. Er charakterisiert die beiden gegensätzlichen Bilder der Gesellschaft in vier Paaren kontrastierender Postulate. Die funktionalistische Sicht umfasst die folgenden vier Postulate:

1. Jede Gesellschaft ist eine relativ beständige Konfiguration von Elementen.
2. Jede Gesellschaft ist eine gut integrierte Konfiguration von Elementen.
3. Jedes Element einer Gesellschaft trägt zu ihrem Funktionieren bei.
4. Jede Gesellschaft basiert auf dem Konsensus ihrer Mitglieder (Dahrendorf 1958c: 174).

Die konflikttheoretische Sicht präsentiert folgende vier Postulate:

1. Jede Gesellschaft unterliegt in jedem Augenblick der Veränderung: sozialer Wandel ist allgegenwärtig.
2. Jede Gesellschaft erlebt in jedem Augenblick Konflikt: **sozialer Konflikt** ist allgegenwärtig.
3. Jedes Element einer Gesellschaft trägt zu ihrer Veränderung bei.
4. Jede Gesellschaft basiert auf dem Zwang, den einige ihrer Mitglieder auf andere ausüben (Dahrendorf 1958c: 174).

Dahrendorf will die funktionalistische Perspektive nicht durch die konflikttheoretische ersetzen. Statt dessen will er den Konfliktstandpunkt ergänzend hinzufügen, umso ein kompletteres Bild der Gesellschaft zu erhalten. Er sagt, dass jede Gesellschaft mindestens Teile beider Modelle enthält. Jede Gesellschaft ist zum Teil stabil *und* zum Teil veränderlich, beinhaltet Elemente, die für Stabilität sorgen *und* solche, die Veränderungen mit sich bringen, ist teilweise integriert *und* als Folge von Konflikt teilweise desintegriert, und sie basiert teils auf Konsens *und* teils auf Zwang. Dahrendorf hat sicherlich Recht, wenn er diese doppelten Kräfte innerhalb der Gesellschaft betont, und er hat auch Recht, wenn er unser Interesse auf den Konfliktstandpunkt lenkt. Allerdings vereinfacht er das funktionalistische Modell so, dass es Prozesse der Veränderung und des Konflikts nicht mehr berücksichtigen kann. Eine nähere Analyse des Funktionalismus zeigt allerdings mehr Potenzial für die Berücksichtigung von Konflikt und

Veränderung als Dahrendorfs Darstellung des funktionalistischen Modells (siehe Kapitel 1 und 2 in diesem Band).

Der Ursprung von Konflikt und strukturellem Wandel

Dahrendorf versucht, die Wurzeln des Konflikts in den Strukturen der Gesellschaft zu identifizieren. Er interessiert sich nicht für Konflikte, die aus zufälligen Begegnungen zwischen Menschen und Gruppen in Situationen entstehen, in denen sie zufällig entgegengesetzte Ziele verfolgen. Sein Hauptaugenmerk gilt den anhaltenden Ursachen für anhaltende Konflikte. Aus diesem Grund betrachtet er die Struktur der Gesellschaft, die ein dauerhaftes Element der Gesellschaft ist, um die Ursprünge solcher Konflikte zu identifizieren. Da der Konflikt eine Konfrontation gegnerischer Gruppen ist, lautet Dahrendorfs erste Frage: Auf welche Weise entstammt der Konflikt zwischen Gruppen der Struktur der Gesellschaft? Seine zweite Frage ist: In welcher Form kommen Konflikte zwischen sozialen Gruppen vor? Und die dritte Frage heißt schließlich: Wie lässt der Konflikt zwischen solchen Gruppen eine Veränderung der Sozialstruktur entstehen? (Abb. 8.1)

Dahrendorfs grundsätzliche Antwort auf seine erste Frage besagt, dass die strukturellen Gründe für soziale Konflikte in den Herrschaftsverhältnissen einer Gesellschaft oder jeder kleineren untersuchten sozialen Organisation zu suchen sind. Nach Dahrendorf ist jede soziale Organisation in zwei gegnerische Gruppen geteilt: die Herrschenden und die Beherrschten. Die Herrschenden sind Träger positiver Herrschaftsrollen, die Beherrschten sind Träger negativer Herrschaftsrollen. Sofern diese beiden Gruppen nicht organisiert sind und nicht einheitlich handeln, bilden sie einfach Quasi-Gruppen mit latent konfligierenden Interessen. Die Herrschenden sollten daran interessiert sein, den Status Quo aufrecht zu erhalten. Die Beherrschten sollten daran interessiert sein, die Sozialstruktur so zu verändern, dass die etablierte Herrschaft gestürzt wird und sie somit Zugang zu Herrschaftspositionen erhalten. Obwohl Dahrendorf seine Aussagen nicht als Propositionen formuliert, könnten wir eine erste Proposition aufstellen und damit Dahrendorfs existenzielle Aussage über die Allgegenwärtigkeit von Herrschaftssbeziehungen und konfligierenden latenten Interessen in eine bedingte Aussage umändern:

1. Je mehr die Struktur einer sozialen Organisation durch ein Verhältnis der Herrschaft zwischen Herrschenden und Beherrschten gekennzeichnet ist, desto mehr bilden diese beiden Kategorien Quasi-Gruppen mit

konfligierenden latenten Interessen in Bezug auf die Aufrechterhaltung oder Veränderung des Status Quo.

Allerdings wird der Konflikt nur dann in einer offenen Handlung sichtbar, wenn die Quasi-Gruppen ausreichend organisiert werden, um koordiniert in Bezug zueinander zu handeln. Wir können die unterschwellige Absicht von Dahrendorfs Aussage in folgende Proposition fassen:

2. Je mehr Quasi-Gruppen von Herrschenden und Beherrschten organisiert werden und Interessengruppen bilden, desto mehr werden sie koordiniert in Bezug zueinander handeln.

Was in dieser Proposition ausgesagt wird, ist eine Bedingung für das Umwandeln eines **latenten** in einen **manifesten** Konflikt:

3. Je mehr Interessengruppen von Herrschenden und Beherrschten koordiniert handeln, desto mehr machen sie aus ihrem latenten Konflikt einen manifesten; dies führt zum Kampf um die Aufrechterhaltung bzw. Veränderung des Status Quo.

Dieser Kampf zwischen Herrschenden und Beherrschten eröffnet die mehr oder weniger große Chance eines sozialen Wandels, der dazu führt, dass die bestehende Herrschaft gestürzt wird. Obwohl Dahrendorf es nicht ausdrücklich erwähnt, können wir leicht folgern, dass es wohl der Erfolg der Beherrschten ist, der zu sozialem Wandel führt.

4. Je mehr die Beherrschten erfolgreich gegen die Herrschenden kämpfen, desto mehr wird sozialer Wandel stattfinden.

Dies sind die vier Hauptaussagen von Dahrendorfs Konflikttheorie in der präziseren Form von Propositionen. Erweitert man diese Argumentation, so präsentiert Dahrendorf einige weitere Bedingungen, die es ermöglichen, dass die Anfangsbedingungen der zweiten, dritten und vierten These erfüllt werden: Organisation, Unerbittlichkeit des Konflikts und struktureller Wandel.

Bezüglich der Bedingungen, unter denen Interessengruppen organisiert sind, unterscheidet Dahrendorf zwischen sozialen, politischen und technischen Bedingungen. Im sozialen Sinne sollten die Mitglieder einer Gruppe zur Kommunikation fähig sein. Enge Kontakte tragen dazu bei, Menschen zur Kommunikation zusammenzubringen. Je weniger eng die Menschen zusammen leben, desto mehr benötigen sie ein Netzwerk vermittelnder Kommunikation. Außerdem muss die Interessengruppe in der Lage sein, aktive Mitglieder aus den latenten Quasi-Gruppen zu rekrutieren. Im politischen Sinne ist das politische Recht auf Organisation eine wesentliche Voraussetzung für die Bildung von Interessengruppen.

Abb. 8.1: Konflikt und struktureller Wandel

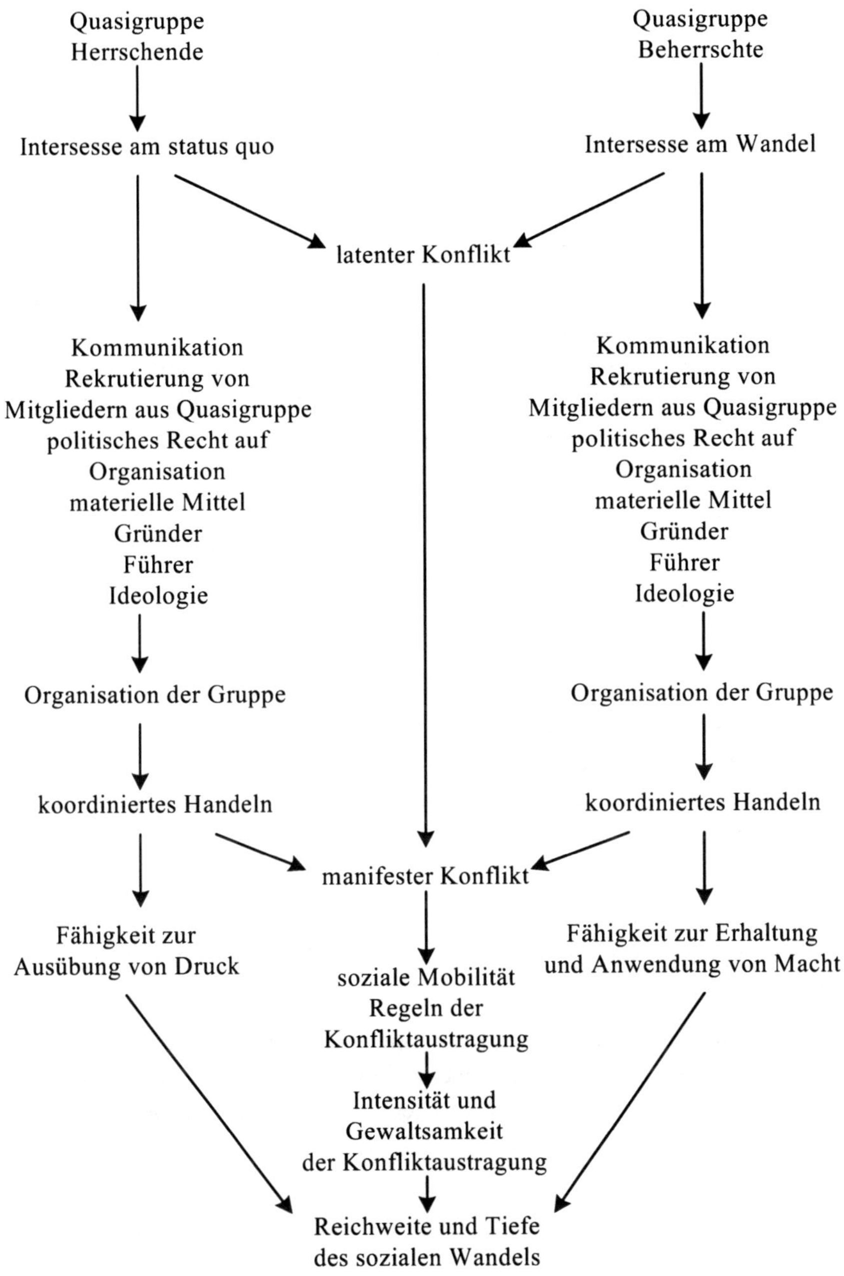

Im technischen Sinne benötigt eine Gruppe materielle Mittel, Gründer, Führer und eine Ideologie, um koordiniert und effizient arbeiten zu können. Dies nannte Tilly (1978) später in seiner Revolutionstheorie Ressourcenmobilisierung. Wir können diese Bedingungen in folgender Proposition zusammenfassen:

5. Je mehr Interessengruppen kommunizieren und Mitglieder aus den Quasi-Gruppen rekrutieren können, das politische Recht auf Organisation haben und über die materiellen Mittel, Gründer, Führer und eine Ideologie verfügen, desto mehr sind sie in der Lage, sich zu organisieren und koordiniert und effizient zu handeln.

Was die Unerbittlichkeit und Intensität des Konflikts angeht, so nennt Dahrendorf zwei Faktoren, die mäßigende Einflüsse auf die Austragung des Konflikts haben: soziale Mobilität und die soziale Regulierung von Konflikt durch Regeln der Konfliktaustragung. Soziale Mobilität öffnet Wege, um nach oben in Herrschaftspositionen zu gelangen, die es weniger dringend machen, den Weg des gewaltsamen Machtkampfes einzuschlagen, um Zugang zu Herrschaftspositionen zu erhalten. Regeln der Konfliktaustragung machen das Austragen eines Konflikts zu einem normalen Alltagsphänomen, das auf vorhersehbare, nicht gewaltsame Weise abläuft und den Beherrschten eine Möglichkeit bietet, ihren Anteil zu erhalten, ohne dass sie gezwungen sind, auf gewaltsame Handlungen zurückzugreifen. Wir können auch dies als Proposition formulieren:

6. Je mehr soziale Mobilität und Regeln der Konfliktaustragung den Beherrschten die Möglichkeit eröffnen, ihren Anteil zu bekommen, desto geringer werden die Unerbittlichkeit, Intensität und Gewalt des Konflikts ausgeprägt sein.

Zur Frage des strukturellen Wandels nennt Dahrendorf zwei Faktoren: die Fähigkeit der Herrschenden, an der Macht zu bleiben, und die Fähigkeit der Beherrschten, Druck auszuüben. Eine entsprechende Proposition würde wie folgt aussehen:

7. Je geringer die Fähigkeit der Herrschenden, an der Macht zu bleiben, und je stärker die Fähigkeit der Beherrschten, Druck auszuüben, desto weit reichender und tief greifender wird der soziale Wandel sein, der stattfindet.

Rollentheorie

Dahrendorfs Konflikttheorie der Gesellschaft ist deutlich in seiner Theorie von **sozialen Rollen** als konstitutiven Elementen der Gesellschaft präsent. Die sozialen Rollen werden in Dahrendorfs Sicht dem Individuum durch die Sanktionskraft von Bezugsgruppen aufgezwungen, die diese Rollen inhaltlich bestimmen (Dahrendorf 1958a/1965). Nach Dahrendorf greift die Soziologie das Netzwerk der dem Individuum aufgezwungenen sozialen Rollen heraus, um ihren eigenen Gegenstandsbereich zu definieren. Die Soziologie sieht das Individuum als Mitglied der Gesellschaft, das soziale Rollen ausführt, die von der Gesellschaft definiert werden. Damit konstruiert die Soziologie analytisch einen ***homo sociologicus***, eine spezifische Sicht auf das Individuum, die das Pendant zum *homo biologicus* der Biologie, zum *homo psychologicus* der Psychologie, zum *homo oeconomicus* der Wirtschaftswissenschaft und zum *homo politicus* der Politikwissenschaft bildet, die alle selbst analytische Perspektiven darstellen.

Soziale Rollen werden nicht vom Individuum geschaffen, sie werden ihm von der Gesellschaft aufgezwungen. Es sind soziale Tatbestände in dem von Durkheim definierten Sinn. Sie waren schon vor der Geburt eines Individuums da und werden auch nach seinem Tod noch existieren. Außerdem üben sie auf das Individuum einen Zwang aus. Sie sind vom Wesen her extern, universell und zwingend. Wir folgen Gesetzen, besuchen die Schule, wählen, heiraten, haben einen Beruf, gehen zum Essen, kümmern uns um unsere Kinder, nehmen Anweisungen von Vorgesetzten an, kommunizieren mit anderen, hören, sehen, sprechen eine Sprache und handeln. Und immer gibt es ein Phänomen, das all dies prägt: die Gesellschaft. Die Gesellschaft ist präsent in den *Rollen*, die wir in diesen Handlungen spielen: Bürger, Student, Wähler, Ehemann oder Ehefrau, Verkäufer, Beamter, Anwalt, Kunde, Vater oder Mutter, Untergebener, Redner, Zuhörer und Akteur. Diese Rollen beziehen sich auf spezifische Positionen in der Gesellschaft, die als ein Netzwerk von Positionen mit entsprechenden zugeordneten Rollen zu begreifen ist. Eine Position bezeichnet den Platz, den ein Individuum im gesellschaftlichen Netzwerk einnimmt. Die soziale Rolle beinhaltet die sozial gegebenen Erwartungen darüber, wie der Inhaber einer **sozialen Position** in verschiedenen Situationen handeln muss, handeln sollte oder handeln darf. Sofern wir die Positionen eines Individuums kennen, wissen wir viel über seine Disposition, auf bestimmte Art und Weise zu handeln und zu denken. Wir können dies aus den entsprechenden Rollen ableiten, so wie sie von der Gesellschaft definiert werden. Aber wir wissen nichts über die ganz persönliche Disposition eines Individuums, aus diesen Positionen und den entsprechenden Rollen heraus zu handeln und zu denken. Was ein Lehrer tut und als Lehrer denkt, wissen wir allein aus der Tatsache heraus, dass es sich um einen Lehrer handelt; wir wissen aber nicht, was der Lehrer als Persönlichkeit außerhalb der Erfüllung seiner Rollenerwartungen tut und denkt.

Die soziale Rolle beinhaltet Rollenverhalten und Rollenattribute. Sie ist in Rollensegmente unterteilt. Beispielsweise ist die Rolle des Lehrers in die Segmente ihres Verhältnisses zu den entsprechenden Rollen der Schüler, Eltern, Kollegen, der Schulbehörde und des Direktors differenziert.

Soziale Rollen sind quasi-objektive Komplexe von Verhaltensregeln, die unabhängig vom Individuum existieren. Ihr Wesen wird nicht vom Individuum, sondern von der Gesellschaft bestimmt oder verändert. Die Rollen sind für das Individuum bindend. Was ist nun die Grundlage des bindenden Charakters sozialer Rollen? Dahrendorfs Antwort lautet: *Sanktionen* – meistens negative Sanktionen (also Strafen), manchmal auch positive Sanktionen (also Belohnungen) – garantieren den bindenden Charakter sozialer Rollen. Es gibt drei Ebenen der Verbindlichkeit von Rollenerwartungen: Erwartungen, dass man auf bestimmte Art und Weise handeln *muss*, Erwartungen, dass man auf bestimmte Art und Weise handeln *soll*, und Erwartungen, dass man auf bestimmte Art und Weise handeln *kann*. Die bindenderen Erwartungen werden von strengeren Sanktionen gestützt. Der Präsident eines Verbandes *muss* im Umgang mit seinen Finanzen vertrauenswürdig sein. Diese Muss-Erwartung wird im Falle von Abweichungen von negativen rechtlichen Sanktionen gestützt. Er *soll* nicht an konkurrierenden Vereinigungen beteiligt sein; diese Sollerwartung wird von Sympathie als positiver Sanktion oder von sozialer Exklusion als negativer Sanktion unterstützt. Er *kann* freiwillig Geld sammeln; diese Kann-Erwartung wird durch Zustimmung als positive Sanktion oder durch Antipathie als negative Sanktion getragen.

Wer definiert Rollenerwartungen? Die Antwort lautet: die Gesellschaft. Aber was ist mit „Gesellschaft" gemeint? „Bezugsgruppen" heißt die Antwort. Diese Bezugsgruppen stehen in direkter Interaktion mit dem Träger einer Rolle. Studenten, Eltern, Kollegen, Schulbehörde und Direktor sind die verschiedenen Bezugsgruppen für den Lehrer. Ihre Erwartungen können einander widersprechen. Dies bringt einen Intra-**Rollenkonflikt** mit sich. Konflikt kann aber auch nicht nur aus dem Widerspruch zwischen den Erwartungen unterschiedlicher Bezugsgruppen innerhalb einer Rolle entstehen, sondern auch zwischen den verschiedenen Rollen, die ein Individuum tatsächlich spielt. Als Lehrer, Ehepartner, Elternteil oder Parteimitglied wird die Person immer wieder mit konfligierenden Erwartungen konfrontiert: dies ist der Inter-Rollenkonflikt.

Was entscheidet aber, welche der konfligierenden Erwartungen bindender ist als die anderen? Nach Dahrendorfs Meinung ist es die Sanktionskraft der Bezugsgruppen, die den bindenden Charakter ihrer Erwartungen wesentlich bestimmt. Bezugsgruppen, die sich in einer zentralen Position befinden, haben mehr Macht und können daher ihre Erwartungen gegen konfligierenden Druck durchsetzen.

Sofern das Individuum Freiheit und Individualität angesichts der ihm von den sozialen Rollen auferlegten Zwänge bewahren will, kann es das nur in dem Ausmaß tun, in dem es in der Lage ist, der Sanktionskraft der Bezugsgruppe zu entgehen. Freiheit und Individualität können nur außerhalb der Zwänge sozialer Rollen erreicht werden, nicht indem man sie spielt.

Zusammenfassung

Konfliktheorie

1. Die Aufteilung der Gesellschaft in Herrschende und Beherrschte bedingt einen latenten Konflikt über die Aufrechterhaltung bzw. Veränderung des status quo.
2. Aus dem latenten Konflikt wird ein manifester Konflikt in Gestalt von organisiertem und koordiniertem Handeln in Abhängigkeit von
   - Kommunikation von Mitgliedern der Quasigruppen,
   - Rekrutierung von Mitgliedern,
   - politischem Recht auf Organisation,
   - materiellen Mitteln,
   - Gründern,
   - Führern,
   - Ideologie.
3. Aus dem manifesten Konflikt entsteht sozialer Wandel in Abhängigkeit von
   - Fähigkeit der Beherrschten, Druck auszuüben,
   - Fähigkeit der Herrschenden, Macht anzuwenden,
   - abmildernd wirkender sozialer Mobilität,
   - befriedend wirkenden Regeln der Konfliktaustragung,
   - Intensität und Gewaltsamkeit der Konfliktaustragung.

Rollentheorie

1. Die Gesellschaft ist ein Netzwerk sozialer Positionen und der entsprechenden sozialen Rollen.
2. Soziale Rollen werden dem Individuum von der Gesellschaft auferlegt.
3. Soziale Rollen sind gesellschaftliche Erwartungen, die festlegen, was man in einer sozialen Position tun kann, soll oder muss, verstärkt durch Sanktionen, die von stark positiv bis zu stark negativ reichen.
4. Soziale Rollen bestehen aus Rollenerwartungen, die verschiedene Bezugsgruppen an den Inhaber einer Position richten.
5. Ein Individuum kann je nach den unterschiedlichen Erwartungen der Bezugsgruppen bezogen auf eine Rolle oder verschiedene Rollen mit einander widersprechenden Erwartungen konfrontiert werden.
6. Je mehr Sanktionskraft eine Bezugsgruppe besitzt, desto mehr wird sie ihre Rollenerwartungen gegen entgegengesetzte Erwartungen durchsetzen.
7. Je mehr das Individuum Freiheit und Individualität bewahren will, desto mehr muss es den Zwängen der sozialen Rollen entgehen.

Kritische Würdigung

Wir haben Dahrendorfs Versuch dargelegt, eine Theorie des Konflikts und des strukturellen Wandels zu formulieren. Wenn wir die Erklärungskraft dieser Theorie unter die Lupe nehmen, müssen wir einige Einschränkungen vornehmen. Wir können diese zum Teil mit Hilfe von Dahrendorf selbst machen.

Konflikt und Veränderung

Was die Ursprünge des Konflikts angeht, so beginnt Dahrendorf aus einem ziemlich engen Blickwinkel. Wir können uns zahlreiche soziale Konflikte vorstellen, die nicht einer gegebenen Struktur der Herrschaft entstammen. Sofern sich Menschen mit gemeinsamen Interessen treffen und handeln, um diese Interessen zu realisieren, bilden sie Gruppen. Sobald mindestens zwei Gruppen da sind, deren Interessen sich unterscheiden, besteht eine Möglichkeit, dass eine Gruppe ihre

Interessen nur auf Kosten der Durchsetzung der Interessen der anderen Gruppe realisieren kann. Und dies gilt, ganz gleich ob die beiden Gruppen in über- oder untergeordneten Verhältnissen zueinander stehen. Eine lokale Gemeinschaft kann in zwei Gruppen gespalten sein, von denen die eine die Errichtung einer neuen Industrieanlage befürwortet, während die andere Gruppe dagegen ist, ohne dass ein klares Herrschaftsverhältnis besteht. Hier wirken die gleichen Bedingungen, um den latenten Konflikt manifest zu machen, um Interessengruppen zu organisieren und um die Intensität des Konflikts zu erhöhen oder zu erniedrigen. Was die Bedingungen für den strukturellen Wandel angeht, so können wir nochmals darauf hinweisen, dass die Fähigkeit der beiden Gruppen, Macht einzusetzen und Druck auszuüben, über ihren Erfolg entscheidet, wie auch darüber ob eine Veränderung stattfindet oder nicht, also beispielsweise, ob eine neue Industrieanlage gebaut wird.

So weit müssen wir Dahrendorfs Konfliktstandpunkt ausweiten, um den Konflikt zwischen Gruppen einzuschließen, die nicht in einem klar umrissenen Herrschaftsverhältnis zueinander stehen. Dementsprechend kann der Konflikt darum gehen, ob der Status Quo beibehalten oder verändert wird, aber er kann sich auch darauf beziehen, welcher Teil der Sozialstruktur beibehalten wird bzw. in welche Richtung die anderen Teile verändert werden sollen. Der Konflikt zwischen rivalisierenden revolutionären Parteien kann ebenso gewaltsam sein, wie der Konflikt zwischen Herrschenden und Beherrschten. Wir können Dahrendorfs erste Proposition folgendermaßen neu formulieren:

> Je mehr die Struktur einer sozialen Organisation gespaltene latente Interessen entstehen lässt, desto wahrscheinlicher ist es, dass Quasi-Gruppen um diese latenten Interessen herum entstehen und hinsichtlich der Realisierung eines Interesses auf Kosten eines gegnerischen Interesses in Konflikt miteinander geraten.

Ausgehend von dieser Generalisierung der ersten Proposition können wir mit der zweiten Proposition fortfahren und die dritte Proposition generalisieren:

> Je mehr die Interessengruppen koordiniert handeln, desto mehr werden sie ihren latenten Konflikt in einen manifesten Konflikt verwandeln, der zum Kampf führt, bei dem es darum geht, das eigene Interesse auf Kosten gegnerischer Interessen durchzusetzen.

Die vierte Proposition muss so generalisiert werden:

> Je mehr Macht und Druck eine Gruppe mobilisieren kann, desto mehr wird die Sozialstruktur je nach ihren Interessen beibehalten oder verändert.

Wenn wir zu dieser generalisierten vierten Proposition noch ein paar Gedanken hinzufügen wollen, so können wir jetzt annehmen, dass Herrschaftsstrukturen aus dem Machtkampf entstehen, ein Thema, das von Dahrendorf nicht angeschnitten wurde. Während Dahrendorf lediglich die Allgegenwärtigkeit von Herrschaftsstrukturen erklärt, können wir eine Proposition über die Bedingungen formulieren, die Herrschaft entstehen lassen:

> Je mehr eine Gruppe im Konflikt Erfolg hat und die Sozialstruktur nach ihren Interessen verändert, desto mehr wird sie in der sozialen Organisation ihre Herrschaft über die anderen Gruppen etablieren.

Nachdem wir Dahrendorfs Konflikttheorie über den Konflikt zwischen Herrschenden und Beherrschten hinaus generalisiert haben, können wir jetzt über die Einschränkungen sprechen, die wir vornehmen müssen. Zunächst müssen wir Dahrendorfs Annahme infrage stellen, dass Beziehungen zwischen Herrschenden und Beherrschten in jedem Fall Konflikte über die Beibehaltung oder Veränderung des Status Quo entstehen lassen. Ist es immer so, dass die Herrschenden den Status Quo beibehalten und die Beherrschten ihn ändern und die etablierten Mächte stürzen und ersetzen wollen? Ein näherer Blick zeigt uns, dass dem nicht so ist. Herrschende übernehmen oft die Führung, wenn es darum geht, die Sozialstruktur gegen die Interessen von Gruppen zu verändern, die den Status Quo lieber beibehalten wollen, selbst Gruppen, die nicht der herrschenden Klasse angehören. Ein Beispiel dafür ist der ehemalige sowjetische Staatschef Michail Gorbatschow, der in den 1980er Jahren sein Reformprogramm gegen den Widerstand zahlreicher verschiedener Gruppen durchsetzen musste, die lieber die bestehende Ordnung beibehalten wollten. Andererseits wollen viele untergeordnete Gruppen die bestehende Ordnung nicht ändern und unterstützen daher die Herrschenden, die diese Ordnung aufrechterhalten wollen.

Dies steht offensichtlich im Widerspruch zu Dahrendorfs erster Proposition. Eine sehr wichtige Quelle für das Fehlen eines jeglichen Machtkampfes im Herrschaftsverhältnis besteht darin, dass Herrschaft und Macht in den Ideen legitimer Herrschaft fest verankert sein können, die sowohl von den Herrschenden als auch den Beherrschten geteilt werden. Es ist erstaunlich, dass Dahrendorf jedem stabilen Herrschaftsverhältnis die Eigenschaft der legitimen Herrschaft zurechnet, wenn er die Herrschaftsstruktur beschreibt und dabei auf Max Webers (1922/ 1972c: 122–124) Begriff der legitimen Herschaft Bezug nimmt. Um mit Dahrendorfs Worten zu sprechen, besteht Herrschaft aus dieser Sicht aus folgenden Eigenschaften:

1. Herrschaft beschreibt eine Beziehung von Unter- und Überordnung.
2. Der übergeordnete Teil macht dem untergeordneten Teil Verhaltensvorschriften von der Form eines Befehls oder Verbots.

3. Der übergeordnete Teil hat das Recht, solche Vorschriften zu machen; Herrschaft ist ein legitimes Verhältnis der Über- und Unterordnung; Herrschaft besteht nicht aufgrund persönlicher oder situationeller Willkür, sondern ist eine Erwartung, die sich an gesellschaftliche Positionen knüpft.
4. Das Recht zur Herrschaft ist auf bestimmte Inhalte und angebbare Personen begrenzt.
5. Nichtbefolgung der Vorschriften wird sanktioniert; ein Rechtssystem (beziehungsweise ein System quasirechtlicher Gewohnheiten) wacht über die Effektivität der Herrschaft." (Dahrendorf 1958c, zitiert nach 1971: 115).

Im Lichte dieser Festlegungen, mit denen die Legitimität der Über- und Unterordnung zum grundlegenden Merkmal von Herrschaft erklärt wird, muss man fragen, wie Konflikte und der Versuch, die etablierte Macht zu stürzen, in Herrschaftsbeziehungen überhaupt entstehen können. Warum sollten die Beherrschten eine gegebene Herrschaft, die sie als legitim erachten, stürzen wollen? Dies wäre doch ein Widerspruch in sich. Also widerspricht Dahrendorf sich selbst. Einerseits hat er eine Vorstellung von Herrschaft, die keinen Platz für die Entstehung von Konflikt bezüglich der Beibehaltung oder Veränderung des Status Quo hat. Andererseits stellt er aber fest, dass die Existenz von Herrschaft die allgegenwärtige Quelle von Konflikt in der Gesellschaft ist. Wie können wir diesen Widerspruch auflösen? Wir können ihn beseitigen, indem wir Dahrendorfs erste Proposition zum Ursprung des Konfliktes einschränken. Diese Proposition gilt nur insofern, als eine gegebene Herrschaft unzureichend von Legitimitätsvorstellungen gestützt wird. Ob dies aber der Fall ist oder nicht, hängt nicht davon ab, wer mehr Macht hat, sondern wer erfolgreich das Recht auf Machtausübung oder auch das Recht, sich der Machtausübung zu widersetzen, rechtfertigen kann.

Die soziale Basis für diesen Erfolg ist nicht die erfolgreiche Austragung von Konflikt, sondern die erfolgreiche Argumentation im Diskurs. Sowohl Regierung als auch Opposition müssen ihre Ansprüche auf ein und dieselben grundlegenden Ideen und Werte zurückführen, die in der Gesellschaft generell akzeptiert sind. Natürlich können Prozesse der Legitimation von Herrschaft selbst Machtkämpfe um den Zugang zu den Machtpositionen zwecks Verbreitung von Ideen mit sich bringen. Sofern allerdings ein Machtkampf den Diskurs beherrscht, wäre das Ergebnis ein Aufzwingen von Ideen durch Macht ohne freiwillige Zustimmung der Verlierer des Kampfes. Legitimität von Herrschaft oder von Widerstand gegen Herrschaft kann nur entstehen, wenn die entsprechenden Ansprüche im Diskurs gerechtfertigt werden. Nur dann, wenn Prozesse der Legitimation von Herrschaft im Diskurs wurzeln, werden die Ergebnisse dieser Prozesse allgemein von allen Beteiligten an diesem Diskurs als gültig anerkannt. Somit kann man die Frage, ob eine gegebene Herrschaft von den Herrschenden und den Beherrschten als legitim betrachtet wird, nicht mit einer Konflikttheorie beantworten, die auf die erfolgreiche Anwendung von Macht setzt, sondern nur mit einer Diskurstheorie, die den Einsatz von Argumenten als entscheidend betrachtet. Im Lichte dieser Überlegungen können wir Dahrendorfs erste Proposition folgendermaßen relativieren:

> Je mehr die Struktur einer sozialen Organisation durch Herrschaftsverhältnisse zwischen Herrschenden und Beherrschten gekennzeichnet ist, und je weniger diese Verhältnisse durch Diskursverfahren in gemeinsamen Vorstellungen von legitimer Herrschaft verankert werden, desto mehr bilden Herrschende und Beherrschte Quasi-Gruppen mit konfligierenden latenten Interessen bezüglich der Beibehaltung oder Veränderung des Status Quo.

Was wir für die Entstehung von Konflikten zwischen Herrschenden und Beherrschten aufgezeigt haben, kann auch auf die Frage des strukturellen Wandels angewandt werden. Normalerweise implizieren Ansprüche auf Beibehaltung oder Veränderung der bestehenden Ordnung eine Argumentation im Lichte grundsätzlicher Ideen. Je mehr dies der Fall ist und je mehr diese Ideen in einer gemeinsamen Kultur wurzeln, desto weniger wird die Richtung des Wandels lediglich aus der Menge an Macht resultieren, die für Stabilität oder Veränderung mobilisiert werden kann, und desto mehr wird die Richtung des Wandels aus dem Prozess der Legitimation entstehen. Wir können dies wie folgt formulieren:

> Je mehr Ansprüche auf Beibehaltung oder Veränderung einer Ordnung durch Diskursverfahren gerechtfertigt werden können, und je mehr diese Verfahren in einer Gesellschaft dominieren, desto mehr wird die soziale Ordnung aufrechterhalten und in die Richtung dieser Ansprüche entwickelt.

Angesichts dieser Aussage müssen wir Dahrendorfs Proposition über die Fähigkeit von Herrschenden und Beherrschten hinsichtlich der Beibehaltung oder Veränderung der Sozialstruktur relativieren:

> Je weniger ein Anspruch auf Beibehaltung oder Veränderung der Sozialstruktur in Diskursverfahren gerechtfertigt werden kann, und je weniger Diskursverfahren in einer Gesellschaft institutionalisiert sind, desto mehr gilt folgendes Bedingungsverhältnis: Je schwächer die Fähigkeit der Herrschenden, an der Macht zu bleiben, und je stärker die Fähigkeit der Beherrschten, Druck auszuüben, desto weit reichender und tief greifender wird der stattfindende strukturelle Wandel sein.

Die Frage der Legitimation ist aber nicht die Einzige, die in Dahrendorfs Konflikttheorie unzureichend beantwortet wird. Eine zweite Frage, die von der Konflikttheorie nicht beantwortet werden kann, ist die Frage nach den Wurzeln der friedlichen Regulierung von Konflikten. Dahrendorf präsentiert nur die These, dass die soziale Regulierung von Konflikt einen mäßigenden Einfluss auf die Intensität des Konflikts hat. Er lässt sich auf keine Diskussion darüber ein, woher diese soziale Regulierung kommen könnte. Eine detailliertere Analyse müsste sich mit der Frage beschäftigen, wie eine Gesellschaft der Steigerung des Machtkampfes bis zum Kampf um die soziale Regulierung des Machtkampfes selbst entgehen kann. Wenn soziale Regulierung selbst nur aus dem Erfolg im Machtkampf entstünde, würde dies der Konfliktaustragung nicht mehr Vorhersehbarkeit, Ordnung und Mäßigung verleihen als die uneingeschränkte Konfliktaustragung. Jede Regulierung liefe Gefahr, durch die Mobilisierung von Macht außer Kraft gesetzt zu werden. Das kann tatsächlich der Fall sein. Allerdings wäre dann keinerlei friedliche Konfliktaustragung möglich.

In dem Maße, in dem Regulierung einen stabilen, vorhersehbaren und bindenden Charakter hat, muss sie ihre Wurzeln in anderen Quellen als dem Machtkampf haben. Die entsprechende Quelle ist die Solidarität einer Gemeinschaft, die alle Konfliktparteien umfasst; es ist ihr Konsens zumindest hinsichtlich der Regeln zur Konfliktaustragung und die einheitliche Zustimmung/Ablehnung, positive und negative Sanktionierung der Konformität und Nonkonformität zu den Regeln, die der sozialen Regulierung von Konflikten dienen. Wir erhalten diese Informationen nicht aus einer Theorie, die den Machtkampf in den Mittelpunkt stellt. Wir können Dahrendorfs Proposition zur sozialen Regulierung von Konflikt so relativieren:

> Je mehr die soziale Regulierung des Konflikts von Solidarität, Konsens und einheitlichen Sanktionen getragen wird und alle Konfliktparteien umfasst, desto mehr wird der Konflikt in vorhersehbaren, friedlichen und gemäßigten Formen ausgetragen.

Die Information, die es uns gestattet, Dahrendorfs Konflikttheorie so zu relativieren, muss aus einer Theorie der Solidarität und Konsensbildung hervorgehen.

Eine weitere Relativierung von Dahrendorfs Konflikttheorie muss hinsichtlich der alternativen Möglichkeiten des Wandels der Sozialstruktur erfolgen. Dahrendorf selbst nennt soziale Mobilität als eine Kraft, die auf die Verringerung der **Konfliktintensität** hinwirkt. Soziale Mobilität verleiht einer sozialen Organisation Flexibilität und macht sie offen für Veränderung, ohne dass gewaltsame Konflikte nötig sind. Hier findet Veränderung eher durch individuelle Nutzenmaximierung als durch kollektiven Machtkampf statt. Eine Theorie des ökonomischen Handelns würde uns sagen, dass Märkte, gekoppelt mit individuellem Profitstreben, Wege zur individuellen Mobilität eröffnen und dazu beitragen, Gruppenbindungen aufzulösen, und somit Gruppenhandlungen und Konflikt reduzieren. Wir können Dahrendorfs Mobilitätsproposition genauer formulieren:

> Je mehr Märkte und individuelle Profitmaximierung in einer Gesellschaft dominieren, desto weniger sind Gruppenbindungen und demzufolge auch Gruppenhandlungen und Konflikt gegeben.

Diese These hat ihre Wurzeln nicht in der Konflikttheorie, sondern in der ökonomischen Theorie. Wenn wir die erklärende Richtung der Konflikttheorie spezifizieren und uns mit dem Machtkampf als solchem befassen, können wir die interne Logik des Machtkampfes gründlicher verstehen als jede diffuse Mischung von zueinander im Widerspruch stehenden Theorien. Wenn wir aber die Konflikttheorie bewusst relativieren, indem wir Theorien über Diskurs, Konsens und Profitmaximierung anwenden, erweitern wir unser Bild von den nicht konflikthaften Kräften, die den Verlauf des Konflikts durchdringen und leiten, erheblich (siehe Hondrich 1973).

Rollenzwang

In Dahrendorfs Rollentheorie ist seine allgemeine Konflikttheorie der Gesellschaft deutlich zu erkennen. Sie erklärt, weshalb soziale Rollen das Verhalten der Individuen regulieren können, selbst wenn die Rollen gegen ihr individuelles Bestreben gerichtet sind und vom Wesen her untereinander konfligieren: weil die Sanktionskraft der Bezugsgruppen Widerstand überwindet und das Ausmaß der verfügbaren Macht die Rangordnung der Rollenerwartungen bestimmt. Soziale Rollen besitzen aber noch weitere Merkmale neben der Tatsache, dass sie gegen Widerstand und konfligierende Erwartungen durchgesetzt werden. Dahrendorfs Konflikttheorie der sozialen Rollen liefert keine Mittel zur Erklärung dieser Merkmale.

Rollenerwartungen variieren oft in ihrem Inhalt von einer Situation zur anderen und von einem Individuum zum anderen; letzteres spielt die Rollen unabhängig von der Macht, die hinter ihnen steht. Dies muss unter Bezugnahme auf die Intelligenz, die vom Individuum mobilisiert wird, erklärt werden und unter Bezugnahme auf die Verhandlungen zwischen den beteiligten Akteuren. Einige Rollenerwartungen sind bindend, unabhängig von der Macht, die zu ihrer Durchsetzung zur Verfügung steht. Dies bedarf der Erklärung durch die Verpflichtung des Individuums auf eine Gemeinschaft und durch die Solidarität, den Konsens und die einheitliche Reaktion dieser Gemeinschaft auf Abweichungen. Die Legitimität von Rollenerwartungen wird nicht durch Sanktionen erzeugt. Sie erfordert die Verankerung von Rollenerwartungen in Ideen und Werten, die in einer Diskursgemeinschaft für allgemein gültig gehalten werden.

Neben der Flucht aus dem Zwang sozialer Rollen gibt es noch weitere Aspekte der Freiheit und der Individualität: der Einsatz sozialer Rollen für die persönliche Selbstverwirklichung, zur Sicherung der eigenen Rechte, zur Erweiterung der eigenen Freiheiten gegenüber anderen und zur Erweiterung des eigenen Horizonts und der Autonomie. All diese Elemente werden von Dahrendorfs Konflikttheorie der sozialen Rollen nicht berücksichtigt (siehe dazu Tenbruck 1961).

Weitere Entwicklungen

Die Konflikttheorie ist nach wie vor ein zentraler Theorieansatz der Gesellschaftsanalyse, der unverzichtbare Einsichten in die Dynamik des sozialen Wandels bietet. Aus dem breiten Spektrum konflikttheoretischer Analysen sind vor allem Beiträge der historisch-vergleichenden Soziologie zu nennen, etwa die Beiträge von Barrington Moore (1966), Theda Skocpol (1979, 1992), Michael Mann (1986, 1993), und Charles Tilly (1978, 1986, 1995, 1997). Die Verknüpfung der Konflikttheorie mit der Modernisierungstheorie führt zu einem detaillierten Verständnis von Konfliktlinien und politischen Kämpfen auf je spezifischen Entwicklungspfaden im Rahmen einer Vielfalt der Moderne (Eisenstadt 2000; Knöbl 2001).

Orientierungsfragen

1. Welche Kritik übt Dahrendorf an der funktionalistischen Theorie? Welche Elemente setzt er in seiner Konflikttheorie den funktionalistischen Annahmen entgegen?
2. Stellen Sie die Hauptkonzepte von Dahrendorfs Rollentheorie dar! Inwiefern vermittelt das Konzept der „Rolle“ zwischen dem individuellen Handeln und gesellschaftlichen Strukturen?
3. Die Klassiker der Soziologie haben Themen behandelt, die in der Rollentheorie aufgegriffen werden. Zeigen Sie anhand von Simmels These von der „Kreuzung sozialer Kreise“ und Meads Persönlichkeitsmodell, wo klassische Grundlagen der Rollentheorie liegen!
4. Der Konflikt zwischen Arbeitgebern und Gewerkschaften wird vor allem in Tarifverhandlungen öffentlich sichtbar. Deuten Sie diesen Konflikt zunächst mit Hilfe der ursprünglichen Annahmen Dahrendorfs! Zeigen Sie dann anhand der modifizierten Propositionen, an welchen Stellen Dahrendorfs Konflikttheorie zu kurz greift!

5. Sowohl Lewis Coser als auch Ralf Dahrendorf gelten als Konflikttheoretiker. Vergleichen Sie beide Ansätze: Gibt es Berührungspunkte und Gemeinsamkeiten zwischen den Theorien? Für welche Zwecke ist Coser, für welche Dahrendorf besser geeignet?

Wichtige Begriffe

Homo sociologicus
Konflikt, sozialer
Konfliktintensität
Position, soziale
Rolle, soziale
Rollenkonflikt

9. Vom Fremdenzwang zum Selbstzwang Norbert Elias' Theorie des Zivilisationsprozesses

Biografische Angaben

Norbert Elias wurde am 22. Juni 1897 als einziges Kind jüdischer Eltern, Herrmann und Sophie Elias, im schlesischen Breslau geboren. Unmittelbar nach dem Schulabschluss meldet sich der 18-jährige Elias zum Kriegsdienst. Als Mitglied eines Genesenden-Bataillons kann er im Jahre 1917 noch vor Kriegsende ein Medizinstudium beginnen, wendet sich aber nach dem Physikum 1919 der Philosophie zu. Er wechselt im Sommersemester 1919 nach Heidelberg, hört dort Karl Jaspers; 1920 geht er nach Freiburg, nimmt dort u.a. an einem Goethe-Seminar von Edmund Husserl teil. Bei dem Neukantianer Richard Königswald schreibt seine Dissertation über *„Idee und Individuum. Eine kritische Untersuchung zum Begriff der Geschichte"*. Nach seiner Promotion im Jahre 1922 geht er zurück nach Heidelberg, wo er bei Alfred Weber und mit Unterstützung von Karl Mannheim eine Habilitation schreibt. Im Frühjahr 1930 folgt er Karl Mannheim auf eine Assistentenstelle in Frankfurt. Im Wintersemester 1932/33 reicht er seine Habilitationsschrift *„Der höfische Mensch"* ein, die erst 1969 unter dem Titel *„Die höfische Gesellschaft"* veröffentlicht wurde. Im endgültigen Abschluss des Habilitationsverfahrens fehlte nur noch die Antrittsvorlesung, als unmittelbar nach der nationalsozialistischen Machtergreifung klar wurde, dass Elias als Jude in Deutschland keine Chance auf eine Universitätskarriere hat. Schon im März 1933 flieht er zunächst nach Frankreich, um dann im Herbst 1935 nach England zu emigrieren. In England schlug sich Elias lange Jahre mit Lehrtätigkeiten an Volkshochschulen in Londoner Vororten durch. Erst im Alter von 57 Jahren erhielt er 1954 eine Dozentenstelle am neu gegründeten *Department of Sociology* an der *University of Leicester*. Von 1962 bis 1964 lehrte Elias an der University of Ghana interca, bevor er 1965 zum ersten Mal für längere Zeit nach Deutschland zurückkehrte. Nach Gastprofessuren in Münster, Konstanz und Aachen war er von 1978 bis 1984 am Zentrum für interdisziplinäre Forschung an der Universität Bielefeld tätig. Er ging danach nach Amsterdam, wo er am 1. August 1990 verstorben ist.

Der Prozess der Zivilisation

Nach einer sehr kleinen Vorauflage im Jahre 1937 veröffentlichte Norbert Elias 1939 ein Buch mit dem Titel *Über den Prozess der Zivilisation*, das ein bemerkenswertes Schicksal erfuhr. Der Autor musste, wie so viele seiner Kollegen, aus Nazideutschland emigrieren, und die intellektuellen Kreise, die sein Buch unterstützt hätten, brachen zusammen. Lange Zeit wurde es daher nicht rezipiert. Über dreißig Jahre später jedoch, nach einer 1976 erschienenen Neuauflage, erregte das Buch plötzlich die Aufmerksamkeit der Soziologen in Westdeutschland, Großbritannien und den Niederlanden (Mennell 1989, 1990; Goudsblom, Jones und Mennell 1989). Nach dieser späten Anerkennung wurde Elias' Werk Teil des soziologischen Diskurses weit über die Grenzen Deutschlands, Großbritanniens und der Niederlande hinaus.

Elias' Studie (1939/1976) zeigt auf, dass Entstehen und Weiterentwicklung der modernen Gesellschaft von einem bestimmten Element geprägt werden, nämlich dem Verschwinden physischer Gewalt aus der alltäglichen Interaktion zwischen den Menschen und der wachsenden **Affektkontrolle**, Selbstkontrolle und Selbstbeherrschung des Einzelnen. Dies ist nach Elias' Sicht das zentrale Element des Prozesses der Zivilisation. Er untermauert seine These der Verdrängung physischer Gewalt aus der alltäglichen Interaktion mit der Verfeinerung der Tischmanieren und mit den enger gefassten Anstandsregeln, Entwicklungen also, die im historischen Wandel vom Leben der mittelalterlichen Ritter zum höfischen Leben in der Zeit des aufstrebenden Absolutismus stattfanden. Elias' Fallbeispiel für die Darstellung dieser Transformation ist die Etablierung des Absolutismus und des verfeinerten höfischen Lebens durch Ludwig XIV im Frankreich des 17. Jahrhunderts, das den gesamten Adel an den zentralen Hof nach Versailles lockte. In diesem Prozess wurde der ursprünglich autonome Krieger zu einem abhängigen Höfling am Hofe des Königs. Derartige historischen Tatbestände beschreibt Elias anhand einer Vielfalt von Beispielen aus dem Leben der früheren Ritter und späteren Höflinge. Diese Darstellungen machen Elias' Studie besonders ansprechend. Es handelt sich um Geschichte auf der Ebene des Alltagslebens.

Elias beschränkt seine Studie jedoch nicht auf die Beschreibung historischer Veränderungen im Alltagsleben. Er nimmt die beschriebenen Fakten als Fälle einer tiefer verwurzelten historischen Transformation im sozialen Leben, die er den „Prozess der Zivilisation“ nennt. In diesem Prozess wird die Anwendung physischer Gewalt in der alltäglichen Interaktion und das unkontrollierte Ausleben von Gefühlen und Aggressionen zunehmend durch Selbstkontrolle ersetzt, die in Selbstbeherrschung wurzelt. Elias nimmt die stärkere Selbstdisziplin des Höflings in Dingen der physischen Gewalt, Affekte, Tischmanieren und Mäßigung im Vergleich zum mittelalterlichen Ritter als Beispiel für diese tiefergehende und weiter reichende historische Transformation hin zu wachsender Selbstbeherrschung.

Elias zeigt aber nicht nur eine breitere, tiefergehende historische Transformation für den Wandel vom mittelalterlichen Ritter zum Höfling in der Zeit des Absolutismus auf, sondern versucht auch, eine theoretische Erklärung für diese historische Transformation zu finden, indem er eine Theorie des Prozesses der Zivilisation aufbaut. Die Theorie konzentriert sich auf die Figuration von Macht und ihren Auswirkungen auf individuelles Handeln und gesellschaftliche Entwicklung. Deshalb bezeichnet man den Ansatz von Elias auch als Figurationssoziologie.

Elias' Erklärung des **Zivilisationsprozesses** lässt sich in folgenden Aussagen zusammenfassen (Elias 1939/1976, Band 2: 312–454):

1. Je mehr sich der Wettbewerb um Macht zwischen rivalisierenden Gruppen in der Gesellschaft verschärft, desto mehr findet eine Selektion statt, die zum Überleben der Sieger und zur Ausmerzung der Verlierer führt.
2. Je mehr die Rivalen in gesellschaftlichen Machtkämpfen auf frühere Erfolge bauen können, desto größere Chancen haben sie, als Sieger aus weiteren Kämpfen hervorzugehen; dabei beseitigen sie eine wachsende Zahl von Konkurrenten. Dies führt letztlich zur Errichtung eines Machtmonopols durch eine übergeordnete Herrschaftsinstanz.
3. Je mehr eine übergeordnete Herrschaftsinstanz ein Machtmonopol etabliert hat, desto mehr wird ein ursprünglich in verschiedene Fürstentümer unterteiltes Territorium zu einem Königreich vereint.
4. Je größer ein Königreich mit einer einheitlichen Herrschaft wird, desto mehr wird die Koexistenz von multifunktionalen kleinen Machtsystemen von einem zentralisierten Machtsystem mit einer funktionalen Untergliederung in Subsysteme abgelöst, die auf die Erfüllung bestimmter Funktionen spezialisiert sind, und desto mehr expandiert die soziale Interaktion in territorialer Hinsicht.
5. Je mehr Macht von einer übergeordneten Autorität mobilisiert wird, die ein größeres Territorium kontrolliert, desto mehr wird die physische Gewalt aus der täglichen Interaktion zwischen den Menschen verdrängt und desto stärker wird die Interaktion vom positiven Recht kontrolliert, das von der zentralen Herrschaftsinstanz erlassen wurde.

6. Je stärker die Systeme innerhalb eines größeren Systems funktional differenziert werden, und je mehr die Aktionen innerhalb dieses Systems expandieren, desto mehr wächst die Interdependenz von Subsystemen und Handlungen und desto länger wird die Handlungskette.
7. Je länger die Handlungsketten werden, desto breiter wird das Feld der räumlichen und zeitlichen Wirkungen, die aus einer einzelnen Handlung resultieren, und desto größer wird die Anzahl der Reaktionen, die diese Handlung auslöst.
8. Je breiter das Feld der Wirkungen, die aus einer einzelnen Handlung resultieren, und je größer die Anzahl der Reaktionen seitens anderer Akteure, desto mehr Erfolg werden jene Akteure beim Verfolgen von Zielen haben, die Wirkungen und Reaktionen ihrer Handlungen exakter kalkulieren, die eine stärkere Selbstbeherrschung aufbringen als andere und die weniger Spielraum für das spontane Ausleben von Affekten lassen.
9. Je mehr die Akteure ihre Handlungen nicht nur nach der Konfrontation mit Reaktionen von anderen auf diese Reaktionen ausrichten, sondern auch nach ihrer Einschätzung der Reaktionen anderer im Voraus, desto mehr wird externer Zwang in Selbstbeherrschung verwandelt.
10. Je größer die Zahl der im System interdependenter Handlungen eingeschlossenen Akteure und Schichten, desto größer wird die Zahl von Akteuren und Schichten, die es lernen, ihre Affekte mittels Selbstbeherrschung zu kontrollieren.
11. Je angesehener die Akteure sind, die als Avantgarde der Kontrolle von Affekten durch Selbstbeherrschung auftreten, desto leichter wird das Modell des affektgesteuerten, selbstbeherrschten menschlichen Individuums durch alle Schichten der Gesellschaft mittels Nachahmung verbreitet.

Elias zeigt, dass die Monopolisierung physischer Gewalt durch die Herausbildung der absolutistischen Herrschaft im Frankreich des 17. Jahrhunderts jene Prozesse auslöste, die zu einer immer subtileren Kontrolle der Affekte durch die Selbstbeherrschung des Individuums führten. Sein Haupttypus des selbstdisziplinierten Individuums, das seine Affekte kontrolliert, ist der Höfling, der am zentralen Hof von Versailles lebt. Weiter verbreitet wird diese Affektkontrolle mittels Selbstbeherrschung durch die Inklusion immer breiterer Schichten in das System interdependenter Handlungen sowie durch die führende Rolle des Adels in Fragen des Lebensstils. Die aristokratische Affektkontrolle wird zum Vorbild für das aufstrebende Bürgertum, das versucht, das vornehme Leben des Adels zu imitieren. **Fremdzwang** wird in **Selbstzwang** überführt (Abb. 9.1).

Abb. 9.1: Der Zivilisationsprozess

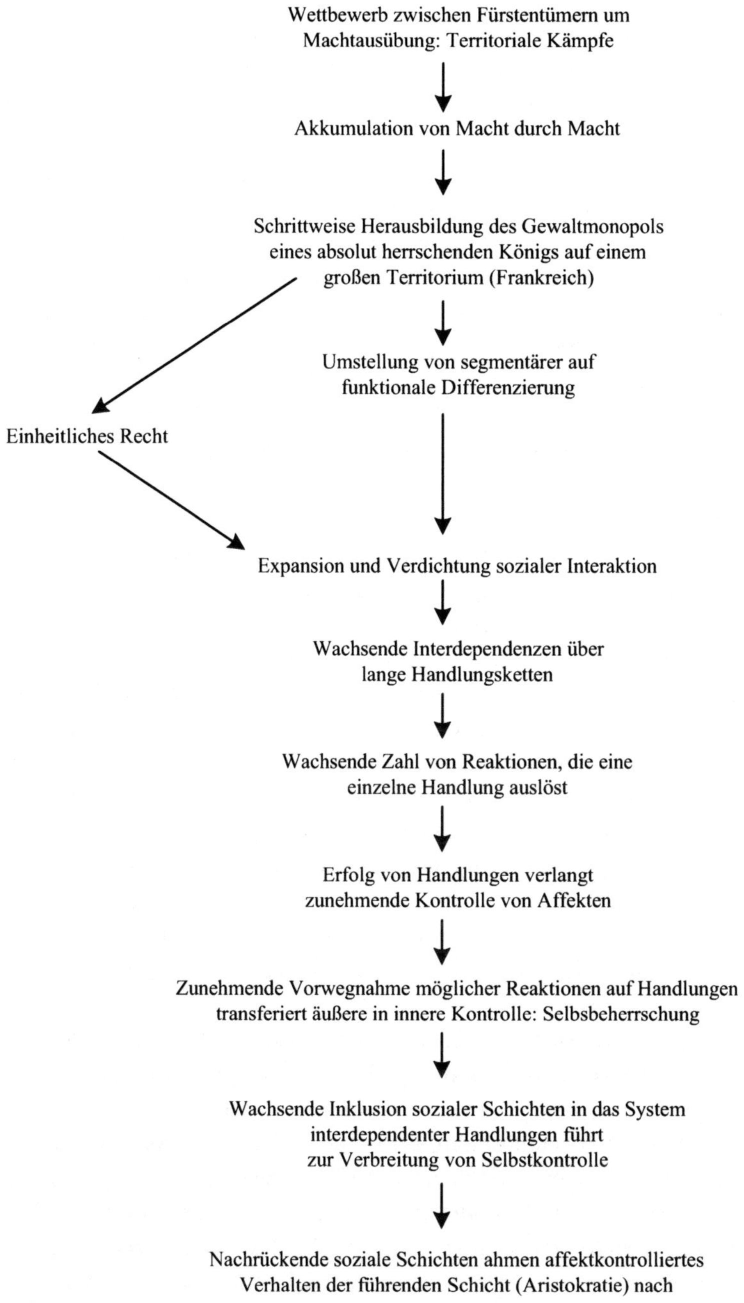

Von der Studie über den Zivilisationsprozess zur Figurationssoziologie

Was Elias als eigenständigen Theorieansatz ausgearbeitet hat, ist eine Prozesstheorie des sozialen Wandels, mit der er die Psychogenese der individuellen Persönlichkeit und die Soziogenese der modernen Zivilisation zu erklären versucht. Gemeint ist damit, dass sich bestimmte Eigenarten der modernen Persönlichkeit (Selbstzwang) und der modernen Zivilisation (zivilisierte zwischenmenschliche Beziehungen) schrittweise – in einem langen historischen Prozess – aus bestimmten Figurationen (Gewaltmonopol, weiträumige Interdependenz, Funktionsteilung) heraus entwickelt haben. Das ist die Grundstruktur von Elias' Figurationssoziologie (Elias 1970, 1987). Über seine Untersuchung zum Zivilisationsprozess hinaus hat Elias diesen Ansatz in einer ganzen Reihe weiterer Studien entwickelt. Schon in seiner 1932 fertig gestellten Habilitationsschrift über *Die höfische Gesellschaft* (1969) finden sich die ersten Konturen der psycho- und soziogenetischen Analyse. Elias beschreibt in dieser Schrift die Herausbildung des französischen Adels als einen Prozess der langsamen Verlagerung der Aktivitäten von der Kriegsführung und Gutsbewirtschaftung zur Geldwirtschaft und königlichen Verwaltung, wobei Adel und König eine Allianz gegen das aufstrebende Bürgertum eingehen. In drei unter dem Titel *Die Gesellschaft der Individuen* erschienen Texten (entstanden zwischen 1939 und 1987) expliziert Elias sein in der Studie zum Zivilisationsprozess vorbereitetes Verständnis einer Gesellschaft von Individuen, die ihre Individualität und ihre Verbundenheit in wachsenden, schließlich die ganze Welt umspannenden Interdependenzketten herausbilden. In seinen *Studien über die Deutschen* (1989) untersucht er den Sonderweg des Zivilisationsprozesses in Deutschland, der im Nationalsozialismus einen schrecklichen Rückschlag erlitten hat. Kurz nach seinem Tod kam seine Mozartbiografie heraus (Elias 1991), die er als Soziologie eines Genies geschrieben hat. Es ging ihm dabei um die besonderen sozialen Bedingungen in Mozarts näherer und weiterer Umgebung, denen die Entfaltung seines Genies zu verdanken war. Auch diese Studie ist als Figurationssoziologie verfasst.

Um Elias scharte sich in England, in den Niederlanden und in Deutschland eine Reihe von Soziologen, die maßgeblich zur Interpretation und Verbreitung seines Werkes beigetragen haben (Gleichmann, Goudsblom und Korte 1979; Mennell 1989, 1990; Goudsblom, Jones und Mennell 1989; Kuzmics 1989; Goudsblom 1995; Rehberg 1996; Korte 1997). Eine sehr kritische Auseinandersetzung mit Elias' Zivilisationstheorie hat Hans Peter Duerr (1988, 1990, 1993, 1997) geführt. Duerr hat nachzuweisen versucht, dass im Übergang von der mittelalterlichen zur neuzeitlichen Gesellschaft nicht der von Elias angenommene Prozess der zunehmenden Verdrängung der Nacktheit aus der Öffentlichkeit als

Element der Zivilisierung festgestellt werden kann. An der von Duerr offenbarten empirischen Angreifbarkeit von Elias' Zivilisationstheorie ist zu erkennen, dass sie mit Tischsitten und Schamgrenzen nicht den Kern des westlichen Zivilisationsprozesses trifft.

Zusammenfassung

1. Territoriale Ausscheidungskämpfe führen zur
   - Akkumulation von Macht,
   - Herausbildung von Territorialstaaten mit Gewaltmonopol,
   - Umstellung von segemtärer auf funktionale Differenzierung auf größeren Territorien,
   - Vereinheitlichung des Rechts.
2. Funktionale Differenzierung unter statlichem Gewaltmonopol und einheitlichem Recht
   - verlängert Handlungsketten,
   - erhöht Interdependenzen zwischen Handlungen.
3. Erhöhte Interdependenz von Handlungen
   - verlangt Kontrolle von Affekten,
   - überführt Fremdzwang in Selbstzwang (Selbstkontrolle).
4. Die Inklusion immer breiterer Schichten in das System interdependenter Handlungen verbreitet Selbstkontrolle in allen Schichten in der Nachfolge der führenden Schicht der Gesellschaft (Aristokratie).

Kritische Würdigung

Elias' Theorie über den Prozess der Zivilisation lässt sich ohne weiteres grundsätzlich als eine Konflikttheorie der sozialen Entwicklung betrachten. Der Kampf um Macht ist die wichtigste Kraft, die letztlich zur Etablierung des Machtmonopols durch eine zentrale Herrschaftsinstanz führt, die dann ihre Herrschaft über ein größeres Gebiet errichtet und die Koexistenz einer Vielzahl autonomer, multifunktionaler Systeme durch ein funktional differenziertes System ersetzt. Die wachsende Interdependenz der Handlungen innerhalb dieses Systems konfrontiert jeden Einzelnen mit einer größeren Anzahl von Reaktionen. Da der einzelne Akteur nicht mehr so viel Macht zur Verfügung hat, wie erforderlich wäre, um alle möglichen Reaktionen der anderen zu steuern, hat er keine andere Wahl, als die möglichen Reaktionen der anderen im Voraus einzuschätzen, umso seine Ziele zu erreichen. Erfolg erfordert unter diesen Bedingungen Affektkontrolle durch Selbstbeherrschung. Die Macht einer Vielzahl anderer Akteure, auf seine Handlungen zu reagieren, zwingt das Individuum, seine Affekte durch Selbstbeherrschung zu kontrollieren. Äußerer Zwang, basierend auf vielfachen Quellen der Macht, wird in den inneren Zwang des rationalen Akteurs umgewandelt.

Es handelt sich hier um eine positivistische Konflikttheorie zur Etablierung der Selbstbeherrschung, weil die Quelle dieser Selbstbeherrschung Macht ist, die durch äußere Umstände erzeugt wird. Die soziale Ordnung, die durch die Interaktion selbstbeherrschter Akteure entsteht, wird von äußeren Umständen verursacht. Die Ausbreitung von Akteuren, die sich diesen Bedingungen angepasst haben, kann durch zwei Faktoren begünstigt werden. Entweder werden sie unabsichtlich von diesen Bedingungen durch das Überleben der Selbstbeherrschten und die Ausmerzung der Unbeherrschten ausgewählt, oder sie lernen es, sich diesen Bedingungen rational anzupassen. Beide Erklärungen der Selbstbeherrschung und der entsprechenden sozialen Ordnung sind vom Wesen her positivistisch, weil sie nicht das Problem der Verinnerlichung sozialer Kontrolle unter dem Gesichtspunkt von Identifikation bzw. Kommunikation ansprechen. Nur Elias' letzte und ergänzende Hypothese zur Verbreitung des aristokratischen Rollenmusters bringt ein Element der Identifikation ein. Seine Erklärung zur Etablierung der Affektkontrolle, der langfristigen rationalen Berechnung von Interdependenzen sowie der Selbstbeherrschung nach den Propositionen 1 bis 10 ist streng in die Begriffe einer positivistischen Konflikttheorie eingebettet.

Elias' Theorie zeigt adäquat die Ergebnisse des Wettbewerbs bei der Etablierung von Machtmonopolen auf, die immer größere Territorien einer Herrschaft unterwerfen, die Koexistenz einer Vielzahl kleiner, autonomer, multifunktionaler Systeme durch ein größeres, funktional differenziertes System ablösen und die Interdependenz von Handlungen ganz enorm steigern, so dass Affektkontrolle, rationale Berechnung und Selbstbeherrschung zu den einzig adäquaten Mitteln des erfolgreichen Handelns werden. Die Theorie bezieht sich dementsprechend auf eine Abfolge von Prozessen, die aus dem Machtwettbewerb in der Gesellschaft resultieren, sofern Handlungen lediglich durch das Erreichen von Zielen mittels des Einsatzes von Macht oder die Unterwerfung unter eine übergeordnete externe Macht geleitet werden. In der Tat erklärt sie die Rolle, die äußerer Zwang in der Etablierung von Affektkontrolle und innerem Zwang spielt.

Die Theorie bietet jedoch keine vollständige Erklärung von dem, was wir Selbstkontrolle nennen. Sie sagt nichts über die assoziativen und kommunikativen Grundlagen der Selbstkontrolle, nichts über die Etablierung von moralischer Verantwortung und Autonomie als fundamentalen Aspekten der Selbstkontrolle. Der moralische Teil der Selbstkontrolle liegt komplett außerhalb des Bereiches von Elias' Theorie zur Umwandlung von gesellschaftlichem Zwang in Selbstbeherrschung. Nach Meinung von Elias beschränkt sich Selbstkontrolle auf die Elemente einer klugen Anpassung an unterschiedliche Situationen als Folge von empirischem Lernen sowie auf Affektkontrolle basierend auf Selbstbeherrschung. Es gibt jedoch noch weitere Elemente moralischer Verpflichtung, die auf der Bindung an Gruppen und dem Commitment zu ihren Normen sowie auf Autonomie, basierend auf Diskurs und Reflexion, beruhen. Elias' Theorie zur Entwicklung der Selbstkontrolle ist vom Wesen her viel zu mechanistisch, um eine ausreichende Erklärung liefern zu können. Um ein umfassendes Verständnis von der Entwicklung der Selbstkontrolle erlangen zu können, müssten wir uns den Theorien von Autoren wie Durkheim, Simmel, Mead, Piaget, Kohlberg und Parsons zuwenden. Die Fragen des moralischen Lernens, des moralischen Zwangs, der moralischen Universalisierung und der moralischen Autonomie werden von Elias' positivistischer Konflikttheorie zur Entwicklung von Affektkontrolle und Selbstbeherrschung im Prozess der Zivilisation nicht beantwortet.

Durch die blinden Flecken in Elias' Theorie kommt es auch zu Einseitigkeiten in seiner historischen Darstellung des Prozesses der Zivilisation. Erstens ist es eine eher willkürliche Entscheidung, den Wandel vom relativ rauen Leben des mittelalterlichen Ritters in Europa zu den subtilen Manieren des Höflings als wichtigste Transformation von vormodernen und weniger zivilisierten Gesellschaften hin zu modernen zivilisierten Gesellschaften zu betrachten. Die Manieren des mittelalterlichen Ritters und seine geringe Affektkontrolle sind Sitten, die Krieger in allen historischen Epochen aufwiesen, ebenso wie die Sitten des Höflings Sitten aller historischen Epochen sind, die in der Geschichte viel weiter zurückreichen als nur in die Zeit des europäischen Absolutismus.

Zweitens trifft Elias' Theorie nicht völlig auf die Situation des Höflings zu, weil dieser in einem kleinen Kreis lebt und nicht mit langen Ketten interdependenter Handlungen konfrontiert wird. Seine Mäßigung und seine Tischmanieren werden von der permanenten Präsenz anderer innerhalb eines geschlossenen Kreises gesteuert.

Drittens hätte Elias, um die Auswirkungen langer Ketten interdependenter Handlungen auf die Selbstkontrolle aufzeigen zu können, die Transformationen untersuchen müssen, die sich durch die Monopolisierung von Macht im Aufbau von Vertragsbeziehungen und entsprechenden rechtlichen Institutionen zur Steuerung der ökonomischen Prozesse sowie in der Loyalität in Vertragsbeziehungen vollzogen. Dabei hätte er Durkheims Programm zur Untersuchung des Wandels von der mechanischen zur organischen Solidarität im Verlauf der wachsenden Arbeitsteilung aufnehmen können. Außerdem hätte er Durkheims Erkenntnis aufgreifen können, dass der moralische Aspekt der Selbstkontrolle in der arbeitsteiligen Gesellschaft nicht einfach aus zunehmender faktischer Interdependenz resultiert, sondern nur aus wachsendem assoziativem Commitment.

Viertens hält Elias fälschlicherweise die Mäßigung und die Tischmanieren des aristokratischen Höflings für den Prototyp des selbstkontrollierten Individuums in der modernen Zeit. Es gibt aber keinen Verbindungsweg von Mäßigung und Tischmanieren zur Selbstkontrolle des modernen Menschen unter dem Blickwinkel von moralischer Selbstverantwortung, moralischer Autonomie, moralischem Universalismus und moralischem Lernen. Die historischen Wurzeln dieser Art des moralischen Bewusstseins müssen in der Idee der Moralität gesucht werden, wie sie in der jüdisch-christlichen Religion vom alten Judentum zum Calvinismus und zur modernen säkularen Moral entstand, die von den Philosophen der Aufklärung formuliert wurde. In Bezug auf die sozialen Schichten sind ihre Wurzeln in den puritanischen Heiligen sowie in den unabhängigen, selbstverantwortlichen Schichten des aufstrebenden Bürgertums im England und Amerika des 17. Jahrhunderts zu finden.

Die Selbstkontrolle des modernen Individuums zeigt sich nicht in Tischmanieren und Mäßigung, sondern in Selbstverantwortung und moralischer Autonomie, moralischem Universalismus und moralischem Lernen. Tischmanieren und Mäßigung sind oberflächliche Verhaltenselemente im Vergleich zu jenen Elementen des moralischen Bewusstseins, die sich mit dem oberflächlichen Wandel der Sitten nicht ändern. Sie legen hohe moralische Maßstäbe an das Individuum und eröffnen Möglichkeiten für außergewöhnliches moralisches Verhalten und auch moralisches Scheitern. In aller Welt stehen die höchsten Formen der Hingabe an die Gerechtigkeit unmittelbar neben rücksichtslosem Egoismus, narzisstischer Eigenliebe, Selbstverwirklichung um ihrer selbst willen und moralischem Absolutismus, der sogar Terrorismus rechtfertigen kann. Oft ist es nur ein sehr kleiner Schritt von moralisch begründeter Selbstverantwortung zu ihren Perversionen; manchmal hängen beide unmittelbar miteinander zusammen. Es handelt sich hier um ein fundamentales Dilemma der modernen moralischen Selbstverantwortung, zu dem aus dem Blickwinkel von Elias' viel zu positivistischer Theorie zur Entwicklung der Selbstkontrolle nichts aufgezeigt, geschweige denn erklärt wird. Zu diesem Zwecke hätte Elias Max Webers historisch vergleichende Studien zur Entwicklung des moralischen Bewusstseins vom alten Judentum zum asketischen Protestantismus aufgreifen können.

Orientierungsfragen

1. Welches sind Elias zufolge die wichtigsten Merkmale des Zivilisationsprozesses? Teilen Sie Ihre Antwort auf in Merkmale, die spezifisch die Gesellschaft betreffen und solche Merkmale, die spezifisch den Einzelnen betreffen!
2. In welchen historischen Veränderungen menschlicher Verhaltensweisen äußert sich Elias zufolge das Voranschreiten des Zivilisationsprozesses? Geben Sie Beispiele aus Elias' Darstellung! Wie interpretiert Elias diese Sachverhalte? Welche alternativen Interpretationen derselben Sachverhalte erscheinen Ihnen ebenfalls plausibel?
3. Legen Sie dar, welche dominierende Bedeutung Elias zufolge in dem Prozess der menschlichen Zivilisation der politischen Macht zukommt!
4. Wie hat sich das Verhältnis von Gesellschaft und Individuum im Zuge des Zivilisationsprozesses verändert? Oder hat uns der Zivilisationsprozess die Freiheit geschenkt? Wie kommt es, dass wir uns trotz des Bestehens sozialer Zwänge frei fühlen? Beantworten Sie außerdem die Frage: Fühlen wir uns nur (subjektiv) frei, oder sind wir tatsächlich in einem objektiven Sinne frei?
5. Skizzieren Sie Ihre eigene Zeitdiagnose: Welche Beobachtungen, die Gegenwartsgesellschaft betreffend, sprechen Ihrer Ansicht nach dafür, dass unsere Gesellschaft im Prozess der Zivilisation weiter voranschreitet? Welche Beobachtungen sprechen jedoch dafür, dass Missachtung grundlegender Menschenrechte, Verrohung und Barbarei um sich greifen? Geben Sie Beispiele! Was ist Ihr persönliches Fazit?
6. Vergleichen Sie Elias' Theorie des Zivilisationsprozesses mit den Theorien der moralischen Entwicklung des Individuums von Piaget und Kohlberg (Bd. 2).

Wichtige Begriffe

Affektkontrolle
Fremdzwang/Selbstzwang
Selbstkontrolle
Zivilisationsprozess

IV. Das Erbe des Strukturalismus

10. Die soziale und kulturelle Welt als Struktur Claude Lévi-Strauss die Entwicklung des Strukturalismus

Biografische Angaben

Claude Lévi-Strauss wurde am 28.11.1908 in Brüssel geboren. Er studierte Philosophie und Jura, erhielt 1931 die Lehrbefugnis für Philosophie und unternahm von 1935 bis 1939 einen Forschungsaufenthalt in Brasilien. 1942 ging er als Gastprofessor an die „New School for Social Research" in New York, kehrte aber 1948 nach Europa zurück und wurde Professor am Ethnologischen Institut der Universität Paris. 1959 nahm er einen Ruf auf den Lehrstuhl für Sozialanthropologie am Collège de France an. 1973 wurde er für seine wissenschaftlichen Leistungen ausgezeichnet und in die Académie Française aufgenommen.

Ursprünge des Strukturalismus

Von den klassischen Gründervätern war es Emile Durkheim (1895/1973b, 1912/1968), der mit seiner Lehre vom sozialen Tatbestand den stärksten Anspruch erhob, die Sozialstruktur sei eine objektive *Sui-generis*-Realität. Er schuf eine Betrachtungsweise der sozialen Realität, die in den folgenden Jahrzehnten das Denken in Frankreich leitete, ob nun im positiven Sinne, dass andere Forscher bemüht waren, sie zu bestätigen, oder im negativen Sinne, sie abzulehnen oder sich dagegen aufzulehnen. Struktur und Rationalität versus Spontaneität und Macht ist ein Grundsatzthema im französischen Diskurs. Die Denkschule, die sich entlang der strukturellen Seite dieses Kampfes entwickelte, wird **Strukturalismus** genannt.

Einen ersten Schritt in diese Richtung unternahm der französische Linguist Ferdinand de Saussure (1916), der Durkheims Konzept des sozialen Tatbestandes auf die Sprache anwandte. Er unterscheidet zwischen „langue" und „parole": „Langue" bezieht sich auf die Struktur der Sprache, die eine feste soziale Tatsache darstellt, jedem einzelnen Akt des Sprechens oder Schreibens zugrunde liegt und diesem Akt eine geregelte Form verleiht, die allen Akten des Sprechens und Schreibens gemeinsam ist. Den Akt des Sprechens und Schreibens und sein Ergebnis in Form von Sätzen, seine konkrete Aktualität, nennt er „parole". Es handelt sich dabei um das, was ein Sprecher im alltäglichen Handeln aus der gemeinsamen Form macht. Das sind die einzigartigen Akte des Sprechens und Schreibens, die von jeder Person an einem ganz bestimmten Ort zu einer ganz bestimmten Zeit vollzogen werden. *Langue* ist allgemein und gleichmäßig innerhalb einer Sprachgemeinschaft verbreitet; *parole* ist dagegen variabel, ändert sich von Zeit zu Zeit, von Ort zu Ort und von Person zu Person. *Langue* bildet als Struktur ein formales System von Worten mit ihrem inneren Zusammenhang, das sich nicht von einer Situation zur anderen ändert. Diese Struktur wird in synchronischen Studien aufgezeigt, wohingegen die Veränderung der *parole* in diachronischen Studien untersucht wird.

Marcel Mauss, ein Neffe Durkheims, ist Mitautor einer mit Durkheim verfassten Studie zum Thema der primitiven Klassifikation (Durkheim und Mauss 1901-1902). Indem er das Programm seines Onkels aufgreift und fortführt, verweist Mauss auf die normative Struktur des sozialen Austauschs in seiner Studie *Essai sur le don* (Mauss 1923-1924). Zunächst identifizierte er eine Form des Austauschs von Geschenken, die man als „totale Leistung" bezeichnen kann. Hier haben wir fest etablierte Verbindungen zwischen den Klans einer Stammesgesellschaft, bei denen Austausch ausschließlich den Austausch von Geschenken bedeutet. Eine Partei überbringt einer anderen Partei ein Geschenk, was wiederum eine *Verpflichtung* impliziert, das Geschenk zu einem späteren Zeitpunkt bei passender Gelegenheit zu erwidern. Diese Verpflichtung hat einen normativen Charakter, der in der Gemeinschaft wurzelt. Eine Verletzung löst einhellige Missbilligung und einen Verlust des Ansehens aus. Andererseits bringt das Geben und Nehmen von Geschenken innerhalb der Gemeinschaft Ansehen ein, wie am Beispiel der melanesischen *Kula*-Ringe gezeigt wird. Das zeremonielle Geben und Nehmen der Muscheln erfüllt sowohl den Gebenden als auch den Beschenkten mit *mana*, was emotionale Energie, öffentliche Aufmerksamkeit und somit Ansehen verleiht. Im Unterschied zu diesem vollständig normativen Austausch von Geschenken stellt der „Austausch auf zwei Ebenen" den utilitaristischen Austausch von Gütern auf die Grundlage des normativen Austauschs von Geschenken. Die Parteien tauschen zunächst einmal Geschenke aus und bauen somit Vertrauen auf; danach gehen sie zum Austausch von Gütern in utilitaristischer Hinsicht über. Das vor allem von nordamerikanischen Indianern betriebene „Potlach" ist eine Art von Austausch, bei dem die Beteiligten durch das Überreichen von verschwenderischen Geschenken Ansehen anhäufen, z.B. indem sie üppige Feste feiern. Dies verpflichtet wiederum die anderen zur Gegenleistung und kann zu deren Ruin führen bzw. zur Unfähigkeit, eine Gegenleistung zu erbringen und damit zur völligen Unterwerfung unter den reichen Schenkenden. Beim „utilitaristischen Austausch" beruht das, was gegeben und genommen wird, auf ökonomischer Berechnung; soziale Bindungen jedoch bereiten einen gemeinsamen Boden für einen vertrauensvollen Austausch vor.

Die elementaren Strukturen der Verwandtschaft

Der Strukturalismus als bestimmter Ansatz zur Erfassung der sozialen Realität wurde durch die anthropologischen Studien von Claude Lévi-Strauss (Leach 1974, Lemert 1979, 1981; Kurzweil 1980) bekannt gemacht. In den 1960er Jahren beherrschte der Strukturalismus zunehmend das Denken in Frankreich. In seinem ersten großen Werk *Die elementaren Strukturen der Verwandtschaft* (Lévi-Strauss 1947) zeigte Lévi-Strauss auf, dass die Grundstruktur von Stammesgesellschaften durch die verwandtschaftlichen Bande gebildet wird. Es gibt bestimmte Regeln für die Heirat zwischen Familien, Regeln bezüglich des Austauschs von Frauen. Dies kann in kurzen Zyklen unmittelbarer Heiraten zwischen zwei Familien stattfinden, oder auch in langen Zyklen, die eine ganze Reihe von Familien indirekt aneinander binden. Die Regeln können eine Ehe zwischen Cousins mütterlicherseits vorschreiben oder auch zwischen Cousins väterlicherseits, ebenso die Heirat innerhalb verschiedener Stammesbereiche allgemein. Die Regeln können auch ganz einfach verschiedene Arten der Ehe ausschließen. Was die menschliche Gesellschaft zu einem bestimmten Typus macht, der über den animalischen Protogesellschaften steht, ist die Institutionalisierung des Inzest-Tabus. Dieses Tabu zwingt die Menschen, über die Grenzen ihrer Familie hinaus zu heiraten; somit wird die Ehe zum Band, das größere Systeme der Stammesgesellschaft in Solidaritätsbeziehungen verbindet. Eine Familie, die Frauen an andere Familien gibt, schafft eine Verpflichtung zur Gegenleistung. Je mehr man geben kann, desto mehr entsteht eine Verpflichtung zur Gegenleistung. Andere Familien werden von ihr abhängig. Auf diese Weise entsteht eine erste Form der Aristokratie, die bis zum Militärstaat führt, der die Stammesgesellschaft auf Verwandtschaftsbasis ersetzt.

Die elementare Struktur der Mythologien

Laut der Studie von Lévi-Strauss über die Verwandtschaft bilden Solidaritätsbeziehungen die Grundstruktur der Gesellschaft, aus der sich jedes andere Phänomen ableiten lässt. In seinen späteren Studien über Stammesmythologien behielt er zwar seine strukturalistische Position bei, ging aber zu einem kulturalistischen Standpunkt über. In eine Reihe von Studien – von *Das wilde Denken* (Lévi-Strauss 1962) über *Das Rohe und das Gekochte* (Lévi-Strauss 1964), *Vom Honig zur Asche* (Lévi-Strauss 1967) und *Der Ursprung der Tischsitten* (Lévi-Strauss 1968) bis hin zu *Der nackte Mensch* (Lévi-Strauss 1971) – arbeitete er die Grundstruktur von Stammesmythologien heraus und wies mittels Vergleich ihre gemeinsame Logik nach. Seine Position in diesen Studien war es, alles, was in einer Gesellschaft geschieht, als eine Ableitung aus der Grundstruktur solcher Mythologien zu erklären. Sie stellen einen Code dar, der als Tiefenstruktur jeglichem tatsächlichem Denken, jeder Rede und jeder Handlung an der Oberfläche des gesellschaftlichen Lebens zugrunde liegt. Der fundamentalste Code würde eine binäre Form annehmen, die man in den Computer eingeben könnte, um jene Gedanken und Handlungen zu erzeugen, die innerhalb dieses Codes per Computersimulation möglich sind.

Lévi-Strauss' Schritt von den Regeln der Heirat und den Solidaritätsbeziehungen, die diese bilden, hin zum **Code der Mythologien** ist auf Folgendes zurückzuführen: Die Regeln zur Heirat sind konkrete Handlungsvorschriften. Sie etablieren eine Korrespondenz zwischen Norm und Handlung, und sie schreiben definitiv vor, welche konkreten Verpflichtungen seitens Alter aus welcher Handlung von Ego resultieren. Die Ausarbeitung solcher Austauschregeln liefert uns also ein Instrument zum Verstehen und Erklären dessen, was geschieht, und zur Vorhersage dessen, was geschehen wird. Dies bleibt allerdings auf all jene Handlungen begrenzt, die auch tatsächlich von den Regeln des Austauschs erfasst werden. Aber es gibt auch andere Handlungen, die in Gesellschaften erfolgen, eine größere Vielfalt aufweisen und nicht von den Regeln des Austauschs bestimmt werden. Die Enthüllung der Sozialstruktur verwandtschaftlicher Bande hilft uns nicht, sie zu verstehen.

Hier zeigt das Wissen über die Sozialstruktur sozialer Bande seine Grenzen; und hier bewegt sich Lévi-Strauss in die Richtung der Untersuchung einer tiefer gehenden und daher auch weiter reichenden Struktur, die eine Vielzahl sozialer Aktivitäten abdeckt: in die Richtung der Untersuchung des Codes der Mythologien.

Unausweichlich bedeutet dies auch einen Schritt zu größerer Ungenauigkeit hinsichtlich dessen, was aus der Tiefenstruktur abgeleitet werden kann. Das Verhältnis zwischen einem symbolischen Code und jeglichem konkreten Denken, Sprechen oder Handeln ist eine Beziehung zwischen einem allgemeinen Denkmuster und vielen möglichen partikularen Konkretisierungen; das heißt, eine gewisse Idee, die Teil eines Codes ist, beinhaltet immer auch eine breite Palette möglicher Konkretisierungen in Aktivitäten und verleiht diesen eine Identität. Wann immer wir auf diese Weise Wissen voranbringen wollen, kann dies nicht dadurch geschehen, dass ein einfaches Kausalmodell in das Code-Handlungs-Verhältnis hineininterpretiert wird. Es macht keinen Sinn, wenn man von solchen Studien erwartet, dass sie bestimmte Handlungen erklären und durch den Bezug auf Codes in einem kausalen Sinn voraussagen können. Tatsächlich ist das Gegenteil der Fall. Strukturalistische Studien von Codes ermöglichen es uns, aus vielen verschiedenen Handlungen eine gemeinsame Identität abzuleiten. Sie ermöglichen außerdem auch Analysen auf der Ebene der Tiefenstrukturen. Ein Code bietet nur so lange eine Identität, wie er konsistent ist. Soweit die Menschen danach streben, in ihrem Denken und Handeln ihre Identität zu bewahren, werden sie so weit Neues in ihr Denken und Handeln integrieren, als es eine gewisse Affinität zu ihrem bisherigen Denken und Handeln hat, und alles zurückweisen, was zu davon weit entfernt scheint. Sobald ein solcher Code einmal fest in einer Gesellschaft etabliert ist, ermöglicht er uns, spezielle *Formen* des Denkens, Sprechens und Handelns vorherzusehen, die mit der allgemeinen *Form* des Codes vereinbar sind, nicht aber ihre konkrete Substanz. Wir können eine formale Aussage aus einer anderen formalen Aussage folgern, weil die eine die andere nach dem Code impliziert. Beispielsweise können wir vorhersagen, wie ein Mitglied einer religiösen Gemeinschaft generell bestimmte Ereignisse nach seinem Glauben definiert und bewertet. Ebenso können wir aufgrund unseres Wissens über den Code des marxistischen Denkens voraussagen, wie ein Marxist Verbesserungen der Wohlfahrt innerhalb des Kapitalismus interpretieren würde, nämlich als Aktivitäten, die dazu dienen, das System aufrecht zu erhalten. Oder wir können erklären, weshalb Rassendiskriminierung in den USA nicht als *legitim* beibehalten werden konnte, obwohl ein Großteil der weißen Mehrheit daran interessiert war. Sie konnte nicht als *legitim* erhalten bleiben, weil sie nicht mit dem Gleichheitsgrundsatz der US-Verfassung zu vereinbaren ist.

Diese Beispiele zeigen, dass am Strukturalismus nichts Mystisches ist, und dass wir ihn sehr gut anwenden können, solange wir eine klare Vorstellung von seinen Stärken und Schwächen haben und keine Ansprüche oder Forderungen an ihn stellen, die er nicht befriedigen kann. Zunächst gibt es da den Sozialstrukturalismus der Verwandtschaftsstudien von Lévi-Strauss. Diese Art des Strukturalismus ermöglicht uns, zu verstehen, weshalb bestimmte konkrete Handlungen andere konkrete Handlungen auslösen. Dies gilt insbesondere für relativ geschlossene, einfache Gesellschaften und geschlossene soziale Milieus, in denen ein Großteil des Verhaltens tatsächlich von konkreten Regeln bestimmt wird. Es trifft aber nicht mehr zu, wenn das Verhalten stärker durch allgemeine

Codes, Interessen oder Macht geleitet wird. Außerdem gibt es den Kulturstrukturalismus, der sich mit der Struktur symbolischer Codes beschäftigt. Er bemüht sich um das Verständnis der gemeinsamen Identität und Bedeutung einer Vielzahl von Denkweisen, Aussagen und Handlungen. Dazu untersucht er den Prozess der Ableitung spezifischer Denkmuster aus allgemeinen Denkmustern und die Produktion von Konsistenz, Integration und Zurückweisung, die innerhalb dieses Codes auf der Ebene der Tiefenstruktur stattfindet. Diese Art des Strukturalismus scheitert allerdings immer dann, wenn wir Handlungen erklären und verstehen wollen, die von konkreten Regeln, von Macht oder Interessen geleitet werden. Wir müssen jedoch erkennen, dass es völlig unangemessen ist, die Verdienste eines solchen Ansatzes nach den Kriterien der Überprüfung von Kausalgesetzen zu bewerten.

Verwandte Theorie und Weiterentwicklungen: Transformationale Grammatik, Poststrukturalismus und Postmodernismus

Der Strukturalismus von Lévi-Strauss hat seit den 1960er Jahren sämtliche Strömungen des Denkens der französischen Sozial-, Sprach- und Literaturtheorie in Form von Kontinuität, Veränderung, Transformation und Zurückweisung beeinflusst. Wir bezeichnen diese Entwicklung als **Poststrukturalismus**; ihm folgte der **Postmodernismus**. Ehe wir uns jedoch dieser Entwicklung zuwenden, wollen wir uns kurz eine strukturalistische Sprachtheorie ansehen, die unabhängig von Lévi-Strauss innerhalb des angelsächsischen Kontextes der Sprachwissenschaften geschaffen wurde: die transformationale Grammatik von Noam Chomsky.

Die transformationale Grammatik: Noam Chomsky

Chomsky (1957, 1964, 1965, 1968) entwickelte seinen Ansatz unter Bezugnahme auf Saussures Unterscheidung zwischen „langue" und „parole" und unter Bezugnahme auf einen bestimmten strukturalistischen Behaviorismus, der von Harris (1951/1960) und Bloomfield (1957) erarbeitet wurde.
Chomsky überwand den Empirismus in der angelsächsischen Sprachwissenschaft und revolutionierte die Disziplin. Er zeigte auf, dass jeglicher Akt des Sprechens oder Schreibens nicht einfach nur von den jeweiligen Umständen bedingt wird, sondern von der Tiefenstruktur einer Sprache. Er ist ein Spiegelbild dieser Tiefenstruktur in der Oberflächenstruktur. Die Tiefenstruktur besteht aus

bestimmten Regeln, aus denen sich eine Vielzahl von Sätzen an der Oberflächenstruktur konstruieren lassen. Chomsky kam zu der Lösung, dass diese Produktion tatsächlicher Sätze aus der Tiefenstruktur am besten durch die Anwendung transformationaler und morphonemischer Regeln erklärt werden kann. Durch Anwendung dieser Regeln wird aus der Tiefenstruktur der Grundelemente einer Sprache eine Vielzahl verschiedener Sätze an der Oberflächenstruktur erzeugt.

Dennoch unterscheidet sich Chomskys transformationale Grammatik vom französischen Strukturalismus; der Unterschied wurzelt in seinem angelsächsischen Standpunkt. Nach Saussures Ansicht ist „parole" die Ausübung von „langue". Parallel zur Unterscheidung zwischen Tiefen- und Oberflächenstruktur der Sprache bringt Chomsky statt dessen eine Unterscheidung zwischen Kompetenz und Performanz seitens des idealen Sprechers der Sprache ins Spiel. Kompetenz involviert die syntaktische Produktion eines Satzes anhand der transformationalen Regeln als idealer Sprecher der Sprache. Seine Performanz jedoch ist eine persönliche Aktivität in einer Gesprächssituation. So bringt die Performanz des Sprechens einer Sprache ein kreatives Element ins Spiel, das in Saussures Strukturalismus nicht sichtbar ist (siehe Giddens 1987).

Poststrukturalismus

Louis Althusser entwickelte eine poststrukturalistische Form des Marxismus, indem er die Wirtschaftsstruktur des Kapitalismus und seine Gesetze der Reproduktion als Tiefenstruktur der Gesellschaft auffasste (Althusser 1965; Althusser und Balibar 1968; siehe Benton 1984). Dies bedeutet jedoch eine Verlagerung der Struktur von normativen Regeln und symbolischen Codes in das Feld der Ökonomie, das seinerseits die Heimstatt gesellschaftlicher Dynamik ist. So gelangen wir zu einer Verlagerung hin zum Studium der dynamischen und diachronischen Aspekte der ökonomischen Struktur des Kapitalismus und seiner Gesetze der Produktion und Reproduktion.

Diesem strukturalistischen Typus des Marxismus stellte Althusser die subjektivistischen Formen gegenüber, die sich stärker auf die frühen philosophischen Schriften von Marx und das Konzept der „Praxis" beziehen. Sein Marx war der Marx des „Kapitals" mit seinem Rahmen unveränderlicher Gesetze der kapitalistischen Entwicklung, die in der Grundstruktur des Kapitalismus verwurzelt sind.

Ein Feld, in dem der Strukturalismus in den 1960er und 1970er Jahren florierte, war die Semiotik, das Studium der Zeichen. Der französische Literaturtheoretiker Roland Barthes (1963, 1967, 1970a, 1970b) formulierte eine strukturalistische Theorie der Zeichen. Nach dieser Theorie wird alles, was geschieht, zu einem Zeichen, je nach seinem Bezug zum „Text", der dem sozialen Handeln innewohnt. Eine Handlung ist Teil eines Textes. Wir verstehen ihre Bedeutung, sobald wir den gesamten Text erfasst haben. So erhält ein Kleidungsstück eine Bedeutung, wenn wir den Lebensstil identifizieren, von dem es ein Teil ist. Die Mode selbst wird in ihrer Bedeutung verstanden, wenn wir die Botschaft des Textes begriffen haben, der die Modeindustrie als Teil der kapitalistischen Wirtschaft anleitet. Jean Baudrillard (1972, 1973, 1977, 1979, 1986) arbeitet in seinen frühen Schriften mit diesem Ansatz. Nach seiner Darlegung bewirkt Werbung, dass wir den Nutzungswert von Objekten vergessen und nur noch ihren „Zeichenwert" sehen.

Ein weiterer, weithin rezipierter Beitrag zur Semiotik stammt von Umberto Eco (1975), der den vielschichtigen Charakter der Zeichen herausarbeitete. Ein Auto kann man beispielsweise (1) als physikalisches Objekt, (2) als ein Mittel, um etwas zu tun, (3) als einen ökonomischen Wert, (4) als eine Messlatte für den sozialen Status oder (5) als Darstellung einer bestimmten Idee individueller Mobilität betrachten.

Jacques Lacan (1966) formulierte eine strukturalistische Psychoanalyse. Er begreift Konflikte innerhalb der Person als linguistische Konflikte, die in den Texten der symbolischen Ordnung enthalten sind, innerhalb derer die Person sozialisiert wurde.

In den 1970er Jahren ergab sich eine Verschiebung von der Rekonstruktion von Textstrukturen hin zu ihrer Dekonstruktion durch Ausarbeitung ihrer Produktions- und Reproduktionsprozesse. Diese Verschiebung brachte ein Element des Handelns ein, obwohl sie nicht die ganze Bedeutung von freier Willenshandlung (agency) erfasste. Jacques Derrida (1967a, 1967b, 1972) führte den „Dekonstruktionismus" ein. Seiner Ansicht nach ist die Welt ein Text. Ihre Bedeutung wird in Schriften produziert und reproduziert. Die Handlung des Schreibens liegt jedoch nicht in den Händen des Subjekts der Handlung in normalen Alltagssituationen, wie es im angelsächsischen *ordinary language approach* (Ansatz der Analyse der Alltagssprache) von Wittgenstein (1953) aufgezeigt wurde. Für Wittgenstein hängen Sprachspiele eng mit den Lebensformen zusammen und werden in der dauerhaften Praxis des Alltagslebens produziert und reproduziert. Die Alltagssprache ist in der Praxis des Alltagslebens verankert und bildet den Kern, um den herum die Bedeutung von Zeichen produziert und reproduziert wird. Als Sprecher einer Alltagssprache kenne ich die Bedeutung der Begriffe. Ich weiß, auf welche Objekte in der Welt sie sich beziehen, und ich teile dieses Wissen mit meinen Mitmenschen, die dieselbe Alltagssprache sprechen und mit mir dieselbe Lebensform teilen. Nach Derridas Ansicht ist die Produktion und Reproduktion von Bedeutung eine kontinuierliche Handlung, allerdings eine Handlung, die durch die Abfolge von Zeichen und ihren wechselseitigen Bezug aufeinander im Prozess des Schreibens eines Textes gestaltet wird. Daher bestimmt die Abfolge von Zeichen und deren Wechselbeziehung ihre Bedeutung beim Schreiben eines Textes, nicht jedoch die Wechselbeziehung zwischen Zeichen und gewöhnlichen Alltagspraktiken im praktischen Gespräch. Der Wandel vom Strukturalismus zum Dekonstruktionismus verbleibt daher auf der Ebene von Texten und dringt nicht zur Ebene der Willenshandlung (agency) von Subjekten durch, die an einem praktischen Gespräch beteiligt sind (so die Kritik von Giddens 1987).

Texte, die Abfolge von Zeichen und das Schreiben – nicht aber das Gespräch – dienen nach dem dekonstruktionistischen Standpunkt als Plattform für die Produktion und Reproduktion von Bedeutung. In diesem Sinn führt der Dekonstruktionismus die Dezentrierung des Subjekts fort, so wie sie vom Strukturalismus als Forschungsprogramm etabliert wurde. Dasselbe gilt für Michel Foucaults Perspektivenwechsel von der Struktur zur Macht in seiner Version des Poststrukturalismus. Aus Foucaults Sicht ist die Entwicklung des Wissens ein Prozess der Rationalisierung, in dem sich die Macht, deren strukturellem Zwang die Menschen unterworfen sind, selbst in wachsender Subtilität reproduziert.

Schließlich gab es in den Vereinigten Staaten etliche Neuentwicklungen in der Struktursoziologie. Diese Art des Strukturalismus befasst sich mit der Dynamik und Dialektik von Strukturen des sozialen Handelns. Eine Version wurde von Peter M. Blau (1977) ins Spiel gebracht, eine weitere von Ino Rossi (1982, 1983).

Postmodernismus

Eine Verlagerung vom Strukturalismus zum Spontanismus erfolgte durch die so genannten Neuen Philosophen wie Jean-Marie Benoist (1975), Bernard-Henri Lévy (1977), Maurice Clavel (1975) und André Glucksmann (1977). Theorien der Postmoderne verwiesen auf den Zusammenbruch der etablierten Strukturen und die Herausbildung einer Vielfalt nebeneinander existierender und teilweise miteinander konfligierender Welten (Bauman 1987; Berger 1986; Featherstone 1989). In seinem späteren Werk über die Hyperrealität, die durch die Massenmedien erzeugt wird, bewegte sich Jean Baudrillard (1983a, 1983b, 1986, 1988) weg vom marxistischen Strukturalismus und Poststrukturalismus und hin zum **Postmodernismus**. Jean-François Lyotard (1979, 1983) präsentierte eine höchst einflussreiche Theorie der Postmoderne. Michel Maffesoli (1988) erarbeitete eine solche Theorie, indem er Georg Simmels (1908/1992, 1914/1926) klassische Theorie der Moderne zu neuem Leben erweckte. Während Marx (1867/1962) in den 1960er und frühen 1970er Jahren für die französischen Intellektuellen als klassischer Anker diente, übernahm Nietzsche (1901/1961) in den späten 1970er Jahren seine Rolle. Die Themen verlagerten sich von Struktur und Rationalität hin zu Macht und Spontaneität, wobei der Gedanke der Vitalität aus Bergsons (1932/1959) späterem Werk sowie Sartres Existenzialismus (1943) aufgegriffen wurde.

Medien-Hyperrealität: Jean Baudrillard

In seinen früheren Werken argumentierte Baudrillard vom Standpunkt eines marxistischen Strukturalismus aus. Er gab diese Position aber in seinen späteren Arbeiten über die postmoderne Gesellschaft auf und vertrat die These, dass die Massenmedien eine eigene Realität konstruieren. Diese Hyperrealität, die nicht mehr länger irgendeine andere Realität spiegelt, bestimmt das Denken und Handeln des Menschen und durchdringt alle Lebensbereiche. Die Menschen leben in einer virtuellen Welt. Die Massenmedien produzieren eine komplexe Pluralität von Modellen, die von den Menschen für real gehalten werden. Fernsehserien und Werbung produzieren Lebensmodelle, die dann zum Leben werden, ganz einfach deshalb, weil die Zuschauer sie als Realität betrachten. Die wirtschaftlichen und politischen Strukturen, die bislang das soziale Leben geprägt haben, werden durch eine komplexe Pluralität konkurrierender Lebensmodelle ersetzt, die von den Medien erzeugt werden. Nichts bleibt in der postmodernen Gesellschaft stabil, und es gibt keine Strukturen mehr, da sich diese in der Hyperrealität einer Vielzahl von „Simulacren", das heißt von reinen Simulationen des Lebens, auflösen. In dieser Medienwelt findet ein vollständiger Verlust der historischen Tat statt. Es gibt kein historisches Subjekt wie die Arbeiterbewegung mehr, die auf eine Veränderung der Welt zum Besseren hin abzielt.

Die postmoderne Situation – Heterogenität von Diskursen und wirtschaftliche Hegemonie: Jean-François Lyotard

Jean-François Lyotard beschreibt in „La condition postmoderne" den gegenwärtigen Zustand der westlichen Gesellschaften. Sie befinden sich in der „postmodernen Situation", in der die gesellschaftliche Entwicklung nicht mehr von einer einheitlichen Vernunft und Fortschrittsidee vorangetrieben wird. Die klassischen Meta-Erzählungen der Moderne, so meint er, sind nicht länger gültig und wirksam. Sie wurden von der faktischen Entwicklung der Geschichte widerlegt. Dies gilt für die drei großen Meta-Erzählungen der Moderne: die Idee der Emanzipation der Menschheit, die Idee des Telos des Geistes, der seine

Selbstverwirklichung in der Geschichte erreicht, und die Idee der Erfüllung von Sinn in der Geschichte.

Nach Hegels Dialektik brach die Moderne die ursprüngliche Einheit von Erfahrung und Realität auf und erzeugte den Widerspruch zwischen Vernunft und Realität, der seine Auflösung in sich trägt und die moderne Gesellschaft in die Richtung einer höherrangigen Vereinigung von Vernunft und Realität führt. Am Ende der Geschichte wird dieser Ansicht nach die reale Welt identisch mit der vernünftigen Welt sein. Nach Lyotard bewegt sich die Geschichte jedoch nicht in diese Richtung, was historische Fakten wie der Holocaust beweisen. Es gibt keine wirkungsmächtige universelle Vernunft, die sich in der Geschichte realisiert. Statt dessen hat sich die Einheit der Vernunft in eine Vielzahl heterogener und widersprüchlicher Diskurse (oder nach einem Begriff von Wittgenstein (1953): Sprachspiele) aufgesplittert. Es finden sich kein gemeinsames Kriterium und keine Regel, die uns helfen könnten, über die widersprüchlichen Gültigkeitsansprüche der verschiedenen Diskurse oder Sprachspiele zu entscheiden. Es besteht auch keine Möglichkeit, eine Hierarchie solcher Ansprüche aufzustellen. Die Entwicklung der Moderne bringt stets ihre Opfer hervor; allerdings können diese nicht laut und deutlich ihre Rechte einfordern, weil keine universelle Sprache existiert, die ihnen helfen würde, ihre Ansprüche gegen Widerlegung aufrecht zu erhalten.

Die Zerstörung der Vernunft in der Postmoderne führt schließlich zum Triumph des Realen über das Vernünftige: nachdem es keine gemeinsame Wahrheit, Vernunft oder Regel gibt, entscheidet die Macht über die Durchsetzung von Gültigkeitsansprüchen. In den Augen von Lyotard ist es der Diskurs der Ökonomie der Zeitersparnis, der allmählich seine Vorherrschaft über die verschiedenen anderen heterogenen Diskurse von Politik, Wissenschaft, Recht, Moral, Religion oder Ästhetik zur Geltung bringt. In der postmodernen Welt errichtet die Zeitersparnis mittels ökonomischer Rationalisierung eine Hegemonie, weil keiner ihren Notwendigkeiten entgehen kann. Die anderen Diskurse werden dagegen auf die untergeordnete Rolle verwiesen, den ökonomischen Prozess des Zeitsparens für einen Augenblick aufzuhalten. So präsentiert sich schließlich Lyotards Theorie der Postmoderne als Marxismus ohne Glauben an die dialektische Auflösung des Widerspruchs zwischen Vernunft und Realität in der vernünftigen Welt des Kommunismus. Lyotards Theorie der Postmoderne sieht aus wie ein Marxismus, der die Realität der pluralistischen Gesellschaft in den Begriffen von Marx erfasst. Die Vielfalt der möglichen Gültigkeitsansprüche schwächt die Vernunft, so dass sie nicht länger als treibende Kraft gegen die faktische Entwicklung der Gesellschaft arbeiten kann, die daher dem Machtkampf überlassen bleibt. Es ist die ökonomische Notwendigkeit, die dann ihre unbestrittene Vorherrschaft durchsetzt.

Zusammenfassung

Strukturalismus

1. Form und Bedeutung eines jeden einzelnen Aktes werden dadurch bestimmt, dass sie Teil einer innewohnenden Sozialstruktur oder eines kulturellen Codes sind.
2. Die Sozialstruktur – z.B. die Heiratsordnung – setzt Handlungen in ein Eins-zu-Eins-Verhältnis zueinander.
3. Ein kultureller Code verbindet kulturelle Zeichen und Aktivitäten in Verhältnissen von eins-zu-vielen miteinander.
4. Ein Code bestimmt, welche Elemente sich gegenseitig assimilieren bzw. welche sich gegenseitig abweisen.

Poststrukturalismus

1. Die Logik des Kapitals bestimmt die Reproduktion der Strukturen des Kapitalismus (Althusser).
2. Jede Handlung ist Teil eines strukturierten Textes (Barthes).
3. Das Schreiben von Texten wird von der Abfolge von Zeichen und ihrem wechselseitigen Bezug zueinander determiniert (Derrida).

Postmodernismus

1. Die Welt wird von der Hyperrealität der Medien aufgesogen (Baudrillard).
2. Die postmoderne Situation führt zum Triumph des Realen über das Vernünftige (Lyotard).

Kritische Würdigung

Der Sozialstrukturalismus ermöglicht es uns, Handlungen zu erklären und zu verstehen, die innerhalb geschlossener sozialer Gemeinschaften oder Milieus geschehen. Er ermöglicht es uns aber nicht, Aktivitäten außerhalb dieser Grenzen zu erklären, die von kulturellen Symbolen, Macht oder Interessen geleitet werden. Er erlaubt auch keine vollständige Erklärung der Produktion, Reproduktion und Transformation von Strukturen, weil diese auch von den Wirkungen von Symbolen, Macht und Interessen auf soziale Gemeinschaften bestimmt werden. Der kulturelle Strukturalismus hilft uns, eine gemeinsame Form und Bedeutung in einer Vielzahl von Handlungen zu entdecken sowie ein Verständnis der Produktion von Konsistenz mittels Assimilation und Zurückweisung in kulturellen Systemen zu gewinnen. Er hilft aber nicht, Handlungen zu erklären, die durch konkrete Normen, Macht und Interessen bestimmt werden. Demzufolge hilft er auch nicht ausreichend bei der Erklärung der Produktion, Reproduktion und Transformation kultureller Codes durch ihre Interpenetration mit Handlungen, die von konkreten Normen, Macht oder Interessen geleitet werden.

Die Stärken und Schwächen des Strukturalismus zeigen sich auch in den verschiedenen Varianten des Poststrukturalismus. Der Postmodernismus ist insofern ein Kind des Strukturalismus, als er selbst in der Auflösung der großen Erzählung der Moderne, der Hegelschen Hoffnung auf die Verwirklichung der Vernunft, in erster Linie eine Strukturdynamik am Werke sieht, die bei Baudrillard die Menschen in den Bann der medialen Hyperrealität zieht und bei Lyotard „die Hegemonie des Ökonomischen" hervorbringt.

Der Marxsche Ansatz des „Kapitals" kann nicht so ökonomistisch sein, wie Althusser dies behauptet. Ohne grundlegende rechtliche Institutionen, wie z.B. Eigentumsrechte, Vertragsrecht, Arbeitsrecht und Wettbewerbsrecht, gibt es keine ökonomische Struktur, sondern nur Dynamik. Das wahre Zentrum der ökonomischen Struktur ist das Rechtssystem, nicht das ökonomische System. Studiert man die dynamische Entwicklung des Kapitalismus, so bedeutet dies, dass man die Interpenetration der Rechtsstruktur des Kapitalismus mit der Dynamik der Kapitalakkumulation und technologischen Rationalisierung analysiert. Ein Aufdecken der Strukturen des Kapitalismus bedeutet das Erfassen des Wesens seiner rechtlichen Institutionen. Dennoch erfordert eine Erklärung der Transformation des Kapitalismus mehr als das, nämlich ein Studium der Auswirkungen der ökonomischen Dynamik, des politischen Kampfes und des öffentlichen Diskurses auf die Veränderungen der rechtlichen Struktur des Kapitalismus. Althussers Ökonomismus verhindert, dass er eine vollständige Erklärung der strukturellen Transformation des Kapitalismus erreichen kann. In dieser Hinsicht ging Godelier (1972) einen Schritt weiter in der Entwicklung des marxistischen Strukturalismus.

Wir erkennen in Baudrillards Theorie der Medien-Hyperrealität ganz klar eine aktuelle Version von Marx' Entfremdungstheorie. So wie sich der Arbeiter entfremdete, indem er das Kapital erzeugte, das als äußere Macht eine vollständige Kontrolle über ihn etabliert hat, so entfremdet sich das postmoderne Individuum, indem es eine Medienwelt produziert und konsumiert. Die Medienwelt wird als neue externe Macht errichtet, die eine vollständige

Kontrolle über das Individuum ausübt. Allerdings erzählt uns Baudrillard nur die Hälfte der Geschichte. Die andere Hälfte ist der dynamische Wandel der Gesellschaft, der von den Medien initiiert wird und zu dem die neuen sozialen Bewegungen als historische Akteure nach wie vor beitragen. Der Erfolg der Öko-Bewegung und der Bewegungen, die für die Bürgerrechte von Minderheiten und Frauen oder für die Bürgerrechte der Menschen in den Ländern des früheren realen Sozialismus kämpften, lässt sich nicht verstehen und erklären, ohne dass man auf die dynamischen Effekte der Medienberichterstattung und des investigativen Journalismus verweist. Die Wende von 1989 in Osteuropa wurde in ihrer kulturellen Stoßrichtung ebenso sehr durch die Expansion des öffentlichen Diskurses durch globale Medienberichterstattung aus diesen und in diese Länder auf den Weg gebracht, wie die Französische Revolution von 1789 ihrerseits durch die Aufklärung und die Ausweitung des öffentlichen Diskurses durch die Zeitungen kulturell vorbereitet wurde.

In einer Kritik an Lyotard muss man darauf verweisen, dass ihn seine hegelianisch-marxistische Sicht auf die Moderne keine Möglichkeit erkennen lässt, die gesellschaftliche Entwicklung nach den Maßstäben einer universell gültigen Vernunft voranzutreiben. Der von Hegel geprägte Marxist sieht die historischen Fakten der Vernunft entgegenlaufen, weil er nach der vollen Verwirklichung von Vernunft in der Geschichte, nach der endgültigen Lösung aller Widersprüche in der wahren Synthese sucht. Kleinere Fortschritte im Abbau von Leid, Ungerechtigkeit und Ungleichheit und in der Ausweitung der Rechte auf Freiheit und Gleichheit sind nichts angesichts der ursprünglichen Hoffnungen. Lyotard weiß jedoch, dass jeglicher Versuch, die Widersprüche der Moderne vollständig zu lösen, zum Totalitarismus führen muss. Eine Synthese von Vernunft und Realität ist nur möglich, wenn das Potenzial der Vernunft auf das Reale beschränkt wird, indem man behauptet, das Reale sei vernünftig oder zumindest ein notwendiger Schritt in die Richtung des Vernünftigen, und indem man dieses Weltbild den Menschen mit Gewalt und totalitärer Steuerung aufdrängt, so wie es in der Welt des real existierenden Sozialismus im früheren Sowjetreich der Fall war.

Um die Gesellschaft in Bezug auf die Vernunft weiter zu bringen, brauchen wir keine positive Legitimation einer Realität, die ein für alle Mal als gültig existiert; wir brauchen lediglich Kritik, um Fortschritte zu erzielen. Eine solche Theorie des Pluralismus, die nicht der Resignation der Theoretiker der Postmoderne nach der Entdeckung des totalitären Charakters der hegelianisch-marxistischen Suche nach Synthese verfällt, wurde vor Lyotard schon von Karl R. Popper in seinem Werk *Die offene Gesellschaft und ihre Feinde* (1944/1966) und *Das Elend des Historizismus* (1965) formuliert (siehe auch Albert 1980). Popper führte dafür den Begriff der Stückwerk-Technik ein.

Schließlich müssen wir Lyotards Erklärung des Triumphes des ökonomischen Diskurses durch die Schwäche der Vernunft aufgrund ihrer Selbstzerstörung im Pluralismus relativieren. Vom Beginn der modernen Gesellschaft an resultierte die Entwicklung der kapitalistischen Wirtschaft aus der dynamischen Kooperation zwischen der Gewinnorientierung des kapitalistischen Unternehmens und dem Anspruch der Arbeiterbewegung auf einen angemessenen Anteil am produzierten Wohlstand. Ohne den moralischen Anspruch der Arbeiterbewegung auf einen solchen angemessenen Anteil und den resultierenden Massenkonsum wäre die kapitalistische Massenproduktion nicht möglich gewesen. In diesem Prozess expandierten die kapitalistische Wirtschaft und die Verwirklichung der Rechte der Arbeiter auf Gleichheit gleichzeitig. Dasselbe gilt für jeden expandierenden nicht-ökonomischen Bereich der modernen Gesellschaft. Er expandierte in Zusammenhang und gegenseitiger dynamischer Durchdringung mit der kapitalistischen Wirtschaft. Das Wohlfahrtssystem, die Dienstleistungen des Staates, die Wissenschaften, das Bildungssystem, die Bürgerrechtsbewegung, die Frauenbewegung und die Umweltbewegung breiteten sich alle in dynamischer gegenseitiger Durchdringung und Zusammenarbeit mit der kapitalistischen Wirtschaft aus. In der Tat wären sie ohne eine wachsende Wirtschaft undenkbar. Dies ist jedoch eine Entwicklung, die nicht einfach in der Hegemonie des wirtschaftlichen Diskurses resultiert, weil sich die nicht-ökonomischen Systeme in der modernen Gesellschaft ebenfalls entfaltet haben.

Orientierungsfragen

1. Lévi-Strauss entwickelt eine Theorie von Tiefen- und Oberflächenstrukturen. Wie ist das Verhältnis von mythologischen Tiefenstrukturen und faktischen Handlungen in Stammesgesellschaften zu verstehen? Können Sie für die deutsche Gesellschaft ähnliche Tiefen- und Oberflächenstrukturen identifizieren?
2. Erläutern Sie Althussers strukturalistische Lektüre von Karl Marx und setzen Sie sich kritisch damit auseinander.
3. Erläutern Sie, wie Baudrillard die Entfremdungstheorie von Karl Marx (Bd. 1) auf die Medien-Hyperrealität überträg.
4. Zeichnen Sie die Grundannahmen von Lyotards Theorie der Postmoderne nach und zeigen Sie, an welchen Stellen seine Gesellschaftsdiagnose zu kritisieren ist!

Wichtige Begriffe

Code, mythologischer
Postmoderne
Poststrukturalismus
Strukturalismus

11. Die Reproduktion von Machtstrukturen Der Poststrukturalismus von Michel Foucault

Biografische Angaben

Michel Foucault wurde am 15.10.1926 in Poitiers geboren. Von 1946 bis 1952 studierte er Philosophie, Psychologie und Psychopathologie in Paris. Nach universitären Stationen in Uppsala, Warschau und Hamburg wurde er 1960 Professor für Philosophie an der Universität Clermont-Ferrand. Nach einem Abstecher an die Universität Tunis kehrte er 1968 nach Paris zurück und erlebte dort die studentischen Revolten. 1970 wurde er zum Professor am rennomierten Collège de France berufen und übernahm den Lehrstuhl für Geschichte der Ideen und Denksysteme. Er starb am 26.6.1984 in Paris.

Diskurs und Macht

Die französische Gesellschaft war seit der Errichtung des Ancien Régime durch Ludwig XIV im 17. Jahrhundert als ein zentralisiertes Machtsystem organisiert. Die Revolution von 1789, der Beginn von Napoleons Herrschaft 1799, die Wiedereinsetzung der Monarchie im Jahre 1814 – unterbrochen durch Napoleons 100-Tage-Herrschaft 1815 –, die Zweite Republik von 1848 bis 1851, Louis Napoleons Herrschaft von 1851 bis 1870, die Dritte Republik von 1870 bis 1940, das Vichy-Regime von 1940 bis 1944, die Vierte Republik von 1946 bis 1958 und schließlich die 1958 gegründete Fünfte Republik änderten bis zu den ersten ernsthaften Reformen zum Zwecke der Dezentralisierung im Jahre 1982 nichts an diesem zentralisierten Machtsystem. Es ist daher nicht überraschend, dass die Gesellschaftstheorie in Frankreich hauptsächlich darum kreist, die Gesellschaft als Machtsystem zu betrachten.

Einer der provokativsten und einflussreichsten Ansätze zur Untersuchung dieses Machtsystems wurde von Michel Foucault (1961, 1969, 1971, 1975, 1976,

1984a, 1984b, 1988) erarbeitet. Er bewegte sich vom Strukturalismus von Lévi-Strauss hin zum Poststrukturalismus. Dabei konzentrierte er sich weniger auf die statischen Eigenschaften der Strukturen und mehr auf die Prozesse ihrer Reproduktion. Sein Ansatz basiert auf der Annahme, dass die Entwicklung von Machtsystemen in engem Zusammenhang mit der Entwicklung von kulturellen Diskursen abläuft. Aus seiner Sicht bilden Macht und Diskurs eine Einheit. Die Reproduktion von Macht verläuft in engem Zusammenhang mit der Produktion von Wissen. So muss man die Entwicklung des Wissens als zentrales Element der Reproduktion von Machtsystemen untersuchen.

Aus zwei Gründen ist es möglich, diese These zu stützen. Zunächst einmal wird der kulturelle Diskurs als Teil des Machtsystems mittels Macht organisiert und trägt so unmittelbar zur Reproduktion dieses Machtsystems bei. Ein Beispiel für diese Art der diskursiven Reproduktion von Macht ist die Organisation des therapeutischen Diskurses als Autoritätsverhältnis zwischen Psychiater und Patienten, wobei der Psychiater als Mittler der sozialen Kontrolle handelt. Zweitens wird auch der kulturelle Diskurs, der gegen dieses System opponiert, faktisch in das Machtsystem integriert, indem seine Ergebnisse zur Reproduktion der Macht herangezogen werden. Dies zeigt sich beispielsweise daran, dass Kritik an der Durchführung von Strafen in Reformen ebendieser Verfahren einbezogen wird, wodurch soziale Kontrolle auf eine subtilere Ebene gehoben wird. In dieser Art und Weise ist Reproduktion auch ein Prozess der Selbsttransformation hin zu rationalisierteren Formen der Machtorganisation. Wie die Beispiele zeigen, trägt der kulturelle Diskurs zur Selbstreproduktion und Selbsttransformation von Machtsystemen bei, sofern er Teil des Systems ist oder sofern die Ergebnisse des unabhängigen kulturellen Diskurses in das Machtsystem eingegliedert werden. Foucault formuliert das, was er über die Selbstreproduktion und Selbsttransformation von Machtsystemen durch kulturellen Diskurs sagt, nicht so eingeschränkt. Statt dessen postuliert er diese Entwicklung als universelle Aussage ohne Einschränkung auf die spezifischen Bedingungen, die sie erst möglich machen. Er beginnt mit der generellen Annahme,

> dass in jeder Gesellschaft die Produktion des Diskurses zugleich kontrolliert, selektiert, organisiert und kanalisiert wird – und zwar durch gewisse Prozeduren, deren Aufgabe es ist, die Kräfte und Gefahren des Diskurses zu bändigen, sein unberechenbar Ereignishaftes zu bannen, seine schwere und bedrohliche Materialität zu umgehen (Foucault 1991:11).

Foucault selbst ist jedoch bemüht, mit seinen eigenen kritischen und genealogischen Studien zur Entwicklung von Macht und Wissenssystemen eben diesem Prozess zu entgehen. Wäre seine universelle Aussage richtig, so hätte er keine Chance, selbst diesem Prozess zu entfliehen. Um dieses Paradoxon zu lösen, müssen wir also seine Aussage über den inneren Zusammenhang zwischen Diskurs und Machtreproduktion auf spezifische Bedingungen relativieren. Eine solche Relativierung ist in der Tat die einzige Möglichkeit, seiner These Sinn zu geben. Sonst müsste postuliert werden, dass Macht der einzige Faktor ist, der die Entwicklung der Gesellschaft leitet. Und nur so kann Foucault das Paradoxon vermeiden, mit seiner kritischen Analyse einer solchen Machtreproduktion tatsächlich zur Machtreproduktion beizutragen. Im Gegensatz zu Foucaults universeller Aussage zur Machtreproduktion durch kulturellen Diskurs können wir daher folgende beiden relativierten Propositionen formulieren und dabei die Bedingungen spezifizieren, unter denen dieser Prozess abläuft:

1. Je mehr der kulturelle Diskurs als Teil des Machtsystems organisiert ist, desto mehr wird er zur Selbstreproduktion und Selbsttransformation dieses Systems hin zu subtileren Formen rationaler Organisation und Machtausübung beitragen.
2. Je mehr die Ergebnisse des unabhängigen kulturellen Diskurses in das etablierte Machtsystem eingegliedert werden, desto mehr trägt der kulturelle Diskurs zur Selbstreproduktion und Selbsttransformation dieses Systems hin zu subtileren Formen der rationalen Organisation und Machtausübung bei.

Die Ordnung des Diskurses

In seiner Antrittsvorlesung über „Die Ordnung des Diskurses", die er am 2. Dezember 1970 am Collège de France gehalten hat, zeigt Foucault programmatisch die Mechanismen auf, die den Diskurs zu einer zwingenden Kraft des gesamten Machtsystems in der Gesellschaft machen (Foucault 1991). Dabei argumentiert er gegen die allgemeine Auffassung, nach der Diskurse als kreative Kraft zur Erzeugung von Ideen angesehen werden, die über alles bislang in der Gesellschaft Etablierte hinausreichen und somit zu sozialem, ja sogar zu revolutionärem Wandel führen. Dieser Auffassung nach hat der kulturelle Diskurs befreiende und revolutionäre Auswirkungen und stellt eine permanente Gefahr für jedes etablierte Machtsystem dar. Foucault schließt die Möglichkeit solcher Wirkungen nicht völlig aus, betont aber, dass subtile Machtsysteme in der Lage sind, diese Wirkungen zu ihrem Vorteil zu nutzen. Nur durch das Aufdecken der Verfahren, nach denen der kulturelle Diskurs als Teil des Machtsystems organisiert wird bzw. dessen Selbstreproduktion und Selbsttransformation unterstützt, kann eine kritische Analyse zur Belebung der befreienden und revolutionierenden Kräfte des kulturellen Diskurses beitragen. Dieser kritischen Aufgabe stellt sich Foucault. Dazu kommt noch die Ausarbeitung von Genealogien von sich entwickelnden Wissenssystemen als

Teil von Machtsystemen, beispielsweise die Entwicklung des Denkens über die Durchführung von Strafen oder über die Sexualität.

In seiner allgemeinen Analyse der Verfahren, die **einschränkende Wirkungen auf den Diskurs** ausüben, unterscheidet Foucault (1991) drei Arten: externe Verfahren, interne Verfahren und Verfahren, die den Zugang zum Diskurs regulieren. Sofern der Diskurs durch diese Verfahren eingeschränkt wird, hat er selbst eine einschränkende Wirkung auf das gesellschaftliche Leben, denn er wird zum Teil des gesellschaftlichen Machtsystems (Abb. 11.1).

Abb.11.1: Diskurs und Macht

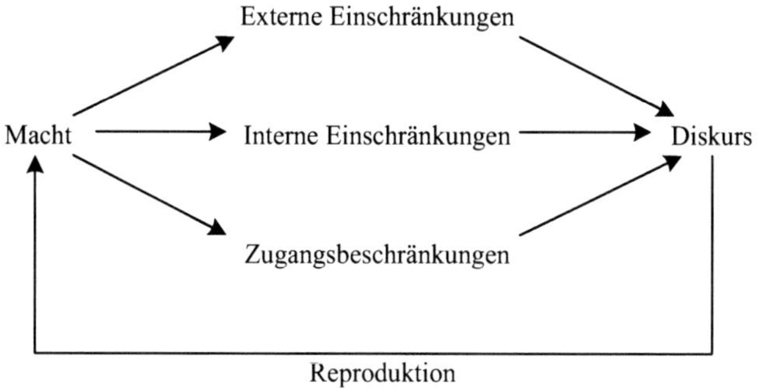

Betrachten wir zunächst die extern einschränkenden Verfahren, von den Focault drei unterscheidet: Verbote, die Unterscheidung zwischen Vernunft und Wahnsinn, und die Unterscheidung zwischen Wahrheit und Unwahrheit (Foucault 1991: 10–23). Es handelt sich dabei um Grundsätze der Exklusion. Sie schließen alles vom akzeptierten Wissen aus, was etablierten Verboten, Verständnissen von Vernunft oder Wahrheit widerspricht. Verbote schließen Gegenstände, bestimmte Zeiten und Menschen von der Diskussion aus. Es ist uns nicht erlaubt, über alles zu sprechen, wir können nicht zu jeder Zeit über alles sprechen, und nicht jeder kann über bestimmte Dinge sprechen. Nehmen wir als Beispiel eine Klasse an einem französischen Gymnasium. Der Lehrer reagiert vielleicht auf die Aussage eines Schülers zur französischen Politik mit folgenden Worten: „Dies gehört nicht zum Gegenstand unserer Diskussion in dieser Klasse.“ Damit übt er die Macht des Verbotes aus und schränkt somit ein, was aus einer Diskussion entstehen kann. Da das gesamte Schulsystem nach dem vom Bildungsministerium zentral vorgeschriebenen Programm funktioniert, wird die Diskussion in der Schule einheitlich gesteuert. Wer wann über was sprechen kann, ist in diesem System genau bestimmt. Dies ist jedoch nur ein Beispiel für viele Formen, in denen der Diskurs durch Verbote eingeschränkt wird.

Eine weitere Form der Einschränkung von Diskursen wird durch die Unterscheidung zwischen Vernunft und Wahnsinn geliefert. Was normal oder nicht normal ist, wohnt nicht jedem Ausdruck eines Individuums inne. Vielmehr bestimmt die Konformität eines Ausdrucks gegenüber den in der Gesellschaft etablierten Normen, ob dieser Ausdruck als normal oder als nicht normal beurteilt wird. Vernunft ist das, was die Gesellschaft für Vernunft hält, Unvernunft ist das, was die Gesellschaft als Unvernunft betrachtet. Diese gesellschaftliche Definition von Vernunft und Wahnsinn wird durch das gesellschaftliche Machtsystem gestützt. Sie ist selbst ein Element jenes Machtsystems und ist ein Mittel, mit dem die Gesellschaft ihre Kontrolle über das Individuum ausübt. Was in einer Gesellschaft vernünftig ist, erscheint in einer anderen Gesellschaft als unvernünftig. Ein Mann, der verborgene Stimmen hört, kann in einer Gesellschaft als Heiliger verehrt werden, während er in einer anderen als Geisteskranker gebrandmarkt wird. Alle Äußerungen, die das organisierte Leben innerhalb des Machtsystems bedrohen, werden als abnormal behandelt und bedürfen daher der Kontrolle. Man kann behaupten, dass die moderne Gesellschaft schon recht weit gegangen ist, das ernst zu nehmen, was geistig verwirrte Menschen zu sagen haben. Foucault argumentiert jedoch, dass die besondere Aufmerksamkeit, die den Äußerungen der Geisteskranken gewidmet wird, die Abgrenzung nicht beseitigt, sondern sie lediglich auf einer neuen, subtileren Stufe der Kontrolle erneuert. Wenn man dem Reden der geistig Verwirrten zuhört, dann ist dies ein besseres Mittel zur Kontrolle, als wenn man es ignorieren würde.

Eine dritte Form der Einschränkung des Diskurses ist die Unterscheidung zwischen Wahrheit und Unwahrheit. Diese Unterscheidung ist im Willen verankert, eine Wahrheit herauszufinden, deren Sinn im Sieg der Bewegung der Wissenschaft im 16. und 17. Jahrhundert auf eine bestimmte Art und Weise definiert worden war. Was ein Objekt des Wissens sein kann, wie dieses Objekt wahrgenommen wird und wie das Wissen über dieses Objekt bewiesen werden kann, wird auf eine bestimmte Art und Weise durch das Unternehmen der Wissenschaft und seine besondere Art und Weise, zur Wahrheit zu gelangen, definiert. Was diesen Anforderungen des Nachweises einer wissenschaftlichen Wahrheit nicht entspricht, wird ignoriert und vom autorisierten Diskurs ausgeschlossen. Diese Art der Wissensproduktion ist eng mit dem Entstehen eines Machtsystems in der modernen Gesellschaft verbunden, das nicht durch blinde Strafen herrscht, sondern durch ein umfassendes System an Informationen und fein abgestuften Kontrollen. Aufgrund dieses inneren Zusammenhangs ist die Unterscheidung von wahr und unwahr durch die herrschenden Methoden der

Wissenschaft Teil des gesamten Machtsystems. Was als wahr nachgewiesen werden kann und was als unwahr zurückgewiesen wird, wohnt nicht dem Wissen inne. Es gibt auch keine inhärente Übereinstimmung oder Nicht-Übereinstimmung zwischen Ideen und Realität. Diese Übereinstimmung wird ganz erheblich durch die Methoden bestimmt, die angewandt werden, um Wahrheit oder Falschheit zu beweisen. Die Unterscheidung zwischen wahr und unwahr ist daher ein Verfahren, das die Etablierung von Wissenschaft durchsetzt, um eben diese Unterscheidung vorzunehmen. Was wahr oder unwahr erscheint, hängt weitgehend von der Durchsetzung spezifischer Methoden zum Beweisen der Wahrheit ab. Und schon das Verfahren der Bestätigung und Falsifikation von Wissen ist eine Machtausübung.

Foucault postuliert diese drei äußeren Einschränkungen des Diskurses in einer allgemeinen Aussage. Wie könnte jedoch sein eigener Beitrag zum Diskurs dieser universellen Einschränkung des Diskurses entgehen, wenn es keine Ausnahmen zu seiner universellen Aussage gäbe? Sicherlich wirken stärkere oder schwächere extern einschränkende Kräfte auf den Diskurs ein; so trägt der Diskurs auch nicht generell, sondern unter spezifischen Bedingungen mehr oder weniger zur Reproduktion eines etablierten Machtsystems bei. Wir sollten daher besser die folgenden relativierten Thesen formulieren:

3. Je mehr der kulturelle Diskurs extern durch Verbote und Unterscheidungen zwischen Vernunft und Unvernunft und zwischen Wahrheit und Unwahrheit reguliert wird, desto stärker sind seine Resultate eingeschränkt und desto mehr werden diese Resultate das etablierte Wissen auf einer neuen Stufe der Rationalität reproduzieren.
4. Je mehr die externen Verbote und Unterscheidungen zwischen Vernunft und Unvernunft und zwischen Wahrheit und Unwahrheit mit einem etablierten Machtsystem verbunden sind, desto mehr produziert der kulturelle Diskurs Wissen, das zur Reproduktion dieses Machtsystems beiträgt und dabei dieses System in Richtung einer neuen Stufe der Rationalität umwandelt, die auf einem zunehmend komplexeren und feiner abgestuften technologischen System von Information und Kontrolle basiert.

Kommen wir nun zu den internen Verfahren, die den Diskurs einschränken. Hier unterscheidet Foucault den Kommentar, den Verfasser und die Organisation von Disziplinen (Foucault 1991: 23–28). Der Kommentar ist eine Form der Fortsetzung des Diskurses auf eine Weise, die nichts produziert, was nicht zuvor bereits gesagt worden ist. Der Kommentar ist eine sekundäre Interpretation eines Primärtextes. Man erwartet, dass er aufzeigt, was im Primärtext gesagt wurde. Es handelt sich um eine Wiederholung der Aussage des Primärtextes, der nichts Neues hinzugefügt wird. Da ein Großteil der kulturellen Diskussion aus

Kommentaren zu Primärtexten besteht, beschränken sich die Ergebnisse des Diskurses auf die Bedeutung der Primärtexte. Ein großer Teil des Diskurses reproduziert lediglich vorgefertigtes Wissen und ist insofern intern eingeschränkt.

Das zweite einschränkende interne Prinzip ist der Autor. Die von einem Autor produzierten Texte können nicht völlig zufällig auftauchen. Was ein Autor schreibt, wird von seiner Identität geleitet, die in Interaktion mit seinem Publikum geprägt wird. Die Zuweisung von Texten zur Identität eines Autors übt einen Druck auf die innere Konsistenz der Arbeit dieses Autors aus. Je mehr also jemand geschrieben hat, desto mehr wird er von seinen eigenen Worten gefesselt, weil alles zum Vorherigen passen muss. Inkonsistenz fordert zumindest eine Erklärung, die wiederum zur Herstellung von Konsistenz beiträgt. Was also im Diskurs gesagt werden kann, wird durch die Notwendigkeit eingegrenzt, als Autor eine Identität zu bewahren.

Ein drittes internes Verfahren, das den Diskurs eingrenzt, ist die Organisation von Disziplinen wie Physik, Chemie, Botanik, Medizin, Literatur usw. Um im Diskurs akzeptiert zu werden, muss ein Satz in der dominierenden Sprache der jeweiligen Disziplin formuliert sein. Er muss dem vorherrschenden Denkmodell entsprechen oder zumindest eine bedeutungsvolle Verbindung zum etablierten Denkmodell haben. Es besteht also ein Zwang zur Kohärenz und systematischen Verbindung mit der vorherrschenden Sprache und dem dominierenden Denken, um im Diskurs Aufmerksamkeit zu erregen. Dieses Erfordernis der disziplinären Kohärenz erlegt allem Schranken auf, was ein Element des Diskurses werden möchte.

Foucault präsentiert seine Argumentation als allgemein gültig. Wir müssen sie jedoch in relativierter Form neu formulieren, um dem oben dargelegten Paradoxon zu entgehen:

5. Je mehr der kulturelle Diskurs intern durch die Prinzipien von Kommentar, Autor und Disziplin reguliert wird, desto eingeschränkter sind seine Ergebnisse und desto mehr werden diese Ergebnisse das etablierte Wissen auf einer neuen Stufe der Rationalität reproduzieren.
6. Je mehr die internen Regulierungen von Kommentar, Autor und Disziplin mit einem etablierten Machtsystem verbunden sind, desto mehr produziert der kulturelle Diskurs Wissen, das zur Reproduktion dieses Machtsystems beiträgt und dabei dieses System in Richtung einer neuen Stufe der Rationalität umformt, die auf einem zunehmend komplexeren und feiner abgestuften technologischen System von Information und Kontrolle basiert.

Schließlich existieren Einschränkungen für den Diskurs, die aus der Regulierung des Zugangs zum Diskurs und des Verhaltens beim Diskurs resultieren: Rituale,

Diskursgesellschaften und Doktrinen (Foucault 1991: 38-47). Rituale schreiben die Qualifikation vor, die man besitzen muss, um Zugang zum Diskurs zu haben. Sie definieren die richtigen Verhaltensweisen, Einstellungen, Gesten, Umstände und Symbole, die den Diskurs begleiten. Ehe man sich am Diskurs beteiligen kann, muss man sich einer Sozialisation und Prüfung unterziehen, um mit den entsprechenden Regeln konform zu gehen. Diese Ritualisierung des Diskurses macht das Verhalten vorhersehbar, setzt aber auch Grenzen, wenn es darum geht, was Gegenstand des Diskurses werden kann. Rituale schränken den Diskurs ein.

Diskursgesellschaften sind die Träger des Diskurses. Man muss von solchen mehr oder weniger streng etablierten Gesellschaften akzeptiert werden, um am Diskurs teilnehmen zu dürfen. Fachgesellschaften wie z.B. der Verband der Juristen oder der Verband der Mediziner haben den Diskurs über Recht oder Medizin weitgehend monopolisiert, so dass in diesen Diskursen praktisch keiner zu Wort kommt, der nicht Mitglied der entsprechenden Gesellschaft ist. Anwälte oder Ärzte, die aus diesen Gesellschaften ausgeschlossen worden sind, werden im juristischen und medizinischen Diskurs zu Nobodys. Außerdem definieren diese Gesellschaften die Rangordnung im Diskurs. Personen von niedrigerem Rang haben keine Chance, im Diskurs ernst genommen zu werden. So üben also auch Diskursgesellschaften eine einschränkende Funktion auf den Diskurs aus.

Doktrinen können im Diskurs etabliert werden. Sobald dies geschehen ist, kontrollieren sie in hohem Maße, was gesagt werden kann oder nicht. Doktrinen werden von Diskursgruppen gestützt. Diskursgruppen stellen Doktrinen auf und setzen dem Diskurs Grenzen. Diese Grenzen wiederum wirken einschränkend auf all jene, die ihre Stimme erheben wollen. Sie müssen ihre Beiträge auf die Doktrinen beziehen und deren Sprache verwenden. Doktrinen üben eine einschränkende Wirkung auf den Diskurs aus.

Obwohl Foucault auch diese Einschränkungen auf den Diskurs als allgemein gültig darstellt, müssen wir sie relativieren, um das oben aufgezeigte Paradoxon zu vermeiden:

7. Je mehr der kulturelle Diskurs durch Zugangsregelungen in Form von Ritualen, Diskursgesellschaften und Doktrinen reguliert wird, desto enger begrenzt sind seine Resultate und desto mehr werden diese Resultate das etablierte Wissen auf einer neuen Stufe der Rationalität reproduzieren.
8. Je mehr die Regulierungen durch Rituale, Diskursgesellschaften und Doktrinen an ein etabliertes Machtsystem gebunden sind, desto mehr wird der kulturelle Diskurs Wissen produzieren, das zur Reproduktion dieses Machtsystems beiträgt, und dabei das System in die Richtung einer neuen Stufe der Rationalität umwandeln, die auf einem zunehmend komplexeren und feiner abgestuften technologischen System von Information und Kontrolle basiert.

Bislang haben wir Foucaults grundlegende Annahmen zur Reproduktion und Transformation von Machtsystemen im kulturellen Diskurs skizziert. Foucault selbst versucht, diesen Teufelskreis mit seiner kritischen Analyse zu durchbrechen, indem er auf die einschränkenden Kräfte verweist, die auf den Diskurs einwirken und aus ihm heraus arbeiten, und indem er die Genealogien sich entwickelnder Systeme von Macht und Wissen offen legt. Vier methodische Prinzipien müssen diese Studien leiten (Foucault 1991: 53–55):

a) Das Prinzip der Umkehrung besagt, dass wir eher die auf den Diskurs einschränkend wirkenden Kräfte herausstreichen müssen als die kreativen Auswirkungen von Faktoren wie dem Autor, der Disziplin und dem Willen, die Wahrheit herauszufinden.
b) Nach dem Prinzip der Diskontinuität muss die kritische Analyse alle unterdrückten Diskursbeiträge ans Licht bringen, die uns dazu befähigen, die etablierten Systeme von Wissen und Macht allmählich aufzubrechen.
c) Nach dem Prinzip der Spezifizität muss die kritische Analyse zeigen, wie der Diskurs in seinem regulierten Charakter Macht auf die Welt ausübt.
d) Nach dem Prinzip der Externalität muss die kritische Analyse die externen Bedingungen kennzeichnen, die eine bestimmte Evolution des Wissens im Diskurs möglich machen, also beispielsweise jene, die im Machtsystem stecken.

Die Evolution der Strafe

Nachdem wir jetzt Foucaults theoretischen Ansatz dargelegt haben, können wir uns eine seiner Untersuchungen näher anschauen, um herauszufinden, wie dieser Ansatz arbeitet. Wir nehmen seine Studie *Surveiller et punir* (Foucault 1975), die 1977 unter dem Titel *Überwachen und Strafen. Die Geburt des Gefängnisses* in deutscher Sprache erschienen ist. Darin zeigt Foucault am Beispiel des Strafgesetzes und der Vollstreckung von Urteilen, wie das Machtsystem aus einem einfachen System von Repression und Folter in ein subtiles System wirtschaftlich und technologisch organisierter Information und Kontrolle umgewandelt wird. Die wichtigste Kraft, die darauf hinwirkt, die Entwicklung in diese Richtung voranzutreiben, ist der kulturelle Diskurs mit den beiden Eigenschaften, die in den ersten beiden Thesen von Foucaults theoretischem Programm dargestellt wurden: der Diskurs als maßgeblicher organisierter Teil des Machtsystems, wie bei der gerichtlichen Untersuchung und Entscheidungsfindung, und der unabhängige Diskurs, der letztlich mittels Reformprozessen in das Machtsystem eingegliedert wird.

Das traditionelle Strafrecht war durch Strafen wie grausame Folter geprägt (Foucault 1975: Teil 1). Die Übertretung eines Gesetzes war ein Vergehen gegen den Souverän, der seine volle Rache ausübte. Der Verbrecher wurde an öffentlichen Plätzen vor einer großen Menge zu Tode gefoltert. Die Bestrafung war ein grausames Schauspiel, das die Rache des Souveräns zum Ausdruck brachte, seine Macht wiederherstellte und als Abschreckung für mögliche andere Kriminelle diente. Gerichtliche Ermittlung war eine Mischung aus Verdächtigung und nachfolgender Peinigung, um die ganze Wahrheit herauszufinden. Die endgültige Bestrafung war eine Folter, die dem Verbrecher ein öffentliches Bekenntnis seiner Schuld abnötigte, ehe er zu Tode gefoltert wurde. Dieses Strafrecht war noch bis ins achtzehnte Jahrhundert hinein fest etabliert.

Gegen Ende des achtzehnten Jahrhunderts jedoch änderten sich die Dinge allmählich. Peinigung und Folter wurden abgeschafft und durch ein fein abgestuftes System von Gefängnisstrafen für einen bestimmten Zeitraum ersetzt (Foucault 1975: Teil 2). Die Bestrafung fand nicht mehr auf öffentlichen Plätzen statt. Statt dessen wurde sie hinter Gefängnismauern ohne Publikum vollstreckt. Nach Foucault gab es für diese Veränderung zwei Gründe. Zunächst garantierte das öffentliche Spektakel der Folter bei einer wachsenden Anzahl von Fällen nicht mehr die ängstliche Unterwerfung des Volkes, vielmehr führte es zu Akten der Solidarität zwischen dem Verbrecher und dem Volk und zog Protest, Aufruhr und Rebellion nach sich. So war das System der Folter kein effektives Mittel mehr zur sozialen Kontrolle.

Zum anderen wuchs in der Zeit der Aufklärung aus humanitären Gründen die Kritik am System der Folter, und man votierte für ein System von Verfahren und Bestrafungen, das grundlegende Menschenrechte berücksichtigte. Man forderte Mäßigung bei der Durchsetzung der Macht des Souveräns.

In diese Forderung nach Mäßigung mündeten sowohl die rationale Organisation der sozialen Kontrolle als auch das humanitäre Bemühen um den Verbrecher. Unter Bedingungen, unter denen das Volk rebellisch ist und die Intellektuellen kritisch sind, ist es nicht länger rational, wenn für die Aufrechterhaltung des Machtsystems die Methoden von Peinigung und Folter fortgeführt werden. Die Ausübung von Macht wird statt dessen zu einem ökonomisch und technologisch organisierten System von Information und Kontrolle rationalisiert. Die etablierte Macht sieht das Volk nicht mehr länger nur als Objekt der Ausbeutung und Unterdrückung, sondern als Bevölkerung, die so effizient wie möglich geleitet und organisiert werden muss. Ökonomische Kalkulation und technologische Organisation kommen bei der Ausübung von Regierungsmacht ins Spiel. Eine solche Regierungsmacht, die ökonomisch rechnet und technologisch organisiert, ist jetzt primär darauf ausgerichtet, die beste Möglichkeit zur Steigerung ihrer Informationen über die Gesellschaft und den Einzelnen herauszufinden und die soziale Kontrolle über beide mittels eines fein abgestuften Systems von Bestrafungen zu verbessern. Ziel einer solchen Regierungsmacht ist es, die Gesellschaft rational zu entwickeln. Dies erfordert die rationale Kontrolle der Gesellschaft, nicht aber Unterdrückung und rachsüchtige Bestrafung.

Ein weiterer kausaler Faktor, der die Entwicklung vom repressiven zum restitutiven Recht einleitete – so wie sie Emile Durkheim (1893/1973a) in seiner Studie über die Arbeitsteilung charakterisierte –, ist die Veränderung der Quelle des Rechts von einer souveränen Macht hin zum Willen des Volkes, so wie es in den Vertragstheorien der Aufklärung gefordert wurde. Jetzt bedeutet jegliche Verletzung des Gesetzes nicht ein Vergehen gegen eine souveräne Macht, sondern eine Verletzung des Vertragsrechts. Und das Vertragsrecht fordert nicht Rache, sondern eine Wiederherstellung des ursprünglichen Zustandes. Ein rationaler Umgang mit der Durchsetzung des Rechts liegt jetzt also auch im Interesse des Volkes selbst. Dieser Veränderung liegt der Aufstieg der kapitalistischen Wirtschaft und der Bourgeoisie zugrunde. Jetzt haben wir Besitzende, die daran interessiert sind, Verletzungen ihrer Eigentumsrechte auszugleichen und die Ordnung aufrecht zu erhalten, die das System des Privateigentums trägt. Die typischen Verletzungen des Strafrechts sind nun nicht mehr länger Mord und Totschlag, sondern eher subtiler Betrug, Diebstahl, Hehlerei und Verbreitung von Falschgeld. Das Strafgesetz wird zu einer Erweiterung des Zivilrechts. Hier lässt jegliche Verletzung des Rechts ein Interesse an einer Wiederherstellung des ursprünglichen Zustandes entstehen. Dies kann auf drei sich ergänzende Arten geschehen: erstens, indem der Verletzende den ursprünglichen Zustand wiederherstellt; zweitens durch Resozialisierung des Rechtsbrechers, so dass er wieder ein vertrauenswürdiges Mitglied der Gesellschaft und ein Partner im wirtschaftlichen Austausch wird; und drittens dadurch, dass die Strafe so bemessen wird, dass sie nicht Protest und Rebellion hervorruft, sondern Anpassung sinnvoller erscheinen lässt als Abweichung.

Die Durchsetzung des Rechts bewegt sich somit weg vom einfachen Bestrafen einer Gesetzesübertretung hin zum Herausfinden der komplexen sozialen und psychischen Ursachen, die zu einer kriminellen Handlung führten. Die Durchsetzung des Rechts interessiert sich immer stärker für die Persönlichkeit und das soziale Umfeld des Kriminellen. Dies bedeutet die Geburtsstunde der Kriminologie als eine Wissenschaft vom Verbrechen, die dazu beiträgt, ein immer subtileres System der Rechtsdurchsetzung zu entwickeln und die Persönlichkeit des Einzelnen immer sorgfältiger zu studieren. Die Rationalisierung der Rechtsdurchsetzung durch die Kriminologie führt zu einer Mäßigung der Strafpraktiken, um Rebellion zu vermeiden, und hin zu einer tiefergehenden Kontrolle des Einzelnen, indem seine Persönlichkeit und sein soziales Umfeld erforscht werden.

Wir erleben hier eine Konvergenz verschiedener Faktoren, die zur Transformation der Rechtsdurchsetzung von Repression hin zu Restitution, Resozialisierung und zu einem fein abgestuften Strafsystem führen, das Anpassung sinnvoller erscheinen lässt als Abweichung; außerdem bringt sie eine Erweiterung des Informations- und Kontrollsystems mit sich, das die gesamte Gesellschaft und die einzelne Persönlichkeit durchdringt, indem es die Kriminologie als die Wissenschaft von der Kriminalität etabliert. Diese Faktoren schließen die gefährliche Rebellion des Volkes ein, die humanitäre Kritik der Intellektuellen, Theorien des Gesellschaftsvertrags, wie sie von den Philosophen der Aufklärung konzipiert wurden, das Entstehen einer kapitalistischen Wirtschaft, basierend auf der Ordnung von Privateigentum, sowie das Interesse der Regierungsmacht, die nicht länger nur auf die Ausbeutung und Unterdrückung des Volkes abzielt, sondern jetzt auch auf die rationale Organisation der Gesellschaft. Wenn wir bei der Formalisierung dieses Arguments noch weiter gehen als Foucault, können wir folgende Proposition formulieren:

9. Je mehr sich das Machtsystem von einem Interesse an Ausbeutung und Repression des Volkes in Richtung eines Interesses an einer rationalen Organisation der Gesellschaft verlagert, je mehr man erwartet, dass es dies mittels einer wachsenden rationalen Wirtschaft tut, die von einer immer mächtigeren sozialen Klasse geführt wird (z.B. die kapitalistische Wirtschaft, basierend auf Privateigentum, geführt von der aufstrebenden Bourgeoisie), und je mehr die repressiven Maßnahmen von einem rebellischen Volk und kritischen Intellektuellen aus humanitären Gründen auf den Prüfstand gestellt werden, desto mehr wird sich die Rechtsdurchsetzung von Repression zu Restitution, Resozialisierung und fein abgestimmten Strafen wandeln, die Anpassung sinnvoller erscheinen lassen als Abweichung, und ein Informations- und Kontrollsystem schaffen, das jeden Winkel der Gesellschaft sowie auch die menschliche Persönlichkeit durchdringt, indem es die Kriminologie als rationale Wissenschaft von der Kriminalität etabliert, und zwar umso stärker, je mehr diese Umwandlung durch entsprechende Theorien legitimiert wird (z.B. durch die Theorie vom Gesellschaftsvertrag).

Foucault zeigt, wie der kulturelle Diskurs diese generelle Transformation der Rechtsdurchsetzung durch verschiedene Bewegungen stützte: die Bewegungen hin zu generalisierten Strafen, zu mehr Milde bei der Bestrafung, zur Etablierung von Disziplin in der gesamten Gesellschaft oder zur vollständigen Kontrolle der gesellschaftlichen Peripherie durch das Machtzentrum (Panoptismus). All diese Bewegungen trugen zum Entstehen des Gefängnisses als totale und asketische Institution bei, die Gesetzesverletzungen zu sich selbst reproduzierenden, aber kontrollierten Straftaten macht und zur Etablierung des Haftsystems als Kernstruktur der Gesellschaft beiträgt, und zwar einer Gesellschaft, die exakt von einem sich selbst reproduzierenden Machtsystem kontrolliert wird.

Die Bewegung hin zur generalisierten Bestrafung ist Teil der rationalen Neuorganisation des Machtsystems selbst und wird von subtil denkenden konservativen Reformern geleitet, die durch folgende Verbesserungen ein besser funktionierendes System sozialer Kontrolle erwarten:

- Minimale Mengen an Strafen: nicht zu viel, so dass es zu Rebellion kommen würde, aber auch nicht zu wenig, um keine Abweichungen zu provozieren.
- Ausreichende Idealität: die Rechtsdurchsetzung muss auf die mentalen Berechnungen des Einzelnen abzielen und Anpassung sinnvoller erscheinen lassen als Abweichung.
- Strafe muss bei *potenziellen* Kriminellen die Erwartung erwecken, dass Anpassung sinnvoller ist als Abweichung.
- Vollständige Sicherheit: der Einzelne muss genau wissen, was Gesetz ist und was aus dessen Verletzung resultieren würde.
- Gewöhnliche Wahrheit: gerichtliche Entscheidungsfindung muss die Wahrheit verständlich herausfinden.
- Optimale Spezifizierung: jegliche besondere Verletzung verlangt nach einer besonderen Behandlung.

Die Bewegung hin zu Milde in der Bestrafung, die aus dem Denken der Aufklärung entstand, ergänzt die interne Rationalisierung der Rechtsdurchsetzung durch folgende Kriterien:

- Keine willkürliche Bestrafung.
- Bestrafung muss in erster Linie die Anpassung wiederbeleben.
- Bestrafung muss zeitlich abgestuft sein.
- Bestrafung soll sich an potenzielle Verbrecher wenden und diese von kriminellen Handlungen abhalten.
- Bestrafung soll die Verbrecher umerziehen und erfordert pädagogische Hilfe.
- Bestrafung soll das Recht neu kodifizieren.

Der Trend zur durchdringenden **Disziplinierung** der Persönlichkeit wird durch die ganze Gesellschaft hindurch verankert (Foucault 1975, Teil 3). Er beginnt in der Schule, setzt sich in der Armee, in der Industrie und in der Verwaltung fort und wird zu einem wichtigen Element in der Organisation von Waisenhäusern, Nervenkliniken und Gefängnissen. Disziplin basiert auf einer sorgfältigen Erziehung des Körpers, auf der Anwendung von Drill und auf panoptischer Kontrolle. Der Körper wird durch Maßnahmen wie Einschließung, Beschneidung, Zuordnung von funktionalen Positionen und Rang erzogen, ebenso durch die Kontrolle von Aktivitäten mittels genauer Zeitpläne, strenger Verbindung von Körper und Gestik mit der symbolischen Kontrolle des Körpers, systematischer Verbindung von Körper und Objekt durch den Einsatz von Instrumenten sowie erschöpfender Ausbeutung des Körpers. Der Körper wird auch durch den organisierten Einsatz seiner Kräfte, durch Maßnahmen der Platzierung in der Gesellschaft und durch Unterwerfung unter zeitliche Abfolgen und Befehlssysteme geformt.

Disziplin wird weiterhin durch Drill geschaffen, der hierarchische Überwachung, normenerzeugende Sanktionen und Examinierung mit sich bringt. Hierarchische Überwachung wird schon sehr frühzeitig in den Schulen praktiziert. Sanktionen erzeugen Normenkonformität durch exemplarische Gerichtsentscheidungen und disziplinäre Bestrafung, die Respekt vor dem Gesetz schafft, Abweichungen korrigiert, Element eines Systems von Belohnungen und Strafen ist sowie Rang und Leistungserfolg einander zuordnet. Prüfungen sind eine gesellschaftsweite Kontrolle der Konformität gegenüber gesellschaftlichen Normen. Sie stellen eine unsichtbare Macht dar, erfassen ein jedes Mitglied der Gesellschaft und unterwerfen alle der sozialen Kontrolle. Man muss hier wissen, dass das zentralisierte Prüfungssystem in der französischen Gesellschaft in der Tat das Mittel zur sozialen Kontrolle schlechthin ist.

Diese Bewegungen hin zur Errichtung eines fein abgestuften und tief greifenden Systems der sozialen Kontrolle werden schließlich durch den Trend hin zum **Panoptikum** als Modell der sozialen Kontrolle ergänzt. Das Panoptikum wurde von Jeremy Bentham als Modell für ein geschlossenes Haus konzipiert, in dem Überwachung von äußerster Wichtigkeit ist: Strafanstalten, Gefängnisse, Arbeitshäuser, Armenhäuser, Manufakturen, Fabriken, Asyle, Lazarette, Krankenhäuser und Schulen. Es wird von einem Turm in der Mitte kontrolliert, der von einem ringförmigen Gebäude umgeben ist. Jeder Teil des umliegenden Gebäudes kann vom zentralen Turm aus kontrolliert werden. Foucault begreift dieses Panoptikum als Modell für das Machtsystem in der Gesellschaft. Von seiner zentralen Position aus durchdringt es jeden Winkel und jedes Individuum. Dieses System wird durch folgende Eigenschaften charakterisiert: (1) es setzt auf Disziplin nicht mehr nur, um Unordnung zu verbannen, sondern um die Gesellschaft aktiv zu organisieren; (2) es verwendet disziplinierende Mechanismen durch die ganze Gesellschaft hindurch in jede Institution hinein; und (3) es bringt jede disziplinierende Einrichtung unter die Kontrolle des Staates. So entsteht ein zentralisiertes Machtsystem, das seine Macht so ökonomisch wie nur möglich einsetzt und durch die ganze Gesellschaft hindurch intensiviert und erweitert; es setzt diese Macht in die gesamte gesellschaftliche Produktion in jedem Bereich der Gesellschaft um, von der Ökonomie bis zur Wissenschaft, Bildung, Armee, Medizin etc.

Wir können Foucaults Analyse der Bewegungen, die zu einem zentralisierten, ökonomisch und technologisch organisierten Machtsystem führen, in folgender Proposition zusammenfassen:

10. Je mehr Bewegungen konvergieren, die auf generalisierte Bestrafung, Milde bei der Bestrafung, die Etablierung von Disziplin und panoptische Kontrolle abzielen, desto mehr lassen sie ein zentralisiertes Machtsystem entstehen, das seine Macht so ökonomisch, intensiv, extensiv und produktiv wie nur möglich einsetzt.

Schließlich ist die Geburt des Gefängnisses ein Resultat der Bewegung hin zur Rationalisierung der sozialen Kontrolle, so wie sie vorher beschrieben wurde (Foucault 1975: Teil 4). Das Gefängnis ist eine totale und asketische Institution. Es ist eine Institution, die darauf abzielt, Abweichungen zu kontrollieren und den Verbrecher umzuerziehen. Folgende Eigenschaften sollen helfen, dieses Ziel zu erreichen: (1) Veränderung des Verhaltens des Verbrechers; (2) Aufteilung der Verbrecher in Gruppen, je nach Art ihres Delikts; (3) flexible Bestrafung; (4) Arbeit als Mittel zur Umerziehung; (5) Persönlichkeitsbildung und Resozialisierung; (6) Kontrolle durch qualifiziertes Personal; und (7) anhaltende Kontrolle und Unterstützung des Verbrechers nach der Gefängnisstrafe.

Diesem subtilen System der sozialen Kontrolle wird es jedoch nie gelingen, die Kriminalität abzuschaffen, wie Foucault betont. Statt dessen hält es die Kriminalität systematisch unter Kontrolle. Eine Verletzung des Rechts wird in Delinquenz umgewandelt, die in der Persönlichkeit und dem sozialen Umfeld des Verbrechers verankert ist und deshalb zum Hauptobjekt der Kontrolle und Untersuchung durch die verurteilenden Körperschaften, die Kriminologie und die Psychiatrie wird. In diesem Prozess wird jedoch das Gefängnis selbst zu einem erstrangigen sozialen Kontext der Produktion von Delinquenz, einfach deshalb, weil Delinquenz innerhalb einer totalen Institution definiert und kontrolliert wird. Paradoxerweise wird das Gefängnis zur wichtigsten Quelle der Reproduktion von Delinquenz. Die hohe Rückfallquote ist eine klare Bestätigung dieser These.

Das Gefängnis als solches ist nicht die einzige Institution, die auf die oben geschilderte Weise entsteht, denn das fein abgestufte System von Information und Kontrolle, das aus dieser Entwicklung resultiert, durchdringt die ganze Gesellschaft. Die gesamte Gesellschaft wird zu einem Überwachungssystem, das auf folgenden Eigenschaften basiert: feine Abstufung von Bestrafung, Kontrolle der Täter, Regulierung der bestrafenden Macht, quasi natürliche Geltung des herrschenden Rechts und Kontrolle des Körpers in einem miteinander verknüpften Komplex von Macht und Wissen. Es handelt sich um ein rationalisiertes Machtsystem.

Wir können Foucaults letzte Analyse der Entstehung des Gefängnisses in folgenden Propositionen zusammenfassen:

11. Je mehr soziale Kontrolle rationalisiert wird, desto mehr errichtet sie das Gefängnis als ein Modell sozialer Kontrolle, das die Verletzung des Rechts zu Delinquenz macht, aber gleichzeitig Delinquenz kontrolliert und reproduziert.
12. Je mehr das Gefängnis als ein Modell sozialer Kontrolle etabliert wird, desto mehr wird die Gesellschaft durch ein zentralisiertes und fein abgestuftes System von Information und Kontrolle durchdrungen und als Überwachungssystem organisiert.

Die Kontrolle der Sexualität

Im ersten Band von *Sexualität und Wahrheit*, der 1976 veröffentlicht wurde, wendet Foucault eine ähnliche Erklärungsstrategie an wie in *Überwachen und Strafen*. Er beginnt mit einer Kritik der allgemeinen These der Repression, die besagt, dass Sexualität seit der Herausbildung des Puritanismus in der bürgerlichen Gesellschaft im 17. Jahrhundert unterdrückt wurde (Foucault 1976: Teil 2). Diese Repression soll angeblich bis ins zwanzigste Jahrhundert gedauert haben, als die ersten Versuche gemacht wurden, die Sexualität aus ihren autoritären Zwängen zu befreien. Dabei war die Psychoanalyse führend.

Foucault argumentiert, dass diese Repressionsthese falsch ist, weil es ihr nicht gelingt, die wahre Beziehung zwischen der Sexualität und dem etablierten Machtsystem der bürgerlichen Gesellschaft aufzuzeigen. Foucault begreift Repression vor allem im Sinne eines Verbots, über Sexualität zu sprechen. Zwar räumt er ein, dass der Puritanismus des 18. Jahrhunderts die Legitimität der Sexualität allein auf die Ehe beschränkte; gleichzeitig jedoch betonte die Gegenreformation die Bedeutung der Beichte, was ganz besonders einschloss, dass man alles gestehen sollte, was mit sexueller Aktivität zu tun hat. Dies kennzeichnete den Beginn von intensiven, ausführlichen Gesprächen über die Sexualität. Der Diskurs über die Sexualität etablierte sich allgemein. Über die Kirche hinaus beteiligten sich andere Institutionen immer mehr an diesem Diskurs: die Literatur, die Medizin, die Psychiatrie und die Psychoanalyse.

Die Entwicklung vom siebzehnten bis zum zwanzigsten Jahrhundert ist durch das Wachstum der Anzahl von Institutionen und Disziplinen gekennzeichnet, die in den Diskurs über die menschliche Sexualität eingreifen. Im Gegensatz zur Repressionsthese akzeptiert Foucault jedoch nicht, dass dieser zunehmende Diskurs in unserer Zeit zu einer möglichen Befreiung der Sexualität von der Repression führte. Foucault argumentiert, dass es vom siebzehnten bis zum zwanzigsten Jahrhundert keinen Wandel von der Repression zur Befreiung gab, sondern dass die Sexualität des menschlichen Individuums mit Beginn der Einführung des Diskurses über die Sexualität im siebzehnten Jahrhundert zum Objekt eines immer tiefer gehenden und durchdringenderen Systems des Wissens wurde, das gleichzeitig der Sexualität des menschlichen Individuums eine feiner abgestufte, engere Kontrolle auferlegte. Die Einrichtung der Sexualwissenschaft ist Teil eines Machtsystems, das als Ergebnis des zunehmenden Wissens über die Sexualität des menschlichen Individuums immer effektiver und durchdringender wird. Die Couch des Psychoanalytikers ist der moderne Beichtstuhl. Der Unterschied zwischen beiden besteht lediglich darin, dass die Couch des Psychoanalytikers Teil einer subtileren, feiner abgestuften Form der sozialen Kontrolle ist (Foucault 1976: Teil 3).

Foucaults Argumente gelten jedoch nur insoweit, als seine Propositionen 1 und 2 angewandt werden können, nur insofern als der Diskurs über die Sexualität ein Teil des Machtsystems ist bzw. die Ergebnisse des unabhängigen Diskurses in das Machtsystem aufgenommen werden. Dies gilt sicherlich für viele der von ihm beschriebenen Formen des Diskurses. Die Kirchenbeichte, die Medizin, die Psychiatrie und die Psychoanalyse übten in vielen Formen soziale Kontrolle als Teil des etablierten Machtsystems aus. Allerdings finden sich auch häretische Formen des Diskurses über die Sexualität – darunter auch Foucaults eigener Diskurs –, die nicht vollständig in das bestehende Machtsystem aufgenommen wurden und somit in der Lage waren, das System teilweise aufzubrechen. Es gab nicht nur eine kumulative Erweiterung des Machtwissens, sondern auch Einbrüche im Machtsystem, die zu qualitativen Veränderungen im Wesen der Sexualität führten. Das heißt, was nach Foucaults Auffassung wie eine Rationalisierung des Machtsystems aussieht, war in Wirklichkeit sehr oft ein Bruch in diesem System, der vom häretischen Diskurs initiiert worden war. Daher müssen wir Foucaults Argumentation mit folgenden Spezifikationen der Propositionen 1 und 2 relativieren:

13. Je mehr der Diskurs über die Sexualität als Teil des Machtsystems organisiert ist, desto mehr wird er zur Selbstreproduktion und Selbsttransformation dieses Systems hin zu höheren Stufen rationaler Organisation und Machtausübung in der Kontrolle der Sexualität beitragen.
14. Je mehr die Ergebnisse des unabhängigen Diskurses über die Sexualität in das etablierte Machtsystem eingegliedert werden, desto mehr trägt der Diskurs über die Sexualität zur Selbstreproduktion und Selbsttransformation dieses Systems hin zu höheren Stufen rationaler Organisation und Machtausübung bei.

Im Gegensatz zu Foucault, aber unter Berücksichtigung seiner eigenen Absicht, einen Diskurs zu beginnen, der das etablierte Machtsystem nicht reproduziert, können wir eine weitere Proposition formulieren:

15. Je mehr der Diskurs (über die Sexualität) von einem etablierten Machtsystem unabhängig ist, desto weniger können seine Ergebnisse von diesem System aufgenommen werden, und je mehr er von oppositionellen Gruppen gestützt wird, desto mehr trägt dieser Diskurs zum Aufbrechen des etablierten Machtsystems und seiner sozialen Kontrolle (der Sexualität) bei.

Ausgehend von seiner zentralen These über die Ausweitung und Intensivierung des Machtsystems mittels des Diskurses über die Sexualität belegt Foucault seine These in folgenden Schritten: wie der Diskurs über die Sexualität beginnt, wie die Formen der Perversion zum Gegenstand exakter Dokumentation werden und wie sich die Sexualwissenschaft etabliert. Er zeigt, wie diese Wissenschaft den Diskurs als Teil des Machtsystems maßgeblich organisiert: Der Diskurs wird als Beichte autoritär strukturiert, selbst in der Psychoanalyse. In der klinischen Form, den Patienten zum Sprechen zu bringen, wird das Verfahren zu einer Untersuchung. Das Postulat der generellen und diffusen Kausalität zwingt den Patienten, über alles zu sprechen. Das Prinzip der inhärenten Latenz der Sexualität erfordert die Enthüllung aller verborgenen Aspekte von Körper und Seele des Patienten. Die Methode der Interpretation bringt den Analytiker in eine Position der Autorität. Die Medizinierung der Beichte macht die Sexualität zur Pathologie. Der Patient wird zum Gegenstand medizinischer Behandlung. Wir können diese Argumentation in folgender Proposition zusammenfassen:

16. Je mehr der Diskurs über Sexualität als Beichte organisiert ist, desto mehr wird er eine zunehmend durchdringende Kontrolle über die Sexualität des Individuums errichten.

Weiter beschreibt Foucault in seiner historischen Analyse Motiv, Methoden, Bereiche und Perioden der Institutionalisierung des Diskurses über die Sexualität, wie er bislang dargestellt wurde (Foucault 1976: Teil 4). Das Motiv ist der wachsende Wille, Wissen zu erlangen, der Teil des Willens der etablierten Macht ist, ihre Kontrolle über die Gesellschaft zu erweitern und zu intensivieren und so ihre Fähigkeit zur Organisation der Gesellschaft zu entfalten:

17. Je mehr ein etabliertes Machtsystem darauf abzielt, seine Kontrolle über die Gesellschaft und seine Fähigkeit zur Organisation der Gesellschaft zu erweitern und zu verstärken, desto mehr wird es das Wachstum des Wissens über alles Geschehen in der Gesellschaft voranbringen, einschließlich des Wissens über die menschliche Sexualität.

Vier Regeln gelten für die enge Beziehung zwischen der Machterweiterung und Machtverstärkung einerseits und dem Wachstum des Wissens über Sexualität andererseits: (1) die Regel der Immanenz besagt, dass der Wille, das Wissen über die Sexualität zu erweitern, nicht autonom ist, sondern Teil des Machtsystems an sich; (2) die Regel der permanenten Variation besagt, dass viele verschiedene und veränderliche Machtbeziehungen mit dem Willen verbunden sind, das Wissen über die Sexualität zu erweitern; (3) die Regel über die doppelt bedingende Beziehung besagt, dass Makromacht auf gesellschaftlicher Ebene und Mikromacht auf der Ebene der Kontrolle von individueller Sexualität (z.B. in der Familie) einander gegenseitig bedingen; (4) die Regel der taktischen Polyvalenz des Diskurses besagt, dass der Diskurs einerseits das Machtsystem stützt, andererseits aber auch in der Lage sein kann, dieses System zu untergraben. Mit dieser vierten Regel gesteht Foucault in der Tat ein, dass der Diskurs die Macht nur so weit reproduziert, als er Teil des Machtsystems ist oder seine Ergebnisse in dieses System eingegliedert werden können, so wie dies in den Propositionen 1, 2, 13 und 14 ausgesagt wird. Hier haben wir eine Formulierung, die Proposition 15 stützt, obwohl Foucault in seiner Gesamtperspektive dazu tendiert, fälschlicherweise die stützende Beziehung zwischen Macht und Diskurs zu generalisieren.

Es finden sich vier Bereiche, in denen die Institutionalisierung des Diskurses über die Sexualität stattfand: (1) die Hysterisierung des weiblichen Körpers; (2) die Pädagogisierung der kindlichen Sexualität; (3) die Sozialisierung der menschlichen Reproduktion; und (4) die Psychiatrisierung der perversen Lust.
In einem Kapitel über die Periodisierung sagt Foucault, dass im siebzehnten Jahrhundert die Sexualität streng reguliert war, man aber dennoch die Anfänge von Nachforschungen mittels Beichte erkennen kann. Im neunzehnten Jahrhundert gab es einerseits eine wachsende Kritik an sexuellen Regulierungen, auf der anderen Seite ein zunehmendes Interesse an wissenschaftlicher Forschung. Zu dieser Zeit konvergierte das Machtinteresse an der Erweiterung und Intensivierung des Wissens über die Sexualität zur Verbesserung der sozialen Kontrolle mit dem intellektuellen Interesse an sexueller Befreiung. Beide ließen die Kontrolle der Sexualität durch die Sexualwissenschaft entstehen, ein zunehmend subtileres System sexueller Kontrolle:

18. Je mehr das Machtinteresse an sexueller Kontrolle durch Verbesserung des Wissens über Sexualität und das intellektuelle Interesse an der Befreiung der Sexualität konvergieren, desto mehr werden sie letztendlich ein umfassendes wissenschaftliches System zur Kontrolle der menschlichen Sexualität errichten.

Foucault schließt mit einem Kapitel, das die Eigenart des so etablierten rationalisierten Machtsystems beschreibt. Es handelt sich um ein System, das neben der legalen Kontrolle über den Tod eine allumfassende Macht entwickelt hat, Leben zu erzeugen und zu organisieren (Foucault 1976: Teil 5). Macht ist ein Dispositiv, ein strategisch nutzbares Gefüge, das auf umfassenden Systemen von Information und Kontrolle gründet:

19. Je mehr das Machtsystem auf Systemen des Wissens basiert, desto mehr wird es nicht nur die Ordnung aufrechterhalten, sondern das Leben aktiv gestalten und organisieren und desto totaler wird es in seiner Eigenart.

Zusammenfassung

Die Ordnung des Diskurses

1. Der Diskurs ist ein Verfahren der Reproduktion von Macht:
   - Diskurs als Teil des Machtsystems
   - Absorption der Diskursergebnisse durch das Machtsystem

2. Diskursregeln beinhalten:
   Externe Einschränkungen
   - Verbote
   - Unterscheidung Vernunft/Unvernunft
   - Unterscheidung Wahrheit/Unwahrheit

   Interne Einschränkungen
   - Kommentar
   - Autor
   - Disziplinen

   Zugangsbeschränkungen
   - Rituale
   - Diskursgemeinschaften
   - Doktrinen

3. Strategien der Entgrenzung von Diskursen sind:
   - Umkehrung
   - Diskontinuität
   - Spezifität
   - Externalität

Überwachen und Strafen

1. Traditionelles Strafrecht beinhaltet:
   - Verbrechen als Vergehen gegen Souverän
   - Strafe als Rache des Souverän
   - Folter als Mittel der Wahrheitsfindung
   - Öffentliche Bestrafung zwecks Abschreckung
2. Modernes Strafrecht beinhaltet:
   - Vergehen als Verletzung des Gesellschaftvertrages
   - Strafe als Bekräftigung des Gesellschaftsvertrages
   - Rationale Beweisführung als Mittel der Wahrheitsfindung
   - Nicht öffentliche Bestrafung zwecks Resozialisierung der Persönlichkeit
3. Rationalisierung der Bestrafung besteht in:
   - Berechenbarkeit
   - Nützlichkeit von Konformität
   - Dosierung
   - Klarheit
   - Spezifizierung
   - Einfachheit
4. Humanisierung der Bestrafung heißt:
   - keine Willkür
   - Rückkehr zur Normenkonformität
   - Zeitliche Abstufung
   - Gezielte Abschreckung
   - Resozialisation
   - Bekräftigung des Rechts
5. Disziplinierung impliziert:
   - Totale Institutionen
     Armenhäuser
     Arbeitshäuser
     Waisenhäuser
     Nervenheilanstalten
     Gefängnisse
   - Drill
   - Panoptikum
6. Gefängnis als totale Institution zielt auf:
   - Verhaltensänderung

- Aufteilung der Insassen nach Deliktgruppen
- Differenzierte Bestrafung
- Arbeit als Mittel der Umerziehung
- Resozialisierung
- Kontrolle durch qualifiziertes Personal
- Kontrolle und Unterstützung des Verbechers nach der Gefängsnisstrafe

Geschichte der Sexualität

1. Kirche und Beichte
2. Wissenschaft und Diskurs über Sexualität
3. Therapie als System der Kontrolle
4. Vier Felder der rationalen Kontrolle von Sexualität:
   - Hysterisierung des weiblichen Körpers
   - Pädagogisierung der kindlichen Sexualität
   - Sozialisierung der menschlichen Reproduktion
   - Psychiatrisierung der perversen Lust

Kritische Würdigung

In einer abschließen Bewertung von Foucaults Theorie der diskursiven Machtreproduktion können wir sagen, dass sie gute Einblicke in die Verbindung zwischen Macht und Wissen liefert. Foucault zeigt, wie ein Machtsystem mittels Diskurs und Wissensproduktion auf einer höheren Stufe der Rationalität reproduziert und umgewandelt wird. Im Gegensatz zu Foucaults eigener Tendenz jedoch müssen wir seine Aussagen auf die Bedingungen relativieren, dass der Diskurs Teil des Machtsystems ist bzw. dass seine Ergebnisse in das Machtsystem eingegliedert werden. Dabei können wir außerdem Foucaults Einblicke in die einschränkenden Wirkungen des Diskurses gut nutzen, die im Gegensatz zur allgemeinen Auffassung von Diskurs als befreiender Kraft stehen. Dies gilt jedoch nur insoweit als der Diskurs auch tatsächlich Teil des Machtsystems ist bzw. autoritär strukturiert ist. Es handelt sich nicht um einen Diskurs, in dem jeder gleichberechtigt Fragen stellen und über alles sprechen kann. Ein Diskurs dieser Art, der unabhängig von der Macht ist, hat ganz andere Auswirkungen: Er stellt aufgrund seines Potenzials der Kritik immer eine Herausforderung für die Macht dar. Foucault selbst muss diese kritische Macht des Diskurses zugestehen, um sich aus dem Griff der Macht-Wissens-Maschinerie zu befreien. Wie Machtsysteme vom Diskurs abhängen, um als legitim zu gelten, wird von Foucault weniger erarbeitet. In der Tat ist dies ein Randbereich seiner Theorie über den Komplex von Macht und Wissen. Wo er dieses Thema anspricht, kann er es nicht in Begriffen einer Theorie der Reproduktion von Macht und Wissen tun.

Eine weitere Dimension der sozialen Realität, die Foucaults Theorie der Reproduktion von Macht und Wissen nicht abdeckt, ist die situative Veränderung von Machtbeziehungen, die aus der Dynamik der Märkte resultiert: ökonomischer, politischer, reputativer und kultureller Wettbewerb. Er berücksichtigt diese dynamische Dimension nur als abhängigen Teil der Selbstreproduktion eines etablierten Machtsystems. Das heißt, das Funktionieren dieser Dimension wird geleitet durch die Bedingungen der Aufrechterhaltung des Machtsystems. Jedoch würde eine Theorie, die Märkten und dem Wettbewerb einen unabhängigen Status verleiht, darlegen, wie sich Machtbeziehungen gegen die Interessen der Machtinhaber aufgrund einer sich verändernden Wettbewerbssituation verändern.

Schließlich berücksichtigt Foucault nicht die Tatsache, dass in vielen Fällen ein Machtsystem nicht alles tun kann, weil es von der Unterstützung und der Kooperation der Menschen abhängig ist. Es kann die traditionell vorherrschenden Weltbilder und die in der Gesellschaft verwurzelten Normen nicht von einem Tag auf den anderen verändern, ohne dabei so viel an Unterstützung zu verlieren, dass seine Stabilität ernstlich in Gefahr gerät. Es hängt auch von den Solidaritätsbeziehungen mit den führenden Gruppen in der Gesellschaft ab. Daher muss es sich dieser Solidarität anpassen. Würde es dies nicht tun, so würde es an Unterstützung verlieren und seine Position gefährden. Die Effektivität der Macht wird durch die Effekte von Solidarität, Unterstützung und traditionellem Glauben, wie sie in der Gesellschaft vorherrschen, eingeschränkt. Diese Effekte von Solidarität, Unterstützung und lebensweltlich verankertem Glauben liegen außerhalb der Erklärungskraft von Foucaults Theorie der Reproduktion von Macht und Wissen.

Zusammenfassend können wir Folgendes sagen: Foucault legt offen, wie Macht durch Diskurs reproduziert wird, wenn die Macht alles in der Gesellschaft beherrscht, einschließlich des Diskurses. Allerdings zeigt er nicht, wie Macht reproduziert und verändert wird, wenn andere Kräfte in der Gesellschaft ihren Einfluss unabhängig ausüben. Er erfasst nicht, wie Diskurs, Wettbewerb und Solidarität die Macht auf ihre eigene Art und Weise reproduzieren, wenn sie nicht vom Machtsystem beherrscht werden. Je unabhängiger diese Verfahren sind, desto mehr unterliegt die Macht dem Druck von Legitimation, Wettbewerb und Solidaritätsforderungen.

Foucaults Poststrukturalismus führte die strukturalistische Besessenheit von der Selbstreproduktion der Strukturen weiter. Er spricht die im menschlichen Handeln wurzelnden Dynamiken nicht an, die in Prozessen der Legitimation, des Wettbewerbs und der Solidarität zum Ausdruck kommen. Daher haben wir seinen Ansatz als eine Fortsetzung des Strukturalismus behandelt, obwohl ihn die Zentralität der Macht in seinem Werk in die Nähe der Konflikttheorie mit ihrem Fokus auf der Politik des sozialen Handelns und der Sozialstruktur bringt.

Orientierungsfragen

1. Foucault unterscheidet verschiedene Verfahren, die Diskurse einschränken. Beschreiben Sie die verschiedenen Verfahren und illustrieren Sie sie mit jeweils einem Beispiel!
2. Beschreiben Sie, wie Foucault den Wandel des Strafens von einfacher Repression zu komplexer Kontrolle interpretiert! Ist aus dieser Sicht ein „humaner Strafvollzug" überhaupt möglich?
3. Foucault und Touraine beschäftigen sich beide mit Herrschaftsverhältnissen in einer Gesellschaft. Beschreiben Sie zunächst, wie Foucault dem Teufelskreis der Reproduktion von Herrschaft im Diskurs begegnen will! Verknüpfen Sie diese Prinzipien dann mit der ‚soziologischen Intervention' von Touraine! Wählen Sie dazu ein geeignetes Beispiel (wie die Diskussion um die Folgen der Globalisierung für die Entwicklungsländer)!
4. „Diskurs" ist nicht nur bei Foucault, sondern auch in Habermas' Theorie des kommunikativen Handelns ein zentraler Begriff. Welche Unterschiede können Sie zwischen den beiden Ansätzen identifizieren? Was würden Foucault und Habermas sich gegenseitig kritisch vorwerfen? Trifft einer der beiden Diskurs-Begriffe die tatsächlichen gesellschaftlichen Abläufe besser als der andere?

Wichtige Begriffe

Diskurs, Einschränkungen des
Disziplinierung
Panoptikum

12. Habitus, Feld und Kapital
Pierre Bourdieus Theorie der sozialen Praxis

Biografische Angaben

Pierre Bourdieu wurde am 1. August 1930 in Denguin im Département Basses Pyrénées geboren. In dem kleinen Ort in der französischen Provinz verbrachte er seine frühe Jugend. Zum Studium ging er nach Paris an die *Sorbonne* und an die Ecole Normale Supérieure, die berühmte Grande Ecole der geistigen Elite Frankreichs. Nach einer kurzen Tätigkeit als Lehrer übernahm er zunächst eine Forschungsprofessur in Algiers (1958-60), anschließend eine Professur an der *Sorbonne* (1960-61), um dann an die *Ecole des Hautes Etudes en Sciences Sociales* zu wechseln. An dem von Raymond Aron ins Leben gerufenen Centre de Sociologie Européenne war er zunächst als Assistent tätig, bevor er 1964 zum Direktor ernannt wurde. Im Jahre 1982 wurde er außerdem auf den Lehrstuhl für Soziologie am *Collège de France* berufen. Damit war Bourdieu der Inhaber des Soziologielehrstuhls an der prestigereichsten Institution Frankreichs und im Zentrum der Macht des französischen Wissenschaftssystems angelangt, dem er in seinem Buch *Homo academicus* (1984c) eine eigene Studie gewidmet hat. Am 24. Januar 2002 ist Pierre Bourdieu in Paris gestorben.

Pierre Bourdieu hat sich von Anfang an bewusst von der Attitüde des typischen französischen Intellektuellen – in den 1950er und 1960er Jahren perfekt von Jean Paul Sartre verkörpert – abgesetzt. Dieser Intellektuelle ist ein Schriftsteller, aber kein Forscher und äußert deshalb nur persönliche Meinungen, aber nichts, was durch Forschungsergebnisse erhärtet ist. Bourdieu strebt dagegen nach einer Form des Eingreifens in die gesellschaftliche Praxis, die sich auf die harte Arbeit empirischer Forschung stützt. Der Soziologe ist dazu berufen, genau dieses *métier militant* auszuüben. Er soll auf der Grundlage von empirisch gesättigtem Wissen die Finger auf die Wunden der Gesellschaft legen und Wege der Reform zwecks Abbau von Ungleichheit, Not und Elend aufzeigen (Bourdieu 1968). Schon in Algerien beginnt er mit der Verwirklichung dieses Auftrags für den Soziologen. Er erarbeitet Studien zur Sozialstruktur, zur Lage der Arbeiterschaft und zur Krise der Agrarwirtschaft, in denen der spannungsreiche soziale Wandel der algerischen Gesellschaft beschrieben wird (Bourdieu 1958, 1977; Bourdieu et. al. 1963, Bourdieu und Sayad 1964). In einer ethnologischen Untersuchung der algerischen Kabylen erprobt er den strukturalistischen Ansatz der Anthropologie von Claude Lévi-Strauss, um hier schon in den Grundzügen herauszuarbeiten, was ihn vom Strukturalismus unterscheidet: der Stellenwert, den die Kämpfe der sozialen Praxis für die Reproduktion und Transformation der gesellschaftlichen Strukturen haben (Bourdieu 1972). In Paris führt er umfangreiche, mit statistischen Analysen und Grafiken ausgestattete empirische Untersuchungen zur Reproduktion der französischen Sozialstruktur durch das Bildungssystem (Bourdieu und Passeron 1971), zur Verknüpfung von Klassenstruktur und kultureller Distinktion (Bourdieu 1979), zur Staatselite (Bourdieu 1981, 1989a), zum akademischen Feld (Bourdieu 1984c) und zum Feld der Kunst durch (Bourdieu 1992a), die immer wieder durch theoretische und methodologische Reflexionen ergänzt werden (Bourdieu 1980a, 1980b, 1982a, 1982b, 1988, 1989b, 1992b, 1992c, 1994, 1997b; Bourdieu und Wacquant 1992).

In einer umfangreichen Dokumentation von Selbstbeschreibungen hat Bourdieu *Das Elend der Welt* in einer von der Dynamik des globalen Kapitalismus vorangetriebenen und zerrissenen Gesellschaft in besonders eindringlicher Weise zur Sprache gebracht (Bourdieu 1993). In den 1990er Jahren hat Bourdieu in zunehmendem Maße auch in den öffentlichen Diskurs eingegriffen. Während der Streik- und Protestwelle im Dezember 1995 hat er sich in öffentlicher Rede demonstrativ auf die Seite der Protestierenden gestellt. In zwei Aufsehen erregenden Reden im Fernsehen hat er die reflexionsfeindliche Kommerzialisierung der Fernsehprogramme gegeißelt (Bourdieu 1996). Den Präsidenten der Deutschen Bundesbank hat er als Agenten des globalen Kapitalismus kritisiert. Um breitere Wirkung zu erzielen, hat er eine Buchreihe gegründet, in der in kurzer und prägnanter Form die Probleme der Zeit einem breiteren Publikum verständlich gemacht werden sollen. Mit seinen öffentlichen Auftritten ist Bourdieu in den 1990er Jahren in Frankreich zum gewichtigsten intellektuellen Sprachrohr der Bewegung gegen die ungezügelte Entfaltung des globalen Kapitalismus und die von ihm nach seiner Überzeugung verursachten Verwerfungen und sozialen Spannungen geworden.

Theorie und Praxis

In seinen ethnologischen Studien zu den algerischen Kabylen ist Bourdieu auf die Grenzen der strukturalistisch verfahrenden Anthropologie von Lévi-Strauss gestoßen. Die verschiedenen Praktiken des Alltagslebens waren nicht ohne Widersprüche auf einheitliche, sie zusammenhaltende Strukturen zurückzuführen (Bourdieu 1970, 1972). Die Vielfalt der sozialen Praxis ließ sich nicht in das Korsett der strukturalistischen Analyse hineinzwängen. Statt einer vom Beobachter über die verschiedenen Praktiken gestülpten allgemeinen Logik entdeckte er die in jeder Praxis des Alltags zum Ausdruck kommende innere Logik (Bourdieu 1980b). Für die Handelnden selbst hat eine alltägliche praktische Handlung eine aus sich heraus verständliche Logik. Für den Forscher gilt es zunächst, genau diese in der Praxis für die Handelnden selbst präsente Logik zu erschließen, statt dieser Praxis von außen eine generelle, mit anderen Praktiken geteilte Logik zu überstülpen, von der die Handelnden nichts wissen. Bourdieu setzt also dem Objektivismus der strukturalistisch verfahrenden Anthropologie den Subjektivismus einer Herausarbeitung des praktisch-logischen Selbstverständnisses der Handelnden selbst entgegen. Am Beispiel des von Marcel Mauss (1968) im Rahmen der Durkheim-Schule analysierten Gabentauschs macht er deutlich, was er meint (Bordieu 1997b: 229). In objektivistischer Perspektive folgen die Tauschpartner einer allgemeinen Regel der Reziprozität, d.h. sie teilen miteinander die Erwartung, dass Gaben bei passender Gelegenheit erwidert werden. Bourdieu betont dagegen, dass dem Geber und dem Empfänger im Vollzug der Gabe keine allgemeine Norm der Reziprozität präsent ist. Wäre das der Fall, dann verlöre die Gabe für beide den Sinn der Uneigennützigkeit. Die Gabe hat in der Situation selbst ihren Sinn, indem der Geber den Empfänger an seinem Besitz – z.B. eine Jagdbeute – teilhaben lässt. Sie weist nicht über die Situation hinaus. Wenn bei späterer Gelegenheit das Geber-Nehmer-Verhältnis in umgekehrter Richtung auftritt, dann liegt das nicht an dem Zwang zur Erwiderung einer vorher empfangenen Gabe, sondern daran, dass jetzt der andere in der Lage des Jagdglücks ist und den jetzt Glückloseren an seiner Beute teilhaben lässt. So ist zu erklären, dass Gaben manchmal schon bald, ein anderes Mal erst viel später und wieder ein anderes Mal in dem überschauten Zeitraum überhaupt nicht erwidert werden. Für die Handelnden selbst ist die Regel präsent, dass Jagdglück mit den weniger Glücklichen geteilt werden sollte, nicht präsent ist dagegen die Regel, dass Gaben erwidert werden sollen. Letztere ist eine vom Anthropologen der Praxis überstülpte Regel, die sich angesichts einer nur teilweise damit übereinstimmenden Praxis als unbrauchbar für die Interpretation der Praxis erweist. Das Schielen auf Erwiderung würde sogar die Regel des Teilens von Jagdglück aushöhlen.

Die Hinwendung zum Selbstverständnis der Handelnden in ihrer Praxis bringt Bourdieu in die Nähe des Subjektivismus, wie er von der Phänomenologie, der Ethnomethodologie und dem Interaktionismus repräsentiert wird. Er wechselt allerdings nicht einfach das Lager des Subjektivismus. Im französischen intellektuellen Feld hätte das bedeutet, sich an die Seite Sartres zu stellen, gegen den Lévi-Strauss eine Gegenposition aufgebaut hatte. Vielmehr nahm Bourdieu eine Position zwischen beiden Lagern ein und versuchte, mit seiner Theorie der Praxis den Widerspruch zwischen beiden Seiten aufzuheben (Bourdieu 1972, 1980b). Es wäre nämlich genauso falsch, die Aufgabe soziologischer Analyse allein in der Wiedergabe des Selbstverständnisses der Handelnden zu sehen. Es wäre dann nicht möglich, über die natürlichen Einstellungen – die *Doxa* – der Handelnden hinaus den tieferen Sinn ihres Handelns als Teil einer gesellschaftlichen Praxis zu erkennen, durch die sich die Produktion, Reproduktion und Transformation der Gesellschaft als Ganzes vollzieht. Soziologische Analyse muss deshalb reflexiv verfahren, indem die Analyse des Beobachters in einen Dialog mit dem Selbstverständnis der Handelnden tritt. Das hat unmittelbare Konsequenzen für die Arbeit des Soziologen. Er kann nicht im sozialtechnologisch-objektivistischen Sinn Theorien zwecks Anwendung in der Praxis zur Verfügung stellen, sondern muss seine Analyse im fortlaufenden Dialog mit den praktisch Handelnden verfeinern. Theorie und Praxis treten dadurch in ein reflexives Verhältnis zueinander. Der Soziologe gewinnt durch das Selbstverständnis der praktisch Handelnden den ersten Einblick in die praktischen Verhältnisse und entwickelt eine theoretische Analyse, die den praktisch Handelnden Einsichten in ihre Praxis vermittelt. Von der Seite der Praxis kommen wieder Korrekturen, die vom Soziologen in die theoretische Analyse aufgenommen und von dort wieder in die Praxis zurückvermittelt werden, wo sie das Verständnis der Akteure über ihr eigenes Handeln erneut erweitern, und so fort (Janning 1991).

Klasse, Praxis, Habitus und Reproduktion

Bourdieu beginnt mit der Annahme, dass soziales Handeln „Praxis" bedeutet. Indem er „Praxis" in den Mittelpunkt seines Ansatzes stellt, bezieht er sich auf die Tradition des marxistischen Denkens (Bourdieu 1972: Teil 2, Kapitel 1; 1982c: 171-399; 1984b).

Praxis geht über das soziale Handeln als isoliertes Ereignis hinaus; es handelt sich dabei vielmehr um eine Aktivität, mittels derer die Menschen die Gesellschaft in ihren kulturellen, sozialen und ökonomischen Dimensionen produzieren und reproduzieren. Praxis vermittelt zwischen dem individuellen Handeln der Menschen und der gesellschaftlichen Entwicklung. Als Praxis wird das individuelle Handeln der Menschen ein Teil der gesellschaftlichen Entwicklung, also der Produktion und Reproduktion von Kultur, Sozialstruktur und ökonomischem Wohlstand. Ein Arbeiter handelt an seinem Arbeitsplatz nicht nur als Einzelwesen, sondern ist auch am Gesamtprozess der Produktion und Reproduktion des Wohlstandes der Gesellschaft beteiligt. Das Handeln des Arbeiters wird nicht nur von seinem Interesse bestimmt, für seinen Lebensunterhalt zu sorgen, sondern auch von der Gesamtorganisation der ökonomischen Produktion und Reproduktion – in den Begriffen von Marx also von den Produktionsverhältnissen. Das kollektive Handeln des Arbeiters – Streiken für höhere Löhne und Verkürzung der Wochenarbeitszeit – wird von seinem kollektiv geteilten Interesse angeleitet, ebenso aber auch von der Gesamtorganisation der Beziehungen zwischen Arbeiter und Unternehmer und der Art und Weise, wie der Zugang zu ökonomischem Besitz, die ökonomische Entscheidungsfindung und die Beziehungen zwischen Arbeitnehmerschaft und Unternehmerschaft geregelt sind.

Die ökonomische Praxis fungiert als Mittler zwischen Einzel- und Kollektivinteressen von Arbeitern, Geschäftsführern, Unternehmern, Aktionären, Banken und Regierungen einerseits und der sozialen Organisation der ökonomischen Produktion und Reproduktion des Wohlstandes der Gesellschaft andererseits. Das Resultat dieser ökonomischen Praxis ist zum einen ein bestimmtes Maß der Befriedigung der Einzel- oder Kollektivinteressen und zum anderen die Erneuerung der sozialen Organisation von Produktion und Reproduktion des Wohlstandes der Gesellschaft, schließlich und endlich aber auch ein gegebenes neues Maß (höher oder niedriger) an Wohlstand und die erneuerte oder veränderte Verteilung dieses Wohlstands unter einzelnen, Gruppen, Schichten und Klassen.

Es handelt sich hier um eine Konzeptualisierung von sozialem Handeln, Praxis und sozialer Entwicklung, die sich auf Marx' Begriff von Praxis bezieht und bemüht ist, sowohl objektivistische als auch subjektivistische Irrtümer zu vermeiden. Nach der objektivistischen Interpretation von Marx, so wie sie vor allem aus seinem späteren Werk – besonders aus dem *Kapital* – hervorgeht, ist die Praxis, die letztlich zur revolutionären Ablösung des Kapitalismus durch den Kommunismus und seine gesellschaftliche Organisation von ökonomischer Produktion und Reproduktion führt, lediglich ein Ergebnis der Quasi-Naturgesetze der kapitalistischen Produktion. Aus subjektivistischer Sicht, die sich vor allem auf den frühen Marx bezieht – so wie sie in seinen *Ökonomisch-philosophischen Manuskripten* (Marx 1844/1968) zu finden ist –, erscheint Praxis als ein spontaner Prozess des Bewusstwerdens der eigenen Interessen und der Durchsetzung dieser Interessen im politischen Kampf, eventuell unter der Führung einer politischen Partei. Im Gegensatz zu diesen objektivistischen und subjektivistischen Irrtümern versucht Bourdieu, eine wirklich dialektische Theorie der gesellschaftlichen Entwicklung aufzubauen, die sich auf die Praxis als Bindeglied zwischen dem individuellen und kollektiven Handeln und der Sozialstruktur sowie der sozialen Organisation der Produktion und Reproduktion der Gesellschaft konzentriert.

Dabei bringt Bourdieu (1982c: 277-354) ein weiteres vermittelndes theoretisches Element ins Spiel: den Begriff des **Habitus**. Nach seiner Aussage wird die Sozialstruktur und -organisation von den Menschen inkorporiert bzw. verinnerlicht, während sie ihre individuellen Interessen, Weltsichten und Handlungsdispositionen in ihren Handlungen „externalisieren" und so zu einem Teil der sozialen Praxis zu machen, was wiederum die Sozialstruktur und -organisation erneuert. Sofern die Menschen die Bedingungen teilen, unter denen sie die Sozialstruktur und -organisation verinnerlichen, entwickeln sie denselben Habitus. Menschen, die unter gleichen Bedingungen in Gruppen (z.B. Geschlecht, Rasse, ethnische Gruppe, Berufsgruppe), Schichten, Klassen und Gesellschaften leben, nehmen diesen gleichen Habitus an.

Was ist ein Habitus? Es handelt sich um eine bestimmte Art, die Welt zu betrachten und in einer bestimmten Situation zu handeln. Die Bereitschaft des Arbeiters, einen eingeschränkten Lebensstandard als etwas zu akzeptieren, das für seine Stellung normal ist, sowie auch die Art des Konsums, die Ess- und Lebensgewohnheiten, die Fernsehgewohnheiten und das Interesse am Sport gehören zu diesem Habitus. Es handelt sich um eine erworbene, relativ kohärente Reihe potenzieller Weltsichten und Aktivitäten, die in Handlungssituationen verwirklicht werden. Es sind das Natürliche und das Selbstverständliche, die „Doxa", die das Denken, Sehen und Handeln anleiten. Sie sind die Quelle des „praktischen Sinns", der es dem Einzelnen ermöglicht, jeweils das „Richtige" zu tun. Der Habitus eines Arbeiters und der kollektiv geteilte Habitus von Arbeitern insgesamt sind dauerhafter als ihre situativen Wünsche und Interessen; der Habitus ist die Verkörperung der dauerhaften Sozialstruktur und -organisation innerhalb ihrer Persönlichkeit.

Da uns der erworbene Habitus davon entlastet, uns in der Welt immer wieder neu zu positionieren und zu präsentieren, unterliegt er einer gewissen Trägheit – einem Hysteresis-Effekt – und kann unser Handeln auch dann noch prägen, wenn sich die gesellschaftlichen Verhältnisse schon geändert haben. Gegen zu starken Veränderungsdruck schützt das bevorzugte Zusammensein mit Menschen und das Eintauchen in Milieus, die zum erworbenen Habitus passen und seine Aufrechterhaltung erleichtern (Bourdieu 1987: 114).

Der sozial bestimmte Habitus der Menschen muss von ihrer Individualität unterschieden werden. Ein Individuum teilt seinen Habitus mit den Individuen, die gleiche Lebensbedingungen haben: Gruppen, Schichten, Klassen und Gesellschaften. Allerdings durchläuft jedes Individuum einen einmaligen Prozess der Verinnerlichung der es umgebenden Sozialstruktur und -organisation, der seine individuelle Persönlichkeit und seine Version des gesamten sozialen Habitus ausmacht. Die individuelle Persönlichkeit vermittelt zwischen der Spontaneität des Individuums und dem sozialen Habitus. Bourdieu geht davon aus, dass gleiche Lebensbedingungen und die gleiche Stellung in der Gesellschaft denselben Habitus entstehen lassen.

Die Arbeiter als Klasse einer Gesellschaft teilen dieselben Lebensbedingungen. Andere Klassen leben auf anderem Niveau. Die Klassensituation des Arbeiters involviert die Art seiner Arbeit, beispielsweise manuelle Routinearbeit in der Fabrik, sowie seine Lebensweise, zum Beispiel eine kleine Wohnung mit geringem Komfort und wenigen technischen Einrichtungen, ein kleiner Gebrauchtwagen, spärliche Gesundheitsvorsorge und geringe Qualität bei Nahrung und Kleidung. Ergänzt wird diese Klassensituation des Arbeiters durch seine entsprechende Klassenposition in der Gesellschaft. Diese beinhaltet seine Beziehung zu den anderen Klassen oder, in anderen Worten, die entsprechende Position einer Klasse innerhalb des Klassensystems insgesamt. Die relative Position der Arbeiter platziert sie am unteren Ende der Klassenhierarchie. Dies bedeutet immer, dass sie nach oben schauen müssen auf die Menschen, die nicht zur Arbeiterklasse gehören. Der Arbeiter lebt mit dieser Einschränkung seiner Position in der Gesellschaft. Was der Arbeiter auch tun will, wird von den anderen Klassen über ihm eingeschränkt. Er kann keinen anderen Platz in der Gesellschaft erreichen, weil diese Plätze schon von Mitgliedern der höheren Klassen belegt sind. Der Arbeiter muss bei der Arbeit, zuhause oder in der Freizeit an seinem ihm zugeteilten Platz leben. Es gibt Arbeitsplätze, Wohnungen und Freizeitbereiche, die für ihn reserviert sind und andere, zu denen er keinen Zugang hat.

So ist die Klassensituation und relative Klassenstellung der Arbeiter. Beide führen zum typischen Habitus des Arbeiters. Es besteht eine Wahlverwandtschaft zwischen Klassensituation und -position einerseits und Habitus andererseits. Die eingeschränkten Lebensbedingungen und die Einschränkung des Handlungsspielraums des Arbeiters durch die über ihm stehenden Klassen, die auf einer höheren Ebenen des gesellschaftlichen Raums stehen, schaffen die typische, eingeschränkte Perspektive des Arbeiters: er wird nicht über seine Grenzen hinaus streben, sich nur begrenzte Ziele setzen, keine langfristigen Pläne machen, die über seine natürliche Lebenswelt hinausreichen, sich mit dem begnügen, was er hat, geringe Neigung zur Mobilität aufweisen, Respekt gegenüber Menschen aus höheren Klassen zeigen, geringes Selbstvertrauen bei unvertrauten Tätigkeiten haben, seinen Lebenskreis auf die nächsten Verwandten und Kollegen begrenzen und die Solidarität innerhalb der eigenen Klasse aufrechterhalten. Diese Handlungsdisposition bildet den Habitus des Arbeiters und ist auf seine Klassensituation und -position abgestimmt. Es ist die Übereinstimmung im Sinn zwischen objektiver Situation und Position einerseits sowie subjektiver Handlungsdisposition andererseits, die wir als Wahlverwandtschaft zwischen Klassensituation und -position sowie Habitus bezeichnen können, ein Begriff, mit dem Max Weber die Übereinstimmung zwischen der Klassensituation und -position sowie den ethischen Überzeugungen einer Klasse charakterisierte.

Über der Arbeiterklasse steht die Mittelschicht mit ihren Untergruppen des älteren Kleinbürgertums aus Handwerkern, Kaufleuten und niedrigen Beamten, des neuen Kleinbürgertums aus Krankenschwestern, Sozialarbeitern, Animateuren und Bodybuildern, und der oberen Mittelschicht aus Managern der höheren Ebene in Regierung, Verwaltung und Privatwirtschaft, Gymnasiallehrern und Universitätsprofessoren. Die Oberschicht besteht aus dem Großbürgertum aus alteingesessenen Unternehmern und Spitzenmanagern in Regierung, Verwaltung und Privatwirtschaft sowie dem traditionell etablierten Hochadel. Die Klassensituation der Mittelschicht ist gekennzeichnet durch gemäßigte Lebensbedingungen; ihre Stellung wird dadurch geprägt, dass sie auf die Arbeiterklasse herabsieht und sich intensiv bemüht, diese unten zu halten, und dass sie zur Oberschicht hinaufschaut. Die untere Mittelschicht aus altem und neuem Kleinbürgertum ist der Arbeiterklasse am nächsten und am weitesten von der Oberschicht entfernt. Ihre Klassensituation ist sehr bescheiden. Der natürliche Habitus in dieser Situation und Position ist Formalismus bei der Arbeit, zuhause und in der Freizeit, das strenge Bewahren von Unterschieden zur Arbeiterklasse in Bezug auf Leben, Essen, Kleidung, Manieren und Freizeitaktivitäten, soziale Vereinigungen und kulturellen Konsum, der Mangel jeglicher flexiblen Selbstsicherheit zusammen mit einem Wissen um die eigenen Grenzen, die durch die Abgrenzung zwischen dieser Klasse und den darüber stehenden gesteckt werden. Investitionen in die Mobilität nach oben werden durch die Erziehung der jüngeren Generation unternommen, von der man erwartet, dass sie nach oben kommt.

Die obere Mittelschicht aus Managern der höheren Ebene, Gymnasiallehrern und Universitätsprofessoren lebt in guten Verhältnissen, blickt auf die untere Mittelschicht und die Arbeiterklasse herab und nur zur kleinen Oberschicht auf. Der Habitus dieser Schicht ist gekennzeichnet durch eine selbstbewusstere Annäherung an das, was eine angesehene Person ausmacht: beruflicher Erfolg, gute Lebensbedingungen, Kleidung und Essen sowie guter Geschmack beim kulturellen Konsum.

Die Oberschicht aus Großbürgertum und etabliertem Adel lebt in Reichtum ohne Einschränkungen und blickt auf den Rest der Gesellschaft herab. Ihr natürlicher Habitus ist Vornehmheit bei der Ausübung eines angesehenen Lebensstils; sie hat kein Bedürfnis nach ängstlicher formalistischer Abgrenzung, weil die anderen Schichten weit entfernt sind, und kein Bedürfnis nach rastlosem Streben, weil schon alles erreicht wurde. Die Oberschicht definiert den

„legitimen“ Geschmack, der einen Anspruch auf Allgemeingültigkeit und Vorbildlichkeit für die ganze Gesellschaft erhebt. Er äußert sich in der Pflege der „hohen“ Kultur, die sich von dem „illegitimen“ Geschmack der Massenkultur abhebt.

Ein Habitus wird in den Menschen nicht durch die Lebensbedingungen und ihre entsprechende Position in der Struktur von Klassen, Schichten und Gruppen alleine etabliert. Die natürliche Auswirkung dieser Faktoren wird verstärkt durch pädagogisches Handeln, das ergänzt wird durch pädagogische Autorität, pädagogische Arbeit und Lehrsysteme (Bourdieu und Passeron 1970). Jedes pädagogische Handeln ist Kommunikation, die Macht anwendet. Sie gründet in einer bestimmten Herrschaftstruktur und trägt zur Reproduktion des typischen Habitus einer Gruppe, Schicht, Klasse und Gesellschaft bei. Sie reproduziert dadurch die Kultur, Sozialstruktur und Verteilung von wirtschaftlichem Reichtum und Reputation, aus denen die Machtstruktur der Gesellschaft besteht. Der junge Arbeiter lernt von Beginn an in der Familie, ohne großen Ehrgeiz in eingeschränkten Verhältnissen zu leben; er lernt dies auch in der Schule und im Beruf. Der junge Kleinbürger lernt in der Familie, sein Leben streng zu organisieren, um sich von der Arbeiterklasse zu unterscheiden, aber nur wenig Ehrgeiz zu haben. Ein Mitglied der oberen Mittelschicht lernt in der Familie, in der Schule und auf der Universität, mit erlesenem Geschmack und Verhalten gut zu leben und große Ziele zu verfolgen. Das Mitglied der Oberschicht lernt in der Familie, in der Schule und auf der Universität, wie man sich vornehm verhält und wie man einem hohen Lebensstandard entspricht. Pädagogisches Handeln ist Teil der gesamten Machtstruktur der Gesellschaft und arbeitet in die Richtung der Reproduktion dieser Struktur, indem es in den Menschen jenen Habitus einpflanzt, der ihrer Klassensituation und ihrer Stellung in der Gesellschaft entspricht.

Der Habitus, der durch die unterschiedlichen Lebensbedingungen, die entsprechende Stellung der Menschen in der Gesellschaft und das pädagogische Handeln, das ihre Verbindung reproduziert, erzeugt wird, ist das Element, das eine analytisch konstruierte Klasse zu einem wirklichen Phänomen macht, das im sozialen Leben einen Unterschied ausmacht. So bemüht sich Bourdieu, das klassische Problem zu lösen, zwischen analytisch konstruierten Klassen und Phänomenen des wirklichen Lebens einen Bezug herzustellen. Marx versuchte, dieses Problem zu lösen, indem er Klasse an sich und Klasse für sich unterschied, wobei es sich bei letzterer um eine Anzahl von Menschen handelt, die sich als in der gleichen Situation und Stellung befindlich betrachten und dieses Bewusstsein teilen.

Eine Klasse, die eine objektiv gegebene Situation und die entsprechende Position in der Gesellschaft mit einem gemeinsamen Bewusstsein von dieser Situation und Position verbindet, ist eine Klasse an sich und für sich. Wie jedoch erwirbt eine objektiv gegebene Klasse ein gemeinsames Klassenbewusstsein? Für Bourdieu bietet weder der objektivistische Ansatz, der die Konvergenz von objektiver Klasse und subjektivem Klassenbewusstsein durch die bloße Entfaltung der Gesetze der sozialen Entwicklung voraussagt, noch der subjektivistische Ansatz, der dasselbe von der Erziehung der Mitglieder einer Klasse durch eine Avantgarde erwartet, zufrieden stellende Lösungen. Er sieht in seinem Ansatz einen Vorteil, weil hier der Zusammenhang zwischen Klassensituation und entsprechender sozialer Position einerseits und Habitus andererseits Klassen bildet, die in der objektiven Struktur der Gesellschaft verwurzelt sind und Menschen umfassen, die bereit sind, auf gleiche Weise zu handeln, weil sie den gleichen Habitus teilen, *ungeachtet der Tatsache, ob sie sich ihrer gemeinsamen Situation und Position bewusst sind.* Sie brauchen keine zusätzlichen Anweisungen, um auf gleiche Weise zu handeln. Ihr Habitus bringt sie zu einer gemeinsamen Praxis, die in die Richtung einer Reproduktion der gesellschaftlichen Machtstruktur in ihren kulturellen, sozialen und ökonomischen Dimensionen wirkt.

Der Habitus der Menschen ist das Element, das die etablierte Machtstruktur der Gesellschaft in jeder einzelnen Situation des sozialen Handelns repräsentiert. Er macht individuelles Handeln zu einer sozialen Praxis, die in einer etablierten Struktur der Gesellschaft wurzelt und eben diese Struktur reproduziert, einschließlich ihrer Transformation. Die Interaktion zwischen zwei oder mehreren Personen, ihr Prozess und ihr Ergebnis werden nicht nur von situationsabhängigen Faktoren bestimmt, sondern auch von ihrem Habitus, der einer bestimmten Klasse, Schicht, Geschlecht oder anderen Gruppe entspricht. Was sie tun, wie sie aufeinander zugehen und ihre Fähigkeit zur Verwirklichung ihrer Ziele werden von ihrem Habitus beeinflusst, der ihre Klassensituation und -position repräsentiert. Aufgrund dieser Repräsentation der gesellschaftlichen Struktur im Habitus einzelner Akteure bezieht sich jede einzelne Handlung auf die weitere Struktur der Gesellschaft und stellt somit Praxis dar, die auf eine Reproduktion der Gesellschaft hinwirkt.

Wie ist das Verhältnis zwischen Habitus und Praxis zu verstehen? Nach Bourdieus Meinung ist der Habitus ein generatives Schema. Es handelt sich um ein Schema, das viele verschiedene, aber dennoch miteinander in Bezug stehende Handlungen unter bestimmten situativen Bedingungen erzeugt. Das Verhältnis zwischen Habitus und Handlung ist dasselbe wie zwischen Sprache und einem individuellen Akt des Sprechens. Eine Sprache besteht aus Grammatik und Vokabular. Jeder Akt des Sprechens konstruiert aus dem gegebenen Vokabular und in Übereinstimmung mit den Regeln der Grammatik individuelle Sätze. Ein Habitus ist ein fester Satz von Regeln und eine Ansammlung potenzieller Handlungen. In einer konkreten Situation wählt ein Akteur eine Abfolge von Handlungen gemäß der vom Habitus vorgegebenen Regeln. Beispielsweise gehören sowohl das aggressive als auch das respektvolle Handeln zum Handlungspotenzial eines Mannes aus der Arbeiterklasse. Sein Habitus definiert die Regeln, nach denen er in konkreten Situationen aggressive oder respektvolle Handlungen verwirklicht. Die Regeln schreiben vor, dass er respektvoll handeln sollte, wenn er mit seinen Vorgesetzten spricht, und dass er aggressiv reagieren sollte, wenn er von einem Gleichrangigen oder einem unter ihm Stehenden angegriffen wird.

Auf diese Weise beinhaltet der Habitus Schemata für Handlungen, Praktiken und Arbeit, die als zu einer bestimmten Klasse zugehörig definiert werden können. Ebenso enthält der Habitus Schemata zur Wahrnehmung und Bewertung der Welt, Gesellschaft, Menschen, Handlungen, Praktiken, Arbeit etc. Der Arbeiter betrachtet eine Anordnung seiner Vorgesetzten als legitime Erwartung, die er erfüllen muss. Wenn derselbe Befehl von einem unter ihm stehenden Arbeiter kommt, dann sieht er ihn als unzulässige Erwartung, die korrigiert werden muss. Für den Arbeiter ist elegante Kleidung bei seinen Vorgesetzten normal, bei anderen Arbeitern jedoch eine Abweichung von der normalen Kleiderordnung.

Die Schemata zur Produktion von Praktiken und Arbeit und die Schemata zu ihrer Wahrnehmung und Beurteilung werden in bestimmten Situationen angewandt. Sie lassen bestimmte Praktiken und Arbeit in diesen Situationen entstehen, die gleichzeitig von Mitgliedern dieser Klasse sowie Mitgliedern anderer Klassen als Praktiken und Arbeit eingestuft werden, die einer bestimmten Klasse zugehörig sind. Praktiken und Arbeit, die so klassifiziert sind und selbst klassifizieren, bilden den Lebensstil einer bestimmten Klasse.

Der Lebensstil einer Klasse ist ein Produkt ihrer Praktiken und ihrer Arbeit sowie ihrer Einstufung durch ihre Mitglieder und die Mitglieder anderer Klassen. Was für einen männlichen Arbeiter angemessen ist, wird nicht nur von ihm selbst definiert, sondern auch von seinen Vorgesetzten, die den über ihm stehenden Klassen angehören. Der Arbeiter, der aggressiv auf den Befehl eines Vorgesetzten reagiert und von diesem zu hören bekommt, dass dies kein angemessenes Verhalten ist, wird in seinem Verhalten von der Einschätzung seiner Vorgesetzten geleitet, die dazu beitragen, das angemessene Verhalten der Arbeiterklasse zu definieren. Andererseits befindet sich der Arbeiter nicht in einer Machtposition, die es ihm ermöglicht, seinen Vorgesetzten gegenüber ähnliche Kritik anzubringen. Dennoch wird ein Vorgesetzter, der bei den Arbeitern aufgrund von Unzuverlässigkeit an Ruf verliert, von ihnen bewertet und an den Lebensstil erinnert, der von einer Person in einer verantwortlichen Stellung erwartet wird. So beteiligen sich die Arbeiter an der Definition des angemessen Lebensstils der Menschen aus der Mittelschicht. Der Lebensstil ist das Attribut, das eine Klasse von einer anderen Klasse unterscheidet.

Zusammenfassend kann man sagen, dass die Lebensbedingungen einer Gesellschaft, Klasse, Schicht, Geschlecht oder anderen Gruppe und deren relative Stellung in der Welt oder der Gesellschaft einen besonderen Habitus entstehen lassen, der auch mittels autoritativ strukturierter pädagogischer Arbeit in Familie und Schule eingepflanzt wird. Der Habitus wird von den Lebensbedingungen und der relativen Position strukturiert. Als Schema der Produktion, Wahrnehmung und Beurteilung von Praktiken und Arbeit strukturiert er jedoch auch genau jene Praktiken und Arbeitsprozesse, die den Lebensstil einer Gesellschaft, Klasse, Schicht oder Gruppe umfassen, der sowohl aus klassifizierten als auch aus klassifizierenden Praktiken besteht. So wird ein Unterschied zwischen Gesellschaften, Klassen, Schichten und Gruppen produziert und ständig reproduziert. Wir schließen den Kreis, wenn wir sagen, dass die Praktiken und Arbeitsprozesse die Lebensbedingungen und die relative Position einer Gesellschaft, Klasse, Schicht oder Gruppe reproduzieren und so eine Reaktion auf eben jene Bedingungen entstehen lassen, die diese Praktiken und Arbeitsprozesse schaffen (Abb. 12.1).

Wir müssen betonen, dass nicht nur einzelne Klassenpraktiken zur Reproduktion der Gesellschaftsstruktur beitragen. Teilweise tendiert Bourdieus Argumentation nämlich in diese Richtung. Die Menschen sind auch in Praktiken involviert, die Mitglieder verschiedener Klassen, Schichten und Gruppen zusammenbringen. Ein Arbeiter, der seine Arbeit erledigt, indem er einen Befehl ausführt, folgt nicht nur dem Verhalten der Arbeiterklasse, sondern auch dem gesellschaftlichen Verhalten der Produktion von wirtschaftlichem Wohlstand der gesamten Gesellschaft, das auch seine Vorgesetzten einbezieht, die Mitglieder anderer Klassen sind. Arbeiter und Vorgesetzte befinden sich in einer gemeinsamen Praxis, die den wirtschaftlichen Wohlstand der Gesellschaft produziert und verteilt. Sofern sie Schemata verinnerlicht haben, in dieser Praxis zusammenzuarbeiten, handeln sie nach einem Habitus, der über Klassenschranken hinausreicht und die gesellschaftliche Organisation der ökonomischen Produktion repräsentiert. Sicherlich handeln Arbeiter und Vorgesetzte hier auf unterschiedliche Art und Weise, und ihr Habitus als Arbeiter oder Vertreter der oberen Mittelschicht ist in ihre Zusammenarbeit involviert, doch ist dies noch nicht alles. Sie wissen, erkennen und bewerten außerdem, wie sie ihre Praktiken vom Blickwinkel der gesellschaftlichen Organisation der ökonomischen Produktion her koordinieren. Andernfalls wären sie nicht in der Lage, ihr Handeln in einer gemeinsamen Praxis aufeinander abzustimmen.

Die Menschen leben jedoch nicht nur in einer Klasse, Schicht oder Gruppe, sondern auch in einer Gesellschaft, die ihre bestimmte Situation materieller Bedingungen und eine spezifische Position in der Welt im Vergleich zu anderen Gesellschaften hat.

Abb. 12.1: Lebensbedingungen, Habitus und Lebensstil

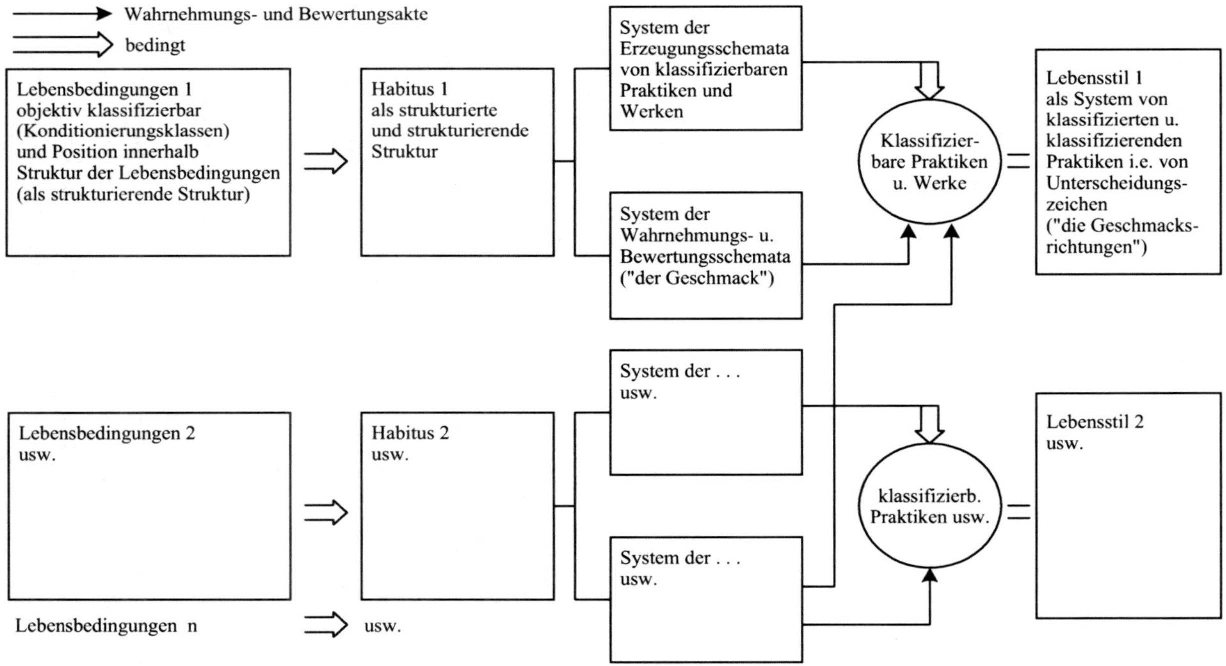

Aus: Pierre Bourdieu, *Die feinen Unterschiede*, Frankfurt a. M.: Suhrkamp, 1982, S. 280, Diagramm 8.

Was für die Situation und relative Position einer Klasse in einer Gesellschaft gilt, das gilt auch für die Situation und relative Position einer Gesellschaft in der Welt. Nach Bourdieus Einschätzung von Macht als wichtigster Kraft in der Gesellschaft, müssten wir die gemeinsame gesellschaftliche Praxis ökonomischer Produktion beispielsweise so begreifen, dass sie von der in der Gesellschaft etablierten Machtstruktur bestimmt wird. Die Klassen, Schichten und Gruppen, die mehr Macht haben, sind in der Lage, der Organisation gemeinsamer Praktiken ihren Willen aufzuzwingen. Wir benötigen jedoch eine solche Erweiterung des Arguments über einzelne Klassenpraktiken hinaus und hin zu gemeinsamen gesellschaftlichen Praktiken, um die Reproduktion der Gesellschaft voll verstehen zu können. Daher sprachen wir nicht nur von Klassen, Schichten und Gruppen, als wir die Bildung des Habitus diskutierten, sondern haben auch die Gesellschaft in dieses Spektrum von Orten einbezogen, an denen er erzeugt wird.

Die Dynamik der Reproduktion und der Kampf um Distinktion

Bourdieu (1982c: 171-276, 355-399, 1986) unterscheidet drei Felder im sozialen Raum, in denen Praxis stattfindet, und in denen die Gesellschaft produziert und reproduziert wird: das wirtschaftliche, das **soziale** und das kulturelle **Feld**.

Arbeit, die Knappheit bewältigt und um Einkommenschancen, die Produktion und Verteilung von Gütern und Dienstleistungen und um den Austausch von Gütern, Dienstleistungen und Geld konkurriert, bildet den wirtschaftlichen Bereich. Die ökonomische Produktion und Reproduktion der Gesellschaft bedeutet die Produktion und erneute Produktion von Gütern und Dienstleistungen, um einem Mangel abzuhelfen und den Wohlstand der Gesellschaft aufzubauen. Ökonomische Produktion und Reproduktion implizieren stets eine gewisse Verteilung der Produkte unter Personen, Gruppen, Schichten, Klassen und Gesellschaften.

Das soziale Feld wird von den Gruppen, Schichten und Klassen gebildet, zu denen die Personen aufgrund ihrer sozialen Herkunft, ihrer Beziehungen zu anderen Menschen und ihrer Assoziation und Vertrautheit oder Dissoziation und Fremdheit gegenüber den Menschen gehören. Die soziale Produktion und Reproduktion der Gesellschaft bedeutet die Produktion und Reproduktion neuer Beziehungen zwischen Menschen, Assoziationen und Dissoziationen, Gruppen, Schichten und Klassen. Dies beinhaltet auch die Verteilung und Umverteilung von sozialer Vereinigung und Solidarität zwischen Personen, Gruppen, Schichten, Klassen und Gesellschaften. Das kulturelle Feld umfasst den Erwerb von Bildung, Zertifikaten, Titeln, Weltsichten, Produkten aus Kunst und Massenkultur,

Sportaktivitäten, Arten von Konsum, Bekleidung, Leben und Essen sowie einen Geschmack für die richtigen Dinge. Die kulturelle Produktion und Reproduktion der Gesellschaft bedeutet, dass diese Elemente der Kultur produziert und wieder neu produziert werden. Sie beinhaltet auch die Verteilung und Umverteilung kultureller Produkte unter Personen, Gruppen, Schichten, Klassen und Gesellschaften. Kulturelles Kapital wird in Sozialisationsprozessen inkorporiert, es ist in Kulturgütern (bildende Kunst, Literatur, Wissen) objektiviert und im Bildungssystem in Lehrplänen, Studiengängen, Zertifikaten und Titeln institutionalisiert. Zwischen „Titel“ und „Stelle“ im Berufssystem besteht unter stabilen Bedingungen ein enges Korrespondenzverhältnis. Die inflationäre Vermehrung von Bildungstiteln führt jedoch zu einem Missverhältnis und einer entsprechenden Entwertung der Titel.

Jedes dieser Felder wird von seinen eigenen Gesetzen geleitet und impliziert ein spezielles Spiel, das die Akteure in einem bestimmten Feld spielen. Es sind unterschiedliche Investitionen erforderlich, wenn man ökonomischen, sozialen oder kulturellen Erfolg haben möchte. Ökonomischer Erfolg bedeutet, dass man Geld erwirbt, entweder in Form von Lohn oder Kapital. Zu diesem Zweck muss man anderen knappe Güter oder Dienstleistungen anbieten, um die Austauschaktivitäten vieler auf einen selbst zu lenken, so dass man die Möglichkeit erhält, aus dem Austausch einen guten Profit zu ziehen. Sozial erfolgreich zu sein meint, dass man jemand ist, mit dem viele andere zu tun haben wollen, jemand, der die Aufmerksamkeit vieler erregt, der „gefragt“ ist. Um sozial erfolgreich zu sein, muss man sich auf Beziehungen mit vielen anderen verlassen und auf andere zählen können. Wenn man Beziehungen zu vielen Menschen unterhält, so bringt einen dies in eine Position, in der man noch mehr neue Kontakte erlangen kann. Kulturell erfolgreich zu sein heißt, dass man einen erlesenen Geschmack in Bezug auf Leben, Essen und Bekleidung sowie beim Konsumieren und Bewerten von Kunst, Literatur, Theater, Musik, Tanz und Film hat. Um kulturell erfolgreich zu sein, muss man die richtige Bildung erwerben.

Diese drei Felder des sozialen Raums haben auch gemeinsame Eigenschaften: Sie sind alle Arenen für die Produktion und Reproduktion der Gesellschaft und für die Verteilung ihrer Güter. Sie sind Orte gesellschaftlicher Praxis, an denen Personen, Gruppen, Schichten, Klassen und Gesellschaften zusammenarbeiten, um Kultur, gesellschaftliche Assoziation und ökonomischen Wohlstand zu produzieren und zu reproduzieren und an denen sie um die Verteilung dieser Produkte konkurrieren. Es ist der Kampf um die Verteilung kultureller, sozialer und ökonomischer Güter, den Bourdieu in den Mittelpunkt seiner Analyse stellt. Die ökonomische, soziale und kulturelle Reproduktion der Gesellschaft ist stets eine Reproduktion der Verteilung der entsprechenden Güter unter Personen, Gruppen, Schichten, Klassen und Gesellschaften. Sie ist auch stets eine Reproduktion sozialer Ungleichheit auf einer neuen Ebene, einschließlich der Transformation hin zur neuen Verteilung von Gütern. In Bourdieus Begriffen ist es das **ökonomische**, **soziale** und **kulturelle Kapital**, das Personen, Gruppen, Schichten, Klassen und Gesellschaften aus der ökonomischen, sozialen und kulturellen Produktion und Reproduktion ziehen. Ökonomisches Kapital wird durch Gelderwerb in Form von Lohn oder Gewinn aufgebaut. Soziales Kapital ist die Anzahl und Häufigkeit sozialer Beziehungen, auf die sich jemand verlassen kann. Kulturelles Kapital ist das Maß an Bildung, das man erreicht hat, und das einen befähigt, guten Geschmack im Lebensstil zu beweisen.

Ökonomisches, soziales und kulturelles Kapital werden zusammengezogen und werden zu symbolischem Kapital, wenn ihr Besitz von anderen bewertet wird. Die Menschen schätzen all jene besonders hoch, die viel ökonomisches, soziales und kulturelles Kapital erworben haben. **Symbolisches Kapital** ist der Ruf, den man aufgrund der Bewertung anderer in Bezug auf die erworbene Menge ökonomischen, sozialen und kulturellen Kapitals genießt.

Die Verteilung von ökonomischem, sozialem und kulturellem Kapital unter Personen, Gruppen, Schichten, Klassen, Fraktionen und Gesellschaften ist Gegenstand realer Kämpfe. Die Verteilung von symbolischem Kapital ist Gegenstand symbolischer Kämpfe um die Bewertung ökonomischer, sozialer und kultureller Leistungen, besonders zwischen Klassenfraktionen, die sich primär auf ein oder zwei Formen des Kapitals stützen.

Jedes Feld ist ein Markt, auf dem einzelne und kollektive Akteure (Gruppen, Schichten, Klassen, Fraktionen, Gesellschaften) um die Anhäufung von Kapital rivalisieren; sie wollen so viel Kapital wie nur möglich akkumulieren. In diesem Prozess sind die anderen Akteure teilweise Helfer, teilweise Konkurrenten. Der Kollege des Arbeiters arbeitet mit diesem zusammen, um ein bestimmtes Produkt herzustellen und konkurriert mit ihm um eine bessere Stellung, die mehr Einkommen verspricht. Arbeiter und Firmeninhaber arbeiten zusammen, um den Erfolg der Firma auf dem Markt zu steigern, konkurrieren aber, wenn es um die Verteilung des akkumulierten Kapitals der Firma zwischen Gewinn und Löhnen geht.

Studenten arbeiten zusammen, um ein bestimmtes Zertifikat zu erwerben, konkurrieren aber, wenn es darum geht, damit einen Job zu bekommen. Da eine höhere Zahl von Zertifikaten den Wert eines einzelnen Zertifikats mindert, konkurrieren die Menschen, die einen erlesenen Geschmack erwerben wollen, zwangsläufig miteinander um ein immer höheres Bildungsniveau. Es ist das Wesen der kulturellen Distinktion, dass eine Sache nur dann etwas Besonderes und damit kulturell Wertvolles ist, wenn sie nicht jeder besitzt. Das Streben nach kultureller Distinktion führt daher zu einem endlosen Wettbewerb um ein immer höheres Bildungsniveau.

Die Menschen können in der Schließung von Freundschaften kooperieren, indem eine Person eine andere Person wiederum einer dritten Person vorstellt. Allerdings konkurrieren sie oft um das Vertrauen von anderen Personen, weil der Wert der Unterstützung einer anderen Person höher ist, je ausschließlicher man sich auf diese Person verlassen kann. Eine Person, die jedem helfen soll, kann nicht jeden Einzelnen besonders kraftvoll unterstützen. So herrscht stets ein Konkurrenzkampf zwischen den Menschen um die Unterstützung durch andere, die sie benötigen, um sozial erfolgreich zu sein.

Wir haben somit einen ökonomischen, sozialen und kulturellen Markt. Auf jedem Markt konkurrieren einzelne und kollektive Akteure, um so viel Kapital wie nur möglich zu akkumulieren. Sie konkurrieren, sobald das Kapital eines Akteurs auf Kosten der Kapitalakkumulation eines anderen Akteurs vermehrt wird. Der Arbeiter, der befördert wird, erfährt diese Beförderung auf Kosten seiner Kollegen. Der Unternehmer kann seinen Gewinn auf Kosten der Einkommen der Arbeiter steigern. Ein Verkäufer, der einen Vertrag mit einer neuen Firma schließen will, stützt sich auf die Empfehlung einer anderen Firma zu Lasten eines anderen Verkäufers, der diese Empfehlung nicht erhält. Ein Student, der ein hohes Maß an Bildung erlangt, tut dies auf Kosten anderer Absolventen, deren Bildungszertifikat weniger exklusiv wird und somit an kulturellem Distinktionswert verliert.

Welche Mittel kann ein Akteur einsetzen, um zum Erfolg zu kommen oder zumindest dem Wettbewerb auf den ökonomischen, sozialen und kulturellen Märkten so gut wie nur möglich standzuhalten? Das Mittel, das ein Akteur braucht, ist das entsprechende Kapital. Eine Person muss ökonomisches Kapital investieren, um ökonomisches Kapital zu akkumulieren, soziales Kapital um soziales Kapital zu akkumulieren und kulturelles Kapital um kulturelles Kapital zu akkumulieren. Über diese natürliche Beziehung zwischen Kapitalinvestition und -akkumulation hinaus gibt es Überschneidungen. Welche davon legitim sind und welche nicht, hängt von den symbolischen Kämpfen um die Bewertung von Kapitalformen und von ihrer Übertragung von einem Bereich zum anderen ab. In traditionalen Gesellschaften bestimmte soziales Kapital im Sinne von sozialer Herkunft den Zugang zum ökonomischen und kulturellen Kapital. In modernen Gesellschaften hat soziales Kapital sehr viel an Bedeutung verloren, zählt aber sekundär immer noch und unterstützt die anderen Kapitalformen. Die wichtigste Transaktion ist jetzt diejenige, bei der man das durch Bildung erworbene kulturelle Kapital einsetzt, um Zugang zum sozialen und ökonomischen Kapital zu erhalten. Letzteres kann nur durch ökonomische Investitionen in Bildungsleistungen Zugang zu anderen Kapitalformen bieten.

Auf jedem Markt beginnt ein einzelner oder kollektiver Akteur mit einer bestimmten Menge an Kapital, die investiert wird, um im Konkurrenzkampf mit anderen Akteuren Erfolg zu haben. Je mehr der Akteur investieren kann, desto besser ist seine Position im Wettbewerb. Mit mehr ökonomischem Kapital kann man Konkurrenten aus dem Feld schlagen, die weniger davon besitzen. Das gilt auch für das soziale Kapital im sozialen Feld. Jemand, der zwanzig Freunde hat, gewinnt mit größerer Wahrscheinlichkeit durch diese zwanzig weitere Freunde als jemand, der nur zehn Freunde hat. Jemand, der wichtige Leute kennt, bekommt eher Zugang zu weiteren wichtigen Leuten als andere. Jemand, der daheim eine gute Erziehung genossen hat, wird in der Schule leichter Erfolg haben.

Die Wettbewerbsbedingungen auf diesen Märkten sind nicht gleich. Es gibt daher keinen idealen Markt in den Begriffen der ökonomischen Theorie. Historisch entwickelten sich die Märkte aus hierarchisch strukturierten Gesellschaften, die in niedere, mittlere und höhere Stände unterteilt waren. Der offene Wettbewerb um die Akkumulation von ökonomischem, sozialem und kulturellem Kapital, der sich mit der Entwicklung der modernen Gesellschaft etablierte, begann daher unter ungleichen Bedingungen, die in ungleiche Leistungen umgewandelt wurden. Andererseits erlauben umkämpfte Märkte immer auch den Aufstieg von Innovatoren. Der Aufstieg des Bürgertums zur herrschenden Klasse in der modernen Gesellschaft wurde durch die Expansion des ökonomischen Marktes auf Kosten der sozialen Herkunft eingeleitet. Der Erfolg des Bürgertums war der Erfolg von Innovatoren auf dem ökonomischen Markt.

Obwohl Märkte Innovatoren immer Erfolgschancen bieten, verbessert jedoch früherer Erfolg auf dem Markt die eigene Position und schafft bessere Voraussetzungen für weiteren Erfolg. Die Erfolgreichen beginnen die nächste Runde des Wettbewerbs auf einer höheren Ebene. Der Markt arbeitet dann jenen in die Hände, die schon etwas haben, und nimmt es denjenigen weg die nichts haben, ganz nach dem Prinzip von Matthäus: „Dem, der besitzt, dem soll gegeben werden" (Merton 1949/1968e). Nach einiger Zeit beschränkt der Markt selbst intern die Chancen für Innovatoren und verschärft etablierte Ungleichheiten des Erfolgs. Diejenigen, die mehr Geld haben, können mehr Geld auf dem Markt machen als andere. Diejenigen, die mehr (und wichtigere) soziale Beziehungen haben, können mehr (und wichtigere) soziale Beziehungen bekommen. Diejenigen, die mehr kulturelle Bildung besitzen, können ihre Bildung leichter verbessern als jene, die weniger Bildung besitzen. Der Wettbewerb auf den drei Märkten arbeitet in Richtung der Reproduktion von Ungleichheiten, die aus traditionellen Hierarchien und früheren Phasen des Wettbewerbs entstanden sind.

Somit nimmt die ökonomische Produktion insgesamt zu und verbessert den Lebensstandard aller, sie verbessert aber den Standard für die mittleren und oberen Schichten mehr als für die unteren. Netzwerke sozialer Beziehungen werden für alle erweitert, für die mittleren und oberen Schichten jedoch mehr als für die unteren. Die kulturelle Bildung eines jeden wird erheblich verbessert, allerdings mit dem Effekt, dass die Zugehörigkeit zur Arbeiterklasse, Mittelklasse oder Oberklasse mehr Bildung erfordert als früher. So steigt der ökonomische, soziale und kulturelle Lebensstandard für die gesamte Gesellschaft beträchtlich, gleichzeitig aber verschärft sich der Wettbewerb um einen höheren Status ganz außerordentlich. Früher wurde man in eine bestimmte gesellschaftliche Schicht hinein geboren und blieb dort sein Leben lang. Heute gilt das nicht mehr. Man wird in eine bestimmte Schicht hinein geboren, ob man aber dort bleibt oder nicht, hängt vom Erfolg auf einem sehr stark umkämpften Markt ab. Die Zunahme von Einschreibungen für höhere Bildung verschafft immer mehr jungen Menschen ein höheres Bildungszertifikat, das allerdings in diesem Prozess sehr stark abgewertet wird, weil es weder kulturelle Distinktion noch einen höher rangigen Job mit sich bringt. Die Anforderungen für kulturelle Distinktion und ökonomischen Erfolg werden gleichzeitig härter. Dies ist das Los vieler Universitätsabsolventen, die keine angesehene, gut bezahlte Beschäftigung finden können. Sie müssen gegen die Abwertung ihrer Leistungen ankämpfen.

Wir haben hier also einen paradoxen Effekt: Ökonomische, soziale und kulturelle Reproduktion wird permanent auf ein höheres Niveau wirtschaftlichen Wohlstands, sozialer Solidarität und kultureller Bildung getrieben, gleichzeitig aber verlagert sich der ökonomische, soziale und kulturelle Wettbewerb auf höhere Ebenen und steigert die Erfolgsanforderungen. Der Wettbewerb wird schärfer. Was die Chancengleichheit zu erhöhen scheint – beispielsweise breiterer Zugang zu höherer Bildung –, erweist sich als eine Steigerung der Anforderungen für ökonomischen, sozialen und kulturellen Erfolg. Die höhere Bildung, die früher Zugang zu kultureller Distinktion und Spitzenpositionen bot, ist heute unabdingbar, um Ansehen und eine Position in der Mittelschicht zu erlangen. Wir erreichen auf diese Weise nicht mehr Gleichheit, sondern nur eine Reproduktion von Ungleichheiten auf höheren Ebenen des Erfolgs (Bourdieu und Passeron 1964, 1970).

Die Kämpfe im ökonomischen, sozialen und kulturellen Feld werden stets von symbolischen Kämpfen um die Bewertung ökonomischer, sozialer und kultureller Leistungen begleitet (Bourdieu 1982c: 355-399). Personen, Gruppen, Schichten, Klassen und Fraktionen, die sich auf eine bestimmte Form von akkumuliertem Kapital stützen, versuchen, die Bewertung dieser Leistung in der Gesellschaft zu steigern. Arbeiter loben den Wert von Handarbeit, Verwaltungsmitarbeiter den der Verwaltung, Geschäftsleute den von wirtschaftlichem Erfolg und Lehrer, Kleriker und Professoren den der kulturellen Bildung. Gemäß der Logik der symbolischen Kämpfe können all jene, die eine höhere Reputation genießen, das heißt, die mehr symbolisches Kapital besitzen, dieses Kapital einsetzen, um die Einschätzung ökonomischer, sozialer und kultureller Leistungen zu steigern oder zu vermindern. Die Personen, Gruppen, Schichten, Klassen und Fraktionen mit der höchsten Reputation haben den größten Einfluss auf diesen Prozess der Beurteilung von Leistungen. Auch hier können jene, die eine Reputation durch einen traditionell zugeordneten höheren Status oder durch Erfolg im Wettbewerb besitzen, diese Reputation einsetzen, um den Wert ihrer eigenen Leistungen und denjenigen der Leistungen der anderen in der öffentlichen Meinungsbildung zu bestimmen. Heute haben die Medien eine zentrale Position in diesen symbolischen Kämpfen. Gruppen, Schichten, Klassen und Fraktionen verfügen über professionelle Sprecher, die am permanenten Kampf um Reputation teilnehmen. PR-Arbeit spielt in diesem Kampf eine zentrale Rolle. Es ist unabdingbar, permanent mit öffentlichen Aussagen, Berichten und Einschätzungen an diesem Kampf teilzunehmen, um die Reputation aufrechtzuerhalten. Ebenso verhält es sich im ökonomischen, sozialen und kulturellen Wettbewerb. Keine Einzelperson, Gruppe, Schicht, Klasse oder Fraktion kann sich auf eine früher erworbene Reputation verlassen und sicher sein, dass sie diese auch behält. Reputation muss auf immer höheren Ebenen der öffentlichen Nachfrage bestätigt werden. Die medizinische Profession hat beispielsweise lange Zeit von traditionell etablierter Achtung gelebt. Heute aber steigern die wachsende Zahl der Ärzte, zunehmender Erfolgsdruck und die öffentliche Diskussion um Reputation die Anforderungen zur Etablierung einer höheren Reputation. Die medizinische Profession wird gezwungen, ihre Leistungen in der öffentlichen Diskussion herauszustellen.

Besondere Aufmerksamkeit an Bourdieus Ansatz verdient die Tatsache, dass er den Begriff der Macht nicht von den Begriffen des ökonomischen, sozialen, kulturellen und symbolischen Kapitals trennt. Er begreift die letzteren als verschiedene Formen von Machtressourcen. Obwohl er also den Begriff der Macht nicht oft im wörtlichen Sinne verwendet, ist dieser Begriff dennoch allgegenwärtig, da die vier Kapitaltypen vier Machttypen verkörpern. Wenn man ökonomisches Kapital zur Verfügung hat, dann verleiht einem dies die Macht, wirtschaftlichen Erfolg gegenüber wirtschaftlichen Konkurrenten zu erzielen. Auch wenn man soziales Kapital besitzt, erhält man die Macht, sozial gegenüber sozialen Mitbewerbern zu bestehen. Dasselbe gilt für kulturelles Kapital und symbolisches Kapital in ihren jeweiligen Feldern.

Nach Max Webers (1922/1972c: 28) berühmter Definition ist Macht die Chance, den eigenen Willen auch gegen den Widerstand anderer durchzusetzen. Konkurrenten sind jene, die den eigenen Leistungen Widerstand entgegensetzen. Um angesichts dieses Widerstands bestehen zu können, braucht man Macht. Widerstand im Wettbewerb bedeutet, dass Konkurrenten, die schneller als ich Erfolg haben, eine Position einnehmen, die ich erlangen möchte, die aber nicht mehr länger für mich offen steht. Sie hatten Erfolg. Ich habe nicht genug Macht, um ihren Widerstand zu überwinden. Mehr Macht zu haben, heißt für mich, dass ich mehr Geld habe, um Investitionen auf einem bestimmten Markt früher zu tätigen als meine Rivalen. Es bedeutet, dass ich Beziehungen zu wichtigeren Leuten habe als meine Konkurrenten und es mir so möglich ist, Verträge mit Dritten schneller abzuschließen, noch ehe die anderen eingreifen können. Es will auch besagen, dass ich mehr kulturelle Bildung von zuhause mitbekommen habe, so dass ich kulturell in der Schule vor meinen Mitbewerbern Erfolg habe, noch ehe diese die Spitzenplätze in der Klasse belegt haben. Es heißt, dass ich eine höhere Reputation genieße, die es mir möglich macht, Menschen mit meiner Botschaft und meiner Bewertung von Leistungen schneller zu erreichen als weniger reputierte Menschen. So wird ökonomisches, soziales, kulturelles und symbolisches Kapital in Macht umgewandelt, die eingesetzt wird, um Erfolg gegenüber jenen zu erzielen, die um die gleichen Positionen in der Gesellschaft konkurrieren (Abb. 12.2).

Abb.12.2: Interdependenzen und Reproduktion der Kapitalsorten

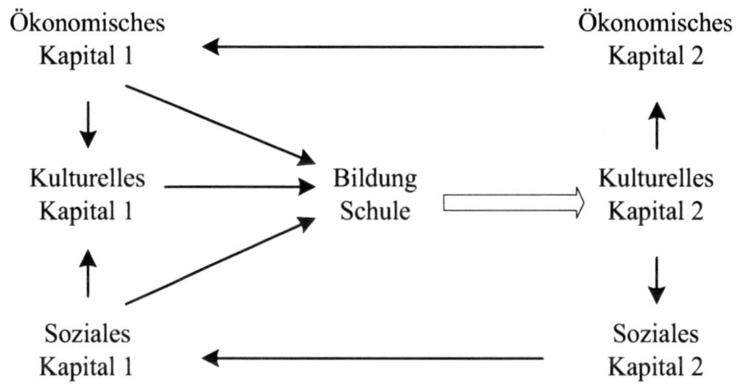

Die Felder des Machtkampfes im sozialen Raum: das literarische und das intellektuelle Feld

Bourdieu hat seine Feld- und Kapitaltheorie in einer ganzen Reihe von empirischen Untersuchungen expliziert. Neben seine am breitesten rezipierte und von uns zwecks Erläuterung seines Ansatzes erörterten Studie über die feinen Unterschiede der französischen Klassengesellschaft hat er Untersuchungen zum religiösen Feld (1971), zum akademischen Feld (1984c), zum Feld der Administration (1989a) und zu den Feldern der Literatur und Kunst (1992a) gestellt. In diesen Untersuchungen geht es jeweils um die Erschließung der Wege, auf denen die feldspezifische Macht aufgebaut, eingesetzt, erhalten und transformiert wird, wer auf welche Weise zum Zuge kommt, eroberte Positionen verteidigt, welche Praktiken der wissenschaftlichen, literarischen und administrativen Arbeit mittels feldspezifischer Macht als verbindlich durchgesetzt werden. Es wird dabei deutlich, dass sich die verschiedenen Institutionen der französischen Gesellschaft in besonderer Weise für eine feldtheoretische Analyse eignen, weil sie in der Tat ganz überwiegend einer Logik der Produktion und Reproduktion von Macht gehorchen, von der die Logiken der ökonomischen Produktion, der gemeinschaftlichen Assoziation und der symbolischen Konstruktion überlagert werden. Das heißt vor allem, dass das Gesetz der Machtakkumulation dominiert, dementsprechend ererbte oder einmal erworbene Macht zur Mehrung der Macht eingesetzt und dadurch das Veränderungspotenzial von Konkurrenz und Kritik eingeschränkt wird. In umgekehrter Richtung bedarf es besonderer Bedingungen, um Veränderungen im Machtgefüge herbeizuführen. Es muss Spielräume für das Heranwachsen einer Gegenelite geben, die stark genug werden kann, um die bis dato herrschende Elite herausfordern und aus den zentralen Machtpositionen eines Feldes verdrängen zu können. Ein Beispiel dafür bietet Bourdieus Untersuchung der Ausdifferenzierung des literarischen Feldes in Frankreich in der zweiten Hälfte des 19. Jahrhunderts in seiner Studie *Les Règles de l'art* (1992), deutsch: *Die Regeln der Kunst* (1998a). Bourdieu unterscheidet drei Phasen dieses Ausdifferenzierungsprozesses:

1. die Phase der Distanzierung der neuen Literatur von der herrschenden bürgerlichen Kultur durch die Bohème,
2. die Phase des Dualismus von autonomem literarischem Feld und davon aber unberührter bürgerlicher Kultur und
3. die Phase der Eroberung einflussreicher Positionen in den etablierten kulturellen Institutionen der Gesellschaft (Académie Française, Theater, Boulevard, Presse) und die dadurch erfolgende Ausdifferenzierung des intellektuellen Feldes des öffentlichen intellektuellen Diskurses zwischen dem literarischen Feld und der Gesellschaft.

Bourdieu zeigt zunächst am Beispiel der Bohème, dass die Ausdifferenzierung von nach eigenen Gesetzen funktionierenden Feldern der Literatur und Kunst besonderer Bedingungen bedurfte, die eine Befreiung dieser Felder von der herrschenden bürgerlichen Moral erfordere (Bourdieu 1998a: 98-103, 127-134). Genau untersucht wird das Feld der Literatur. Die Bohème schuf ein Milieu der gegenseitigen sozialen Unterstützung, das Künstlern und Schriftstellern erlaubte, sich den herrschenden Traditionen des bürgerlichen Lebens und der institutionalisierten Kunst und Literatur zu widersetzen. Das Milieu stellte für die Künstler und Schriftsteller die sozialen Bedingungen bereit, um ein Leben für die Kunst bzw. Literatur zu führen, ohne auf die Konformität zu den traditionellen Normen der Lebensführung und sogar ohne auf Verkaufserfolge achten zu müssen. Flaubert schrieb am 12. Dezember 1872 an George Sand:

> Nun halte ich aber aufrecht, dass ein Kunstwerk (dieser Bezeichnung würdig und mit Gewissenhaftigkeit gemacht) nicht schätzbar ist, keinen Handelswert hat, nicht bezahlt werden kann. Folgerung: Wenn der Künstler keine Renten hat, muss er vor Hunger verrecken! (Flaubert 1992: 407; zit. bei Bourdieu 1998a: 134-135)

Es gehörte deshalb zum Lebensstil des Bohemiens, sich in prekären ökonomischen Verhältnissen zu befinden und auf Zuwendungen von Familie und Freunden angewiesen zu sein. Ein wohlhabender Familienhintergrund half vielen von ihnen, ohne reguläres Einkommen zu überleben: „Schicken Sie mir (...) was ich brauche, um etwa zwanzig Tage zu leben," schreibt Baudelaire am 4. Dezember 1847 an seine Mutter (Baudelaire 1992: 9; zit. bei Bourdieu 1998a: 110).

Mit ihrer inneren gegenseitigen Unterstützung schuf sich die Bohème die soziale Grundlage für eine neue Ethik des Künstlers und Schriftstellers, die eine vollständige Hingabe an die künstlerische bzw. schriftstellerische Arbeit mit größter Selbstdisziplin verlangte. Ihre Selbstverpflichtung galt den ästhetischen Regeln der Kunst und Literatur. In diesem Sinne war die ästhetische Revolution, zu der Baudelaire und Flaubert mit *Les fleurs du mal* und *Madame Bovary* die nachhaltigsten Beiträge lieferten, nur auf der Basis von sehr spezifischen sozialen und ethischen Voraussetzungen möglich, die es erlaubten, den Bruch mit dem bürgerlichen Leben sowie der traditionellen Kunst und Literatur zu vollziehen (Bourdieu 1998a: 181-186). Die Felder der Kunst und Literatur gewannen gegenüber nicht-ästhetischen Kriterien Autonomie, sie konnten auf eigenen Beinen stehen:

> Kein Zweifel, dass moralische Entrüstung gegen die Unterwerfung unter die Machtinstanzen oder den Markt – sei es der umtriebige Karrierismus, der bestimmte Literaten (etwa einen Maxime Du Camp) dazu drängt, Privilegien und Ehren nachzujagen, sei es die sklavische Unterordnung unter die Anforderungen der Presse und des Journalismus, die Verfasser von Fortsetzungsromanen und Unterhaltungsstücken in eine gleichermaßen anspruchslose wie stillose Literatur stürzen lässt – für Gestalten wie Baudelaire oder Flaubert ausschlaggebend war in ihrem täglichen Widerstand, der zur fortschreitenden Bekräftigung der Autonomie der Schriftsteller führte. Wie es ebenfalls sicher ist, dass der ethische Bruch immer auch, wie sich gerade an Baudelaire sehen lässt, eine grundlegende Dimension eines jeden ästhetischen Bruchs darstellt. (Bourdieu 1998a: 103)

Die Bohème florierte in Paris zwischen 1840 und 1880. Sie wurde von jungen Absolventen der Geisteswissenschaften (französisch: lettres) gegründet, die keine Chance hatten, eine Laufbahn in der öffentlichen Verwaltung oder im Bildungssystem einzuschlagen. Die Positionen in der öffentlichen Verwaltung und im Bildungssystem waren von relativ jungem Personal besetzt, das in der Zeit der Revolution, des Kaiserreichs und der Restauration rekrutiert worden war. Die höheren Positionen wurden überwiegend von privilegierten Sprösslingen des Großbürgertums eingenommen. Die Zentralisierung des kulturellen Lebens in Paris brachte junge Leute aus allen Provinzen in dem gemeinsamen Willen, das Leben eines Künstlers bzw. Schriftstellers zu führen, zusammen. Der wachsende Markt von Zeitungen, Periodika und Büchern bot zumindest die Chance, gelegentlich etwas Geld zu verdienen und erzeugte – was am wichtigsten war – die Hoffnung, das Leben eines Schriftstellers führen zu können. Das machte Paris zu einem sprühenden Zentrum der literarischen und künstlerischen Innovation. Die jungen Leute, die nach einer Karriere als Schriftsteller oder Künstler strebten, machten das Leben selbst zu einem Kunstwerk (Bourdieu 1998a: 93-98). Über die sozialen Entstehungsbedingungen der Bohème hinaus trugen bedeutende Schriftsteller mit Beschreibungen des Lebens der Bohème zusätzlich zu ihrer kulturellen Konstruktion als genuine Form des künstlerischen und literarischen Lebens bei: Murger in seinen *Szenen des Lebens der Bohème*, Balzac in seiner *Abhandlung zum modischen Leben* und Flaubert in seiner *Erziehung des Herzens*.

Nach der Bewegung der „Goldenen Bohème" der 1840er Jahre, die zum Romantizismus neigte, ging die „Zweite Bohème" der 1850er Jahre in die Richtung des Realismus. Führende Mitglieder waren Courbet, Chambfleury und Duranty. Sie trafen sich in der Brasserie Andler in der Rue Hautefeuille auf der Seite des linken Ufers der Seine oder in der Brasserie des Martyrs auf der Seite des rechten Ufers. Sie schufen die Avantgarde, die Bewegung für das Neue in Kunst und Literatur und bereiteten den Weg für die tief greifendere ästhetische Revolution, insbesondere von Flaubert und Baudelaire, die sich allerdings nicht im einfachen, von der Bewegung propagierten Sinn als Realisten betrachteten (Bourdieu 1998a: 150-157). Flaubert und Baudelaire wurden jedoch vom Establishment der Verleger, Theaterdirektoren und Beamten der Kulturverwaltung als Realisten kritisiert. Ihr Werk ging allerdings weit über die Grenzen eines einfachen Realismus hinaus. Es setzte den Anfang der modernen autonomen Literatur, die nach nichts anderem verfährt als nach ihren eigenen ästhetischen Kriterien. Die Form des Schreibens und selbst das Schreiben über Form und Stil – „selbst das Gewöhnliche gut (zu) schreiben" (1853) – erhielt eine zentrale Bedeutung (Flaubert 1995: 804; zit. bei Bourdieu 1998a: 157).

So erfolgreich die Bohème in der Einführung der Autonomie von Kunst und Literatur in Opposition zum bürgerlichen Leben und zur konventionellen Kultur war, musste sie doch die Beziehungen zur weiteren Gesellschaft abschneiden, die nötig wären, um einen Einfluss auf ihre Entwicklung ausüben zu können. Das künstlerische und das literarische Feld wurden Spielplätze für sich selbst, die das richtige Milieu eines Lebens für Kunst bzw. Literatur boten, denen aber eine Brücke fehlte, um in die Angelegenheiten der weiteren Gesellschaft eingreifen zu können (Bourdieu 1998a: 171-181).

Einen Wendepunkt der Beziehung des literarischen Feldes zur weiteren Gesellschaft Frankreichs brachte die Dreyfus-Affäre Ende des 19. Jahrhunderts. Die Schriftsteller nutzten die Presse, um ihren Standpunkt im Namen einer universellen Moral gegen die Machtinteressen der herrschenden politisch-administrativen Elite in die weitere Gesellschaft hinein zu tragen. Sie verlangten die Revision der Verurteilung des jüdischen Offiziers Alfred Dreyfus zu lebenslanger Haft wegen angeblicher Spionage für Deutschland. Bald nach dem Urteil Ende 1894 kamen ernste Zweifel über die Schuld des Offiziers auf, da das Beweismaterial nicht zuverlässig war. Ende 1897 setzte eine Kampagne ein, die auf Dreyfus' Rehabilitation zielte. An dieser Kampagne beteiligten sich zahlreiche Schriftsteller. Am 13. Januar 1898 veröffentlichte Emile Zola seinen berühmt gewordenen Artikel „J'accuse" („Ich klage an") in *L'Aurore*. Im Jahre 1899 wurde Dreyfus in einem Revisionsverfahren zwar erneut verurteilt, diesmal immerhin nur zu zehn Jahren Haft, bald darauf aber vom Präsidenten der Republik begnadigt. Erst 1906 erhielt er die vollständige Rehabilitation. In dieser öffentlichen Debatte bildete sich in Frankreich das intellektuelle Feld heraus, das in Opposition zur politisch-administrativen Elite steht. Von den Staatsdienern wurden die Schriftsteller als „Intellektuelle" beschimpft, die keine Rücksicht auf das von ihnen vertretene Staatsinteresse nehmen. Die „Intellektuellen" setzten der von der Staatselite repräsentierten Staatsräson die universelle, über das partikulare Staatsinteresse hinaus gehende Geltung moralischer Maßstäbe entgegen.

Nach der Einführung der Autonomie der Felder von Literatur und Kunst zwischen 1840 und 1880 und der darauf folgenden Trennung von Literatur und Kunst von der Gesellschaft wurde Ende des 19. Jahrhunderts die Rolle des Intellektuellen geschaffen, der auf der Grundlage der künstlerischen bzw. literarischen Autonomie in der Gesellschaft die universelle Moral gegen die partikularistischen Machtinteressen der politisch-administrativen und der wirtschaftlichen Elite zur Geltung bringt. Die Autonomie dieses neu entstandenen intellektuellen Feldes als Mittler zwischen Literatur/Kunst und Gesellschaft stützte sich auf die Verehrung von charismatischen Figuren wie Mallarmé und Zola, auf die Anerkennung der Schriftsteller durch ihre Aufnahme in die Académie Française, auf die der Literatur verpflichteten Theater – das von Lugné-Poe geführte Théâtre de l'œuvre und das von Antoine geleitete Théâtre libre –, auf die Publikationstätigkeit kleiner literarischer Magazine und die Rekrutierung von Nachwuchs in den etablierten Institutionen aus der Szene der Bohème. Diese Stützpfeiler trugen den inneren Kern des literarischen Feldes, der sich vor allem den ästhetischen Kriterien verpflichtet sah und weniger den Anforderungen des wirtschaftlichen Erfolgs. Diese Stützpfeiler wurden durch Institutionen ergänzt, die ein breiteres Publikum bedienten und statt auf ästhetische Kriterien mehr auf Wirtschaftlichkeit achten mussten: Boulevard-Theater, Musiktheater, Trivialliteratur und Kabarett. Der Journalismus stellte eine Verbindung zwischen beiden Teilen des Feldes her, ebenso der Austausch zwischen künstlerischem Theater und Boulevard-Theater (Bourdieu 1998a: 187-225, insbes. 199). Die Verbindung zwischen den beiden Teilen des literarischen Feldes war für die Intellektuellen wichtig, um einen Zugang zu einem breiteren Publikum zu haben. Bourdieu sieht hier die Plattform, die es dem Intellektuellen ermöglicht, seine autonome, die Felder von Literatur und Philosophie umfassende Position in eine moralische Führung der gesamten Gesellschaft umzumünzen, die sich mit der politisch-administrativen und wirtschaftlichen Führungselite von gleich zu gleich messen kann. Seine in der Autonomie des literarischen Feldes wurzelnde Unabhängigkeit von wirtschaftlichen und politischen Interessen verleiht dem Intellektuellen – zumindest aus seiner eigenen Sicht – die Legitimation, im Namen einer universell gültigen Moral gegen die von kurzsichtigeren Interessen geleiteten und Macht sichernden Stimmen von Wirtschaft, Politik und Verwaltung zu sprechen:

> Zurückgezogen auf die ihm eigene Ordnung, gestützt auf seine ureigenen Werte der Freiheit, Selbstlosigkeit, Gerechtigkeit, die ausschliessen, dass er seine spezifische Autorität und Verantwortlichkeit zu Gunsten zwangsläufig minderwertiger weltlicher Profite und Machtbefugnisse aufgibt, behauptet sich der Intellektuelle – gegen die eigentümlichen Gesetze der Politik, die der Realpolitik und der Staatsräson – als Verteidiger universeller Prinzipien, die nichts anderes sind als das Ergebnis der Universalisierung spezifischer Prinzipien seines eigenen Universums. (Bourdieu 1998a: 211)

Die Intellektuellen nutzen die von den Medien bereitgestellte Plattform, um in die Öffentlichkeit hineinwirken zu können. Die Legitimation, als Sprecher der universellen Moral auftreten zu können, ziehen die Intellektuellen aus ihrer Verankerung im literarischen Feld, das sie – aus ihrer Sicht – von der Verfolgung partikularer Interessen unabhängig macht. Dass sie dabei einfach die Maßstäbe ihres eigenen Milieus verallgemeinern, ist eine Strategie, mit der sie sich Vorteile in den symbolischen Kämpfen mit der politisch-administrativen und der wirtschaftlichen Führungselite zu verschaffen versuchen, um ihre größere Machtferne zu kompensieren (Abb. 12.3).

In den ersten beiden Jahrzehnten nach dem Zweiten Weltkrieg hat Jean Paul Sartre die Rolle des Intellektuellen in der französischen Gesellschaft paradigmatisch verkörpert. Sartre gründete seinen Anspruch auf intellektuelle und moralische Führerschaft auf seine Fähigkeit, alle intellektuellen Felder zu umfassen: Philosophie, Prosa, Drama, Essay und Zeitungsartikel. Er gründete *Les Temps modernes* als einflussreiche Plattform für intellektuelle Debatten. Seine 1943 publizierte voluminöse Abhandlung *Das Sein und das Nichts* verlieh ihm die Reputation eines bedeutenden Philosophen, so dass sein literarisches Werk und seine Interventionen in politische Auseinandersetzungen das nötige Gewicht erhielten, um eine führende intellektuelle Rolle zu spielen. Er beanspruchte intellektuelle Führerschaft im Wettbewerb mit Albert Camus, Maurice Merlean-Ponty und Raymond Aron und versuchte seinen Anspruch durch seine umfassendere Meisterschaft in den verschiedenen Teilen des literarischen Feldes zu stützen (Bourdieu 1998a: 333-339).

Am Beispiel von Bourdieus soziologischer Analyse des literarischen und des intellektuellen Feldes bekommen wir einen Einblick in die sozialen Kämpfe, die das Entstehen eines solchen Feldes begleiten und die über die Position dieses Feldes im Verhältnis zu anderen Feldern im sozialen Raum entscheiden. Einen wesentlichen Anteil haben daran die symbolischen Kämpfe zwischen den Feldern über die Legitimität ihrer Arbeitsweise und der von ihren Repräsentanten vertretenen Weltsicht. Die symbolischen Kämpfe bestimmen maßgeblich die Position eines Feldes im sozialen Raum, über dessen Macht im Machtgefüge der Gesellschaft. Die Gesellschaft ist ein vertikal gegliederter sozialer Raum, in dem unterschiedliche institutionelle Felder eine bestimmte Machtposition einnehmen, über deren Beibehaltung oder Veränderung mehr oder weniger heftige, periodisch aufflackernde, sich dann wieder für eine gewisse Zeit beruhigende symbolische Kämpfe mittels Einsatz von ökonomischem, sozialem und kulturellem Kapital stattfinden. Dazu gehören die Felder der Ökonomie, der Politik, der öffentlichen Verwaltung, der Erziehung und Bildung, der Religion, der Literatur, der Kunst, der Wissenschaft, des intellektuellen Diskurses und der Massenmedien. Innerhalb dieser Felder sieht es nicht anders aus. Auch sie sind vertikal in Teilfelder gegliedert, z.B. die Wissenschaft in die Naturwissenschaften, die Gesellschaftswissenschaften und die Geisteswissenschaften und ihre Subdisziplinen als Teilfelder in den Teilfeldern. In den einzelnen Feldern wird das Geschehen ebenso durch Positionskämpfe zwischen den Teilfeldern wie zwischen den größeren Feldern bestimmt. Innerhalb der Teilfelder kämpfen Gruppen – in der Wissenschaft z.B. Paradigmengemeinschaften – um den Zugang zu den entscheidenden Machtpositionen. In der Wissenschaft geht es z.B. um Akademiepositionen, Herausgeberschaften und Forschungszentren. Die Struktur eines Feldes kann durch Monopole, Oligopole oder eher breiter gestreute Macht, durch eine stabile Orthodoxie oder einen offenen Kampf zwischen Orthodoxie und Heterodoxie, durch einen dominanten Glauben an Grundprinzipien und Leitlinien oder durch heftige symbolische Kämpfe um diese Prinzipien und Leitlinien geprägt sein. Die Gesellschaft ist demgemäß als ein vertikal gegliederter sozialer Raum zu begreifen, in dem institutionelle Felder im Kampf um ihre Position in diesem Raum liegen, Teilfelder im Kampf um ihre Position in einem Feld – z.B. die

Soziologie gegen die Ökonomie – und Klassen, Schichten oder Gruppen im Kampf um Positionen in den Teilfeldern und vermittelt darüber im gesamten sozialen Raum.

Abb. 12.3: Literarisches und intellektuelles Feld

Phasen der Ausdifferenzierung

1. Distanzierung

Bohème — bürgerliche Kultur

↓

2. Dualismus

autonomes literarisches Feld	bürgerliche Kultur

↓

3. Eroberung von Positionen
in den etablierten kulturellen Institutionen

Académie Française
Theater
Boulevard
Presse

↓

4. Ausdifferenzierung des intellektuellen Feldes

Dreyfus - Affaire

Zusammenfassung

1. Zwischen Theorie und Praxis besteht ein Verhältnis der Reflexivität.
2. Soziales Handeln ist kein isoliertes Ereignis, sondern Praxis, die zwischen individuellen und kollektiven Interessen auf der einen Seite und Sozialstruktur, Organisation und Kultur auf der anderen Seite vermittelt.
3. Praxis ist eine organisierte Aktivität, die den ökonomischen Wohlstand, die Sozialstruktur und die Kultur einer Gesellschaft einerseits sowie die individuelle Persönlichkeit andererseits produziert und reproduziert.
4. Die Beziehung zwischen Sozialstruktur und Praxis wird durch den Habitus der Akteure vermittelnd hergestellt.
5. Ein Habitus ist eine Reihe bestimmter, organisierter Handlungsdispositionen eines Einzelnen; er ist ein Schema zur Produktion von Praktiken und Arbeit und zur Produktion von Wahrnehmungen und Bewertungen von Praktiken und Arbeit, ganz gleich ob der eigenen oder denen von anderen.
6. Die Praktiken und die Arbeit von Einzelpersonen umfassen ihren Lebensstil als System klassifizierter und klassifizierender Praktiken, das heißt Zeichen der Distinktion.
7. Der Habitus von Einzelpersonen entsteht aus ihren Lebensbedingungen (-situationen) sowie ihren relativen Positionen innerhalb der Struktur der Lebensbedingungen, ebenso aber auch aus autoritativ strukturierter pädagogischer Arbeit, die auf die Reproduktion der Machtstruktur der Gesellschaft hinwirkt.
8. Der Habitus von Einzelpersonen entspricht vom Sinn her ihren Lebensbedingungen und ihrer relativen Position innerhalb der Struktur der Lebensbedingungen entsprechend einer Wahlverwandtschaft.
9. Der Habitus wird von den Lebensbedingungen und der relativen Position strukturiert. Aber der Habitus strukturiert auch die Praktiken und die Arbeit von Einzelpersonen sowie ihre Wahrnehmungen und Bewertungen dieser Praktiken und Arbeit.
10. Menschen, die dieselben Lebensbedingungen und dieselben relativen Positionen teilen, entwickeln denselben Habitus und bilden somit eine Gruppe, Schicht, Klasse, Fraktion oder Gesellschaft, die sich von anderen unterscheidet und die Kluft zwischen Klasse an sich und Klasse für sich überwindet.
11. Wenn Menschen sozial handeln, repräsentieren sie die Sozialstruktur und reproduzieren diese Struktur in ihrer Praxis mittels ihres Habitus. Somit bezieht sich jede Situation der Interaktion auf die Gesellschaft.
12. Gesellschaft wird in ihrer sozialen, ökonomischen und kulturellen Struktur in der Praxis der Menschen produziert, basierend auf ihrem Klassenhabitus

(und, wie wir hinzufügen können, basierend auf ihrem gesellschaftlichen Habitus insgesamt).

13. Die Produktion und Reproduktion der Gesellschaft produzieren und reproduzieren deren wirtschaftlichen Wohlstand, die sozialen Beziehungen und die Kultur; sie beinhalten auch die Verteilung dieser Produkte unter Personen, Gruppen, Schichten, Klassen, Fraktionen und Gesellschaften.
14. Produktion, Reproduktion und Verteilung vollziehen sich in drei Feldern: dem ökonomischen, dem sozialen und dem kulturellen Feld.
15. Produktion, Reproduktion und Verteilung beinhalten Zusammenarbeit und Wettbewerb.
16. Je mehr ökonomisches, soziales oder kulturelles Kapital man investieren kann, desto mehr wird man seinen Konkurrenten gegenüber Erfolg haben.
17. Wettbewerb verläuft nach dem Matthäus-Prinzip: Wer besitzt, dem soll gegeben werden.
18. Wettbewerb in den drei Feldern reproduziert die etablierte Struktur von Ungleichheit auf einer noch höheren Ebene von Erfolgsanforderungen und verschärft damit den Wettbewerb kontinuierlich.
19. Die Bewertung von ökonomischem, sozialem und kulturellem Erfolg durch andere lässt symbolisches Kapital entstehen (Reputation).
20. Symbolisches Kapital wird in symbolischen Kämpfen über die Bewertung von ökonomischem, sozialem und kulturellem Erfolg definiert und zugeteilt.
21. Je mehr Reputation man besitzt, desto erfolgreicher kann man symbolisches Kapital (Reputation) definieren und zuteilen.
22. Ökonomisches, soziales, kulturelles und symbolisches Kapital funktionieren als Quellen der Macht.
23. Je mehr Machtressourcen man besitzt, desto mehr wird man gegenüber seinen Mitbewerbern Erfolg haben.
24. Die Gesellschaft ist ein vertikal gegliederter sozialer Raum, in dem institutionelle Felder, Teilfelder, Klassen, Schichten und Gruppen im Kampf um ihre jeweilige Position liegen.

Kritische Würdigung

Bourdieus Theorie über Habitus, Feld und Kapital und seine Beschreibung der Gesellschaft als ein vertikal gegliederter sozialer Raum, in dem verschiedene institutionelle Felder, Teilfelder, Klassen, Schichten und Gruppen Kämpfe um ihre jeweilige Position im Machtgefüge austragen, reflektieren in hohem Maße die Wirklichkeit der französischen Gesellschaft. In seiner Theorie wird demgemäß verallgemeinert, was in anderen Gesellschaften nicht in gleichem Maße dominant ist: der Kampf um die Macht. Um unseren Blick für die spezifischen Bedingungen zu schärfen, unter denen Bourdieus theoretische Modelle fruchtbare Erklärungen liefern, müssen wir deshalb über die Besonderheiten der französischen Gesellschaft hinaus schauen und fragen, was passiert, wenn andere Prozesse als die Prozesse des Machtaufbaus in das gesellschaftliche Leben eingreifen. Theoretische Reflexion und empirische Gegenstandsbeschreibung befinden sich bei Bourdieu in einem symbiotischen Ergänzungsverhältnis, unter dem die Verallgemeinerungsfähigkeit seiner theoretischen Reflexionen leidet. Um von ihnen über den empirischen Untersuchungsgegenstand der französischen Gesellschaft hinaus zu profitieren, müssen wir Bourdieus Beitrag zur allgemeinen soziologischen Theoriebildung ein Stück weit aus seiner Umklammerung durch den empirischen Gegenstand befreien.

Kommen wir zu einer abschließenden Bewertung von Bourdieus Theorie von Praxis, Produktion und Reproduktion der Gesellschaft. Seine erste Leistung ist seine Analyse der Vermittlung von Sozialstruktur und individuellem Handeln durch Praxis und von Sozialstruktur und Praxis durch den Habitus des Individuums. Diese Analyse bietet gründliche Einsichten in den entsprechenden Charakter des sozialen Handelns als Praxis, wobei jede Situation der Interaktion auf das bezogen wird, was in der Vergangenheit in der Gesellschaft geschah und was in Zukunft als Folge dieser Interaktion eintreten wird. Dies ist ein Instrument zur Analyse der Interpenetration von Sozialstruktur und individuellem Handeln und der fortlaufenden Reproduktion von Individuum und Gesellschaft durch diese Interpenetration. Seine Theorie kann als eine Theorie der Strukturierung interpretiert werden, eine Theorie, die darauf verweist, wie die Sozialstruktur und die individuelle Persönlichkeit in der Praxis produziert, reproduziert und transformiert werden, die als Bindeglied zwischen ihnen dient. Allerdings weist Bourdieu eine strukturalistische Neigung auf und sieht daher die Beziehung zu einseitig, nämlich von der Struktur zum Habitus, zur Praxis und zum Lebensstil gerichtet, und nicht in umgekehrter Richtung, also vom Lebensstil zur Praxis, zum Habitus und zur Struktur. Seiner schematischen Darstellung dieser Beziehung in *Die feinen Unterschiede* (1982c: 280) fehlt der Pfeil, der vom Lebensstil zur Struktur zurückzeigt. Dies sagt uns sehr viel über seine strukturalistische Neigung.

Wir müssen feststellen, dass Praxis im Gegensatz zur Auffassung von Bourdieu auch sehr viel an situativer Variation, Verhandlung, Bargaining, Interpretation, Kommunikation, Diskurs und Assoziation beinhaltet. Diese Vorgänge bringen alle sehr viel Innovation in die Praxis ein und hängen vom situativen Erfolg ab. Sie drängen die Praxis eher in eine Richtung, die auf die Veränderung von Strukturen hinwirkt, anstatt sie in ihrer gegebenen Gestalt zu reproduzieren.

Bourdieu lässt keine theoretischen Türen für diese innovativen Auswirkungen auf Praxis, Habitus und Sozialstruktur offen. Über diese Auswirkungen lernen wir erheblich mehr aus Theorien zu Verhandlung, Bargaining, Kommunikation und Assoziation.

Wenn die Kausalität wirklich nur in eine Richtung, nämlich von der Struktur zum Habitus, zur Praxis und zum Lebensstil verliefe, wie sollte dann ein Wandel möglich sein? Wir können Bourdieus Analyse des Wettbewerbs auf den ökonomischen, sozialen und kulturellen Märkten heranziehen, um diesen Fehler zu korrigieren. Hier argumentiert Bourdieu, dass Wettbewerb die Leistungsanforderungen immer höher treibt und so die Einzelnen kontinuierlich zwingt, ihre ökonomische, soziale und kulturelle Leistung zu verbessern. Dies beinhaltet aber zwangsläufig eine enorme Umstellung im Habitus des einzelnen. So werden zahlreiche Arbeiter und Vertreter der Mittelschicht gezwungen, mehr Bildung zu erwerben als ihre Eltern. Ihre Bildungspraktiken verwandeln ihren Habitus erheblich und ändern ihre Lebensbedingungen und ihre relative Stellung in der Struktur der Gesellschaft. Sie leben nicht länger auf einem minimalen Niveau, das von den Klassen über ihnen eingeschränkt wird, sondern jetzt auf einem eher gleichen Niveau mit anderen Klassen. Sie sehen diese viel mehr als Konkurrenten und werden von ihnen auch so betrachtet. Als Folge davon gibt es keine klar geschichtete Gesellschaft mit getrennten Klassen mehr, sondern eine Mischung aus Schichten und Milieus, die einander viel näher gekommen sind und so viel schärfer miteinander konkurrieren. Die Sozialstruktur wird in der sozialen Praxis direkt durch den Wandel im Habitus des Einzelnen verändert.

Ein weiteres Beispiel ist der Aufstieg des Bürgertums innerhalb der traditionalen Gesellschaft. Er wäre nicht möglich gewesen, wenn Bourdieus Schema stimmen würde. Die traditionale hierarchische Struktur teilte dem Bürgertum eine ganz bestimmte Mittelposition zu. Der Erfolg als Innovatoren auf dem Markt in der ökonomischen Praxis führte jedoch zum Aufstieg des Bürgertums an die Spitze der Gesellschaft und zum entsprechenden Wandel der Sozialstruktur der Gesellschaft. Ein weiteres Beispiel für einen solchen Wandel ist der revolutionäre Umsturz einer etablierten Sozialstruktur im politischen Kampf. Wir erfahren mehr darüber, wenn wir Theorien heranziehen, die sich auf die Konfliktaustragung konzentrieren.

Greifen wir auf Bourdieus eigene Untersuchung der Ausdifferenzierung des literarischen Feldes in Frankreich im 19. Jahrhundert zurück, dann sehen wir, dass Bourdieu spezifische soziale Bedingungen für die dadurch zustande kommende Innovation angibt: zunächst die Abspaltung eines sich selbst tragenden Milieus durch die Bohème, dann das Durchhalten des Dualismus von Literatur und Gesellschaft und schließlich die Eroberung der wichtigen Machtpositionen in der Académie Française und im Theater und die Nutzung von Institutionen der

Unterhaltung (Boulevard) und der öffentlichen Meinungsbildung (Presse), um in die Gesellschaft hinein wirken zu können. Das gilt allerdings spezifisch für eine Gesellschaft mit einer hierarchisch aufgebauten und verfestigten Machtstruktur, in der Innovationen nur durch eine revolutionäre Umwälzung möglich sind. Wir sehen hier also, dass Bourdieu eine Tür für Innovationen im Machtgefüge der Gesellschaft öffnet; es bedarf jedoch zunächst der Nischenbildung, in der das Potenzial zu einer revolutionären Umwälzung heranreifen und aufblühen kann.Alle Innovationen tragen etwas von diesem Modell in sich, aber nicht alle in der von Bourdieu beschriebenen extremen Ausprägung. Je mehr legitime Formen der Opposition zugelassen sind, umso weniger bedarf es einer Revolution, um eine Innovation zu verbreiten. Das ist umso mehr der Fall, je mehr Wettbewerb in allen institutionellen Feldern der Gesellschaft zugelassen ist. Eine Analyse der viel rasanter ablaufenden Innovationsprozesse in der amerikanischen Kunst und Literatur in der zweiten Hälfte des 20. Jahrhunderts würde im Unterschied zur Situation in Frankreich im 19. Jahrhundert die innovationsbeschleunigende Wirkung eines offeneren Marktes der literarischen und künstlerischen Produktion feststellen. Zu einem ähnlichen Ergebnis käme ein Vergleich von Innovationsprozessen in der Wissenschaft (Aretz 1990). Bourdieus Analyse wird dadurch nicht grundsätzlich falsch. Wir erkennen nur, dass sie für den von ihr untersuchten empirischen Gegenstand besonders angemessen ist, für andere Gegenstände jedoch geändert werden muss. Die zugrunde gelegte allgemeine Theorie muss so gefasst werden, dass sie sowohl für die Erklärung der literarischen, künstlerischen und wissenschaftlichen Innovationen im Frankreich des 19. Jahrhunderts als auch für die Erklärung der entsprechenden Innovationen in den Vereinigten Staaten in der zweiten Hälfte des 20. Jahrhunderts genutzt werden kann.

Somit wird Bourdieus erstes Verdienst von einer Zuspitzung seiner Theorie auf einen speziellen Anwendungsfall – die französische Gesellschaft – begleitet, die wir relativieren müssen, wenn wir seinen Ansatz auch für andere Anwendungsfälle nutzen wollen. Dies gilt auch für sein zweites Verdienst. Bourdieu setzt Macht in Bezug zum ökonomischen, sozialen und kulturellen Feld und erzeugt damit ein komplexes Verständnis der Funktion von Macht. Besonderes Augenmerk richtet er auf die ökonomischen, sozialen und kulturellen Ressourcen der Macht. Wir können diese Theorie zumindest teilweise als Theorie der ökonomischen, sozialen und kulturellen Produktion von Macht verstehen. Seine Theorie zeigt uns, wie die Produktion und Reproduktion von Macht in ökonomischer, sozialer und kultureller Hinsicht funktioniert. Nicht nur physische Kraft oder Befehlsgewalt über die Mittel zur Befriedigung von Bedürfnissen anderer Leute verleiht einem Macht. Man benötigt Geld, um wirtschaftlichen Erfolg zu haben, soziale Beziehungen, um sozial mächtig zu sein, Bildung, um kulturell mächtig zu sein, und Reputation, um symbolisch mächtig zu sein. Es gibt spezielle Regeln, die den Erwerb dieser Machtressourcen leiten. Außerdem führt Bourdieu die Macht in das komplexe Feld des Marktwettbewerbs ein. So wird Macht als Marktmacht spezifiziert, als Fähigkeit, sich gegenüber der Konkurrenz durchzusetzen.

Bourdieu weiß sehr gut um die inneren Gesetzmäßigkeiten der verschiedenen Felder, die je spezifische strukturelle Bedingungen für den Erfolg im Machtspiel setzen. Dennoch gibt es in seiner Argumentation einen Trend, dem Machtspiel vorrangige Bedeutung einzuräumen. Dies würde die innere Logik der verschiedenen Felder unter die Regeln dieses Spiels subsumieren. In diesem Fall würden wir die Einsichten verlieren, die eine Analyse der Gesetze böte, die ausschließlich in diesen Feldern gelten. Sicher sind beide Beziehungen empirisch möglich. Das Machtspiel mag durch die Gesetze der ökonomischen, sozialen und kulturellen Felder strukturiert werden. Aber es kann auch zu einer Strukturierung dieser Felder durch die Regeln des Machtspiels kommen. Die Theorie muss eine scharfe analytische Unterscheidung und eine Einsicht in die Funktionsweise der inneren Gesetze der ökonomischen, sozialen und kulturellen Felder sowie auch des Machtspiels *per se* liefern. In einem zweiten Schritt können wir die Auswirkungen betrachten, die durch die Strukturierung eines solchen Feldes durch ein anderes Feld entstehen. Um ein vollständiges Verständnis dieser Prozesse zu erlangen, müssen wir über Bourdieus Theorie hinausgehen und von solchen Theorien lernen, die sich stärker auf ein bestimmtes der verschiedenen Felder des sozialen Handelns konzentrieren.

Eine Theorie, die soziale Wirklichkeit vor allem in den Begriffen der Macht sieht, unterwirft die ökonomischen, sozialen und kulturellen Felder unter die Logik des Machtspiels. Sie kann daher die spezifischen Gesetze dieser Felder nicht erklären, die dann ins Spiel kommen, wenn sie unabhängig von der Macht funktionieren. In Begriffen der Macht ist ökonomischer Erfolg stets ein Resultat früherer Macht. Eine solche Theorie des ökonomischen Erfolgs würde keinen Raum für den Erfolg von Innovatoren auf dem Markt bieten. Ganz im Gegensatz zur Machttheorie des ökonomischen Erfolgs kommt dies jedoch auf Märkten vor. Wir benötigen eine ökonomische Theorie des Erfolgs, wenn wir einer Erklärung von Innovation näher kommen wollen. Hier müssen wir die Machttheorie mit Hilfe der ökonomischen Theorie erweitern.

Ähnlich deckt auch eine Theorie des sozialen Erfolgs in Begriffen der Macht die interne Logik der sozialen Assoziation nicht korrekt ab. Wird die Frage in dieser Perspektive betrachtet, dann vereinigen sich die Menschen nicht, um ihr soziales Kapital zu erhöhen, sondern um die vertrauten sozialen Beziehungen zu bewahren, ganz gleich, ob dies ihr soziales Kapital steigert oder nicht. Ihre etablierten sozialen Beziehungen setzen häufig dem wachsenden sozialen Kapital und dem sozialen Wettbewerb Grenzen. Daher finden wir in diesem Bereich wenig Wettbewerb und wenig Wandel, ein typisches Element, das man nicht bemerkt, wenn man Wettbewerb und Marktmacht als vorrangig betrachtet.

Dasselbe gilt auch für das kulturelle Feld. In diesem Feld finden Kommunikation und Diskurs statt, gegenseitiges Verständnis muss erreicht werden, und man muss Wahrheit finden. Aus Sicht der Machtspieltheorie jedoch würden Verständnis und Wahrheitsfindung von der Macht abhängen, die man in Kommunikation und Diskussion investieren kann. Dies ist der Fall, wenn die Macht vorherrscht. Allerdings ist dies nicht generell der Fall. Wenn Kommunikation und Diskurs ihren eigenen Weg gehen, unabhängig vom machtgestützten Wettbewerb, dann führen sie zu einem gegenseitigen Verständnis auf gleicher Basis und zur Konstruktion von intersubjektiv gültigen Sichten der Welt, nicht aber zu Weltsichten, die der Gesellschaft mittels einer überlegenen Marktmacht aufgedrängt werden.

Schließlich leidet der Blick auf die symbolische Macht in der Perspektive des Machtspiels unter demselben Mangel. Reputation kann aus symbolischen Machtkämpfen entstehen, sobald sie aber aus dem kulturellen Diskurs hervorgeht, muss sie die Anforderungen von Rechtfertigung und Legitimation erfüllen, sofern sie aus sozialer Vereinigung entsteht, muss sie den Anforderungen der Normenkonformität einer Gemeinschaft gerecht werden, und sobald sie dem ökonomischen Wettbewerb entspringt, muss sie die Anforderungen ökonomischer Leistung erfüllen, die von der Innovationsfähigkeit abhängt.

Eine Annäherung an die soziale Wirklichkeit vor allem unter dem Aspekt des Machtspiels berücksichtigt nicht vollständig die internen Gesetze der ökonomischen, sozialen und kulturellen Felder oder die Auswirkungen der spezifischen Gesetze dieser Felder auf den Erwerb, die Akkumulation und den Einsatz von Macht selbst. Wirtschaftlicher Wettbewerb bringt ein Element des Wandels in die Machtstruktur ein und ermöglicht den Aufstieg zuvor unbekannter Innovatoren in der Machtstruktur. Soziale Vereinigung schränkt den Machtwettbewerb ein, indem die Akteure vom Konkurrenzkampf gegen alle fern gehalten werden und indem ihnen Wettbewerbsnormen auferlegt werden. Eine reine Machtspieltheorie erklärt nicht, weshalb die Akteure nur die friedlichen und genau vorgeschriebenen Mittel zur Akkumulation von ökonomischem, sozialem und kulturellem Kapital im Wettbewerb verwenden. Warum wenden sie nicht Gewalt und Betrug an, um die Konkurrenz zu besiegen? Machtwettbewerb ist eine sehr stark regulierte Form des Machtkampfes, der friedlich abläuft und in dieser Hinsicht von der normativen Kontrolle assoziierter Menschen über die Grenzen von Klassen, Fraktionen, Schichten, Gruppen und Einzelpersonen hinaus abhängt. Kommunikation und Diskurs üben einen Legitimations- und Rechtfertigungsdruck mittels allgemeiner Ideen, Werte und Normen auf den Erwerb, die Akkumulation und den Einsatz von Macht aus. Die Regeln des Machtwettbewerbs stehen unter ständigem Druck, sich hin zu mehr Übereinstimmung mit grundlegenden Ideen von freiem Wettbewerb auf Gleichheitsbasis zu wandeln; die ungleichen Wettbewerbsergebnisse werden dann insoweit korrigiert als sie gleiche Wettbewerbsbedingungen zerstören. Der Machtwettbewerb wird an den Ideen von Freiheit, Fairness und Chancengleichheit gemessen. Diese Korrekturen müssen wir an der Machtspieltheorie vom Standpunkt der ökonomischen, normativen und kommunikativen Theorien vornehmen, um sie von einer eingeschränkten Machttheorie in eine umfassendere Theorie der Produktion, Reproduktion und Transformation von Individuum und Gesellschaft umzuwandeln.

Schließlich müssen wir die Theorie der Marktmacht aus der Sicht einer streng formulierten Machttheorie korrigieren. Bourdieu begreift Macht als Marktmacht im Wettbewerb. Die echte Quelle der Macht jedoch ist physischer Zwang, den man einsetzen kann, um jeglichen Widerstand zu überwinden, einschließlich jeder Art von Marktmacht. Wir müssen dies berücksichtigen, um zu wissen, dass Bourdieus Machtspiele nur so lange funktionieren, wie diese echte Quelle der Macht unter Kontrolle gehalten und von jeder Einmischung in den ökonomischen, sozialen und kulturellen Wettbewerb fern gehalten wird. Sie muss durch ein Rechtssystem kontrolliert werden, das in einer gesellschaftlichen Gemeinschaft wurzelt, die über die Schranken von Klassen, Fraktionen, Schichten, Gruppen und Einzelpersonen hinausreicht. Andernfalls könnten wir nicht erklären, weshalb diese Klassen, Fraktionen, Schichten, Gruppen und Einzelpersonen überhaupt das Machtspiel des friedlichen Wettbewerbs spielen.

Bourdieu hat seine eigene Lektion über die Funktionsweise des intellektuellen Feldes gut gelernt und für die praktische Umsetzung seiner Idee eines reflexiven Verhältnisses zwischen Theorie und Praxis nutzbar gemacht. Nachdem er sich Jahrzehnte lang auf seine Forschungstätigkeit konzentriert hatte, sah er sich in den 1990er Jahren in wachsendem Maße dazu berufen, seine Reputation als erster Soziologe Frankreichs in die Waagschale des öffentlichen Diskurses zu werfen. Er brachte die Geltung universeller moralischer Prinzipien gegen die aus seiner Sicht von der Entfaltung des globalen Kapitalismus verursachten Verwerfungen und sozialen Spannungen in Anschlag. Innerhalb des intellektuellen Feldes hat er eine deutlich radikalere Position als Alain Touraine eingenommen, was z.B. darin zum Ausdruck kommt, dass er die Protestwelle gegen die Sparpolitik der Regierung im Dezember 1995 unterstützt hat, während Touraine bereit war, die Politik der Regierung zu verteidigen. Im symbolischen Kampf um Legitimität setzte Bourdieu sein durch Forschungsarbeit akkumuliertes, im Zitationsindex ausgedrücktes wissenschaftliches Kapital ein, um den bis dahin in der Öffentlichkeit bekannteren Touraine ausstechen zu können. Seine zwei Reden gegen das Fernsehen im Fernsehen waren weitere strategische

Schachzüge im Aufbau von Einfluss im intellektuellen Feld. Dazu kam die Gründung einer Buchreihe mit Essays, die einem breiteren Publikum Anleitung zur Deutung der Situation der Zeit geben sollten. Mit dem von ihm herausgegebenen Band von Selbstzeugnissen über *Das Elend der Welt* (1997a) hat Bourdieu eindringlich die Schattenseiten einer von der kapitalistischen Wohlstandsproduktion beherrschten Welt dokumentiert. Auch Bourdieu vertrat in diesen symbolischen Kämpfen einen aus Unabhängigkeit resultierenden Anspruch auf Repräsentation einer universell gültigen Moral gegen den Partikularismus wirtschaftlicher und politisch-administrativer Interessen. Im Unterschied zum literarischen Feld der Schriftsteller glaubte er, im wissenschaftlichen Feld über einen besser fundierten Stützpfeiler für diesen Legitimitätsanspruch zu verfügen. Im Lichte seines eigenen Theorieansatzes ist das allerdings auch nicht mehr als eine Strategie, um im symbolischen Kampf mit Konkurrenten – wie mit Touraine oder mit den Repräsentanten der Wirtschaftswissenschaften – an Boden zu gewinnen, zumal auch Bourdieu nichts daran ändern kann, dass sich aus seinen wissenschaftlichen Untersuchungen keine direkten Empfehlungen für politische Maßnahmen – etwa für oder gegen die Sparpolitik der französischen Regierung im Dezember 1995 – ableiten lassen. Auch die Frage, wie der globale Kapitalismus in sozial verträgliche Bahnen gelenkt werden kann, ist zu komplex, um aus Bourdieus empirischen Untersuchungen über die institutionellen Felder der französischen Gesellschaft gesicherte Antworten herausziehen zu können. Vom wissenschaftlichen Feld führt kein direkter Weg in das intellektuelle Feld der öffentlichen symbolischen Kämpfe um die Definition der Situation. In dieser Arena gelten andere Gesetze als im Feld der Wissenschaft. Hier kommt es darauf an, die Positionen zu erobern, aus denen heraus Situationsdefinitionen publizistisch verbreitet werden können. An der Feststellung Max Webers führt auch heute kein Weg vorbei: Von der Wissenschaft zur politischen Entscheidung gelangt man nicht auf dem Wege der logischen Ableitung, sondern nur auf dem wissenschaftlich nicht begründbaren Weg der politischen, letztlich mit Macht ausgetragenen Präferenzbildung. Dieser Kluft zwischen Wissenschaft und Politik kann durch das von Bourdieu angestrebte reflexive Verhältnis zwischen Theorie und Praxis Rechnung getragen werden, indem beide Seiten in einen Dialog treten, durch den mehr sichtbar wird als zuvor. Sie kann dadurch aber genauso wenig wie durch die Einrichtung öffentlicher Diskurse im Habermasschen Sinne beseitigt werden. Im öffentlichen Diskurs kann das Reflexionsniveau gesteigert werden; es lässt sich aber nicht verhindern, dass Entscheidungen nie nur gute Folgen, sondern immer auch schlechte Folgen haben und deshalb dem Konsensus über diese Entscheidungen enge Grenzen gesetzt sind. Das heißt letztlich, dass Politik durch Wissenschaft nicht ersetzt und auch nicht in allen ihren Konsequenzen wissenschaftlich begründet werden kann, auch nicht durch ein reflexives Verhältnis zwischen Theorie und Praxis.

Orientierungsfragen

1. Beschreiben Sie den Zusammenhang zwischen Lebensstil, Habitus und Praxis!
2. Diskutieren Sie die These „Eliteschulen sind notwendig für unsere Gesellschaft" aus der kapitaltheoretischen Sicht Bourdieus!
3. Inwiefern erweitert Bourdieus Begriff des Habitus den Marxschen Klassenbegriff?
4. Bourdieu und Giddens erheben beide den Anspruch, in ihrer Theorie Mikro- und Makro-Ebene zu verbinden. Vergleichen Sie beide Ansätze anhand von Bourdieus Konzept der Praxis und von Giddens' Agency-Konzept!
5. Der Begriff der Macht hat bei Bourdieu wie bei Giddens eine zentrale theoretische Bedeutung. Vergleichen Sie beide Theoretiker kritisch hinsichtlich ihrer Konzeption von Macht!
6. Wie wird nach Bourdieus Kapitaltheorie die Sozialstruktur reproduziert?
7. Beschreiben Sie das literarische Feld als Beispiel von Bourdieus Feldtheorie!
8. Beschreiben Sie Bourdieus politisches Engagement mit dem Konzept der soziologischen Intervention von Touraine!

Wichtige Begriffe

Feld, soziales
Habitus
Kapital, kulturelles
Kapital, ökonomisches
Kapital, soziales
Kapital, symbolisches
Praxis

13. Die Selbstproduktion der Gesellschaft Alain Touraines Aktionalistische Soziologie

Biografische Angaben

Alain Touraine wurde am 3.8.1925 in Hermenonville, Frankreich geboren. Er studierte Geschichte an der der *Ecole Normale Supérieure*, übernahm dann allerdings Lehraufträge an verschiedenen sozialwissenschaftlichen Instituten sowie 1956 eine Gastprofessur in Chile. 1960 wurde er Studiendirektor an der *Ecole Pratique des Hautes Etudes* in Paris, 1966 Professor für Soziologie an der Universität Nanterre. Seit 1970 ist er in Paris als Leiter des Studienzentrums für Soziale Bewegungen an der *Ecole des Hautes Etudes en Sciences Sociales* sowie als Professor am *Insitut d'Etudes et du Développement Economique et Social* tätig.

Auf dem Weg zur postindustriellen Gesellschaft

Die Gesellschaft ist nicht ein System, das auf metasozialen Wesen wie Gott, auf Werten oder auf ökonomischen Widersprüchen basiert, sondern ein kontinuierlicher produktiver Prozess, der im Handeln historischer Akteure steckt. **Soziale Bewegungen** bilden den Kern dieser **„Selbstproduktion" der Gesellschaft**. Dies ist der Ausgangspunkt von Alain Touraines Theorie sozialer Bewegungen, die als Herzstück einer allgemeinen Theorie des Handelns und der Gesellschaft gilt (Touraine 1965, 1969, 1973, 1974, 1978, 1980, 1987, 1995, 1997, 2001; Touraine, Wieviorka und Dubet 1987). Damit distanziert er sich auch sehr deutlich von den Grundsätzen der in der französischen Gesellschaftstheorie sehr einflussreichen Ansätze des Strukturalismus und des Poststrukturalismus. Mit diesen Ansätzen teilt er allerdings die zentrale Bedeutung der Macht für die gesellschaftliche Reproduktion. Im Unterschied zu jenen Ansätzen widmet allerdings Touraine der Dynamik der gesellschaftlichen Reproduktion, den dabei stattfindenden Kämpfen um die Macht und der sich dabei vollziehenden Transformation der Gesellschaft eine viel größere Aufmerksamkeit. Obwohl auch Bourdieu dieser Seite der gesellschaftlichen Reproduktion die ihr gebührende Beachtung geschenkt hat, ist Touraine in dieser Hinsicht jedoch am weitesten gegangen. Beide – Touraine und Bourdieu – unterscheiden sich in dieser Hinsicht als Soziologen deutlich von den eher philosophisch geprägten Gesellschaftstheorien des Poststrukturalismus und Postmodernismus, z.B. von Foucaults und Baudrillards Beiträgen.

Touraine beschäftigt sich vor allem mit der Suche nach den neuen sozialen Bewegungen, die den Wandel von der industriellen Gesellschaft hin zur postindustriellen, zur programmierten Gesellschaft begleiten, wie er die neue Gesellschaft nennen möchte (Touraine 1969). Die industrielle Gesellschaft entstand aus der Bewegung des Bürgertums, der die Arbeiterbewegung entgegenwirkte. Die neue programmierte Gesellschaft, die aus dem Schoße der industriellen Gesellschaft hervorgeht, wird von den Technokraten geprägt, die in den Führungszentren der öffentlichen Verwaltung und der Privatunternehmen sitzen. Zunehmend wirken ihr die Friedensbewegung, die Umweltbewegung, die Bewegung der Atomkraftgegner und die antitechnokratische Bewegung entgegen (Touraine 1973, 1978, 1980). Diese bilden die neuen sozialen Bewegungen, die immer häufiger als wichtigste Kräfte des historischen Wandels an die Stelle der Arbeiterbewegung treten. Die Arbeiterbewegung hat ihre Vorherrschaft als Kraft des historischen Wandels in den zentralen kapitalistischen Gesellschaften verloren, je mehr die Gewerkschaften an der institutionalisierten Entscheidungsfindung Beteiligung fanden und Teil des politischen Establishments wurden.

Auf der anderen Seite ist die industrielle Kultur generell ins Kreuzfeuer der Kritik geraten; dies führte zu radikalen Zweifeln über ihre angebliche Rationalität, die weit über den Anspruch der Arbeiterbewegung hinausgehen, den von der Industriegesellschaft produzierten Reichtum zu teilen. Dieses Teilen des Reichtums der Industriegesellschaft ist nicht länger das Ziel der neuen sozialen Bewegungen, die statt dessen bemüht sind, sich den Prämissen dieser Gesellschaft zu widersetzen: der wirtschaftlichen Expansion und dem technischen Fortschritt. Die Befreiung aus dem von der Industriegesellschaft produzierten „stahlharten Gehäuse“ (Max Weber), das von der programmierten Gesellschaft vollendet wurde, ist das Hauptthema der neuen Kritik. Der allgemeine Tenor der Suche nach neuen Lebensformen ist die Suche nach der persönlichen Identität und nach dem Leben in einer echten Gemeinschaft.

Es entsteht ein neuer Populismus von Bewegungen, die darauf abzielen, die Solidarität der Menschen gegen die technokratischen Kräfte zu mobilisieren. Von der Peripherie aus greifen die populistischen Bewegungen der Dritten Welt – von Lateinamerika bis nach Afrika – die Vorherrschaft der Industriegesellschaft über den Rest der Welt an. Die antitechnokratischen Bewegungen bilden die neuen sozialen Bewegungen, die zur wichtigsten kritischen Kraft wurden, die gegen die bestehende Herrschaft der programmierten Gesellschaft über die Menschen arbeitet. Nicht mehr der Arbeiter leidet unter unmenschlichen Arbeitsbedingungen und schlechtem Lebensstandard – in den hoch entwickelten programmierten Gesellschaften leiden vielmehr die Menschen, die in materiellem Wohlstand leben, darunter, dass sie von einem alles umfassenden technokratischen System beherrscht werden, das sie kontrolliert anstatt von ihnen kontrolliert zu werden.

So ist Touraines Bild der Gesellschaft. Dies erklärt auch, weshalb Touraine den sozialen Bewegungen in seiner Gesellschaftstheorie eine solch zentrale Rolle einräumt. Die Gesellschaft ist so, wie sie ist, durch die historischen Kämpfe der sozialen Bewegungen produziert worden; sie wird versteinern, wenn es keine neuen sozialen Bewegungen gibt, die für einen Wandel kämpfen (Touraine 1978).

Die Selbstproduktion der Gesellschaft

Menschliche Gesellschaften funktionieren nicht nur nach Naturgesetzen; sie entwickeln sich nicht nur nach Evolutionsgesetzen; sie werden nicht vollständig von metasozialen Wesen, wie z.B. Gott, vom Staat oder der Wirtschaft und auch nicht von übergeordneten Werten gesteuert. Statt dessen sind sie in der Lage, selbstständig zu handeln und sich selbst im historischen Handeln zu produzieren. Mit diesem Bild der Selbstproduktion der Gesellschaft trennt Touraine seinen Ansatz von jeglicher Art des Objektivismus in der Sozialwissenschaft und begreift diesen Ansatz als aktionalistische Soziologie, die das Handeln in den Mittelpunkt der soziologischen Theorie stellt. Während die Gesellschaften der Vergangenheit – Agrargesellschaft, merkantilistische Gesellschaft und Industriegesellschaft – die Fähigkeit zur Selbstproduktion nur in begrenztem Umfang entwickelten, schöpft die postindustrielle programmierte Gesellschaft diese Fähigkeit voll aus.

Drei Komponenten bilden die Fähigkeit dieser Gesellschaft zur Selbstproduktion: Wissen, Akkumulation und ein kulturelles Modell (Touraine 1973: Kapitel 1). Die Gesellschaft bringt das Wissen um die Natur und um sich selbst voran und gewinnt die Fähigkeit, sich selbst im Lichte des fortschreitenden Wissens zu produzieren. Sie führt nicht blindlings traditionelle Praktiken weiter, sondern prüft und verändert sie im Lichte des erworbenen Wissens. Die Gesellschaft ist fähig, einen Teil ihrer erzielten Gewinne aufzusparen und in die weitere Produktion zu investieren; somit verbessert sie ihre Fähigkeit zur Produktion. Dies führt zu noch mehr Akkumulation von Reichtum, der wiederum zur Steigerung der Produktion genutzt werden kann. Schließlich handelt die Gesellschaft auch auf der Grundlage eines kulturellen Modells. Damit ist ein Bild der Kreativität gemeint, also ein Mittel, durch das die Gesellschaft etwas über sich selbst aussagen kann. Das kulturelle Modell der programmierten Gesellschaft ist die Wissenschaft; das heißt, die Wissenschaft wird als kreative Quelle der Gesellschaft begriffen. Die Gesellschaft gilt als fähig, sich selbst zu produzieren und sich selbst mittels Wissenschaft zu transformieren. Das kulturelle Modell ist laut Touraine kein Wertesystem. Seiner Auffassung nach ist die Wissenschaft de facto das kulturelle Modell, das für die Produktion und Transformation der Gesellschaft verwendet wird, unabhängig davon, ob die Folgen als gut oder schlecht bewertet werden. Wissenschaft ist auch nicht einfach die herrschende Ideologie, weil sie in der ganzen Gesellschaft von allen Klassen und sozialen Gruppen genutzt wird.

Touraine nennt die Tatsache, dass sich menschliche Gesellschaften in der bislang aufgezeigten Art und Weise reproduzieren, ihre **Historizität**. Das bedeutet, dass die Menschen ihre eigene Geschichte schreiben und nicht nur die Gesetze und Funktionen der sozialen Systeme erfüllen. Historizität impliziert, dass die Entwicklung von Gesellschaften nicht nach den Gesetzen der Evolution verläuft, sondern menschliches Handeln, Konflikt und Kampf beinhaltet. In der menschlichen Geschichte erfolgt nicht zwangsläufig eine Aufwärtsentwicklung hin zu höheren Ebenen der Rationalität. Der Wandel von einem Gesellschaftstypus zu einem anderen ist keine notwendige Abfolge in einem evolutionären Prozess, der zu höheren Ebenen der menschlichen Organisation fortschreitet. Statt dessen ist er eine Transformation, die Kämpfe mit sich bringt, aus denen eine neue Gesellschaft entsteht, weil sie von den durchsetzungkräftigeren historischen Akteuren erfolgreich etabliert wird. Die neue Gesellschaft erreicht nicht automatisch eine höhere Ebene der Rationalität; sie ist lediglich eine erfolgreichere Alternative. Die treibende Kraft der gesellschaftlichen Entwicklung ist nicht ein Gesetz der Evolution, sondern das Handeln historischer Akteure, dessen Erfolg besonders stark von der ihnen zur Verfügung stehenden Macht abhängt.

Diese Überlegungen führen unmittelbar zu einer Relativierung des Gedankens der Selbstproduktion der Gesellschaft. Nicht die Gesellschaft als ganze Gemeinschaft handelt so, sondern eine Gruppe von Innovatoren und Herrschern übernimmt dabei die Führung. Es ist die herrschende Klasse, die in der Produktion der Gesellschaft mittels Erweiterung von Wissen, Akkumulation und Orientierung an dem kulturellen Modell als wichtigster historischer Akteur handelt. Es ist die herrschende Klasse, die vorwiegend Historizität ausübt und so ihre Herrschaft über die Gesellschaft und über das Volk insbesondere errichtet und stabilisiert. Sobald das Volk seinerseits seine Beherrschung durch die herrschende Klasse infrage stellt, versucht es, Historizität für sich zurückzugewinnen. Es kämpft mit der herrschenden Klasse um die Produktion der Gesellschaft.

Historizität

Zwei konträre Prozesse steuern die Produktion der Gesellschaft. Auf der einen Seite wird Historizität in Organisation verwandelt und wird dann zu Ordnung und Macht, die über die Menschen ausgeübt wird. Auf der anderen Seite zielen Gegenbewegungen auf kulturelle Innovation und bringen Konflikte und historische Kämpfe mit sich. So versuchen sie, Historizität neu einzuführen. Soziale Bewegungen sind die wichtigsten Mittler bei jeglichem Versuch, Historizität zurückzugewinnen. Da sich die herrschende Klasse mit der etablierten Ordnung identifiziert, muss jede kulturelle Innovation stets Klassenkonflikte durchlaufen und sich auf die Klassen als wichtige historische Akteure stützen.

Die Selbstproduktion der Gesellschaft führt die Akteure in sozialen Beziehungen zusammen. Eine Reihe miteinander verwobener sozialer Beziehungen bildet ein soziales Feld. Das Hauptelement der sozialen Beziehungen besteht darin, dass sie immer Macht involvieren: „Alle sozialen Beziehungen sind Machtbeziehungen" (Touraine 1981: 33).

Touraine sagt auch, dass soziale Beziehungen immer Ungleichheit implizieren. Er denkt an die Beziehung zwischen Herrschenden und Beherrschten, wenn er von sozialen Beziehungen spricht. Wo immer Gleichheit herrscht, gibt es eine Einheit, nicht eine Relation zwischen verschiedenen Einheiten. Das Handeln vollzieht sich jedoch nicht nur in sozialen Beziehungen, sondern findet auch im kulturellen Feld statt. Die Akteure handeln auf der Grundlage kultureller Orientierungen, die in kulturellen Debatten aufeinander bezogen werden. Das kulturelle Feld wird vom kulturellen Modell der Gesellschaft geprägt, das den Akteuren in ihren Kämpfen als Leitlinie dient.

Touraine stellt diese aktionalistische Soziologie den objektivistischen Soziologien gegenüber, die den Motor der Gesellschaft und ihrer Entwicklung in dem Gegensatz zwischen festen Regeln und Innovatoren sehen, in der Wirkungsmacht des Staates allein, in den Produktivkräften oder in der normativen Ordnung der Gesellschaft. Im Unterschied zu diesen objektivistischen Soziologien konzentriert sich Touraine auf das Handeln historischer Akteure, das in sozialen Beziehungen und im kulturellen Feld stattfindet, was zwangsläufig Konflikt und Klassenkampf mit sich bringt. Es gibt drei Ebenen, auf denen dieses Handeln vollzogen wird: Organisation, Institutionen und Historizität. Auf organisatorischer Ebene bezieht sich das Handeln beispielsweise auf die Organisation der Arbeit in einem Unternehmen, möglicherweise auf die Verbesserung der Arbeitsbedingungen. Auf institutioneller Ebene hat das Handeln zum Beispiel die Beziehung zwischen Unternehmern und Gewerkschaften in der Führung der Wirtschaft zum Gegenstand. Auf der Ebene der Historizität ist das Handeln auf die Klassenbeziehungen in der Gesellschaft und auf die Organisation der Gesellschaft insgesamt ausgerichtet. Je mehr im Handeln die Ebene der Historizität erreicht wird, desto mehr steht die Fortführung einer gesellschaftlichen Organisation oder ihr Wandel auf dem Spiel.

Die wichtigsten historischen Akteure sind die sozialen Klassen, die herrschende Klasse und die Klasse des beherrschten Volkes (Touraine 1973: Kapitel 3; 1978: Kapitel 4). Sobald eine Klasse als historischer Akteur handelt, tut sie dies auf der Grundlage eines Klassenbewusstseins (was bedeutet, dass sie um ihre Position in der Gesellschaft weiß), einer kulturellen Orientierung (was die Beibehaltung oder Realisierung kultureller Ideen in der Gesellschaft beinhaltet) und auf der Basis von Macht, die im Kampf um historische Erfolge eingesetzt wird.

Es gibt eine doppelte Dialektik der sozialen Klassen. Die herrschende Klasse identifiziert sich mit Historizität vor allem, indem sie in die Produktion investiert. Allerdings bewegt sie sich zur Herrschaft hin, indem sie den Wandel, den sie zustande gebracht hat, in Ordnung transformiert und somit das etablierte System mit ihren besonderen Interessen identifiziert. Die populäre Klasse, d.h. die große Masse des Volkes, wird beherrscht und reagiert mit defensiven Strategien; sie wird somit zum Anti-Establishment und handelt nicht nur im eigenen Interesse, sondern auch im Hinblick auf die Wiedergewinnung von Historizität für die ganze Gesellschaft, das heißt im Hinblick auf die Öffnung von Optionen für einen Wandel.

Touraine formuliert ein vierdimensionales Gesellschaftsmodell, indem er Handeln und Krise, Ordnung und Wandel einander gegenüberstellt (Touraine 1978: Kapitel 4). Das Handeln von Klassen als historische Akteure auf der Ebene der Historizität führt zum Aufbau von Klassenbeziehungen und wird dann in Institutionen und Organisationen untergliedert. Die so geschaffene Ordnung basiert auf Repression und wird durch Regeln und Verfahren der Reproduktion nach und nach stabilisiert. Das etablierte System wird entwickelt, seiner Umgebung angepasst und in kontinuierlichen Prozessen des Wandels modernisiert, die meist auf dem Staat als Agenten des Wandels beruhen. Auf der anderen Seite lässt die etablierte Ordnung Dysfunktionen auf organisatorischer Ebene, Starrheit auf institutioneller Ebene und Herrschaft auf der Ebene der Klassenbeziehungen entstehen und führt somit langfristig zu Dekadenz. Dies sind Elemente einer fortschreitenden Krise. Sobald die Krise die Ebene der Klassenbeziehungen erreicht hat, wird die Historizität wiedergewonnen, wobei die jetzt ausgetragenen Klassenkämpfe zur Transformation der Gesellschaft führen, die sich wiederum in die Richtung der Organisation und Reproduktion von Ordnung bewegt.

Soziale Bewegungen und historische Kämpfe

Soziale Bewegungen sind die wichtigsten Akteure, die Klassenbeziehungen zu konkreten sozialen Kämpfen machen (Touraine 1973: Kapitel 6; 1978: Kapitel 5). Ihr Wesen ist vom Konflikt geprägt, sie sind auf die Erneuerung der Kultur ausgerichtet, führen Klassenhandlungen durch und schaffen keine modernere Gesellschaft, sondern suchen nach einer Alternative zur vorhandenen Gesellschaft. Sie werden von drei Prinzipien geleitet: Identität, Opposition und Totalität. Sie handeln auf der Grundlage ihrer eigenen Identität, die ihre Klassenposition in der Gesellschaft, ihre Interessen und kulturellen Orientierungen beinhaltet. Sie agieren gegen einen Gegner. Und sie handeln innerhalb bestimmter Felder, die zwischen ihnen und dem Gegner auf dem Spiel stehen.

Touraine unterscheidet zwischen positiven und negativen kritischen Kämpfen, die auf den drei Ebenen von Historizität, Institutionen und Organisation stattfinden können. Positive Kämpfe zielen darauf ab, die Position eines Akteurs in einem bestimmten Bereich zu verbessern. Kritische Kämpfe reagieren auf Herrschaft, die sich in der Krise befindet und als nicht legitimiert betrachtet wird:

- Positive Kämpfe auf der Ebene der Historizität beinhalten soziale Bewegungen und den Zusammenstoß zwischen Klassen im Klassenkampf.
- Positive Kämpfe auf institutioneller Ebene beinhalten institutionellen oder politischen Druck, beispielsweise Druck seitens der Gewerkschaften.
- Positive Kämpfe auf organisatorischer Ebene beinhalten Forderungen und Proteste, beispielsweise Arbeiter, die gegen Arbeitsbedingungen protestieren.
- Kritische Kämpfe auf organisatorischer Ebene beinhalten ein Krisenverhalten, das heißt, Bemühungen, die Ordnung wiederherzustellen, zum Beispiel Versuche zur Senkung der Arbeitslosigkeit.
- Kritische Kämpfe auf institutioneller Ebene beinhalten Druck gegen Hindernisse, beispielsweise Streiks, um die Schließung von Unternehmen zu verhindern.

- Kritische Kämpfe auf der Ebene der Historizität beinhalten revolutionäres Handeln, das auf die Transformation der Gesellschaft abzielt.

Soziale Bewegungen sind der Motor des sozialen Lebens und Agenten des historischen Wandels. Zwei Ebenen der soziologischen Analyse befassen sich mit sozialen Kämpfen und der Verwicklung sozialer Bewegungen in diese Kämpfe: die synchrone und die diachrone Analyse. Bei der synchronen Analyse betrachten wir die anhaltenden Kämpfe innerhalb eines Gesellschaftstyps. Bei der diachronen Analyse betrachten wir die Kämpfe, die zur Transformation eines Gesellschaftstyps in einen anderen führen.

Der Staat im historischen Kampf

Über die herrschende Klasse, die populäre Klasse und die entsprechenden sozialen Bewegungen hinaus involvieren historische Kämpfe, die zur Transformation der Gesellschaft führen, den Staat als Mittelpunkt politischer Macht (Touraine 1978: Kapitel 6). Der Staat handelt in diesem Fall als Agent des sozialen Wandels. Er übt Souveränität über ein Territorium aus und wird von einer herrschenden Elite geleitet, die von der herrschenden Klasse in der Gesellschaft unterschieden werden muss. Die politisch herrschende Elite kann Teil der herrschenden Gesellschaftsklasse sein, muss es aber nicht sein. Bei der Untersuchung historischer Kämpfe müssen wir ihre Beziehung zueinander berücksichtigen (Abb. 13.1).

Eine Entwicklung, die den Übergang von einem alten zu einem neuen System beinhaltet, lässt sich in die ökonomische und die soziale Ebene unterteilen, wobei jede davon aus zwei Elementen besteht. Solange das alte System existiert, muss ein Krisenzustand (1) auf sozialer Ebene bestehen; auf ökonomischer Ebene muss es einen Anreiz von außen (2) geben, der zu Investitionen (3) in neue Produktion in einem neuen System auf ökonomischer Ebene führt; diese werden dann von neuen Formen sozialer Beteiligung (4) auf der sozialen Ebene begleitet.

Touraine unterscheidet drei Entwicklungsmuster: das liberale, das voluntaristische und das vertragliche. In der liberalen Entwicklung nimmt die ökonomische Ebene den zentralen Platz ein; sie resultiert aus der Krise und involviert Anreize, Investition und Beteiligung in genau dieser Reihenfolge. Bei der voluntaristischen Entwicklung steht die soziale Ebene im Mittelpunkt, ebenso auch der Staat als zentraler Agent des Wandels. Die Abfolge bewegt sich vom Anreiz zur Krise, zur Beteiligung und zur Investition. Bei der vertraglichen

Entwicklung dominiert keine Ebene, doch sind beide in die Kommunikation innerhalb von politischen Institutionen einbezogen.

Abb. 13.1: Historizität

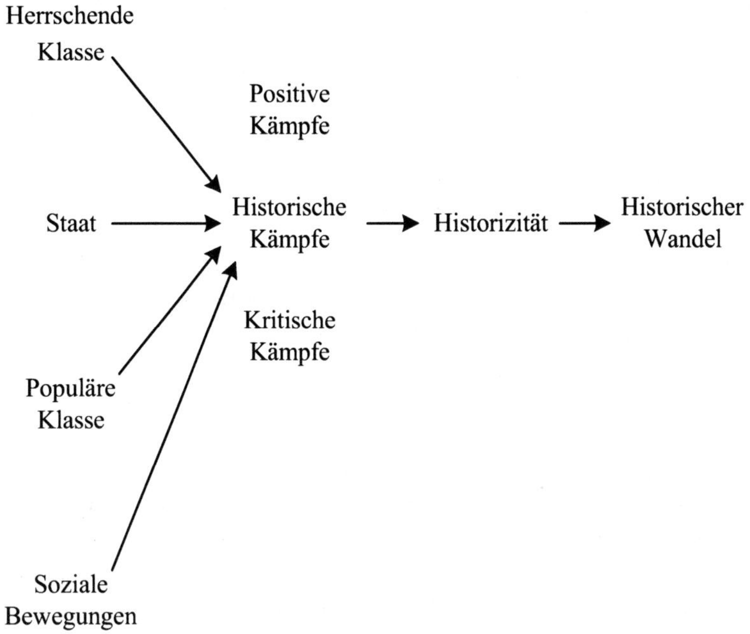

Generell wächst die Autonomie des Staates in Zeiten von Krisen und Rigidität, wenn die Reproduktion über die Produktion dominiert. Der Staat kann dann als Garant der Reproduktion agieren. Er kann eine illusorische Ordnung ohne echte Entsprechung in sozialen Klassenbeziehungen errichten. Soziale Bewegungen, die auf Wandel abzielen, müssen sich in einem doppelten Kampf gegen den Staat und gegen die herrschende Klasse engagieren. Diese Kämpfe umfassen folgende vier Ebenen:

- Die Errichtung und Aufrechterhaltung der Ordnung durch den Staat;
- das Verhalten der Massen in Opposition zur Ordnung;
- die Rolle des Staates im historischen Wandel, was ich hier als Form staatlicher Intervention bezeichnen möchte;
- das Handeln der sozialen Kräfte, die auf diese Intervention durch den Staat reagieren. (Touraine 1981: 116).

Touraine betont, dass der Staat in den zentralen kapitalistischen Gesellschaften (Großbritannien, Vereinigte Staaten) stets nur eine Hilfe für die Macht der herrschenden Klasse als wichtigster sozialer Kraft war und die Unterstützung von Modernisierung sowie die Konfliktaustragung mittels Reformen vorantrieb. Außerhalb der zentralen kapitalistischen Gesellschaften spielte der Staat eine viel aktivere intervenierende Rolle in sozialen Angelegenheiten. Touraine unterscheidet vier Arten dieser staatlichen Intervention, je nachdem, ob der Staat als Agent von Ordnung oder von Wandel handelt und ob die sozialen Kräfte in historischem Handeln oder in der Krise agieren. Im historischen Handeln dominieren die sozialen Kräfte; in der Krise dominiert der Staat. Im Zustand der Ordnung bemüht sich die staatliche Intervention, die soziale Entwicklung zu unterstützen, während der Staat im Zustand des Wandels auf die Lösung nationaler Probleme ausgerichtet ist. Die vier Arten staatlicher Intervention, die aus der Kombination dieser Faktoren resultieren, sind folgende:

- Der sozialdemokratische Staat strebt eine Verbesserung der sozialen Ordnung mittels sozialer Entwicklung an und basiert auf einer Vorherrschaft der sozialen Kräfte im historischen Handeln.
- Der nationalpopuläre Staat fungiert als Agent des Wandels, um zusammen mit den dominierenden sozialen Kräften nationale Probleme im historischen Handeln zu lösen.
- Der kommunistische Staat zielt darauf ab, die soziale Ordnung mittels sozialer Entwicklung in der Krise zu verbessern, wobei der Staat die Oberhand über die sozialen Kräfte innehat.
- Der Staat des kommunitaristischen Sozialismus handelt als Agent des Wandels, um nationale Probleme in der Krise zu lösen, wobei der Staat dominiert.

Die Verbindung zwischen Staat und sozialen Kräften ist bei der staatlichen Intervention instabil. Sie kann zusammenbrechen, was dazu führt, dass der Staat entweder als reiner Agent der Macht oder als Instrument zur Bildung einer herrschenden Klasse agiert. Die vier Arten staatlicher Intervention können sich in folgende Extreme aufspalten, wobei am einen Ende der Machtstaat und am anderen der Staat als Instrument der herrschenden Klasse steht:

- Die Sozialdemokratie kann zu Faschismus oder sozialem Kapitalismus führen.
- Der nationalpopuläre Staat kann zur Militärdiktatur oder zum peripheren Staatskapitalismus führen.
- Der Kommunismus kann zur ideokratischen Diktatur oder zur Staatstechnokratie führen.
- Der kommunitaristische Sozialismus kann zur patrimonialen Diktatur oder zu einem autoritären, neo-kolonisierenden Staat führen.

Je nach Art der staatlichen Intervention können wir folgende Arten des historischen Kampfes unterscheiden:

- In den zentralen kapitalistischen Staaten ist die Arbeiterbewegung, die sich Teilen der Mittelschicht anschließt und auf eine Demokratisierung abzielt, die wichtigste Kraft des historischen Wandels. In der modernen programmierten Gesellschaft treten an ihre Stelle die antitechnokratischen Bewegungen.
- Im sozialdemokratischen Staat sind die Gewerkschaften und Arbeiterparteien die wichtigsten Akteure in den historischen Kämpfen. Bei einem Zusammenbruch kommt es entweder zum Antifaschismus oder zu einem Kampf um die Selbstorganisation der Gesellschaft.
- Im nationalpopulären Staat sind populistische Bewegungen die wichtigsten historischen Akteure, die im Falle eines Zusammenbruchs für einen revolutionären Nationalismus oder revolutionäre Klassenaktionen kämpfen.
- Im kommunistischen Staat ist eine soziale und nationale Befreiungspartei der wichtigste historische Akteur. Im Falle eines Zusammenbruchs tritt eine Bewegung der Demokratisierung oder der Volksfront in den Vordergrund.
- Im kommunitaristischen Sozialismus wird die kommunitaristische Mobilisierung die wichtigste Kraft im historischen Handeln. Im Falle eines Zusammenbruchs gewinnt die ethnische Verteidigung gegenüber dem Staat oder die Etablierung der Klassenideologie einer Gegenelite an Bedeutung.

Schließlich verweist Touraine (1978: Kapitel 6) auf zwei divergierende Auswirkungen der sozialen Bewegungen, die davon abhängen, ob sie in einer liberalen Gesellschaft handeln, deren Entwicklung von der herrschenden Klasse kontrolliert wird, oder aber in einer voluntaristischen Gesellschaft, in welcher der Staat eine dominierende Rolle spielt. In einer liberalen Gesellschaft übt eine soziale Bewegung institutionellen Druck aus, der sich in Forderungen der Reorganisation äußert, die dann wiederum zur Beteiligung an der Herrschaft führen. Die Folge davon ist die Beteiligung an Einfluss und Mitbestimmung, die schließlich und endlich in die Eingliederung der Bewegung in das Machtzentrum mündet. In der voluntaristischen Gesellschaft ist die soziale Bewegung am kritischen Handeln beteiligt, das die Bildung einer Gegenelite hervorbringt, die im weiteren Verlauf zur neuen Elite wird und dann eine herrschende Klasse bildet, die schließlich zur privilegierten herrschenden Klasse wird.

Soziologische Intervention

Touraine formuliert sein Credo in folgenden Worten:

> Durch die Untersuchung sozialer Bewegungen wird man befähigt, ein neues Bild der Gesellschaft zu konstruieren. Die wichtigsten Pfeiler einer Soziologie des Handelns sind: Umsturz der alten Unterwerfung sozialer Tatbestände unter eine metasoziale Ordnung, insbesondere die Unterwerfung unter ökonomische Fakten und die mutmaßlichen Gesetze der Evolution; Kampf gegen die Reduzierung befreiter Historizität auf eine absolute Staatsmacht; Vorbereitung der populären Gegenoffensive, die – ausgehend von einem defensiven Rückzug in Richtung kommunitaristischer Utopien – das gesamte System des Handelns wieder neu erobern sollte, um den gemeinsamen Triumph von sozialem Konflikt und kultureller Innovation zu erreichen. (Touraine 1981: 137)

Touraine (1978: Teil 2) spricht sich für die **soziologische Intervention** als spezifische Methode der Untersuchung sozialer Bewegungen in ihrer zentralen Rolle als historische Akteure und kulturelle Innovatoren aus. Soziologische Intervention vollzieht sich entsprechend der folgenden vier Prinzipien (Touraine 1978: Kapitel 7):

1. Der Soziologe tritt in eine Beziehung mit der sozialen Bewegung an sich ein.
2. Der Soziologe muss die Gruppe in ihrer militanten Rolle begreifen, sie mit dem Gegner und den Vertretern anderer Ebenen des Handelns konfrontieren und so als Vermittler zwischen den Gegnern handeln.
3. Der Soziologe muss die Gruppe in Diskussionen verstricken, die darauf abzielen, die Totalität, die auf dem Spiel steht, ans Licht zu bringen, die tieferen Gründe, die dem Handeln zugrunde liegen.
4. Der Soziologe muss die Selbstanalyse der Gruppe unterstützen, so dass sie den Status einer Bewegung erreichen kann, die auf der Ebene der Historizität handelt und dadurch über das organisatorische und institutionelle Niveau hinausreicht.

Dabei wird der Soziologe in die soziale Bewegung involviert, bewahrt in seiner Rolle als Sprecher aber auch eine gewisse Distanz. Das soziologische Forschungsteam muss die Rolle eines Sekretärs oder Analytikers, der aufschreibt, was vor sich geht, mit der eines Agitators oder Dolmetschers vereinen, der aktiv an den Debatten und der Selbstanalyse teilnimmt. Dabei wird die Gruppe von der Analyse zur Interpretation geführt. Soziologische Intervention als solche durchläuft folgende Phasen:

Eine nationale Gruppe wird Zeuge des historischen Handelns; soziologische Intervention macht sie zunächst zu einer Image-Gruppe, einer Gruppe, die nach einem Image handelt. Weitere Umwandlung macht sie zu einer Analytikergruppe. Interpretation lässt sie zu einer gemischten, selbst-interpretierenden Gruppe werden, die durch die Interaktion zwischen sozialen

Bewegungen und soziologischer Analyse zur permanenten Soziologie beiträgt. Schließlich macht die Gruppe weiter als nationale Gruppe auf einer höheren Ebene der Historizität, nachdem die soziologische Intervention abgeschlossen ist.

In diesen Prozessen erfüllt der Soziologe zwei Aufgaben: Zunächst zeigt er soziale Beziehungen auf, die unter der Oberfläche des alltäglichen Handelns liegen, indem er Konfrontationen zwischen Gegnern auslöst. Dies ist eine Voraussetzung für die soziologische Analyse. Dann trägt er zur kulturellen Innovation der Gesellschaft bei. So fungiert der Soziologe als Analytiker und kultureller Innovator, ohne zum Ideologen einer sozialen Klasse oder Bewegung zu werden. Soziologische Intervention liegt zwischen unbefangener Beobachtung und ideologischem Engagement.

Zusammenfassung

1. Je mehr die Industriegesellschaft von der programmierten Gesellschaft abgelöst wird, desto mehr werden Bedeutung und Einfluss der Arbeiterbewegung durch Bedeutung und Einfluss der antitechnokratischen Bewegung ersetzt.
2. Je mehr sich die menschliche Gesellschaft von der Agrargesellschaft zur merkantilistischen Gesellschaft, weiter zur Industriegesellschaft und schließlich zur programmierten Gesellschaft fortbewegt, desto mehr wird sie die Fähigkeit zur Selbstproduktion in der Förderung und Anwendung von Wissen über die Natur und über sich selbst, in der Investition in die Produktion, die zur Akkumulation von immer mehr Reichtum führt, und in ihrer Ausrichtung auf ein kulturelles Modell entwickeln, das als Bild der Kreativität dient.
3. Je mehr eine Gesellschaft die Fähigkeit zur Selbstproduktion entwickelt, desto mehr wird sie von Historizität geprägt, das heißt, desto mehr wird sie in historischem Handeln über ihr Schicksal entscheiden, anstatt ihr Geschick durch Gott, Evolutionsgesetze, Formen der ökonomischen Produktion oder Werte bestimmen zu lassen.
4. Wann immer sozialer Wandel stattfindet, wird er in sozialen Kämpfen zwischen historischen Akteuren ablaufen.
5. Wann immer sozialer Wandel stattfindet, wird er nicht zwangsläufig auf evolutionäre Weise zu einer höheren Rationalität führen, sondern möglicherweise zu einer neuen Alternative der sozialen Organisation, die von historischen Akteuren in erfolgreichen historischen Kämpfen geschaffen wird.

6. Je mehr eine Gesellschaft die Fähigkeit zur Selbstproduktion entwickelt, desto mehr geschieht dies unter der Führung einer herrschenden Klasse, der die populäre beherrschte Klasse gegenübersteht.
7. Wann immer soziale Kämpfe in Epochen herausragender Historizität ausgetragen werden, führen sie letztlich zur Etablierung von Klassenbeziehungen, Institutionen und schließlich Organisationen und resultieren so in einem Abbau der Historizität.
8. Wann immer Historizität durch Organisation unterdrückt wird, werden Gegenbewegungen ausgelöst, die auf eine Rückgewinnung der Historizität abzielen.
9. Wann immer menschliches Handeln stattfindet, geschieht dies in sozialen Beziehungen, die Ungleichheit und Macht involvieren, und es wird auf ein kulturelles Feld ausgerichtet sein.
10. Je mehr sich das Handeln von der Ebene der Organisation auf die Ebene der Institutionen und schließlich auf die Ebene der Historizität verlagert, desto weitreichender werden die Folgen sein.
11. Wann immer soziale Kämpfe stattfinden, werden sie einen Kampf zwischen der herrschenden Klasse und einer beherrschten populären Klasse mit sich bringen.
12. Wann immer eine soziale Klasse in einen sozialen Kampf eintritt, geschieht dies auf der Grundlage von Klassenbewusstsein, kultureller Orientierung, Macht und sozialer Bewegung.
13. Wann immer eine soziale Klasse ihre Macht in der Gesellschaft errichtet, verwandelt sie Historizität in Organisation, um ihre eigenen partikularen Interessen zu fördern, wohingegen die beherrschte Klasse gegen die etablierte Ordnung handelt und somit darauf abzielt, Historizität für die Gesellschaft zurückzugewinnen (dies ist die doppelte Dialektik der sozialen Klassen).
14. Je mehr das historische Handeln zeitlich fortschreitet, desto mehr bewegt es sich von der Historizität hin zum Aufbau von Klassenbeziehungen, Institutionen und Organisationen, die eine Etablierung von Ordnung in der Abfolge von Repression, Herrschaft und Reproduktion beinhalten, dann aber zu Krisen führen, die sich in Dysfunktionen, Rigidität, Herrschaft und Dekadenz äußern; anschließend lösen diese Krisen Bemühungen (seitens des Staates) aus, durch Entwicklung, Anpassung und Modernisierung einen Wandel herbeizuführen; aber sie lassen auch soziale Bewegungen entstehen, die darauf abzielen, Historizität zurückzugewinnen und den Prozess von vorne beginnen zu lassen.
15. Je mehr soziale Bewegungen auf der Bildfläche erscheinen, desto mehr verwandeln sich Klassenbeziehungen in Klassenkampf.

16. Wann immer eine soziale Bewegung agiert, tut sie es auf der Grundlage ihrer Identität gegen einen Gegner und in Ausrichtung auf die Gesamtheit der auf dem Spiel stehenden zugrunde liegenden Bereiche.
17. Positive Kämpfe wollen die Position eines Akteurs in einem besonderen Feld verbessern; wann immer sie stattfinden, erscheinen sie als soziale Bewegungen auf der Ebene der Historizität, als institutioneller Druck oder als organisatorische Forderung und Protest.
18. Kritische Kämpfe reagieren auf die Verschlechterung der Position eines Akteurs in einem bestimmten Feld; wann immer sie stattfinden, erscheinen sie als organisatorisches Krisenverhalten, institutioneller Druck gegen Hindernisse oder revolutionäres Handeln.
19. Je schwächer die herrschende Klasse ist, desto wichtiger wird die Rolle des Staates als Agent von Ordnung und Wandel.
20. In einer liberalen Gesellschaft mit einer starken herrschenden Klasse werden Investitionen und somit soziale Beteiligung zu einer Transformation der Gesellschaft führen, wann immer es eine Krise und somit auch einen Anreiz von außen gibt.
21. In einer voluntaristischen Gesellschaft mit einem starken Staat wird soziale Beteiligung und dann Investition zu einer Transformation führen, wann immer es einen Anreiz von außen gibt, der Krisen auslöst.
22. In einer Vertragsgesellschaft, in der die herrschende Klasse und der Staat eine vertragliche Relation haben, führt die Kommunikation zwischen ihnen, die Anreiz, Krise, Investitionen und soziale Beteiligung mit sich bringt, zur Transformation.
23. Wann immer sozialer Kampf stattfindet, sind vier Ebenen betroffen: die Etablierung und Aufrechterhaltung von Ordnung durch den Staat; populärer Protest als Opposition zur Ordnung; der Staat als Agent des Wandels; und Handeln sozialer Klassen, die auf die Intervention des Staates reagieren.
24. Wann immer eine soziale Bewegung in einer liberalen Gesellschaft erfolgreich abläuft, deren Entwicklung von der herrschenden Klasse gesteuert wird, übt die Bewegung institutionellen Druck aus, der zu organisatorischen Forderungen führt, was wiederum eine Beteiligung an der Herrschaft zur Folge hat; im weiteren Verlauf kommt es zu einer Beteiligung an Einfluss und Mitbestimmung, was letztlich die Eingliederung der Bewegung in das Zentrum der Herrschaft bewirkt.
25. Wann immer eine soziale Bewegung in einer voluntaristischen Gesellschaft mit einem starken Staat erfolgreich abläuft, engagiert sich die Bewegung in kritischem Handeln, das zur Bildung einer Gegenelite führt, die eine Elite einsetzt, die im weiteren Verlauf eine herrschende Klasse bildet und dann zur privilegierten herrschenden Klasse wird.

26. Je mehr der Soziologe als Interpret und Analytiker sozialer Bewegungen fungiert, desto mehr betätigt er sich in der permanenten Soziologie und desto mehr verbessert er gleichzeitig die soziologische Analyse und die kulturelle Innovation.

Kritische Würdigung

In einer Würdigung von Touraines aktionalistischer Gesellschaftstheorie können wir seine zentrale These teilen, die besagt, dass sich die Entwicklung der Gesellschaft nicht einfach durch die Werke Gottes, durch Evolutionsgesetze oder dominierende Werte erklären lässt, weil sie immer soziale Kämpfe zwischen historischen Akteuren mit sich bringt. Wir können das Entstehen des Kapitalismus nicht als zwangsläufige Entwicklung aus den Widersprüchen des Feudalismus erklären, wie dies eine naturalistische Lesart der Marx'schen Theorie tun würde. Ohne die erfolgreichen Kämpfe des Bürgertums gegen die Aristokratie wäre es nie zu einem Aufstieg des Kapitalismus gekommen. Und ohne die erfolgreichen Kämpfe der Arbeiterbewegung gegen die Herrschaft des Bürgertums und gegen unmenschliche Arbeitsbedingungen hätte es nie eine Eingliederung der Gewerkschaften und der Arbeiterparteien in das Zentrum der Herrschaft in den Industriegesellschaften gegeben. Die Voraussetzung für eine solche Transformation der Gesellschaft ist die Mobilisierung von so viel Macht wie nur möglich, um den herrschenden Gegner zum Nachgeben zu zwingen.

Macht ist die entscheidende Kraft für die Aufrechterhaltung der Ordnung oder die Erzeugung von Wandel. Ohne eine solche Mobilisierung von ausreichender Macht wären weder das Bürgertum noch die Arbeiterbewegung in ihren historischen Kämpfen erfolgreich gewesen. Es stimmt, dass diese Kämpfe die Auseinandersetzung zwischen Gegnern und einen Bezug zur Gesamtheit der sozialen Organisation beinhalten, die auf dem Spiel steht. Es ist auch richtig, dass eine liberale, aber dennoch starke herrschende Klasse normalerweise die Eingliederung oppositioneller Bewegungen in das Zentrum der Herrschaft bewerkstelligt, wohingegen eine autoritäre herrschende Klasse mit Unterdrückung auf eine oppositionelle Bewegung reagieren wird, viel wahrscheinlicher aber ist es, dass sie von dieser Bewegung abgelöst wird, je schwächer sie ist. Diese und viele andere besondere Prinzipien von Touraines aktionalistischer Gesellschaftstheorie lassen sich bei der Erklärung des Verlaufs und des Ergebnisses von sozialen Kämpfen als wichtigsten Faktoren der sozialen Transformation fruchtbar anwenden, solange wir die Auswirkungen der Macht auf das Ergebnis dieser Kämpfe kennen lernen wollen. Macht ist jedoch nicht alles, was im sozialen Handeln steckt, das auf die Aufrechterhaltung und den Wandel der sozialen Ordnung ausgerichtet ist. Im Gegensatz zu Touraines Annahme können soziale Beziehungen auch nicht vollständig auf Machtbeziehungen reduziert werden. Wir würden sehr viel an Information und Präzision bei der soziologischen Analyse verlieren, wenn wir dieser Linie folgten.

Nehmen wir den Verlauf von sozialen Kämpfen und den Erfolg sozialer Bewegungen als Beispiel. Die herrschende kapitalistische Klasse macht Zugeständnisse an die Forderungen der Arbeiter, indem sie die Arbeitsbedingungen verbessert, die Beteiligung an der Entscheidungsfindung erweitert und die Löhne erhöht. Dies tut sie aber nicht nur in Fällen von stärkerem Druck, der auf der Macht der Gewerkschaften basiert, sondern in vielen Fällen auch einfach nur deshalb, um Anreize für größeren und verantwortlicheren Arbeitseinsatz zu bieten und die materielle Basis für mehr Konsum zu schaffen, die eine Voraussetzung für höheren Profit ist. Es ist also häufig ein wirtschaftlicher Anreiz und nicht Druck, also Geld und nicht Macht, der die Repräsentanten des Kapitals dazu motiviert, die Lebensbedingungen der Arbeiter zu verbessern, ohne dass sie von einer starken sozialen Bewegung dazu gezwungen werden.

Allerdings ist weder der Machtkampf noch die Verhandlung alles, was in der Transformation von kapitalistischen Gesellschaften hinsichtlich der Beziehung zwischen Kapital und Arbeit beinhaltet ist. Inklusion ist eine weitere wichtige Beziehung; sie lässt sich nicht auf Machtbegriffe reduzieren, sondern muss unter dem Aspekt von Commitment und Einfluss erklärt werden. Der Aufbau von Nationalstaaten und die Beteiligung der Gesamtbevölkerung an Kriegen zwischen diesen Nationalstaaten trug zum Aufbau nationaler Solidaritäten bei, die über Klassensolidaritäten hinausführen. Die Ausweitung von Bürgerrechten, also ökonomischen Rechten auf Eigentum, politischen Rechten auf Wahl, sozialen Rechten auf sozialen Wohlstand und kulturellen Rechten auf Bildung begann mit der Bildung nationaler Solidaritäten beim Aufbau der europäischen Nationalstaaten. Die Ausweitung dieser Rechte bedeutet nicht in erster Linie die Eingliederung in das Zentrum der Herrschaft, sondern Inklusion in die nationale Gemeinschaft und die Etablierung nationaler Solidaritätsbande über Klassenschranken hinweg. Erst in zweiter Linie kann aus dieser Inklusion die Beteiligung an der Herrschaft entstehen. Die europäischen Nationalstaaten konnten diese Inklusion in unterschiedlichem Maße erreichen. Dies ist wichtig, um die Transformation der Beziehung zwischen Kapital und Arbeit in diesen Gesellschaften zu erklären. Wo diese Inklusion sich erst sehr spät und in begrenztem Umfang vollzog, blieb die Arbeiterbewegung radikaler und gewaltsamer als in Gesellschaften, in denen die Inklusion früher begann und weiter reichte. Dies erklärt, weshalb die Arbeiterbewegung in Frankreich und Italien nach wie vor radikaler und gewaltsamer ist als in Großbritannien oder in den skandinavischen Ländern. Dort ist die Arbeiterbewegung in ihren Zielsetzungen und Mitteln stark, aber nicht radikal und gewaltsam, was den Fortbestand des gesellschaftlichen Systems an sich angeht. Touraine hat kein theoretisches Instrument, um solche Unterschiede zu erklären, weil er Inklusion, Solidarität, Commitment oder Einfluss in seinem theoretischen Schema keine Stellung einräumt, die von der Macht unabhängig wäre. Wir brauchen eine Theorie, die diesen Variablen einen unabhängigen Status verleiht, um solche Phänomene zu erklären. Die Ausweitung der Bürgerrechte ist ein zentrales Element der Transformation der Beziehung zwischen Kapital und Arbeit in kapitalistischen Gesellschaften, wie T.H. Marshall in seinem Werk *Class, Citizenship, and Social Development* (Marshall 1964/1976) gezeigt hat. Diese Transformation verlangt eine Erklärung durch Prozesse der Inklusion, die sich nicht auf ökonomisches Verhandeln oder auf Machtkämpfe reduzieren lassen. Letzere spielen in diesem Prozess zwar eine Rolle, können aber den Inklusionsprozess an sich nicht ersetzen.

Schließlich beinhaltet die Transformation der Beziehung zwischen Kapital und Arbeit Verfahren der diskursiven Rechtfertigung von Ansprüchen, die ihre eigene Qualität und Auswirkungen haben und nicht auf die Begriffe des Machtkampfes reduziert werden können. Sicherlich war und ist der Kampf zwischen Kapital und Arbeit in hohem Maße eine ideologische Debatte: Die Ansprüche sind vom Wesen her ideologisch begründet, bestimmte Klasseninteressen werden vertreten und mittels Mobilisierung von Macht erfolgreich durchgesetzt. Es stimmt, dass Macht oft die erfolgreiche Durchsetzung von Argumenten fördert. Dies ist jedoch noch nicht alles. Auch Diskussionen entfalten ihre ganz eigene Logik. Nachdem die Aufklärung Werte wie Freiheit, Gleichheit und Rationalität für alle als kulturelle Ideen der bürgerlichen Bewegung verbreitete, löste sie einen Diskurs aus, der nicht auf die Legitimation der Freiheit und Gleichheit des Bürgertums und die Rationalität des Kapitalismus alleine beschränkt werden konnte, ohne dem eigentlichen Wesen der Ideen zu widersprechen: ihrer universellen Gültigkeit für alle.

Je weiter sich also dieser Diskurs fortsetzte, desto mehr konnte er gegen die Zwänge, Ungleichheiten und Irrationalitäten des Kapitalismus gerichtet werden und somit enorme Legitimationsanforderungen stellen. Dass diese Aufforderungen kontinuierlich erweitert werden, ist ein logischer Prozess, weil sich der Diskurs an sich in Richtung von Universalisierung bewegt. Jeder Zwang, jede Ungleichheit und Irrationalität lässt sich im Lichte der universellen Werte von Freiheit, Gleichheit und Rationalität angreifen. Dies ist ein wichtiger Faktor des Wandels, der die gesellschaftliche Entwicklung hin zu höheren Ebenen von Freiheit, Gleichheit und Rationalität führt. Weil allerdings jeder Wandel, der durch solche Kritik verursacht wurde, neue Zwänge, Ungleichheiten und Irrationalitäten impliziert, gibt es für die modernen Gesellschaften eine unendliche Aufgabe, die von der Idee angeregt wird, die Welt zu beherrschen, indem man sie zu mehr Freiheit, Gleichheit und Rationalität bringt. So erzeugen wir eine künstliche Welt, die neue, von uns zu lösende Probleme hervorbringt. Im Prozess unserer eigenen Emanzipation von der Natur haben wir eine künstliche Welt der Institutionen und Technologien aufgebaut, die uns beherrschen. Wollen wir uns von ihrer Herrschaft befreien, dann müssen wir weitere neue Institutionen und Technologien schaffen, die wiederum ihre Herrschaft über uns ausüben. Dies ist eine Sisyphusarbeit, die von den Ideen der Aufklärung in Bewegung gesetzt wurde.

Diese Transformationen finden in modernen Gesellschaften statt und haben enorme Auswirkungen auf die Beziehung zwischen Kapital und Arbeit, die sich nicht in den Begriffen des Machtkampfes zwischen den Klassen erklären lassen. Hier arbeitet die Logik von Diskurs und Argumentation, und wir brauchen eine eigene Diskurstheorie, um diese Verfahren zu verstehen und zu erklären. Touraine lässt diese Dimension der gesellschaftlichen Transformation außer Acht, weil der Machtkampf seine aktionalistische Gesellschaftstheorie in einseitiger Weise beherrscht. Dies ist ein entscheidendes Manko, das seine Methode der soziologischen Intervention zu einem willkürlichen Beitrag zum Machtkampf werden lässt. Weil Vernunft in Touraines Theorie keinen Platz hat, gibt es keinen Grund, weshalb eine soziologische Intervention besser sein sollte als irgendeine andere. Auf den rationalen Diskurs gegründet, würde die soziologische Intervention die Anforderungen rationaler Rechtfertigung erfüllen müssen, wenn sie zur Selbstanalyse einer Gruppe und zur Analyse der auf dem Spiel stehenden zugehörigen Felder beitragen wollte. Soziologische Intervention müsste Diskursprozesse über die Schranken einer spezifischen Bewegung hinaus auslösen, um eine rationale Rechtfertigung für ihre Arbeit zu bieten. Auf Touraines Beschäftigung mit dem Machtkampf beschränkt, kann soziologische Intervention kaum mehr sein als ein partikularistischer Beitrag zum Kampf zwischen partikularistischen Positionen. Es gibt kein Entrinnen aus dem Machtkampf, solange wir uns Touraines Sicht auf die Gesellschaft anschließen.

Orientierungsfragen

1. Was ist mit der „Selbstproduktion der Gesellschaft" gemeint? Erläutern Sie die verschiedenen Komponenten dieses Konzepts! Beschreiben Sie anschließend die Rolle der Universität im Prozess der Selbstproduktion!
2. Sowohl Marx als auch Touraine verwenden den Begriff der Klasse. Stellen Sie die Grundzüge der beiden Klassentheorien einander gegenüber und zei-

gen Sie insbesondere an den Vorstellungen von Konflikt bzw. Krise, wie Touraine sich von Marx unterscheidet!
3. Soziale Bewegungen sind eine wichtige Akteursgruppe in gesellschaftlichen Konflikten. Stellen Sie Touraines Modell von sozialen Bewegungen und sozialen Kämpfen dar! Deuten Sie anschliessend die Auseinandersetzung um die Folgen der Globalisierung (wie sie bspw. im Zusammenhang mit Weltwirtschaftsgipfeln geführt wird) in seinen Begriffen!
4. Giddens und Touraine konzentrieren sich in ihren Erklärungen auf den Aspekt der Macht. Stellen Sie für beide Theoretiker dar, wie sie die Rolle der Macht im sozialen Wandel sehen! Inwiefern greift Touraines Erklärung zu kurz, um beispielsweise Konflikte zwischen Arbeitgebern und Arbeitnehmern zu erklären?
5. Auguste Comte, einer der Gründerväter der Soziologie, hat dieser Wissenschaft eine besondere Stellung zugeschrieben. Stellen Sie seine Annahmen dem Konzept der „soziologischen Intervention“ von Touraine gegenüber!
6. Für Touraine ist die Soziologie in der „soziologischen Intervention“ ein Teil von sozialen Bewegungen. Formulieren Sie eine Gegenposition, die zeigt, wie Soziologie zur Stabilisierung bestehender Klassen und zur Abwehr von innovativen Bewegungen beitragen könnte!

Wichtige Begriffe

Bewegungen, soziale
Historizität
Intervention, soziologische
Selbstproduktion der Gesellschaft

V. Theorie der reflexiven Modernisierung

14. Die Konstitution der Gesellschaft Anthony Giddens' Theorie der Strukturierung

Biografische Angaben

Anthony Giddens wurde am 18.1.1938 in London geboren. Er studierte von 1956 bis 1961 Soziologie und Psychologie an den University of Hull und der renommierten *London School of Economics and Political Science* (LSE). Er begann seine Lehrtätigkeit 1961 als Dozent an der University of Leiceste und wechselte nach Gastprofessuren in Vancouver und Los Angeles 1970 an das King's College in Cambridge. 1997 wurde er zum Direktor der renommierten *London School of Economics and Political Science* (LSE) berufen. Seine zahlreichen Gastaufenthalte führten ihn unter anderem nach Bremen, Helsinki, Melbourne, Rom und Paris. Als Berater des britischen Premierministers Tony Blair hat er grossen Einfluss auf die Neuorientierung der Labour Party, für deren Mitte-Links-Politik er den Begriff des „Dritten Wegs" geprägt hat.

Objektivismus und Subjektivismus

Nach ihrer klassischen Gründung durch Spencers Evolutionismus und Utilitarismus hat sich die britische Soziologie sehr stark an der Arbeiterbewegung orientiert (siehe Abrams 1968; Abrams, Deem, Finch und Rock 1981). Die Klassenstruktur der britischen Gesellschaft wurde zum dominierenden Forschungsgegenstand, vor allem seit dem Zweiten Weltkrieg. Es ist daher nicht weiter überraschend, dass Klasse, Macht und Konflikt zu den wichtigsten Kategorien der britischen Soziologie wurden, wenn es um den soziologischen Zugang zur sozialen Realität ging. Die Konflikttheorie des marxistischen Typs, die sich auf die Analyse von Klassenkonflikt konzentrierte, florierte auf diesem Nährboden. Soziologen wie John Rex (1961, 1968), David Lockwood (1956, 1958, 1960), John Goldthorpe (1968, 1980) und Ralph Miliband (1982) sind Vertreter dieser britischen Version der Konflikttheorie.

In diesem intellektuellen Kontext hat Anthony Giddens seine eigene Theorie der Gesellschaft entwickelt. Allerdings nahm Giddens auch Gedanken aus anderen intellektuellen Kontexten auf, die ihn weit über die Schranken des traditionellen britischen Typus der Klassenkonflikttheorie hinausführten. Insbesondere sein 1990 publiziertes Buch *The Consequences of Modernity* legt eine Zuordnung zur Theorie reflexiver Modernisierung zusammen mit Ulrich Beck nahe.

Giddens erregte erhebliche Aufmerksamkeit mit seinen Bemühungen, eine, wie er es nennt, Theorie der Strukturierung im zeitgenössischen soziologischen Diskurs aufzubauen (Giddens 1976, 1979, 1981, 1982, 1984, 1985, 1987, 1989). Er stellt den Menschen, seine Fähigkeit zu Wissen und seine Macht, auf den Lauf der Dinge einzuwirken und einen Unterschied im Ablauf der Ereignisse zu bewirken, in den Mittelpunkt seiner Theorie.

Giddens beginnt seine Bemühungen mit einer Kritik der herrschenden Schulen von Objektivismus und Subjektivismus (Giddens 1988: 25-55). Seiner Ansicht nach erklärt die Schule des Objektivismus, einschließlich der Ansätze von Marxismus, Funktionalismus und Strukturalismus, die Fortführung und Transformation der Sozialstruktur im Hinblick auf funktionale Bedürfnisse oder strukturelle Gesetze, ohne Bezug auf die Aktivitäten menschlicher Individuen zu nehmen (Giddens 1988: 215-279). Das Handeln der Einzelnen wird aus der Sicht des Objektivismus durch die einschränkenden Kräfte der **Strukturen** erklärt. Menschliche Individuen können nichts anderes tun, als das zu vollziehen, was durch strukturelle Zwänge vorbestimmt ist. Andererseits erklärt die subjektivistische Schule, die Ansätze wie den symbolischen Interaktionismus und die Ethnomethodologie umfasst, die Errichtung, Fortführung und Transformation von Sozialstrukturen als Ergebnis der frei gewählten Aktivitäten von Individuen (Giddens 1976). Der Ursprung des Handelns der Individuen liegt in ihrer Subjektivität und ihrem freien Willen.

Die Dualität von Struktur und Handeln

Die Sozialtheorie unterteilt sich in diese beiden Traditionen; Giddens' Ziel ist es, diese Dualität zu überwinden, indem er in dem neuen Ansatz der Strukturierungstheorie eine Synthese zwischen Objektivismus und Subjektivismus schafft.

Das Hauptkonzept dieser Synthese ist die „**Dualität der Struktur**“, oder – wie es Giddens auch manchmal formuliert – „die Dualität von Struktur und Handeln“ (Giddens 1988: 55-81, 352-359). Die Hauptbedeutung dieses Konzepts besagt, dass weder Strukturen noch **Handlungen** *per se* existieren, sondern eng miteinander in Beziehung stehen. Es gibt keine Struktur ohne Handlung und keine Handlung ohne Struktur (Abb. 14.1).

Abb. 14.1: Die Dualität von Struktur und Handeln

Bei der Darlegung seiner Theorie wählt Giddens lieber die Begriffe „**Agent**“ (agent) und „Handeln“ (**agency**) als „Akteur“ und „Handlung“ (action). Letztere werden von den subjektivistischen Theorien des Handelns verwendet, die einerseits nicht ausreichend berücksichtigen, dass die Handlung (action) von der Struktur ausgeht und in Strukturen mündet, und die andererseits nicht die zentrale Bedeutung der Macht zur Durchführung von Handlungen erfassen, wie auch nicht die **Wissensfähigkeit** (knowledgeability) der an diesem Prozess beteiligten Personen (Abb. 14.2).

Abb. 14.2: Wissen und Praxis

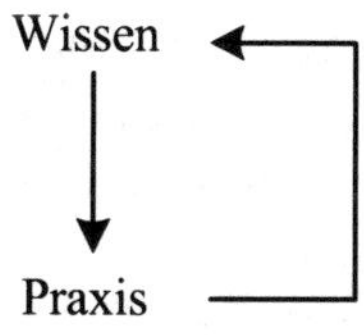

Ein Agent ist nicht nur ein abstraktes Subjekt, sondern jemand, der an sozialer Praxis teilnimmt und daher seinen Einfluss auf den Verlauf dieser Praxis ausübt; er macht also Geschichte. Ein Akteur ist Subjekt einer einzelnen Handlung, die aus einzelnen Akten besteht. Ein Agent ist Subjekt einer sozialen Praxis, die Geschichte schreibt. Geschichte schreiben heißt, dass Handlungen in soziale Praxis eingebettet sind, die von vorgegebenen sozialen Strukturen ausgeht und zu deren Fortführung oder Transformation beiträgt. Auf diese Weise werden soziale Systeme – beispielsweise Gesellschaften – reproduziert. Handeln (agency) ist mehr als nur eine einzelne Handlung; es ist eine Handlung, die Teil der sozialen Praxis ist, die sich damit beschäftigt, die Gesellschaft zu reproduzieren. Wenn ein Arbeiter seine Arbeitskraft dem kapitalistischen Unternehmer verkauft, so ist dieser Arbeiter nicht nur ein Akteur, der eine einzelne Handlung in einer einzelnen Situation ausführt, sondern er ist auch ein Agent einer historischen Entwicklung, dessen Handeln Teil einer gesamten sozialen Praxis ist, die sich zeitlich und räumlich über die einzelne Situation des Abschließens eines Vertrages hinaus ausbreitet; sie steht mit der zuvor etablierten Struktur der Beziehung zwischen Kapital und Arbeit in Zusammenhang und trägt zur Fortführung eben dieser Struktur der kapitalistischen Wirtschaft bei. In diesem Sinne der aktiven Beteiligung des Arbeiters an der Geschichtsschreibung, indem er also von etablierten Strukturen ausgeht und zu ihrer Fortführung oder Transformation und somit auch zur Reproduktion der Gesellschaft beiträgt, ist der Arbeiter ein Agent. Der Verkauf seiner Arbeitskraft ist Handeln (agency).

Handeln und die Fähigkeit zu Wissen

Über diese erste Unterscheidung zwischen Agent und Handeln auf der einen Seite sowie Akteur und Handlung auf der anderen Seite hinaus, gibt es noch weitere Eigenschaften, die einen Agenten und sein Handeln kennzeichnen. Das erste wichtige Element, das hier vorgestellt werden muss, ist die Fähigkeit des Agenten, Wissen zu erwerben und einzusetzen (knowledgeability) (Giddens 1988: 53-65, 144-147, 335-343). Nach Giddens sind Menschen keine blinden und trägen Objekte struktureller Zwänge, die ausführen, was von Strukturen vorbestimmt ist; sie sind Agenten, die viel über die sozialen Umstände, die Bedingungen ihres Handelns und ihre Ergebnisse wissen, und die dieses Wissen einsetzen, um ihr Handeln durchzuführen. Außerdem sorgt dieses Wissen für einen Unterschied in der Organisation der Handelns. Das Wissen der Agenten ist ein zentrales Instrument zur Vermittlung zwischen etablierten Bedingungen und Strukturen, der

Praxis sowie den Ergebnissen des Handelns, also der Fortführung oder Transformation von Strukturen.

Die einschränkende Kraft der Beziehung zwischen Kapital und Arbeit wird vom Wissen des Arbeiters über diese Struktur, von der fortlaufenden Praxis und ihren Ergebnissen vermittelt. Die Vorstellung des Arbeiters, dass eine Koalition mit Kollegen seine Position gegenüber dem Kapitalisten stärkt, verändert den Einfluss der etablierten Struktur zwischen Kapital und Arbeit auf diese Praxis ganz erheblich. Jetzt erfüllt der Arbeiter nicht nur die Forderungen des Kapitalisten, sondern widersetzt sich auch aktiv den offensichtlichen Ausbeutungsversuchen. Außerdem stellt er selbst zumindest minimale Forderungen für einen bestimmten Lohn und bestimmte Arbeitsbedingungen, z.B. Arbeitszeitverkürzung, Pausen, bessere Absicherung, Gesundheitsvorsorge, Erholung oder Beteiligung an Entscheidungen. Das Ergebnis dieser Praxis ist eine veränderte Struktur von Kapital und Arbeit unter dem Aspekt der Verteilung von Macht in der Beziehung. Vor dem Wandel in der Praxis der Arbeiter, der sich auf ihr Wissen über Struktur, Praxis und Ergebnisse stützte, war die Struktur von Kapital und Arbeit durch ein extremes Ungleichgewicht der Macht gekennzeichnet. Der Kapitalist war in der Lage, alles durchzusetzen; der Arbeiter war nicht in der Lage, irgendetwas zu bewirken. Heute kann der Kapitalist nach wie vor eine ganze Menge innerhalb der Fabrik erreichen, aber der Arbeiter kann viel mehr zustande bringen als früher. Dies geht zu Lasten der Fähigkeit des Kapitalisten, alles durchzusetzen. Während die Praxis des Arbeiters lange Zeit zur Fortführung der Struktur von Kapital und Arbeit beitrug, trägt sie zu ihrer Transformation bei, nachdem der Arbeiter sein Wissen über Struktur, Praxis und Ergebnis verändert hat.

Praxis ist kein einseitiger Prozess und beinhaltet mehr als einen einzigen Agenten: in diesem Falle neben dem Arbeiter und seinen Kollegen auch den Kapitalisten, seine Kollegen sowie seine Konkurrenten. Was der Kapitalist tut, hängt auch nicht direkt von der Struktur der Beziehung zwischen Kapital und Arbeit ab, sondern wird von seinem Wissen vermittelt. Der Kapitalist betrachtete vielleicht lange Zeit eine Verlängerung der Arbeitszeit und möglichst niedrige Löhne als beste Mittel zur Ausbeutung und somit als Quelle für seinen Profit. Aber auch der Kapitalist verändert sein Wissen über Struktur, Praxis und Ergebnis. Er erwartet eine Steigerung des Verbrauchs und somit höhere Gewinne aus dem Verkauf von Waren als Folge steigender Löhne und einer Senkung der Arbeitszeit. Somit verändert der Kapitalist seine Praktiken in Bezug auf das Abschließen von Arbeitsverträgen. Und diese Praxis wandelt die Struktur von Kapital und Arbeit, indem sie das Maß der Unterdrückung des Arbeiters reduziert.

Der Prozess kann sich fortsetzen, so dass der Arbeiter vom Wissen des Kapitalisten und der Kapitalist vom Wissen des Arbeiters erfährt. Auf diese Weise wird *gegenseitiges Wissen* gebildet, das eine wesentliche Rolle bei der Gestaltung der anhaltenden Praxis spielt. Der Arbeiter weiß, dass sich der Kapitalist dessen bewusst ist, dass der Profit wächst, wenn der Konsum mittels höherer Löhne und kürzerer Arbeitszeiten gesteigert wird. Der Kapitalist ist sich darüber bewusst, dass der Arbeiter um die Verbesserung seiner Verhandlungsposition weiß, wenn er sich mit Kollegen zusammentut, sowie auch um die Gefahr für die Kapitalakkumulation im Falle eines Streiks. Das gegenseitige Wissen wird ein wesentliches Element ihres Handelns in der sozialen Praxis. Und dieses Wissen wird zunehmend komplexer. Der Arbeiter schließt Rechte auf Freiheit und Gleichheit in sein Wissen ein; der Kapitalist bezieht die produktiven Wirkungen der Institutionalisierung solcher Rechte ein, wenn er sich um die Selbstverwirklichung der Arbeiter bei der Arbeit kümmert und die Arbeiter an der Entscheidungsfindung beteiligt. Durch die Einbeziehung solcher Rechte und Mittel zur Steigerung der Produktivität in das Wissen von Arbeiter und Kapitalist, wird die Vermittlung zwischen der Struktur von Kapital und Arbeit, der Praxis und den Ergebnissen zunehmend komplexer. Was in der Praxis abläuft und was aus der Fortführung oder Transformation der Struktur von Kapital und Arbeit resultiert, wird unmittelbar weniger durch die vorgegebene Struktur von Kapital und Arbeit bestimmt und mehr durch die Verarbeitung von Informationen durch die Agenten, durch ihr gegenseitiges Wissen.

Heute werden Verlauf und Ergebnis eines Verhandlungsprozesses zwischen Gewerkschaften und Industrie nicht so sehr von der historisch etablierten Struktur der Beziehung zwischen Kapital und Arbeit bestimmt, sondern von ihrem Wissen über die Situation, ihre Beziehung zu Bedingungen und Ergebnissen, ihrem Wissen übereinander und ihrem Wissen über die Kenntnisse des jeweils anderen Partners. Dieses Wissen prägt die Strategien und Taktiken, die über Erfolg oder Misserfolg entscheiden, was wiederum das Ergebnis und die daraus resultierende Fortführung oder Transformation der Struktur von Kapital und Arbeit bestimmt. Ein momentaner Nachteil im Wissen kann dauerhafte Auswirkungen haben. Deshalb beeinflusst die Fähigkeit des Menschen zu Wissen die Fortführung oder Transformation von Strukturen und somit die Reproduktion von sozialen Systemen direkt. Es ist daher nach Giddens' Auffassung von so großer Wichtigkeit für die Analyse der sozialen Praxis.

Ebenen des Handelns

Nachdem wir Giddens' Vorstellung von der Wissensfähigkeit (knowledgeability) der Menschen dargelegt haben, können wir deren Verhältnis zum Handeln genauer herausarbeiten, indem wir drei Ebenen aufzeigen, die am Handlungsprozess beteiligt sind:

(1) die Motivation des Handelns;
(2) die Rationalisierung des Handelns und
(3) die reflexive Steuerung des Handelns (Giddens 1988: 55-65, 91-95).

Drei Bewusstseinsebenen des Einzelnen entsprechen weitgehend den drei Ebenen des Handelns:

(1) unbewusste Motive und Kognition;
(2) praktisches Bewusstsein und
(3) diskursives Bewusstsein.

Auf diese Weise wird der Begriff der Wissensfähigkeit differenziert. Er umfasst die Ebenen 2 und 3 in Handeln und Bewusstsein. Die Motivation des Handelns steht dem direkten Verlauf des Handelns am nächsten. In einer Gruppe von Kollegen kann der einzelne Arbeiter lediglich eine Routinetätigkeit durchführen, die er erlernt hat. Diese Routinetätigkeit setzt nicht sehr viel Aufmerksamkeit, Berechnung und bewusstes Verarbeiten von Wissen voraus. Sie erstreckt sich lediglich auf seine Motivation, Geld zu verdienen, die unbewusste Sicht der Situation als Arbeitssituation und die unbewusste Zustimmung zur Routine und dem zugrunde liegenden Herrschaftsverhältnis. Direkte Motivation, hart für Geld zu arbeiten, und unbewusste Zustimmung zu Routine und Herrschaft ergänzen einander. Dies ist die normale Praxis, die sich im Alltagsleben vollzieht und zur Fortführung der Routine- und Herrschaftsstruktur beiträgt.

Eben diese Praxis kann aber zum Gegenstand von Versuchen werden, das Handeln zu rationalisieren, gemäß der Funktion des praktischen Bewusstseins des einzelnen, das sich mit der Frage beschäftigt, wie man etwas am besten erledigt, um seine Ziele zu erreichen. Die etablierte Routine des Arbeiters kann als rationale Art begriffen werden, etwas zu produzieren und seinen Lebensunterhalt zu verdienen. Und das praktische Bewusstsein des Arbeiters beinhaltet das praktische Wissen zur Lösung von Problemen, die innerhalb seiner Routinetätigkeit entstehen. Der Arbeiter weiß, wie er seine Arbeit zu erledigen hat und auch, wie er kleinere Probleme innerhalb des Produktionsprozesses beheben kann. Insofern als die Aufgabe des Arbeiters innerhalb des Produktionsprozesses auf ein spezifisches Ziel ausgerichtet ist, kann ihre Erledigung nach dem Ausmaß bemessen werden, in dem dieses Ziel erreicht wird, beispielsweise maximale Leistung bei maximaler Qualität, und sie kann mit alternativen Formen der Organisation der Produktion verglichen werden. Dieses Messen und Vergleichen ist ein wesentlicher Bestandteil der Praxis selbst. Je mehr es stattfindet, desto mehr wird der

Arbeitsprozess rationalisiert. Dementsprechend wird auch das praktische Bewusstsein des Arbeiters rationalisiert.

Während die Rationalisierung des Handelns und das praktische Bewusstsein unmittelbare Bestandteile des täglichen Handelns an sich sind und auf die Umstände dieses Handelns beschränkt bleiben, erreichen wir eine neue Ebene der Wissensfähigkeit, je mehr über dieses Handeln gesprochen wird. Der Arbeiter, den ein Inspektor vom staatlichen Gesundheitsamt nach der Organisation der Arbeit und den Gründen fragt, weshalb er etwas so und nicht anders macht, beschreibt und begründet seine Tätigkeit. Dies bezeichnet Giddens als reflexive Steuerung des Handelns, die das diskursive Bewusstsein des Einzelnen einbezieht. Im Vergleich zur unmittelbaren Rationalisierung des Handelns wird die Reflexion über das, was geschieht und die Gründe dafür in der reflexiven Steuerung viel weiter gefasst und beinhaltet erheblich mehr Aspekte und Ziele für dieses Handeln als nur die Produktion und ihr Verhältnis zu Ergebnis und Qualität.

Auf dieser Ebene können Kriterien der Autonomie und der Gesundheit ins Spiel kommen. Reflexive Steuerung und diskursives Bewusstsein bilden den Rahmen für Handlungen sowie deren Gründe, Rechtfertigungen und Legitimationen. Je mehr die reflexive Steuerung und das reflexive Bewusstsein von der unmittelbaren Rationalisierung des Handelns und vom praktischen Bewusstsein getrennt werden, desto mehr Bilder, Gründe, Rechtfertigungen und Legitimationen kommen ins Spiel, die nicht der unmittelbaren Motivation und den unbewussten Motiven sowie der Rationalisierung und dem praktischen Wissen über dieses Handeln entsprechen. Reflexive Steuerung und diskursives Bewusstsein können dann Ideologien erzeugen, die letztlich die wahren Gründe für das Handeln verbergen. Wie der Arbeiter seine Aufgabe erledigt, kann von einem unbewussten Vertrauen auf eine etablierte Routine motiviert werden. Nach Gründen gefragt, antwortet der Arbeiter möglicherweise, dass er glaubt, dies sei der produktivste Weg, die Dinge zu tun.

Was wir am Beispiel der Arbeitsroutine eines Arbeiters erklärt haben, könnten wir auch mit Hilfe unseres Beispiels des Arbeitsvertrages erklären. Die Motivation des Handelns sowohl für die Arbeitnehmer als auch für die Arbeitgeber besteht darin, Geld zu verdienen. Sie beinhaltet den unbewussten Hang zur Wiederholung der etablierten Routine beim Abschließen von Verträgen. Die Rationalisierung des Handelns und das praktische Wissen implizieren Kenntnisse über die Modalitäten von Verträgen, die für beide Parteien äußerst nützlich sind. Hier kommen wir auf die Ebene des Nachdenkens über den Vertrag, die schon behandelt wurde. Je mehr Beschreibungen, Gründe, Rechtfertigungen und Legitimationen geliefert werden, desto mehr erreichen wir die Ebene der reflexiven Steuerung und des diskursiven Bewusstseins. Die Trennung von diskursivem und praktischem Bewusstsein erlaubt beispielsweise, dass sich der Kapitalist bei seinen Zugeständnissen auf die Rechte der Arbeiter bezieht, diese Zugeständnisse in der Tat aber deshalb macht, weil er so ein höheres Produktionsniveau und höheren Absatz erwarten kann. Soziale Praxis ist ein Zusammenspiel der aufgezeigten Ebenen der Motivation, Rationalisierung und diskursiven Steuerung des Handelns, die unbewusste Motive und Erkenntnisse, praktisches Bewusstsein und diskursives Bewusstsein beinhalten.

Unerkannte Bedingungen und unbeabsichtigte Folgen des Handelns

Je mehr das Handeln die Ebenen 2 und 3 erreicht, desto mehr wird der Weg der sozialen Praxis und ihrer Beziehung zu vorhergehenden strukturellen Bedingungen und der daraus resultierenden Fortführung und Transformation von Strukturen von der Wissensfähigkeit des Agenten geprägt. Dennoch ist nicht alles unter der Kontrolle des Wissens des Agenten; dieser ist sich vielleicht gegebener struktureller Bedingungen nicht bewusst und kennt nicht jede Auswirkung seiner Handlungen. Daher müssen wir auch auf die **unerkannten Bedingungen einer Handlung** und ihre **unbeabsichtigten Folgen** achten.

In einer Stammesgesellschaft treffen sich beispielsweise Menschen, die über ein weites Gebiet verstreut sind, regelmäßig, um bestimmte zeremonielle Handlungen zu praktizieren. Die Bedingung, die ihrer Meinung nach den Anlass für die Zusammenkunft gibt, ist ihre Abhängigkeit von bestimmten Dämonen, die für Regen und eine gute Ernte sorgen sollen. Ihre Absicht bei der Durchführung der Zeremonie besteht darin, die Dämonen so zu beeinflussen, dass sie Regen und eine gute Ernte bringen. Die unerkannte Bedingung ist jedoch die Tatsache, dass sie zwar über ein weites Gebiet verstreut sind, aber dennoch ein Zusammengehörigkeitsgefühl verspüren und eine gemeinsame Identität besitzen. So haben sie eine Motivation, von Zeit zu Zeit zusammenzukommen; die unbeabsichtigte Folge ihrer Zusammenkunft ist die Stärkung ihres Zusammengehörigkeitsgefühls und ihrer gemeinsamen Identität, die zur Fortsetzung der Struktur des Zusammengehörigkeitsgefühls und der gemeinsamen Identität unter verstreuten Lebensbedingungen beiträgt. Dies wiederum führt zur Praxis zeremonieller Zusammenkünfte und so weiter. Hier steht die Mischung aus unerkannten und gedachten Bedingungen (Abhängigkeit vom Regen und einer guten Ernte) in Zusammenhang mit einer sozialen Praxis, deren unbeabsichtigte Folge die Fortführung der unerkannten Bedingungen dieser Praxis ist (Abb. 14.3).

Aus funktionalistischer Sicht ist das Sorgen für Regen und eine gute Ernte die manifeste Funktion der Zeremonie, während die Produktion einer gemeinsamen Identität ihre latente Funktion ist. Allerdings stützt sich eine solche funktionalistische Erklärung der Zeremonie auf die Annahme, dass die Stammesgesellschaft eine gemeinsame Identität braucht.

Abb. 14.3: Unerkannte Bedingungen und unbeabsichtigte Folgen des Handelns

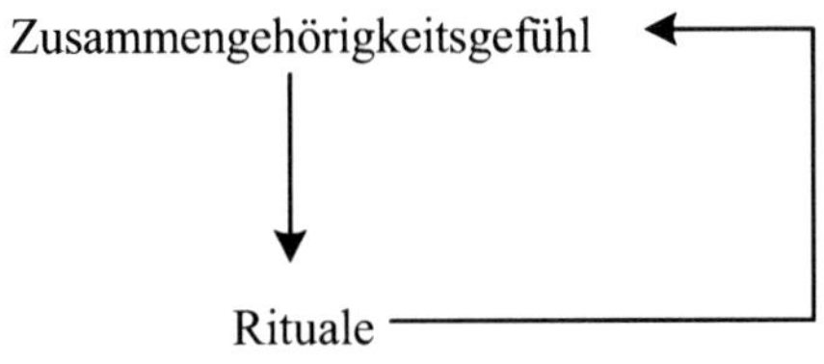

Giddens kritisiert mit Recht, dass wir einer Gesellschaft als Einheit ein solches Bedürfnis nicht zuschreiben können, weil die Gesellschaft kein Subjekt ist, das über eine Möglichkeit nachdenken könnte, eine solches Bedürfnis zu befriedigen. Nur das bewusste Wissen des Stammeskollektivs um ein solches Bedürfnis und seine Befriedigung durch zeremonielle Zusammenkünfte könnte diese falsche Erklärung bereinigen. Dies aber würde die latente Funktion zu einer manifesten machen und somit das ganze Konzept latenter Funktionen aufgeben. Sicherlich können Kollektive etwas über diesen Prozess erfahren und bewusst zeremonielle Zusammenkünfte organisieren. Mit seiner Analyse zeigt Giddens jedoch auf, wie wir eine Erklärung zu zeremoniellen Zusammenkünften abgeben können, ohne uns auf manifeste oder latente Funktionen zu beziehen: Es handelt sich um Praktiken, die von Agenten organisiert werden, die unter der Bedingung einer verstreuten Lebensweise eine Zugehörigkeit und eine gemeinsame Identität spüren; diese Praktiken tragen dann eben zur Fortführung derselben strukturellen Bedingungen bei (Giddens 1988: 55-60, 347-352).

Dies ist eine Spirale aus unerkannten Bedingungen, sozialer Praxis und unbeabsichtigten Folgen, die sich mit unerkannten Bedingungen fortsetzt. Wir müssen jedoch erkennen, dass das Wissen der Agenten ein wichtiges Bindeglied in dieser Spirale bleibt. Die strukturellen Bedingungen bestimmen nicht ursächlich die zeremonielle Praxis. Die Mischung aus dem falschen Wissen der Agenten über Dämonen, Regen und eine gute Ernte und dem unbewussten Motiv des regelmäßigen Treffens mit Menschen, zu denen man eine Zugehörigkeit verspürt, erzeugt eine Praxis. Diese Praxis bestätigt das Zusammengehörigkeitsgefühl wieder neu. Die unbewussten Motive und das Wissen der Agenten spielen eine wesentliche Rolle in der Verbindung von Struktur und sozialer Praxis und von dieser wiederum zur Struktur. Dies unterscheidet Giddens' Erklärung von einer rein strukturalistischen oder funktionalistischen. Wir müssen ihn jedoch in einer Hinsicht berichtigen. Er sagt, dass in diesem Falle die „unbeabsichtigten Handlungsfolgen die erkannten Bedingungen weiteren Handelns“ (Giddens 1988: 65) Diese unbeabsichtigten Wirkungen *können* erkannte Bedingungen weiterer Handlungen werden, *müssen* es aber *nicht* zwangsläufig, um die Spirale am Laufen zu halten.

Giddens liefert zwei Beispiele für unbeabsichtigte Wirkungen. Erstens kann ein Ereignis zu einer Abfolge von Konsequenzen führen; zweitens kann eine Reihe von Handlungen seitens verschiedener Akteure zu einer Konsequenz führen. Im ersten Beispiel kann ein Mann, der in seinem Haus das Licht einschaltet, zufällig die Ursache dafür liefern, dass ein Einbrecher die Straße hinunter flüchtet, wo er von der Polizei verhaftet und dann dem Richter vorgeführt wird, der ihn zu drei Monaten Gefängnis verurteilt. Eine Reihe zusätzlicher Handlungen seitens anderer Akteure müssen zur auslösenden Handlung beitragen, um zur letztendlichen Folge der Verurteilung des Einbrechers zu führen. Im zweiten Beispiel gehen wir von der Situation eines ethnisch gemischten Wohngebietes aus. Die Entscheidung der Akteure, nicht in einer Gegend zu leben, in der sie eine Minderheit darstellen, führt als Folge zur vollständigen ethnischen Trennung in den Wohngebieten. Hier haben mehrere einzelne Handlungen ein ganz bestimmtes strukturelles Ergebnis.

Handeln und Macht

Nach Giddens’ Sicht ist Macht eine unmittelbare Eigenschaft von Handeln und Handlung im Allgemeinen (1988: 65-67, 313-321). Handlung und Handeln setzen Macht voraus. Eine Handlung durchzuführen bedeutet:

> fähig zu sein, in die Welt einzugreifen bzw. einen solchen Eingriff zu unterlassen mit der Folge, einen spezifischen Prozess oder Zustand zu beeinflussen (...) Handeln hängt von der Fähigkeit eines Individuums ab, „einen Unterschied herzustellen“ zu einem vorher existierenden Zustand oder Ereignisablauf (Giddens 1988: 65-66).

Das bedeutet, dass eine Handlung die Welt verändert; sie hat Folgen für diese Welt, die dann nicht mehr so ist wie zuvor. Wann immer also eine Person handelt, entfaltet sie eine ursächliche Wirkung auf die Welt, die Handlungen anderer Personen und deren Entfaltung ursächlicher Wirkungen beinhaltet. Die Ausübung von Macht ist kein spezifischer Verhaltenstypus neben anderen Typen wie Assoziation, Kommunikation und Austausch, sondern das Wesen einer jeden Handlung, welcher Art sie auch ansonsten sein mag. Giddens macht die Ausübung von Macht zum Schlüsselkonzept seiner Theorie der Strukturierung.

Begriffe wie Einfluss, Anreiz, Wertbindung, Vernunft und Legitimation können im Vergleich zum Machtkonzept nur einen sekundären Status haben. Wann immer ein Akteur handelt, übt er Macht aus; andernfalls wäre der Akteur nicht in der Lage, die Handlung durchzuführen.

Um Macht auszuüben, braucht man **Ressourcen**. Was sind solche Ressourcen? Giddens unterscheidet zwei Typen: allokative und autoritative Ressourcen (Giddens 1988: 84, 86, 315-320). Allokative Ressourcen sind

(1) materielle Elemente aus der Umwelt (Rohstoffe, materielle Stromquellen);
(2) Mittel zur materiellen Produktion/Reproduktion (Produktionsinstrumente, Technologie) sowie
(3) produzierte Güter (Artefakte, die aus der Interaktion von 1 und 2 entstehen).

Autoritative Ressourcen sind

(1) Organisation eines sozialen Raums für eine bestimmte Zeit (zeitlich-räumliche Bildung von Wegen und Regionen);
(2) Produktion/Reproduktion des Körpers (Organisation und Beziehung von Menschen in gegenseitiger Assoziation) sowie
(3) Organisation von Lebensmöglichkeiten (Bildung von Möglichkeiten zur Selbstentwicklung und Selbstentfaltung).

Leider liegen die verschiedenen Machtressourcen in Giddens' Begriffen von Macht, allokativen und autoritativen Ressourcen sehr nahe beieinander. Zur logischen Konsequenz gebracht, ist ein Gewehr von diesem Standpunkt aus dasselbe wie ein Argument. Ich bin sicher, dass Giddens das nicht so gemeint hat, denn andernfalls hätte er nicht Foucault kritisieren können, weil dieser die Wahrheit der Macht unterwirft. Allerdings hat das Herzstück seiner Strukturierungstheorie – absichtlich oder nicht – dieselbe Konsequenz.

Nicht nur die interne Differenzierung der Machtressourcen und die daraus folgende Differenzierung der Ausübung von Macht und ihrer Auswirkungen ist in Giddens Strukturierungstheorie unzureichend ausgearbeitet. Was außerdem fehlt, ist die genaue Unterscheidung der Ausübung von Macht von anderen Dimensionen oder Formen der sozialen Interaktion: Austausch und Verhandlung mit Hilfe von Geld, Assoziation und Verbindung in Solidarität mittels Einfluss, Kommunikation und Diskurs mittels Wertebindung, Wahrheit und Argumente. Ein Akteur, der Macht besitzt, ist in der Lage, einem anderen Akteur eine bestimmte Handlungsweise aufzuzwingen, so dass der andere Akteur keine andere Wahl hat als zuzustimmen.

Wenn man in der Lage ist, die Handlungsalternativen für andere auf eine einzige Möglichkeit einzuschränken, hat man Macht. Jedoch ergibt sich dies nicht primär aus dem Besitz von Geld, eines Arguments oder von Einfluss, basierend auf einem Gefühl der Zusammengehörigkeit. Nur in einer sekundären Art und Weise, können diese Handlungsquellen zu Machtressourcen gemacht werden. Mit Geld muss ich ein Angebot machen, das auf dem Markt konkurrenzfähig ist. Der Arbeitgeber muss sein finanzielles Angebot umso attraktiver gestalten, je mehr Alternativen der Arbeiter besitzt. Geld ist ein Anreiz, der immer der Konkurrenz auf dem Markt standhalten muss und ist somit in seiner Fähigkeit, als Machtressource zu dienen, eingeschränkt. Und man kann dafür nur ganz bestimmte Leistungen kaufen, ohne dass es weitere Einschränkungen auf die Handlung gibt. Geld aus Transaktionen ist keine Einschränkung einer Handlung, sondern eine Chance, mehr zu tun als früher.

Auch Einfluss arbeitet anders als Macht. Er wird innerhalb einer Gemeinschaft auf der Grundlage gegenseitiger Zugehörigkeitsgefühle ausgeübt. Er befähigt die Mitglieder einer Gemeinschaft, ihre Mitmenschen zu motivieren, sich ihnen bei bestimmten Handlungen, in Abhängigkeit von den Normen der Gemeinschaft, anzuschließen. Hier bieten sich keine Alternativen, die explizit reduziert werden müssten; und es gibt eine begrenzte Reihe von Handlungen, die selbstverständlich erscheinen, wenn ein Mitglied der Gemeinschaft nach ihnen fragt. Wenn der Gewerkschaftsführer die Arbeiter zum Streik aufruft, muss er die Alternativen der Arbeiter nicht einschränken, so dass sie keine andere Wahl haben. Der Aufruf des Anführers ist für sich selbstverständlich, und die Arbeiter schließen sich auch ganz selbstverständlich dem Streik an. Es ergibt sich also weder eine Schmälerung noch eine Erweiterung des Handlungsspielraums der Arbeiter. Dieser bleibt so wie er ist. Nicht der Gewerkschaftsführer schränkt die Wahlmöglichkeiten der Arbeiter ein, sondern ihre eigene Gemeinschaft, die nicht einmal in der Vorstellung der Arbeiter eine Alternative aufkommen lässt.

Das Argument des Diskussionsteilnehmers ist Teil eines fortlaufenden Diskurses, bei dem beide Teilnehmer nach der Wahrheit suchen. Wann immer das Argument eines Teilnehmers dazu führt, die Aussage des anderen zu revidieren, schmälert dies in keinem Fall dessen Handlungsspielraum. Im Gegenteil bietet es eine Chance, die Aussage auf eine allgemein gültigere Basis zu bringen und mehr einzubeziehen als zuvor. Im Gegensatz zu diesen Beispielen übt jedoch der Polizist wirklich im primären Sinne Macht über den Einbrecher aus. Der Einbrecher sieht viele Alternativen zu einer Festnahme, wird aber vom Polizisten dazu gezwungen.

Struktur und Strukturierung

Giddens fälschliche Reduzierung des Handelns auf die Ausübung von Macht hat auch einschränkende Wirkungen auf sein Verständnis von Strukturen, Strukturierung, der Fortsetzung und Transformation von Strukturen und der Reproduktion sozialer Systeme (Giddens 1988: 67-81, 215-279, 376-391). Machtkampf wird zur primären Kraft der Geschichte.

Soziale Systeme bestehen aus sozialen Beziehungen, die über Zeit und Raum strukturiert sind. Die Mitglieder einer Fußballmannschaft bauen ein System auf, weil sie miteinander verbunden sind. Das Spiel zwischen zwei Mannschaften ist ein weiteres System, weil hier die Beziehungen innerhalb der beiden Mannschaften mit den Beziehungen zwischen den beiden Mannschaften kombiniert werden. Die professionelle Organisation von Fußballmannschaften vereint alle in einem noch umfassenderen System. Ein Markt ist insofern ein System, als er Käufer und Verkäufer in komplexen Beziehungen vereint. Soziologie als soziales System setzt Soziologen als Diskussionsteilnehmer zueinander in Bezug. Moderne nationalstaatlich organisierte Gesellschaften sind soziale Systeme, die ihre Mitglieder auf der Basis gemeinsamer Staatsbürgerschaft und Besetzung eines bestimmten Gebietes zusammenbringen. Unter sozialen Systemen versteht Giddens die Verknüpfung von Mitgliedern in sozialen Beziehungen mit mehr oder weniger offenen Grenzen hinsichtlich der Beziehungen zu anderen Systemen und Mitgliedsgruppen.

Soziale Systeme sind sozial durch die Reziprozität in der unmittelbaren Interaktion anwesender Akteure integriert: soziale Integration. Sie werden systemisch durch die Reziprozität von Akteuren oder Kollektiven über begrenzte Zeiten und Räume hinaus integriert: Systemintegration.

Soziale Strukturen sind Eigenschaften sozialer Systeme; sie beruhen auf einer spezifischen Unterscheidung der sozialen Beziehungen im System. Strukturen bestimmen, welche Art des Verhaltens in einem System wahrscheinlicher ist und welche weniger. Strukturen sind **Regeln** und Ressourcen des Handelns. Regeln des sozialen Lebens sind

> Techniken oder verallgemeinerbare Verfahren (...) die in der Ausführung/Reproduktion sozialer Praktiken angewendet werden (Giddens 1988: 73).

Es ist also eine Regel in der Fabrik, dass die Arbeiter jeden Morgen um 7 Uhr zur Arbeit kommen und jeden Nachmittag um 16.30 Uhr nach Hause gehen, während die Angestellten um 8 Uhr kommen und um 17.30 Uhr gehen; die Geschäftsleitung kommt um 8.30 Uhr und geht am Abend. In der Familie ist es eine Regel, dass Mutter jeden Morgen um 6 Uhr aufsteht, um das Frühstück vorzubereiten, und dann den Rest der Familie weckt, damit sie gemeinsam frühstücken können. Die Familie benutzt in einer ganz bestimmten Reihenfolge zwischen 6.30 Uhr und 7 Uhr das Badezimmer und verlässt zwischen 7.15 Uhr und 7.45 Uhr in einer ganz bestimmten Reihenfolge das Haus. Diese Regeln beschreiben regelmäßige Abläufe so, wie sie erfolgen, werden aber auch als kontrafaktische Vorschriften verstanden, weil Abweichungen Aktivitäten hervorrufen, um die Regeln wieder zu bekräftigen. Andererseits drücken sie auch eine bestimmte Abstufung von Privilegien und Machtverhältnissen sowohl innerhalb der Fabrikbelegschaft als auch innerhalb der Familie aus. Die Geschäftsführer stehen über den mittleren Angestellten, die wiederum über den Arbeitern eingestuft sind. Vater und Mutter sind den Kindern übergeordnet („Erziehungsberechtigte"). Die Regeln bestimmen die Handlungen, die in der Fabrik und der Familie vermutlich erfolgen und damit eine Struktur bilden. Dieser Struktur zufolge kann nicht alles innerhalb der Systeme geschehen. Was auftreten kann und was nicht, wird von den Regeln bestimmt.

Sofern Strukturen, die aus Regeln bestehen, das Vorkommen bestimmter Handlungen ausschließen, wirken sie vom Wesen her einschränkend. Nach Durkheims Sicht (1895/1973b) existieren sie außerhalb des einzelnen Arbeiters. In unserem Beispiel reichen sie weit über die Beschäftigungsdauer jedes Einzelnen hinaus, sind für jeden Arbeiter verbindlich und fordern im Falle von Abweichungen negative Sanktionen. Über die Einschränkungen durch die Regeln hinaus üben auch die physische Umgebung und die physischen Einschränkungen des Körpers Zwänge auf die Handlungen des Einzelnen aus (Bhaskar 1979).

Es ist aber ein wichtiger Punkt in Giddens' Theorie, dass Strukturen nicht nur einschränkende Regeln sind, sondern auch Handlungsressourcen bereitstellen. Die Organisation von Arbeitsbeginn und Arbeitsende ist für die Arbeiter eine Ressource, mit deren Hilfe sie gegenseitig genau vorhersagen können, wann sie kommen und gehen, und somit auch eine Ressource zur Organisation der Zusammenarbeit. Die Familienregeln beim Aufstehen, Frühstücken, Benutzen des Badezimmers und Verlassen der Wohnung sind wichtige Ressourcen, damit man am Morgen miteinander sprechen, frühstücken, sich waschen und rechtzeitig aus dem Haus gehen kann. Ohne Regeln könnte man all diese Dinge nicht tun. Die Abseitsregel ist ein wesentliches Element des Fußballspiels, das die Handlungen der Spieler einschränkt; ein cleveres Team setzt jedoch diese Regel explizit ein, um seine Position zu verbessern, indem es nämlich mit der Abseitsfalle spielt.

Obwohl Giddens üblicherweise von Regeln und Ressourcen spricht, meint er, dass Regeln, die Strukturen bilden, auch als Handlungsressourcen fungieren. Über diese unmittelbare Beziehung zwischen Regeln und Ressourcen hinaus, können wir auch sagen, dass die Verteilung von Machtressourcen in einem sozialen System im oben besprochenen Sinn Teil seiner Struktur ist und als

Grundlage für die Ressourcen des Handelns dient. Der Kapitalist besitzt mehr Machtressourcen als der Arbeiter, solange die Arbeiter keine starke Gewerkschaft bilden. Diese Verteilung der Machtressourcen ist Teil der Struktur des Wirtschaftssystems.

Giddens unterscheidet drei Arten von Struktur: strukturelle Prinzipien, Strukturen und strukturelle Eigenschaften (Giddens 1988: 235-247). Strukturelle Prinzipien sind Prinzipien der Organisation gesellschaftlicher Gesamtheiten, z.B. Privatbesitz über die Produktionsmittel in der kapitalistischen Gesellschaft. Strukturen sind eine Kombination aus Regeln und Ressourcen, z.B. die Struktur Kapital/ Arbeit in der Wirtschaft. Strukturelle Eigenschaften sind institutionalisierte Eigenschaften sozialer Systeme, die sich über Zeit und Raum ausbreiten, z.B. der Grad der Konzentration von Kapital in der Wirtschaft. Es gibt ein steigendes Maß der Abstraktion von strukturellen Eigenschaften hin zu Strukturen und dann wieder zu strukturellen Prinzipien.

Der Prozess der Strukturierung ist von zentraler Bedeutung für Giddens' Theorie. Strukturen sind nicht ein für alle Mal vorbestimmt, sondern werden in der sozialen Praxis produziert. Jegliche soziale Praxis beginnt mit einer vorgegebenen Struktur, die aus der vorherigen Praxis entstanden ist; sie bewirkt eine exemplarische Vergegenständlichung dieser Struktur im sozialen Handeln und leistet schließlich einen Beitrag zu ihrer Fortführung oder Transformation. Auf diesem Weg wird das soziale System, das diese Struktur und diesen Prozess aufweist, reproduziert. Da Struktur sowohl Mittel als auch Ergebnis der sozialen Praxis ist, besitzt sie die zentrale Eigenschaft der Dualität. Sie ist objektiv und subjektiv und wirkt zugleich einschränkend sowie Möglichkeiten eröffnend.

Nach Giddens' Verständnis von Macht als wichtigstem Element des Handelns ist die Fortsetzung oder Transformation der Strukturen ein Ergebnis von Machtkämpfen. Dies ist jedoch eine allzu enge Sicht der sozialen Praxis, wie wir aus obiger Diskussion ersehen konnten. Sie berücksichtigt nicht die Prozesse von Austausch und Verhandlung, Assoziation und Solidaritätsbeziehungen sowie Kommunikation und Diskurs, die jeweils ihre eigenen Einflüsse auf den Prozess der Strukturierung ausüben. Bei Austausch und Verhandlung können sowohl Gewerkschaften als auch die Industrie vom Fortführen und Transformieren der Strukturen profitieren und werden somit im Verhandlungsprozess eher mit Anreizen als mit Macht arbeiten. In einem Industriebetrieb teilen sich vielleicht Gewerkschaft und Geschäftsleitung die Führung, so dass sie gegenseitige Solidarität empfinden und somit mit den etablierten Strukturen eben deshalb fortfahren, weil beide Seiten sich ihnen verpflichtet fühlen, oder sie transformieren sie, um diese Solidarität zu verstärken. Auch hier unterscheidet sich der Prozess von dem eines Machtkampfes. Strukturen der industriellen Produktion können zum Gegenstand öffentlicher Diskussion werden. In diesem Fall hängt die

Tatsache, ob eine Struktur fortgeführt oder umgewandelt wird, zumindest teilweise von gültigen Argumenten ab. Konzentriert sich die öffentliche Diskussion beispielsweise auf eine Verkürzung der Wochenarbeitszeit von 40 auf 38,5 Stunden, um so neue Jobs für die Arbeitslosen zu schaffen, ist es weniger eine Frage der Macht als der unzureichenden Legitimation, die das Arbeitgeberlager auf die Verliererseite stellt, wenn es versucht, die 40-Stunden-Woche beizubehalten. Da Giddens seine Theorie der Strukturierung vorrangig auf die Grundlage des Machtbegriffs stellt, bietet sie uns keinen adäquaten Zugang zur komplexen Natur von Strukturierungsprozessen. Es handelt sich um eine eingeschränkte Theorie der Strukturierung, die soziales Handeln auf strategischen Machtkampf reduziert und jeglichen Zugang zu verhandlungsmäßigen, assoziativen oder kommunikativen Aspekten des sozialen Handelns ausschließt.

Institutionen

Dieser Mangel von Giddens' Theorie der Strukturierung wird auch in seinem Umgang mit Institutionen und ihren Beziehungen zueinander deutlich. Er unterscheidet vier wichtige institutionelle Ordnungen der Gesellschaft:

(1) symbolische Ordnungen/Formen des Diskurses;
(2) politische Institutionen;
(3) ökonomische Institutionen sowie
(4) rechtliche Institutionen (Giddens 1988: 81-88).

Allerdings reduziert er diese vier Ordnungen auf drei Strukturen:

(1) symbolische Ordnungen/Formen des Diskurses auf die Signifikation (Bedeutungszuweisung), mit Interpretationsschemata als Modalität und Kommunikation als Art der Interaktion;
(2) politische und ökonomische Institutionen auf Herrschaft, mit Ressourcen als Modalität und Ausübung von Macht als Form der Interaktion;
(3) rechtliche Institutionen auf Legitimation, mit Normen als Modalität und Anwendung von Sanktionen als Form der Interaktion.

Er fasst die ökonomischen und politischen Institutionen in einer Gesamtstruktur der Herrschaft zusammen, basierend auf der Ausübung von Macht. Dabei verliert er jegliche Chance einer adäquaten Darstellung des besonderen Charakters des ökonomischen Handelns und der entsprechenden Prozesse, Praktiken und Strukturen. Und weil er Herrschaft und Macht in seiner Theorie eine herausragende Stellung einräumt, muss er zwangsläufig Signifikation und Legitimation auf Herrschaft reduzieren, ob er dies nun will oder nicht. Allein die Konzeptualisierung von Handeln und Macht lässt ihm keine andere Wahl.

Es gibt keine Möglichkeit, ein Verständnis der gemeinen Elemente des Ökonomischen, der Signifikation und der Legitimation nach den Begriffen von Giddens' Theorie der Strukturierung zu erreichen, sondern lediglich ein Verständnis des Ökonomischen, der Signifikation und der Legitimation unter dem Aspekt der Macht. Diese Überbetonung der Macht kann adäquate Erklärungen für empirische Fälle liefern, in denen es in Wirklichkeit eine solche von Macht dominierte Institutionenordnung gibt. Allerdings erlaubt sie keine adäquate Erklärung für empirische Fälle, die von diesem Typus abweichen. Außerdem gewährt die Theorie auch kein adäquates Verständnis des Ökonomischen, der Signifikation und der Legitimation an sich. Um zu solchen Einsichten zu gelangen, können wir mehr aus den Theorien zur ökonomischen, symbolischen und normativen Strukturierung lernen. Was Giddens anbietet, ist eine eingeschränkte Theorie der *politischen* Strukturierung.

Praktische Beispiele der Strukturierungstheorie

Was wir allgemein über Giddens' Theorie der Strukturierung gesagt haben, kann auch an praktischen Beispielen gezeigt werden. Beispielsweise kritisiert er zu Recht die allzu allgemeinen Evolutionsschemata, indem er betont, dass die historische Entwicklung von vielen Fällen sozialer Praxis abhängt, die ohne eine einheitliche Richtung vorwärts, seitwärts und rückwärts führen (Giddens 1988: 281-333). Wenn er jedoch diese Praxis charakterisiert, reduziert er sie auf die Ausübung von Macht und vernachlässigt die Auswirkungen der Verfahren von Austausch und Verhandlung, Assoziation und Solidaritätsbildung, Kommunikation und Diskurs. Er lässt auch die akzeptablen Elemente der Evolutionstheorie unter den Tisch fallen, weil er die Tatsache überbetont, dass Geschichte durch menschliches Handeln gemacht wird. Evolution findet auf der Ebene symbolischer Codes durch die Interaktion dieser Codes mit sozialen Strukturen statt, die durch Genotypen und Phenotypen in der sozialen Praxis vermittelt werden. Es gelingt Giddens nicht, soziale Praxis als ein Element der Evolution symbolischer Codes (nicht der Gesellschaften) zu begreifen. Zumindest für die Wissenschaft akzeptieren wir eine solche Position, solange wir annehmen, dass wir Fortschritte der Annäherung an die Wahrheit erzielen können. Und wir glauben dies auch in Bezug auf die moralische Welt. Diese angenommene Fähigkeit zum Fortschritt mit sozialer Praxis in Verbindung zu bringen, ist die Aufgabe einer modernen Evolutionstheorie. Es ist viel weniger als eine Formulierung allzu allgemeiner

Evolutionsschemata, aber weit mehr als die Reduzierung von Geschichte auf den Kampf um Macht.

In seiner Auseinandersetzung mit T.H. Marshalls (1964/1976) Studie zum Entstehen der zivilen Rechte in Großbritannien im 17. und 18. Jahrhundert, der politischen Rechte im 19. und 20. Jahrhundert und der sozialen Rechte in unserem Jahrhundert weist Giddens mit Recht darauf hin, dass es sich dabei nicht um einen notwendigen Evolutionsprozess handelt, der sich von einer Ebene zur nächsten bewegt, sondern um einen historischen Prozess, der Schritte nach vorne und zurück beinhaltet. Er tut dies jedoch vor allem in Bezug auf den politischen Kampf und berücksichtigt nicht ausreichend die wichtige Rolle der Prozesse des Verhandelns, der Vereinigung als Bürger, der Inklusion und des öffentlichem Diskurses (Giddens 1982: 163-180).

Giddens zitiert eine Studie von Willis (1977), die aufzeigt, wie die Praxis in der Schule Strukturen momentan vergegenständlicht und zu deren Fortführung sowie auch zur Fortführung einer gesamten Gesellschaftsstruktur führt (Giddens 1988: 343-359). Die Schule arbeitet mit einer autoritativen Struktur; die Gruppe der „Kids" kennt diese Struktur sehr genau, „spielt" aber mit ihr, macht Witze über die Lehrer und bleibt gleichgültig. Es ist ihre Art der momentanen Vergegenständlichung dieser Struktur und auch des Lebens mit ihr. In ihrer Praxis tragen sie zur Fortführung eben dieser Struktur bei, ebenso aber auch der Struktur im Beruf, in der sich die Struktur der Schule wiederholt. Sie lernen, mit Herrschaft umzugehen, die nicht allzu viele Belohnungen für sie bereithält. Sie bilden die Masse, die darauf beschränkt ist, langweilige Jobs auszuführen. So trägt die Schulpraxis mit dem abweichenden Verhalten der Kids zur Fortführung ihrer eigenen Struktur und der Gesellschaftsstruktur insgesamt bei. Giddens interpretiert jedoch diese Praxis nur aus der Sicht eines Machtspiels zwischen Schülern und Lehrern und schließt Prozesse der Verhandlung, Assoziation und Kommunikation aus den expliziten Überlegungen aus.

Dasselbe gilt für Giddens' Interpretation einer Studie von Ingham (1984) zu den Gründen, weshalb die City of London ihre herausragende Stellung als Finanzzentrum im Vergleich zu den Industriezentren des Landes selbst nach dem Niedergang der britischen Industrie bewahren konnte (Giddens 1988: 376-383). Nach der marxistischen Theorie hätte man aufgrund des unvermeidlichen Aufstiegs des industriellen Kapitals im Verhältnis zum Finanzkapital im Verlauf der kapitalistischen Entwicklung den Niedergang der City vorhersagen müssen. In der Tat fand aber eine gegenteilige Entwicklung statt. Inghams Erklärung dafür lautet, dass die Stellung der City von einigen Finanzreformen im frühen 19. Jahrhundert gestützt wurde, während sie sich im 20. Jahrhundert als weltweites Finanzzentrum etablieren konnte, dessen Position sich unabhängig vom Schicksal der britischen Industrie entwickelte. Mit Recht verweist Giddens darauf, dass es nach dieser Studie keine einheitliche Entwicklung gibt, so wie sie die marxistische Theorie prophezeite, und dass die Vorherrschaft der City im 19. und im 20. Jahrhundert auf unterschiedlichen Gründen basierte. Seine Überbetonung der Macht verschließt aber seine Augen vor dem Beitrag der Prozesse des Verhandelns, der Etablierung von Vertrauen und Ansehen und der Kommunikation von Gründen für den Aufbau ihrer herausragenden Position.

Giddens ist entschieden dagegen, Propositionen zu formulieren (Giddens 1976, 1982: 1-17, 1988: 401-405). Sein Argument lautet, dass die Wissensfähigkeit und das Handeln von Personen auf der Grundlage ihrer Macht, einen Unterschied zu schaffen, dem Wirken von Gesetzen entgegenlaufen, und dass Praxis immer eine historisch partikulare Praxis ist. Diese Tatsache der Historizität des Handelns schließt jedoch keinesfalls aus, dass es zumindest gesetzesähnliche Prozesse auf einer analytischen Ebene gibt, die hinter dem wissensbasierten Handeln der Personen stehen. Giddens verwechselt die konkrete Unvorhersehbarkeit des historischen Handelns mit der Unvorhersehbarkeit analytisch herausgefilterter Aspekte des Handelns. Bezüglich des konkreten Handelns hat er Recht, nicht aber hinsichtlich der analytisch herausgefilterten Aspekte und Beziehungen des Handelns. So können wir beispielsweise fragen, was das *Commitment* eines Akteurs steigert, sich mit anderen Akteuren zusammenzutun und antworten, dass es sein Zusammengehörigkeitsgefühl gegenüber den anderen Akteuren ist, das sein Commitment erhöht, sich dem Handeln der anderen Akteure anzuschließen. Dies ist eine *allgemeine* Aussage zu einer analytisch herausgeschnittenen Beziehung zwischen dem Aufbau eines Zusammengehörigkeitsgefühls und dem Anwachsen des Commitments, sich einer Handlung anzuschließen. Die universelle Wahrheit dieser Aussage impliziert nicht, dass Akteure unwissende Individuen sind, die lediglich dieses Gesetz befolgen. Als wissensfähige Personen können sie etwas über das Phänomen lernen und sich einem Gefühl der Zusammengehörigkeit widersetzen, indem sie sich von Menschen fern halten; oder sie können es einsetzen, um eben jenes Gefühl und das entsprechende Commitment bei anderen aufzubauen. Der Akteur hat aber nicht die Möglichkeit, ein Gefühl der Zusammengehörigkeit zu anderen Personen zu empfinden und gleichzeitig sein Commitment, sich den Handlungen derselben Personen anzuschließen, zu reduzieren. Dies wäre konträr zur theoretischen Proposition und dementsprechend eine Falsifikation, die Versuche entstehen ließe, eine bessere Proposition zu formulieren. Gibt man diesen Versuch insgesamt auf, so bedeutet dies, dass man das Feld den Historikern überlässt. Man muss sich dann fragen, was Soziologen anderes tun sollten, als aus ihrem Beruf auszuscheiden und Historiker zu bitten, in ihren Berufsstand eintreten zu dürfen.

Die Konsequenzen der Moderne

Mit seinen Büchern *The Consequences of Modernity* (1990) und *Modernity and Self-Identity* (1991) hat Giddens nachhaltig die soziologische Debatte über Modernisierung und Globalisierung beeinflusst. Giddens versucht begreifbar zu machen, dass die Gegenwart der globalisierten Moderne nicht in ein neues Zeitalter der Postmoderne führt, sondern eine Radikalisierung der Moderne darstellt, die das in ihr angelegte dynamische Potenzial zum ersten Mal in der Geschichte voll zum Tragen bringt. Jetzt erst wird in voller Breite und ganzer Tiefe sichtbar, was der Bruch mit der Tradition in der Moderne bedeutet. Die Antriebskräfte der gegenwärtigen globalisierten Moderne sind dieselben, die sie seit ihrer Geburt im 17. Jahrhundert bestimmen, aber sie kommen jetzt umfassender und tief greifender gegen die Beharrungskräfte der Tradition zum Durchbruch als jemals zuvor. Wir leben insofern in der Gegenwart nicht in der Postmoderne, sondern in der entfesselten Moderne (Giddens 1990: 4-6, 45-53; 1991: 10-34).

Zwei dynamische Kräfte treiben den Prozess der Modernisierung voran: die **Entkopplung von Raum und Zeit** und die **Entbettung** des menschlichen Handelns aus gewachsenen und normativ verfestigten lokalen Handlungszusammenhängen (Giddens 1990: 17-29). Die Zeitrechnung verliert ihren Ortsbezug, sie übergreift immer größere Räume, um schließlich rund um die Erde dieselbe zu sein und Handlungskoordination jenseits aller örtlichen Gebundenheit zu ermöglichen. In diesem Sinne wird die Zeit vom Raum getrennt. Die Entbettung des menschlichen Handelns aus örtlichen Handlungszusammenhängen bedeutet, dass das Handeln hier und jetzt von überall her, jenseits des Hier und Jetzt, beeinflusst wird und auf alles Handeln, jenseits des Hier und Jetzt, einwirken kann. Entbettung setzt die Raum-Zeit-Entkopplung voraus und treibt sie selbst weiter voran. Beide implizieren die Enttraditionalisierung des menschlichen Lebens. Traditionen binden Gegenwart und Zukunft an die Vergangenheit. Sie sind stark ortsgebunden und enthalten lokale Erfahrungszusammenhänge, aus denen das Leben am Ort seine Kontinuität, Sicherheit und voraussagbare Fortsetzung in die Zukunft hinein erhält. Wird das Handeln aus den lokalen Zusammenhängen herausgelöst, dann erweitern sich die Netzwerke des Handelns und mit ihnen die Solidaritäten, Identitäten, Erfahrungen, Denkweisen und Weltsichten. Alles wird offener und chancenreicher, damit aber auch begründungs- und entscheidungsbedürftiger. Selbst die Fortsetzung von Traditionen geschieht nicht mehr unreflektiert, sondern bedarf der ausdrücklichen Begründung im Lichte des nun verfügbaren größeren Spektrums von Alternativen.

Entkopplung von Raum und Zeit und Entbettung bringen in der Moderne in fortschreitendem Maße die Reflexivität des menschlichen Handelns zum Tragen

(Giddens 1990: 36-45). Wissen und Handeln treten in einen dialektischen Prozess der gegenseitigen Beeinflussung ein. Es wird aufgrund von verfügbarem Wissen gehandelt, aus dem Handeln ergeben sich neue, nicht intendierte Konsequenzen, die wiederum in den Wissensvorrat aufgenommen werden und damit dem weiteren Handeln zur Verfügung stehen. Diese Dialektik von Wissen und Handeln wird zusätzlich von einer doppelten Hermeneutik geprägt, und zwar insofern als das Wissen die Situationsdefinition und Ergebnisbewertung des Handelns formt und sich selbst wieder aus diesen reproduziert. An dieser doppelt hermeneutischen Reflexivität von Wissen und Handeln ist insbesondere auch die Soziologie beteiligt, die mit ihren Interpretationen der gesellschaftlichen Realität auf die Situationsdefinitionen, Handlungen und Ergebnisbewertungen der gesellschaftlichen Akteure Einfluss nimmt und sich aus deren Situationsdefinitionen, Handlungen und Ergebnisbewertungen wiederum erneuert.

Mit der gesteigerten Entbettung, Entscheidungsabhängigkeit und Reflexivität des menschlichen Handelns in der fortgeschrittenen Moderne geht eine Steigerung der Risiken des Handelns und des Risikobewusstseins einher (Giddens 1990: 7-10, 124-34; 1991: 109-43). Handeln setzt nicht einfach Traditionen fort, innerhalb derer seine Konsequenzen bekannt sind. Statt dessen betritt es Neuland mit nicht genau vorherzusehenden Konsequenzen und Entscheidungen, die so oder auch anders ausfallen könnten. Es muss es sich daher darauf einstellen, dass von ihm auch unvorhergesehene Konsequenzen ausgelöst werden. Wo das Handeln fest in Traditionen eingebunden ist und die Handlungsspielräume eng begrenzt sind, geht der Mensch in seinem Handeln keine Risiken ein, ist aber den Gefahren seiner Umwelt (Sturmflut, Dürre, hereinbrechende Feinde) relativ wehrlos ausgeliefert. In der fortgeschrittenen Moderne sind die Handlungsmöglichkeiten ins Extreme gesteigert, die Natur ist in großem Umfang weniger unkontrollierbaren Gefahren der Natur ausgesetzt, dagegen aber umso mehr Gefahren, die er selbst produziert hat, z.B. Atomkraft, Nuklearkrieg und Erderwärmung. Es bedarf deshalb in viel umfassenderem Sinn als jemals zuvor einer Kalkulation des Risikos von Entscheidungen, z.B. von Entscheidungen für Technologien in Bezug auf drohende Gefahren. Unter Risiko ist dabei die Wahrscheinlichkeit zu verstehen, mit der neben den positiven Konsequenzen einer Handlung auch negative Effekte auftreten.

Ein wesentliches Kennzeichen der Risiken in der fortgeschrittenen Moderne ist ihre geringe Kalkulierbarkeit durch den einzelnen Akteur hier und jetzt, da das Handeln das Funktionieren sehr komplexer technischer Systeme voraussetzen muss. Der handelnde Mensch muss ihr Funktionieren unterstellen, ohne es selbst genau zu wissen, sonst könnte er gar nicht handeln. An der Stelle von Erfahrungswissen und Traditionsglaube in traditionellen Gesellschaften und an der Stelle des spezialisierten Wissens eines Experten in seinem spezialisierten Kompetenzbereich gewinnt deshalb das Vertrauen in Expertensysteme immense Bedeutung, um Handeln unter solchen Bedingungen überhaupt möglich zu machen. Vertrauen ist von Vertrautheit und Glauben zu unterscheiden (Giddens 1990: 29-36, 79-83, 114-124). Vertrautheit vermittelt Sicherheit aus praktischer Erfahrung. Wenn ich mit einer Sache vertraut bin, dann benötige ich kein Vertrauen, das gerade eine Vertrautheitslücke schließt. Auch der Glaube an eine Sache macht Vertrauen überflüssig, weil ich im festen Glauben an kein Risiko denke, das mit meinem Handeln verbunden sein könnte. Ist ein solches Risiko vorhanden – etwa der Ausfall des Funktionierens technischer Systeme –, dann benötige ich eine Motivationsgrundlage, die mir ein Handeln ohne Vertrautheit und Glauben erlaubt. Diese Funktion übernimmt in Giddens' (1990: 27-29, 88-92) Augen das Vertrauen in Expertensysteme. Dabei kann die Vertrautheit mit einem konkreten Experten und der Glaube an die Wissenschaft helfen, beide reichen aber in vielen Fällen nicht aus, weil die Person zu konkret und die Wissenschaft zu abstrakt ist und beide nicht das Funktionieren eines technischen Systems garantieren können. Die immer noch vorhandene Lücke ist von dem Vertrauen in Expertensysteme zu füllen. Dieses Vertrauen wird von dem Wissen über die Zuverlässigkeit der Systeme (Erfahrung, Testergebnisse) und von der Glaubwürdigkeit der Experten gespeist, die sei geschaffen haben (Ingenieure) und die sie bedienen (Techniker). Vertrauen stützt sich demnach auf eine kognitive und eine gefühlsmäßige Komponente.

Neben den Expertensystemen spielen in der Moderne symbolische Systeme eine große Rolle bei der Koordination von menschlichem Handeln jenseits von normativ verfestigten lokalen Kontexten (Giddens 1990: 22-27, 112-124). Das paradigmatische Beispiel dafür ist das Geld in seiner Funktion als Zahlungsmittel, Wertmaßstab und Wertaufbewahrungsmittel, als Bargeld, Scheck oder Zahlungsanweisung, in Papierform oder elektronischer Form. Andere symbolische Systeme sind das Recht, politische oder administrative Legitimität. Auch die Nutzung symbolischer Systeme verlangt von den Handelnden ein hohes Maß des Vertrauens in ihr Funktionieren. Ohne Vertrauen in die Geldwertstabilität kann der Zahlungsverkehr der Wirtschaft nicht funktionieren. Ohne Vertrauen in das Recht würde an die Stelle des Rechtswegs die private Erledigung von Streitfällen treten, ohne Vertrauen in administrative Legitimität könnte keine Behörde mit der Hinnahme ihrer Bescheide rechnen.

Giddens unterscheidet vier institutionelle Komplexe, die den institutionellen Aufbau der Moderne kennzeichnen: das arbeitsteilige industrielle Produktionssystem, der auf Kapitalakkumulation eingestellte Kapitalismus, das System der Überwachung (Herrschaft, Bürokratie, Justiz, Polizei) und das System der militärischen Macht (Giddens 1990: 55-63) (Abb. 14.4). Diese vier Komponenten wurden in der Entwicklung der Moderne zunächst durch den Nationalstaat territorial gebunden. Die Radikalisierung der Moderne im Zuge ihrer globalen Ausbreitung und der Globalisierung der Handlungszusammenhänge hat zu einer Globalisierung der vier institutionellen Komponenten der Moderne über den Nationalstaat hinaus in einem jetzt globalen System geführt: Internationale Arbeitsteilung, kapitalistische Weltwirtschaft, interdependentes System der Nationalstaaten und Weltmilitärordnung (Giddens 1990: 63-78). Für den Fall der ungebundenen Entfaltung der Enttraditionalisierung der globalisierten Moderne sieht Giddens für alle vier institutionellen Komponenten der globalisierten Moderne spezifische Risiken des Kollabierens: ökologischer Zerfall, Kollaps der ökonomischen Wachstumsmechanismen, Entstehen totalitärer Herrschaft als Reaktion auf wachsende Sicherheitsprobleme, Nuklearkrieg oder weit ausgreifende Kriege (Giddens 1990: 170-173) (Abb. 14.5). Seine Hoffnung setzt Giddens auf die neuen sozialen Bewegungen, die auf eine Reform der vier institutionellen Komplexe abzielen: ökologische Bewegungen, Arbeiterbewegungen, Demokratisierungsbewegungen und Friedensbewegungen.

Abb. 14.4: Institutionelle Dimensionen der Moderne

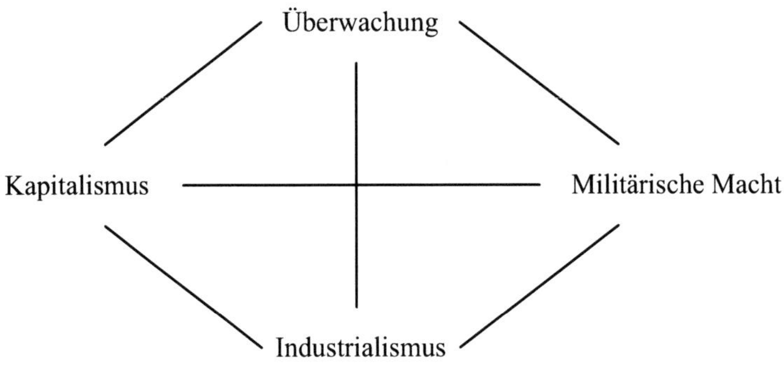

Aus: Anthony Giddens, *The Consequences of Modernity*, Cambridge: Polity Press, 1990, S. 59.

Sie können als Träger eines utopischen Realismus fungieren und auf eine Erneuerung emanzipatorischer Politik wie auch auf die Institutionalisierung einer neuen Lebenspolitik der Selbstverwirklichung, auf die Politisierung des Lokalen und des Globalen zielen (Giddens 1990: 154-163). Aus den Fortschritten dieser Bewegungen könnte eine Reform der institutionellen Komponenten der globalisierten Moderne hervorgehen: eine Humanisierung der Technologie, ein ökonomisches Nachknappheitssystem, eine mehrschichtige demokratische Partizipation und eine Demilitarisierung der Weltordnung. Unter dem Nachknappheitssystem versteht

Giddens eine Ökonomie, die nicht mehr allein dem Gesetz der Kapitalakkumulation gehorcht, sondern die Lebensqualität über die rein quantitative Steigerung des Lebensstandards stellt.

Abb. 14.5: Risiken der Moderne

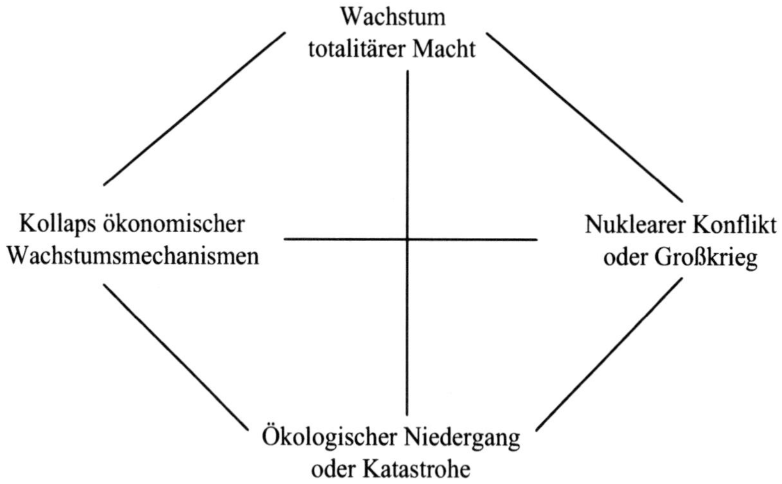

Aus: Anthony Giddens, *The Consequences of Modernity*, Cambridge: Polity Press, 1990, S. 171.

Auf der Grundlage eines solchen Nachknappheitssystems sieht Giddens wieder in Bezug auf die vier institutionellen Komplexe der globalisierten Moderne Chancen für eine Weltordnung mit folgenden Komponenten heraufziehen: ein System der planetarischen Vorsorge, eine sozialisierte ökonomische Organisation, eine koordinierte globale Ordnung und eine Überwindung des Krieges. Erst die Herausbildung dieser Gestalt der Moderne würde in Giddens Augen an die Stelle der radikalisierten Moderne der Gegenwart eine postmoderne Ordnung setzen (Giddens 1990: 163-170).

In der jüngeren Vergangenheit hat sich Giddens verstärkt mit der Reform der britischen Gesellschaft beschäftigt und die Politik von Tony Blair als Berater begleitet. In *Beyond Left and Right* (1994), *The Third Way* (1998) und *The Third Way and its Critics* (2000) hat er die Konturen einer Politik der positiven Wohlfahrt als ein Beispiel für „erfinderische Politik" gezeichnet, die als neuer „Dritter Weg" die neoliberale Kritik des Wohlfahrtsstaates aufgreift, ihr aber eine Erneuerung des Wohlfahrtsstaates entgegenstellt. Die Politik der positiven Wohlfahrt verabschiedet sich von der bürokratischen Lähmung der Gesellschaft durch den alten Wohlfahrtsstaat, ohne der bloßen Deregulierungspolitik des Neoliberalismus zu folgen. Positive Wohlfahrt setzt an die Stelle der Verwaltung von Armut, Chancenlosigkeit und Inaktivität die Aktivierung und Befähigung des Individuums, um seine Beschäftigbarkeit zu verbessern und jedem den Weg zu einem aktiven und selbstverantwortlichen Leben zu ebnen.

Zusammenfassung

Giddens ist in seiner Weigerung, Propositionen zu formulieren, nicht konsequent. Zumindest einige seiner Annahmen funktionieren implizit wie Propositionen:

1. Struktur ist Mittel und Ergebnis sozialer Praxis.
2. Struktur schränkt gleichzeitig ein und eröffnet Möglichkeiten.
3. Soziale Praxis involviert das Handeln von Agenten.
4. Handeln wird durch die Anwendung von Macht ausgeübt.
5. Macht ist die Fähigkeit, in einem Zustand oder im Verlauf von Ereignissen einen Unterschied zu erzeugen.
6. Das Ergebnis der sozialen Praxis, das zur Fortführung oder Transformation von Strukturen und zur Reproduktion eines sozialen Systems führt, hängt von der Menge an Macht ab, die für die Fortführung oder den Wandel mobilisiert werden kann: Je mehr Macht für eine bestimmte Ausprägung der Sozialstruktur mobilisiert werden kann, desto mehr wird sie realisiert.
7. Soziale Praxis beinhaltet wissensfähige Personen.
8. Je mehr die soziale Praxis die Wissensfähigkeit von Personen involviert, desto größer ist das Ausmaß der Transformation von Strukturen.
9. Je mehr allokative oder autoritative Ressourcen eine Person mobilisieren kann, desto mehr ist es ihr möglich, den Verlauf der sozialen Praxis zu bestimmen.
10. Je mehr Signifikation und Legitimation von Herrschaft gestützt werden, desto mehr dauerhafte Auswirkungen werden sie auf die Fortführung oder Transformation von Strukturen ausüben.
11. Mit dem Eintritt in die Moderne ergibt sich eine fortschreitende Transformation von Strukturen.
12. Modernisierung bedeutet fortschreitend die Enttraditionalisierung von menschlichem Handeln und sozialen Beziehungen, die in der Gegenwart einen Höhepunkt in einer radikalisierten, global ausgebreiteten Moderne erreicht.

13. Die fortschreitende Enttraditionalisierung in der Moderne wird durch zwei Prozesse vorangetrieben: durch die Entkopplung von Raum und Zeit und durch die Entbettung des Handelns aus lokalen Zusammenhängen.
14. Fortschreitende Enttraditionalisierung steigert die Reflexivität des menschlichen Handelns (Dialektik von Wissen und Handeln), macht Handeln entscheidungsabhängiger und bringt die dabei eingegangenen Risiken zu Bewusstsein.
15. Enttraditionalisiertes Handeln wird in wachsendem Umfang durch symbolische Systeme (Geld, Recht, politische und administrative Legitimität) und durch Expertensysteme koordiniert, deren Effektivität ein hohes Maß der Generierung von Vertrauen jenseits von Vertrauen und Glauben erfordern.
16. Modernisierung entfaltet sich in vier institutionellen Komplexen (arbeitsteiliges industrielles Produktionssystem, Kapitalismus, Herrschaft und militärische Macht), ihre globale Ausbreitung in internationaler Arbeitsteilung, kapitalistischer Weltwirtschaft, interdependentem System von Nationalstaaten und Weltmilitärordnung.
17. Unkontrollierte Modernisierung tendiert zu ökologischem Zerfall, Kollaps der ökonomischen Wachstumsmechanismen, totalitärer Herrschaft und Nuklearkrieg, ihre Kontrolle durch einen „utopischen Realismus" ermöglicht eine Humanisierung der Technologie, ein ökonomisches Nachknappheitssystem, eine mehrschichtige demokratische Partizipation und eine Demilitarisierung der Weltordnung.
18. Hoffnungsträger einer befriedeten, postmodernen Ordnung sind die neuen sozialen Bewegungen.

Kritische Würdigung

Giddens lieferte einen bemerkenswerten Ansatz zur Analyse der Fortführung und Transformation von Strukturen in der sozialen Praxis einschließlich des Prozesses der Strukturierung und der Dualität von Strukturen (Cohen 1989; Clark, Modgil und Modgil 1990; Müller 1992: 145-237; Craib 1992). Was er jedoch als revolutionäre Neuheit darstellt, ist in Wirklichkeit gar nicht so neu. Sein Begriff von Handeln (agency) ist identisch mit demjenigen, den Parsons 1937 formulierte (1937/1968: 49-50). Sein Begriff von der Dualität von Struktur ist genau derselbe, den schon die Klassiker der Soziologie eingeführt haben. Weber (1922/ 1972c) konzentrierte seine Arbeit auf die Beziehung zwischen Ideen und Interessen, Kultur und Sozialstruktur, die im sozialen Handeln vermittelt wird; dies ist Dualität der Struktur. Simmel (1914/1926) arbeitete zur Dialektik der subjektiven und objektiven Kultur; dies ist Dualität der Struktur. Durkheim (1914/ 1970, 1924/1974) gestaltete die gleichzeitige Äußerlichkeit und Innerlichkeit des moralischen Tatbestands zur zentralen Aussage seines reiferen Werkes; dies ist Dualität der Struktur. Parsons (Parsons und Platt 1973) machte die Interpenetration des kulturellen Systems, des sozialen Systems, des Persönlichkeitssystems und des Verhaltenssystems zur zentralen Aussage seines reiferen Werkes. Dies ist Dualität der Struktur. Mead (1934) erhob das Zusammenspiel von „Ich" und „Mich" zur zentralen Aussage seines reiferen Werkes. Dies ist Dualität der Struktur.

Was wir Giddens zu verdanken haben, ist nicht eine revolutionäre neue Synthese von Objektivismus und Subjektivismus, sondern eine Neuformulierung traditioneller Bemühungen, dieses Schisma zu überwinden. Seine Neuformulierung tendiert jedoch zu einer Überbetonung von Macht. Somit muss er auch die Beziehung zwischen objektiver Struktur und subjektivem Bewusstsein vom strategischen Standpunkt aus betrachten und schließt somit einen diskurstheoretischen Zugang zu diesem Phänomen aus. Gefestigte Strukturen können nur als Einschränkungen oder Ressourcen eine Rolle spielen. Sie sind kein Gegenstand, über den Akteure in einen Diskurs eintreten und so über Recht oder Unrecht etablierter Strukturen nach den Regeln des Diskurses debattieren können. Wenn man einen Diskurs über Strukturen führt, so impliziert das, dass man die zugrunde liegenden Regeln bekräftigt oder ablehnt. Ein Diskurs über den Arbeitstag macht eine externe Struktur zu einer gültigen oder ungültigen Regel. Dies ist eine Befreiung von strukturellem Zwang, die sich vollständig davon unterscheidet, dass man möglichst weitgehend von strukturellen Ressourcen in einem Machtspiel profitiert (siehe Archer 1988).

Giddens hält viel von der Wissensfähigkeit, lässt aber den Kern der Wissensfähigkeit außer Acht: den Diskurs. Was er als diskursives Bewusstsein analysiert, erreicht nicht die Ebene des Diskurses im eigentlichen Sinne. Wenn er von Diskurs spricht, muss dies nach der Struktur seiner Theorie ein intellektuelles Machtspiel sein. Daher kann er auch nicht wirklich eine kritische Theorie formulieren, obwohl darauf abzielt. Ein solcher Versuch erfordert eine Diskurstheorie, die auf den Diskurs selbst konzentriert ist. Giddens hat keine solche Theorie. Daher ist er nicht in der Lage, Habermas' Diskurstheorie als Element seines eigenen Ansatzes aufzugreifen.

Die von Giddens in *The Consequences of Modernity* (1990) skizzierte Modernisierungstheorie hat den Vorzug der Entwicklung zu einer Theorie der Globalisierung. Giddens zeigt die in der Entkopplung von Raum und Zeit und der Entbettung des Handelns aus lokalen Bezügen enthaltene Dynamik der Enttraditionalisierung und Globalisierung der Moderne auf. Mit guten Gründen begreift er die Gegenwart als radikalisierte Moderne und nicht als Postmoderne.

Die Skizzierung von zwei möglichen weiteren Entwicklungspfaden der Moderne – einen fatalen und einen gelingenden – bietet einen Ansatz für weitere Untersuchungen, aber keine konkreten Ansatzpunkte für Prognosen. Seine Beiträge zu einer Politik der positiven Wohlfahrt eröffnen neue Perspektiven für den Umbau des Wohlfahrtsstaates. Giddens Modernisierungstheorie ist allerdings mehr eine Skizze auf sehr abstraktem Niveau, die eigentlich noch der konkreten Ausarbeitung bedürfte. So erfährt man zu wenig über konkrete Dynamiken der Modernisierung und konkrete Probleme der Globalisierung, die den Umbau nationaler und den Ausbau supranationaler Ordnungen betreffen. In dieser Hinsicht kann Giddens' abstrakte Skizze das Spektrum der Modernisierungstheorien um einen Farbtupfer erweitern, aber keinesfalls die detaillierter ausgearbeiteten Beiträge ersetzen. Das Programm des utopischen Realismus und die Hoffnung, die Giddens in die Herausbildung einer neuen, befriedeten postmodernen Ordnung durch die neuen sozialen Bewegungen setzt, greifen zu weit über den Rahmen einer wissenschaftlich tragfähigen Analyse hinaus. Zusammen mit dem sozialpolitisch gewiss interessanten Programm der positiven Wohlfahrt verlassen sie die Ebene wissenschaftlicher Untersuchung und begeben sich in das Feld der politischen Praxis und des öffentlichen Kampfes um die Definition der Situation, die anderen Gesetzen als den Gesetzen des wissenschaftlichen Diskurses gehorchen. Publizistische Verbreitung, unterstützt durch einen ganzen von Giddens geleiteten Verlage – Polity Press – ist hier wichtiger als wissenschaftliche Begründung. Soweit der Spielraum für das Entstehen von immer wieder neuen sozialen Bewegungen wächst, bestehen bessere Chancen der Artikulation neuer Problemsichten mit besseren Möglichkeiten der Korrektur von Fehlern. In inhaltlicher Hinsicht unterliegen jedoch auch neue soziale Bewegungen Blindheiten und Verbohrtheiten, die durch wieder neue Bewegungen korrigiert werden müssen. Es entbehrt deshalb jeder realistischen Einschätzung, irgendeiner konkreten sozialen Bewegung die Lösung der Probleme der Zukunft zuzutrauen. Sie leisten einen Beitrag zur Bewegung der Gesellschaft – ob die Bewegung in die richtige Richtung geht, werden spätere Generationen nach ihren gegebenenfalls wieder ganz anderen Präferenzen beurteilen und gegebenenfalls neue Bewegungen wieder korrigieren.

Orientierungsfragen

1. Diskutieren Sie am Beispiel Ihres Studiums, wie die Dualität von Struktur und Handeln zu verstehen ist. Identifizieren Sie dazu Agenten, Agency, Regeln und Ressourcen!

2. Unterscheiden und charakterisieren Sie die verschiedenen Ebenen des Handelns und des Bewusstseins nach Giddens. Beziehen Sie sich dabei auf den Lehrerberuf bzw. auf ein von Ihnen gewähltes Beispiel!
3. Zeigen Sie an eigenen Beispielen, wie Giddens' Konzentration auf den Machtbegriff sowohl bei der Erklärung des Handelns, der Strukturen und der Institutionen zu verkürzten Ergebnissen führt!
4. Was sind nach Giddens die Konsequenzen der Moderne?
5. Welche Rolle spielen Risiko und Vertrauen in der enttradtionalisierten Welt?
6. Erläutern Sie Giddens' Ansatz als Beitrag zum Diskurs über Globalisierung!
7. Giddens erhebt den Anspruch, sein Konzept der Dualität von Struktur und Handeln könne die Mikro-Makro-Trennung der Soziologie überwinden. Vergleichen Sie sein Vorgehen mit der Theorie von Parsons über den Zusammenhang von Sozial-, Persönlichkeits- und Kultursystem! Geht Giddens tatsächlich über die strukturfunktionalistische Theorie hinaus?
8. Sowohl Giddens als auch Beck räumen dem Konzept der „Reflexivität" einen zentralen Stellenwert ein. Inwiefern überschneiden sich ihre Annahmen, in welchen Punkten unterscheiden sie sich?

Wichtige Begriffe

Agency
Agent
Dualität der Struktur
Entbettung
Entkopplung von Zeit und Raum
Handeln, unbeabsichtigte Folgen des
Handeln, unerkannte Bedingungen des
Handlung
Regeln
Ressourcen
Strukturen
Wissensfähigkeit/Knowledgeability

15. Von der Ersten zur Zweiten Moderne
Ulrich Becks Theorie der reflexiven Modernisierung

Biografische Angaben

Ulrich Beck wurde am 15.05.1944 geboren. Er studierte in München Soziologie. Nach der Promotion im Jahre 1972 war er im dortigen Sonderforschungsbereich 101 „Theoretische Grundlagen sozialwissenschaftlicher Berufs- und Arbeitskräfteforschung" tätig. Seine Habilitation erfolgte 1979 an der Universität München. Von 1979 bis 1981 war er an der Universität Münster, wo er seine erste Professur übernahm. Im Jahre 1981 folgte er einem Ruf auf einen Lehrstuhl für Soziologie an der Otto-Friedrich-Universität Bamberg, von wo er im Jahre 1992 an die Ludwig-Maximilians-Universität München wechselte. Seit 1997 lehrt er auch an der London School of Economics.

Die Theorie der reflexiven Modernisierung

Von der Industriegesellschaft zur Risikogesellschaft, von der Ersten zur Zweiten Moderne

Das von Anthony Giddens entworfene Theorieprojekt konvergiert in einem gewissen Umfang mit dem von Ulrich Beck seit seiner 1986 publizierten zeitdiagnostischen Studie zur **Risikogesellschaft** verfolgten Projekt einer Theorie der reflexiven Modernisierung. Die Gemeinsamkeiten des Unternehmens kommen schon in einem von Giddens und Beck zusammen mit Scott Lash veröffentlichten Buch über reflexive Modernisierung zum Ausdruck (Beck, Giddens und Lash 1996). Becks Ansatz einer Theorie der reflexiven Modernisierung soll an dieser Stelle im Anschluss an den Ansatz von Giddens in seinen Grundzügen dargestellt und erörtert werden.

Es war ein für die öffentliche Wirksamkeit von Becks Zeitdiagnose der Risikogesellschaft glücklicher Umstand, dass sie just in demselben Monat auf den Buchmarkt kam, in dem die Reaktorkatastrophe von Tschernobyl ganz Europa zum Nachdenken über die Risiken der Kernenergie zwang. Becks Ansatz einer Theorie der „reflexiven" Modernisierung beginnt mit der grundlegenden Unterscheidung zwischen Industriegesellschaft und Risikogesellschaft, die darauf aufbauend zur Unterscheidung zwischen Erster und **Zweiter Moderne** verallgemeinert wird (Beck 1986: 25-66; Beck, Bonß und Lau 2001: 38-47). Die Industriegesellschaft ist strukturell durch ihre Stratifikation in relativ homogene und klar voneinander differenzierte Klassen und Schichten geprägt. Lebensbedingungen, Lebensstil und Lebensschicksal des Einzelnen richten sich nach seiner Mitgliedschaft in einer Klasse bzw. Schicht, die in ihrer Verfestigung ein Merkmal der traditionalen Ständegesellschaft in der Industriegesellschaft fortführen. Die Lebensrisiken des Einzelnen – Armut, Not, Krankheit, Invalidität, vorzeitiger Tod – korrelieren hoch mit der Klassen- und Schichtzugehörigkeit: je niedriger die Klasse bzw. Schicht, umso höher die Risiken. Die Entwicklungsdynamik der Industriegesellschaft wird von der Fortschrittsidee und von den Kämpfen um die Verteilung des von ihr produzierten Reichtums beherrscht. Die Fortschrittsidee der Aufklärung geht mit der Entwicklungsdynamik der Kapitalakkumulation des Kapitalismus eine Ehe ein, um durch beständige Wohlstandssteigerung den zu verteilenden Kuchen fortlaufend zu vergrößern.

Mit in das Boot der Fortschrittskoalition von Kapital und Arbeit, Unternehmerschaft und Gewerkschaften, werden Wissenschaft und Technik genommen. Im Dienste der Industrie erlauben Wissenschaft und Technik eine unablässige Steigerung der Produktivität und eine ebenso unablässige Vermehrung und Erneuerung der für den Konsum zur Verfügung gestellten Produkte. Aus diesem Programm der Wohlstandssteigerung ergeben sich zwei fundamentale Konsequenzen, die den Übergang von der Industriegesellschaft zur Risikogesellschaft, von der Ersten zur Zweiten Moderne herbeiführen: die Entgrenzung der im Bündnis von Wissenschaft, Technik und Industrie produzierten technischen Risiken (Kernenergie, Chemie, Gentechnik, Klimawandel) und die Entgrenzung der bislang in Klassen und Schichten differenzierten und von ihnen strukturierten Lebensbedingungen, Lebensstile und Lebensschicksale. Die Differenzierung in Klassen und Schichten verschwindet nicht völlig, sie wird durch die Wohlstandssteigerung für alle aber – gewissermaßen wie im „Fahrstuhl" – eine Stufe höher gefahren und verliert dadurch an Prägnanz und Sichtbarkeit sowie an Relevanz für das Lebensschicksal, die Lebensführung und den Lebensstil des einzelnen Individuums. Die für das Leben relevante Ungleichheit verläuft weniger als zuvor entlang der Grenzen von Klassen und Schichten, sondern quer zu dieser Differenzierungsachse (Beck 1983; 1986: 121-60, 205-19). Beide Konsequenzen konvergieren in der Steigerung der Risiken, mit denen sich jetzt jeder Einzelne in gleicher Weise konfrontiert sieht.

Es findet eine vollständige Enttraditionalisierung der Lebensverhältnisse statt, und zwar insofern, als nichts mehr aus der Vergangenheit fortgesetzt wird, weil es in der Vergangenheit schon gegeben war, sondern alles stets neu entschieden werden muss. Gleichviel ob es sich um die weitere Verwendung von Produktionstechniken handelt, um Essgewohnheiten oder andere Verhaltensweisen, alles ist kontingent und stets ist unter verschiedenen Optionen zu wählen. Damit tritt jedem Einzelnen klarer als je zuvor die Risikobehaftetheit des Lebens und die Pluralität von Daseinsformen, Institutionen, Denkweisen und Lebensstilen in der Zweiten Moderne ins Bewusstsein. Weil alles entscheidungsabhängig geworden ist, wächst auch die Sorge, ob die richtige Entscheidung getroffen wurde, und im Falle von unerwünschten Nebenfolgen die Enttäuschung über eine offensichtlich falsch getroffene Wahl, sei es eine neue Produktionstechnik, eine neue Produktionsorganisation, ein neues Sozialprogramm oder ein neuer Partner. Auch das Festhalten am „Altbewährten" wird zu einer prekären Entscheidung, weil mit dem wachsenden Wissen über Alternativen schneller auch dessen Schattenseiten sichtbar werden. Der in der Zweiten Moderne forcierte Prozess der Entgrenzung erfasst alle Teilsysteme bzw. Lebensbereiche der Gesellschaft: Wissenschaft, Technik, Wirtschaft, Politik und individuelle Lebensverhältnisse.

Die Entgrenzung der Wissenschaft und ihre Verknüpfung mit der Entgrenzung von Wirtschaft, Öffentlichkeit, Politik und privater Lebensführung

In der Wissenschaft bedeutet „Entgrenzung", dass sie sich in zunehmendem Maße selbst infrage stellt (Beck 1986: 67-120, 254-99). Weil immer mehr geforscht und erforscht wird, beschleunigt sich der Wandel wissenschaftlicher Erkenntnisse. Was heute Stand der Erkenntnis ist, das ist schon morgen veraltet, was der eine Experte sagt, wird vom nächsten Experten infrage gestellt, wenn nicht gar widerlegt, was aus der Sicht der einen Disziplin als unbedenklich erscheint, das stellt sich für eine andere Disziplin als sehr gefährlich dar. Weil sich der Erkenntnisprozess so stark beschleunigt, wird die Erfahrung des Widerspruchs und der Unsicherheit der Erkenntnis zur Normalität. Selbst dann, wenn wir mit Karl Popper (1963) annehmen, dass in diesem Prozess unser Wissen durch das fortschreitende Ausscheiden von Irrtümern wächst, gilt auch für Popper, dass mit jedem neuen Wissen auch das Wissen über unser Nichtwissen zunimmt, weil sich eben gerade in diesem Prozess immer neue Abgründe mangelnden Wissens auftun, an die wir vorher nie gedacht haben, da uns dazu das Wissen fehlte. Dieser Normalzustand des ungesicherten Wissens und des Nichtwissens in der Wissenschaft wird insbesondere dadurch zum Problem, dass die Wissenschaft in zunehmendem Maße in alle Lebensbereiche eindringt und dort als Grundlage für die wachsende Zahl von risikobehafteten Entscheidungen genutzt wird. Das bedeutet, dass die Wissenschaft zwar ständig unseren Denkhorizont über mögliche Alternativen des Entscheidens und ihre Folgen sowie Nebenfolgen erweitert, aber in einer Weise, die eben die Unsicherheit des Erkenntnisprozesses immer unvermittelter in die alltagsweltliche Praxis hineinträgt, in der wir uns ohne den stetigen Zufluss neuer Informationen zumindest in der scheinbaren Sicherheit eingelebter Praktiken und Verhaltensweisen wiegen konnten, zumindest hat man von den damit verbundenen Risiken weniger gewusst und zumindest war die Situation mit weniger schnellem Wissenswandel eindeutiger strukturiert. Das führt zu der paradoxen Situation, dass das wissenschaftliche Wissen zwar wächst, für die Handelnden in allen Lebensbereichen aber der Eindruck zunehmender Unsicherheit über die Richtigkeit von Entscheidungen und über die damit verbundenen Risiken entsteht.

Gepaart mit den Gesetzmäßigkeiten der jeweiligen Lebensbereiche entstehen aus der Beschleunigung des Wissenswandels in der Wissenschaft ganz spezifische Probleme. In der Wirtschaft trifft die Beschleunigung des Wissenswandels mit dem Gesetz der Konkurrenz zusammen, das zwecks gesicherter Gewinnmaximierung zumindest an der Front des Innovationswettbewerbs zu einer möglichst raschen Umsetzung von neuen Erkenntnissen in neue technische Instrumente, Prozesse und Produkte zwingt. Es wächst dadurch das Risiko, dass Techniken eingesetzt werden, die trotz aller Test- und Genehmigungsverfahren noch Risiken in sich bergen, die nicht völlig ausgeschlossen werden können. Da die Öffnung der Märkte durch den Ausbau des globalen Freihandels den Innovationswettbewerb verschärft, wächst das Spektrum der mit dem Einsatz neuer Techniken verbundenen Risiken. Der wirtschaftliche Innovationswettbewerb steigert auch in einem ganz platten Sinn die Risiken. Wo mehr produziert wird, gibt es natürlich auch mehr risikobehaftete Materialien, Produkte und Nebeneffekte als dort, wo weniger produziert wird.

Besonders betroffen von der Proliferation von stets neuen Erkenntnissen ist die Öffentlichkeit, die heute ja eine medial erzeugte Öffentlichkeit ist. Wie die Wirtschaft sind auch die Medien gierig nach neuem Wissen, das sich von Altbekanntem unterscheidet und nur dadurch eine Chance hat, in der Flut von transportierten Informationen wahrgenommen zu werden. Klarer als Beck müssen wir an dieser Stelle zwischen realer und medialer Risikoproduktion unterscheiden. Während Beck (1986: 35-37) beide in einem Kovariationsverhältnis sieht, die mediale Risikogesellschaft also eine Spiegelung der realen Risikogesellschaft ist, erkennen wir bei genauer Betrachtung, dass die mediale Konstruktion des öffentlichen Risikobewusstseins der realen Produktion von Risiken weit vorauseilt, bis dahin, dass die „Risikogesellschaft" weit mehr in den Köpfen als in der Realität existiert. Nach der Wirkung der so genannten Nachrichtenfaktoren ist die Chance auf öffentliche Aufmerksamkeit dann am größten, wenn eine möglichst große Zahl von Menschen negativ betroffen ist. Das heißt, dass nicht das alltägliche millionenfache Funktionieren einer Technik oder eines Kontrollverfahrens und nicht die alltägliche millionenfache Verlässlichkeit von angewandtem Wissen, sondern die unerwarteten Ausfälle, Unfälle und Erklärungsnotstände, nicht der alltägliche routinisierte wissenschaftliche Konsens, sondern der außeralltägliche wissenschaftliche Dissens die Schlagzeilen beherrschen (Kepplinger 1989).

Wenn auch in der Regel nichts passiert, prägt der einzelne gegebene oder auch potenzielle Ausfall von Wissen und Technik die öffentliche Diskussion und gräbt sich als Unsicherheit in das Bewusstsein des Einzelnen ein. Dasselbe gilt für das breite Spektrum eingesetzter Techniken. Öffentliche Aufmerksamkeit kann nur die Spitze der Technik erreichen, bei der ein Unfall die schrecklichsten Konsequenzen mit sich bringt. Dagegen interessiert sich die Öffentlichkeit für das Funktionieren der breiten Masse eingesetzter Alltagstechniken nicht, selbst dann, wenn von ihnen viele kleine Schäden ausgehen, die sich am Ende zu einem beträchtlichen Schaden summieren können. Die Angst vor einem möglichen Unfall in einem Kernkraftwerk ist größer als die Angst vor dem schleichenden Klimawandel, der von der Verbrennung fossiler Energie oder vom Kohlekraftwerk ausgeht. Insgesamt wird das medial erzeugte, öffentlich artikulierte Risikobewusstsein von der Spitze tatsächlicher oder vorgestellter Extremunfälle und nicht von dem alltäglichen massenhaften Gebrauch eines breiten Spektrums von Techniken ohne spektakuläre Ereignisse bestimmt. Das heißt, dass die Aufmerksamkeitsregeln der medial konstruierten öffentlichen Meinung dazu neigen, die Irrtümer der Wissenschaft und die krassesten Ausfälle der Technik mit den schlimmsten Konsequenzen ins Blickfeld zu rücken und als Dauererscheinung im Bewusstsein zu verankern. Das führt zu der paradoxen Situation, dass die Menschen – wieder in der medial erzeugten Wahrnehmung – auf gezielte Befragung mehr um ihr Leben fürchten als jemals zuvor, obwohl ihre durchschnittliche Lebenserwartung von Wissenschaft und Technik im Zeitraum der letzten einhundert Jahre in etwa verdoppelt wurde.

Auch die intensivierte Nutzung der Wissenschaft als Grundlage für politische Entscheidungen führt zu der paradoxen Konsequenz, dass die Suche nach einer besseren Fundierung von Entscheidungen in gesichertem Wissen mehr als jemals zuvor offenbart, dass auch anders entschieden werden könnte, als tatsächlich entschieden wird. Wie sich für eine Entscheidung wissenschaftliche Gutachten anführen lassen, so ist es auch nicht schwierig, gegen die getroffene Entscheidung und für eine andere Entscheidung wissenschaftliche Gutachten ins Spiel zu bringen. Je mehr Wissen aus je mehr verschiedenen Quellen (Gutachter, Institute, Disziplinen) mobilisiert werden kann, umso mehr wachsen die Chancen für Widersprüche, umso mehr kann sich jede interessierte Seite mit den für ihre Sache geeigneten Gutachten wappnen und umso mehr wird erkennbar, was Max Weber (1922/1973: 489-540) schon lange gesagt hat und insofern keine Neuigkeit darstellt: dass die Wissenschaft den Sprung vom Sein zum Sollen, vom Tatsachenwissen zur Gesetzesnorm nicht vollziehen kann. Mit mehr Wissen, eben auch sich widersprechendem Wissen, ausgestattet als je zuvor, wird umso mehr offenbar, dass Entscheidungen bis hin zur Festlegung von scheinbar wissenschaftlich begründeten Grenzwerten für Schadstoffe einen unzweideutig politischen Charakter haben, das heißt ein Akt der Machtausübung sind, der sich aus der Anwendung von wissenschaftlicher Definitionsmacht, von medialer Definitionsmacht, von Amtsmacht und parlamentarischer Mehrheitsmacht speist (Beck 1986: 85-92; Wolf 1988). Wo ein Grenzwert liegt, jenseits dessen es gefährlich wird, entscheidet sich aus den gegebenen Machtkonstellationen bis in die Machtkonstellationen der wissenschaftlichen Disziplinen hinein.

Da die intensivierte Nutzung der Wissenschaft in der politischen Entscheidungspraxis paradoxerweise diesen Machtcharakter der Festsetzung von Grenzwerten offenbart, hat die Politik mit Legitimationsproblemen zu kämpfen. Sie stützt sich in zunehmendem Maße auf Sachverstand, der aber als solcher keine Legitimität von Entscheidungen erzeugt, weil er zu häufig von widersprechendem Sachverstand infrage gestellt wird. Die verstärkte Nutzung der Wissenschaft für Legitimationszwecke führt demgemäß nicht zum gewünschten Ergebnis, sondern dazu, dass die Politik völlig nackt dasteht und in ihrer Eigenqualität der Entscheidung durch nichts als Macht erkannt wird. Umso größer sind die Zweifel an der Legitimität von Entscheidungen, weil für sie nichts als eben die dahinter stehende Macht spricht.

Die Politik hat aber auch keine Chance, sich der Verunsicherung durch Wissenschaft zu entziehen, weil die freie Zugänglichkeit wissenschaftlicher Untersuchungen für jeden Interessierten all das, was ist, infrage stellt und unablässig Veränderungsbedarf anzeigt, vom Familienrecht bis zum Steuerrecht oder was immer man ins Auge fassen mag. Die Expansion der Wissenschaft produziert insofern wachsenden Handlungsbedarf, der wiederum mit nichts anderem gestillt werden kann als mit politischen Maßnahmen, die sich auf wissenschaftliche Untersuchungen stützen, allerdings ohne von ihnen die erwünschte unbezweifelbare Legitimation zu bekommen, weil zu viel Erkenntnisse zur Verfügung stehen, die gegen die getroffene Maßnahme sprechen. Das ist indessen ein Faktum, das die moderne Politik schon lange kennzeichnet und etwa von Max Weber (1920/1971b: 505-560) in seiner politischen Soziologie breit und tief greifend beschrieben worden ist. Im Anschluss an Max Webers politische Soziologie können wir klarer als Beck erfassen, dass unter den genannten Bedingungen die Herstellung von Konsens zu einer Managementaufgabe ersten Ranges wird, von der untersten Ebene des Wahlkreises von Abgeordneten, über die Bearbeitung der Parteibasis vor Ort, der Fraktionen, der Verbände, Vereinigungen, Bewegungen und Initiativgruppen bis zu Presse, Rundfunk und Fernsehen. Politik wird mehr als je zuvor zum Management von brüchigem Konsens, der bei jeder neuen Meldung in den Medien ins Wanken gerät (Münch 1991, 1995; Luhmann 1996).

Nicht weniger Entgrenzung erfährt die Lebensführung in sozialen Milieus, Familie und Partnerschaft. Hier trifft die Infragestellung aller herkömmlichen Lebensführung durch die beschleunigte Produktion und Verbreitung von wissenschaftlichem Wissen, Meinungen, Trends und Konzepten für Alltagsleben und Lebensgestaltung mit einer Reihe von strukturellen Wandlungsprozessen zusammen: mit der Verschiebung des Wohlstandsniveaus für alle Schichten nach oben, der Verschiebung des Bildungsniveaus nach oben, der Angleichung des Bildungsniveaus von Männern und Frauen und der wachsenden wirtschaftlichen Dynamik mit entsprechend erhöhter Mobilität bzw. erhöhter Pendelbewegung zwecks Beibehaltung des Wohnsitzes bei gleichzeitiger Entfernung des Arbeitsplatzes vom Wohnort. Dadurch gerät die individuelle Lebensführung unter Druck, so dass sich einerseits mehr Chancen bieten, andererseits aber auch Entscheidungen getroffen werden müssen, die bei weniger Chancen gar nicht zu treffen wären (Gross 1994). Der erweiterte Handlungsspielraum schafft neue Entscheidungszwänge und neue Konflikte insbesondere in Partnerschaften, weil die Männer ihre Karrierepläne mit den Karriereplänen der Frauen abstimmen müssen (Beck 1986: 161-204; Beck und Beck-Gernsheim 1990). Die Selbstverständlichkeit der Rücksichtnahme von Partnerin und Kindern auf die Karriere des Mannes ist weniger gegeben als zuvor. Wenn es de facto noch weitgehend so geschieht, dann aber zähneknirschend und mit dem Potenzial für Unfriedenheit und wachsendes Scheidungsrisiko. Demgemäß ist auch die private Lebensführung mit den gewachsenen Handlungsspielräumen anscheinend riskanter geworden. Man erkennt es an den gestiegenen Scheidungsraten. Allein die durch bessere Bildung und Ausbildung und gegebenenfalls Scheidungsrecht gestiegenen Chancen für die Frauen, es auch ohne Mann zu schaffen, setzen die Männer in einem Feld unter Verhandlungsdruck, wo es früher nichts zu verhandeln gab.

Die private Lebensführung in Familie, Partnerschaften oder Single-Dasein ist das Feld, in dem das stattfindet, was als **Individualisierung** der Lebensverhältnisse bezeichnet werden kann (Beck 1986: 205-19; 1993: 149-54; vgl. Berger 1996; Friedrichs 1998; Kron 2000). In Becks (1986: 206) Sicht hat die Individualisierung der privaten Lebensführung drei Dimensionen:

(1) Freisetzung aus traditionalen Sozialformen und Bindungen,
(2) Entzauberung traditionaler Sicherheiten, Welt- und Leitbilder des Handelns,
(3) Reintegration durch neue Arten der sozialen Einbindung.

In den Blick genommen wird insbesondere die Risikosteigerung der privaten Lebensführung in Folge von Freisetzung und Entzauberung, während die Reintegration unsicher ist und erst noch – etwa durch Anschluss an neue soziale Bewegungen – gefunden werden muss (Beck 1986: 119-120). Mit den gewachsenen Optionen nimmt die Verantwortung des einzelnen Individuums für sein „eigenes Leben" zu und damit auch der Zwang, selbst über die eigene Lebensführung zu entscheiden, überhaupt ein Leben jenseits aller vorgegebenen Laufbahnen und damit verbunden Sicherheiten zu führen. Da sich durch die allseitigen Entgrenzungen die Lebenssituationen häufiger und schneller ändern als je zuvor, wird das Leben des einzelnen Individuums zur Baustelle, auf der ständig gebaut und repariert werden muss, die „Bastelbiografie" wird zur Normalerscheinung (Beck und Beck-Gernsheim 1990; Hitzler und Honer 1994).

Es handelt sich dabei allerdings nicht einfach um eine für alle realiter gleich verfügbare Erweiterung von Handlungsspielräumen, gegen die von der Forschung zur sozialen Ungleichheit leicht das Faktum ins Spiel gebracht werden kann, dass sich die Reproduktion von Schichtzugehörigkeiten im Zuge der Bildungsrevolution zwar zunächst gelockert, dann aber wieder verfestigt hat (Blossfeld 1993; Müller, Steinmann und Schneider 1997). In diesem Fall würde die empirische Ungleichheitsforschung die empirische Behauptung der Individualisierung als Erweiterung von Handlungsspielräumen für alle Schichten zumindest dahin gehend widerlegen, dass die Handlungsspielräume für die Kinder aus der untersten Bildungs- und Einkommensschicht geschrumpft und nicht gewachsen sind. Die Rede von der Individualisierung der Lebensverhältnisse entpuppt sich demnach als die Ideologie einer Bildungselite, die das Wachstum der eigenen Handlungsspielräume fälschlicherweise für das Ganze der Gesellschaft hält. Anders stellt sich die These der Individualisierung der Lebensverhältnisse dar, wenn diese ideologische Seite mitbedacht wird und auch die damit verbundene normative Seite der Individualisierung in die Betrachtung einbezogen wird (vgl. Wohlrab-Sahr 1997). Aus dieser Sicht handelt es sich bei der Erweiterung von Handlungsspielräumen etwa durch Verbreiterung des Zugangs zur höheren Bildung nicht einfach um einen faktischen Prozess, sondern um ein im Gleichheitspostulat der Aufklärung verankertes normatives Programm, das auf die Herstellung von Chancengleichheit durch eine möglichst breite Inklusion der Heranwachsenden in alle Stufen des Bildungssystems abzielt.

Politisierung ohne Grenzen

Das Gemeinsame der im Übergang von der Ersten zur Zweiten Moderne stattfindenden Umwälzungen infolge der allseits sich ausbreitenden Entgrenzung ist die Politisierung aller Lebensbereiche, von Wissenschaft, Wirtschaft, Öffentlichkeit, Politik und privater Lebensführung gleichermaßen (Beck 1993). Gemeint ist damit, dass dort, wo die Verfestigung der Industriegesellschaft zu quasi-traditionalen, d.h. zu vergangenheitsbestimmten, nicht infrage gestellten Lebensformen vorherrschte, nun alles aufbricht, diskutierbar und verhandelbar wird und entschieden werden muss, ohne dass es für die Richtigkeit von Entscheidungen irgendwelche Sicherheit verbürgenden Haltegriffe gibt. Unter dieser Bedingung der Offenheit von allem tritt das Politische in seiner Reinheit zu Tage. Man braucht Macht, um überhaupt irgendetwas bewerkstelligen zu können. Diese Macht hat jedoch niemand fest in der Hand, vielmehr wechselt sie die Seiten von Situation zu Situation, so dass ständig ein Höchstmaß an Wachheit abverlangt wird, wenn irgendetwas erreicht werden soll. Jede Unaufmerksamkeit wird mit Machtverlust quittiert.

Mit der Politisierung aller Lebensbereiche geht auch die Entgrenzung der Politik selbst einher, die nicht allein in den von der Verfassung vorgezeichneten Bahnen abläuft, sondern überall stattfindet, in Wissenschaft, Wirtschaft, Medien und privater Lebensführung. Umgekehrt breiten sich die politischen Kämpfe in diesen Lebensbereichen in den herkömmlichen Gefilden der Politik aus und machen Entscheidungen zum Gegenstand neuer, öffentlicher Auseinandersetzungen, die zuvor in Amtsstuben hinter verschlossenen Türen getroffen bzw. vertagt und ausgesessen wurden. Bürgerinitiativen und soziale Bewegungen bemächtigen sich eines Terrains der so genannten **Subpolitik** des Entscheidens außerhalb des Zentrums von Parlament, Fraktionen, Regierung und Bürokratie im Feld der Interaktion der Politik mit Wirtschaft, Wissenschaft, Medien und privater Lebensführung (Beck 1986: 300-74). In die Subpolitik setzt der Autor der Risikogesellschaft dann auch die Hoffnung, dass sich die **Reflexivität** der Modernisierung in der Zweiten Moderne bei aller Entgrenzung und gesteigerten Risikoproduktion doch noch zum Guten wendet (Beck 1993: 204-48). Je mehr öffentlich verhandelt wird, umso mehr besteht auch die Chance, bislang unter dem Teppich gehaltene Risiken ans Tageslicht zu bringen und die Suche nach Alternativen anzustrengen. Eine gute Voraussetzung dafür ist die Entgrenzung der privaten

Lebensführung, die aus den vormals in ihre Klassen, Schichten und Verbände eingeschlossenen und von Partei- sowie Verbandsfunktionären als Vormünder repräsentierten Arbeitern, Angestellten und Beamten freie und selbstbewusste Individuen macht, die ihr „eigenes Leben" in die Hand nehmen und sich spontan bald für diesen Zweck, bald für jenen Zweck zusammenschließen, um in irgendeinem Feld der Subpolitik das Leben neu und mit Aussicht auf Besserung zu verhandeln, umso die totale Entgrenzung und unkontrollierte Risikoproduktion wieder unter eine den komplexeren Strukturen angemessenere, weil flexiblere Kontrolle zu bringen (Beck, Bonß und Lau 2001: 42-47).

Die organisierte Unverantwortlichkeit: Wohin führt die reflexive Modernisierung?

Durch die Mobilisierung der aus traditional-industriegesellschaftlichen Strukturen freigesetzten Individuen verspricht sich Beck auch die Überwindung einer spezifischen Strukturschwäche der industriegesellschaftlichen Modernisierung: ihre Kanalisierung in Bahnen der funktionalen Differenzierung in Teilsysteme, in denen sich der Prozess der Entgrenzung ohne Halt austobt und zu dem Dilemma der so genannten organisierten Unverantwortlichkeit führt (Beck 1988). Die Wissenschaft erweitert mit ihrer Produktion von Wissen und Nichtwissen ständig die Handlungsspielräume, ohne dass sie gleichzeitig Lösungen dafür bereithält, wie die dadurch steigenden Risiken bewältigt werden können. Die ethischen Probleme des medizinischen Fortschritts können von der Medizin nicht gelöst werden; ethische Problemlösungen müssen in den ethischen Diskursen über unsere Lebensführung neu gefunden werden. Die ökologischen Schäden des wirtschaftlichen Wachstums werden von der Wirtschaft nicht automatisch beseitigt, sondern verlangen neue politische Maßnahmen unter erschwerten Bedingungen, weil die Entgrenzung der Volkswirtschaften zur integrierten Weltwirtschaft die Schädigung des Ökosystems der Erde über alle nationalstaatlichen Grenzen hinaustreibt, ohne dass es eine der inneren Handlungsfähigkeit nationalstaatlicher Politik nur annähernd gleichwertige Handlungsfähigkeit der internationalen Politik gibt (Beck 1998).

Aber auch die Politik greift z.B. mit neuen gesetzlichen Maßnahmen in das Familien-, Schul-, Hochschul- oder Arbeitsleben ein, ohne die dort dadurch verursachten Probleme selbst lösen zu können. Die Medien greifen durch ihre Berichterstattung ständig in Lebensbereiche ein, ohne die dort dadurch erzeugten Konflikte selbst befrieden zu können. Umgekehrt gilt, dass wir alle als Individuen von allen in jedem Funktionssystem auftretenden Problemen betroffen sind, jedes Problem, das von einem Funktionssystem erzeugt wird, direkt oder indirekt in alle anderen Funktionssysteme hineinwirkt, die Funktionssysteme die Probleme aber immer nur nach ihrer eigenen Rationalität für sich selbst, mit wieder unkontrollierten, problemerzeugenden Konsequenzen für die anderen Funktionssysteme bewältigen können. Wenn also die Wirtschaft mit Massenentlassungen die für ihr eigenes Funktionieren richtige Antwort auf sozialpolitische Maßnahmen der Regierung findet, dann müssen die daraus resultierenden familiären Notlagen in den Familien getragen werden, während sich Politik und Wirtschaft der Verantwortung für das, was in den Familien geschieht, entziehen können.

In dieser Perspektive erbringt die funktionale Differenzierung der Gesellschaft in autopoietisch operierende Teilsysteme keinen Rationalitätsgewinn, sondern wächst sich zu einem System der organisierten Unverantwortlichkeit aus, das im Verhältnis zur spezialisierten Lösung von Problemen zu viele neue Probleme erzeugt, die zu einer nicht mehr kontrollierbaren Risikoproduktion gesteigert werden. Die Modernisierung treibt deshalb in Becks Sicht im Übergang von der Ersten zur Zweiten Moderne auf ein Niveau der unkontrollierten Nebenfolgen der Modernisierung hin, das auf die Modernisierung mit Gegenreaktionen zurückschlägt (Beck 1988; 1993: 36-40; Beck, Bonß und Lau 2001: 32-38, 48-53). Möglicherweise wird das Niveau der Risikoproduktion so weit überzogen, dass die totale Entgrenzung zur „Weltrisikogesellschaft" z.B. durch die Zerstörung der ökologischen Lebensgrundlagen gesellschaftliches Leben überhaupt unmöglich macht.

Die Reflexivität der Modernisierung findet hier insofern ihren Höhepunkt, als die Spirale von Problembewältigung und neuer Problemstellung durch nichtintendierte Nebenfolgen ihr Ende findet, weil jetzt keine Lösung der angehäuften ökologischen Probleme mehr möglich ist. Das ist der pessimistische Blick auf die Reflexivität des Modernisierungsprozesses. Der optimistische Blick setzt seine Hoffnungen dagegen darauf, dass die aus den industriegesellschaftlichen Strukturen befreiten Individuen nicht in die Rollen von Teilnehmern an innersystemischen Kommunikationen eingezwängt sind, sondern ihre Rollen als Teilnehmer des wissenschaftlichen, medialen, politischen oder wirtschaftlichen Geschehens in ihrer Person zu einem Ganzen integrieren können, das Ganze in den Blick nehmen und das Ganze zum Gegenstand neuer politischer Verhandlungen machen können. Kurz und gut: Die neuen sozialen Bewegungen, die sich aus der Avantgarde freigesetzter Individuen speisen, sollen uns in eine andere Zweite Moderne führen, der es gelingt, durch umfassende Reformen die Spirale der steigenden Risikoproduktion wieder unter Kontrolle zu bringen (Beck, Bonß und Lau 2001: 38-42). An die Stelle des ungebrochenen Fortschrittsglaubens und der trotz ihrer reflexiven Spiralen in den Köpfen der Führungseliten als linear gedachten „Weiter-so-Modernisierung" soll dann eine „höhere" Stufe der reflexiven Modernisierung treten, die den Sprung von der unbewussten und unkontrollierten „Reflexhaftigkeit" zur Reflexivität in einem „höheren" Sinn der bewussten Verfügung des einzelnen Menschen, der Gesellschaft und der ganzen Menschheit über ihr Schicksal vollzieht.

Da die Reflexhaftigkeit der grenzenlosen Modernisierung inzwischen die ganze Welt als „Weltrisikogesellschaft" erfasst hat, bedarf es auch der Mobilisierung der individualisierten Menschen über ihre nationale Borniertheit hinaus zu „Weltbürgerparteien" (Beck 1998: 61-66). Sie sind die Hoffnungsträger einer Zweiten Moderne auf höherem Reflexivitätsniveau als die gegenwärtige Realität der reflexhaften, überschäumenden Risikoproduktion. Je weniger es der Avantgarde der „höheren" Reflexivität gelingt, der Fortschrittskoalition der „Weiter-so-Modernisierer" Veränderungen des Programms der Modernisierung abzuringen, umso mehr besteht die Gefahr, dass sich der Widerstand gegen die Flurschäden der Weiter-so-Modernisierung in dem reflexhaften Fundamentalismus nationalistischer und religiöser Bewegungen zum Ausdruck bringt (Beck 1993: 91-96, 119-36). Je mehr die Avantgarde der „höheren" Reflexivität zum Erfolg kommt, umso mehr wird neben die eingefahrenen institutionellen und kulturellen Konkretisierungen der Ersten Moderne eine größere Pluralität neuer Formen des modernen Lebens treten, die auch den nicht-wesentlichen Kulturen mehr Spielraum lässt, so zumindest sieht die Hoffnung aus, die Beck in die Avantgarde der neuen Kosmopoliten setzt (Beck 1998: 45-61; 2002).

Erste und Zweite Moderne

Ulrich Beck beansprucht, mit seiner zur Theorie reflexiver Modernisierung erweiterten Zeitdiagnose, gegenüber der klassischen Modernisierungstheorie, wie wir sie insbesondere im Werk von Emile Durkheim, Max Weber und Georg Simmel vorfinden, und gegenüber der neuen Modernisierungstheorie insbesondere von Talcott Parsons und Niklas Luhmann, einen Fortschritt zu erzielen, der an der Unterscheidung von Erster und Zweiter Moderne festgemacht wird. Undefiniert bleibt das Verhältnis zur Modernisierungstheorie von Jürgen Habermas, die ja die klassischen und neueren systemtheoretischen Modernisierungstheorien aufgreift, um sie in sein erweitertes zweistufiges Konzept einer Systemtheorie und Handlungstheorie integrierenden kritischen Gesellschaftstheorie einzubauen. Weil sich Becks Theorie der reflexiven Modernisierung allein aus der Zeitdiagnose speist und auf eine systematische Anknüpfung an die klassische und moderne Gesellschaftstheorie verzichtet, ist es überhaupt schwierig, ihre theoretische Struktur zu fixieren und im Spektrum der Gesellschaftstheorien zu verorten. Als Ordnungskriterium dient Beck die Unterscheidung von „einfacher" und „reflexiver" Modernisierung. Demgemäß sind die klassischen und neueren Modernisierungstheorien nach Becks Einschätzung auf Prozesse der „einfachen" Modernisierung der Ersten Moderne beschränkt, während die Theorie der „reflexiven" Modernisierung in Anspruch nimmt, die Prozesse der „reflexiven" Modernisierung in der Zweiten Moderne auf den Begriff zu bringen (Beck 1993: 57-98; Beck, Bonß und Lau 2001: 17-25).

Beim Versuch Erste und Zweite Moderne zu unterscheiden, wird zugleich auch eine Abgrenzung von Zweiter Moderne und Postmoderne vorgenommen, um nicht in den Topf der Postmoderne-Theorien geworfen zu werden. Die Unterscheidung erfolgt nach dem jeweiligen Charakter von Grenzen und Wissens- sowie Rationalitätsgrundlagen. Demnach haben wir es in der Ersten Moderne mit „eindeutigen, institutionell abgesicherten Grenzen (sozialen Sphären, Natur-Gesellschaft, Wissen-Nicht-Wissen)" zu tun, in der Zweiten Moderne dagegen mit einer „Pluralisierung von Grenzen und Basisentscheidungen" sowie ihrer positiven Anerkennung, mit der „Notwendigkeit der Grenzziehung als institutionelle Fiktion" und „neue(n) institutionellen Entscheidungsproblemen (Grenz- und Verantwortungskonflikte)". Die „Postmoderne" teilt die Pluralisierung von Grenzen und ihre positive Anerkennung mit der Zweiten Moderne und geht teilweise in der Auflösung von Grenzen noch weiter. Es sollen aber die Notwendigkeit der funktionalen Grenzziehung und neue institutionelle Entscheidungsprobleme fehlen. Hinsichtlich der Wissens- und Rationalitätsgrundlagen zeichnet sich die Erste Moderne durch die Schliessung von Diskursen durch konsensuelle wissenschaftliche Begründungen, durch die „Ausblendung von Nebenfolgen und nichtbehebbarer Ungewissheit und durch ein wissenschaftliches Begründungsmonopol aus", die Zweite Moderne dagegen durch das Gegenteil, also durch den „Zuwachs an widersprüchlichen wissenschaftlichen Begründungsressourcen, die Anerkennung des Nicht-Wissens und alternativer, nicht wissenschaftlicher Begründungsformen, die Einbeziehung unerwarteter Nebenfolgen (Risiken) und die Schließung von Diskursen durch Ad-hoc-Institutionen der Entscheidungsfindung".

Die „Postmoderne" geht über die Zweite Moderne durch die „geringe Begründungsnotwendigkeit bzw. Beliebigkeit pluraler Grenzziehung" noch hinaus und verzichtet auf jegliche Begründungsform sowie auch noch so situativ begrenzte Schließung von Diskursen durch Ad-hoc-Entscheidung (alle Zitate aus Beck, Bonß und Lau 2001: 41). Auf den Punkt gebracht, wird die Erste Moderne als ein geschlossenes, institutionell verfestigtes, monopolartig strukturiertes System charakterisiert, die Zweite Moderne als ein offenes, pluralistisches und schwach strukturiertes System, das jedoch durch das Festhalten an irgendwie noch funktionierenden Formen der verbindlichen Entscheidung vor dem Abgleiten in die Beliebigkeit der Postmoderne gerettet wird (Tab. 15.1).

Tab. 15.1: Von der Ersten zur Zweiten Moderne

Erste Moderne		Zweite Moderne 1	Zweite Moderne 2
	Entgrenzung Wissenschaft Technik Kapitalismus	→	→
Industrie-gesellschaft		Risikogesellschaft	Reflexive Modernisierung
Wissensmonopol		Entmonopolisierung des Wissens	Wissenspluralisierung
Hierarchie von Klassen		Enthierarchisierung der Klassenstruktur	Pluralisierung der Sozialstruktur
Traditionale Bindungen		Enttraditionalisierung von Bindungen	Pluralisierung von Bindungen
Traditionale Weltbilder		Entzauberung von Weltbildern	Pluralisierung von Weltbildern
Kollektive Solidarität		Individualisierung	Pluralisierung von Lebensstilen
Integration		Reintegration	Pluralisierung von Integrationsmustern
Not		Risiko	Pluralisierung von Risiken

Zusammenfassung

1. Die Moderne untergliedert sich in zwei Epochen: die Erste Moderne und die Zweite Moderne.
2. In der Ersten Moderne folgt Modernisierung einem einfachen, linearen Entwicklungspfad der Ausdifferenzierung von spezialisierten Institutionen zur arbeitsteiligen Bearbeitung gesellschaftlicher Probleme.
3. In der Ersten Moderne wird die Entwicklungsdynamik der Entgrenzung durch die Beharrungskräfte von Klassen, Schichten und verfestigten Institutionen in Grenzen gehalten.
4. In der ersten Phase der Zweiten Moderne gewinnt die Entwicklungsdynamik der Entgrenzung die Oberhand über die Beharrungskräfte von Klassen, Schichten und verfestigten Institutionen.
5. Die Entwicklungsdynamik der Entgrenzung führt zur Pluralisierung von Grenzziehungen, von Wissen, öffentlichen Diskursen, politischen Entscheidungsverfahren (Subpolitik) und privater Lebensführung in Partnerschaften (Individualisierung).
6. Mit der Entwicklungsdynamik der Entgrenzung wachsen die Risiken der Entscheidung in allen Lebensbereichen, es vervielfachen sich die unbeabsichtigten Wirkungen von Entscheidungen und gefährden die weitere Existenz der zur Weltrisikogesellschaft erweiterten Vergesellschaftung der Menschen.
7. Es verstärkt sich die Reflexivität von Modernisierung in dem Sinne, dass funktionale Differenzierung bzw. Arbeitsteilung zur organisierten Unverantwortlichkeit wird und die unbeabsichtigten Nebenfolgen Spannungen erzeugen und die „Weiter-so-Modernisierung" aushebeln, und zwar in Gestalt von a) fundamentalistischen Gegenbewegungen, b) kleineren Reformen, die Luft verschaffen, aber keine Dauererholung ermöglichen sowie c) großen institutionellen Innovationen, die zu einer dauerhaften Erholung in einer zweiten Phase der Zweiten Moderne führen.
8. Weil die herkömmlichen Institutionen erodieren, muss alles neu verhandelt werden. Das Politische rückt deshalb ins Zentrum der Aufmerksamkeit.
9. Die Trägerschicht der großen institutionellen Innovationen ist die Avantgarde der durch Individualisierung aus traditionalen Bindungen entlassenen Individuen, die alle Nebenwirkungen der funktional differenzierten Teilsysteme am eigenen Leib erfahren und in neue öffentliche Verhandlungen zwecks Umgestaltung der Gesellschaft lokal, national, europäisch und global einbringen können. Auf sie stützen sich die zukunftsgerichteten sozialen Bewegungen und Weltbürgerparteien.

Kritische Würdigung

Von der Zeitdiagnose zur Theorie der reflexiven Modernisierung?

Ein Grundproblem des von Ulrich Beck verfolgten Projektes einer Theorie reflexiver Modernisierung ist seine Herkunft aus der Zeitdiagnose, die anderen Gesetzen als die Theoriebildung folgt (vgl. Esser 1987; Joas 1988). Es wird eine zeitdiagnostisch plausibel erscheinende Beobachtung – also die empirische Beschreibung eines singulären Vorgangs- zu einer Theorie der reflexiven Modernisierung verallgemeinert, mit dem weitreichenden Anspruch der Feststellung und Erklärung eines globalen Epochenumbruchs und einer fundamentalen Veränderung der Gesetzmäßigkeiten, unter denen sich Modernisierung vollzieht. Genau dieser Anspruch macht aus einer publizistisch erfolgreichen Zeitdiagnose eine Gesellschaftstheorie, die bei einer genauen Prüfung ihrer Aussagen in Beweisnot gerät. Eine Zeitdiagnose gewinnt in hohem Maße dadurch Überzeugungskraft, dass sie sich im öffentlichen Prozess der Situationsdefinition durch publizistische Verbreitung in den Köpfen festsetzt und die Welt mit ihren Augen sehen lässt (vgl. Alexander und Smith 1996). Das gelingt sicherlich nicht mit einer Diagnose, für die es in der Realität keine Anhaltspunkte gibt, sondern nur mit einer solchen Diagnose, die eine Vielzahl von Einzelerscheinungen und davon gespeiste Gefühle auf einen eingängigen und schlagkräftigen Begriff bringen kann. Mit Tschernobyl im Rücken war der Begriff der Risikogesellschaft dafür prädestiniert. Mit ihm ist in jeder Einzelerscheinung ein gemeinsames Muster zu erkennen, das Gefühl einer gesteigerten Risikobehaftetheit des Lebens, auch angesichts einer in 100 Jahren in etwa verdoppelten durchschnittlichen Lebenserwartung. Zwischen 1870 und 1970 ist in Deutschland (West) die Lebenserwartung Neugeborener bei den Männern von 35,6 auf 67,4 Jahre gestiegen, bei den Frauen von 38,5 auf 73,8 Jahre. 1999 lag sie bei 74,4 bzw. 80,6 Jahren (Statistisches Bundesamt 2001b: 219). Was zählt, ist hier nicht das Faktum, sondern ganz nach dem Thomas-Theorem die Definition der Situation (Thomas 1972), die ja von dem publizistischen Erfolg der *Risikogesellschaft* (Beck 1986) maßgeblich geprägt wurde.

Auch aus der Tatsache, dass der mögliche Supergau eines Kenkraftwerks die Fähigkeit und Bereitschaft privater Versicherungen, dafür gegebenenfalls Leistungen zu erbringen, übersteigt, kann nicht auf eine generell steigende Risikoproduktion in der Zweiten Moderne geschlossen werden. Die Genehmigung einer Kernkraftanlage durch staatliche Behörden setzt ein Kontrollverfahren voraus, das nach Expertenurteil zu dem Schluss hinreichender Sicherheit kommt. Das impliziert, dass der Staat letztlich die Verantwortung dafür zu übernehmen hat, wenn es trotzdem zu Schäden – in welchem Ausmaß auch immer – kommt. Die behördliche Genehmigung ist das Ergebnis einer staatlichen Risikokalkulation, die zu dem Schluss kommt, dass andere Risiken – etwa mangelnde Versorgung mit Energie – höher einzuschätzen sind. Was hier zur Debatte steht, ist letztendlich die Offenheit der demokratischen Verfahren, in denen diese kollektive Risikokalkulation erfolgt. Eine Verringerung des Risikos – bis hin zum Verzicht auf Kernenergie – ist dann umso eher möglich, je mehr sich Kritiker der Kernkraft Gehör verschaffen und je mehr sie mit ihren Argumenten überzeugen und eine Mehrheit gegen die Nutzung der Kernkraft schaffen können. Es ist nicht erkennbar, wie anders als durch die Nutzung und gegebenenfalls den Ausbau der politischen Partizipationsmöglichkeiten der demokratischen Institutionen der Ersten Moderne dies geschehen soll.

Von der Ersten zur Zweiten Moderne: Steigerung der Risikoproduktion als Kennzeichen eines neuen Zeitalters?

Die Probleme beginnen schon mit der Unterscheidung von Erster Moderne und Zweiter Moderne (vgl. Brock 1991: 14-15). Nach beiden Seiten werden begrifflich Barrieren errichtet, für die es in der Realität, die damit ja beschrieben werden soll, kein Entsprechungsverhältnis gibt. Von der Ersten Moderne wird ein von Dynamiken, Umbrüchen, Verwerfungen und Konfliktvielfalt gereinigtes Bild gezeichnet, als ob es nach dem Umbruch von der traditionalen, ständischen Agrargesellschaft zur modernen, in Klassen differenzierten Industriegesellschaft keine weiteren Umbrüche gegeben hätte und als ob nicht die ganze Geschichte der Industriegesellschaft von der Dialektik von Problemlösung mit neuer Problemerzeugung gezeichnet wäre, als ob die Entwicklung der Wissenschaften keine Revolution gekannt hätte, Disziplinen und Paradigmen nicht im Streit um die Durchsetzung ihrer Weltsicht gelegen hätten, gemäß Thomas Kuhn (1967) mit aufeinander folgenden Perioden der monopolartigen Paradigmenherrschaft und des Paradigmenpluralismus. Auch die Geschichte der Arbeitswelt und der privaten Lebensverhältnisse in Familie und Partnerschaften hat innerhalb der Industriegesellschaft immer wieder neue Umbrüche mit sich gebracht. Dasselbe gilt für die Wanderungsströme zwischen Stadt und Land, für die internationalen Migrationsströme, die zahlreichen politischen Umwälzungen sowie für die von den beiden Weltkriegen ausgelösten Umbrüche in der Gesellschaftsstruktur. Sie haben bei den betroffenen Menschen in einem Ausmaß Unsicherheiten ausgelöst, das mit Gewissheit nicht hinter den heute erfahrenen, weit mehr durch wohlfahrtsstaatliche Regulierung ausgeglichenen Unsicherheiten zurücksteht. Nicht intendierte Nebenfolgen der industriellen Produktion sind massenhaft aufgetreten und haben die Lebensverhältnisse sehr breiter Bevölkerungsschichten in einem nach heutigen Maßstäben nicht denkbaren Ausmaß beeinträchtigt. Es dauerte bis Mitte der 1960er Jahre, bis Willy Brandt erst mit dem Slogan vom blauen Himmel über der Ruhr in den Wahlkampf zog.

Es kann auch nicht mit guten Gründen behauptet werden, dass die angesprochenen Risiken der Gegenwart schwerer unter Kontrolle zu bringen seien als die Risiken der industriegesellschaftlichen Vergangenheit. Noch nicht einmal das häufig zu hörende Argument ihrer nationale Grenzen und nationalstaatliche Kontrolle überschreitenden Qualität kann hier helfen. Die grenzüberschreitende Schadstoffbelastung der Erdatmosphäre begleitet die industrielle Produktion von Anfang an durch die ganze Erste Moderne hindurch. Gegenüber der Vergangenheit zeichnet sich die Gegenwart eher dadurch aus, dass es weit mehr Institutionen der internationalen Kooperation zur Bewältigung dieser Nebenfolgen der industriellen Produktion und des expandierenden Individualverkehrs gibt als jemals zuvor, also gerade bessere Möglichkeiten der grenzüberschreitenden Risikokontrolle existieren als über lange Zeiträume der Ersten Moderne hinweg. Was die Schadstoffbelastung betrifft, sind in den hoch entwickelten Industriegesellschaften innerhalb der letzten 25 Jahre deutliche Erfolge der Verringerung zu verzeichnen. Und es zeichnet sich durchaus ab, dass trotz aller Konflikte in den nächsten 25 Jahren auch auf internationaler Ebene solche Erfolge erzielt werden können, zumal die dafür erforderlichen Foren und Institutionen immer weiter ausgebaut und gefestigt werden. Nach OECD-Daten wurde in den Industrieländern die Belastung durch Abgase (COx, SOx, NOx) aus stationären Quellen zwischen 1970 und 1995 z.T. deutlich gesenkt, bei den mobilen Quellen trotz stark gestiegenem Verkehrsaufkommen noch leicht (OECD 1997: 19-55). Insgesamt wurde die Schadstoffbelastung pro einer Million Dollar Bruttoinlandsprodukt stark verringert (OECD 1993: 16-23).

Gesteigerte Risiken der privaten Lebensführung in der Zweiten Moderne: Wirklichkeit oder Fiktion?

Bei Becks (1986: 206) Dreischritt der Individualisierung – Freisetzung von traditionalen Sozialformen und Bindungen, Entzauberung traditionaler Leitbilder und Reintegration des Individuums durch neue Suchbewegungen – bleibt der Zusammenhang zwischen den drei Schritten unterbelichtet, insbesondere die Tatsache, dass Freisetzung und Entzauberung im wesentlichen Ergebnisse der über partikulare Gemeinschaften hinaus gehenden Inklusion des Individuums in weiter reichende und in eine größere Zahl sozialer Kreise sind, wie dies Georg Simmel (1908/1992: 456-511, 791-863) auf den Punkt gebracht hat, aber auch bei Klassikern wie Durkheim (1977: 169-172, 444-445), Mead (1968: 328-346) und Parsons (Parsons und White 1964) betont wird. In diesem Sinne ist Individualisierung ohne die bisherige Grenzen der Vergemeinschaftung überschreitende Inklusion des Individuums in soziale Netzwerke gar nicht möglich. Sie bedeutet dann auch nicht Atomisierung, sondern die Fähigkeit zu selbstverantwortlichem Handeln, von dem wiederum die Gesellschaft abhängt. In diesem positiven Sinn wird „der oder die Einzelne ... zur lebensweltlichen Reproduktionseinheit des Sozialen", wie Beck (1986: 119, 209) schreibt. Beck meint damit allerdings eher negativ die damit verbundene Last, die der Einzelne in der Sicherung seiner Existenz – etwa auf dem Arbeitsmarkt – zu tragen hat. Die Reintegration gelingt dementsprechend erst durch „neue Suchbewegungen", etwa in neuen sozialen Bewegungen (Beck 1986: 119-120). Durch diesen Blick tritt die Überforderung des einzelnen Individuums durch Individualisierung in den Vordergrund, die Schattenseite der Individualisierung wird zur Normalerscheinung. Die Individualisierung der privaten Lebensführung begegnet uns deshalb in erster Linie als Risikosteigerung, wodurch die risikomindernde Seite der Individualisierung aus dem Blick gerät. Diese Seite besteht darin, dass sich der Handlungsspielraum für das Individuum erweitert, mehr Alternativen verfügbar werden und damit das Risiko des Scheiterns sinkt, weil mehr Chancen der Fehlerkorrektur zur Verfügung stehen. Damit wird keinesfalls ausgeschlossen, dass es auch die Schattenseite der Überforderung durch Individualisierung gibt. Es handelt sich dabei jedoch um ein Risiko, dem eine starke Steigerung von Chancen der privaten Lebensführung gegenüber steht.

Partnerschaft

Die gestiegene Scheidungsrate wird in der Regel als ein Zeichen gesteigerter Risiken der Lebensführung gedeutet. In Deutschland (West) ist die Scheidungsrate zwischen 1960 und 1999 von 1,0 auf 2,3 je 1000 Einwohner gestiegen, in den Vereinigten Staaten von 2,2 im Jahre 1960 auf 5,2 im Jahre 1980, um wieder auf 4,2 im Jahre 1999 zu fallen (Statistisches Bundesamt 2001b: 223). Daraus folgt aber nicht zwangsläufig, dass die Lebensführung riskanter geworden ist. Aufgrund familienrechtlicher und wohlfahrtsstaatlicher Absicherung hat die Erfahrung von Veränderungen der privaten Lebensumstände weniger gravierende Folgen für die tatsächliche Lebensführung als früher. Arbeitslosigkeit und Scheidung waren früher gravierende Einbrüche im Leben der Betroffenen, heute sind es wohl abgesicherte und von einer ganzen Batterie von Hilfseinrichtungen (Eheberatung, Frauenhaus) begleitete Lebensphasen, in denen sich neue Chancen auf Zugewinn an Lebensqualität eröffnen, von denen früher die Betroffenen nicht einmal zu träumen wagten: besser zweimal glücklich geschieden als einmal unglücklich verheiratet. Was da riskanter ist, lebenslang an einen schrecklichen Mann gekettet zu sein oder eben nach drei Jahren Ehe wieder neu beginnen zu können, lässt sich auf jeden Fall nicht ohne weiteres zu Gunsten der ersten Alternative entscheiden. Die größere Häufigkeit von Veränderungen (Partnerwechsel) lässt sich keinesfalls eindeutig als Indikator für gesteigerte Risiken der privaten Lebensführung anführen. Sie bedeutet eben auch ein vermindertes Risiko, bei der ersten und ein für alle Mal gültigen Wahl, die falsche Entscheidung zu treffen. Viele Entscheidungen für kurze Zeit sind weniger risikoreich als eine Entscheidung für eine sehr lange Zeit. Da für den modernen Menschen Alternativen zumindest denkbar sind, gibt es für ihn nur einen Weg der Risikominderung: die Erweiterung real verfügbarer Alternativen. Der umgekehrte Weg erscheint dem modernen Menschen als Risikosteigerung.

Ein harter Indikator für eine größere Häufigkeit von unlösbaren Problemen in der privaten Lebensführung wären steigende Selbstmordraten. Diese sind jedoch in der Bundesrepublik von Anfang der 1950er bis Mitte der 1970er Jahre gestiegen und seitdem – also seit Beginn der Zweiten Moderne – wieder gefallen (Schmidtke, Weinacker und Löhr 2000: 65; Fiedler 2001, Abb. 1). Für eine wachsende Verzweiflung wegen steigender Risiken der privaten Lebensführung gibt es insofern keine wirklich harten Anzeichen. Offensichtlich senken die Vermehrung von Optionen und ihre Begleitung durch eine Vermehrung von Beratungseinrichtungen, einzelnen Beratern und Selbsthilfegruppen das Risiko, falsche Entscheidungen nicht mehr revidieren zu können und bei falschen Entscheidungen keinen Ausweg mehr zu besseren Alternativen zu finden. Die steigende Verfügbarkeit und Inanspruchnahme von Hilfe durch Berater, Beratungseinrichtungen und Selbsthilfegruppen kann nicht als Zeichen für wachsende Risiken der privaten Lebensführung gewertet werden, weil sie dazu beitragen, die erweiterten Chancen auch wahrnehmen und dadurch die Risiken von Entscheidungen minimieren zu können.

Der Konsum von Medikamenten und Nahrungsmitteln

Nicht anders sieht es aus, wenn wir einen Blick auf die technische Durchdringung der privaten Lebensführung werfen. Nehmen wir als Beispiel das Risiko, das vom Gebrauch von Medikamenten ausgeht. Die bloße Vermehrung der Zahl von auf dem Markt verschreibungspflichtig und nicht verschreibungspflichtig gehandelten Medikamenten vervielfacht natürlich das Risiko, dass sich darunter das eine oder andere Medikament befindet, das trotz aller Tests nicht erwartete schädliche Nebenwirkungen zeitigt, was in aller Regel die Medien aufschreien und die Angst vor schädlichen Medikamenten wachsen lässt, allerdings mit geringen Konsequenzen für den de facto steigenden Verbrauch von Medikamenten. Die andere Seite dieser „Medikamentenflut" ist die Verfügbarkeit einer größeren Zahl von Alternativen zu einem Medikament, auf die beim Erkennen erster unerwünschter Nebenwirkungen umgestiegen werden kann. Die wachsenden

Ausweichmöglichkeiten verringern demnach das Risiko, mit der Einnahme eines zur Behandlung einer Krankheit notwendigen Medikaments *unausweichlich* Nebenwirkungen in Kauf nehmen zu müssen, weil keine Alternativen zur Verfügung stehen. Versetzen wir uns in eine Zeit der viel weniger entwickelten Pharmazie zurück, dann war das Risiko, dass es für eine Erkrankung gar keine medikamentöse Behandlung gab, besonders hoch, mit der gravierenden Folge, dass sie gar nicht geheilt werden konnte. Dementsprechend war die durchschnittliche Überlebenschance bei einer Erkrankung viel geringer als heute. Vor die Wahl gestellt, ein Leben mit wenig verfügbaren Medikamenten oder ein Leben mit vielen verfügbaren Medikamenten zu führen, wird jede Risikokalkulation ohne Zögern die zweite Alternative empfehlen. Ein der Realität des Alltagslebens entnommenes Beispiel verdeutlicht, was das heißt: Ein Mann erleidet mit 60 Jahren seinen ersten Herzinfarkt, durch medikamentöse Behandlung schafft er es – mit zwei weiteren Herzinfarkten – bis zum Alter von 97 Jahren, immer auf die richtige Einnahme von Medikamenten angewiesen. Sein Vater wäre mit 60 Jahren gestorben und hätte nicht für weitere 37 Jahre die Option und das damit verbundene Risiko gehabt, das richtige Medikament einzunehmen.

Dazu kommt noch das durch wissenschaftliche Forschung vorangetriebene Wachstum des Wissens über Nebenwirkungen, das dazu führt, dass Todesfälle mit Nebenwirkungen von Medikamenten in Verbindung gebracht werden, über die man in der Vergangenheit schlichtweg nichts gewusst hat. Soweit keine Medikamente zur Verfügung standen, traten die Todesfälle in weit größerer Zahl wegen der primären Erkrankung auf. Durch den erweiterten Einsatz von Medikamenten ist die Zahl dieser primären Todesfälle stark gesenkt worden. Diese Senkung der Zahl von Todesfällen aus Primärerkrankungen übertrifft bei weitem die Zahl der Todesfälle, die aus sekundären Erkrankungen aufgrund der Nebenwirkungen von Medikamenten resultieren.

Zu demselben Ergebnis kommt ein Blick auf die Risiken der Nahrungsmittelproduktion. Vor der Einführung von Abwasserkanalisation, Kläranlagen, Fleischbeschau und weiteren Verfahren der Lebensmittelkontrolle war das Risiko, an einer Verseuchung von Trinkwasser oder Lebensmitteln zu erkranken oder gar zu sterben, recht hoch (Erlinger 2002). Mit der Verschärfung dieser Kontrollen ist dieses Risiko bis heute kontinuierlich gesunken. Was wir hier in der öffentlichen Aufmerksamkeit für verbliebene bzw. neue Risiken beobachten können, entspricht einer schon von Emile Durkheim festgestellten Gesetzmäßigkeit: Je konsequenter die Befolgung von Normen betrieben wird, umso gravierender erscheinen die geringsten Abweichungen von den Normen und umso heftiger fallen die korrigierenden Reaktionen aus (Durkheim 1961: 157-159). Mit der öffentlichen Thematisierung wächst zweifellos die Wachsamkeit für Risiken, die auf eine Verbesserung der Risikokontrolle drängt.

Spektakuläre Fälle wie BSE erwecken leicht den Eindruck eines gesteigerten Risikos, das aus der bloßen Vermehrung von natürlichen oder künstlichen Substanzen in der Produktion von Nahrungsmitteln hervorgeht, weil jetzt einfach die Zahl möglicher Ursachen von unerwünschten Nebenfolgen größer ist als zuvor. Dagegen steht allerdings wieder die größere Chance, bei Auftreten von unerwünschten Nebenwirkungen auf Alternativen ausweichen zu können. Dazu kommt noch die Erweiterung des Wissens über mögliche Nebenwirkungen gebrauchter Substanzen und die ständige Verbesserung von Kontrollverfahren. Das Risiko, ist im Falle von wenig Alternativen höher einzuschätzen als im Falle von vielen Alternativen.

Beschäftigung

Selbst über das mit der Erosion des Normalarbeitsverhältnis für den Arbeitnehmer gestiegene Beschäftigungsrisiko kann man streiten (Beck 1999; vgl. Esping-Andersen und Regini 2000, Münch 2001a). Das Risiko des weitgehend gegen Entlassung geschützten Normalarbeiters muss hier mit dem Risiko des trotzdem entlassenen Arbeiters oder des bislang Erwerbslosen, jetzt aber Erwerbswilligen abgeglichen werden, bei der Suche nach Beschäftigung dauerhaft zu scheitern. Dieses Risiko ist z.B. in Deutschland sehr hoch, dagegen in den Vereinigten Staaten wesentlich niedriger. Die durchschnittliche Dauer der Arbeitslosigkeit lag 1991 in Deutschland bei 14,2 Monaten, in den Vereinigten Staaten dagegen bei 2,5 Monaten, die Arbeitslosenrate Mitte der 1990er Jahre in Deutschland bei etwa 10 Prozent, in den Vereinigten Staaten bei etwa 5 Prozent (Haller 1997: 405, 408). Da Arbeitslosigkeit in den Vereinigten Staaten mit gravierenderen Einkommenseinbußen verbunden ist als in Deutschland spricht die Risikokalkulation des Amerikaners für ein System, das zwar weniger Kündigungsschutz bietet, dafür aber größere Chancen der Wiederbeschäftigung im Falle einer Entlassung. In Deutschland wird der durchschnittliche Arbeitnehmer das eigene System deshalb als weniger riskant einschätzen, weil auch lange Zeiten der Arbeitslosigkeit finanziell gut abgesichert sind. Wenn in dieses System neue Formen der Beschäftigung eingeführt werden, die vom Normalarbeitsverhältnis im Umfang, in der Flexibilität und in der leichteren Auflösbarkeit abweichen und dadurch insgesamt die Zahl der Beschäftigten erhöht werden kann, dann hat sich insgesamt das Risiko, ohne Beschäftigung zu bleiben, verringert und nicht erhöht. In der Regel werden auch nicht bisher im gesicherten Normalarbeitsverhältnis voll Beschäftigte in weniger gesicherte neue Beschäftigungsverhältnisse überführt, sondern bislang nicht Beschäftigte in neue Beschäftigungsverhältnisse übernommen. Für die bislang Beschäftigungslosen bieten die neuen Beschäftigungsformen die Chance, ihre Beschäftigungsfähigkeit zu verbessern und so das Risiko zu verringern, mangels Qualifikation keine

Beschäftigung zu finden. Selbst in diesem sensiblen Feld kann offensichtlich nicht so ohne weiteres von einer Steigerung des Beschäftigungsrisikos aufgrund der Vermehrung neuer, weniger gesicherter Beschäftigungsverhältnisse gesprochen werden.

Schließlich kann nicht einfach unterstellt werden, dass Erwerbstätige einen möglichen Arbeitsplatzwechsel nur als Risiko und nicht als Chance einschätzen. Nach einer 1998/99 in Deutschland durchgeführten Erhebung gaben zwei Drittel der aus einem Beschäftigungsverhältnis ausgeschiedenen Personen ihren eigenen Wunsch als Grund an, 11% eine Kündigung durch den Arbeitgeber, 7% die Befristung ihres Arbeitsvertrages und 14% einen Konkurs oder eine Betriebsstilllegung. Von den Befragten haben sich zwei Drittel durch den Wechsel verbessert, gut ein Fünftel hat den Status gehalten, für 12% ergaben sich Einbußen (Hecker 2000, S. 71-72). Was die Mobilitätsbereitschaft betrifft, sind nach einer Befragung des Forschungsinstituts für Ordnungspolitik in Köln immerhin im Durchschnitt 41,7% zu einem häufigeren Arbeitsplatzwechsel bereit, unter den 14- bis 24-Jährigen sind es 55,8%, unter den Hochschulabsolventen 65,8%, unter den Auszubildenden 66,6%, unter den Befragten mit einem Haushaltseinkommen über DM 6000 sind es 58% (FIO 2000). Sie sehen im Wechsel des Arbeitsplatzes offensichtlich mehr Chancen als Risiken.

Steigerung des Risikobewusstseins in der Zweiten Moderne: real oder fiktional?

Eine nähere Betrachtung der verschiedenen Risikoquellen des modernen Lebens gibt uns offensichtlich keine realen Anhaltspunkte, anhand derer eine Steigerung der Risiken in der Gegenwart der Zweiten Moderne im Vergleich zur Vergangenheit der Ersten Moderne nachgewiesen werden könnte. Es bleibt dann nur noch der Rückzug auf das individuelle und kollektive Bewusstsein. Nehmen wir als empirische Basis die Häufigkeit, in der in deutschen Feuilletons von den gesteigerten Risiken der Moderne die Rede ist, dann könnte man darin ein Indiz für das gewachsene Risikobewusstsein erkennen. Allerdings begeben wir uns dabei in die Gefahr des reinen Zirkels der Selbstbestätigung, weil Tschernobyl unseren Autor zu einem Wortführer in diesem literarischen Genre gemacht hat. Misstrauisch macht auf jeden Fall ein Blick in vergleichbare Publikationen vergleichbarer Länder, da dort weder das Thema „Risikogesellschaft“ noch das Thema „Individualisierung“ eine vergleichbare Karriere gemacht hat. Ohne Nachhilfe durch die publizistische Verbreitung der Situationsdefinition „Risikogesellschaft“ dürfte es dem Durchschnittsbürger allerdings schwer fallen, seine eigene Situation in der Gegenwart im Hinblick auf die Riskanz des Lebens mit der Situation seiner Vorfahren zu vergleichen. Auffällig ist hier auf jeden

Fall die hohe Abhängigkeit solcher Einschätzungen von medialer Thematisierung und ihre damit verbundene konjunkturelle Schwankungsbreite. Dazu kommen große Differenzen zwischen Gesellschaften, die sich im wissenschaftlich-technischen und industriellen Entwicklungsniveau gleichen. Was sollen wir z.B. aus der Tatsache schließen, dass die Amerikaner durchschnittlich moderne Technologie als weniger risikoreich einschätzen als die Deutschen? Auf die Frage „Science and technology are making our lives healthier, easier, and more and more comfortable" antworteten bei einer 1989 bzw. 1990 durchgeführten Befragung 74% der Deutschen und 83% der Amerikaner mit „ja". Im Jahre 1981 meinten 33% der Deutschen und 54% der Amerikaner, dass der wissenschaftliche Fortschritt den Menschen auf lange Sicht helfen wird (Renn und Zwick 1997: 20). Leben die Amerikaner noch nicht in der Zweiten Moderne oder haben sie es im Vergleich zu den sensibleren Deutschen einfach noch nicht bemerkt und bedürfen der „Aufklärung" aus Deutschland, um sich darüber erst bewusst zu werden? Welche Legitimität kann diese „Aufklärung" indessen beanspruchen, wenn sie über keine Indikatoren verfügt, anhand derer das Anbrechen des riskanteren Zeitalters der „Zweiten Moderne" begründet werden kann?

Das in Westdeutschland in den 1970er und 1980er Jahren der Umweltschutz Konjunktur bekam, lag ja auch nicht daran, dass ein Sprung in der Risikoproduktion vollzogen wurde, der „reflexiv" eine Gegenbewegung zur Risikokontrolle ausgelöst hat, sondern einfach daran, dass eine junge Generation politisch aktiv wurde, die sich auf dem Niveau des satten Wohlstands mit anderen Themen beschäftigen konnte als mit der weiteren Wohlstandssteigerung. Inglehart (1989) hat für diesen Wandel der politischen Aufmerksamkeit vom „Materialismus" zum „Postmaterialismus" nicht mehr als Maslows berühmte Bedürfnis-Pyramide und die Feststellung benötigt, dass die jungen Erwachsenen der 1970er Jahre in fetten Wohlstandsjahren sozialisiert wurden und auf der Basis materieller Sättigung ganz nach Maslow genug Energie für „postmaterielle" Werte wie politische Partizipation, Selbstverwirklichung und Umweltschutz frei hatten. Mit der Wiedervereinigung und hohen Dauerarbeitslosigkeit hat überdies die Verbesserung und Angleichung der materiellen Lebensverhältnisse in den 1990er Jahren wieder eine im Vergleich zum Umweltschutz weit höhere mediale Aufmerksamkeit erlangt, der sich auch die entsprechende Rangordnung in den Köpfen der Menschen angeglichen hat. Deshalb finden sich auch inzwischen wieder mehr Mischtypen zwischen den kleiner gewordenen Gruppen der reinen Materialisten und reinen Postmaterialisten.

Steigerung von Pluralität in der Zweiten Moderne?

Versuchen wir es mit einer viel bescheideneren Unterscheidung, die in den jüngsten Darlegungen zur „reflexiven" Modernisierung die Risikothematik etwas verdrängt hat: die Umstellung von Geschlossenheit und Homogenität auf Offenheit und Pluralität. Es fällt auf, dass in der Veröffentlichung von 2001 unter der Rubrik „Reflexive Moderne" eigentlich nicht mehr von Reflexivität die Rede ist, sondern von Pluralität und Ad-hoc-Institutionen der Entscheidungsfindung (Beck, Bonß und Lau 2001: 41, 46). Die reflexive Zweite Moderne soll sich demgemäß gegenüber der Ersten Moderne durch mehr Pluralität und Ad-hoc-Institutionen der Entscheidung unterscheiden. Hilft uns das auf der Suche nach empirisch haltbaren Anhaltspunkten für den Epochenbruch weiter? Eine genaue Prüfung dieser Unterscheidung muss allerdings wieder feststellen: Ist die Zunahme von Pluralität eine Erscheinung, die einen Epochenbruch von einer Ersten zu einer Zweiten Moderne rechtfertigt oder wird hier wieder eine zeitdiagnostisch auf den Begriff gebrachte singuläre Momentaufnahme viel zu weit zu einem generellen Epochenumbruch hochstilisiert, eine Pluralisierungswelle zu einer „linearen" Entwicklung der „Weiter-so-Pluralisierung" bis zu einem Ausmaß verallgemeinert, bei dem ein Niveau der Pluralität erreicht ist, das die davor liegende Vergangenheit als Zeit der Homogenität und klaren Grenzziehung erscheinen lässt? Betrachten wir die Zahl wissenschaftlicher Institute, die Zahl von Konfessionen, von Verbänden, von Vereinigungen und von Selbsthilfegruppen in Westdeutschland, dann sind es heute in der Tat mehr als vor dreißig Jahren. Ebenso ist die Zahl politisch aktiver Initiativgruppen auf lokaler und nationaler Ebene gestiegen. Das Kartell der Großverbände sieht sich einer verschärften Konkurrenz von vielen kleineren Vereinigungen bei der Mobilisierung von Unterstützung und Einflussnahme auf die Politik gegenüber.

Nehmen wir die Zahl der beim Deutschen Bundestag registrierten Verbände, dann ist festzustellen, dass sie von 1974 bis 1996 von 635 auf 1614 gestiegen ist (Sebaldt 1997: 29). Entscheidungsprozesse sind transparenter geworden, es gibt mehr Foren der öffentlichen Auseinandersetzung und mehr Ad-hoc-Einbeziehung von Interessenten und Betroffenen. Dementsprechend nutzen die Verbände mehr als je zuvor auch die Medien, um Einfluss auf Entscheidungsprozesse zu nehmen. Bei einer Befragung im Jahre 1993 nannten die in der Bundeshauptstadt tätigen Verbände nach den Bundesministerien die Medien als zweitwichtigsten unter 23 Adressaten ihrer Aktivitäten (Sebaldt 1997: 30). Reichen solche Beobachtungen aber aus, um daraus einen Epochenumbruch von einer Ersten zu einer Zweiten Moderne abzuleiten? An diesem Maßstab gemessen, bekämen wir bei einem Vergleich zwischen Deutschland und den Vereinigten Staaten ein völlig anderes, nämlich das entgegengesetzte Ergebnis als beim Vergleich nach dem Maßstab des Risikobewusstseins: Die Amerikaner hätten längst in der Zweiten Moderne gelebt, bevor die Deutschen die ersten Schritte in die Zweite Moderne wagten. Am Maßstab der Pluralität gemessen hätte die Zweite Moderne in den Vereinigten Staaten mindestens einhundert Jahre früher als in Deutschland, nämlich mit der großen Einwanderungswelle Ende des 19., Anfang des 20. Jahrhunderts eingesetzt. Die politischen und administrativen Institutionen sind schon seit 1789 pluralistisch strukturiert, die Wissenschaft wurde seit den 1960er Jahren in einem Umfang pluralisiert, der allen anderen Wissenschaftssystemen weit vorausgeht (Brickman, Jasanoff und Ilgen 1985; Jauß 1999; Stark 1998; Münch und Lahusen 2000).

Von der Ersten zur Zweiten Moderne: Entgrenzung als Ursache des Epochenwandels?

Die Schwierigkeiten, die uns bei dem Versuch begegnen, die Unterscheidung zwischen Erster und Zweiter Moderne empirisch dingfest zu machen, haben natürlich Rückwirkungen auf die Frage der Verursachung des Sprungs in die Zweite Moderne. Es geht um die Dynamik der Entgrenzung (vgl. Brock 1991: 16-18). Wenn sich Erste und Zweite Moderne auf der Seite der abhängigen Variablen qualitativ nicht grundsätzlich unterscheiden, dann ist auch anzunehmen, dass die Dynamik der Entgrenzung die Moderne an sich von Anfang an kennzeichnet und sich in Abhängigkeit von der Beharrungskraft von gewachsenen Institutionen, Machtverteilungen und kulturellem Wissen einmal mehr, das andere Mal weniger durchsetzt und zu mehr oder weniger Reorganisation der Gesellschaft zwingt. Die Umbrüche, die in den Naturwissenschaften durch neue Entdeckungen zwischen 1870 und 1970 stattfanden, sind im Vergleich zum damals vorhandenen Wissen mit Gewissheit gewaltiger gewesen, als die Veränderungen, die seit 1970 zu verzeichnen sind. Dasselbe gilt für ihre Umsetzung in Technik. Dabei hat jede Entdeckung und jede technische Erfindung den Spielraum der Veränderung des Wissens durch neue Entdeckungen und der Veränderung des Lebens durch neue technische Erfindungen verkleinert. Die großen Auswirkungen der medizinischen Forschung auf die Verlängerung der durchschnittlichen Lebenserwartung waren 1970 schon vollzogen. Seit 1970 hat sich die Lebenserwartung nur noch in kleineren Schritten erhöht (Statistisches Bundesamt 2001a: 219). Gewiss gehen von den gegenwärtigen Entdeckungen – etwa in der Genforschung – weitere Veränderungen aus, und es wird genauso wie früher immer wieder revolutionäre Umbrüche geben, die zu einem starken Veränderungsschub führen, auf lange Sicht ist jedoch eher eine Verlangsamung des wissenschaftlichen Fortschritts festzustellen, weil eben auf dem sehr hohen

Niveau des Wissensstandes revolutionäre Entdeckungen immer unwahrscheinlicher werden und es sich beim Großteil der Forschung um immer geringer werdende Erkenntniszuwächse handelt, allein schon nach dem ökonomischen Gesetz des sinkenden Grenznutzens.

In der Wirtschaft offenbart sich derselbe Zusammenhang. Auch die Wirtschaft hat in der Zeit zwischen 1870 und 1970 Umbrüche erlebt, gegen die sich die Umbrüche seit 1970 auf keinen Fall als tief greifender und breiter wirksam erweisen. Die Wachstumsraten sind seit den 1970er Jahren im historischen Vergleich eher niedrig. Während zwischen 1880 und 1913 sowie in den 1950er Jahren die jährliche Wachstumsrate des Nettoinlandsprodukts in Deutschland (West) überwiegend über 3,5%, nicht selten über 4% und gelegentlich sogar über 5% lag, erreichte die jährliche Wachstumsrate des Bruttoinlandsproduktes seit den 1960er Jahren in der Regel nur noch Werte unter oder knapp über 2% (Hoffmann 1965: 26-27; Statistisches Bundesamt 2001a: 654-55). Es kann sicher nicht behauptet werden, dass die Veränderungen der Beschäftigungsverhältnisse in Gestalt der Ergänzung des Normalarbeitsvertrages durch flexiblere Formen der Beschäftigung – um mehr handelt es sich de facto nicht – ein neues Zeitalter der Moderne einläuten, zumal es all diese Formen schon früher gegeben hat und sie in anderen Gesellschaften schon immer zur Normalität gehören. Im internationalen Vergleich spricht auch alles dafür, dass es eine Vielzahl von erfolgreichen Strategien zur Verringerung von Arbeitslosigkeit gibt und es dementsprechend weit überzogen ist, aus den eher singulären Schwierigkeiten der Bundesrepublik mit diesem Problem global die Notwendigkeit der Umstellung auf eine „Zweite Moderne" jenseits der Arbeitsgesellschaft in einer Erwerbsarbeit stark relativierenden „Tätigkeitsgesellschaft" abzuleiten (Beck 1999). Die Wirtschaft des Kapitalismus folgt Schumpeters (1950/1993: 134-142) Gesetz der schöpferischen Zerstörung in ganz besonderem Ausmaß, und zwar in der Vergangenheit genauso wie in der Gegenwart. Die Begrenzung der sozialen Auswirkungen dieser Gesetzmäßigkeit ist eine relativ späte Errungenschaft des Wohlfahrtsstaates – in der Zeitrechnung der Theorie reflexiver Modernisierung der späten Ersten Moderne. Solche Begrenzungen verhindern stets die Anpassung an neue Herausforderungen. Wenn sie jetzt unter Veränderungsdruck stehen, dann handelt es sich dabei innerhalb der Moderne um einen völlig natürlichen Vorgang, der keineswegs als Indikator für ein neues Zeitalter mit neuen Gesetzmäßigkeiten dienen kann. Dabei ist auch in diesem Kontext im Vergleich zu vergangenen Innovationen eher mit bescheidenen Anpassungen zu rechnen, allein schon deshalb, weil auf dem Niveau einer hohen Dichte rechtlicher Regulierungen jede Änderung nur einen relativ kleinen Anteil an der Gesamtheit des Arbeits- und Sozialrechts hat.

Auch für die private Lebensführung gilt, dass sie in der Moderne von Anfang an auf Entgrenzung im Sinne der Befreiung aus Restriktionen, der Steigerung von Optionen und der Notwendigkeit, Entscheidungen zu treffen und selbst die Verantwortung dafür zu übernehmen, angelegt ist (vgl. Brock 1991: 18-21). Gegen die Durchsetzung dieser Dynamik der Entgrenzung wirken die Beharrungskräfte der Herkunft, der Bindung an das Bekannte, des Festhaltens an Vertrautem und an vertrauten Personen, die sich eine gewisse Zeit als stärker, eine andere Zeit wieder als schwächer erweisen können, und dies von Milieu zu Milieu, von Gesellschaft zu Gesellschaft sehr unterschiedlich. Gemessen an der Häufigkeit von Ehescheidungen und des Wechsels von Partnerschaften, Konfession, Beruf, Arbeitsplatz, Wohnort, Parteipräferenz, Freundschaften und Vereinigungen ist der diesbezügliche Entwicklungsschub der Individualisierung in der privaten Lebensführung in der Bundesrepublik zwischen 1965 und 1990 auch nicht mehr als eine nachholende Modernisierung, die immer noch nicht dort angelangt ist, wo sich die Vereinigten Staaten schon längst befinden. Das sagen z.B. die 4,2 Scheidungen je 1000 Einwohner in den Vereinigten Staaten im Vergleich zu 2,3 in Deutschland im Jahre 1999 (Statistisches Bundesamt 2001b: 223). Schaut man sich die Verarbeitung dieser „Optionssteigerung" in den Vereinigten Staaten an, um auch in dieser Hinsicht zu lernen, dann bedeutet das, dass Anwälte, Immobilienmakler, Psychotherapeuten und jede Menge Selbsthilfegruppen – alles Einrichtungen der Ersten Moderne – benötigt werden, um die notwendigen Hilfestellungen für überforderte Menschen bereitzuhalten. In den Vereinigten Staaten wurden 2001 insgesamt 438 Rechtsanwälte und 126 Psychologen, in Deutschland 1999 insgesamt 123 Rechtsanwälte pro 100000 Einwohner gezählt (U.S. Bureau of Labor Statistics 2002: 164, 176, 177; Statistisches Bundesamt 2001a: 358).

An der Tatsache, dass Amerikaner im internationalen Vergleich eine größere Zahl von Personen und eine größere Verschiedenheit von potenziellen Helfern in ihrem persönlichen Netzwerk nennen als andere Nationalitäten, ist gut zu erkennen, dass Individualisierung und weiter verzweigte, vervielfältigte Vergesellschaftung Hand in Hand gehen und sich gegenseitig stabilisieren (dazu Daten in Immerfall 1997). Wo kaum mehr als die Familie – gerade eben lebenslang – zur Verfügung steht, kann sich Individualität nicht entfalten. Es fehlen die Befreiung aus familiärer Bevormundung und die außerfamilialen Netzwerke, wobei die Bildung von außerfamilialen Netzwerken durch Pioniere erst den Boden dafür bereitet, dass andere nachziehen können und durch die außerfamilialen Netzwerke von der Herrschaft der Familie befreit werden. Individualisierung ist demnach keine Entlassung aus der Gesellschaft, sondern ein Prozess der differenzierten Vergesellschaftung. Sie ist ohne partikulare Bindungen sprengende, weiter ausgreifende und sich pluralisierende Vergesellschaftung gar nicht möglich. In diesem Sinne ist sie ein Vehikel der sozialen Integration und keine Gefahr für ihre Gewährleistung. Sie stellt kein neues Problem dar, für das in einer Zweiten Moderne neue Lösungen gefunden werden müssten.

Risikokontrolle durch „Weiter-so-Modernisierung" oder epochalen Institutionenwandel? Primäre und sekundäre Modernisierung

Die Entgrenzung und Optionssteigerung ist ein Wesenszug der Moderne von Anfang an und hat immer schon Lernprozesse erfordert, um jenseits traditionaler Verfestigungen neue, offenere und flexiblere Formen der Ordnungsbildung zu schaffen. Dabei kann in aller Regel auf Erfahrungen, insbesondere auch im internationalen Vergleich, zurückgegriffen werden und mit mehr oder weniger mutigen Innovationen die Wirksamkeit bestimmter Problemlösungen ermittelt werden. All dies geschieht „pfadabhängig" im Rahmen vorhandener Institutionen und bringt nur in extremen Ausnahmefällen einen grundlegenden Wandel mit sich, der indessen in der Vergangenheit der Moderne häufiger vorkam als in der Gegenwart. Auch die funktionale Differenzierung ist eine Form der Lösung von Problemen, an deren Zuschnitt immer wieder Änderungen vorgenommen werden und die im internationalen Vergleich sehr verschieden gestaltet sein kann. Die Arbeitsteilung von Wissenschaft, Wirtschaft, Öffentlichkeit, Politik und privater Lebensführung in Familie und Partnerschaft ist in jeder Gesellschaft anders organisiert. Was in den Vereinigten Staaten dem Markt überlassen bleibt, ist in Deutschland in erheblichem Umfang Sache der staatlichen Fürsorge. Ebenso ist die Abstimmung der Leistungen zwischen den Institutionen sehr unterschiedlich organisiert. Es findet auch mehr oder weniger häufig eine öffentliche Reflexion darüber statt, ob es besser ist, bestimmte Leistungen (z.B. Arbeitsvermittlung) vom Staat oder von privaten Anbietern bereit stellen zu lassen. Auch die Wirkung einer institutionellen Entscheidung auf andere Institutionen wird häufig öffentlich thematisiert, z.B. Wirkungen des Arbeitsrechts auf die Beschäftigung, des Familienrechts auf das Familienleben oder neuer technischer Erfindungen auf die Wettbewerbsfähigkeit bestimmter Industriezweige oder auf das Sozialverhalten der Einzelnen Menschen usw. Wenn es Abstimmungsprobleme der gesellschaftlichen Arbeitsteilung gibt, dann kann deren Lösung nur in mehr Abstimmung bestehen, wozu keine neuen, ein neues Zeitalter herbeiführenden Wege beschritten werden müssen.

Für eine „organisierte Unverantwortlichkeit" gibt es insofern keine Anzeichen, als nach unserer Analyse die gesellschaftliche Arbeitsteilung offensichtlich nicht zu einem solchen Ausmaß der Risikoproduktion führt, um deshalb grundsätzlich infrage gestellt und durch ganz andere Institutionen einer

Zweiten Moderne ersetzt zu werden. Alle Änderungen werden auf Verschiebungen der Arbeitsteilung zwischen den Institutionen und weitere Abstimmungen zwischen den jeweiligen Rollenträgern hinauslaufen, z.B. konkret zwischen der berufstätigen allein stehenden Mutter und ihrem Arbeitgeber, gegebenenfalls vermittelt durch den Betriebsrat. Es finden sich hier keine Anzeichen für eine Abkehr von gesellschaftlicher Arbeitsteilung als Grundmuster der Moderne. Dabei können die Abstimmungen mehr oder weniger lokal, sektoral, national, europäisch oder global und mehr oder weniger öffentlich stattfinden, je nach Verhandlungsbedarf. Dabei gilt, dass natürlich mehr verhandelt werden muss, je mehr die Arbeit geteilt wurde und auf je mehr Ebenen gehandelt wird. Das ist von Anfang an ein Wesenszug der funktionalen Differenzierung und kein Zeichen für ein neues Koordinatensystem der Moderne. Dass Wissenschaft, Wirtschaft, Politik, Recht, Öffentlichkeit und private Lebensführung in Familie und Partnerschaften funktional getrennt arbeiten, ist nach wie vor eine Bedingung für die gesellschaftliche Verarbeitung von wachsender Komplexität und steigert diese Komplexität selbst mit. Dass es dabei zu Abstimmungsproblemen kommt, ist eine alltägliche Erfahrung und deshalb immer schon Gegenstand von Verhandlungen. Eine organisierte Unverantwortlichkeit kann daraus nur dann entstehen, wenn Abstimmungsprobleme nicht erkannt und nicht bearbeitet werden und es dafür keine formalen und informellen Verfahren zur Problemlösung gibt. Würde die Diagnose der „Risikogesellschaft" stimmen, dann könnte dafür auch ein Mangel der Abstimmung verantwortlich sein, z.B. in Gestalt von unzureichenden Kontrollverfahren bei der Herstellung von Medikamenten im Verhältnis zwischen Staat und Wirtschaft. Da wir für diese starke Behauptung keine Anhaltspunkte gefunden haben, gibt es höchstens Anlass für die Verbesserung solcher Abstimmungen, z.B. für effektivere Kontrollverfahren, aber keinen Anlass für eine grundlegende Reorganisation, die es rechtfertigen würde, von einem neuen Zeitalter der Zweiten Moderne zu sprechen (vgl. Zapf 1990, 1991).

Wenn die Diagnose weder auf der Seite der abhängigen noch auf der Seite der unabhängigen Variablen zutrifft, dann gibt es auch keinen Grund zur Anwendung der Therapie. Man muss die neuen sozialen Bewegungen nicht mit der Erwartung überfordern, den Epochenwandel von der Ersten zur Zweiten Moderne durch die grundlegende Reorganisation der (welt)gesellschaftlichen Arbeitsteilung zu vollenden. Man kann sie sein lassen, was sie sind: eine Erneuerung der Selbstreflexionsfähigkeit der Moderne, die in ihre Institutionen einsickert und da und dort für Veränderungen sorgt, die das Funktionieren der gesellschaftlichen Arbeitsteilung da und dort auf neue Probleme einstellt, aber nichts grundsätzlich Neues darstellt und auch kein neues Zeitalter kreiert. Vor allem kann nicht erwartet werden, dass die so gefundenen Problemlösungen durch ihre Nebenfolgen keine neuen Probleme erzeugen.

Da sich keine Anhaltspunkte für die Unterscheidung von Erster und Zweiter Moderne finden lassen, ist auch die Unterscheidung von einfacher und reflexiver Modernisierung und damit auch von Theorien der einfachen Modernisierung und Theorien der reflexiven Modernisierung hinfällig (vgl. dazu auch Beck, Giddens und Lash 1996). Es gibt keine einfache Modernisierung. Alle Modernisierung ist reflexiv. Modernisierung heißt institutionelle Innovation, d.h. die Ersetzung alter Regelungen des gesellschaftlichen Zusammenhandelns durch neue Regelungen. Für alle institutionellen Innovationen gilt aber, dass von ihnen interne Wirkungen auf die betreffende Institution und externe Wirkungen auf andere Institutionen ausgehen, die selbst wiederum dort weitere Wirkungen zeitigen und so fort. Niemals wird man alle diese Wirkungen voraussehen können und stets wird man mehr oder weniger in Kenntnis und Unkenntnis von Wirkungen handeln müssen.

Wir können diese Dynamik der institutionellen Innovation durch die Unterscheidung von primärer und sekundärer Modernisierung erfassen. Primäre Modernisierung ist die absichtsvolle Durchführung institutioneller Innovationen zum Zwecke der Erweiterung von Handlungsspielräumen, sekundäre Modernisierung dient der Milderung oder Beseitigung von unerwünschten Nebenfolgen der primären Modernisierung. So kann man z.B. die Industrialisierung als primäre Modernisierung begreifen, die als Nebenfolge den Klassenantagonismus zwischen Lohnarbeit und Kapital und die soziale Frage hervorgebracht hat: die Frage der Inklusion der Arbeiterklasse in den kollektiv erarbeiteten Wohlstand. Die Entwicklung von Institutionen der geregelten Austragung des Klassenkonflikts (Tarifautonomie, Mitbestimmung) und der sozialen Sicherheit (Arbeitslosigkeit, Krankheit, Invalidität, Alter) können als sekundäre Modernisierung verstanden werden. Sie zielten auf die Bearbeitung der von der Industrialisierung erzeugten Nebenfolgen. Die Verbindung von Industrialisierung und Wohlfahrtsstaat hat genau diejenige Fortschrittskoalition erzeugt, die sich zunächst gegen eine Bearbeitung ihrer eigenen Nebenfolgen der zunehmenden Umweltbelastung entgegengestellt hat. Es bedurfte einer neuen, materiell gesättigten Generation, um einen neuen Prozess der „tertiären“ ökologischen Modernisierung in Gang zu setzen. Von diesen großen Wellen primärer, sekundärer und tertiärer Modernisierung sind kürzere Wellen zu unterscheiden, die sich darin äußern, dass viele institutionelle Innovationen Nebenfolgen zeitigen, die zu relativ raschen Korrekturen, z.B. zur Novellierung von Gesetzen zwecks Nachbesserung zwingen. Nimmt man die zeitlichen Abstände zwischen Gesetzesnovellierungen als Maßstab, dann ist eine Beschleunigung der Abfolge von primärer und sekundärer Modernisierung zu beobachten (dazu Zahlen in Müller und Nuding 1984; Münch

1995: 203-212). Das erhöht einerseits die Lernfähigkeit, bringt aber auch mehr Unsicherheit über die Geltung von Recht (Anomie) mit sich und verlangt auch den betroffenen Menschen eine wachsende Lernfähigkeit ab. Das alles ist indessen eine die Moderne von Anfang an charakterisierende Dynamik, die in der Gegenwart allenfalls erneut einen Beschleunigungsschub erfahren hat. Die Verarbeitung dieser Dynamik ist nur durch genau jene politischen Verfahren der Problemartikulation und Problembearbeitung möglich (breite Partizipation, Öffentlichkeit, Transparenz von Entscheidungen, Zugänglichkeit von Informationen), die selbst wiederum zur Beschleunigung der Dynamik beitragen. Rasche Fehlerkorrektur und Beschleunigung der Dynamik von primärer und sekundärer Modernisierung sind zwei Seiten ein und derselben Medaille. Jede Fehlerkorrektur hat ja selbst wieder Nebenfolgen, die der weiteren Bearbeitung bedürfen. Durch rasche Fehlerkorrektur durchläuft die Gesellschaft indessen genau jenen Lernprozess, der sie vor der Akkumulation von Schäden und damit vor dem „Supergau“ irreparabler Schäden schützt.

Schlussfolgerungen

Unsere kritische Analyse der Theorie reflexiver Modernisierung ist auf eine Reihe von Schwachpunkten gestoßen. Die Probleme beginnen mit der Verallgemeinerung einer Zeitdiagnose für einen begrenzten Zeitraum insbesondere in der Bundesrepublik Deutschland zu einer Theorie, die aus einem landesspezifischen Schub der nachholenden Modernisierung einen universellen Epochenwandel macht. Dadurch werden die Grenzen der Haltbarkeit der vorgetragenen Thesen weit überzogen. Was immer zur Unterscheidung von Industriegesellschaft und Risikogesellschaft, Erster und Zweiter Moderne, einfacher und „reflexiver“ Modernisierung zur Hand genommen wird, taugt nicht wirklich als Epochen unterscheidender Indikator: weder reale Risiken der Technik, der Lebensführung, der Partnerschaft oder der Beschäftigung noch das Risikobewusstsein, noch die Pluralität von Lebensformen. Die Differenzen zwischen den postulierten Epochen sind nicht so eindeutig, dass durchgehend von einem Mehr in der Zweiten Moderne und einem Weniger in der Ersten Moderne gesprochen werden kann. Risikobewusstsein und Pluralität variieren zu stark zwischen Ländern, das Risikobewusstsein ist zudem zu sehr medial erzeugten Schwankungen unterworfen, um als Indikator infrage zu kommen. Aufgrund dieser geringen Stützung der Theorie durch die Realität drängt sich am ehesten eine wissenssoziologische Erklärung ihres Erfolgs auf, wie sie von Alexander und Smith (1996) vorgelegt wurde. Die Plausibilität der Theorie reflexiver Modernisierung beruht demnach in hohem Maße auf der Bereitstellung einer Situationsdefinition mit hoher suggestiver Kraft, die ihre Bestätigung dadurch erfährt, dass sie die Begriffe bereithält, mit denen die Rezipienten der Theorie die Situation definieren und damit die Theorie bestätigen. Die auf diese Weise zustande kommende Definition der Situation mit Sinn stiftenden Begriffen ist das Kennzeichen einer erfolgreichen Zeitdiagnose, kann aber nicht als Prüfstein einer Theorie dienen, die falsifizierbare Aussagen über die Realität macht. Die Erfolgskriterien von Zeitdiagnosen und wissenschaftlichen Theorien unterscheiden sich grundsätzlich. Die Zeitdiagnose konstruiert kollektiv geteiltes Bewusstsein, stiftet Sinn und bestätigt sich auf diese Weise selbst. Eine wissenschaftliche Theorie stellt Behauptungen auf, die an der Realität scheitern können.

Orientierungsfragen

1. Nach Beck leben wir in der „Risikogesellschaft". Stellen Sie zusammen, in welchen Bereichen er von gesteigerten Risiken ausgeht!
2. Beck charakterisiert die Gegenwart als Zweite Moderne. Stellen Sie in einer Übersicht dar, welche Unterschiede er zwischen der Ersten und Zweiten Moderne sowie der „Postmoderne" sieht!
3. Ist die Unterscheidung zwischen Erster und Zweiter Moderne aus Ihrer Sicht haltbar? Ziehen Sie zwei Theoretiker Ihrer Wahl (bspw. Weber, Simmel, Durkheim oder Parsons) als Vergleich heran, um Ihr Urteil zu begründen!
4. Sowohl Giddens als auch Beck argumentieren, dass „unintendierte Folgen des Handelns" grossen Einfluss auf die Struktur der modernen Gesellschaft haben. Erläutern Sie den Grundgedanken dieses Konzepts und zeigen Sie anschliessend an Beispielen, auf welchen Ebenen die beiden Autoren solche unintendierte Folgen verorten!
5. Beck und Touraine behandeln jeweils die sozialen Bewegungen als neue Form progressiven kollektiven Handelns. Stellen Sie beide Theorien einander gegenüber! Kann Touraines Idee der soziologischen Intervention auch in Becks Theorie der reflexiven Modernisierung und der Subpolitik eingebaut werden?
6. Die Medien spielen sowohl in der Argumentation Becks als auch in der Kritik an seinen Gedanken eine wichtige Rolle. Zeigen Sie zunächst, wie nach Beck die Medien notwendiger Teil der „reflexiven Moderne" sind! Stellen Sie dann dar, wie die gesteigerte mediale Kommunikation den Befund der „Risikogesellschaft" erst ermöglicht hat!

Wichtige Begriffe

Individualisierung
Moderne, Zweite
Reflexivität
Risikogesellschaft
Subpolitik

Glossar

Abweichung: In jeder Gruppe, Organisation oder Gesellschaft gibt es etliche Abweichungen von den geltenden Normen. Solange die Abweichungen sanktioniert werden, ist die Institution nicht infrage gestellt. Erst wenn Sanktionen ausbleiben, weil der Abweichler ausreichend Macht und Legitimation für sein Handeln mobilisieren kann und dafür allgemeine Unterstützung bekommt, besteht die Möglichkeit, dass die Institution ihre Geltung verliert und einem Wandel unterzogen wird.

Adaptation (Anpassung): Die Funktionsleistung der Anpassung an Umweltbedingungen macht nach Parsons beliebige Mittel zur Erreichung gesetzter Ziele vorstellbar, wobei die Mittel im Widerspruch zueinander stehen können. Die verfügbaren Mittel oder Ressourcen können nach Bedarf eingesetzt werden; ihre Verwendung ist nicht auf bestimmte Ziele begrenzt. Hohe Symbolkomplexität ist kombiniert mit hoher Handlungskontingenz. Das Handlungsfeld der Adaptation ist durch maximale Flexibilität und Anpassungsfähigkeit gegenüber wechselnden Situationen gekennzeichnet; zugleich haben die Mittel bzw. Ressourcen, das Potenzial, Handlungsspielräume und Möglichkeitshorizonte zu öffnen und zu erweitern.

Affektivität/Affektive Neutralität: Affektivität bedeutet nach Parsons, dass die Emotionen des Akteurs involviert sind und eine Orientierung für das Handeln darstellen; affektive Neutralität liegt vor, wenn die Emotionen des Akteurs ausgeschlossen sind. So legt beispielsweise die bürokratische Herrschaft fest, dass die Beamten „ohne Eifer und Zorn" entscheiden, also affektiv neutral handeln.

Affektkontrolle: Nach Elias die Kontrolle des Individuums über seine eigenen emotionalen Regungen, Gefühls- und Gemütsregungen und Veränderungen seiner psychischen Zustände, mit denen körperliche Veränderungen einhergehen, z.B. Errötung, Beschleunigung des Pulses, sexuelle Erregung, Magen-Darm-Tätigkeit oder Schmerz.

Agency: Nach Giddens der Vorgang des Handelns, bei dem ein Agent innerhalb von historisch entstandenen Strukturen handelt und diese dadurch reproduziert.

Agent: Giddens' Begriff für den Akteur als Person, die in historisch entstandenen Strukturen handelt und durch ihr Handeln (die Agency) an der sozialen Praxis teilhat.

Akkumulation, kapitalistische: Nach Marx die Anhäufung von Kapital mittels Profitmaximierung in den Händen der Produktionsmittelbesitzer zwecks Investition in die weitere Anhäufung von Kapital.

Akzeptanz/Nichtakzeptanz: Die Komponenten Information, Mitteilung und Verstehen einer Kommunikation lassen nach Luhmann offen, ob der Empfänger einer Botschaft diese annimmt oder nicht. Gerade diese Offenheit trägt zur Fortsetzung der Kommunikation bei. Jede Botschaft eröffnet die Möglichkeit zur Negierung. Negierung treibt die Kommunikation als selbstreferenziellen Prozess voran.

Allgemeininteresse: Das Wohl der gesamten Gesellschaft als Einheit im Unterschied zu den partikularen Interessen von Personen, Gruppen und Organisationen und ihren Sprechern und im Unterschied zum Interesse der Mehrheit.

Anomie: Anomie bedeutet Merton zufolge die Diskrepanz zwischen den kulturell vorgegebenen Zielen und Werten einerseits und den sozial erlaubten Möglichkeiten, diese zu realisieren, andererseits. Beim Individuum bewirkt der Zustand der Anomie einen Druck in der Richtung von abweichendem Verhalten; je nach Zustimmung oder Ablehnung der gesellschaftlich anerkannten Ziele und Werte wird Abweichung als Methode der Anpassung gewählt.

Ascription (Zuschreibung)/Achievement (Leistung): Askription bedeutet nach Parsons, dass sich das Handeln eines Akteurs gegenüber einer Person, Gruppe oder Organisation an zugeschriebenen Eigenschaften ausrichtet. Im Gegensatz dazu bedeutet Achievement, dass das Handeln eines Akteurs gegenüber einer Person, Gruppe oder Organisation an deren Leistungen orientiert ist. Der Status einer Person als Führer kann etwa auf göttlicher Abstammung, Adelsstand, Ausstrahlung oder Alter beruhen, d.h. auf zugeschriebenen Merkmalen, oder auf Staatsreformen, Eroberungen, Entdeckungen und Forschungsleistungen, also auf tatsächlich erbrachten Leistungen der Person.

Autopoiesis: Autopoiesis bedeutet nach Luhmann, dass Systeme ihre Elemente aus ihren Elementen produzieren und reproduzieren. Sie sind offen für das Erfassen und Verarbeiten komplexer und kontingenter Umweltereignisse nach ihren eigenen Gesetzen und somit die äußere Bedrohung ihrer Autonomie zur inneren Ressource machen, die eben zur Steigerung dieser Autonomie beiträgt. Systeme, die diese Fähigkeit besitzen, nennt Luhmann autopoietische Systeme.

Beobachtung erster Ordnung: Eine Beobachtung erster Ordnung ist nach Luhmann eine Operation des Systems, die auf der Grundlage einer Unterscheidung eine Bezeichnung setzt und damit Information erzeugt. Somit erzeugt die Beobachtung eine Form mit zwei Seiten, von denen eine bezeichnet ist und die andere unbezeichnet bleibt. Eine Beobachtung kann immer nur eine Seite der Unterscheidung bezeichnen, andererseits bleibt die andere Seite latent vorhanden und schwingt bei weiteren Beobachtungen mit. Die erste Unterscheidung besteht in derjenigen zwischen System und Umwelt, aus der alle weiteren Unterscheidungen bei der Beobachtung der Umwelt folgen.

Beobachtung zweiter Ordnung: Beobachtungen können sich nicht selbst beobachten. Allerdings kann eine Beobachtung ihrerseits Gegenstand einer Meta-Beobachtung oder Selbstbeobachtung sein, welche die erste Beobachtung von etwas anderem unterscheidet und zusätzliche Unterscheidungen einführt. Luhmann spricht dann von Beobachtungen zweiter Ordnung.

Bewegungen, soziale: Für Touraine diejenigen Akteure, welche die Klassenbeziehungen einer Gesellschaft zu konkreten sozialen Kämpfen machen. In positiven oder kritischen Kämpfen treffen soziale Bewegungen auf bestehende Klassen: Positive Kämpfe versuchen, die Position eines Akteurs zu verbessern; kritische Kämpfe bestreiten die Legitimität von Herrschaft einer bestimmten Klasse. Mittels der sozialen Kämpfe tragen soziale Bewegungen zur Erneuerung und zum Wandel einer Gesellschaft bei.

Bezugsgruppen: Diejenigen Gruppen, die im Kontakt mit dem Individuum das Rollenverhalten bestimmen und (positiv oder negativ) sanktionieren. Sieht sich ein Individuum unterschiedlichen Erwartungen seitens der Bezugsgruppen gegenüber, kommt es zu einem Rollenkonflikt.

Capitalism, Varieties of: Gegenstand eines Forschungsansatzes, der die Pfadabhängigkeit der institutionellen Einbettung des Kapitalismus und die spezifische Innovationskraft und Wettbewerbsfähigkeit unterschiedlicher Formen des Kapitalismus in der offenen Weltwirtschaft betont.

Code, binärer: Als Code definiert Luhmann ein binäres Schema, wie z.B. die Differenzierungen zwischen zahlen/nichtzahlen, Macht haben/Macht nichthaben, recht/unrecht, wahr/unwahr, schön/hässlich. Der Code gibt die Kategorien vor, nach denen ein System die Komplexität von externen Ereignissen wahrnimmt und verarbeitet. Ändert ein System seinen Code, bricht es zusammen, und es entsteht ein neues System.

Code, mythologischer: Nach der strukturalistischen Logik von Lévi-Strauss bestimmen tiefliegende symbolische Codes die „Oberfläche" der sozialen Realität; diese Tiefenstrukturen werde indirekt in Mythologien ausgedrückt, die beispielsweise vom Verhältnis zwischen dem Weltlichem und dem Heiligen handeln.

Conditio Humana: Die Conditio Humana bildet nach Parsons dasjenige System, das die gesamte menschliche Existenz im anthropologischen Sinn abdeckt. Das menschliche Handeln bildet das Feld der Strukturiertheit innerhalb der Conditio Humana. Die relevanten analytischen Umwelten für das menschliche Handeln bilden das telische System, das physisch-chemische System und der Organismus. Das Handlungssystem erfüllt die Integrationsfunktion durch das Ordnen von Ereignissen in sinnvolle Systeme. Niedrige Symbolkomplexität ist kombiniert mit niedriger Handlungskontingenz. Das telische System bildet eine Umwelt, die der Erhaltung latenter Strukturen durch die Definition der grundlegendsten (transzendentalen) Sinnbedingungen des menschlichen Lebens dient. Niedrige Symbolkomplexität ist kombiniert mit erweiterter Handlungskontingenz. Das organische System, dessen Teil der menschliche Organismus ist, erfüllt die Funktion der Zielerreichung und ist die Stätte von organischer Evolution durch Reproduktion, Mutation und natürliche Selektion. Hohe Symbolkomplexität der Selektion ist durch niedrige Kontingenz von realen Ereignissen begleitet. Im physiochemische System sind die physiochemischen Strukturen und Prozesse lokalisiert; es erfüllt die Funktion der Anpassung, indem es die Ressourcen für die anderen Subsysteme bereit stellt. Hohe Komplexität von möglichen Ereignissen wird hier von hoher Kontingenz realer Ereignisse begleitet.

Differenzierung, funktionale: Nach Luhmann eine dritte Art der systemischen Differenzierung, die verschiedenen Teilsystemen unterschiedliche Funktionen zuordnet, wobei diese ohne hierarchische Zuordnung zueinander arbeiten. So ist eine Gesellschaft beispielsweise in Wirtschaftsunternehmen, staatliche Institutionen, Kulturinstitutionen, Wissenschaft und Rechtswesen differenziert, die je spezifische Funktionen erbringen, ohne zueinander im Verhältnis von Über- und Unterordnung zu stehen. Aufgrund der funktionalen Differenzierung ist die Gesellschaft in der Lage, mehr Komplexität aus Wirtschaft, Politik, Kultur, Wissenschaft und Recht zu verarbeiten als mit hierarchischer oder segmentärer Differenzierung.

Differenzierung, hierarchische: Nach Luhmann eine zweite Art der systemischen Differenzierung, die verschiedenen Teilsystemen, die zueinander im Verhältnis von Über- und Unterordnung stehen, unterschiedliche Funktionen zuordnet. Leitung, Produktion und Servicegesellschaften innerhalb eines Unternehmens sind ein Beispiel. Die hierarchische Zuordnung ist ein Koordinationsmechanismus, der Systeme mit hierarchischer Differenzierung Systemen mit segmentärer Differenzierung überlegen macht, weil mehr Umweltkomplexität verarbeitet werden kann. Allerdings sind ihnen Systeme mit funktionaler Differenzierung überlegen.

Differenzierung, segmentäre: Nach Luhmann eine erste Art der systemischen Differenzierung, die auf der Wiederholung von Gruppenbildungen beruht, wobei alle Gruppen dieselben Funktionen erfüllen: Familien oder Clans innerhalb von Stammesgesellschaften sind ein Beispiel. Segmentär differenzierte Systeme können weniger Komplexität aus ihrer Umwelt verarbeiten als hierarchisch oder funktional differenzierte Systeme.

Diffusität/Spezifität: Diffusität bedeutet nach Parsons, dass das Handeln eines Akteurs keine klare Zielrichtung hat, die dieser verfolgt. Dagegen meint Spezifität, dass das Handeln des Akteurs gut eingegrenzt und klar umrissen ist. Die Absicht: „Ich brauche etwas Bewegung“ ist diffus, denn damit kann z.B. Ballspielen im Park, ein Stadtbummel oder ein Tennismatch beabsichtigt sein. Die Absicht „Ich trainiere für den Marathonlauf“ ist spezifisch, denn sie ermöglicht eine spezifische Handlungsausrichtung.

Diskurs: Eine Konversation mit Argumenten mit dem Zweck; die Wahrheit von Tatsachenaussagen oder die Richtigkeit von normativen Aussagen herauszufinden, und zwar unter der Bedingung einer idealen Sprechsituation nach der jeder in gleicher Weise Behauptungen aufstellen und Kritik üben darf und nur das bessere Argument zählt.

Diskurs, Einschränkungen des: Die potenziell befreiende Wirkung des Diskurses wird nach Foucault durch verschiedene Verfahren so eingeschränkt, dass er nur zu einer Bestätigung von Machtverhältnissen führen kann. Extern einschränkende Verfahren sind Verbote, die Unterscheidung zwischen Vernunft und Wahnsinn sowie die Unterscheidung zwischen Wahrheit und Unwahrheit. Intern einschränkende Verfahren sind der Kommentar, der Verfasser und die Organisation von Disziplinen. Der regulierte und somit eingeschränkte Zugang zum Diskurs zeigt sich in Ritualen, Diskursgesellschaften und Doktrinen.

Diskurs, kultureller: allgemeiner Begriff für den Prozess, in dem eine Gesellschaft ihre Werte und ihr Wissen weiterentwickelt; Arenen des kulturellen Diskurses sind bspw. die Medien und die Wissenschaft. Nach Foucault ist der kulturelle Diskurs eng mit gesellschaftlicher Macht verwoben, die über verschiedene Verfahren die potenziell befreiende Wirkung des Diskurses einschränkt.

Diskurs, öffentlicher: Die gemeinsame, für alle zugängliche Beratung über Problemlösungen in der Öffentlichkeit, in der allgemein begründbare von nur partikularen Interessen dienenden Problemlösungen geschieden werden.

Diskurs, praktischer: Gegenstand des praktischen Diskurses sind Habermas zufolge moralisch-praktische Äußerungen, die sich auf die soziale Welt beziehen und Anspruch auf Richtigkeit von normativen Aussagen oder Handlungsnormen erheben. Die Aussage „Das Klonen von Menschen sollte ausnahmslos verboten sein" könnte Ausgangspunkt eines praktischen Diskurses sein.

Diskurs, rationaler: Ein rationaler Diskurs ist Habermas zufolge die durch Argumente bestimmte, im Dialog entwickelte, methodisch reflektierte Form der Auseinandersetzung oder des Nachdenkens über die Welt. Ausgehend von einer normativen Behauptung zu einem bestimmten Problem entfaltet sich der Diskurs als sukzessives, logisches Fortschreiten von einem Argument zum nächsten, wobei die Bezüge der Argumente zum Gegenstand immer allgemeiner und abstrakter werden – bis hin zu den allgemeinsten Vorstellungen vom Wahren, Richtigen und Guten, auf die man sich einigen kann. Der rationale Diskurs unterliegt bestimmten Verfahrensnormen, die weder durch Herrschaft noch durch strategisches Handeln veränderbar sind.

Diskurs, theoretischer: Gegenstand des theoretischen Diskurses sind nach Habermas kognitiv-instrumentelle Äußerungen, die sich auf die objektive Welt beziehen und den Anspruch auf Wahrheit oder die Wirksamkeit teleologischer Handlungen erheben. Die Aussage „Die systemischen Mechanismen von Markt, Bürokratie und Recht haben sich verselbständigt und unterwerfen unsere Hochschulen den

Einflüssen der Monetarisierung, Bürokratisierung und Verrechtlichung" könnte Ausgangspunkt eines theoretischen Diskurses sein.

Disziplinierung: In Foucaults Perspektive die bedeutsamste Dimension in der Modernisierung; durch körperliche Erziehung, Drill und Kontrolle setzt die Gesellschaft ein zentralisiertes Machtsystem durch, das alle Bereiche des Lebens durchzieht und sich in verschiedenen Institutionen (von der Schule bis zum Gefängnis) äußert.

Dualität der Struktur: Giddens' Begriff für die wechselseitige Abhängigkeit von Handlungen und Strukturen (auch: Dualität von Struktur und Handeln). Handlungen werden von Strukturen beeinflusst, reproduzieren diese Strukturen aber auch. Beide sind also nicht voneinander zu trennen, sondern bedingen sich gegenseitig.

Einheit, funktionale: Dem Postulat der funktionalen Einheit von Malinowski und Radcliffe-Brown zufolge bildet die Gesellschaft ein integriertes Ganzes. Dem traditionellen Funktionalismus zufolge lassen sich institutionelle Praktiken und institutionalisierter Glaube durch ihre Existenz per sé erklären, da sie eine positive Funktion für die Erhaltung der Gesellschaft an sich erfüllen.

Entbettung: Nach Giddens eine zentrale Dynamik der Modernisierung neben der Entkopplung von Raum und Zeit. Das Handeln wird aus örtlichen Zusammenhängen und Traditionen gelöst und von nicht-lokalisierbaren Strukturen beeinflusst.

Entkopplung von Raum und Zeit: Nach Giddens eine zentrale Dynamik der Modernisierung neben der Entbettung. Zeit ist immer weniger an konkrete Orte gebunden, sondern erlaubt mittlerweile eine erdumspannendene Handlungskoordination.

Entwicklungsdynamik: Sie ergibt sich nach Münch aus dem Zusammenwirken von Wissenschaft, Technik und Industrie als Innovationskomplex.

Entwicklungskonflikt: Er wird nach Münch zwischen den Veränderern und den Bewahrern von Institutionen ausgetragen.

Entwicklungslogik: Sie folgt nach Münch dem Muster der Steigerung von Anpassungsfähigkeit, struktureller Differenzierung, Inklusion und Wertegeneralisierung.

Entwicklungspfad: Er folgt nach Münch dem Gesetz der Trägheit von Institutionen und der Pfadabhängigkeit und hält Entwicklung in den Grenzen der Absorptionskraft der vorhandenen Institutionen.

Erfolgsmedien: Erfolgsmedien sind nach Luhmann symbolisch generalisierte Kommunikationsmedien wie Wahrheit, Werte, Eigentum/Geld, Kunst, Macht, Recht und Liebe. Ihre Funktion besteht darin, gesellschaftliche Kommunikation unabhängig von Zeit, Ort und Personen über große Distanzen zu ermöglichen und eine kontinuierliche Produktion und Reproduktion gesellschaftlicher Kommunikation zu gewährleisten.

Erkenntnisinteresse, emanzipatorisches: Das Ziel der Bemühungen um Erkenntnis besteht in der Auflösung verzerrter, d.h. vermachteter, Kommunikation (Habermas).

Erkenntnisinteresse, praktisches: Das Ziel der Bemühungen um Erkenntnis besteht im Verstehen von Lebenswelten und Texten sowie in der Verständigung über die Geltung sozialer Normen (Habermas).

Erkenntnisinteresse, technisches: Das Ziel der Bemühungen um Erkenntnis besteht in der technischen Verfügung über die Welt, im Einsatz der effektivsten Mittel zur Verwirklichung von Zielen (Habermas).

Ethik: Ethik repräsentiert nach Habermas die in der Lebenswelt, in einer Gemeinschaft geteilten Vorstellungen vom guten Leben, d.h. das Gute.

Evolution: Luhmann zufolge ist Evolution im Unterschied zu Schöpfung und Planung kein absichtsvoll geplanter Prozess der gesellschaftlichen Entwicklung, sondern vielmehr ein Prozess, der durch die Mechanismen von Variation, Selektion und Restabilisierung bestimmt ist. Welche Variationen von Gedanken, Verhaltensweisen, Organisationsformen und Institutionen dauerhaft Bestand haben, hängt von der Selektion durch die Umwelt und der Anpassung des Systems an die Umweltbedingungen ab, und auch davon, wie gut die Restabilisierung gelingt, d.h. die durch das Neue hervor gebrachten Störungen und Widersprüche zu bewältigen und erneut Kohärenz in Denken, Handeln, Organisationen, Institutionen und Gesellschaft herzustellen.

Evolution, sozio-kulturelle: Mit dem Begriff der sozio-kulturellen Evolution bezeichnet Parsons die zahlreichen Prozesse der Entwicklung sozialer Institutionen, die zu einer adaptiven Höherentwicklung bestimmter Gesellschaften führen, d.h. sie befähigen, verschiedene Probleme auf komplexere Art und Weise zu lösen. Parsons unterscheidet vier analytische Dimensionen der sozialen Evolution, die untereinander zusammenhängen: Anpassung an die natürliche Umwelt durch Mobilisierung knapper Ressourcen (adaptive Aufwertung); Verwirklichung eines komplexen Gefüges spezifischer Ziele durch Differenzierung bestimmter funktionaler Handlungseinheiten innerhalb eines organisierten Ganzen (strukturelle Differenzierung), Integration unterschiedlicher Gruppen und Individuen in eine gesellschaftliche Gemeinschaft (Inklusion) und die Gründung einer breiten Palette von Institutionen, Entscheidungen und Handlungen auf ein konsistentes Ideensystem (Wertegeneralisierung).

Expressiva: Expressiva sind Habermas zufolge Sprechakte, die sich auf die subjektive Welt beziehen und Empfindungen ausdrücken.

Faktor/Produkt: Zwischen den vier Funktionssystemen auf der Ebene des Sozialsystems, des Handlungssystems und der Conditio Humana gibt es nach Parsons sechs Interpenetrationsbeziehungen, wobei die Funktionssysteme wechselseitig Faktor- und Produktleistungen füreinander erbringen. Faktorleistungen werden vom Quellsystem nach dessen Kategorien geformt und an das Zielsystem gesandt; dort werden sie nach den Kategorien des Zielsystems verarbeitet und in dessen Kategorien an das Quellsystem als Produktleistungen zurück gesandt. Nehmen wir die Gesellschaft als Beispiel für ein Sozialsystem und betrachten dort die Interpenetrationszone von Ökonomie und gesellschaftlicher Gemeinschaft. In den Begriffen von Faktor- und

Produktleistungen und generalisierten Kommunikationsmedien sendet das System der gesellschaftlichen Gemeinschaft *Standards für die Ressourcenallokation* als Faktor, getragen durch das Medium Einfluss, und *Rangordnungen für Forderungen nach Ressourcen* als Produkt, getragen durch das Medium Geld, an das ökonomische System. Das ökonomische System übermittelt *Ansprüche auf Ressourcen* als einen Faktor, getragen durch Geld, und *ökonomische Gründe für die Rechtfertigung von Ansprüchen auf Ressourcen* als Produkt, getragen durch Einfluss, an die gesellschaftliche Gemeinschaft.

Feld, soziales: Der institutionelle Kontext, in dem Akteure nach Bourdieu unter Einsatz ihres verfügbaren Kapitals um ihre relative Machtposition im feldspezifischen Machtgefüge kämpfen. Darüber hinaus kämpfen die Repräsentanten von sozialen Feldern miteinander um die relative Machtposition ihres Feldes im gesellschaftlichen Machtgefüge. Von Bourdieu speziell untersuchte Felder sind z.B. das religiöse Feld, das literarische Feld, das akademische Feld und das administrative Feld.

Fleck, blinder: Was der Beobachter beim Beobachten nicht sehen kann, ist nach Luhmann just sich selbst als Beobachter und die Beobachtung als solche. Das ist der stets gegebene „blinde Fleck“ der Beobachtung.

Form: Indem ein System definiert, was dazu gehört und was nicht, erhält die Unterscheidung zwischen System und Umwelt große Bedeutung für alle Ereignisse. Am Beginn jeder Systembildung stehen Luhmann zufolge Unterscheidungen, welche die Welt in eine bezeichnete Seite und eine nicht bezeichnete Seite aufteilen. Luhmann zufolge ist das System eine Form, die sich von allem unterscheidet, was nicht zum System gehört.

Fremdreferenz: Die Selbstreferenz systemischer Operationen führt Luhmann zufolge immer zugleich auch ihre Fremdreferenz mit sich. Die Unterscheidung von System und Umwelt ist immer auch eine Unterscheidung zwischen dem Eigenen und dem Fremden. Das ausgeschiedene Fremde ist die stets mitlaufende undefinierte Seite der Unterscheidung. Diese undefinierte Seite bleibt latent vorhanden. Die weitere systemische Operation kann bei Gelegenheit darauf zurückgreifen und das Latente in den Status des Manifesten überführen.

Fremdzwang/Selbstzwang: Elias zufolge die deutliche Zunahme der Affektkontrolle und Selbstbeherrschung des Menschen in der Gesellschaft, die mit dem Voranschreiten der Zivilisation einhergeht. Der Fremdzwang bezeichnet die Tatsache, dass der Einzelne im Hinblick auf seine Affekte und sein Triebleben immer stärker durch die Gegenwart anderer Personen und Gruppen eingeschränkt und kontrolliert ist. Der Selbstzwang bezeichnet die Tatsache, dass der Einzelne infolgedessen gezwungen ist, das eigene Verhalten immer differenzierter, immer gleichmäßiger und stabiler selbst zu regulieren.

Funktion, manifeste/latente: Funktionen können nach Merton manifest sein, d.h. von den Teilnehmern am System beabsichtigt und erkannt, oder aber latent, d.h. weder beabsichtigt noch erkannt.

Funktion/Dysfunktion: Positive Auswirkungen heißen bei Merton Funktionen, weil sie dem Systemziel zuträglich sind; negative Effekte sind Dysfunktionen, weil sie dem Systemziel abträglich sind.

Funktionalsimus, universeller: Dem Postulat des universellen Funktionalismus von Malinowski zufolge hat jedes soziale Phänomen eine positive Funktion.

Geschlossenheit, operative: Luhmann zufolge sind psychische und soziale Systeme operativ geschlossen, d.h. sie verarbeiten alle Ereignisse nach ihren eigenen Gesetzmäßigkeiten innerhalb fest umrissener Sinngrenzen. Durch diese operative Geschlossenheit gewinnen die Systeme an Offenheit, d.h. sie steigern ihr Vermögen, die Komplexität von Umweltereignissen in Systemressourcen zur Selbstproduktion und Reproduktion umzuwandeln.

Gesellschaft: Dritte Ebene sozialer Systeme nach Luhmann. Gesellschaften sind im Verhältnis zu Organisationen und Interaktionen am wenigsten situativ definiert und haben am längsten Bestand. Sie sind weniger formal strukturiert und bilden den letzten Bezugspunkt für Interaktionen. Charakteristisch für Gesellschaften sind nach Parsons kulturelle Identitäten, politische Organisation zur Entscheidungsfindung und ökonomische Organisation zur Allokation knapper Ressourcen an Präferenzen sowie eine assoziative Organisation mittels Staatsbürgerschaft. Diese bilden funktional differenzierte Teilsysteme, die umso mehr ihre Eigenlogik und Eigendynamik entfalten, je weiter die soziale Entwicklung voran schreitet. Gesellschaft reicht von nationalen Gesellschaften bis zur Weltgesellschaft.

Goal-attainment (Zielerreichung): Die Funktionsleistung der Zielerreichung besteht nach Parsons in der Selektion aus alternativen Zielen und Entscheidungen für bestimmte Ziele. Die Spezifizierung des Zieles verlangt nach Entscheidungen über eine bestimmte Strategie und somit nach der Festlegung auf eine bestimmte Kombination verfügbarer Ressourcen. Hohe Symbolkomplexität ist kombiniert mit niedriger Handlungskontingenz. Das Handlungsfeld der Spezifikation ist durch die größte Ausrichtung auf ein bestimmtes Ziel gekennzeichnet, zugleich muss das Ziel auf eine bestimmte Art und Weise interpretiert und umgesetzt werden.

Grenze: Ein System muss sich von seiner Umwelt unterscheiden, indem es festlegt, welche Kommunikationen dazu gehören und welche nicht. Diese Unterscheidung erfolgt nach Luhmann im Hinblick auf sachliche, soziale und zeitliche Zugehörigkeit. Bleibt die Grenzziehung aus, hört das System auf zu existieren.

Habitus: Nach Bourdieu ein Muster von Weltsichten, Einstellungen, Haltungen und Handlungsdispositionen, die in spezifischen Handlungssituationen verwirklicht werden. Der Habitus tritt als sozial vermitteltes, von der Klassensituation bestimmtes

Element neben die Individualität und formt so die Persönlichkeit. Menschen, die den gleichen sozialstrukturellen Hintergrund teilen, entwickeln den gleichen Habitus.

Handeln, dramaturgisches: Nach Habermas ein Typ des kommunikativen Handelns, bei dem das innere Selbst des Akteurs nach außen dargestellt wird. Es wird der Geltungsanspruch auf Wahrhaftigkeit erhoben.

Handeln, kommunikatives: Das kommunikative Handeln ist nach Habermas ein soziales Handeln, das – aufbauend auf lokutionären, illokutionären und perlokutionären Sprechakten – eine Verständigung mit anderen Personen zum Ziel hat, denen man von gleich zu gleich begegnet.

Handeln, normreguliertes: Nach Habermas ein Typ des kommunikativen Handelns, der sich an der Geltung sozialer Normen orientiert. Es wird der Geltungsanspruch auf Richtigkeit erhoben.

Handeln, strategisches: Das strategische Handeln ist nach Habermas eine spezielle Form des instrumentellen, d.h. zweckrationalen Handelns. Man spricht immer dann von strategischem Handeln wenn soziales Handeln andere Personen als Objekte mit einbezieht, z.B. wenn man in einer Verhandlung um einen Gegenstand den Widerstand eines Gegenübers überwinden möchte, indem man ihm etwas anderes als Ausgleich anbietet. Das strategische Handeln kann offen oder verdeckt erfolgen, etwa als Manipulation oder als System verzerrter Kommunikation.

Handelns, unbeabsichtigte Folgen des: Diejenigen Resultate von Handlungen, die von den Agenten nicht vorhergesehen oder geplant werden; sie können aus der Handlung eines einzelnen Agenten oder aus der Kombination von Handlungen verschiedener Agenten entstehen. Für Giddens schränken sie – neben den unerkannten Bedingungen des Handelns – die Wissensfähigkeit des Menschen ein.

Handelns, unerkannte Bedingungen des: Giddens' Formulierung für Bedingungen, die von den Agenten nicht als Voraussetzungen ihrer Handlungen erkannt werden. Für Giddens schränken sie – neben den unbeabsichtigten Folgen des Handelns – die Wissensfähigkeit des Menschen ein.

Handlung: Ein absichtsvolles, auf ein Ziel gerichtetes, vom Akteur mit subjektivem Sinn versehenes Verhalten.

Handlungsraum, sozialer: Nach Münch der Bezugsrahmen des sozialen Handelns bzw. der sozialen Praxis, der durch Akteurnetzwerke, Führungsstrukturen (z.B. professionelle Entscheidungskompetenz von Experten oder politische/administrative Rollen), institutionelle Regeln (welches Handeln ist geboten, welches verboten?) und Kultur (z.B. politische Kultur in Gestalt von Demokratieidealen) bestimmt wird.

Handlungssystem, allgemeines: Das allgemeine Handlungssystem ist nach Parsons dasjenige System, das den gesamten Handlungsraum abdeckt, d.h. nicht nur das soziale Handeln, das seinem Sinn nach am Verhalten anderer orientiert ist, sondern generell jedes Verhalten, mit dem der Akteur einen subjektiven Sinn verbindet. Deswegen deckt das allgemeine Handlungssystem nicht nur Strukturen und Prozesse der Interaktion innerhalb des Sozialsystems ab, sondern darüber hinaus auch die individuelle Persönlichkeit, die Verhaltensprozesse des Lernens sowie das kulturelle Muster als allgemeiner Handlungsbezugsrahmen. Diese vier Handlungsfelder bilden die analytischen Funktionssysteme: Das Interaktionssystem bildet das Feld der Strukturiertheit, wo niedrige Symbolkomplexität mit niedriger Handlungskontingenz kombiniert ist. Das kulturelle Muster bildet eine Umwelt mit geringer Symbolkomplexität und erweiterter Handlungskontingenz. Die individuelle Persönlichkeit stellt eine Umwelt mit hoher Symbolkomplexität und reduzierter Handlungskontingenz dar. Die Verhaltensprozesse des Lernens bilden eine Umwelt mit hoher Symbolkomplexität und erweiterter Handlungskontingenz.

Hierarchie, kybernetische: Der Mechanismus zur Selbststeuerung autonomer, grenzerhaltender Systeme ist Parsons zufolge die kybernetische Bedingungs-Kontroll-Hierarchie. Grenzerhaltende Systeme besitzen die Eigenschaft, durch Prozesse der Rückkopplung gegenüber wechselnden Umweltbedingungen lebenswichtige Gleichgewichtszustände aufrechterhalten und außerdem durch Selbst-organisation die eigene Struktur verbessern und somit die Anpassungsfähigkeit erhöhen zu können. Vom Handlungsfeld der Adaptation gehen Energie und dynamisierende Impulse für das System aus, die sich nacheinander und in abgeschwächter Form auch auf die Handlungsfelder des Goal-Attainment, der Integration und der Erhaltung latenter Strukturen auswirken. Vom Handlungsfeld der Erhaltung latenter Strukturen gehen Information und steuernde Impulse für das gesamte System aus, die sich nacheinander und in abgeschwächter Form auch auf die Handlungsfelder der Integration, des Goal-Attainment und der Adaptation auswirken.

Historizität: Touraines Bezeichnung für die Tatsache, dass die Organisation der Gesellschaft nicht von Gesetzen oder System-Funktionen bestimmt ist, sondern aus dem (oft konfliktreichen) Handeln der Menschen entspringt. Die Kontinuität gesellschaftlicher Organisation wird durch Historizität gewahrt, gleichzeitig ist sie aber auch Gegenstand von Auseinandersetzungen und Kämpfen zwischen etablierten, machtvollen Organisationen und Institutionen einerseits sowie innovativen sozialen Bewegungen andererseits.

Homo Sociologicus: Dahrendorfs Begriff für den Untersuchungsgegenstand der Soziologie: Das Individuum, das als Mitglied der Gesellschaft von ihr definierte Rollen ausführt. Er grenzt so das Menschenbild der Soziologie von dem Menschenbild anderer Disziplinen (bspw. vom Homo Oeconomicus oder vom Homo Biologicus) ab.

Illokution: Eine Illokution drückt Austin zufolge einen Modus aus, bei dem ein Sachverhalt zur Sprache kommt, d.h. eine Behauptung, ein Wunsch, ein Befehl, eine Versprechung, Hoffnung, Befürchtung usw.

Individualisierung: Eine zentrale Dimension der Modernisierung; für Beck vor allem ein Prozess, in dem die Menschen von traditionellen Leitbildern und Mustern der

Lebensführung befreit werden, dafür aber unter den Zwang geraten, ihr Leben selbstbestimmt zu planen und durchzuführen. Individualisierung hat aus dieser Perspektive sowohl eine befreiende wie eine einschränkende Seite.

Individualismus, Institutionalisierter: Parsons zufolge ist der von Durkheim festgestellte „*Kult des Individuums*" konstitutiver Teil der Sozialordnung moderner Gesellschaften, in der sich die Institutionalisierung einer normativen Ordnung und die Individualisierung der Persönlichkeit nicht ausschließen, sondern positiv zusammen wirken.

Inflations-Deflations-Spirale der Macht: Ein rasantes Wachstum der eingesetzten Machtmenge wird von einer Machtinflation begleitet, die zu einem Verlust an Vertrauen in legitime Macht führt. Der Vertrauensverlust führt auf dem Höhepunkt zum Rückzug der Akteure, so dass immer weniger Macht zur Verfügung steht und dementsprechend wenig verbindliche Entscheidungen getroffen werden können, für die gleichwohl nur noch wenig Macht erforderlich ist (nach Münch).

Information: Erste Komponente des Kommunikationsprozesses nach Luhmann, die einen bestimmten Sachverhalt enthält.

Institution: Ein Komplex von Regeln, die an Leitlinien orientiert sind und die soziale Praxis in bestimmten sachlich unterscheidbaren Feldern des sozialen Handelns anleiten: z.B. Erziehung in Familie, Schule und Hochschule, Rechtsprechung, politische Willensbildung, bürokratische Verwaltung oder wissenschaftliche Wahrheitssuche.

Institutionalisierung: Der Prozess, bei dem nach Parsons kulturelle Weltbilder, Werte, Normen und Handlungsmuster in einer Gruppe, Organisation oder Gesellschaft sozial verbindlich und handlungsleitend gemacht werden.

Institutionalismus, Akteurszentrierter: Ein Theorieansatz, der soziales Handeln und gesellschaftliche Entwicklung aus dem Zusammenspiel von historisch gewachsenen Institutionen und dem interessengeleiteten Handeln von Akteuren zu erklären versucht.

Institutionenökonomik: Ein Ansatz der ökonomischen Theorie, der Institutionen a) als Regelung von Verfügungsrechten über Ressourcen oder b) als vertragliche Vereinbarung zwischen einem Prinzipal und einem Agenten oder c) als vertragliche Vereinbarung zwischen Transaktionspartnern aus dem Interesse der Akteure an Nutzenmaximierung und Minimierung von Transaktionskosten zu erklären versucht.

Integration: Zustand einer Gruppe, Organisation oder Gesellschaft, bei dem deren Teile (Mitglieder, Untergruppen, Verhaltensmuster, Abteilungen, Funktionssysteme) ein zusammenhängendes Ganzes bilden.

Interaktion: Erste Ebene sozialer Systeme. Interaktionssysteme kommen situativ zustande, und sie sind von all dem getrennt, was außerhalb geschieht. Eine Begegnung in der Universität, eine Diskussion im Café, eine mündliche Prüfung oder ein Tausch von Ware gegen Geld sind Beispiele für Interaktionssysteme.

Internalisierung: Der Prozess, bei dem nach Parsons kulturelle Weltbilder, Werte, Normen und Handlungsmuster von einer Person zum Bestandteil der eigenen Identität gemacht werden und dadurch eine persönliche Färbung erhalten.

Interpenetration: Nach Parsons die gegenseitige Durchdringung von Funktionssystemen auf den Ebenen des sozialen Systems, des Handelns und der Conditio Humana. Durch die gegenseitige Durchdringung bilden sich Interpenetrationszonen, in denen sich beide Funktionssysteme überschneiden. Die Geschäftsethik ist demgemäß eine Interpenetrationszone von Ethik, die sich an den verbindlich geltenden Vorstellungen des Guten orientiert, und von Geschäft, das nach Nutzenmaximierung strebt. Durch die Geschäftsethik bekommt die Nutzenmaximierung einen Rahmen ethisch legitimer Handlungsweisen gesetzt. Dazu gehören z.B. Redlichkeit, Ehrlichkeit und Vertragstreue. Nach Luhmann erfolgt Interpenetration überschneidungsfrei. Zwei Systeme stellen füreinander wechselseitige Komplexität bereit, die sie jeweils nach ihrem eigenen Code und Programm verarbeiten.

Intervention, soziologische: Für Touraine hat der Soziologe eine besondere Rolle im gesellschaftlichen Wandel: Er betreibt zum einen die soziologische Analyse, ist zum anderen aber auch als kultureller Innovator tätig, indem er mit sozialen Bewegungen in Kontakt tritt und diese von der Analyse zur Interpretation ihrer eigenen Rolle begleitet.

Irritation: Nach Luhmann können Systeme nicht miteinander kommunizieren, denn die Operationen eines Systems bedeuten lediglich Umweltkomplexität für ein anderes System. Von einer Irritation spricht Luhmann, wenn Umweltereignisse auftreten, die bei dem System etwas bewirken, beispielsweise Operationen eines anderen Systems. Man kann sich vorstellen, dass etwas am System rüttelt, dabei eine Irritation auslöst, und das System irgendwie reagiert. Damit ist lediglich gesagt, dass das System die Ereignisse mit seinem eigenen Code und Programm erfasst und verarbeitet.

Kapital, kulturelles: Eine der drei Kapitalsorten nach Bourdieu; besteht aus dem Maß an Bildung und damit Urteilsvermögen, das man im Leben erreicht hat.

Kapital, ökonomisches: Eine der drei Kapitalsorten nach Bourdieu; besteht aus Geld und geldwertem Besitz.

Kapital, soziales: Eine der drei Kapitalsorten nach Bourdieu; besteht aus der Anzahl und Intensität sozialer Beziehungen.

Kapital, symbolisches: Nach Bourdieu der Prestigewert des von einer Person besessenen ökonomischen, sozialen und kulturellen Kapitals, der aus gesellschaftlichen Bewertungsprozessen in Gestalt von symbolischen Kämpfen resultiert.

Kapitalismus: Nach Marx eine Form des Wirtschaftens, die auf der privaten Verfügung über die Produktionsmittel aufgebaut ist, dem Gesetz der unablässigen Kapitalakkumulation in der Hand der Produktionsmittelbesitzer folgt, durch den Widerspruch von gesellschaftlicher Produktion und privater Aneignung des Mehrwerts und durch den entsprechenden Klassenantagonismus von Kapital (Kapitalistenklasse) und Arbeit (Arbeiterklasse) geprägt ist.

Kapitalismus, desorganisierter: Eine durch Deregulierung neu von institutionellen Regeln entfesselte Form des Kapitalismus.

Kapitalismus, organisierter: Eine durch institutionalisierte Regelungen gebändigte Form des Kapitalismus, die den Klassenantagonismus von Kapital und Arbeit in ein Verhältnis der Kooperation ummünzt.

Kommunikation: Nach Luhmann besteht jede Kommunikation aus drei Komponenten: Information als Bezeichnung eines Sachverhalts, Mitteilung als Form der Weitergabe dieser Bezeichnung und Verstehen als Akt der Aufnahme der Information. Dissens ist derjenige Spannungszustand, der Kommunikation vorantreibt. Nach Habermas ist Kommunikation ein Akt der gegenseitigen Verständigung über die Wahrheit, Richtigkeit oder Wohlgeformtheit einer Aussage, der auf die Herstellung von Konsens zielt.

Kommunikationsmedien, generalisierte: Nach Parsons lassen sich Geld, politische Macht, Einfluss und Wertbindungen als generalisierte Kommunikationsmedien begreifen, durch die Ego bei Alter unabhängig von Ort, Zeit und Person spezifische Akte des Tausches, der Folgebereitschaft, der Kooperation oder der Zustimmung auslösen kann. Nach Luhmann sind Geld, Macht, Recht, Wahrheit, Liebe und Kunst generalisierte Kommunikationsmedien, durch die Egos Erleben oder Handeln auf Alters Erleben oder Handeln wirkt. Die Bestimmung einer Aussage über einen Sachverhalt als „wahr" ermöglicht es, dass Egos Erleben auch zum Erleben von Alter wird.

Komplementarität: Komplementarität bedeutet Parsons zufolge, dass Ego und Alter in ihrem Verhalten wechselseitig aufeinander bezogen sind, dass sich Ego auf Alter einstellt und umgekehrt.

Komplexität: Der Mensch erlebt die Welt von seinem Wesen her als komplex. Mit der Komplexität der Welt nimmt die Zahl der Ereignisse zu. Damit steigt auch die Zahl der Beziehungen zwischen Ereignissen, die möglicherweise geschehen können. Die Ereignisse müssen nicht tatsächlich eintreten. Es genügt, dass sie möglicherweise eintreten können, damit dies zur Komplexität der Welt beiträgt, so wie sie dem Menschen erscheint. Nach Luhmann erfüllen Systeme die Funktion, die Komplexität der Welt zu erfassen, zu verarbeiten und zu reduzieren.

Kompromiss: Nach Münch eine Struktur von Policy-Netzwerken, bei der eine begrenzte Anzahl von Akteuren in gegenseitigem Einvernehmen Entscheidungen trifft, die allen Beteiligten einen nach gemeinsam geteilten Maßstäben fairen Anteil am Ganzen gewährt.

Konflikt: Nach Münch eine Struktur von Policy-Netzwerken, bei der die beteiligten Akteure in einem Nullsummenspiel ihre Macht einsetzen um ihre Ziele durchzusetzen. Die Zielerreichung von Ego geht auf Kosten der Zielerreichung von Alter.

Konflikt, externer: Konflikt, bei dem eine Person, Gruppe oder Organisation geschlossen in die Auseinandersetzung mit anderen Personen, Gruppen oder Organisationen geht.

Konflikt, interner: Sozialer Konflikt, der allein zwischen den Mitgliedern eines Sozialgebildes ausgetragen wird.

Konflikt, latenter: Ein Konflikt, der in einem Sozialgebilde existiert, aber nicht offen zur Austragung gebracht wird und sich deshalb unterschwellig auswirkt.

Konflikt, manifester: Ein offen erkennbarer und zwischen Konfliktparteien ausgetragener Konflikt.

Konflikt, sozialer: Eine Konfrontation unterschiedlicher gesellschaftlicher Gruppen oder Individuen. Die Konflikttheorien von Coser und Dahrendorf untersuchen aus unterschiedlichen Perspektiven die Mechanismen und Folgen sozialer Konlikte.

Konfliktintensität: Die Heftigkeit, Hartnäckigkeit und Unnachgiebigkeit, mit der ein Konflikt ausgefochten wird – direkt oder indirekt, offen oder latent, mit zulässigen oder unzulässigen Mitteln.

Konsens: Einigung oder stillschweigendes Einvernehmen von Akteuren in einer gegebenen Situation, aufgrund dessen ein bestimmtes Handeln ermöglicht wird.

Konstativa: Konstativa sind nach Habermas Sprechakte, die sich auf die objektive Welt beziehen und Sachverhalte ausdrücken.

Kontingenz, doppelte: Nehmen wir an, Ego und Alter treffen auf einem für Ego fremden Terrain aufeinander; beide kennen einander nicht. Sollte Ego also angreifen, auf Alter zugehen oder fliehen? Nicht nur Handlungsalternativen, sondern auch Erwartungen des Gegenübers, seine Reaktionen auf das eigene Handeln und seine Wahl von Handlungsalternativen bestimmen über den Erfolg des Handelns von Ego. Das macht die Situation für Ego und Alter unberechenbar. Beide erleben die Kontingenz ihres Handelns bezüglich des Handelns ihres Gegenübers. Doppelte Kontingenz ist nach Parsons insoweit die wechselseitige Abhängigkeit des Handlungserfolges zweier Akteure von ihrem jeweiligen Handeln. Für den einzelnen Akteur ist es eine verdoppelte Abhängigkeit, denn er ist nicht einfach nur von den äußeren Umständen, sondern auch von den Erfolgsbedingungen des Handelns eines weiteren Akteurs abhängig.

Kontingenz, einfache: Der Erfolg des menschlichen Handelns ist nach Parsons abhängig von äußeren Ereignissen, die eintreten, aber auch ausbleiben können.

Kopplung, strukturelle: Luhmann definiert die strukturelle Kopplung als einen in der entwickelten Moderne wirksamen Mechanismus, der die wechselseitige Irritation verschiedener Systeme in eine für beide Seiten geordnete Form bringt. Zwischen Recht und Politik besteht etwa eine strukturelle Kopplung in Gestalt der Verfassung, zwischen Recht und Wirtschaft stehen Eigentum und Vertrag. Trotz der Kopplung unterschiedlicher Funktionssysteme bleibt deren Autonomie unangetastet. Es kommt nicht zur Überschneidung der Systeme, die strukturelle Koppelung ist vielmehr in eigener Beobachtung präsent.

Kritik, therapeutische: Gegenstand therapeutischer Kritik sind nach Habermas expressive Äußerungen, die sich auf persönliche Empfindungen beziehen und Anspruch auf Wahrhaftigkeit von Expressionen erheben. So könnte beispielsweise die Äußerung eines Mannes „Frau X ist sportlich, gebildet und sieht toll aus" dazu führen, dass sein Freund sagt: „Du hast Dich verliebt".

Latent-Pattern-Maintenance (Erhaltung latenter Strukturen): Die Funktionsleistung von allgemeinen Ideen, Symbolwelten, Wissensbeständen und Expressionen besteht darin, Orientierung zu gewährleisten und einen allgemeinen Handlungsbezugsrahmen bereit zu stellen. Niedrige Symbolkomplexität ist kombiniert mit hoher Handlungskontingenz. Ideen, Symbolwelten, Wissensbestände und Expressionen reduzieren Symbolkomplexität durch Abstraktion und Generalisierung; zugleich erweitern sie die Reichweite der Handlungen und bieten die Möglichkeit, bei aller Variation von Einzelhandlungen je nach Situation die latenten Strukturen aufrechtzuerhalten.

Lebenswelt (Kultur, Gesellschaft, Persönlichkeit): Mit dem Begriff Lebenswelt bezeichnet Habermas die als selbstverständlich geltende, nicht hinterfragte, traditionale Sozialordnung, in der die Menschen aufgrund eines gemeinsam geteilten Grundverständnisses kommunizieren. Die Sozialordnung ist durch die strenge Unterscheidung des Sakralen und Profanen begründet, die durch Rituale gesichert wird. Die Funktion der Lebenswelt besteht in der symbolischen Reproduktion der Gesellschaft. Die Lebenswelt hat Habermas zufolge drei Komponenten und Reproduktionsprozesse: Kultur und kulturelle Reproduktion, Gesellschaft und soziale Integration, individuelle Persönlichkeit und Sozialisation.

Lebenswelt, Kolonialisierung der: Mit Kolonialisierung der Lebenswelt bezeichnet Habermas den Prozess, bei dem die aus der Lebenswelt ausdifferenzierten Funktionssysteme auf die Lebenswelt zurückwirken. Dies geschieht, indem die Prozesse der systemischen Integration durch Geld, Macht und Recht das Zentrum der lebensweltlichen Kommunikation durchdringen und somit die Bereiche Familie, Schule, Bildung und öffentliche Diskussion den Imperativen ökonomischer, administrativer und rechtlicher Entscheidungsfindung unterwerfen.

Lokution: Eine Lokution ist nach Austin ein Sprechakt, bei dem ein Sprecher einen Sachverhalt ausdrückt, indem er einem Subjekt ein Prädikat zuschreibt.

Machtdeflation: Nach Parsons zunehmende Effektivität einer eingesetzten Einheit politischer Macht im Zeitverlauf von t_0 zu t_1, gemessen an der Zahl, Reichweite und Tiefenwirkung kollektiv bindender Entscheidungen bei gleichzeitig abnehmender Machtmenge und entsprechend sinkender Entscheidungsproduktion.

Machtinflation: Nach Parsons abnehmende Effektivität einer eingesetzten Einheit politischer Macht im Zeitverlauf von t_0 zu t_1, gemessen an der Zahl, Reichweite und Tiefenwirkung kollektiv bindender Entscheidungen bei gleichzeitig zunehmender Machtmenge.

Marktwirtschaft, koordinierte: Nach Hall und Soskice eine Form der Marktwirtschaft, in der eine geringe Börsenkapitalisierung und statt dessen langfristige Kreditfinanzierung von Unternehmen durch Hausbanken mit einer Unternehmenskontrolle durch Aufsichtsräte, weitgehenden Mitbestimmungsrechten, umfangreicher beruflich spezialisierter Ausbildung und weitreichender interorganisatorischer Zusammenarbeit in Forschung und Entwicklung einhergeht. Sie ist nach Hall und Soskice eine auch in der offenen Weltwirtschaft wettbewerbsfähige Form, indem sie inkrementale Innovationen in Gestalt der Perfektionierung etablierter Produkte in den klassischen Industrien (Automobile, Werkzeugmaschinen, Chemie) fördert.

Marktwirtschaft, liberale: Nach Hall und Soskice eine Form der Marktwirtschaft, in der eine starke Börsenkapitalisierung von Unternehmen und deren Kontrolle durch den Markt mit geringen Mitbestimmungsrechten, geringer beruflich spezialisierter Ausbildung und statt dessen mehr allgemeiner Bildung und geringer interorganisatorischer Zusammenarbeit in Forschung und Entwicklung einhergeht. Sie ist nach Hall und Soskice in der offenen Weltwirtschaft wettbewerbsfähig, weil sie insbesondere radikale Innovationen durch den Aufbau neuer Industrien und neuer Produkte (Mikroelektronik, Biotechnologie) ermöglicht.

Maschine, politische: Eine politische Maschine ist nach Merton ein Netzwerk einflussreicher Akteure in der Kommunalpolitik, das von einem „Boss" geführt wird und eine Verbindung zwischen Politik, Verwaltung, Wirtschaft und Vereinen herstellt.

Medium/Form: Kommunikationssysteme konstituieren sich nach Luhmann selbst mit der Unterscheidung zwischen Medium und Form. Das Medium beinhaltet das mediale Substrat. Die Form bezeichnet die Markierung einer Unterscheidung durch das System, welche die Welt in eine bezeichnete Seite und eine nicht bezeichnete Seite aufteilt. Kommunikation ist für Luhmann nichts anderes als das Prozessieren der Differenz zwischen Medium und Form.

Meinung, öffentliche: Nach Habermas der im öffentlichen Diskurs heraus gebildete Konsens über Problemdefinitionen und Problemlösungen.

Mitteilung: Zweite Komponente des Kommunikationsprozesses nach Luhmann, bei der eine bestimmte sachliche Information in einem Akt der Mitteilung angeboten wird.

Moderne, Zweite: Nach Beck der gegenwärtige Zustand westlicher Gesellschaften; die Gesellschaft der Ersten Moderne mit ihren verfestigten Insititutionen wurde durch eine flexible, dynamische, entgrenzte Gesellschaft abgelöst, in der einerseits die Optionen, andererseits aber auch die Risiken sprunghaft zugenommen haben.

Moral: Nach Habermas die in einem Diskurs als universell gültig begründbaren grundlegenden Normen des menschlichen Handelns. Ihr Maßstab ist die Richtigkeit.

Muster, institutionelle: Wiederkehrende, sozial verbindlich regelgeleitete Handlungsweisen in einer Gruppe, Organisation oder Gesellschaft.

Neofunktionalismus: In der Soziologie ein Paradigma, das an den analytischen Funktionalismus von Talcott Parsons anschließt und dessen Grenzen durch die Rückbesinnung auf die handlungstheoretischen Grundlagen und durch die Einbeziehung von Elementen anderer Theorieansätze zu überwinden versucht. In der Politikwissenschaft ein Theorieansatz, der transnationale, insbesondere europäische Integration durch den funktional erforderlichen Spillover von der ökonomischen Integration (negative Integration durch die Öffnung nationaler Märkte) zur rechtlichen und politischen Integration (positive Integration durch rechtliche Regulierung auf transnationaler, europäischer Ebene) zu erklären versucht. Zwischen beiden Theorieansätzen besteht eine Verwandtschaft.

Neo-Institutionalismus: Ein Theorieansatz, der soziales Handeln und gesellschaftliche Vorgänge und Entwicklungen in der Perspektive ihrer Formung durch Institutionen bzw. institutionalisierte soziale Praktiken betrachtet. Kernstück des Theorieansatzes ist die Annahme der Pfadabhängigkeit von gesellschaftlichen Entwicklungen.

Neokorporatismus: Die Zusammenarbeit von Arbeitgeberschaft, Gewerkschaften und Staat.

Neoliberalismus: Eine seit den 1980er Jahren wirksame politische Bewegung, die sich von der Beschränkung des Staates auf die Gewährleistung des freien Wettbewerbs, der Zurückhaltung des Staates bei der Herstellung kollektiver Sicherheit und der Entfaltung der Marktkräfte die Steigerung der wirtschaftlichen Leistungsfähigkeit und des Potenzials der sozialen Integration verspricht. Der Staat soll nicht weiter nach der Lehre von John Maynard Keynes die Nachfrage nach wirtschaftlichen Leistungen, sondern nach Milton Friedman das Angebot wirtschaftlicher Leistungen fördern.

Neovoluntarismus: An die Stelle der Zusammenarbeit von Arbeitgeberschaft, Gewerkschaften und Staat im Neokorporatismus tritt im Neovoluntarismus die freie Vertragsgestaltung zwischen Betriebsleitung und Arbeitnehmern auf betrieblicher Ebene.

Normen: Sozial verbindliche, handlungsleitende Gebote oder Verbote.

Notwendigkeit, funktionale: Das Postulat der unbedingten funktionalen Notwendigkeit nach Malinowski und Radcliffe-Brown besagt, dass ein soziales Phänomen notwendigerweise eine Funktion für die Gesellschaft und ihre Mitglieder erfüllt und es keine Alternative dazu gibt.

Operationen: Operationen sind nach Luhmann Vorgänge, durch die Ereignisse in eine Kette eingefügt und von der losen Ansammlung des Beliebigen getrennt werden. Da ein System nichts anderes ist als eine Kette von Ereignissen, besteht es aus nichts anderem als Operationen. Jenseits der ablaufenden Operationen existiert kein System.

Ordnung aus Chaos: Mit dem Prinzip „Ordnung aus Chaos" grenzt sich Luhmann von den klassischen Lösungen des Problems sozialer Ordnung ab und präsentiert eine eigene Lösung. Sie besagt, dass Ordnung zufällig aus vielen möglichen Handlungen und Beziehungen in einer höchst komplexen und kontingenten Welt entsteht. Da immer die Gefahr des Zusammenbruchs besteht, werden die Akteure an all dem festhalten, was Verbindung und Fortsetzung von Handlungen ermöglicht. Chaos ist ein Zustand der Welt, in dem keine Ordnung entdeckt werden kann, bzw. keine Abfolge von Tönen (weißes Rauschen). Ordnung ist ein Zustand der Welt, in dem man Abfolgen von Tönen als Melodien erkennen kann. Die doppelte Kontingenz, die gleichermaßen Teil der Ordnung und des Chaos ist, bildet Luhmann zufolge die Brücke, die ermöglicht, dass Ordnung aus Chaos entsteht.

Ordnung, faktische: Sie kommt nach Parsons entweder durch äußeren Zwang (Gewaltmonopol) oder durch Zufall (Markt) zustande.

Ordnung, normative: Sie kommt nach Parsons durch die verbindliche Geltung von Normen aufgrund von Tradition (konformistische Ordnung) oder Vernunft (idealistische Ordnung) zustande.

Ordnung, soziale: Der Zustand der wechselseitigen Berechenbarkeit von Handlungen und Erwartungen für Akteure in einer Situation.

Ordnung, voluntaristische: Sie entsteht nach Parsons aus der gegenseitigen Durchdringung von bedingenden und normativen Faktoren. In der Überschneidungszone von rational Marktchancen kalkulierender Geschäftstätigkeit und (religiöser) Ethik bildet sich die Geschäftsethik.

Ordnungserklärungen, idealistische: Der idealistischen Denktradition zufolge ist soziale Ordnung eine ideelle Ordnung, die entweder wertrational oder traditional legitimiert ist, d.h. entweder durch die Verwirklichung allgemeiner Ideen oder durch das Commitment zu traditionellen sozialen Normen oder durch eingelebte Gewohnheit von Menschen, die schon lange zusammenleben.

Ordnungserklärungen, positivistische: Der positivistischen Denktradition zufolge ist soziale Ordnung eine rein faktische Ordnung, die als Resultat des strategischen Handelns verschiedener Akteure zustande kommt, wobei die Akteure zur Erreichung bestimmter Zielsetzungen (Z) unter bestimmten Bedingungen bestimmte Mittel (M) anwenden. Die Resultate des Handelns anderer Akteure schränken die eigenen Handlungsmöglichkeiten ein.

Organisation: Zweite Ebene sozialer Systeme nach Luhmann. Organisationen sind weniger situativ variabel; sie stützen sich auf eine Unternehmensverfassung, festgelegte formale Rollen, die an bestimmte Positionen geknüpft sind, eine eingetragene Mitgliedschaft sowie einen Code. Wirtschaftsunternehmen, Verwaltungen, Vereine, Berufsverbände, Medienanstalten und Kirchen sind Beispiele für Organisationen.

Orientierungsalternativen/Pattern Variables: Die Orientierungsalternativen oder Pattern Variables sind symbolisch präsente normative Handlungsmuster, die allgemein und deshalb in vielen Bereichen zur Interpretation von und Anwendung auf Situationen geeignet sind. Da menschliches Handeln nicht durch Instinkte determiniert ist, muss sich jeder Akteur in jeder Situation zwischen verschiedenen Handlungsnormen entscheiden, die sein Handeln leiten können. Jedes menschliche Handeln, sagt Parsons, ist seiner Orientierung nach determiniert durch seine Nähe oder Distanz zu Selbstorientierung oder Kollektivorientierung, Diffusität oder Spezifität, Affektivität oder affektiver Neutralität, Partikularismus oder Universalismus, Zuschreibung oder Leistung.

Panoptikum: Ein ursprünglich von Bentham entwickeltes Modell der sozialen Kontrolle in Form eines abgeschlossenen Gebäudes, dessen Teile von einem zentralen Turm aus überwacht werden; Foucault übernimmt dieses Bild, wendet es auf die Gesellschaft an und charakterisiert sie so als zentralisiertes Kontroll- und Machtsystem.

Paradigma: Ein Theorieprogramm, das aus mehr oder weniger explizit ausgearbeiteten Kernaussagen und daraus abgeleiteten speziellen Aussagen zu spezifischen Fragestellungen besteht und eine spezifische Wahrnehmung der Realität beinhaltet.

Paradoxie: Die Paradoxie der Einheit der Differenz von System und Umwelt beinhaltet nach Luhmann, dass die Unterscheidung von System und Umwelt als Beobachtungsmodus schon im System enthalten ist. Weil die Umwelt für das System nur nach seiner eigenen Unterscheidung als beobachtete Umwelt existiert, ist die Umwelt ein Teil des Systems, obwohl sie das Differente im Verhältnis zum System darstellt. Die Paradoxie lässt sich durch Beobachtung zweiter Ordnung auflösen, die dann zur Entparadoxierung erster Ordnung führt, also das System erneut von der Umwelt trennt. Das heißt, das System kann auf zweiter Ebene beobachten, wie es die Umwelt beobachtet. Auch hier tritt eine Paradoxie zweiter Ordnung auf, die dann durch eine Beobachtung dritter Ebene aufgelöst werden kann. Wie bei der Tautologie handelt es sich bei der Paradoxie um einen unendlichen Regress.

Partikularismus/Universalismus: Partikularismus bedeutet nach Parsons, dass ein Akteur in seinem Handeln durch seine Zuneigung für eine Gruppe und somit an Normen gebunden ist, die nur für die Gruppenmitglieder gelten. Dagegen bedeutet Universalismus, dass für den Akteur nur solches Handeln infrage kommt, das er legitimieren kann, indem er sich auf allgemeine Kulturwertideale beruft, denen vernünftigerweise im Diskurs jeder zustimmen müsste. Eine universalistische Handlungsorientierung bedeutet Orientierung an allgemeinen Kulturwertidealen, die für alle gelten.

Peripherie: Diejenigen Staaten, die im Weltsystem von den Zentrumsstaaten ökonomisch und politisch abhängig sind.

Perlokution: Mit Perlokution möchte der Sprecher nach Austin einen bestimmten Effekt bei seinem Gegenüber erzielen, ihn z.B. provozieren, einschüchtern, ihn freudig oder traurig stimmen.

Persönlichkeitssystem: Das Persönlichkeitssystem ist ein Komplex wechselseitig abhängiger Handlungs- und Bedürfnisdispositionen bei der Person, die von Handlungen oder Situationen außerhalb des Systems zu unterscheiden sind. Die Person selbst legt mit ihrem Willen die Grenzen des Systems fest, indem sie eine bestimmte Identität entwickelt, indem sie also über alle sozialen Rollen und alle Kontexte hinweg bestimmte Handlungs- und Dispositionsmuster entfaltet und andere nicht. Dies ist die Funktion des Persönlichkeitssystems: Persönliche Identität zu bewahren und Selbstverwirklichung zu realisieren.

Pfadabhängigkeit: Diese zentrale Annahme des Neo-Institutionalismus behauptet, dass gesellschaftliche Entwicklungen durch die Kräfte der Trägheit historisch gewachsener Institutionen auf einem eng begrenzten Pfad gehalten werden. Kräfte der Trägheit sind die traditionale Legitimität des Bestehenden, die von Veränderungen erwartete Auflösung der Kohärenz von institutionellen Mustern, die Kosten der Veränderung und die von Institutionen bedienten Interessen.

Policy-Netzwerk: Ein Netzwerk von politischen Akteuren, die regelmäßig in einem spezifischem Feld der Politik an der Gestaltung von Policies mitwirken. Zum Policy-Netzwerk der Luftreinhaltung gehören z.B. Repräsentanten des Umweltministeriums, der Parteien, Vertreter der Industrie, der Wissenschaft und der Umweltschutzverbände.

Position, soziale: Der Platz, den das Individuum in der gesellschaftlichen Struktur einnimmt. Die soziale Position ist jeweils durch verschiedene soziale Strukturmerkmale (Generationenzugehörigkeit, Beruf, Familienstand, etc.) bestimmt und mit einer entsprechenden sozialen Rolle (Erwartungen an das Handeln) verknüpft.

Postmodernismus: Eine philosophisch-sozialwissenschaftliche Theorietradition, welche die gegenwärtige Gesellschaft in einem Stadium jenseits der Moderne sieht. Eine zentrale Annahme ist, dass es keine „grosse Erzählung" (wie beispielsweise die Idee, durch Gebrauch der Vernunft zu gesellschaftlichem Fortschritt zu gelangen) mehr gibt, welche die Entwicklung postmoderner Gesellschaften lenken und bestimmen kann.

Poststrukturalismus: Eine Weiterentwicklung des Strukturalismus der auf die Untersuchung einfacher Gesellschaften spezialisierten Kulturanthropologie von Lévi-Strauss in der Philosophie, Psychoanalyse, Literaturwissenschaft und Soziologie. Der Poststrukturalismus arbeitet insbesondere heraus, auf welche Weise die Reproduktion der Strukturen von Texten, Persönlichkeiten und Gesellschaften bestimmten Regelmäßigkeiten folgt.

Praxis: Nach Bourdieu der Vorgang des Handelns, durch den die Gesellschaft ökonomisch, kulturell und sozial (re-)produziert wird. Praxis vermittelt in Kombination mit dem Habitus zwischen dem individuellen Handeln und der gesellschaftlichen Entwicklung.

Programm: Nach Luhmann diejenigen Regeln, nach denen die Operationen eines Systems im Rahmen seines binären Codes ablaufen.

Protogesellschaften: Nicht-menschliche Gesellschaften, z.B. Ameisenvölker, Horden, Rudel und Schwärme bei Tieren.

Prozesse: Ein Prozess ist Luhmann zufolge die Abfolge von Interaktion, die Kommunikation und Handlung beinhaltet: eine sachliche Information, die Mitteilung einer Botschaft, Interpretation und Reaktion. Im Prozess der Interaktion ist der Übergang von einer Situation zu einer anderen sehr wahrscheinlich. Die Komplexität der verschiedenen Ereignisse in wechselnden Situationen kann verarbeitet werden, solange der Code sowie die Struktur oder das Programm nicht berührt sind.

Rationalisierung, kommunikative: Mit dem Begriff der kommunikativen Rationalisierung bezeichnet Habermas den Prozess, bei dem Akteure ihr Handeln rationalen Verfahren der Verständigung unterwerfen und mittels vernünftiger Argumentation zu einer Einigung gelangen (Versprachlichung des Sakralen), mit dem Ziel, Vernunft und Wirklichkeit zur Übereinstimmung zu bringen.

Re-entry: Eine Beobachtung zweiter Ordnung ist nach Spencer Brown ein Wiedereintritt einer Form in die Form bzw. einer Unterscheidung in die Unterscheidung, ein re-entry. In Luhmanns Systemtheorie bedeutet ein re-entry, dass jetzt innerhalb des Systems wieder eine Unterscheidung zwischen Beobachter (System) und Beobachtetem (Umwelt) eingeführt wird. Der Beobachter zweiter Ordnung beobachtet die Beobachtungen des Beobachters erster Ordnung.

Reflexivität: Nach Beck ein zentrales Kennzeichen der Zweiten Moderne, in der nicht nur das Wissen der Menschen um sich selbst und die Gesellschaft wächst (bspw. durch wissenschaftliche Erkenntnis), sondern auch die Folgen des kollektiven Handeln auf die Gesellschaft zurückwirken und als Risiken wahrgenommen werden (bspw. als unbeabsichtigte Nebenwirkungen von Technologien).

Reflexivität, prozessuale: Symbolisch generalisierte Kommunikationsmedien können Luhmann zufolge auf sich selbst angewandt werden, z.B. Geld auf Finanzströme (Börse), Macht auf Macht (Hierarchien) usw.

Regeln: Sozial verbindliche Anleitungen für das Handeln (Verfahrensvorschriften, Gebote und Verbote).

Regulativa: Regulativa sind nach Habermas Sprechakte, die sich auf die soziale Welt beziehen und Normen aufstellen.

Ressourcen: Materielle und immaterielle Güter, die Agenten zum Ausüben von Macht benötigen. Giddens unterscheidet allokative und autoritative Ressourcen; beide sind Bestandteile von Strukturen.

Risikogesellschaft: Eine Gesellschaftsdiagnose, die von Beck geprägt wurde; in ihrem Kern enthält sie die These, dass gegenüber der Industriegesellschaft technisch erzeugte Risiken und individualisierte Lebensentwürfe zugenommen haben; der Einzelne steht so gesteigerten Möglichkeiten, aber auch umfassenderen Riskiken gegenüber.

Rolle, soziale: Die sozial verbindlichen Erwartungen, wie sich der Inhaber eines Status (einer Position) in bestimmten Situationen zu verhalten hat, wie er seinen Status in Handlungen umzusetzen hat.

Rollenkonflikt: Entsteht, wenn der Inhaber eines Status (einer Position) unterschiedlichen Erwartungen seitens von Bezugsgruppen ausgesetzt ist. Ein Intrarollenkonflikt liegt vor, wenn eine Rolle (bspw. die Studierendenrolle) widersprüchliche Erwartungen von verschiedenen Bezugsgruppen beinhaltet (Dozenten, Kommilitonen, Eltern). Ein Interrollenkonflikt liegt vor, wenn ein Individuum unterschiedlichen Erwartungen ausgesetzt ist, die aus seinen verschiedenen Rollen (als Studierender, als Mitglied eines Sportvereins, als Freund) resultieren.

Rollenset: Jeder soziale Status ist nach Merton an eine Reihe verschiedener Bezugsgruppen geknüpft. Folglich sind einem einzigen sozialen Status eine ganze Reihe verschiedener sozialer Rollen zugeordnet, mit denen wiederum eine Vielzahl von Erwartungen verbunden ist, die teils übereinstimmen, teils miteinander konfligieren.

Sakralen, Versprachlichung des: Mit der Versprachlichung des Sakralen bezeichnet Habermas das durch Sprache ermöglichte Hinterfragen aller Dinge, bei dem auch die bisher unantastbaren, heiligen Grundlagen der traditionellen Sozialordnung der Rechtfertigung in Verfahren der sprachlichen Verständigung unterworfen werden. Die Versprachlichung des Sakralen ist bei Habermas Ausgangspunkt der gesellschaftlichen Modernisierung überhaupt.

Schichtung, soziale: Soziale Schichtung ist eine Dimension der vertikalen Differenzierung der Gesamtgesellschaft im Sinne einer Rangordnung sozialer Gruppen mit Grenzlinien entlang der Dimensionen von Einkommen, Bildung und Beruf.

Selbst-/Kollektivitätsorientierung: Selbstorientierung bedeutet nach Parsons, dass die eigenen Bedürfnisse und Ziele das Handeln des Akteurs leiten. Kollektivorientierung bedeutet, dass ein Akteur sich an den Interessen und Normen einer Gruppe, Organisation oder Gesellschaft ausrichtet, der er zugehört, so dass sein Handeln dadurch determiniert ist.

Selbstplatzierung: Im fortlaufenden Prozess der gesellschaftlichen Kommunikation muss Luhmann zufolge nicht durch Berufung auf Werte begründet werden, warum sich bestimmte symbolisch generalisierte Kommunikationsmedien durchsetzen und andere nicht. Die Medien platzieren sich selbst in bestimmten gesellschaftlichen Teilsystemen, indem sie funktionieren.

Selbstproduktion der Gesellschaft: Nach Touraine sind insbesondere postindustrielle Gesellschaften in besonderem Umfang in der Lage, sich auf der Grundlage von drei Komponenten selbst zu steuern und zu entwickeln: a) das Wissen über sich selbst, b) die Akkumulation von Produkten, um mehr Produkte erzeugen zu können und c) das kulturelle Modell der „programmierten Gesellschaft“, das auf wissenschaftlicher Erkenntnis aufbaut.

Selbstreferenz: Nach Luhmann operieren Systeme dann selbstreferenziell, wenn sie alle Umweltereignisse allein nach ihrem eigenen binären Code beobachten und verarbeiten.

Semiotik: Die Lehre von den Zeichen; für die Soziologie wird die Semiotik bedeutsam, weil die Bedeutung von Zeichen je nach Zeit und Kultur unterschiedlich sein kann und somit sozial bestimmt ist.

Sozialisation: Der Prozess, bei dem ein Individuum in eine Gruppe, Organisation oder Gesellschaft eingegliedert wird, indem es die an seine Position gerichteten Erwartungen kennen lernt, indem es sich die gemeinsam geteilten Normen und Werte aneignet und zu einer Instanz der eigenen Persönlichkeit macht (Überich). Neben der individuellen Persönlichkeitsentwicklung ist die Sozialisation Parsons zufolge das Ergebnis der Interpenetration von Sozialsystem und Persönlichkeitssystem.

Sozialtechnologie: Sozialwissenschaftliches Wissen, das zur Lösung sozialer Entwicklungs-, Planungs-, und Gestaltungsprobleme analog zu an den Naturwissenschaften ausgerichteten ingenieurwissenschaftlichen Verfahren des zielgerichteten Einsatzes effektiver Mittel zur Erreichung spezifischer Ziele entwickelt wird und zum Einsatz kommt.

Space, unmarked: Nach Spencer Brown die nicht bezeichnete Seite des Systems, d.h. das ausgeschiedene Fremde, die stets mitlaufende undefinierte Seite der Unterscheidung.

Spätkapitalismus: Nach Offe die Phase, in welcher der kapitalistische Widerspruch zwischen gesellschaftlicher Produktion und privater Aneignung durch organisierte Märkte, Wissenschaft und Technik sowie staatliche Regulierung im Zaum gehalten wird.

Sprechhandlung, konstantive (Konversation): Nach Habermas ein Typ des kommunikativen Handelns, bei dem Sprecher Behauptungen aufstellen, bezweifeln, kritisieren, bestätigen oder verwerfen. Es wird der Geltungsanspruch auf Wahrheit erhoben.

Sprechsituation, ideale: Nach Habermas die Sprechsituation, in der alle Gesprächsteilnehmer mit gleichen Rechten Behauptungen aufstellen und kritisieren dürfen und allein das bessere Argument zählt.

Status: Ein Status ist Merton zufolge eine Position in einem sozialen System, etwa die des Vaters in der Familie, die des Lehrers in der Schule oder die des Anwalts im Gericht. Der Status ist an bestimmte Rechte und Pflichten seitens des Statusinhabers geknüpft, die in den Erwartungen der anderen ausgedrückt sind.

Strukturalismus: Die vor allem von Lévi-Strauss begründete Theorie, in der die beobachtbare soziale Realität erklärt wird, indem man sie auf tiefliegende Strukturen (bspw. der Sprache oder der Verwandschaft) zurückführt.

Strukturen: Kernbegriff der Giddensschen Strukturierungstheorie. Strukturen sind von Agenten losgelöste, aber mit deren Agency verbundene Regeln und Ressourcen des Handelns. Strukturen beeinflussen das Handeln und werden durch dieses reproduziert.

Subpolitik: Becks Bezeichnung für den Bereich politischer Handlung, der ausserhalb des etablierten institutionellen Systems von Parlament, Regierungen und Bürokratie liegt. Die Subpolitik ist das Feld der Bürgerinitiativen und sozialen Bewegungen, die flexibel auf die unkontrollierte Risikoproduktion reagieren können.

Symbole, symbiotische: Unterhalb der Ebene des Codes von Funktionssystemen müssen Luhmann zufolge die symbolisch generalisierten Kommunikationsmedien mit der Körperlichkeit des menschlichen Handelns verknüpft werden; dies geschieht auf der Ebene der Strukturen oder Programme durch symbiotische Symbole. Geld wird mit Bedürfnissen verknüpft, Macht mit pyhsischer Gewalt, Liebe mit Sexualität usw.

Synthese: Nach Münch eine Struktur von Policy-Netzwerken, bei der eine begrenzte Anzahl von Akteuren in diskursiven Verfahren diejenige Lösung eines Problems sucht, die Allgemeingültigkeit beanspruchen kann und alle partikularen Interessen gleichermaßen unter das Allgemeinwohl subsumiert.

System (Wirtschaft, Bürokratie, Recht): Unter dem Begriff System versteht Habermas das aus dem Prozess funktionaler Differenzierung hervor gegangene grenzerhaltende gesellschaftliche Funktionssystem, das in der Lage ist, seine eigenen Elemente zu produzieren und zu reproduzieren, also nach eigenen Gesetzmäßigkeiten zu operieren. Die systemischen Prozesse von Wirtschaft, Staat und Recht erfüllen durch reflexive Anwendung der jeweiligen Steuerungsmechanismen auf sich selbst, d.h. durch Generierung von Geld in der Wirtschaft, durch Generierung von Macht in der Politik und durch Generierung von Recht im Rechtssystem, die Funktion der materiellen Reproduktion der Gesellschaft und stehen insofern in einem Ergänzungsverhältnis zur Lebenswelt.

System, kulturelles: Nach Parsons der symbolische Bezugsrahmen (Kognitionen, Evaluationen, Normen und Expressionen) des menschlichen Handelns.

System, psychisches: Nach Luhmann besteht ein psychisches System aus Gedanken, aus denen es sich fortlaufend selbst reproduziert.

System, soziales: Nach Parsons ein in sich zusammenhängender und nach außen abgegrenzter Komplex sozialer Interaktionen, z.B. eine Familie, eine Schulklasse, eine Diskussionsrunde, ein Betrieb oder die Gesellschaft als Ganzes. Luhmann setzt Kommunikationen an die Stelle von Interaktion als Elemente sozialer Systeme.

System/Umwelt: Als Umwelt bezeichnet Luhmann all die Ereignisse außerhalb des Systems, die das System erfassen und nach seinen eigenen Gesetzen verarbeiten kann. Ein funktionierendes System ist immer weniger komplex als seine Umwelt; andernfalls würde es sich in seine Umwelt auflösen. Das System bezieht seine Identität aus der Tatsache, dass nicht alles, was sich in der Umwelt ereignet, auch im System geschehen kann.

Tautologie: Beobachtungen als systemische Operationen sind nach Luhmann tautologische Prozesse, das heißt, sie können nur das sehen, was sie sehen. Die Tautologie in der Beobachtung erster Ordnung lässt sich Luhmann zufolge nur durch eine

Beobachtung zweiter Ordnung auflösen, in deren Folge eine Tautologie zweiter Ordnung entsteht, die nur durch eine Beobachtung dritter Ordnung aufgelöst werden kann. Es handelt sich also um einen unendlichen Regress.

Theorie, Kritische: Die sozialwissenschaftliche Forschungsrichtung der Frankfurter Schule (insbesondere Adorno, Horkheimer, Habermas), der es darauf ankommt, die in der Gesellschaft verborgenen Formen der Herrschaft des Menschen über den Menschen aufzuspüren und zu entschlüsseln.

Verbreitungsmedien: Von Verbreitungsmedien spricht Luhmann, wenn es um die Reichweite sozialer Redundanz geht. In dem Maße, in dem ein und dieselbe Information Verbreitung findet, wird Information in Redundanz verwandelt. Redundanz erübrigt Information. Neue Verbreitungsmedien haben die Reichweite der gesellschaftlicher Kommunikation erweitert: von der Sprache über den Buchdruck bis hin zu den elektronischen Medien.

Verhaltenssystem: Das Verhaltenssystem ist ein Komplex wechselseitig abhängiger Verhaltensweisen oder Verhaltensdispositionen bei einer Person, die von den Elementen außerhalb des Verhaltens zu unterscheiden sind. Ein Beispiel für das Verhalten ist das Lernen. Eine Person kombiniert zum Zweck der Bewältigung einer neuen Situation, bewusst oder unbewusst, die verfügbaren Ressourcen neu oder anders als andere Personen, kommt damit zum Erfolg und hat somit ihre situationsübergreifende Problemlösungskapazität erhöht. Dies ist die Funktion des Verhaltenssystems: die Anpassungsfähigkeit an neue Situationen, Aufgaben oder Probleme zu gewährleisten.

Verhandlung: Habermas zufolge der Typ der Auseinandersetzung zwischen verschiedenen Personen, Gruppen oder Organisationen in einem Gemeinwesen, bei der Interessen artikuliert und um Kompromisse gerungen wird. Das Verhandeln ist dem strategischen und nicht dem kommunikativen Handeln zugeordnet.

Vernunft: Nach G.W.F. Hegel ist Vernunft das Weltprinzip, bei dem sich die Idee in den Dingen verwirklicht und im Bewusstsein zu sich selbst kommt. Habermas hat diesen Vernunftbegriff aufgegriffen und prozeduralisiert. Demnach entfaltet sich Vernunft im Verfahren des Diskurses, in dem das allgemein Gültige von nur partikular Geltendem geschieden wird.

Verstehen: Dritte Komponente des Kommunikationsprozesses nach Luhmann, bei der eine bestimmte sachliche Information, die in einem Akt der Mitteilung angeboten wurde, einen Akt der Entschlüsselung veranlasst.

Wandel, sozialer: Sozialer Wandel ist ein Prozess der Veränderung institutioneller Muster, handlungsleitender Normen und von Strukturen des Handelns in einer Gruppe, Organisation oder Gesellschaft, z.B. die Veränderung der Führungsstruktur einer Organisation von autoritärer zu demokratischer Führung.

Weltgesellschaft: Die Welt umspannende, alle nationalstaatlichen Grenzen überschreitende, Ökonomie, Politik, Vergemeinschaftung und Kultur umfassende Vergesellschaftung des zwischenmenschlichen Handelns.

Weltsystem: Nach Wallerstein das weltumspannende System von wirtschaftlichen Transaktionen, Staaten und Kulturen, dessen Entwicklungsdynamik primär durch die Gesetzmäßigkeiten des Kapitalismus, sekundär durch zwischenstaatliche Kämpfe und Macht bestimmt und durch das Verhältnis zwischen Zentrum, Semiperipherie und Peripherie geprägt wird.

Wettbewerb: Nach Münch eine Struktur von Policy-Netzwerken, bei der die beteiligten Akteure in einer unendlichen Reihe von Verhandlungen bei wachsender Verteilungssumme ihre Gewinne maximieren.

Widersprüche, strukturelle: Nach Marx der dem Kapitalismus eigene, den Klassenkampf schürende Widerspruch zwischen der gesellschaftlichen, kollektiv organisierten Produktion und der privaten Aneignung des Profits druch die Kapitalbesitzer. Nach Offe ist der Spätkapitalismus von der Fortexistenz dieses Widerspruchs ohne Klassenkampf geprägt.

Wirkung, neutrale: Von positiven und negativen Wirkungen, die als Funktionen und Dysfunktionen verstanden werden, unterscheidet Merton neutrale Wirkungen, die nicht funktional sind.

Wirtschaftssoziologie, Neue: Unterschiedliche theoretische Strömungen, die auf die Erneuerung der nach der klassischen Gründungsphase verlorenen Kompetenz der Soziologie in der theoretischen Analyse des modernen Kapitalismus abzielen. Dabei spielt der Neo-Institutionalismus eine maßgebliche Rolle, wird aber u.a. auch durch Ansätze der Politischen Ökonomie und des Neofunktionalismus ergänzt.

Wissensfähigkeit/Knowledgeability: Nach Giddens die Fähigkeit eines Agenten, Wissen zu erwerben und im Handeln einzusetzen. Dadurch wird der Agent nicht zum Gefangenen der Strukturen, sondern kann diese in seinem Handeln für sich nutzen.

Wohlfahrtskapitalismus: Nach Esping-Andersen eine Form des Kapitalismus, die den Lebensstandard des Einzelnen mehr oder weniger von dessen individueller Leistungsfähigkeit und Wettbewerbsfähigkeit auf dem Markt unabhängig macht. In Anlehnung an Marx wird die Verwandlung der Arbeitskraft in eine Ware (Kommodifizierung) wieder in gewissem Umfang zurückgenommen (Dekommodifizierung). Die kollektive Sicherheit äußert sich insbesondere in der Kompensation von Erwerbseinkommen im Falle von Arbeitslosigkeit, Krankheit, Invalidität und höherem Alter. Der liberale Wohlfahrtsstaat garantiert nur das Lebensminimum, der konservative Wohlfahrtsstaat den über den beruflichen Status erworbenen Lebensstandard, der egalitäre sozialdemokratische Wohlfahrtsstaat allen Bürgern einen relativ gleichen und hohen Lebensstandard in der Regulierung des Kapitalismus mit dem Ziel der Förderung von Wirtschaftswachstum und der

Sicherung einer breiten Teilhabe der Arbeitnehmerschaft am erwirtschafteten Wohlstand.

Wohlfahrtsstaat: Aus der Sicht der Politischen Ökonomie, diejenige Form des Nationalstaats, die den Kapitalismus einerseits zur Wohlsstandsteigerung nutzt, andererseits aber seine desintegrativen Tendenzen durch Umverteilung und Systeme der sozialen Sicherung bändigt.

Zentrum: Diejenigen Staaten, die aufgrund ihrer ökonomischen Macht eine dominierende Position im Weltsystem innehaben. Der Komplementärbegriff ist Peripherie.

Zivilisationsprozess: Nach Elias der Prozess der zunehmenden Affektbändigung des Menschen in der Gesellschaft und das Vorrücken der Peinlichkeitsschwelle. Ein Beispiel für den Fortschritt der Zivilisation ist die Verfeinerung der Tischsitten vom Rittermahl im Mittelalter zu den Tischsitten des französischen Adels.

Zuschreibung/Leistung: Siehe Ascription/Achievement.

Literaturverzeichnis

Abrams, Philip. 1968. *The Origins of British Sociology: 1834-1914*. Chicago: University of Chicago Press.

Abrams, Philip, Rosemary Deem, Janet Finch und Paul Rock. 1981. *Practice and Progress: British Sociology 1950-1980*. London: Allen and Unwin.

Adorno, Theodor W. 1966/1973a. *Negative Dialektik*. In: Gesammelte Schriften, Band 6. Frankfurt a. M.: Suhrkamp.

Adorno, Theodor W., Hans Albert, Ralf Dahrendorf, Jürgen Habermas, Harald Pilot, and Karl R. Popper (Hg.). 1969. *Der Positivismusstreit in der deutschen Soziologie*. Neuwied and Berlin: Luchterhand.

Agell, Jonas. 1999. „On the Benefits from Rigid Labour Markets: Norms, Market Failure and Social Insurance." *The Economic Journal* 109, S. F143-F164.

Albrow, Martin. 1996. *The Global Age*. Cambridge: Polity Press.

Albert, Hans. 1980. *Traktat über die kritische Vernunft*. Tübingen: Mohr Siebeck.

Alexander, Jeffrey C. 1982-1983. *Theoretical Logic in Sociology*. 4 Bände. Berkeley: University of California Press.

Alexander, Jeffrey C. 1984. „The Parsons Revival in Germany." *Sociological Theory*, Vol. 2, S. 394-412.

Alexander, Jeffrey C. (Hg.) 1985. *Neofunctionalism*. Beverly Hills: Sage.

Alexander, Jeffrey C. 1987a. *Twenty Lectures: Sociological Theory since World War II*. New York: Columbia University Press.

Alexander, Jeffrey C. 1987b. „The Centrality of the Classics." In: Anthony Giddens und Jonathan H. Turner (Hg.), *Social Theory Today*, S. 1-57. Cambridge: Polity Press.

Alexander, Jeffrey C. 1998. *Neofunctionalism and After*. Oxford: Blackwell.

Alexander, Jeffrey C. und Philip Smith. 1996. „Social Science and Salvation. Risk Society as Mythical Discourse." *Zeitschrift für Soziologie*, 25, S. 251-262.

Althusser, Louis. 1965. *Pour Marx*. Paris: Maspero. (Deutsche Übersetzung: 1968. *Für Marx*. Frankfurt a. M.: Suhrkamp.)

Althusser, Louis und Etienne Balibar. 1968. *Lire le Capital*. 2 Bände. Paris: Maspero. (Deutsche Übersetzung: 1972. *Das Kapital lesen*. 2 Bände. Reinbek bei Hamburg: Rowohlt.)

Altvater, Elmar und Brigitte Mahnkopf. 1996. *Grenzen der Globalisierung. Ökonomie, Ökologie und Politik in der Weltgesellschaft*. Münster: Westfälisches Dampfboot.

Archer, Margaret S. 1988. *Culture and Agency. The Place of Culture in Social Theory*. New York: Cambridge University Press.

Aretz, Hans-Jürgen. 1990. *Zwischen Kritik und Dogma. Der wissenschaftliche Diskurs*. Wiesbaden: Deutscher Universitätsverlag.

Arrighi, Giovanni. 1999. „The Global Market". *Journal of World Systems Research*. http://:csf.colorado.edu/wsystems/jwsr.html 5: 199-224.

Arthur, Brian W. 1994. *Increasing Returns and Path Dependence in the Economy*. Michigan: University of Michigan Press.

Austin, John L. 1962. *How to do Things with Words*. Oxford: Clarendon Press. (Deutsche Übersetzung: 1976. *Zur Theorie der Sprechakte*. Stuttgart: Reclam.)

Baecker, Dirk. 1988. *Information und Risiko in der Marktwirtschaft*. Frankfurt a. M.: Suhrkamp.

Baran, Paul A. und Paul M. Sweezy 1966. *Monopoly Capital*. New York: Monthly Review Press.

Barber, Bernard. 1957. *Social Stratification*. New York: Harcourt, Brace.

Barber, Bernard. 1963. „Some Problems in the Sociology of Professions." *Daedalus*, Vol. 92, Nr. 2, S. 669-688.

Barber, Bernard. 1952/1968. *Science and the Social Order*. Westport, Conn.: Greenwood.

Barber, Bernard. 1978. „Inequality and Occupational Prestige: Theory, Research, and Social Policy." *Sociological Inquiry*, Vol. 48, S. 75-88.

Barber, Bernard. 1983. *The Logic and Limits of Trust*. New Brunswick, N.J.: Rutgers University Press.

Barthes, Roland. 1963. „Elements de semiologie". In: *Le degré zero de l'écritum*. Paris: Gonthier. (Deutsche Übersetzung: *Elemente der Semiologie*. Frankfurt a. M.: Syndikat.)

Barthes, Roland. 1967. *Systeme de la mode*. Paris: Seuil. (Deutsche Übersetzung: 1985. *Die Sprache der Mode*. Frankfurt a. M.: Suhrkamp.)

Barthes, Roland. 1970a. *S/Z*. Paris: Seuil. (Deutsche Übersetzung: 1976. *S/Z*. Frankfurt: Suhrkamp.)

Barthes, Roland. 1970b. *L'Empire des signes*. Genf: Albert Skira. (Deutsche Übersetzung: 1981. *Das Reich der Zeichen*. Frankfurt: Suhrkamp.)

Baudelaire, Charles. 1847. „Letter to Mme Aupick", 4. Dezember 1847. In: *Selected Letters of Charles Baudelaire. The Conquest of Solitude*. Chicago: University of Chicago Press. 1986. S. 30. (Deutsche Übersetzung: 1992. *Sämtliche Werke/Briefe*. Bd. 2. München: Hanser.)

Baudrillard, Jean. 1972. *Pour une critique de l'èconomie politique du signe*. Paris: Gallimard.

Baudrillard, Jean. 1973. *Le miroir de la production: ou l'illusion critique du materialisme historique*. Paris: Casterman.

Baudrillard, Jean. 1977. *L'effet beaubourg: Implosion et dissuasion*. Paris: Editions Galilee.

Baudrillard, Jean. 1979. *De la seduction: L'horizon sacre des apparences*. Paris: Denoel/Gonthier. (Deutsche Übersetzung: 1992. *Von der Verführung*. München: Matthes und Seitz.)

Baudrillard, Jean. 1983a. *Simulations*. New York: Semiotext.

Baudrillard, Jean. 1983b. *In the Shadow of the Silent Majorities*. New York: Semiotext.

Baudrillard, Jean. 1986. *Masses et postmodernite*. Quebec: Presses de l'Universite Laval.

Baudrillard, Jean. 1988. *The Ecstasy of Communication*. Brooklyn, N.J.: Autonomedia.

Baum, Rainer C. 1976a. „Communication and Media." In: J.J. Loubser, R.C. Baum, A. Effrat und V.M. Lidz (Hg.), *Explorations in General Theory in Social Science*, S. 533-566. New York: Free Press.

Baum, Rainer C. 1976b. „On Societal Media Dynamics." In: J.J. Loubser, R.C. Baum, A. Effrat und V.M. Lidz (Hg.), *Explorations in General Theory in Social Science*, S. 579-608. New York: Free Press.

Baum, Rainer C. 1981. *Holocaust and the German Elite: Genocide and National Suicide in Germany*, 1871-1945. Lanham: Rowman & Littlefield.

Bauman, Zygmunt. 1987. *Legislators and Interpreters: On Modernity, Postmodernity, and the Intellectuals*. Oxford: Polity Press.

Beck, Ulrich. 1983. „Jenseits von Stand und Klasse?" In: Reinhard Kreckel (Hg.), *Soziale Ungleichheiten*. (Sonderband 2 der Sozialen Welt), Göttingen: Schwartz, S. 35-74.

Beck, Ulrich. 1986. *Risikogesellschaft. Auf dem Weg in andere Moderne*. Frankfurt a. M.:Suhrkamp.

Beck, Ulrich. 1988. *Gegengifte. Die organisierte Unverantwortlichkeit*. Frankfurt a. M.: Suhrkamp.

Beck, Ulrich. 1990. „Der Konflikt der zwei Modernen." In: W. Zapf (Hg.), *Die Modernisierung moderner Gesellschaften*. Frankfurt/New York: Campus, S. 40-53.

Beck, Ulrich. 1993. *Die Erfindung des Politischen*. Frankfurt a. M.: Suhrkamp.

Beck, Ulrich. 1997. *Was ist Globalisierung?* Frankfurt a. M.: Suhrkamp.

Beck, Ulrich. 1998. „Wie wird Demokratie im Zeitalter der Demokratisierung möglich?" In: ders. (Hg.), *Politik der Globalisierung*. Frankfurt a. M.: Suhrkamp, S. 7-66.

Beck, Ulrich. 1999. *Schöne neue Arbeitswelt*. Frankfurt/New York: Campus.

Beck, Ulrich. 2002. *Macht und Gegenmacht im globalen Zeitalter*. Frankfurt a. M.: Suhrkamp.

Beck, Ulrich und Elisabeth Beck-Gernsheim. 1990. *Das ganz normale Chaos der Liebe*. Frankfurt a. M.: Suhrkamp.

Beck, Ulrich, Anthony Giddens und Scott Lash. 1996. *Reflexive Modernisierung. Eine Kontroverse*. Frankfurt a. M.: Suhrkamp.

Beck, Ulrich, Wolfgang Bonß und Christoph Lau. 2001. „Theorie reflexiver Modernisierung – Fragestellungen, Hypothesen, Forschungsprogramme." In: Ulrich Beck und Wolfgang Bonß (Hg.), *Die Modernisierung der Moderne*. Frankfurt a. M.: Suhrkamp, S. 11-59.

Beckert, Jens. 2002. „Von Fröschen, Unternehmensstrategien und anderen Totems. Die soziologische Herausforderung der ökonomischen Institutionentheorie?" In: Andrea Maurer und Michael Schmid (Hg.). *Neuer Institutionalismus. Zur soziologischen Erklärung von Organisation, Moral und Vertrauen*. Frankfurt/New York: Campus, S. 133-147.

Bellah, Robert N. 1957. *Tokugawa Religion: The Values of Pre-Industrial Japan*. Glencoe, Ill.: Free Press.

Bellah, Robert N. 1970. *Beyond Belief: Essays on Religion in a Post-Traditional World*. New York: Harper & Row.

Bellah, Robert N. 1975. *The Broken Covenant: American Civil Religion in Time of Trial*. New York: Seabury Press.

Bellah, Robert N., R. Madsen, W. M. Sullivan, A. Swidler und S. Tipton. 1985. *Habits of the Heart: Individualism and Commitement in American Life*. Berkeley: University of California Press. (Deutsche Übersetzung: 1987. *Gewohnheiten des Herzens. Individualismus und Gemeinsinn in der amerikanischen Gesellschaft*. Köln: Bund.)

Benjamin, Walter. 1973. *Illuminations*. London: Fontana.

Benjamin, Walter. 1974. *Gesammelte Schriften*. Herausgegeben von Rolf Tiedeman and Hermann Schweppenhäuser. Band 1. Frankfurt a. M.: Suhrkamp.

Benoist, Jean-Marie. 1975. *Tyrannie du logos*. Paris: Minuit.

Benton, Ted. 1984. *The Rise and Fall of Structural Marxism: Althusser and His Influence*. New York: St. Martin's Press.

Berger, Johannes (Hg.). 1986. „Die Moderne – Kontinuitäten und Zäsuren". *Soziale Welt*. Sonderheft Nr. 4. Baden-Baden: Nomos.

Berger, Peter A. 1996. *Individualisierung. Statussicherheit und Erfahrungsvielfalt*. Opladen: Westdeutscher Verlag.

Berger, Peter L. und Thomas Luckmann 1970. *Die gesellschaftliche Konstruktion der Wirklichkeit*. Frankfurt a. M. : S. Fischer.

Bergson, Henri. 1932/1959. „Les deux sources de la morale et de la religion." In: *OEuvres*, Band 2, S. 980-1247. Paris: Presses Universitaires de France.

Bernauer, Thomas. 2000. *Staaten im Weltmarkt*. Opladen: Leske + Budrich.

Bernauer, Thomas und Dieter Ruloff. 1999. *Handel und Umwelt. Zur Frage der Kompatibilität internationaler Regime*. Wiesbaden: Westdeutscher Verlag.

Bhaskar, Roy. 1979. *The Possibility of Naturalism*. Atlantic Highlands, N.J.: Humanities Press.

Black, Max (Hg.). 1961. *The Social Theories of Talcott Parsons*. Englewood Cliffs: Prentice Hall.

Blau, Peter M. 1977. *Inequality and Heterogeneity: A Primitive Theory of Social Structure*. New York: Free Press.

Bloomfield, Morton W. 1957. *Language*. London: Allen and Unwin.

Blossfeld, Hans-Peter. 1993. „Changes in Educational Opportunities in the Federal Republic of Germany. A Longitudinal Study of Cohorts Born Between 1916 and 1965." In: Blossfeld, H.-P. und Y. Shavit (Hg.), *Persistent Inequalities: Changing Educational Stratification in Thirteen Countries*. Boulder, Co.: Westview Press, S. 51-74.

Boli, John und George M. Thomas (Hg.). 1999. *Constructing World Culture. International Nongovernmental Organizations Since 1875*. Stanford: Stanford University Press.

Bornschier, Volker. 1998. *Westliche Gesellschaft – Aufbau und Wandel*. Zürich: Seismo.

Bornschier, Volker. 2002. *Weltgesellschaft. Grundlegende soziale Wandlungen*. Zürich: Loreto Verlag.

Bornschier, Volker and Christopher Chase-Dunn (Hg.). 1999. *The Future of Global Conflict*. London: Sage.

Bottomore, Tom. 1984. *The Frankfurt School*. Chichester: Ellis Horwood.

Bourdieu, Pierre. 1958. *Sociologie de l'Algérie*. Paris: Presses Universitaires de France.

Bourdieu, Pierre 1968. *Sociologie de l'éducation*. Paris: Centre national de la recherche scientifique.

Bourdieu, Pierre. 1970. *Zur Soziologie der symbolischen Formen*. Frankfurt a. M.: Suhrkamp.

Bourdieu, Pierre. 1971. „Genèse et structure du champ religieux." *Revue francaise de sociologie*, 12, Nr. 3, S. 295-334.

Bourdieu, Pierre. 1972. *Esquisse d'une theorie de la pratique, precede de trois etudes d'ethnologie kabyle*. Geneve: Droz. (Erweiterte deutsche Übersetzung: 1979. *Entwurf einer Theorie der Praxis auf der ethnologischen Grundlage der kabylischen Gesellschaft*. Frankfurt a. M.: Suhrkamp)

Bourdieu, Pierre. 1977. *Algérie 60. Structures économiques et strutures temporelles*. Paris: Minuit. (Deutsche Übersetzung: 2000. *Die zwei Gesichter der Arbeit. Interdependenzen von Zeit- und Wirtschaftsstrukturen am Beispiel einer Ethnologie der algerischen Übergangsgesellschaft*. Konstanz: Universitäts-Verlag.)

Bourdieu, Pierre. 1979. *La distinction. Critique social du jugement*. Paris: Minuit. (Deutsche Übersetzung: 1982c. *Die feinen Unterschiede. Kritik der gesellschaftlichen Urteilskraft*. Frankfurt a. M.: Suhrkamp.)

Bourdieu, Pierre. 1980a. *Questions de sociologie*. Paris: Minuit. (Deutsche Übersetzung: 1993. *Soziologische Fragen*. Frankfurt a. M.: Suhrkamp.)

Bourdieu, Pierre. 1980b. *Le sens pratique*. Paris: Minuit. (Deutsche Übersetzung: 1987. *Sozialer Sinn. Kritik der theoretischen Vernunft*. Frankfurt a. M.: Suhrkamp.)

Bourdieu, Pierre. 1981. „La représentation politique. Eléments pour une théorie du champ politique." *Actes de la recherche en sciences sociales*, Nr. 36/37, S. 3-24.

Bourdieu, Pierre. 1982a. *Leçon sur la leçon*. Paris: Minuit. (Deutsche Übersetzung: 1984a. *Sozialer Raum und Klassen*. Frankfurt a. M.: Suhrkamp.)

Bourdieu, Pierre. 1982b. *Ce que parler veut dire. L'économie des échanges linguistiques*. Paris: Librairie Arthème Fayard. (Deutsche Übersetzung: 1990. *Was heißt sprechen? Die Ökonomie des sprachlichen Tausches*. Wien: Braumüller.)

Bourdieu, Pierre. 1984b. „Espace social et genese de ‚classes'." *Actes de la recherche en sciences sociales*, Nr. 52-53, S. 3-15.

Bourdieu, Pierre. 1984c. *Homo Academicus*. Paris: Minuit. (Deutsche Übersetzung: 1988. *Homo Academicus*. Frankfurt a. M.: Suhrkamp.)

Bourdieu, Pierre. 1986. „Three Forms of Capital." In: John G. Richardson (Hg.), *Handbook of Theory and Research for the Sociology of Education*. New York: Greenwood Press. S. 241 – 258.

Bourdieu, Pierre. 1988. *L'ontologie politique de Martin Heidegger*. Paris: Minuit. (Deutsche Übersetzung: 1988. *Die politische Ontologie Martin Heideggers*. Frankfurt a. M.: Suhrkamp.)

Bourdieu, Pierre. 1989a. *La Noblesse d'état. Grandes écoles et esprit de corps*. Paris: Minuit.

Bourdieu, Pierre. 1989b. *Satz und Gegensatz. Über die Verantwortung des Intellektuellen*. Berlin: Wagenbach.

Bourdieu, Pierre. 1992a. *Les règles de l'art. Genèse et structure du champ littéraire*. Paris: Éd. du Seuil. (Deutsche Übersetzung: 1998a. *Die Regeln der Kunst. Genese und Struktur des literarischen Feldes*. Frankfurt a. M.: Suhrkamp.)

Bourdieu, Pierre. 1992b. *Rede und Antwort*. Frankfurt a. M.: Suhrkamp.

Bourdieu, Pierre. 1992c. *Die verborgenen Mechanismen der Macht. Schriften zu Politik und Kultur I*. Hamburg: VSA.

Bourdieu, Pierre. 1993. *La misère du monde*. Paris: Éditions du Seuil. (Deutsche Übersetzung: 1997a. *Das Elend der Welt. Zeugnisse und Diagnosen alltäglichen Leidens an der Gesellschaft*. Konstanz: Universitätsverlag Konstanz.)

Bourdieu, Pierre. 1994. *Raisons pratiques. Sur la theorie de l'action*. Paris: Éditions du Seuil. (Deutsche Übersetzung: 1998b. *Praktische Vernunft. Zur Theorie des Handelns*. Frankfurt a. M.: Suhrkamp.)

Bourdieu, Pierre. 1996. *Sur la télévision; suivi de l'emprise du journalisme*. Paris & Dijon-Quetigny: Éditions Liber. (Deutsche Übersetzung: 1998c. *Über das Fernsehen*. Frankfurt a. M.: Suhrkamp.)

Bourdieu, Pierre. 1997b. *Méditations pascaliennes. Éléments pur une philosophie négative*. Paris: Éditions du Seuil. (Deutsche Übersetzung: 2001. *Pascalianische Meditationen. Zur Kritik der scholastischen Vernunft*. Frankfurt a. M.: Suhrkamp.)

Bourdieu, Pierre et. al. 1963. *Travail et travailleurs en Algérie*. Paris & Den Haag: Mouton.

Bourdieu, Pierre et. al. 1968. *Le métier de sociologue*. Paris: Minuit. (Deutsche Übersetzung: 1991. *Soziologie als Beruf. Wissenschaftstheoretische Voraussetzungen soziologischer Erkenntnis*. Berlin/New York: De Gruyter.)

Bourdieu, Pierre et. al. 1981. *Titel und Stelle*. Frankfurt a. M.: Suhrkamp.

Bourdieu, Pierre und Jean-Claude Passeron. 1964. *Les heritiers: Les etudiants et la culture*. Paris: Minuit.

Bourdieu, Pierre und Jean-Claude Passeron. 1970. *La reproduction*. Paris: Minuit.

Bourdieu, Pierre und Jean-Claude Passeron. 1971. *Die Illusion der Chancengleichheit*. Stuttgart: Klett.

Bourdieu, Pierre und Abdelmalek Sayad. 1964. *Le déracinement. La crise de l'agriculture traditionelle en Algérie*. Paris: Minuit.

Bourdieu, Pierre und Loïc Wacquant. 1992. *Réponses. Pour une anthropologie réflexive*. Paris: Éditions du Seuil. (Deutsche Übersetzung: 1996. *Reflexive Anthropologie*. Frankfurt a. M.: Suhrkamp.)

Bourricaud, François. 1977. *L'individualisme institutionel: Essai sur la sociologie de Talcott Parsons*. Paris: Presses Universitaires de France.

Boyne, Roy. 1990 „Culture and the World-System." *Theory, Culture and Society*, Vol. 7, S. 57-62.

Brickman, Ronald, Sheila Jasanoff und Thomas Ilgen. 1985. *Controlling Chemicals. The Politics of Regulation in Europe and the United States*. Ithaca/London: Cornell University Press.

Brock, Ditmar. 1991: „Die Risikogesellschaft und das Risiko soziologischer Zuspitzung." *Zeitschrift für Soziologie* 20, S. 12 – 24.

Buckley, Walter. 1967. *Sociology and Modern Systems Theory*. Englewood Cliffs: Prentice Hall.

Cardoso, Fernando H. und Enzo Faletto. 1969/1979. *Dependency and Development in Latin America*. Berkeley: University of California Press. (Deutsche Übersetzung: 1976. *Abhängigkeit und Entwicklung in Lateinamerika*. Frankfurt a. M.: Suhrkamp.)

Castells, Manuel. 1983. *The City and the Grassroots. A Cross-cultural Theory of Urban Social Movements*. London: Arnold.

Castells, Manuel. 1989. *The Informational City. Information Technology, Economic Restructuring, and the Urban-regional Process*. Oxford: Blackwell.

Castells, Manuel. 1996. *The Rise of the Network Society*. Oxford: Blackwell.

Castells, Manuel. 2001/2002: *Das Informationszeitalter. Wirtschaft, Gesellschaft, Kultur.* 3 Bände. Opladen: Leske + Budrich.

Chase-Dunn, Christopher. 1998. *Global Formation: Structures of the World Economy.* Lanham, MD: Rowman and Littlefield. 2nd edition.

Chase-Dunn, Christopher und Thomas D. Hall. 1997. *Rise and Demise. Comparing World-Systems.* Boulder, CO und Oxford: Westview Press.

Chomsky, Noam. 1957. *Syntactic Structures.* The Hague: Mouton. (Deutsche Übersetzung: 1973. *Strukturen der Syntax.* Den Haag: Mouton.)

Chomsky, Noam. 1964. *Current Issues in Linguistic Theory.* The Hague: Mouton.

Chomsky, Noam. 1965. *Aspects of the Theory of Syntax.* Cambridge, Mass.: MIT Press. (Deutsche Übersetzung: 1978. *Aspekte der Syntax-Theorie.* Frankfurt a. M.: Suhrkamp.)

Chomsky, Noam. 1968. *Language and Mind. New York*: Harcourt Brace. (Deutsche Übersetzung: 1972. *Sprache und Geist.* Frankfurt a. M.: Suhrkamp.)

Clark, Jon, Celia Modgil und Sohan Modgil (Hg.). 1990. *Anthony Giddens: Consensus and Controversy.* London: The Falmer Press.

Clavel, Maurice. 1975. *Dieu est Dieu, nom de Dieu.* Paris: Grasset.

Cloward, Richard A. 1959. „Illegitimate Means, Anomie, and Deviant Behavior." *American Sociological Review*, Vol. 24, S. 164-176.

Cohen, Ira J. 1989. *Structuration Theory. Anthony Giddens and the Constitution of Social Life.* London: Macmillan.

Collins, Randall. 1988. *Theoretical Sociology.* New York: Harcourt Brace Jovanovich.

Colomy, Paul. 1985. „Uneven Structural Differentiation: Toward a Comparative Approach." In: Jeffrey C. Alexander (Hg.), *Neofunctionalism*, S. 131-156. Beverly Hills: Sage

Colomy, Paul. 1990a. „Uneven Differentiation and Incomplete Institutionalization: Political Change and Continuity in the Early American Nation." In: J.C. Alexander und P. Colomy (Hg.), *Differentiation Theory and Social Change*, S. 119-162. New York: Columbia University Press.

Colomy, Paul. 1990b. „Strategic Groups and Political Differentiation in Antebellum United States." In J.C. Alexander und P. Colomy (Hg.), *Differentiation Theory and Social Change*, S. 222-264. New York: Columbia University Press.

Coser, Lewis A. 1956. *The Functions of Social Conflict.* New York: Free Press.

Coser, Lewis A. 1967. *Continuities in the Study of Social Conflict.* New York: Free Press.

Coser, Lewis A. 1971. *Masters of Sociological Thought: Ideas in Historical and Social Context.* New York: Harcourt.

Craib, Ian. 1992. *Anthony Giddens.* London: Routledge.

Crouch, Colin. 1993. *Industrial Relations and European State Traditions.* Oxford: Clarendon Press.

Crouch, Colin und Henry Farrell. 2002. *Breaking the Path of Institutional Development? Alternatives to the New Determinism.* MPIfG Discussion Paper 02/5. Köln: Max-Planck-Institut für Gesellschaftsforschung.

Crouch, Colin und Wolfgang Streeck (Hg.). 1997. *Political Economy of Modern Capitalism.* London: Sage.

Dahrendorf, Ralf. 1957. *Soziale Klassen und Klassenkonflikt in der industriellen Gesellschaft.* Stuttgart: Enke.

Dahrendorf, Ralf. 1958a/1965. *Homo Sociologicus.* Köln/Opladen: Westdeutscher Verlag.

Dahrendorf, Ralf. 1958b. „Out of Utopia: Toward a Reorientation of Sociological Analysis." *American Journal of Sociology*, 64, S. 115-127.

Dahrendorf, Ralf. 1958c. „Toward a Theory of Social Conflict." *Journal of Conflict Resolution*, 2, S. 170-183. (Deutsche Übersetzung: 1971. „Zu einer Theorie des sozialen Konflikts." In: Zapf, Wolfgang (Hg.), *Theorien des sozialen Wandels*, Köln: Kiepenheuer & Witsch, S. 108-123.)

Dahrendorf, Ralf. 1961. *Gesellschaft und Freiheit.* München: Piper.

Dahrendorf, Ralf. 1967. *Gesellschaft und Demokratie in Deutschland.* München: Piper.

Dahrendorf, Ralf. 1990. *Betrachtungen über die Revolution in Europa.* Stuttgart: Europäische Verlagsanstalt.

Dahrendorf, Ralf. 1992. *Der moderne soziale Konflikt. Essay zur Politik der Freiheit.* Stuttgart: DVA.

Dahrendorf, Ralf. 1999. *Ein neuer Dritter Weg? Reformpolitik am Ende des 20. Jahrhunderts.* Tübingen: Mohr Siebeck.

Dahrendorf, Ralf, François Furet und Bronislaw Geremek. 1993. *Wohin steuert Europa?* Frankfurt/New York: Campus.

Darwin, Charles. 1888. *The Origin of Species: By Means of Natural Selection.* London: Murray.

Darwin, Charles. 1977. *The Collected Papers.* 2 Bände. Chicago: University of Chicago Press.

Davies, Paul C. 1988. *The Cosmic Blueprint.* New York: Simon and Schuster.

Davis, Kingsley. 1949. *Human Society.* New York: Macmillan.

Davis, Kingsley und Wilbert E. Moore. 1945. „Some Principles of Stratification." *American Sociological Review*, Vol. 10, S. 242-249.

Dendrinos, Dimitrios S. 1990. *Chaos and Socio-Spatial Dynamics.* New York: Springer.

Denzau, Arthur T. und Douglas C. North. 1994. „Shared Mental Models: Ideologies and Institutions." *Kyklos*, Jg. 47, S. 3-31.

Derrida, Jacques. 1967a. *De la grammatologie.* Paris: Minuit. (Deutsche Übersetzung: 1974. *Grammatologie.* Frankfurt: Suhrkamp.)

Derrida, Jacques. 1967b. *L'ecriture et la difference.* Paris: Editions du Seuil. (Deutsche Übersetzung: 1976. *Die Schrift und die Differenz.* Frankfurt a. M.: Suhrkamp.)

Derrida, Jacques. 1972. *Positions*. Paris: Minuit. (Deutsche Übersetzung: 1986. *Positionen*. Graz: Böhlau.)

Deutschmann, Christoph. 1999. *Die Verheißung des absoluten Reichtums. Zur religiösen Natur des Kapitalismus*. Frankfurt/New York: Campus.

DiMaggio, Paul J. 1988. „Interest and Agency in Institutional Theory." In: L.G. Zucker (Hg.). *Institutional Patterns and Organizations*. Cambridge, Mass.: Harvard University Press, S. 3-21.

DiMaggio, Paul J. 1997. „Culture and Cognition." *Annual Review of Sociology*, Jg. 23, S. 63 –87.

DiMaggio, Paul J. und Walter W. Powell. 1983. „The Iron Cage Revisited: Institutional Isomorphism and Collective Rationality in Organizational Fields." *American Sociological Review* 48, S. 147-160.

Douglas, Mary 1987. *How Institutions Think*. London: Routledge.

Duerr, Hans Peter. 1988. *Der Mythos vom Zivilisationsprozess. Band 1: Nacktheit und Scham*. Frankfurt a. M.: Suhrkamp.

Duerr, Hans Peter. 1990. *Der Mythos vom Zivilisationsprozess. Band 2: Intimität*. Frankfurt a. M.: Suhrkamp.

Duerr, Hans Peter. 1993. *Der Mythos vom Zivilisationsprozess. Band 3: Obszönität und Gewalt*. Frankfurt a. M.: Suhrkamp.

Duerr, Hans Peter. 1997. *Der Mythos vom Zivilisationsprozess. Band 4: Der erotische Leib*. Frankfurt a. M.: Suhrkamp.

Dunning, John H. 1997. *Alliance Capitalism and Global Business*. London & New York: Routledge.

Durkheim, Emile. 1893/1973a. *De la division du travail social*. Paris: Presses Universitaires de France. (Deutsche Übersetzungen: 1977. *Über die Teilung der sozialen Arbeit*. Frankfurt a. M.: Suhrkamp. 1988. *Über soziale Arbeitsteilung. Studie über die Organisation höherer Gesellschaften*. Frankfurt a. M.: Suhrkamp.)

Durkheim, Emile. 1895/1973b. *Les regles de la methode sociologique*. Paris: Presses Universitaires de France. (Deutsche Übersetzung: 1961. *Die Regeln der soziologischen Methode*. Neuwied: Luchterhand.)

Durkheim, Emile. 1912/1968. *Les formes elementaires de la vie religieuse*. Paris: Presses Universitaires de France. (Deutsche Übersetzung: 1981. *Die elementaren Formen des religiösen Lebens*. Frankfurt a. M.: Suhrkamp.)

Durkheim, Emile. 1914/1970. „Le dualism de la nature humaine et ses conditions sociales." In: *La science sociale et l'action*, S. 314-332. Edited by J.C. Filloux. Paris: Presses Universitaires de France.

Durkheim, Emile. 1924/1974. *Sociologie et philosophie*. Paris: Presses Universitaires de France. (Deutsche Übersetzung: 1976. *Soziologie und Philosophie*. Frankfurt a. M.: Suhrkamp.)

Durkheim, Emile und Marcel Mauss. 1901-1902. „De quelques formes primitives de classification." *L'annee sociologique* 6, S. 1-72.

Eco, Umberto. 1975. *Trattato di semiotica generale*. Milan: Bompiani.

Eder, Klaus. 1985. *Geschichte als Lernprozess? Zur Pathogenese politischer Modernität in Deutschland*. Frankfurt a. M.: Suhrkamp.

Eisenstadt, Shmuel N. 1963. *The Political System of Empires*. New York: Free Press.

Eisenstadt, Shmuel N. 1966. *Modernization: Protest and Change*. Englewood Cliffs: Prentice Hall.

Eisenstadt, Shmuel N. 1973. *Tradition, Change and Modernity*. New York: Wiley.

Eisenstadt, Shmuel N. 1978. *Revolution and the Transformation of Societies. A Comparative Study of Civilizations*. New York und London: Free Press.

Eisenstadt, Shmuel N. 1998. *Die Antinomien der Moderne. Die jakobinischen Grundzüge der Moderne und des Fundamentalismus. Heterodoxien, Utopismus und Jakobinismus in der Konstitution fundamentalistischer Bewegungen*. Frankfurt a.M.: Suhrkamp.

Eisenstadt, Shmuel N. 2000. *Die Vielfalt der Moderne*. Weilerswist: Velbrück.

Elias, Norbert. 1939/1976. *Über den Prozess der Zivilisation*. 2 Bände. Frankfurt a. M.: Suhrkamp.

Elias, Norbert. 1969. *Die höfische Gesellschaft*. Neuwied & Berlin: Lutchterhand.

Elias, Norbert. 1970. *Was ist Soziologie?* München: Juventa.

Elias, Norbert. 1987. *Die Gesellschaft der Individuen*. Frankfurt a. M.: Suhrkamp.

Elias, Norbert. 1990. *Studien über die Deutschen. Machtkämpfe und Habitusentwicklung im 19. und 20. Jahrhundert*. Frankfurt a. M.: Suhrkamp.

Elias, Norbert. 1991. *Mozart. Zur Soziologie eines Genies*. Frankfurt a. M.: Suhrkamp.

Erlinger, Rainer. 2002. „Der Pharmaschinken. Unsere Nahrungsmittel sind so sicher wie nie zuvor." *Süddeutsche Zeitung* vom 19.7.2002, Nr. 165, 13.

Esping-Andersen, Gøsta. 1990. *The Three Worlds of Welfare Capitalism*. Cambridge 1990.

Esping-Andersen, Gøsta und Marino Regini (Hg.). 2000. *Why Deregulate Labour Markets?* Oxford: Oxford University Press.

Esser, Hartmut. 1987. „Besprechung von Ulrich Beck, Risikogesellschaft." *Kölner Zeitschrift für Soziologie und Sozialpsychologie* 39, S. 806 – 811.

Esser, Hartmut. 1996. *Soziologie. Allgemeine Grundlagen*. 2. Auflage. Frankfurt/New York: Campus.

Esser, Hartmut. 1999-2001. *Soziologie. Spezielle Grundlagen*. 6 Bände. Frankfurt/New York: Campus.

Esser, Josef, Christoph Görg und Joachim Hirsch (Hg.). 1994. *Politik, Institutionen und Staat. Zur Kritik der Regulationstheorie*. Hamburg: VSA-Verlag.

Etzioni, Amitai. 1961. *A Comparative Analysis of Complex Organizations: On Power, Involvement, and their Correlates*. New York: Free Press.

Etzioni, Amitai. 1968. *The Active Society: A Theory of Society and Political Processes*. New York: Free Press.

Etzioni, Amitai. 1988. *The Moral Dimension: Toward a New Economics*. New York: Free Press.

Featherstone, Mike. 1989. „Towards a Sociology of Postmodern Culture." In: Hans Haferkamp (Hg.), *Social Structure and Culture*, S. 147-172. Berlin & New York: De Gruyter.

Fiedler, Georg. 2001. „Suizide, Suizidversuche und Suizidalität. Daten und Fakten." Online-Publikation: *http://www.suicidology.de/online-text/daten.pdf* [Abrufdatum: 11.3.2002].

FIO (Forschungsinstitut für Ordnungspolitik). 2000. *Mobilität und flexible Erwerbsbiographien im Urteil der Bevölkerung*, Arbeitspapier Nr. 8, Köln.

Flaubert, Gustave. 1992. „Brief an George Sand vom 12. Dezember 1872." In: Flaubert, Gustave und George Sand. *Eine Freundschaft in Briefen*, hg. von A. Jacobs, übersetzt von A. Lallemond, H. Scheffel und T. Scheffel. München: C.H. Beck, S. 407-408.

Flaubert, Gustave. 1995. *Die Briefe an Louise Colet*. Aus dem Französischen von Cornelia Hastings. Zürich: Diogenes.

Fligstein, Neil 1990. *The Transformation of Corporate Control*. Cambridge, Mass.: Harvard University Press.

Fligstein, Neil 2001. *The Architecture of Markets*, Princeton: Princeton University Press.

Fligstein, Neil und Alec Stone Sweet. 2002. „Constructing Politics and Markets: An Institutionalist Account of European Integration." *American Journal of Sociology* 107, S. 1206-1243.

Foucault, Michel. 1961. *Histoire de la folie*. Paris: Librairie Plon. (Deutsche Übersetzung. 1969. *Wahnsinn und Gesellschaft*. Frankfurt a. M.: Suhrkamp.)

Foucault, Michel. 1969. *L'archeologie du savoir*. Paris: Gallimard. (Deutsche Übersetzung: 1981. *Archäologie des Wissens*. Frankfurt a. M.: Suhrkamp.)

Foucault, Michel. 1971. *L'ordre du discours*. Faris: Gallimard. (Deutsche Übersetzung: 1991. *Die Ordnung des Diskurses*. München: Hanser.)

Foucault, Michel. 1975. *Surveiller et punir. La naissance de la prison*. Paris: Gallimard. (Deutsche Übersetzung: 1977a. *Überwachen und Strafen. Die Geburt des Gefängnisses*. Frankfurt a. M.: Suhrkamp.)

Foucault, Michel. 1976. *Histoire de la sexualite. La volonté de savoir*. Band 1. Paris: Gallimard. (Deutsche Übersetzung: 1977b. *Sexualität und Wahrheit. Der Wille zum Wissen*. Frankfurt a. M.: Suhrkamp.)

Foucault, Michel. 1984a. *Histoire de la sexualite. L'usage des plaisirs*. Band 2. Paris: Gallimard. (Deutsche Übersetzung: 1986. *Sexualität und Wahrheit. Der Gebrauch der Lüste*. Frankfurt a. M.: Suhrkamp.)

Foucault, Michel. 1984b. *Histoire de la sexualite. Le souci de soi*. Band 3. Paris: Gallimard. (Deutsche Übersetzung: 1986. *Sexualität und Wahrheit. Die Sorge um sich*. Frankfurt a. M.: Suhrkamp.)

Foucault, Michel. 1988. *Politics, Philosophy, Culture: Interviews and Other Writings, 1977-1984*. New York: Routledge.

Frank, André Gunder. 1967. *Capitalism and Underdevelopment in Latin America*. New York: Monthly Review Press.

Frank, André Gunder. 1969. *Latin America: Underdevelopment or Revolution*. New York/London: Monthly Review Press.

Frank, André Gunder. 1989. *ReOrient. Global Economy in the Asian Age*. Berkeley: University of California Press.

Freud, Siegmund. 1923/1972. *Das Ich und das Es*. In *Gesammelte Werke*, Band 13. Frankfurt: Fischer.

Friedeburg, Ludwig von, Jürgen Habermas, Christian Oehler und Friedrich Weltz. 1961. *Student und Politik*. Neuwied & Berlin: Luchterhand.

Friedrichs, Jürgen (Hg.). 1998. *Die Individualisierungsthese*. Opladen: Westdeutscher Verlag.

Gadamer, Hans Georg. 1960. *Wahrheit und Methode*. Tübingen: Mohr Siebeck.

Gehlen, Arnold. 1940/1993. *Der Mensch. Seine Natur und seine Stellung in der Welt*. In: Arnold Gehlen. *Gesamtausgabe*, Bd. 3. Hg. von K.-S. Rehberg. Frankfurt a. M.: Klosterman.

Gerhards, Jürgen und Friedhelm Neidhardt. 1990. *Strukturen und Funktionen moderner Öffentlichkeit. Fragestellungen und Ansätze*. Berlin: Wissenschaftszentrum für Sozialforschung.

Gerhardt, Uta (Hg.). 1993. *Talcott Parsons on National Socialism*. New York: De Gruyter.

Gerhardt, Uta. 2002. *Talcott Parsons. An Intellectual Biography*. Cambridge: Cambridge University Press.

Gerstein, Dean R. 1981. „Cultural Action and Heroine Addiction." *Sociological Inquiry*, Vol. 51, Nr. 3/4, S. 355-370.

Giddens, Anthony. 1976. *New Rules of Sociological Method: A Positive Critique of Interpretative Sociologies*. New York: Basic Books. (Deutsche Übersetzung: 1984. *Interpretative Soziologie. Eine kritische Einführung*. Frankfurt/New York: Campus.)

Giddens, Anthony. 1979. *Central Problems in Social Theory: Action, Structure and Contradiction in Social Analysis*. Berkeley/Los Angeles: University of California Press.

Giddens, Anthony. 1981. *A Contemporary Critique of Historical Materialism. Vol. 1: Power, Property and the State.* Berkeley/Los Angeles: University of California Press.

Giddens, Anthony. 1982. *Profiles and Critiques in Social Theory.* London: Macmillan.

Giddens, Anthony. 1984. *The Constitution of Society: Outline of the Theory of Structuration.* Cambridge: Polity Press. (Deutsche Übersetzung: 1988. *Die Konstitution der Gesellschaft. Grundzüge einer Theorie der Strukturierung.* Frankfurt/New York: Campus.)

Giddens, Anthony. 1985. *A Contemporary Critique of Historical Materialism. Vol. 2: The Nation-State and Violence.* Cambridge: Polity Press.

Giddens, Anthony. 1987. „Structuralism, Post-Structuralism and the Production of Culture." In: Anthony Giddens und Jonathan H. Turner (Eds.), *Social Theory Today*, S. 195-223. Cambridge: Polity Press.

Giddens, Anthony. 1989. *Sociology.* Cambridge: Polity Press. (Deutsche Übersetzung: 1995. *Soziologie.* Graz: Nausner & Nausner.)

Giddens, Anthony. 1990. *The Consequences of Modernity.* Cambridge: Polity Press. (Deutsche Übersetzung: 1995. *Konsequenzen der Moderne.* Frankfurt a. M.: Suhrkamp.)

Giddens, Anthony. 1991. *Modernity and Self-Identity.* Cambridge: Polity Press.

Giddens, Anthony. 1994. *Beyond Left and Right.* Cambridge: Polity Press. (Deutsche Übersetzung: 1997. *Jenseits von Links und Rechts. Die Zukunft radikaler Demokratie.* Frankfurt a. M.: Suhrkamp.)

Giddens, Anthony. 1998. *The Third Way. The Renewal of Social Democracy.* Cambridge: Polity Press. (Deutsche Übersetzung: 1999. *Der dritte Weg. Die Erneuerung der sozialen Demokratie.* Frankfurt a. M.: Suhrkamp.)

Giddens, Anthony. 2000. *The Third Way and its Critics.* Cambridge: Polity Press. (Deutsche Übersetzung: 2001. *Die Frage der sozialen Ungleichheit.* Frankfurt a. M.: Suhrkamp.)

Giddens, Anthony (Hg.). 2001. *The Global Third Way Debate.* Cambridge: Polity Press.

Giesen, Bernhard 1980. *Makrosoziologie: Eine evolutionstheoretische Einführung.* Hamburg: Hoffmann und Campe.

Giesen, Bernhard. 1991. *Die Entdinglichung des Sozialen. Eine evolutionstheoretische Perspektive auf die Postmoderne.* Frankfurt a. M.: Suhrkamp.

Gleichmann, Peter, Johan Goudsblom und Hermann Korte (Hg.). 1979. *Materialien zu Norbert Elias' Zivilisationstheorie.* Frankfurt a. M.: Suhrkamp.

Glucksmann, André. 1977. *Les maitres penseurs.* Paris: Grasset.

Godelier, Maurice. 1972. *Rationality and irrationality in economics.* New York: Monthly Review Press.

Göhler, Gerhard (Hg.). 1994. *Die Eigenart der Institutionen. Zum Profil politischer Institutionentheorien.* Baden-Baden: Nomos.

Goldthorpe, John. 1968. *The Affluent Worker*. London: Cambridge University Press.

Goldthorpe, John. 1980. *Social Mobility and Class Structure in Modern Britain*. Oxford: Clarendon Press.

Goudsblom, Johan, Edward L. Jones und Stephen Mennell. 1989. *Human History and Social Process*. Exeter: University of Exeter Press.

Gould, Mark. 1976. „Systems Analysis, Macrosociology and the Generalized Media of Social Action." In: J.J. Loubser, R.C. Baum, A. Effrat und V.M. Lidz (Hg.), *Explorations in General Theory in Social Science*, S. 470-506. New York: Free Press.

Gould, Mark. 1987. *Revolution in the Development of Capitalism: The Coming of the English Revolution*. Berkeley: University of California Press.

Gouldner, Alvin W. 1960. „The Norm of Reciprocity." *American Sociological Review*, 25, S. 161-178.

Gouldner, Alvin W. 1963. *Modern Sociology: An Introduction to the Study of Human Interaction*. New York: Harcourt Brace.

Gouldner, Alvin W. 1971. *The Coming Crises of Western Sociology*. London: Heinemann.

Gouldner, Alvin W. 1980. *The two Marxisms*. New York: Seabury.

Granovetter, M. 1985. „Economic Action and Social Structure: The Problem of Embeddedness" *American Journal of Sociology*, Jg. 91, S. 481-510.

Gross, Peter. 1994. *Die Multioptionsgesellschaft*. Frankfurt a. M.: Suhrkamp.

Haas, Ernst B. 1958. *The Unity of Europe. Political, Social and Economic Forces, 1950-1957*. Stanford: Stanford University Press.

Habermas, Jürgen. 1968a. *Erkenntnis und Interesse*. Frankfurt a. M.: Suhrkamp.

Habermas, Jürgen. 1968b. *Technik und Wissenschaft als „Ideologie"*. Frankfurt a. M.: Suhrkamp.

Habermas, Jürgen. 1969. *Zur Logik der Sozialwissenschaften*. Tübingen: Mohr.

Habermas, Jürgen. 1971a. „Vorbereitende Bemerkungen zu einer Theorie der kommunikativen Kompetenz". In: Jürgen Habermas und Niklas Luhmann, *Theorie der Gesellschaft oder Sozialtechnologie*. Frankfurt a. M.: Suhrkamp, S. 101-41.

Habermas, Jürgen. 1971b. *Theorie und Praxis*. Frankfurt a. M.: Suhrkamp.

Habermas, Jürgen. 1973. *Legitimationsprobleme im Spätkapitalismus*. Frankfurt a. M.: Suhrkamp.

Habermas, Jürgen. 1976. *Zur Rekonstruktion des Historischen Materialismus*. Frankfurt a. M.: Suhrkamp.

Habermas, Jürgen. 1981. *Theorie des kommunikativen Handelns*. 2 Bände. Frankfurt a. M.: Suhrkamp.

Habermas, Jürgen. 1983. *Moralbewußtsein und kommunikatives Handeln*. Frankfurt a. M.: Suhrkamp.

Habermas, Jürgen. 1984. *Vorstudien und Ergänzungen zur Theorie des kommunikativen Handelns*. Frankfurt a. M.: Suhrkamp.

Habermas, Jürgen. 1985. *Der philosophische Diskurs der Moderne*. Frankfurt a. M.: Suhrkamp.

Habermas, Jürgen. 1987. *Eine Art Schadensabwicklung. Kleine Politische Schriften VI*. Frankfurt a. M.: Suhrkamp.

Habermas, Jürgen. 1990a. *Die nachholende Revolution. Kleine politische Schriften VII*. Frankfurt a. M.: Suhrkamp.

Habermas, Jürgen. 1962/1990b. *Strukturwandel der Öffentlichkeit*. Frankfurt a. M.: Suhrkamp.

Habermas, Jürgen. 1991. *Erläuterungen zur Diskursethik*. Frankfurt a. M.: Suhrkamp.

Habermas, Jürgen. 1992. *Faktizität und Geltung*. Frankfurt a. M.: Suhrkamp.

Habermas, Jürgen. 1996. *Die Einbeziehung des Anderen*. Frankfurt a. M.: Suhrkamp.

Habermas, Jürgen. 1998. *Die postnationale Konstellation*. Frankfurt a. M.: Suhrkamp.

Habermas, Jürgen. 2001. *Die Zukunft der menschlichen Natur. Auf dem Weg zu einer liberalen Eugenik?* Frankfurt a. M.: Suhrkamp.

Hall, Peter A. und David Soskice. 2001. „An Introduction to Varieties of Capitalism." In: P.A. Hall und D. Soskice (Hg.). *Varieties of Capitalism*. Oxford: Oxford University Press, S. 1-68.

Haller, Max. 1997. „Klassenstruktur und Arbeitslosigkeit – Die Entwicklung zwischen 1960 und 1990". In: Stefan Hradil und Stefan Immerfall (Hg.), *Die westeuropäischen Gesellschaften im Vergleich*. Opladen: Leske + Budrich, S. 377-428.

Hannerz, Ulf. 1996. *Transnational Connections. Culture, People, Places*. London: Routledge.

Harris, Zellig S. 1951/1960. *Methods in Structural Linguistics*. (Titel der Neuauflage: *Structural Linguistics*.) Chicago: University of Chicago Press.

Harrison, Laurence E. und Samuel P. Huntington (Hg.). 2000. *Culture Matters. How Values Shape Human Progress*. New York: Basic Books.

Harvey, David. 1989. *The Condition of Postmodernity*. Oxford: Blackwell.

Hecker, Ursula 2000. „Berufliche Mobilität und Wechselprozesse" In: Institut für Arbeitsmarkt und Berufsforschung (Hg.), *Wandel der Erwerbsarbeit: Arbeitssituation, Informatisierung, berufliche Mobilität und Weiterbildung*. Beiträge zur Arbeitsmarkt- und Berufsforschung Nr. 231, S. 67-97.

Hegel, Georg Wilhelm Friedrich. 1807/1964-1971. „Phänomenologie des Geistes." In: *Sämtliche Werke*. Band 2, hg. von Hermann Glockner. Stuttgart: Frommann Holzboog.

Hegel, Georg Wilhelm Friedrich. 1821/1964-1971. *Grundlinien der Philosphie des Rechts*. In: *Sämtliche Werke*. Band 7, hg. von Hermann Glockner. Stuttgart: Frommann Holzboog.

Heintz, Peter. 1982. *Die Weltgesellschaft im Spiegel von Ereignissen.* Diessenhofen: Rüegger.

Held, David. 1980. *Introduction to Critical Theory: Horkheimer to Habermas.* Berkeley: University of California Press.

Held, David. 1995. *Democracy and the Global Order. From the Modern State to Cosmopolitan Governance.* Cambridge: Polity Press.

Held, David, Anthony McGrew, David Goldblatt und Jonathan Perraton. 1999. *Global Transformations. Politics, Economics and Culture.* Stanford: Stanford University Press.

Héritier, Adrienne (Hg.). 1993. „Policy–Analyse. Kritik und Neuorientierung.“ *Politische Vierteljahresschrift*, Sonderheft 23.

Héritier, Adrienne, Susanne Mingers, Christoph Knill und Martina Becka. 1994. *Staatlichkeit in Europa: Ein regulativer Wettbewerb. Deutschland, Großbritannien und Frankreich in der Europäischen Union.* Opladen: Leske + Budrich.

Hirsch, Joachim. 1995. *Der nationale Wettbewerbsstaat. Staat, Demokratie und Politik im globalen Kapitalismus.* Berlin: Edition ID-Archiv.

Hitzler, Ronald und Anne Honer. 1994: „Bastelexistenz. Über subjektive Konsequenzen der Individualisierung.“ In: Beck, Ulrich (Hg.), *Riskante Freiheiten. Individualisierung in modernen Gesellschaften.* Frankfurt a. M.: Suhrkamp, S. 307-315.

Hobbes, Thomas. 1651/1966. *Leviathan.* In: *Collected English Works of Thomas Hobbes*, Bd. 3, hg. von W. Molesworth. Aalen: Scientia. (Deutsche Übersetzung: 1996. *Leviathan*, hg. von Hermann Klenner. Hamburg: Meiner.)

Höpner, Martin. 2003. *Wer beherrscht die Unternehmen? Shareholder Value, Managerherrschaft und Mitbestimmung in Deutschland.* Frankfurt/New York: Campus.

Hoffmann, Walter G. 1965. *Das Wachstum der deutschen Wirtschaft seit Mitte des 19. Jahrhunderts.* Berlin und Heidelberg: Springer.

Holton, Robert J und Bryan S. Turner. 1989. *Talcott Parsons on Economy and Society.* London: Routledge.

Homans, George C. 1961. *Social Behavior: Its Elementary Forms.* New York: Harcourt, Brace.

Homans, George C. 1967. *The Nature of Social Sciences.* New York, Harcourt, Brace.

Homans, George C. 1974. *Social Behavior: Its Elementary Forms.* Überarbeitete Auflage. New York: Harcourt, Brace.

Hondrich, Karl-Otto. 1973. *Theorie der Herrschaft.* Frankfurt a. M.: Suhrkamp.

Honneth, Axel. 1985. *Kritik der Macht.* Frankfurt a. M.: Suhrkamp.

Honneth, Axel und Hans Joas (Hg.). 1986. *Beiträge zu Jürgen Habermas' „Theorie des kommunikativen Handelns“.* Frankfurt a. M.: Suhrkamp.

Honneth, Axel, Thomas McCarthy, Claus Offe, und Albrecht Wellmer (Hg.). 1989. *Zwischenbetrachtungen. Im Prozess der Aufklärung. Jürgen Habermas zum 60. Geburtstag*. Frankfurt a. M.: Suhrkamp.

Hopkins, Terence K. und Immanuel Wallerstein. 1982. *World-Systems Analysis. Theory and Methodology*. Beverly Hills: Sage.

Horkheimer, Max. 1967. *Zur Kritik der instrumentellen Vernunft*. Frankfurt a. M.: S. Fischer.

Horkheimer, Max. 1968. *Kritische Theorie*. 2 Bände. Frankfurt a. M.: S. Fischer.

Horkheimer, Max und Adorno, Theodor W. 1947/1969. *Dialektik der Aufklärung*. Frankfurt a.M.: S. Fischer.

Huaco, George. 1966. „The Functionalist Theory of Stratification: Two Decades of Controversy." *Inquiry*, Vol. 9, S. 215-240.

Hume, David. 1739/1978. *A Treatise on Human Nature*. Herausgegeben von L.A. Selby-Bigge. Oxford: Clarendon Press.

Immerfall, Stefan. 1997. „Soziale Integration in den westeuropäischen Gesellschaften – Werte, Mitgliedschaften, Netzwerke" In: Stefan Hradil und Stefan Immerfall (Hg.), *Die westeuropäischen Gesellschaften im Vergleich*. Opladen: Leske + Budrich, S. 139-173.

Ingham, Geoffrey K. 1984. *Capitalism Divided? The City and Industry in Britain*. London: Macmillan.

Inglehart, Ronald. 1989. *Kultureller Umbruch. Wertwandel in der westlichen Welt*. Frankfurt/New York: Campus.

Janning, Frank. 1991. *Pierre Bourdieus Theorie der Praxis*. Opladen: Westdeutscher Verlag.

Jauß, Claudia. 1999. *Politik als Verhandlungsmarathon. Immissionsschutz in der amerikanischen Wettbewerbsdemokratie*. Baden-Baden: Nomos.

Jay, Martin. 1973. *The Dialectical Imagination*. Boston: Little, Brown. (Deutsche Übersetzung: 1981. *Dialektische Phantasie. Die Geschichte der Frankfurter Schule und des Instituts für Sozialforschung 1923-1950*. Frankfurt a. M.: Fischer.)

Jay, Martin. 1984. *Marxism and Totality: The Adventures of a Concept from Lukacs to Habermas*. Berkeley and Los Angeles: University of California Press.

Jay, Martin. 1986. *Permanent Essays on the Intellectual Migration from Germany to America*. New York: Columbia University Press.

Jensen, Stefan. 1980. *Talcott Parsons: Eine Einführung*. Stuttgart: Teubner.

Jessop, Bob. 1990. *State Theory. Putting Capitalist States in Their Places*. Cambridge: Polity.

Joas, Hans. 1988. „Das Risiko der Gegenwartsdiagnose." *Soziologische Revue* 11, S. 1–6.

Johnson, Harry M. 1973. „The Generalized Symbolic Media in Parsons' Theory." *Sociological and Social Research*, Vol. 57, S. 208-221.

Johnson, Harry M. 1976. „The Mass Media, Ideology, and Community Standards." In: J.J. Loubser, R.C. Baum, A. Effrat und V.M. Lidz (Hg.), *Explorations in General Theory in Social Science*, S. 609-638. New York: Free Press.

Kant, Immanuel. 1781/1964a. *Kritik der reinen Vernunft*. In: *Werke in sechs Bänden*, Band 2, hg. von Wilhelm Weischedel. Frankfurt a. M.: Insel.

Kant, Immanuel. 1784/1964b. „Beantwortung der Frage: Was ist Aufklärung?" In: *Werke in sechs Bänden*, Band 6, hg. von Wilhelm Weischedel. Frankfurt a. M.: Insel.

Kant, Immanuel. 1788/1964c. *Kritik der praktischen Vernunft*. In: *Werke in sechs Bänden*, Band 4, hg. von Wilhelm Weischedel. Frankfurt a. M.: Insel.

Kant, Immanuel. 1790/1964d. *Kritik der Urteilskraft*. In: *Werke in sechs Bänden*, Band 5, hg. von Wilhelm Weischedel. Frankfurt a. M.: Insel.

Kant, Immanuel. 1793/1964e. *Über den Gemeinspruch: Das mag in der Theorie richtig sein, taugt aber nicht für die Praxis*. *Werke in sechs Bänden*, Band 6, hg. von Wilhelm Weischedel. Frankfurt a. M.: Insel.

Kaufmann, Franz-Xaver. 1997. *Herausforderungen des Sozialstaates*. Frankfurt a. M.: Suhrkamp.

Keohane, Robert O. 1984. *After Hegemony: Cooperation and Discord in the World Political Economy*. Princeton: Princeton University Press.

Kepplinger, Hans Mathias. 1989. *Künstliche Horizonte. Folgen, Darstellung und Akzeptanz von Technik in der Bundesrepublik*. Frankfurt/New York: Campus.

Knöbl, Wolfgang. 2001. *Spielräume der Modernisierung. Das Ende der Eindeutigkeit*. Weilerswist: Velbrück Wissenschaft.

Knoepfel, Peter und Helmut Weidner. 1985. *Luftreinhaltepolitik (stationäre Quellen) im internationalen Vergleich. Bd. 4: Frankreich*. Berlin: Edition Sigma.

Kohler-Koch, Beate. 1999. „The Evolution and Transformation of European Governance." In: dies. und Rainer Eising (Hg.), *The Transformation of Governance in the European Union*. London/New York: Routledge. S. 14 – 35.

Korte, Hermann. 1997. *Über Norbert Elias. Das Werden eines Menschenwissenschaftlers*. Opladen : Leske und Budrich.

Krasner, Stephen D. (Hg.). 1983. *International Regimes*. Ithaca: Cornell University Press.

Kron, Thomas (Hg.). 2000. *Individualisierung und soziologische Theorie*. Opladen: Leske + Budrich.

Kuhn, Thomas. 1967. *Die Struktur wissenschaftlicher Revolutionen*. Frankfurt a. M.: Suhrkamp.

Küppers, Bernd-Olaf. 1987. *Ordnung aus dem Chaos: Prinzipien der Selbstorganisation und Evolution des Lebens*. München: Piper.

Kurzweil, Edith. 1980. *The Age of Structuralism. Lévi-Strauss to Foucault.* New York: Columbia University Press.

Kuzmics, Helmut. 1989. *Der Preis der Zivilisation. Die Zwänge der Moderne im theoretischen Vergleich.* Frankfurt/New York: Campus.

Lacan, Jacques. 1966. *Écrits.* Paris: Editions du Seuil.

Lahusen, Christian. 2003. *Kontraktuelle Politik. Politische Vergesellschaftung am Beispiel der Luftreinhaltung in Deutschland, Frankreich, Großbritannien und den USA.* Weilerswist: Velbrück Wissenschaft.

Lash, Scott und John Urry. 1987. *The End of Organized Capitalism.* Madison, Wisc.: University of Wisconsin Press.

Lazarsfeld, Paul F. und Morris Rosenberg (Hg.). 1955. *The Language of Social Research.* Glencoe, Ill: Free Press.

Leach, Edmund. 1974. *Claude Lévi-Strauss.* New York: Penguin.

Lechner, Frank. 1984. „Ethnicity and Revitalization in the Modern World System." *Sociological Focus*, Vol. 17, S. 243-256.

Lechner, Frank. 1985. „Modernity and its Discontents." In: Jeffrey C. Alexander (Hg.), *Neofunctionalism*, S. 157-176. Beverly Hills: Sage

Lechner, Frank. 1989. „Cultural Aspects of the Modern World System." In: W.H. Swatos (Hg.), *Religious Politics in Global Perspective*, S. 11-28. New York: Greenwood Press.

Leibfried, Stephan und Paul Pierson (Hg.). 1998. *Standort Europa. Europäische Sozialpolitik.* Frankfurt a. M.: Suhrkamp.

Leibfried, Stefan und Elmar Rieger. 2001. *Grundlagen der Globalisierung. Perspektiven des Wohlfahrtsstaates.* Frankfurt a. M.: Suhrkamp.

Lemert, Charles. 1979. *Sociology and the Twilight of Man: Homocentrism and Discourse in Sociological Theory.* Carbondale: Southern Illinois University Press.

Lemert, Charles (Hg.). 1981. *French Sociology: Rupture and Renewal since 1968.* New York: Columbia University Press.

Lenski, Gerhard A. 1966. *Power and Privilege: A Theory of Social Stratification.* New York: McGraw-Hill.

Lessenich, Stephan und Ilona Ostner (Hg.). 1998. *Welten des Wohlfahrtskapitalismus. Der Sozialstaat in vergleichender Perspektive.* Frankfurt/New York: Campus.

Lévi-Strauss, Claude. 1947. *Les structures elementaires de la parente.* Paris: Mouton. (Deutsche Übersetzung: 1981. *Die elementaren Strukturen der Verwandtschaft.* Frankfurt a. M.: Suhrkamp.)

Lévi-Strauss, Claude. 1962. *La pensée sauvage.* Paris: Librairie Plon. (Deutsche Übersetzung: 1968. *Das wilde Denken.* Frankfurt a. M.: Suhrkamp.)

Lévi-Strauss, Claude. 1964. *Mythologiques. Le cru et le cuit.* Paris: Librairie Plon. (Deutsche Übersetzung: 1971. *Das Rohe und das Gekochte.* Frankfurt a. M.: Suhrkamp.)

Lévi-Strauss, Claude. 1967. *Mythologiques. Du miel aux cendres.* Paris: Librairie Plon. (Deutsche Übersetzung: 1972. *Vom Honig zur Asche.* Frankfurt a. M.: Suhrkamp.)

Lévi-Strauss, Claude. 1968. *Mythologiques. L'origine des manières de table.* Paris: Librairie Plon. (Deutsche Übersetzung: 1973. *Der Ursprung der Tischsitten.* Frankfurt a. M.: Suhrkamp.)

Lévi-Strauss, Claude. 1971. *Mythologiques. L'homme nu.* Paris: Librairie Plon. (Deutsche Übersetzung: 1975. *Der nackte Mensch.* Frankfurt a. M.: Suhrkamp.)

Levy, Bernard-Henri. 1977. *La Barbarie au visage humain.* Paris: Grasset. (Deutsche Übersetzung: 1978. *Die Barbarei mit menschlichem Gesicht.* Reinbek bei Hamburg: Rowohlt.)

Lidz, Charles W. und Lidz, Victor M. 1976. „Piaget's Psychology of Intelligence and the Theory of Action." In: J.J. Loubser, R.C. Baum, A. Effrat und V.M. Lidz (Hg.), *Explorations in General Theory in Social Science*, S. 195-239. New York: Free Press.

Lipietz, Alain. 1987. *Mirages and Miracles: The Crises of Global Fordism.* London: Verso.

Lipietz, Alain. 1993. *Towards a New Economic Order: Postfordism, Ecology, and Democracy.* Cambridge: Polity.

Lipset, Seymour M. 1963. *The First New Nation: The United States in Historical and Comparative Perspective.* New York: Basic Books.

Locke, John. 1690/1963. „Two Treatises on Government." In: *The Works.* 10 Bde. Aalen: Scientia. (Deutsche Übersetzung: 1970. *Zwei Abhandlungen über die Regierung.* Frankfurt a. M.: Europäische Verlags-Anstalt.)

Lockwood, David. 1956. „Some Notes on the Social System." *British Journal of Sociology* 7, S. 134-146.

Lockwood, David. 1958. *The Blackcoated Worker: A Study in Class Consciousness.* London: Allen and Unwin.

Lockwood, David. 1960. „The New Working Class." *Archives Europeennes de Sociologie* 1, S. 248-259.

Loubser, Jan J., Rainer C. Baum, Andrew Effrat und Victor M. Lidz (Hg.). 1976. *Explorations in General Theory in Social Science.* New York: Free Press.

Löwenthal, Leo. 1980. *Gesammelte Schriften.* Herausgegeben von Helmut Dubiel. Band 1. Frankfurt a. M.: Suhrkamp.

Löwenthal, Leo. 1981. *Gesammelte Schriften.* Herausgegeben von Helmut Dubiel. Band 2. Frankfurt a. M.: Suhrkamp.

Luhmann, Niklas. 1970. *Soziologische Aufklärung: Aufsätze zur Theorie sozialer Systeme.* Opladen: Westdeutscher Verlag.

Luhmann, Niklas. 1975. „Die Weltgesellschaft". In: N. Luhmann. *Soziologische Aufklärung.* Bd. 2. Opladen: Westdeutscher Verlag, S. 51-71.

Luhmann, Niklas. 1980. *Gesellschaftsstruktur und Semantik: Studien zur Wissenssoziologie*. Frankfurt a. M.: Suhrkamp.

Luhmann, Niklas. 1982. *Liebe als Passion: Zur Codierung von Intimität*. Frankfurt a. M.: Suhrkamp.

Luhmann, Niklas. 1969/1983. *Legitimation durch Verfahren*. Neuwied & Berlin: Luchterhand.

Luhmann, Niklas. 1984. *Soziale Systeme: Grundriß einer allgemeinen Theorie*. Frankfurt a. M.: Suhrkamp.

Luhmann, Niklas. 1986. *Ökologische Kommunikation: Kann die moderne Gesellschaft sich auf ökologische Gefährdungen einstellen?* Opladen: Westdeutscher Verlag.

Luhmann, Niklas. 1988. *Die Wirtschaft der Gesellschaft*. Frankfurt a. M.: Suhrkamp.

Luhmann, Niklas. 1990. *Die Wissenschaft der Gesellschaft*. Frankfurt a. M.: Suhrkamp.

Luhmann, Niklas. 1993. *Das Recht der Gesellschaft*. Frankfurt a. M.: Suhrkamp.

Luhmann, Niklas. 1995. *Die Kunst der Gesellschaft*. Frankfurt a. M.: Suhrkamp.

Luhmann, Niklas. 1996. *Die Realität der Massenmedien*. Frankfurt a. M.: Suhrkamp.

Luhmann, Niklas. 1997. *Die Gesellschaft der Gesellschaft*. Frankfurt a. M.: Suhrkamp.

Luhmann, Niklas. 2000. *Die Politik der Gesellschaft*. Frankfurt a. M.: Suhrkamp.

Lukacs, Georg. 1923/1968. *Geschichte und Klassenbewußtsein*. 2 Bände. Neuwied: Luchterhand.

Lyotard, Jean-Franqois. 1979. *La condition postmoderne. Rapport sur le savoir*. Paris: Minuit. (Deutsche Übersetzung: 1986. *Das postmoderne Wissen*. Graz: Böhlau.)

Lyotard, Jean-Franqois. 1983. *Le différend*. Paris: Minuit. (Deutsche Übersetzung: 1986. *Der Widerstreit*. München: Fink.)

Maffesoli, Michel. 1988. *Le temps des tribus: le declin de l'individualisme dans les societes de masse*. Paris: Librairie des Meridiens Klinksieck.

Majone, Giandomenco. 1989. *Evidence, Argument and Persuasion in the Policy Process*. New Haven, CT.: Yale University Press.

Majone, Giandomenco. 1994. „The Rise of the Regulatory State in Europe." *West European Politcs* 17, S. 77 – 101.

Majone, Giandomenco. 1996. *Regulating Europe*. London/New York: Routledge.

Malinowski, Bronislaw. 1926. „Anthropology." In: *Encyclopedia Britannica*. First Supplementary Volume, S. 131-139. London: Encyclopedia Britannica.

Malinowski, Bronislaw. 1948. *Magic, Science and Religion*. New York: Doubleday. (Deutsche Übersetzung: 1973. *Magie, Wissenschaft und Religion und andere Schriften*. Frankfurt a. M.: Fischer.)

Malinowski, Bronislaw. 1922/1961. *Argonauts of the Western Pacific*. New York: Dutton. (Deutsche Übersetzung: 1978. *Argonauten des westlichen Pazifik. Ein Bericht über Unternehmungen und Abenteuer der Eingeborenen in den Inselwelten von Melanesisch-Neuguinea*. Frankfurt a. M.: Syndikat.)

Mann, Michael. 1986. *The Sources of Social Power*. Vol. 1. New York: Cambridge University Press. (Deutsche Übersetzung: 1990. *Geschichte der Macht. Bd. 1. Von den Anfängen bis zur griechischen Antike*. Frankfurt/New York: Campus.)

Mann, Michael. 1993. *The Sources of Social Power*. Vol. 2. Cambridge: Cambridge University Press. (Deutsche Übersetzung: 1991. *Geschichte der Macht. Bd. 2. Vom Römischen Reich bis zum Vorabend der Industrialisierung*. Frankfurt/New York: Campus.)

Marcuse, Herbert. 1962. *Vernunft und Revolution: Hegel und die Entstehung der Gesellschaftstheorie*. Neuwied: Luchterhand.

Marcuse, Herbert. 1967. *Der eindimensionale Mensch. Studien zur Ideologie der fortgeschrittenen Industriegesellschaft*. Neuwied: Luchterhand.

Marshall, Thomas H. 1964/1976. *Class, Citizenship, and Social Development*. Westport, Conn.: Greenwood Press.

Marx, Karl. 1867/1962. *Das Kapital*. Marx-Engels Werke. Band 23-25. Berlin: Dietz.

Marx, Karl. 1844/1968. *Ökonomisch-philosophische Manuskripte aus dem Jahr 1844*. Marx-Engels Werke, Ergänzungsband 1, S. 465-588. Berlin: Dietz.

Marx, Karl. 1845/1969. *Thesen über Feuerbach*. Marx-Engels Werke. Band 3, S. 5-7. Berlin: Dietz.

Marx, Karl und Friedrich Engels. 1848/1959. *Manifest der kommunistischen Partei*. Marx-Engels Werke. Band 4, S. 459-493. Berlin: Dietz.

Marx, Karl und Friedrich Engels. 1846/1969. *Die deutsche Ideologie*. Marx-Engels Werke. Band 3, S. 9-530. Berlin: Dietz.

Maturana Humberto und Francisco J. Varela. 1980. *Autopoiesis and Cognition: The Realization of the Living*. Dordrecht: Reidel.

Maurer, Andrea und Michael Schmid (Hg.). 2002. *Neuer Institutionalismus. Zur soziologischen Erklärung von Organisation, Moral und Vertrauen*. Frankfurt/New York: Campus.

Mauss, Marcel. 1923-1924. „Essai sur le don. Forme archaique de l'echange". *L'annee sociologique* 1, S. 30-186. (Deutsche Übersetzung: 1968. *Die Gabe. Form und Funktion des Austauschs in archaischen Gesellschaften*. Frankfurt a. M.: Suhrkamp.)

Mayhew, Leon. 1971. *Society: Institutions and Activity*. Glennview: Scott, Foresman.

Mayntz, Renate. 1993. „Policy-Netzwerke und die Logik von Verhandlungsystemen." In: Adrienne Heritier (Hg.), *Policy Analyse. Kritik und Neubewertung*. Opladen: Westdeutscher Verlag, S. 39-55.

Mayntz, Renate und Fritz W. Scharpf. 1995. „Der Ansatz des akteurszentrierten Institutionalismus." In Renate Mayntz und Fritz W. Scharpf (Hg.), *Gesellschaftliche Selbstregelung und politische Steuerung*. Frankfurt/New York: Campus, S. 39-72.

Mayntz, Renate, Bernd Rosewitz, Uwe Schimank und Rudolf Stichweh. 1988. *Differenzierung und Verselbständigung. Zur Entwicklung gesellschaftlicher Teilsysteme*. Frankfurt/New York: Campus.

Mayo, Elton. 1945. *The Social Problems of an Industrial Civilization*. Cambridge, Mass.: Harvard University Press.

McCarthy, Thomas. 1982. *The Critical Theory of Jürgen Habermas*. Cambridge, Mass.: MIT Press.

Mead, George Herbert. 1934. *Mind, Self, and Society*. Edited and introduced by Charles W. Morris. Chicago: University of Chicago Press. (Deutsche Übersetzung: 1968. *Geist, Identität und Gesellschaft aus der Sicht des Sozialbehaviorismus*. Frankfurt a. M.: Suhrkamp.)

Mennell, Stephen. 1989. *Norbert Elias, Civilization and the Human Self-Image*. London: Basil Blackwell.

Mennell, Stephen. 1990. „The Globalization of Human Society as a Very Long-Term Social Process: Elias' Theory." *Theory, Culture and Society* 7, S. 359-371.

Menzel, Ulrich. 1992. *Das Ende der Dritten Welt und das Scheitern der großen Theorie*. Frankfurt a. M.: Suhrkamp.

Menzel, Ulrich. 1995. *Geschichte der Entwicklungstheorie. Einführung und systematische Bibliographie*. 3. erweiterte Auflage. Hamburg: Deutsches Übersee-Institut.

Menzel, Ulrich. 1998. *Globalisierung versus Fragmentierung*. Frankfurt a. M.: Suhrkamp.

Merton, Robert K. 1957. „The Role-Set: Problems in Sociological Theory." *British Journal of Sociology*, Nr. 8, S. 106-120.

Merton, Robert K. 1949/1968a. „Manifest and Latent Functions." In: *Social Theory and Social Structure*. S. 73-138. New York: Free Press.

Merton, Robert K. 1949/1968b. „Social Structure and Anomie." In: *Social Theory and Social Structure*. S. 185-214. New York: Free Press.

Merton, Robert K. 1949/1968c. „Continuities in the Theory of Social Structure and Anomie." In: *Social Theory and Social Structure*. New York: Free Press. S. 185-214.

Merton, Robert K. 1949/1968d. *Social Theory and Social Structure*. New York: Free Press. (Deutsche Übersetzung: 1995. Soziologische Theorie und soziale Struktur. Berlin u.a.: de Gruyter.)

Merton, Robert K. 1968e. „The Matthew Effect in Science." *Science* 159, Nr. 3810, S. 56-63.

Merton, Robert K. 1938/1970. *Science, Technology and Society in Seventeenth century England*. New York : Fertig.

Meyer, John W. und Michael T. Hannan (Hg.). 1979. *National Development and the World System. Educational, Economic, and Political Change, 1950-1970*. Chicago: University of Chicago Press.

Meyer, John W. und Brian Rowan. 1977. „Institutionalized Organisations: Formal Structure as Myth and Ceremony." *American Journal of Sociology* 83, S. 340-363.

Meyer, John W., John Boli, George M. Thomas und Francisco O. Ramirez. 1997. „World Society and the Nation-State." *American Journal of Sociology* 103 (1), S. 144-181.

Miebach, Bernhard. 1984. *Strukturalistische Handlungstheorie: Zum Verhältnis soziologischer Theorie und empirischer Forschung im Werk Talcott Parsons.* Opladen: Westdeutscher Verlag.

Miliband, Ralph. 1982. *Capitalist Democracy in Britain.* London: Oxford University Press.

Miller, Max. 1986. *Kollektive Lernprozesse. Studien zur Grundlegung einer soziologischen Lerntheorie.* Frankfurt a. M.: Suhrkamp.

Mills, C. Wright. 1956. *The Power Elite.* Oxford: Oxford University Press.

Modelski, George. 1987. *Long Cycles in World Politics.* Seattle/London: University of Washington Press.

Modelski, George. 1999. „From Leadership to Organization: The Evolution of Global Politics." In: Volker Bornschier und Christopher Chase-Dunn (Hg.). *The Future of Global Conflict.* London: Sage.

Modelski, George und William R. Thompson. 1995. *Leading Sectors and World Powers: The Co-evolution of Global Politics and Economics.* Columbia, S.C.: University of South Carolina Press.

Moore, Barrington. 1966. *Origins of Dictatorship and Democracy: Lord and Peasant in the Making of the Modern World.* Boston: Beacon Press.

Moore, Wilbert E. 1946. *Industrial Relations and the Social Order.* New York: Macmillan.

Müller, Erika und Wolfgang Nuding. 1984. „Gesetzgebung – 'Flut' oder 'Ebbe'?" *Politische Vierteljahresschrift* 25, S. 74-96.

Müller, Hans-Peter. 1992. *Sozialstruktur und Lebensstile. Der neuere theoretische Diskurs über soziale Ungleichheit.* Frankfurt a. M.: Suhrkamp.

Müller, Walter, Susanne Steinmann und Reinhart Schneider. 1997. „Bildung in Europa". In: Stefan Hradil und Stefan Immerfall (Hg.), *Die westeuropäischen Gesellschaften im Vergleich.* Opladen: Leske + Budrich, S. 177-245.

Münch, Richard. 1982. *Theorie des Handelns. Zur Rekonstruktion der Beiträge von Talcott Parsons, Emile Durkheim und Max Weber.* Frankfurt a. M.: Suhrkamp.

Münch, Richard. 1984. *Die Struktur der Moderne.* Frankfurt a. M.: Suhrkamp.

Münch, Richard. 1986. *Die Kultur der Moderne.* 2 Bände. Frankfurt a. M.: Suhrkamp.

Münch, Richard. 1987. „Parsonian Theory Today: In Search of a new Synthesis." In: Anthony Giddens und Jonathan H. Turner (Hg.), *Social Theory Today*, S. 116-155. Cambridge: Polity Press.

Münch, Richard. 1991. *Dialektik der Kommunikationsgesellschaft.* Frankfurt a. M.: Suhrkamp.

Münch, Richard. 1993. *Das Projekt Europa.* Frankfurt a. M.: Suhrkamp.

Münch, Richard. 1995. *Dynamik der Kommunikationsgesellschaft.* Frankfurt a. M.: Suhrkamp.

Münch, Richard. 1996. *Risikopolitik.* Frankfurt a. M.: Suhrkamp.

Münch, Richard. 1998. *Globale Dynamik, lokale Lebenswelten. Der schwierige Weg in die Weltgesellschaft.* Frankfurt a. M.. Suhrkamp.

Münch, Richard. 2001a. „Die neue Arbeitsgesellschaft." In: Claus Leggewie und Richard Münch (Hg.), *Politik im 21. Jahrhundert.* Frankfurt a. M.: Suhrkamp, S. 51-74.

Münch, Richard. 2001b. *The Ethics of Modernity.* Lanham, MD: Rowman & Littlefield.

Münch, Richard. 2001c. *Offene Räume. Soziale Integration diesseits und jenseits des Nationalstaats.* Frankfurt a. M.: Suhrkamp.

Münch, Richard und Christian Lahusen (Hg.). 2000. *Regulative Demokratie. Politik der Luftreinhaltung in Großbritannien, Frankreich, Deutschland und den USA.* Frankfurt/New York: Campus.

Münch, Richard, Christian Lahusen, Markus Kurth, Cornelia Bogards, Carsten Stark und Claudia Jauß. 2001. *Democracy at Work. The Politics of Clean Air in the United Kingdom, France, Germany and the United States.* Westport, CT.: Praeger.

Murphy, Craig. 1994. *International Organization and Industrial Change: Global Governance since 1850.* New York: Oxford University Press.

Narr, Wolf-Dieter und Alexander Schubert. 1994. *Weltökonomie. Die Misere der Politik.* Frankfurt a. M.: Suhrkamp.

Nietzsche, Friedrich. 1901/1961. *Der Wille zur Macht.* Stuttgart: Kröner.

North, Douglas C. 1981. *Structure and Change in Economic History*, New York u. a.: Norton. (Deutsche Übersetzung: 1988. *Theorie des institutionellen Wandels: eine neue Sicht der Wirtschaftsgeschichte.* Tübingen: Mohr Siebeck.)

North, Douglas C. 1990. *Institutions, Institutional Change and Economic Performance*, Cambridge: Cambridge University Press. (Deutsche Übersetzung: 1998. *Institutionen, institutioneller Wandel und Wirtschaftsleistung.* Tübingen: Mohr Siebeck.)

O'Connor, James. 1973. *The Fiscal Crisis of the State.* New York: St. Martin's Press.

OECD. 1993. *OECD Environmental Data. Compendium 1993.* Paris: OECD Publication Service.

OECD. 1997. *OECD Environmental Data. Compendium 1997.* Paris: OECD Publication Service.

Offe, Claus. 1972. *Strukturprobleme des kapitalistischen Staates.* Frankfurt a. M.: Suhrkamp.

Offe, Claus. 1984a. *‚Arbeitsgesellschaft'. Strukturprobleme und Zukunftsperspektiven.* Frankfurt/New York: Campus.

Offe, Claus. 1984b. *Contradictions of the Welfare State.* Edited by John Keane. London: Hutchinson.

Offe, Claus. 1984c. *Societal Preconditions of Corporatism and Some Current Dilemmas of Democratic Theory.* Notre Dame, Ind.: Helen Kellogg Institute for International Studies.

Offe, Claus. 1985. *Disorganized Capitalism. Contemporary Transformations of Work and Politics*. Cambridge: MIT Press.

Offe, Claus. 1986. „Die Utopie der Null-Option. Modernität und Modernisierung als politische Gütekriterien." In Johannes Berger (Hg.), *Die Moderne – Kontinuitäten und Zäsuren*. Soziale Welt, Sonderband 4, S. 97-117. Göttingen: Otto Schwartz.

Offe, Claus. 1987. „Democracy Against the Welfare-State? Structural Foundations of Neoconservative Political Opportunities." In *Political Theory* 15, S. 501-537. (wiederabgedruckt in: Claus Offe. 2003. *Herausforderungen der Demokratie*. Frankfurt/New York: Campus, S. 102-135.)

Offe, Claus. 1989. „Fessel und Bremse. Moralische und institutionelle Aspekte 'intelligenter Selbstbeschränkung'." In: Axel Honneth, Thomas McCarthy, Claus Offe und Albrecht Wellmer (Hg.), *Zwischenbetrachtungen. Im Prozess der Aufklärung. Jürgen Habermas zum 60. Geburtstag*, S. 739-774. Frankfurt a. M.: Suhrkamp.

Offe, Claus. 1990. „Die Wirtschaft der Gesellschaft." (Rezension von Niklas Luhmann, Die Wirtschaft der Gesellschaft). In *Soziologische Revue* 13, S. 389-393.

Offe, Claus. 1994. *Der Tunnel am Ende des Lichts. Erkundungen der politischen Transformation im neuen Osten*. Frankfurt/New York: Campus.

Offe, Claus. 1996a. *Modernity and the State*. Cambridge: Polity Press.

Offe, Claus. 1996b. *Varieties of transition. The East European and East German Experience*. Cambridge: Polity Press.

Offe, Claus und Rolf G. Heinze. 1986. „Am Arbeitsmarkt vorbei. Überlegungen zur Neubestimmung ‚haushaltlicher' Wohlfahrtsproduktion in ihrem Verhältnis zu Markt und Staat." *Leviathan* 14, S. 471-495.

Offe, Claus. 1998/2003a. „Demokratie und Wohlfahrtsstaat. Eine europäische Regimeform unter dem Stress der europäischen Integration." In: C. Offe. *Herausforderungen der Demokratie*. Frankfurt/NewYork: Campus. S. 239-273.

Offe, Claus. 2003b. *Herausforderungen der Demokratie. Zur Integrations- und Leistungsfähigkeit politischer Institutionen*. Frankfurt/New York: Campus.

Offe, Claus. 1975/2003c. „Politische Herrschaft und Klassenstrukturen. Zur Analyse spätkapitalistischer Gesellschaftssysteme." In: C. Offe. *Herausforderungen der Demokratie*. Frankfurt/New York: Campus. S. 11-41.

Ohmae, Kenichi. 1990. *The Borderless World: Power and Strategy in the Interlinked Economy*. New York: Harper Business.

Parsons, Talcott. 1942a. „Democracy and the Social Structure in Pre-Nazi Germany" *Journal of Legal and Political Sociology*, Nr. 1, S. 96-114. (Deutsche Übersetzung: „Demokratie und Sozialstruktur in Deutschland vor der Zeit des Nationalsozialismus." In: Parsons, Talcott. 1964. *Beiträge zur soziologischen Theorie*, hg. von Dietrich Rüschemeyer. Berlin und Neuwied: Luchterhand, S. 256-281.)

Parson, Talcott. 1942b. „Some Sociological Aspects of the Fascist Movement.“ *Social Forces* 21, S. 138 – 147.

Parsons, Talcott. 1951. *The Social System*. Glencoe, Ill.: Free Press.

Parsons, Talcott. 1940/1954a. „An Analytical Approach to the Theory of Social Stratification.“ In: *Essays in Sociological Theory*, S. 69-88. New York: Free Press.

Parsons, Talcott. 1954b. *Essays in Sociological Theory*. New York: Free Press.

Parsons, Talcott. 1959. „An Approach to Psychological Theory in Terms of the Theory of Action.“ In: S. Koch (Hg.) *Psychology: A Study of a Science*, Band 3, S. 612-711. New York: McGraw-Hill.

Parsons, Talcott. 1961a. „Order and Community in the International System.“ In: James N. Rosenau (Hg.). *International Politics and Foreign Policy. A Reader in Research and Theory*. New York: Free Press, S. 120-129. Nur in der Ausgabe von 1961.

Parsons, Talcott. 1961b. „An Outline of the Social System.“ In T. Parsons, E.A. Shils, K.D. Naegele und J.R. Pitts (Hg.), *Theories of Society*, S. 963-993. New York: Free Press.

Parsons, Talcott. 1966. *Societies. Evolutionary and Comparative Perspectives*. Englewood Cliffs, N.J.: Prentice Hall. (Deutsche Übersetzung: 1975. *Gesellschaften, Evolutionäre und komparative Perspektiven*. Frankfurt a. M.: Suhrkamp.)

Parsons, Talcott. 1967. *Sociological Theory and Modern Society*. New York: Free Press.

Parsons, Talcott. 1937/1968. *The Structure of Social Action*. New York: Free Press.

Parsons, Talcott. 1969. *Politics and Social Structure*. New York: Free Press.

Parsons, Talcott. 1971. *The System of Modern Societies*. Englewood Cliffs, N.J.: Prentice Hall. (Deutsche Übersetzung: 1972. *Das System moderner Gesellschaften*. München: Juventa.)

Parsons, Talcott. 1977. *Social Systems and the Evolution of Action Theory*. New York: Free Press.

Parsons, Talcott. 1978. *Action Theory and the Human Condition*. New York: Free Press.

Parsons, Talcott und Robert F. Bales. 1955. *Family, Socialization and Interaction Process*. New York: Free Press.

Parsons, Talcott und Gerald M. Platt. 1973. *The American University*. Cambridge, Mass.: Harvard University Press. (Deutsche Übersetzung: 1990. *Die amerikanische Universität. Ein Beitrag zur Soziologie der Erkenntnis*. Frankfurt a. M.: Suhrkamp.)

Parsons, Talcott und Edward A. Shils (Hg.). 1951a. *Toward a General Theory of Action*. Cambridge, Mass.: Harvard University Press.

Parsons, Talcott und Edward A. Shils. 1951b. „Values, Motives, and Systems of Action.“ In: Talcott Parsons und Edward A. Shils (Hg.), *Toward a General Theory of Action*. Cambridge, Mass.: Harvard University Press.

Parsons, Talcott und Neil J. Smelser. 1956. *Economy and Society*. New York: Free Press.

Parsons, Talcott und Winston White. 1964. „The Link Between Character and Society." In: Parsons, Talcott, *Social Structure and Personality*. New York: Free Press, S. 183-235. (Deutsche Übersetzung: 1968. *Sozialstruktur und Persönlichkeit*. Frankfurt a.M.: Europäische Verlagsanstalt).

Parsons, Talcott, Robert F. Bales und Edward A. Shils. 1953. *Working Papers in the Theory of Action*. Glencoe, Ill.: Free Press.

Pierson, Paul. 2000. „Increasing Returns, Path Dependence, and the Study of Politics". *The American Political Science Review* 94, S. 251-269.

Piore, Michael und Charles Sabel. 1984. *The Second Industrial Divide*. New York: Basic Books.

Polanyi, Karl. 1978. *The Great Transformation*. Frankfurt a. M.: Suhrkamp.

Popper, Karl R. 1963. *Conjectures and Refutations*. London: Routledge.

Popper, Karl R. 1965. *Das Elend des Historizismus*. Tübingen: Mohr Siebeck.

Popper, Karl R. 1944/1966. *The Open Society and Its Enemies*. 2 Bände. Princeton, N.J.: Princeton University Press. (Deutsche Übersetzung: 1973. *Die offene Gesellschaft und ihre Feinde*. Tübingen: Mohr Siebeck.)

Popper, Karl R. 1972. *Objective Knowledge: An Evolutionary Approach*. Oxford: Clarendon Press.

Poulantzas, Nicos. 1968. *Political Power and Social Classes*. London: New Left Books. (Deutsche Übersetzung: 1980. *Politische Macht und gesellschaftliche Klassen*. Frankfurt a. M.: Europäische Verlags-Anstalt.)

Poulantzas, Nicos. 1978. *Staatstheorie. Politischer Überbau, Ideologie, sozialistische Demokratie*. Hamburg: VSA.

Powell, Walter W. 1991: „Expanding the Scope of Institutional Analysis." In: Walter W. Powell und Paul J. DiMaggio (Hg.). *The New Institutionalism in Organizational Analysis*. Chicago: University of Chicago Press, S. 183-203.

Radcliffe-Brown, Alfred R. 1922. *The Andaman Islanders*. London: Macmillan.

Radcliffe-Brown, Alfred R. 1935. „On the Concept of Function in Social Science." *American Anthropologist*, Nr. 37, S. 394-402.

Radcliffe-Brown, Alfred R. 1952. *Structure and Function in Primitive Society*. New York: Macmillan.

Ramirez, Franciso O., Yasemin Soysal und Suzanne Shanahan. 1997. „The Changing Logic of Political Citizenship: Cross-National acquisitions of Women's Suffrage Rights, 1890 to 1990." *American Sociological Review* 62, S. 735-745.

Rehberg, Karl-Siegbert (Hg.). 1996. *Norbert Elias und die Menschenwissenschaften. Studien zur Entstehung und Wirkungsgeschichte seines Werkes*. Frankfurt a. M.: Suhrkamp.

Rehberg, Karl-Siegbert. 2002. „Institutionen, Kognitionen und Symbole – Institutionen als symbolische Verkörperungen.“ In: A. Maurer und M. Schmid (Hg.). *Neuer Institutionalismus*. Frankfurt/New York: Campus, S. 39-56.

Renn, Ortwin und Michael M. Zwick. 1997. *Risiko- und Technikakzeptanz*. Berlin und Heidelberg: Springer.

Richter, Rudolf und Eirik G. Furubotn. 1999. *Neue Institutionenökonomik*. Tübingen: Mohr Siebeck.

Robertson, Roland. 1978. *Meaning and Change: Explorations in the Cultural Sociology of Modern Societies*. New York: Oxford University Press.

Robertson, Roland. 1980. „Aspects of Identity and Authority in Sociological Theory.“ In: Roland Robertson und Barney Holzner (Hg.), *Identity and Authority*, S. 218-265. Oxford: Blackwell.

Robertson, Roland. 1990. „Mapping the Global Condition: Globalization as the Central Concept.“ *Theory, Culture and Society*, Vol. 7, S. 15-30.

Robertson, Roland. 1992. *Globalization. Social theory and global culture*. London: Sage.

Rodrik, Dani. 1997. *Has Globalization Gone Too Far?* Washington D.C.: Institute for International Economics.

Roethlisberger, Fritz J. und William J. Dickson. 1939. *Management and the Worker*. Cambridge, Mass.: Harvard University Press.

Rosamond, Ben. 2000. *Theories of European Integration*. Basingstoke: Palgrave.

Rosenau, James N. 1990. *Turbulence in World Politics. A Theory of Change and Continuity*. Princeton, N.J.: Princeton University Press.

Ross, Robert und Kent Trachte. 1990. *Global Capitalism: The New Leviathan*. Albany, NY: State University of New York Press.

Rossi, Ino (Hg.). 1982. *Structural Sociology*. New York: Columbia University Press.

Rossi, Ino. 1983. *From the Sociology of Symbols to the Sociology of Signs: Toward a Dialectical Sociology*. New York: Columbia University Press.

Rostow, Walt Whitman. 1960/1990. *Stages of Economic Growth – A Non-Communist Manifesto*. Cambridge: Cambridge University Press. 3. Aufl.

Rousseau, Jean-Jacques. 1762/1964. *Du contrat social ou principes du droit politique*. In: *OEuvres complètes*. Hg. von Bernard Gagnebin und Michel Raymond. Paris: Gallimard.

Ruggie, John Gerard. 1975. „International Responses to Technology: Concepts and Trends.“ *International Organization* 29, S. 570-595.

Sandholtz, Wayne und Alec Stone Sweet (Hg.). 1998. *European Integration and Supranational Governance*. Oxford: Oxford University Press.

Sartre, Jean Paul. 1943. *Lêtre et le néant*. Paris: Gallimard. (Deutsche Übersetzung: 1952. *Das Sein und das Nichts*. Hamburg: Rowohlt.)

Sassen, Saskia. 1991. *The global city. New York, London, Tokyo*. Princeton, N.J.: Princeton University Press.

Sassen, Saskia. 1994. *Cities in a World Economy.* Thousand Oaks: Pine Forge Press.

Sassen, Saskia. 1996. *Metropolen des Weltmarkts. Die neue Rolle der Global Cities.* Frankfurt/New York: Campus.

Saurwein, Karl-Heinz. 1988. *Ökonomie und soziologische Theoriekonstruktion.* Opladen: Westdeutscher Verlag.

Saussure, Ferdinand de. 1916. *Cours de linguistique generale.* Edited by Charles Bally and Charles-Albert Sechehaye. Lausanne-Paris: Payot. (Deutsche Übersetzung: 1967. *Grundfragen der allgemeinen Sprachwissenschaft.* Berlin: De Gruyter.)

Scharpf, Fritz W. 1992. „Koordination durch Verhandlungssysteme: Analytische Konzepte und institutionelle Lösungen." In: ders., Arthur Benz und Reinhard Zintl (Hg.), *Horizontale Politikverflechtung. Zur Theorie von Verhandlungssystemen.* Frankfurt/New York: Campus. S. 51 – 96.

Scharpf, Fritz W. 1993a. „Coordination in Hierarchies and Networks." In: Fritz W. Scharpf (Hg.), *Games in Hierarchies and Networks. Analytical and Empirical Approaches to the Study of Governance Institutions.* Frankfurt/New York: Campus. S. 125 – 165.

Scharpf, Fritz W. 1999. *Regieren in Europa. Effektiv und demokratisch?* Frankfurt/New York: Campus.

Scharpf, Fritz W. 2000. *Interaktionsformen. Akteurzentrierter Institutionalismus in der Politikforschung.* Opladen: Leske+Budrich.

Scharpf, Fritz W. und Vivien A. Schmidt (Hg.). 2000. *Welfare and Work in the Open Economy.* 2 Bde. Oxford: Oxford University Press.

Schimank, Uwe. 1996. *Theorien gesellschaftlicher Differenzierung.* Opladen: Leske + Budrich.

Schimank, Uwe. 1999. *Handeln und Strukturen. Einführung in die akteurtheoretische Soziologie.* München: Juventa.

Schluchter, Wolfgang. 1979. *Die Entwicklung des okzidentalen Rationalismus. Eine Analyse von Webers Gesellschaftsgeschichte.* Tübingen: Mohr Siebeck.

Schluchter, Wolfgang. 1988. *Religion und Lebensführung.* 2 Bände. Frankfurt a. M.: Suhrkamp.

Schmid, Michael. 1982. *Theorien sozialen Wandels.* Opladen: Westdeutscher Verlag.

Schmidt, Vivien A. 1996. *From State to Market? The Transformation of French Business and Government.* Cambridge: Cambridge University Press.

Schmitdtke, Armin, Bettina Weinacker und Cordula Löhr. 2000. *Epidemiologie der Suizidalität im 20. Jahrhundert.* In: M. Wolfersdorf und C. Franke (Hg.), *Suizidforschung und Suizidprävention am Ende des 20. Jahrhunderts.* Regensburg: S. Roderer. S. 63 – 88.

Schmitter, Philippe C. und Gerhard Lehmbruch (Hg.). 1979. *Trends toward Corporatist Intermediation.* London: Sage.

Schneider, Wolfgang Ludwig. 2002. *Grundlagen der soziologischen Theorie*. Wiesbaden: Westdeutscher Verlag.

Schroer, Markus. 1997. „Kampf um Lebenschancen. Zur Risikobeobachtung der Risikobewegungen in der Risikogesellschaft." In: Toru Hijikata und Armin Nassehi (Hg.), *Riskante Strategien. Beiträge zur Soziologie des Risikos*. Opladen: Westdeutscher Verlag, S. 109–140.

Schroer, Markus. 2000. *Das Individuum der Gesellschaft*. Frankfurt a. M.: Suhrkamp.

Schumpeter, Josef A. 1950/1993. *Kapitalismus, Sozialismus und Demokratie*. Tübingen und Basel: Fraudel.

Schwanenberg, Enno. 1970. *Soziales Handeln–Die Theorie und ihre Problem*. Bern: Huber.

Schwanenberg, Enno. 1971. „The two Problems of Order in Parsons' Theory: An Analysis from Within." *Social Forces*, Vol. 49, S. 569-581.

Sciulli, David. 1984. „Talcott Parsons' Analytical Critique of Marxism's Conecpt of Alienation." *American Journal of Sociology*, Vol. 90, S. 514-540.

Sciulli, David. 1988. „Foundations of Societal Constitutionalism: Principles from the Concepts of Communicative Action and Procedural Legality." *British Journal of Sociology*, Vol. 39, S. 377-407.

Sciulli, David. 1989. „Analytical Limits of Communicative Action: Two Requirements of Habermas' Critical Theory and of Societal Constitutionalism." *Current Perspectives in Social Theory*, Vol. 9, S. 55-90.

Sciulli, David und Dean Gerstein. 1985. „Social Theory and Talcott Parsons in the 1980s." *Annual Review of Sociology*, Vol. 11, S. 369-387.

Searle, John. 1979. *Expression and Meaning*. Cambridge: Cambridge University Press. (Deutsche Übersetzung: 1982. *Ausdruck und Bedeutung. Untersuchungen zur Sprechakttheorie*. Frankfurt a. M.: Suhrkamp.)

Sebaldt, Martin. 1997. „Verbände und Demokratie: Funktionen bundesdeutscher Interessengruppen in Theorie und Praxis". *Aus Politik und Zeitgeschichte* B 36, S. 27-37.

Senghaas, Dieter (Hg.). 1972. *Imperialismus und strukturelle Gewalt. Analysen über abhängige Reproduktion*. Frankfurt a.M.: Suhrkamp.

Senghaas, Dieter (Hg.). 1974. *Peripherer Kapitalismus. Analysen über Abhängigkeit und Unterentwicklung*. Frankfurt a.M.: Suhrkamp.

Senghaas, Dieter. 1977. *Weltwirtschaftsordnung und Entwicklungspolitik. Plädoyer für Dissoziation*. Frankfurt a. M.: Suhrkamp.

Shils, Edward. 1972. „The Intellectuals and the Powers: Some Perspectives for Comparative Analysis." In: *„The Intellectuals and the Powers" and Other Essays*, S. 3-22. Chicago: University of Chicago Press.

Shils, Edward. 1975. *Center and Periphery*. Chicago: University of Chicago Press.

Siebert, Horst und Henning Klodt. 1999. „Towards Global Competition: Catalysts and Constraints." In: OECD. *The Future of the Global Economy. Towards a Long Boom?* Paris: OECD, S. 115-138.

Simmel, Georg. 1908/1992. *Soziologie. Untersuchungen über die Formen der Vergesellschaftung*. Frankfurt a. M.: Suhrkamp.

Simmel, Georg. 1914/1926. *Der Konflikt der modernen Kultur*. Berlin: Duncker & Humblot.

Sklair, Leslie. 1995. *Sociology of the Global System*. Baltimore: The Johns Hopkins University Press.

Skocpol, Theda. 1979. *States and Social Revolutions: A Comparative Analysis of France, Russia and China*. Cambridge: Cambridge University Press.

Skocpol, Theda. 1992. *Protecting Soldiers and Mothers*. Cambridge, Mass.: Belknap Press.

Smelser, Neil J. 1959. *Social Change in the Industrial Revolution*. Chicago: University of Chicago Press.

Smelser, Neil J. 1962. *Theory of Collective Behavior*. New York: Free Press.

Smith, Adam. 1759/1966. *The Theory of Moral Sentiments*. New York: Bonn.

Sorokin, Pitirim. 1927. *Social Mobility*. New York: Harper.

Sorokin, Pitirim. 1928. *Contemporary Sociological Theories*. New York: Harper.

Sorokin, Pitirim. 1937-1941. *Social and Cultural Dynamics*. 4 Bände. New York: American Book Co.

Sorokin, Pitirim. 1956. *Fads and Foibles in Modern Sociology and Related Sciences*. Chicago: Regnery.

Spencer Brown, George. 1979. *Laws of form*. New York: Dutton.

Spencer, Herbert. 1972. *On Social Evolution. Selected Writings*. Chicago: University of Chicago Press.

Spybey, Tony. 1995. *Globalization and World Society*. Cambridge: Polity Press.

Stark, Carsten. 1998. *Die blockierte Demokratie. Kulturelle Grenzen der Politik im deutschen Immissionsschutz*. Baden-Baden: Nomos.

Statistisches Bundesamt. 2001a. *Statistisches Jahrbuch 2001*. Stuttgart: Metzler-Poeschel.

Statistisches Bundesamt. 2001b. *Statistisches Jahrbuch 2001 für das Ausland*. Stuttgart: Metzler-Poeschel.

Stichweh, Rudolf. 1982. *Ausdifferenzierung der Weltgesellschaft – eine Analyse am deutschen Beispiel*. Bielefeld: Kleine.

Stichweh, Rudolf. 1984. *Zur Entstehung des modernen Systems wissenschaftlicher Disziplinen: Physik in Deutschland 1740-1890*. Frankfurt a. M.: Suhrkamp.

Stichweh, Rudolf. 1988. „Technologie, Naturwissenschaft und die Strukturen wissenschaftlicher Gemeinschaften." *Kölner Zeitschrift für Soziologie und Sozialpsychologie* 40, S. 684-705.

Stichweh, Rudolf. 1994. *Wissenschaft, Universität, Professionen*. Frankfurt a. M.: Suhrkamp.

Stichweh, Rudolf. 2000. *Die Weltgesellschaft. Soziologische Analysen*. Frankfurt a.M.: Suhrkamp.

Streeck, Wolfgang (Hg.). 1999a. *Internationale Wirtschaft, nationale Demokratie.* Frankfurt/New York: Campus.

Streeck, Wolfgang. 1999b. *Korporatismus in Deutschland. Zwischen Nationalstaat und Europäischer Union.* Frankfurt/New York: Campus.

Streeck, Wolfgang und Martin Höpner (Hg.). 2003. *Alle Macht dem Markt? Fallstudien zur Abwicklung der Deutschland AG.* Frankfurt/New York: Campus.

Streeck, Wolfgang und Philippe C. Schmitter (Hg.). 1985. *Private Interest Government: Beyond Market and State.* London: Sage.

Sunkel, Osvaldo. 1972. „Transnationale kapitalistische Integration und nationale Desintegration: Der Fall Lateinamerika." In: Dieter Senghaas (Hg.). *Imperialismus und strukturelle Gewalt. Analysen über abhängige Reproduktion.* Frankfurt a.M.: Suhrkamp, S. 258-315.

Sutherland, Edwin H. 1939. *Principles of Criminology.* Philadelphia: Lippincott.

Sztompka, Piotr. 1974. *System and Function: Toward a Theory of Society.* New York: Academic.

Sztompka, Piotr. 1986. *Robert K. Merton: An Intellectual Profile.* London: Macmillan.

Tar, Zoltan. 1977. *The Frankfurt School: The Critical Theories of Max Horkheimer and Theodor W. Adorno.* London: Routledge.

Tenbruck, Friedrich H. 1961. „Zur deutschen Rezeption der Rollentheorie." *Kölner Zeitschrift für Soziologie und Sozialpsychologie* 13, Heft 1.

Teubner, Gunther. 1987. „Hyperzyklus in Recht und Organisation. Zum Verhältnis von Selbstbeobachtung, Selbstkonstitution und Autopoiese." In: Hans Haferkamp und Michael Schmid (Hg.), *Sinn, Kommunikation und soziale Differenzierung.* Frankfurt a. M.: Suhrkamp, S. 89-128.

Teubner, Gunther (Hg). 1988. *Autopoietic law: A new approach to law and society.* Berlin: De Gruyter.

Teubner, Gunther. 1989. *Das Recht als autopoietisches System.* Frankfurt a. M.: Suhrkamp.

Thomas, William I. 1972. „The Definition of the Situation". In: J.G. Manis und B.N. Meltzer (Hg.), *Symbolic Interaction.* Boston: Allyn & Bacon, S. 331-336.

Tilly, Charles. 1978. *From Mobilisation to Revolution.* London: Edison, Wesely Publishing Company.

Tilly, Charles. 1986. *The Contentious French.* Cambridge, Mass.: Harvard University Press.

Tilly, Charles. 1995. *Popular Contention in Great Britain, 1758 – 1834.* Cambridge, Mass.: Harvard University Press.

Tilly, Charles. 1997. *Roads from Past to Future.* Lanham, MD.: Rowman & Littlefield.

Tiryakian, Edward A. 1962. *Sociologism and Existentialism.* Englewood Cliffs: Prentice-Hall.

Tiryakian, Edward A. 1975. „Neither Marx nor Durkheim ... Perhaps Weber." *American Journal of Sociology*, Vol. 81, S. 1-33.

Tiryakian, Edward A. 1977. „Durkheim and Husserl: A Comparison of the Spirit of Positivism and the Spirit of Phenomenology." In: J. Bien (Hg.):, *Phenomenology and the Social Sciences*, S. 20-43. Den Haag: Nijhoff.

Tiryakian, Edward A. 1978. „Emile Durkheim." In: T. Bottomore und R. Nisbet (Hg.), *A History of Sociological Analysis*, S. 187-236. New York: Basic Books.

Tiryakian, Edward A. 1983. „Puritan American in the Modern World: Mission Impossible?" *Sociological Analysis*, Vol. 43, S. 351-367.

Tönnies, Ferdinand. 1887/1963. *Gemeinschaft und Gesellschaft*. Darmstadt: Wissenschaftiche Buchgesellschaft.

Touraine, Alain. 1965. *Sociologie de l'action*. Paris: Editions du Seuil. (Deutsche Übersetzung: 1974. *Soziologie als Handlungswissenschaft*. Darmstadt: Luchterhand.)

Touraine, Alain. 1969. *La societe post-industrielle*. Paris: Denoel. (Deutsche Übersetzung: 1972. *Die postindustrielle Gesellschaft*. Frankfurt a. M.: Suhrkamp.)

Touraine, Alain. 1973. *Production de la societe*. Paris: Editions du Seuil.

Touraine, Alain. 1974. *Pour la sociologie*. Paris: Editions du Seuil. (Deutsche Übersetzung: 1976. *Was nützt die Soziologie?* Frankfurt a. M.: Suhrkamp.)

Touraine, Alain. 1978. *La voix et le regard*. Paris: Editions du Seuil.

Touraine, Alain. 1980. *La prophetie anti-nucleaire. Paris: Editions du Seuil*. (Deutsche Übersetzung: 1982. *Die antinukleare Prophetie. Zukunftsentwürfe einer sozialen Bewegung*. Frankfurt/New York: Campus.)

Touraine, Alain. 1987. *Return of the Actor. Social Theory in Postindustrial Society*. Minneapolis, Minn.: University of Minnesota Press.

Touraine, Alain. 1995. *Critique of Modernity*. Oxford: Blackwell.

Touraine, Alain. 1997. *What is Democracy?* Boulder, Co.: Westview Press.

Touraine, Alain. 2001. *Beyond Neoliberalism*. Cambridge: Polity.

Touraine, Alain, Michel Wieviorka und Francois Dubet. 1987. *The Worker's Movement*. Cambridge: Cambridge University Press.

Traxler, Franz, Sabine Blaschke und Bernhard Kittel. 2000. *National Labor Relations in Internationalized Markets*. Oxford: Oxford University Press.

Tumin, Melvin M. 1953. „Some Principles of Stratification: A Critical Analysis." *American Sociological Review*, Vol. 18, S. 387-394.

Turner, Jonathan H. 1986. *The Structure of Sociological Theory*. Chicago: Dorsey.

U.S. Bureau of Labor Statistics. 2001. *Household Data. Annual Averages*. Washington.

Veblen, Thorstein. 1928. *The Theory of the Leisure Class.* New York: Penguin. (Deutsche Übersetzung: 1958. *Theorie der feinen Leute. Eine ökonomische Untersuchung der Institutionen.* Köln: Kiepenheuer & Witsch.)

Visser, Jelle und Anton Hemerijck. 1998. *Ein holländisches Wunder? Reform des Sozialstaats und Beschäftigungswachstum in den Niederlanden.* Frankfurt/New York: Campus.

Vogel, David. 1986. *National Styles of Regulation. Environmental Policy in Great Britain and the United States.* Ithaca: Cornell University Press.

Waarden, Frans van. 1992. „Dimensions and Types of Policy Networks." *European Journal of Political Research* 21, S. 29 – 52.

Wagner, Gerhard. 1991. „Parsons, Hobbes und das Problem sozialer Ordnung. Eine theoriegeschichtliche Notiz in systematischer Absicht." *Zeitschrift für Soziologie*, Vol. 20, S. 115-123.

Wallerstein, Immanuel. 1974. *The Modern World System. Vol. 1: Capitalist Agriculture and the Origins of the European World-Economy in the Sixteenth Century.* New York: Academic Press. (Deutsche Übersetzung: 1986. *Das moderne Weltsystem: kapitalistische Landwirtschaft und die Entstehung der europäischen Weltwirtschaft im 16. Jahrhundert.* Frankfurt a. M.: Syndikat.)

Wallerstein, Immanuel. 1979. *The Capitalist World Economy.* Cambridge u.a.: Cambridge University Press.

Wallerstein, Immanuel. 1980. *The Modern World System. Vol. 2: Mercantilism and the Consolidation of the European World-Economy 1600-1950.* New York: Academic Press. (Deutsche Übersetzung: 1999. *¬Das¬ moderne Weltsystem. Bd. 2. Der Merkantilismus.* Wien: Promedia.)

Wallerstein, Immanuel. 1983. *Historical Capitalism.* London: Verso. (Deutsche Übersetzung: 1984. *Der¬ historische Kapitalismus.* Berlin: Argument.)

Wallerstein, Immanuel. 1984. *The Politics of the World Economy.* Cambridge u.a.: Cambridge University Press.

Wallerstein, Immanuel. 1989. *The Modern World System. Vol. 3: The Second Era of Great Expansion of the Capitalist World Economy, 1730-1840s.* Cambridge u.a.: Cambridge University Press.

Wallerstein, Immanuel. 1990a. „Culture as the Ideological Battleground of the Modern World System." *Theory, Culture and Society*, Vol. 7, S. 31-55.

Wallerstein, Immanuel. 1990b. „Culture Is the World-System: A Reply to Boyne." *Theory, Culture and Society*, Vol. 7, S. 63-65.

Wallerstein, Immanuel. 1991. *Geopolitics and geoculture. Essays on the changing world-system.* Cambridge u.a.: Cambridge University Press.

Wallerstein, Immanuel. 1995. *Die Sozialwissenschaft „kaputtdenken". Die Grenzen der Paradigmen des 19. Jahrhunderts.* Weinheim: Beltz Athenäum.

Weber, Max. 1920/1971a. *Gesammelte Aufsätze zur Religionssoziologie*. Band 3. Tübingen: Mohr Siebeck.

Weber, Max. 1920/1971b. *Gesammelte politische Schriften*. Tübingen: Mohr Siebeck.

Weber, Max. 1920/1972a. *Gesammelte Aufsätze zur Religionssoziologie*. Band 1. Tübingen: Mohr Siebeck.

Weber, Max. 1920/1972b. *Gesammelte Aufsätze zur Religionssoziologie*. Band 2. Tübingen: Mohr Siebeck.

Weber, Max. 1922/1972c. *Wirtschaft und Gesellschaft*. Tübingen: Mohr Siebeck.

Weber, Max. 1922/1973. *Gesammelte Aufsätze zur Wissenschaftslehre*. Tübingen: Mohr Siebeck.

Weede, Erich. 1996. *Economic Development, Social Order, and World Politics*. Boulder, CO und London: Lynne Rienner Publishers.

Weede, Erich. 2000. *Asien und der Westen. Politische und kulturelle Determinanten der wirtschaftlichen Entwicklung*. Baden-Baden: Nomos.

Wellmer, Albrecht. 1971. *Critical Theory of Society*. New York: Seabury.

Wenzel, Harald. 1991. *Die Ordnung des Handelns. Talcott Parsons' Theorie des allgemeinen Handlungssystems*. Frankfurt a. M.: Suhrkamp.

Williamson, Oliver E. 1975. *Markets and Hierarchies*, New York: Free Press.

Williamson, Oliver E. 1985. *The Economic Institutions of Capitalism*, New York: Free Press.

Williamson, Oliver E. 1998. „Transaction Cost Economics: How it Works; Where is its Headed" *De Economist*, H. 146, S. 23-58.

Williamson, Oliver E. 2000. „The New Institutional Economics: Taking Stock, Looking Ahead" *Journal of Economic Literature*, Jg. 38, S. 595-613.

Willis, Paul. 1977. *Learning to Labour*. Farnborough: Sascon House.

Willke, Helmut. 1983. *Entzauberung des Staates. Überlegungen zu einer sozietalen Steuerungstheorie*. Königsstein/Ts.: Athenäum.

Willke, Helmut. 1992. *Ironie des Staates. Grundlinien einer Staatstheorie polyzentrischer Gesellschaft*. Frankfurt a. M.: Suhrkamp.

Willke, Helmut. 1997. *Supervision des Staates*. Frankfurt a. M.: Suhrkamp.

Windolf, Paul und Michael Nollert. 2001. „Institutionen, Interessen, Netzwerke. Unternehmensverflechtung im internationalen Vergleich." *Politische Vierteljahresschrift* 42, S. 51-78.

Wittgenstein, Ludwig. 1953. *Philosophical Investigations*. Oxford: Basil Blackwell.

Wohlrab-Sahr, Monika. 1997. „Individualisierung. Differenzierungsprozess und Zurechnungsmodus." In: Beck, Ulrich und Peter Sopp (Hg.), *Individualisierung und Integration. Neue Konfliktlinien und neuer Integrationsmodus?* Opladen: Westdeutscher Verlag, S. 23-36.

Wolf, Rainer. 1988. „Herrschaft kraft Wissen in der Risikogesellschaft." *Soziale Welt* 39, S. 164-87.

Wrong, Denis. 1961. „The Oversocialized Conception of Man." *American Sociological Review*, Vol. 26, S. 183-193.

Zapf, Wolfgang. 1990. „Weitergehende Modernisierung versus reflexive Modernisierung." In: W. Zapf (Hg.), *Die Modernisierung moderner Gesellschaften*. Frankfurt/New York: Campus, S. 23-39.

Zapf, Wolfgang. 1991. *Modernisierung, Wohlfahrtsentwicklung und Transformation*. Berlin: Sigma.

Zucker, Lynne G. 1977. „The Role of Institutionalization in Cultural Persistence." *American Sociological Review* 42, S. 726-743.

Zugehör, Rainer, 2003. *Zukunft des rheinischen Kapitalismus – Unternehmen zwischen Kapitalmarkt und Mitbestimmung*. Opladen: Leske + Budrich.

Zürn, Michael. 1992. *Interessen und Institutionen in der internationalen Politik. Grundlegung und Anwendung des situationsstrukturellen Ansatzes*. Opladen: Westdeutscher Verlag.

Zürn, Michael. 1998. Regieren jenseits des Nationalstaates. Frankfurt a. M.: Suhrkamp.

Namenverzeichnis

Abrams, Philip 475
Adorno, Theodor W. 261-263, 282, 284, 289, 290
Agell, Jonas 252
Albrow, Martin 329
Albert, Hans 263, 390
Alexander, Jeffrey C. 132, 134, 174, 520, 536
Althusser, Louis 383, 388, 389, 391
Altvater, Elmar 329
Andreas, Willy 41
Archer, Margaret S. 502
Aretz, Hans-Jürgen 449
Aron, Raymond 417, 443
Arrighi, Giovanni 329
Arthur, Brian W. 249
Austin, John L. 267

Baecker, Dirk 230
Bales, Robert F. 69, 70, 72, 73, 110
Balibar, Etienne 383
Baran, Paul A. 243
Barber, Bernard 132
Barthes, Roland 383, 388
Baudelaire, Charles 439, 440
Baudrillard, Jean 384, 385, **386**, 456
Baum, Rainer C. 132, 174
Bauman, Zygmunt 385
Beck, Ulrich 13, 329, 476, **505-538**
Beck-Gernsheim, Elisabeth 511, 512
Becker, Gary 48
Beckert, Jens 249
Bellah, Robert N. 131
Benjamin, Walter 289
Bentham, Jeremy 48, 406
Benton, Ted 383
Berger, Johannes 385
Berger, Peter A. 512
Berger, Peter L. 247
Bergson, Henri 386
Bernauer, Thomas 329
Bhaskar, Roy 489
Black, Max 174
Blair, Tony 475, 499
Blaschke, Sabine 244
Blau, Peter M. 385
Bloomfield, Morton W. 382
Blossfeld, Hans-Peter 512
Blumer, Herbert 10
Boli, John 328
Bonß, Wolfgang 506, 514, 515, 517, 529
Bornschier, Volker 252, 327-329
Bottomore, Tom 282
Bourdieu, Pierre 10, 11, 13, 230, **417-454**, 456
Bourricaud, François 174
Boyne, Roy 324
Brickman, Ronald 142, 530

Brock, Ditmar 521, 530, 532
Buchanan, James 48
Buckley, Walter 133

Camus, Albert 443
Cardoso, Fernando H. 328
Castells, Manuel 327, 329
Chomsky, Noam **382-383**
Clark, Jon 501
Clavel, Maurice 385
Cloward, Richard A. 39
Cohen, Ira J. 501
Coleman, James 10, 48
Collins, Randall 324, 344
Colomy, Paul 132, 134
Comte, Auguste 19, 48, 227, 474
Coser, Lewis A. 9, 10, 13, **331-346**
Crouch, Colin 244, 249

Dahrendorf, Ralf 9, 10, 12, 13, 331, 343, 344, **347-364**
Darwin, Charles 45, 115, 116
Davies, Paul C. 223
Davis, Kingsley 128, 130
Deem, Rosemary 475
Dendrinos, Dimitrios S. 223
Denzau, Arthur T. 249
Derrida, Jacques 384, 388
Deutschmann, Christoph 249
Dickson, William J. 29
DiMaggio, Paul J. 248
Douglas, Mary 247
Dubet, Francois 455
Duerr, Hans Peter 370, 371
Dunning, John H. 329
Durkheim, Emile 18-22, 32, 38, 43, 105, 110, 115, 116, 172, 173, 175, 176, 184, 244, 247, 249, 274, 291, 353, 373, 377, 378, 403, 419, 489, 502, 516, 522, 525, 537

Eco, Umberto 384
Eder, Klaus 306
Effrat, Andrew 132, 174
Eisenstadt, Shmuel N. 132, 363
Elias, Herrmann 365
Elias, Norbert 9, 10, 13, **365-375**
Elias, Sophie 365
Engels, Friedrich 234, 285
Erlinger, Rainer 525
Esping-Andersen, Gøsta 245, 526
Esser, Hartmut 14, 520
Esser, Josef 244
Etzioni, Amitai 133

Faletto, Enzo 328
Farrell, Henry 249
Featherstone, Mike 385
Fiedler, Georg 524
Finch, Janet 475
Flaubert, Gustave 439, 440
Fligstein, Neil 248, 249
Foucault, Michel 13, 385, **393-416**, 456, 486
Frank, André Gunder 328
Freud, Siegmund 53, 61, 105, 110, 173
Friedeburg, Ludwig von 261
Friedman, Milton 48, 245
Friedrichs, Jürgen 512
Furet, François 348
Furubotn, Eirik G. 249

Gadamer, Hans Georg 261, 283
Gehlen, Arnold 182, 230, 247
Geremek, Bronislaw 348

Gerhards, Jürgen 230
Gerhardt, Uta 125, 126
Gerstein, Dean R. 132
Giddens, Anthony 10, 11, 13, 329, 383, 385, 454, 474, **475-504**, 505, 535, 537
Giesen, Bernhard 132
Gleichmann, Peter 370
Glucksmann, André 385
Godelier, Maurice 389
Göhler, Gerhard 248
Görg, Christoph 244
Goldblatt, David 329
Goldthorpe, John 476
Goudsblom, Johan 366, 370
Gould, Mark 132
Gouldner, Alvin W. 347
Granovetter, M. 248
Gross, Peter 511

Haas, Ernst B. 134, 248, 329
Habermas, Jürgen 10, 12, 13, 51, 108, 116, 133, 226, 227, 231, 233, 259, **261-308**, 416, 453, 502, 516
Hall, Peter A. 155, 251, 252
Hall, Thomas D. 328
Haller, Max 526
Hannan, Michael T. 328
Hannerz, Ulf 327
Harris, Zellig S. 382
Harrison, Laurence E. 249
Harvey, David 326
Hecker, Ursula 527
Hegel, Georg Wilhelm Friedrich 51, 258, 283, 285, 387, 389, 390
Heidegger, Martin 261
Heintz, Peter 328
Heinze, Rolf G. 235
Held, David 282, 329
Hemerijck, Anton 247
Héritier, Adrienne 142
Hirsch, Joachim 244, 329
Hitzler, Ronald 512
Hobbes, Thomas 46, 47, 50, 54, 184, 222, 223
Höpner, Martin 251
Hoffmann, Walter G. 531
Holton, Robert J. 174
Homans, George C. 42
Hondrich, Karl-Otto 362
Honer, Anne 512
Honneth, Axel 265, 306
Hopkins, Charles 15
Hopkins, Terence K. 309-311, 313, 314, 317-320, 323, 326
Horkheimer, Max 261-263, 289, 290
Huaco, George 128
Hume, David 47, 48
Huntington, Samuel P. 249
Husserl, Edmund 227, 365

Ilgen, Thomas 142, 530
Immerfall, Stefan 532
Ingham, Geoffrey K. 493
Inglehart, Ronald 528

Janning, Frank 420
Jasanoff, Sheila 142, 530
Jaspers, Karl 41, 365
Jauß, Claudia 148, 530
Jay, Martin 282
Jensen, Stefan 132
Jessop, Bob 244
Joas, Hans 265, 520
Johnson, Harry M. 132
Jones, Edward L. 366, 370

Kant, Immanuel 43, 50, 51, 54, 107, 172, 185, 227, 263, 284-287, 291
Kaufmann, Franz-Xaver 247
Keohane, Robert O. 329
Kepplinger, Hans Mathias 509
Kittel, Bernhard 244
Klodt, Henning 252
Knöbl, Wolfgang 363
Königswald, Richard 365
Kohlberg, Lawrence 105, 173, 373, 375
Kohler-Koch, Beate 151
Korte, Hermann 370
Krasner, Stephen D. 328
Kron, Thomas 512
Kuhn, Thomas 225, 521
Küppers, Bernd-Olaf 223
Kurzweil, Edith 379
Kuzmics, Helmut 370

Lacan, Jacques 384
Lahusen, Christian 134, 142, 230, 530
Lash, Scott 246, 505, 535
Lau, Christoph 506, 514, 515, 517, 529
Lazarsfeld, Paul F., 16, 331
Leach, Edmund 379
Lechner, Frank 132
Leibfried, Stephan 247, 252
Lemert, Charles 379
Lenski, Gerhard A. 130
Lessenich, Stephan 247
Lévi-Strauss, Claude 13, **377-392**, 394, 418, 420
Lidz, Charles W. 110, 132, 173,
Lidz, Victor M. 110, 132, 173, 174
Lipietz, Alain 244
Lipset, Seymour M. 124
Locke, John 48, 184
Lockwood, David 476
Löhr, Cordula 524
Loubser, Jan J. 132, 134
Löwenthal, Leo 289
Löwith, Karl 261
Luckmann, Thomas 247
Luhmann, Niklas 10, 12, 13, 39, 40, 54, 116, 133, 176, **179-232**, 262-265, 296, 299, 306, 307, 329, 511, 516
Lukács, Georg 283, 288, 289
Lyotard, Jean-Franqois 385, **386-387**

Madsen, Richard 131
Maffesoli, Michel 385
Mahnkopf, Brigitte 329
Majone, Giandomenco 137
Malinowski, Bronislaw 18, 19, 21, 23-26, 39, 40
Mann, Michael 363
Mannheim, Karl 365
Marcuse, Herbert 289, 290
Marshall, Alfred 43, 115
Marshall, Thomas H. 126, 472, 493
Marx, Karl 12, 234, 236, 238, 260, 264, 265, 285, 286, 311, 383, 385, 387, 391, 421, 425, 473, 474
Maturana Humberto 190
Maurer, Andrea 248
Mauss, Marcel 378, 419
Mayhew, Leon 132
Mayntz, Renate 230, 244
Mayo, Elton 29
McCarthy, Thomas 282, 306
McGrew, Anthony 329
Mead, George Herbert 105, 173, 175, 307, 363, 373, 502, 522
Mennell, Stephen 366, 370
Menzel, Ulrich 326
Merlean-Ponty, Maurice 443
Merton, Robert K. 10, 13, **15-40**, 247, 331, 434

Meyer, John W. 248, 328, 329
Miebach, Bernhard 133
Miliband, Ralph 476
Mill, John Stuart 48
Miller, Max 306
Mills, C. Wright 347
Modelski, George 328, 329
Modgil, Celia 501
Modgil, Sohan 501
Moore, Barrington 363
Moore, Wilbert E. 128, 130
Müller, Erika 535
Müller, Hans-Peter 501
Müller, Walter 512
Münch, Richard 70, 75, 133, 134, 137, 142-144, 146, 148, 150, 153, 174, 219, 230, 276, 279, 329, 511, 526, 530, 535
Murphy, Craig 329

Narr, Wolf-Dieter 329
Neidhardt, Friedhelm 230
Nietzsche, Friedrich 385
Nollert, Michael 251
North, Douglas C. 249
Nuding, Wolfgang 535

Oehler, Christian 261
Offe, Claus 12, 13, **233-260**, 306
Ohmae, Kenichi 329
Ostner, Ilona 247

Pareto, Vilfredo 43, 115
Parsons, Talcott 10, 12, 13, 15, 16, 32, 36, 40, **41-177**, 253, 259, 296, 299, 307, 328, 373, 501, 502, 504, 516, 523, 537
Passeron, Jean-Claude 418, 425, 435
Perraton, Jonathan 329
Piaget, Jean 105, 110, 132, 173, 373, 375
Pierson, Paul 247, 249
Piore, Michael 244
Platt, Gerald M. 93, 103, 110, 502
Polanyi, Karl 248
Popper, Karl R. 98, 116, 225, 263, 276, 390, 507
Poulantzas, Nicos 243
Powell, Walter W. 248

Radcliffe-Brown, Alfred R. 18, 19, 21-25, 39
Ramirez, Francisco O. 328, 329
Regini, Marino 526
Rehberg, Karl-Siegbert 247, 370
Renn, Ortwin 528
Richter, Rudolf 249
Rieger, Elmar 252
Robertson, Roland 132, 325, 327, 329
Rock, Paul 475
Rodrik, Dani 252
Roethlisberger, Fritz J. 29
Rosamond, Ben 134
Rosenau, James N. 329
Rosenberg, Morris 16
Rosewitz, Bernd 230
Ross, Robert 329
Rossi, Ino 385
Rostow, Walt Whitman 329
Rothacker, Erich 261
Rousseau, Jean-Jacques 184, 185, 300
Rowan, Brian 248
Ruggie, John Gerard 328
Ruloff, Dieter 329

Sabel, Charles 244
Saint-Simon, Claude-Henri 48
Salin, Edgar 41
Sand, George 439
Sandholtz, Wayne 134
Sartre, Jean Paul 64, 386, 417, 420, 442
Sassen, Saskia 326, 329
Saurwein, Karl-Heinz 133
Saussure, Ferdinand de 378, 382, 383
Sayad, Abdelmalek 418
Schäffle, Albert 19
Scharpf, Fritz W. 139, 244
Schelsky, Helmut 179
Schimank, Uwe 14, 230
Schluchter, Wolfgang 133
Schmid, Michael 132, 248
Schmidt, Vivien A. 244
Schmidtke, Armin 524
Schmitter, Philippe C. 244
Schneider, Reinhart 512
Schneider, Wolfgang Ludwig 14, 213
Schubert, Alexander 329
Schumpeter, Josef A. 531
Schwanenberg, Enno 132
Sciulli, David 132
Searle, John 267
Sebaldt, Martin 529
Senghaas, Dieter 326, 329
Shils, Edward A. 56-58, 61, 63, 64, 69, 70, 72, 73, 132, 173
Siebert, Horst 252
Simmel, Georg 13, 43, 173, 332-334, 346, 363, 373, 385, 501, 516, 522, 537
Simpson, George E. 15
Sklair, Leslie 329
Skocpol, Theda 363
Smelser, Neil J. 77, 79, 131
Smith, Adam 47, 48
Smith, Philip 520, 536
Sorokin, Pitirim A. 15, 42
Soskice, David 155, 251, 253
Spencer Brown, George 199, 201, 202
Spencer, Herbert 19, 144-116, 475
Spybey, Tony 329
Stark, Carsten 146, 530
Steinmann, Susanne 512
Sternberger, Dolf 301
Stichweh, Rudolf 230, 329
Stone Sweet, Alec 134, 248
Streeck, Wolfgang 244, 246, 247, 251
Sullivan, William M. 131
Sunkel, Osvaldo 328
Sutherland, Edwin H. 39
Sweezy, Paul M. 243
Swidler, Ann 131
Sztompka, Piotr 36

Tar, Zoltan 282
Tenbruck, Friedrich H. 363
Teubner, Gunther 230
Thomas, George M. 328
Thomas, William I. 520
Thompson, William R. 328
Tilly, Charles 352, 363
Tipton, Steven M. 132
Tiryakian, Edward A. 132
Tönnies, Ferdinand 68
Touraine, Alain 10, 13, 416, 452-454, **455-474**, 537
Trachte, Kent 329
Traxler, Franz 244
Tumin, Melvin M. 128
Turner, Brian S. 174
Turner, Jonathan H. 345

Urry, John 246

Varela, Francisco J. 190
Veblen, Thorstein 29
Visser, Jelle 247
Vogel, David 142

Waarden, Frans van 142
Wacquant, Loïc 418
Wagner, Gerhard 54
Wallerstein, Immanuel 12, 13, **309-330**
Weber, Alfred 41
Weber, Max 40, 41, 43, 97-101, 104, 106, 115, 116, 122, 123, 133, 140, 172, 286-289, 291, 296, 297, 299, 307, 325, 358, 365, 374, 424, 424, 436, 453, 456, 501, 510, 511, 516, 537
Weede, Erich 249, 329
Weinacker, Bettina 524
Weizsäcker, Carl Friedrich von 262
Wellmer, Albrecht 306
Weltz, Friedrich 261
Wenzel, Harald 133
White, Winston 126, 523
Wieviorka, Michel 455
Williamson, Oliver E. 249
Willis, Paul 493
Willke, Helmut 230
Windolf, Paul 251
Wittgenstein, Ludwig 384, 387
Wohlrab-Sahr, Monika 512
Wolf, Rainer 510
Worms, Rene 19
Wrong, Denis 173

Zapf, Wolfgang 534
Zucker, Lynne G. 248
Zugehör, Rainer 251
Zürn, Michael 139, 329
Zwick, Michael M. 528

Sachverzeichnis

Abstammungssystem 21-23
Abstraktion, analytische 76, 97, 118, 119, 121, 122, 490
Abweichung 17, 57, 61f., 155, 335, 341, 354, 405
Ad-Hoc 517, 529
Adoleszenz 114
Affekt 100, 102, 164f. 367f.
Affektivität 66, 70
Affektkontrolle 366f.
Agency 53f., 454, 503
Agent 123f., 249, 418, 460, 462f., 477f.
AGIL-Schema 72, 75
Ägypten 215
Akkumulation, kapitalistische 255f.
Akteure, historische 390, 459
Aktivität, ökonomische 96, 123, 125
  Kontrolle über 96
Analyse, funktionale 20
  Paradigma der 27f.
Anerkennung 62, 84, 132, 135, 171, 255, 288, 300, 366, 517
Anhäufung 84, 432
Anomie 32, 34, 36f., 293, 295, 536
Anpassung 37, 69f., 110, 154f., 165f., 248f., 403f.
  an kulturelle Strukturen 37f.
  rationale 44
Anreize 78f., 137, 246, 462, 471, 490
Äquivalente, gerechter Austausch von 240
Arbeiter 237, 255, 311, 389, 391, 421f., 448, 457, 471, 478f., 487f.
Arbeiterklasse 236, 258, 283, 286, 288f., 423f.
Arbeitskraft 311, 478
Arbeitsmarkt 236, 245f., 523
Arbeitsteilung 113, 117f., 169, 215f., 296, 305, 311, 326f.
Argument 26, 34f., 271, 276
Assoziation 299, 303, 430f., 447f., 458f.
Aufklärung 123, 225, 279, 325, 390, 402f., 472, 506, 512
Ausbeutung 238f., 286, 311, 313, 322, 402f., 479
Aushandlung 246, 250
Auslese, natürliche 44f.
Aussage 195, 197, 271f., 188, 382
  kognitive 274f., 284
  normative 274, 284, 286f.
Austausch 19, 21, 86, 92, 102, 110, 117, 292, 311, 378f., 486
  sozialer 378
  von Gratifikationen und Deprivationen 62, 173
Autonomie 53, 55, 187f., 217, 228, 243, 363, 372f., 439f., 463, 482
  individuelle 53

Autonomie (Forts.)
moralische 373f.
Autopoiesis 190, 207, 212, 229, 231
Autorität 47, 51, 122, 162, 205, 281, 324
moralische 102
übergeordnete 47, 367, 161
Autoritarismus 127, 129

Bedeutungen 59, 76, 110
Bedingungen 25f., 34, 44f., 70f., 158f., 241f., 268f., 344f., 422f., 483f.
Hierarchie von 70f.
Bedürfnisse, persönliche 60f., 65
Bedürfnisdispositionen 57f., 60-66, 68, 105
Beherrschung 224, 283, 285f., 297, 325, 459
Beschränkungen 77, 127
Bestrafung 19, 63, 112f., 211, 402-407, 413f.
Betrug 403, 451
Bewegungen 390, 404, 406f., 498, 511f.
fundamentalistische 125
soziale 13, 135, 241, 263, 265, 306, 390, 455f., 461f., 534f.
Bewusstsein 30, 62, 182, 186f., 285f., 481, 502, 527, 537
diskursives 481f.
praktisches 481f.
Beziehungen, zwischenstaatliche 310, 316
Bezugsgruppen 30, 32, 353-356, 362
Buddhismus 119
Bürgertum 127, 129, 368, 370, 374, 434, 448, 456, 470, 472
Bürokratie 33, 67, 125-127, 129, 203, 287, 297, 305, 497, 513, 543

Chaos-Theorie 223f.
China 119, 325
Christentum 119, 121
Code 80, 180, 205, 208-219, 221, 225-229, 380-383, 388f., 492
Codes, symbolische 382, 492
Commitment von Normen 373
Commonwealth of Nation 324
Conditio Humana 107f., 166f.
Subsysteme der 107f.

Darwinismus 115f.
Deflation 80, 82f., 86, 89f., 137f., 145, 147, 149, 163f., 219
Demokratie 33, 125-127, 129, 135, 144, 150f., 288, 300, 302, 325
Deprivation 62, 173
Dialektik 289, 385, 387, 460, 468, 496, 501, 521
Differenzierung 110, 113, 115, 124, 129, 153, 199, 203f., 292, 486, 506
funktionale 169, 204f., 212, 215f., 371, 515, 519, 533f.
systemische 203f.
Diffusität 66, 69f.
Dilemma 281, 283, 290f., 306f., 374, 514
idealistisches 51
utilitaristisches 47
Diskurs 35f., 49, 52, 54, 88, 131, 161, 174, 259, 263, 270f., 395f., 447f., 490f.
moralischer 227, 297, 302f.
nicht-diskursiven Elemente im, des realen Lebens 276
rationaler 54, 94, 160, 225, 271, 275f.
ökonomischer 387, 391

und Macht 359, 393f.
Disziplin 155, 168, 382, 398f., 405f.
Doktrinen 400, 412
Dynamik und Wachstum 163, 165, 167

Ego 56f., 100, 168, 186f., 192, 217, 380
Einbeziehung 172, 300, 480, 517
Einfluss 52, 64, 78, 84f., 130f., 135, 138f., 141f., 303
Einheit, funktionale 23, 25
Empirismus 382
Entfremdung 127, 236, 285f., 293, 295, 305
Theorie der 288, 389, 391
Entkolonialisierung 304, 319
Entscheidungen, politische 83, 94f., 135, 137, 304, 509
Entscheidungsfindung 72, 89, 100, 124, 189, 206, 237, 281f., 297, 517
im Gerichtsverfahren 209f., 221, 405
politische 33, 86, 94f., 120, 214, 225f., 258, 303
Entwicklung, kapitalistische 234f., 237, 239, 241, 254, 257f., 314, 383, 493
Entwicklung, wissenschaftliche 225f.
Entwicklungslogik 98f., 102, 104, 153f.
Erklärung, funktionale 21-27, 31, 33f.
Erreichung 37, 75, 80, 112, 161
Erwachsenenalter 114f.
Erwartungen, Durchsetzung entgegengesetzter 356
Erwartungen, gegenseitige 187
Erziehung 48, 88, 104, 112, 216, 236, 405, 424, 426, 440
Es 112
Ethnomethodogie 174, 419, 476
Evolution 45, 109, 121f., 215f., 253, 292, 329, 401, 457f., 492
sozio-kulturelle 114f., 169f.
Evolutionstheorie 114f., 128, 156, 214, 492
Existenzialismus 64, 386
Experten-Klienten-Beziehung 68

Feld, kulturelles 430, 451, 459, 468
Feld, soziales 459, 430
Figuration 331, 367, 370
Freiheit, Verlust der 297
Freund/Feind Schema 48
Führung, politische 95
Funktionalismus 13, 15, 18, 21, 23, 156, 345f.
analytischer 42, 132, 174
empirischer 10, 16, 32, 40
Postulate des 23f.
universeller 23, 25f.
Funktionen, soziale 20f.

Gefängnis 401f., 413
Geist 285, 291, 342, 386
Geld 78f., 117, 138, 141, 162f., 217f., 222, 292f., 486f.
Gemeinschaft, gesellschaftliche 77, 115f., 125f., 162f., 243, 259
Gemeinschaften, Bildung von 324
Geschenken, Austausch von 19, 378f.
Gesellschaft, amerikanische 37
Gesellschaft, archaische 115, 118f.
Gesellschaft, Ebene der 84, 207, 212, 231
Gesellschaft, Entwicklung der 30, 205, 226, 387, 395, 470
Gesellschaft, europäische 9, 124, 299
Gesellschaft, moderne 115, 176, 226, 387, 395, 470

Gesellschaft, nicht-westliche 125
Gesellschaft, Opportunitätsstruktur der 38
Gesellschaft, pluralistische 387
Gesellschaft, postmoderne 386
Gesellschaft, postindustrielle 455
Gesellschaft, primitive 18, 21, 23f., 115, 118, 205f., 285, 378
Gesellschaft, programmierte 456-458, 467
Gesellschaft, Reproduktion der 11-13, 262, 293, 422, 426, 430f., 446, 478
Gesellschaft, Saatbeet- 120
Gesellschaft, Theorie der 179, 476
Gesellschaft, traditionelle 496
Gesetz, rationales 288
Gesinnungsethik 288
Gesundheit 109, 146, 166f., 240, 423, 479, 482
Gewalt 46f., 54, 80, 88, 135, 138, 172, 343, 345, 352, 366f., 390, 451
Gewohnheit 49, 159f., 339, 359
Gewohnheitsrecht 339
Gleichheit 60, 86, 88, 114, 123, 224, 253, 272, 279f., 381, 390f., 435, 459, 472f., 480, 512
Globalisierung 132, 175f., 234, 244, 252, 272, 325f., 416, 474, 495, 498, 502f.
Gott 54, 119f., 210, 275, 455, 457, 467, 470
Grammatik, transformationale 382f.
Gratifikationen 57, 62, 173
Griechenland 120f.
Gruppen, informelle 29
Gültigkeit, Kriterium der 272, 275
Gültigkeit von Aussagen 272, 275
Handeln, kommunikatives 51, 133, 140, 261f., 265f., 302f.
Handeln, konkretes 303, 268, 494
Handeln, menschliches 64, 109, 173, 218, 416, 458, 468, 492, 495f.
Handeln, ökonomisches 89, 94, 361, 491
Handeln, pädagogisches 425
Handeln, strategisches 25, 139, 265f., 270, 275, 282, 307
Handeln, Theorie des 132, 133, 455
Handeln, unbemerkte Bedingungen und unbeabsichtigte Folgen des 483f.
Handlung, positivistische Erklärung der 44, 174
Handlung, idealistische Erklärung der 48
Handlung, Ziele von 75
Handlungen, Interdependenz von 371f.
Handlungskapazität 101, 102, 164f.
Handlungsspielraum 65, 75, 154, 210f., 423, 487, 511, 523
Handlungssubsysteme 73f., 102
Handlungssysteme 56, 72, 77, 164
Hegemonie 313, 316, 318f., 322, 386f.
Hermeneutik 283, 496
Herrschaft, politische 118, 122, 296, 313, 323f.
Hierarchie, kybernetische von Bedingungen und Kontrollen 70f.
Historizismus 390
Historizität 458-469, 474, 494
Homo Sociologicus 353
Hyperrealität 358-391

Ich 53, 61, 110, 112, 114
Ich-Identität 110-114
Idealismus 43, 51, 56, 75, 116, 159, 172, 285, 288, 291

Ideen, grundsätzliche 360
Ideen mit universeller Gültigkeit 124, 472
Identifikation 63, 100, 112f., 372
Identität 18, 56f., 71, 99, 188, 192, 199, 203, 206, 208f., 293f., 337, 381f., 456, 495
Imperativ, kategorischer 50
Imperien, intermediäre historische 119
Imperien, mesopotamische 118
Indien 119, 325
Individualisierung 253, 511f., 519, 523f.
Individualismus, institutionalisierter 126, 296
Individualität 126, 355f., 362, 370, 422, 532
Individuum 44f., 59f.
Industriegesellschaft 231, 456f., 467, 470, 505f., 513f., 521f., 536
Inflation 80, 82f., 86, 89f., 127f., 147f.
Inklusion 112f., 135f., 153f., 173f., 216, 251f.
Innovation 37f., 101, 105f., 123f.
Instinkte 46f., 53f., 64, 110
Institutionalisierung 59f., 102, 173, 215, 215, 239, 411
  von Wertmustern 92
Integration, externe 338, 344
Integration, interne 336f.
Integration, soziale 244, 292f., 488, 149, 250
Intelligenz 101f., 164f., 362
Interaktion, erweiterte 112f.
Interaktion, soziale 59, 106, 164f., 184, 190, 275, 301, 367
Interaktionismus, symbolischer 11, 174, 223, 303, 476
Interaktionssystem 99
Interessengruppen 35, 151, 153, 251, 350
Internalisierung 59f., 102
  der Kultur 104
Interpenetration 51f., 60f., 91f., 162, 164, 166, 186f., 226, 303, 389, 447
Inter-Rollen-Konflikt 354
Intervention, soziologische 466f., 473
Intra-Rollen-Konflikt 354
Islam 119f.
Israel 120f.

Kämpfe, historische 459, 461f.
Kämpfe, soziale 443, 461f., 467f., 470f.,
Kämpfe, symbolische 432, 443
Kalkulation, ökonomische von kulturellem Denken 94
Kapital, kulturelles 431f., 443, 446, 451
Kapital, ökonomisches 432f., 436
Kapital, soziales 432f., 436, 450
Kapital, symbolisches 432, 435f., 446
Kapital und Arbeit 242, 286, 316, 320f., 471f., 478f.
  Beziehung von 310, 316, 471, 473, 479f.
  Struktur von 479f.
Kapitalismus, Entwicklung des 235f., 247f., 258, 262, 313, 317, 389
Kapitalismus, Geist des 41, 123
Kapitalismus, rationaler 124
Kapitalismus, Selbstverwertung des 235f.
Kapitalismus, Spät- 12, 233f., 240f., 256f., 264
Kapitalismus, Struktur des 383, 389
Kapitalismus, Widersprüche im 235, 237
Klasse(n), an und für sich 425, 445

Klasse(n), herrschende 130, 458f., 462f., 465f., 469f.
Klasse(n), populäre 460, 462, 468
Klasse(n), soziale 404, 460, 467f.
Klassenantagonismus 237, 242, 535
Klassenbewusstsein 283, 288f., 426, 460, 468
Klassenkampf 130, 235f., 237f., 256, 459, 461, 468
Klassenkonflikt 128, 244, 320, 459, 476, 535
Klassenposition 423, 461
Klassenpraktiken 428, 430
Klassensituation 423f.
Kohäsion 71
Kommentar 398f., 412
Kommunikation 87f., 132, 192f., 270f.
  einfache 270
Kommunikationsmedien, generalisierte 78f., 217f., 231
Komplexität 75, 181f.
  Reduktion und Produktion von 192
  symbolische 75f., 81f
  und Kontingenz 187f., 191
Konflikt 31, 39, 81, 106, 128, 184, 161, 172, 313, 331, 349f.
  austragen des 339
  externer 337f.
  Intensität des 333, 335f., 342f., 352
  interner 336f.
  latenter 350, 355f., 342f., 352
  manifester 350, 355, 357
  realistischer 333f.
  sozialer 331f., 334, 341f., 348
  und Wandel 347f.
  Unerbittlichkeit und Intensität des 350, 352
Konfliktaustragung 140, 144, 334, 336, 339f., 352, 355, 361, 448, 464
Konfliktbeilegung 134f.
Konflikttheorie 130, 331f., 347f., 371f.
Konformismus 37, 51, 172, 335, 338, 344
Konformität 37f., 48f., 83f., 105, 112f., 172f., 270f.
Konfuzianismus 119
Konsens 49, 51, 54, 63, 90f., 130f., 192f., 226, 228, 275f.
Konsensbildung 60, 104, 135, 176, 224, 263, 300, 336, 345, 361
Konstruktion, symbolische 99
Konsum 89, 94, 471, 480, 506, 524
Kontingenz, doppelte 57, 183f.
Kontrolle, sexuelle 411
Kontrolle, soziale 62f., 95, 242, 372, 394, 403, 405, 408f.
Kooperation 85, 135, 137f., 142, 145, 170, 252, 262, 391, 415, 522
Kraft, physische 449
Kriminologie 403f., 407
Kritik, ästhetische 272, 275, 284, 290, 292
Kritik, intellektuelle 104, 325
Kritik, rationale 116, 284, 299
Kultur 60f., 82, 95, 97, 99f., 102, 104 120f., 134f., 137, 146, 149f., 170f., 420, 425, 431f., 438, 440, 445f.
  Anwendung von 60, 104
  europäische 324f.
Kultursystem 28, 56, 59f., 102, 104f., 175
Kunst 216f., 301, 418, 430, 438f., 449

Langue 378
Lebensbedingungen 152, 262, 422f., 428f., 445, 448, 471, 483, 506
Lebensstil 61, 368, 384, 424, 427f.,

447f., 506f.
Legitimationsverfahren 23
Liberalismus 300
Liebe 48, 66, 112f., 187, 206, 216f., 218f., 334

Macht, militärische 326, 501
Macht, Monopolisierung von 373
Macht, politische 78, 81f., 95, 135, 138, 144, 149, 162f., 170f., 229, 323
Macht, Produktion und Reproduktion von 438, 449
Macht, symbolische 451
Machtkampf 140, 144, 146, 156, 214, 230, 343, 352, 358f., 361f., 387, 437, 451, 471f., 488, 490f.
Machtmonopole 372
Machtreproduktion 394f., 414
Machtressourcen 436, 446, 450, 486f., 489f.
Machtspiel 229, 343, 450f., 493, 502
Machtstrukturen 277, 393
Machtsysteme 367, 394f., 401, 415
Märkte, organisierte 277, 259
Marxismus 12f., 127, 174, 233f., 243, 259, 263, 283f., 383, 387, 476
Maschinerie, politische 33, 35f.
Materialismus 264, 283, 528
Menschenrechte 325, 374, 402
Mittel, illegitime 38f.
Mittelklasse 60, 243, 435
Mobilität, soziale 339, 352, 361
Moderne, erste 516-522, 527, 529, 531f.
Moderne, Theorie der 291, 307, 385
Moderne, zweite 505-507, 513, 515-524, 527-530, 533-537
Modernisierung 14, 48, 126f., 145, 176, 231, 292, 329, 464, 468, 476, 495, 500-506, 513, 515f., 519, 529, 531, 535-537
Monopole 239, 254, 256f., 443
Monopolisierung 368, 373
  von physischer Gewalt 368
Moral, universelle 441
Moralität 374
Motive, unbewusste 481, 483
Muster, kulturelle 27, 59, 89f.
  Konsistenz der 59, 90
Mutter-Kind-Interaktion 112f.

Nachfrage 163, 165, 167, 245, 305, 317, 320, 322, 436
  nach Unterstützung 163
  und Angebot 317, 319, 322
Nationalstaaten 121, 206, 219f., 252f., 471, 498, 501
Natur, Beherrschung der 285
Neofunktionalismus 13, 41, 132-134, 170, 248
Neutralität, affektive 67, 69f.
Normen 17, 48f., 53f., 59f., 67f., 82-85, 104, 112, 114, 159-163
  geteilte 83f., 172, 271
  hypothetische 51
  konkrete 48f., 172, 389
Notwendigkeit, funktionale 23, 26

Oberklasse 435
Objektivismus 172, 419, 457, 475f., 502
Offenheit 171, 195, 208, 218, 241, 342, 513, 521, 529
  durch Geschlossenheit 207
Ökonomie 174f., 227, 230, 233f., 236, 239, 248, 251, 253, 259, 326, 328, 383, 387, 407, 443, 484, 499

Ökonomismus 389
Oligopole 239, 254, 256f., 443
Ordnung, des Handelns 106f., 173
Ordnung, erzwungene 45-47
Ordnung, faktische 45, 54, 172
Ordnung, freiwillige 47
Ordnung, Hobbessches Problem der 46
Ordnung, ideale 49
Ordnung, idealistische Erklärung der 48f.
Ordnung, Kantisches Problem der 50, 172
Ordnung, konformistische 49
Ordnung, konkrete Handlung und 51
Ordnung, legale 51
Ordnung, natürliche 119
Ordnung, normative 49, 54, 459
Ordnung, positivistische Erklärung der 44f.
Ordnung, Problem der 63, 185, 224
Ordnung, soziale 43, 169, 223, 277f., 280f., 292, 360, 372, 464, 466
Ordnung und Wandel 55, 460, 469
Ordnung, zufällige 45, 47, 223f.
Ordnungsbildung 248, 533
  empirische 109f.
  transzendentale 107
Organisation 204-207, 215f., 219, 221f.
Organisationsebene 9, 207, 231, 468
Orientierungsalternativen 63f., 70, 72

Paradox 202, 221, 394,f., 399f.
Parole 378, 382f.
Partikularismus 67, 69f., 127, 145, 156, 453
Peripherie 215f., 221, 310f., 313f., 316, 318-323, 326-330, 404, 456
Peripherisierung 310
Persönlichkeitsentwicklung 110, 112, 114, 174, 175
Pluralismus 126, 152, 245, 390f.
Politik 90, 96, 117f., 120, 125, 133-135, 137, 143, 147, 149f., 162f., 170
Positivismus 43, 47f., 51, 56, 75, 158, 263
Postadoleszenz 114
Postmoderne 385-391, 495, 499, 517
Postmodernismus 299, 382, 385, 388f.
Poststrukturalismus 299, 382f., 385, 388f.
Prädestinationslehre 122
Praxis, soziale 11, 23f., 27f., 34, 249, 478, 490, 492, 500
Primärgruppen 47f.
Prinzipien, strukturelle 490
Produktion, Mechanisierung der 313f.
Produktion, ökonomische 205, 235, 238, 257f., 287, 302, 324, 421, 428, 430, 434, 438, 467
Profitmaximierung 287, 362
Protestantismus 122, 287, 325f., 374
Prozess 185, 187f., 190, 195f., 200, 207-211, 215, 217, 225f., 227, 229f.
Psychoanalyse 384, 408-410
Puritanismus 16, 408

Quasi-Gruppen 349f., 352, 355, 357, 360

Rationalisierung, kommunikative 291, 296f.
Rationalisierung, Paradox der 287-290, 297
Rationalisierung, Theorie der 291, 307
Rationalismus 263, 287
Rationalität 202, 224-226, 230, 270f,

276, 278f., 281-283, 287, 291, 467, 472f.
Rebellion 37-39, 62, 402-405
Rechte, politische 471, 493
Rechte, soziale 471, 493
Rechtfertigung 51, 63, 90, 271, 292, 301, 451, 482
diskursive 472
rationale 49, 58, 81, 92, 473
von Entscheidungen 94
Rechtsdurchsetzung, Rationalisierung der 403f.
Rechtssystem 127, 212, 219, 230, 292f., 295f., 297, 302, 359, 389, 452
Reflexivität 218, 445, 495f., 501, 513, 515f., 519, 529
Reformation 122, 324
Regeln, einschränkende 489
Regeln und Ressourcen 488-490, 503
Reichtum, Verteilung des ökonomischen 425, 456, 506
Reinkarnation 119
Religion 108, 117, 122, 132
Renaissance 122
Repression 238, 241, 255, 257, 320, 401, 404, 408f., 460, 468
Reproduktion 23, 57, 203, 207, 209, 217, 221, 227, 236, 293, 311, 384
der Gesellschaft 12f., 262, 293, 303, 388, 393f.
von Systemen 295
Ressourcen 449, 486, 488f., 500, 502f.
Revolution 225, 245, 279, 286, 314, 439f., 449, 521
demokratische 121, 124
industrielle 124, 131
kulturelle 124
Risikogesellschaft 505f., 509, 513, 518, 520, 527, 534, 536
Riten, religiöse 20-22, 24
Ritualismus 38f.
Rollenerwartungen 30-32, 58, 61-66, 68, 354, 356, 362
Rolleninterpretation 106
Rolle, soziale 27, 106, 182, 199, 353f., 362
Rollenset 29-32
Rückkopplung 109
Rückzug 37-39, 62, 119, 138, 147, 149, 290, 333, 466, 527

Sanktionen 17, 45, 354, 356, 362, 406, 491
negative 18, 57, 61, 78, 354, 361, 489
positive 61, 354, 361
Schichtung, soziale 117, 130, 170
Sekten, puritanische 122
Selbstbeherrschung 366f., 372f.
Selbsterhaltung 46, 56, 58, 184
Selbstorientierung 65
Selbstreferenz 190, 195, 200, 207f.
Semiotik 383f.
Semiperipherie 318, 320, 322
Sexualität 218, 396, 408f., 414
Signifikation 491f., 500
Sinn 45, 54, 67, 77 ,81, 86, 97, 102, 104, 108f., 126, 140, 145, 156, 166f., 187, 190, 102-195, 202, 220, 224, 227f., 230, 275, 280, 284, 286-288, 291, 297
Suche nach 108
und Geschichte 286
Sinnkonstruktionen 104, 107, 109, 132
Situation, Definition der 99, 453, 503, 520, 537
Solidarität 54, 71, 84, 87, 114, 116-118, 120, 126f., 138, 151, 160, 174, 337-339

Sozialisation 59, 61, 110, 112, 114, 168, 173, 175, 293f., 400
Sozialismus 125, 234f., 238, 241, 243, 255, 258, 286, 390, 464f.
Sozialstruktur 417f., 420-422, 425, 445, 447f., 476, 500f.
Sozialvertrag 222f.
Sozialwissenschaften, kritische 284
Soziologie, aktionalistische 457, 459
Spezifität 66, 69, 70, 113
Spontaneität 188, 377, 386, 423
Sprache 267f., 292, 300
Sprechsituation, ideale 271, 275f., 297, 307
Staat, demokratischer 241f.
Staatssystem 316
Stadtstaaten, griechische 120f.
Stratifikation 221, 318, 506
Struktur, Dualität der 477, 501f.
Struktur, institutionelle 16, 19, 34f., 39
Struktur, kulturelle 37f., 125, 443
Strukturen, Erhaltung latenter 69-71, 75, 107
Strukturalismus 13, 116, 174, 377f., 388, 418, 455, 476
marxistischer 385f.
Strukturfunktionalismus 18f., 42, 57
Strukturierung, Theorie der 447, 475f.
Studie, historische 133
Subjektivismus 419, 475f.
Subpolitik 513f.
Subsysteme 97f., 102f., 107f., 110f.
Supreme Court 279f.
Symbole 58f., 87f., 164, 218, 324, 388f.
System, autopoietisches 191, 200, 208, 231
System, globales 498
System, kulturelles 58, 87, 92, 94, 100, 115, 121, 173f., 206, 389, 502
System, ökonomisches 79f., 91, 95f., 174, 321
System, organisches 107
System, politisches 32f., 81, 94-96, 174, 196, 206, 212, 219, 226, 228, 302
System, psychisches 187f.
System, selbstreferentielles 190, 205, 211
System, sozial-kulturelles 87, 89, 92
System, telisches 107f.
System und Umwelt 196f.
Systeme, soziale 181f., 186f., 192, 220f., 478, 488
Systemgrenzen 197
Systemintegration 117, 488
System-Umwelt-Beziehung 201

Täuschung 46f., 191, 266f.
Tatbestand, sozialer 18, 377f., 502
Theorie, Kritische 226, 262, 281f., 290f., 306
Theorie, marxistische 234, 243, 494
Theorie, mittlerer Reichweite 15
Tradition 49f., 81, 96, 117, 123, 134, 141, 143, 145, 158, 160f., 172
Traditionalismus 129, 145
Transaktion, wirtschaftliche 36, 213, 303

Überschuss 236
Umwelt, Komplexität der 199f.
Universalgeschichte 115f.
Universalismus 67, 69f., 113
Moralischer 374
Unordnung 34, 47f., 186f.
Unsicherheit 188, 190
Unterschied 192, 199f.
Unverantwortlichkeit, organisierte 514, 533f.

Ursache und Funktion 20f.
Ursache und Wirkung 22
Ursachen, soziale 20
Utilitarismus 47, 114, 172

Verantwortung, politische 95
Verantwortungsethik 288
Verdinglichung 290
Vergeltung 119
Verhalten, abweichendes 16
Verhalten, wiederkehrendes 16f.
Verhaltensmuster, institutionalisierte 17f.
Verhaltenssystem 97, 101, 105f.
Verhandlung 271f., 281f., 300, 304, 471, 486, 490, 492f.
Vermittlung 163, 165, 167
Vernunft und Geschichte 285
Vernunft und Wahnsinn 396f.
Vernunft und Welt 285f., 289
Vertrauen 47, 138, 142, 147
  gegenseitiges 191
Vier-Funktionen-Paradigma 69, 115, 174
Vier-Funktionen-Schema 72, 173, 175
Voluntarismus 51f., 56, 129, 160, 172
Voraussetzung, funktionale 33

Wachstum 48, 83, 90, 96, 163f., 167f.
Wahl 47, 52f., 64, 96, 158
Wandel 55, 57f., 60, 123, 347f., 360f.
  sozialer 153f.
  struktureller 320, 350f.
Warenproduktion 286, 288f.
Welt, Komplexität der 182f., 22, 224, 230
Welt, soziale 180, 191, 268, 272
Weltsystem 309f., 314, 318, 322-329
Weltsystemanalyse 309f., 314, 317, 326f.
Weltwirtschaft 316, 319f., 323f.
Werte, kulturelle 35, 94, 104, 230, 272, 275
Werte, universelle 472
Wertegeneralisierung 112-117, 129 154, 169
Wertekonsens 54
Wertesystem 128, 130f., 169f.
Wettbewerb 96, 140, 147f., 432-436
Widerspruch, struktureller 236f.
Wildnis, Zivilisierung der 125
Willenshandlung, Ebene der 385
Wirtschaft, kapitalistische 287, 292, 325, 391, 404
Wissen 271f., 275f., 278, 282, 290, 457, 467
Wissenschaft und Technik 127, 146f., 239, 254, 256f., 259, 506, 509
Wissensfähigkeit 477, 480f., 494, 502
Wohlfahrtstaat 233f., 242

Zeichen, Studium der 383
Zentrum 310f.
Ziele, kollektive 96
Zielerreichung 50, 69-72, 76f., 81, 109, 120, 159
Zivilisationsprozess 365f.
Zivilreligion 54
Zugehörigkeit, Gefühl der 84
Zuneigung, Generalisierung gegenseitiger 112
Zuschreibung 68f.
Zwang, externer 368